KB180801

임동석중국사상100

문장궤범
文章軌範

謝枋得 編 / 林東錫 譯註

〈謝枋得(君直, 疊山)상〉

"상아, 물소 뿔, 진주, 옥. 이런 진괴한 물건들은 사람의 이목은 즐겁게 하지만 쓰임에는 적절하지 않다. 그런가 하면 금석이나 초목, 실, 삼베, 오곡, 육재는 쓰임에는 적절하나 이를 사용하면 닳아지고 취하면 고갈된다. 그렇다면 사람의 이목을 즐겁게 하면서 이를 사용하기에도 적절하며, 써도 닳지 아니하고 취하여도 고갈되지 않고, 똑똑한 자나 어리석은 자라도 그를 통해 얻는 바가 저마다 그 자신의 재능에 따라주고, 어진 사람이나 지혜로운 사람이나 그를 통해 보는 바가 저마다 그 자신의 분수에 따라주되 무엇이든지 구하여 얻지 못할 것이 없는 것은 오직 책뿐이로다!"

《소동파전집》(34) 본 《眞寶》(後集) 099 〈이씨산방장서기〉에서, 구당(丘堂) 여원구(呂元九) 선생의 글씨

책머리에

2012년 11월 초겨울, 陶淵明 國際學術會議에 참가하러 혼자 上海를 거쳐 중국 국내선을 갈아타고 江西 南昌 昌北空港에 내렸을 때 부슬부슬 비가 오고 있었다. 이곳에는 세 차례 오는 여행이었지만 느낌이 남달랐다. 선뜻 외로움과 旅愁에 젖는 것이 마치 하늘 끝 어디에 홀로 와서 비를 맞는 것처럼 느껴졌다. 마중 나온 星子縣 인민위원들의 차를 타고 멀리 九江 廬山 아래 龍灣溫泉度假村 호텔은 만족할 만큼 훌륭했다.

이틀의 회의를 마치고 도연명 발자취를 샅샅이 훑어보는 답사가 나에게는 훨씬 설레임과 가치를 더해주었다. 날씨는 쾌청하여 겨울인데 여산은 마치 우리의 가을처럼 단풍이 절정을 이루고 있었다. 여름에 두 번 여산을 오르내리며 살펴보았던 그 많은 풍광과 역사, 고적, 문학, 신화, 전설은 이 겨울에 산 둘레 유적지를 보는 것이 훨씬 편하고 좋았다. 드디어 다시 오로봉五老峯 밑을 돌아 백록동서원白鹿洞書院을 향했다. 강서사범대학 교수 한 분과 셋 만이 일정을 달리 잡아 다시 찾았는데 그는 서원의 산장山長을 겸하고 있어, 그와 함께 설명을 들으면서 훑어본 서원은 지난 날 한국 교수들과 답사팀을 이루어 왔을 때와는 전혀 다른 느낌이었다.

송나라는 어떤 시대였기에 이토록 이학과 문장으로 풍미하였고, 당시 학생들은 지금의 대학생과 같았을 텐데 어떻게 모여 이렇게 공부를 했을까하는 생각에 교실 의자에 앉아도 보고, 조상彫像으로 만들어 놓은 주희朱熹의 가르침을 받아 적는 시늉도 해보았다.

이곳 배록동서원은 바로 송대 사대서원四大書院의 하나이다.

"이곳을 세 번이나 찾아올 수 있었으니 나도 시대를 잘 타고 났고, 전공을 잘 택한 덕분에 복을 받은 셈이다."

불현듯 이런 생각이 미치자 그동안 해오던 고문 역주작업도 나에게는 얼마나 행복한 일거리인지 고마운 마음이 들었다. 그리고 귀국하면 책상머리에 앉아 일상대로 하던 그 일을 무념 상태에서 계속하리라 상상에 젖었다.

《陶淵明集》 완역상주完譯詳註 본은 아예 마침 미리 역주해 놓은 덕에 이곳 회의에 참가하면서 영광스럽게도 도연명기념관陶淵明記念館에 기증하는 즐거움도 맛보았으니, 그 외 여산이나 구강, 남창, 강서, 도원동桃源洞이라는 지명과 관련된 작품이나 고문이라면 겁 없이 눈에 보는 듯이 주석을 하리라 자신감도 가졌다.

그리고 돌아와 미루던 《古文眞寶》 역주를 끝내었는데, 이는 내 평소 즐겨 외우던 동파東坡의 그 〈이군산방장서기李君山房藏書記〉 여산 오로봉 때문이었다. 물론 여산에 얽힌 수많은 작품들, 이를테면 이백李白의 "飛流直下三千尺"이며, 동파의 "不識廬山眞面目, 只緣身在此山中"이며, 구양수歐陽修가 자신이 지어놓고는 "평생 이런 글이 나올 수 있을까?"라고 자랑을 아끼지 않았던 〈여산고廬山高〉, 그런가 하면 현대 모택동毛澤東이 짓고 강택민江澤民이 글씨로 써서 남긴 여산식물원廬山植物園의 "陶令不知何處去, 桃花源裏可耕田?", 그 외 수 없이 많은 문인묵객의 작품들, 그리고 팽려호彭蠡湖, 鄱陽湖의 수많은 신화와 전설, 여기에 매료되어 힘든 줄 모르고 많은 책의 역주작업을 이어갔다.

그런데 《진보》 뒤에 부록으로 실려 있는 《문장궤범》이 늘 마음에 걸렸다. 송대 말 사방득謝枋得, 疊山이 편집한 과거 응시자의 교과서인데 이를 제대로 읽어놓지 않은 채 고문을 운운하는 것이 내심 불편하였다. 마침 사방득이 증보했던 몽학서 《千家詩》는 일찍이 출간을 해 두었던 터라 겁날 게 있으랴하고 다시 덤벼들었다. 69편의 문장은 아주 긴요하고 매끄럽고 표준적인 문장들이었다. 게다가 그 중 42편이 이미 《진보》에 들어 있어 다룬 것들이라 27편만 잘 정리하면 되리라 여겼다. 그런데 막상 작업에 임해보니 이미 《진보》에서 다루었던 것조차 미진하였구나 하고 도리어 불안감과 죄책감이 들었다. 그러나 어쩌랴! 이미 활자로 인쇄되어 흩어진 것을.

이에 《진보》에 미진했던 것은 다시 이 《궤범》에서 보충하는 길로 용서를 받는 길 밖에 없을 듯하다는 생각에 반은 속을 끓이면서 결국 작업을 마칠 수밖에 없었다.

독자제현들께서는 이에 유의하여 살펴주고 가르침을 내려줄 것을 빌 뿐이다.

2017 丁酉年 仲秋節 10월 8일 寒露에 負郭齋에서 苗浦 林東錫 적음

일러두기

1. 이 책은 南宋末 謝枋得(疊山)의 四庫全書 文淵閣본 《文章軌範》(集部 8)을 대본으로 하고 《文章軌範補注》(海保元備, 漢文大系) 및 《文章軌範》(早稻田大, 漢籍國字解全書 34), 그리고 《古文眞寶》(본인 역주본, 2017)을 참고하여 전체를 역주한 것이다.

2. 한편 《詳說古文眞寶大全》의 부록 《文章軌範》 27편을 대조하여 活字本의 誤謬를 일일이 바로잡아 작업하였다.

3. 매 작품은 각기 原 著者(作者)의 개인 文集은 물론, 기타 중국 典籍에서 引用, 혹은 轉載된 모든 자료, 즉 《文選》, 《唐宋八大家文集》, 《四庫全書》, 《二十五史》, 《古文辭類纂》, 《古文觀止》, 《唐文粹》, 《文苑英華》, 《唐宋文擧要》 등에서 모두 찾아 일일이 對照하여 作者, 題目 등의 相異한 부분이 있는 경우 각주에서 밝혔으며, 특히 誤謬가 있는 것은 상세히 근거를 밝혀 연구에 도움이 되도록 하였다.

4. 日本의 漢籍國字解全書 《文章軌範》(早稻田大學出版部, 大正 5년, 1916)와 漢文大系 《文章軌範》 등도 세밀히 참고하였다.

5. 기존 한국 고문서의 각종 《文章軌範》도 가능한 한 섭렵하여 해제에 밝혔다.

6. 매 편마다 일련번호를 부여하여 총 69편을 원 책에 맞추어 7권으로 하였으며, 특히 《古文眞寶》에도 실려 있는 작품은 그곳의 原注도 참고하여 주석에 밝혔다.

7. 각 편은 題目, 飜譯, 原文, 註釋의 순서로 하였으며, 夾註 주석도 모두 해당 구절에 실어 연구에 도움이 되도록 하였으며, 문단을 나누고 주석은

아래로 모아 구분하였다.

8. '참고 및 관련자료' 난을 마련하여 작자 略歷과 작품의 原典(혹 出典), 및 轉載된 다른 典籍을 모두 나열하였으며, 기타 필요한 자료를 실어 연구와 학습에 도움이 되도록 하였다.

9. 原文은 현대 중국식 표점을 가하였으며, 懸吐는 생략하고 註釋을 실었다. 註釋은 人名, 地名, 事件名, 用語 등 해석상 필요한 것들을 풀이하였으며, 이미 앞에서 제시된 것이라 할지라도 해당 장의 이해에 필요하다고 여겨지는 것은 반복하여 실은 것도 있다.

10. 아울러 주석에서는 가능한 한 구절 전체를 제시하고, 그 안에서 필요한 어휘나 개념 등을 추출하여 가능한 한 자세히 풀이하였다.

11. 直譯을 위주로 하였으나 문맥을 순통하게 풀이하기 위해 일부 의역을 한 곳도 있다. 아울러 漢文 문장의 미묘한 특징이나 특유의 표현법 등은 모두 주석에서 처리하였다.

12. 《文章軌範補注》에 있는 註는 모두 활용하였으며, 작자 文集 원전에 실려 있는 주석도 일일이 실어 연구와 이해에 도움이 되도록 하였다.

13. 작업상 오자, 탈자, 오류 등 불가피하였던 부분에 대해서는 발견되는 되로 앞으로 계속 수정 보완해 나갈 것이다.

14. 이 책의 역주 작업에 참고한 문헌은 다음과 같다.

※참고문헌

1. 《文章軌範》四庫全書 文淵閣本 集部(8) 總集類
2. 《文章軌範》漢籍國字解全書(34) 早稻田大學出版部 大正 5년(1916) 東京
3. 《文章軌範補注》海保元備(著) 漢文大系(18) 新文豐出版社(印本) 臺北
4. 《續文章軌範》(明, 鄒守益 編) 漢籍國字解全書(35) 早稻田大學出版部 大正 5년(1916) 東京
5. (新譯評解)《續文章軌範》至誠堂 大正 2년(1913) 東京
6. 《疊山先生文章軌範》石印本 著易堂(2책) 中國 上海 刊記未詳(建國大 常虛紀念圖書館 所藏)

7. 《古文眞寶(附)文章軌範》《詳說古文眞寶大全》新舊書林. 大正 2년. 1913 서울 筆者所藏)

8. 《崇古文訣》(宋)樓昉(迂齋) (編) 四庫全書 商務印書局(印本) 臺灣 臺北

9. 《古文關鍵》(宋)呂祖謙(編) 四庫全書 商務印書局(印本) 臺灣 臺北

10. 《文章正宗》(編)眞德秀(編) 四庫全書 商務印書局(印本) 臺灣 臺北

11. 《古文集成》(南宋)編者未詳 四庫全書 商務印書局(印本) 臺灣 臺北

12. 《唐宋八大家文鈔》(明)茅坤(編) 四庫全書 商務印書局(印本) 臺灣 臺北

13. 《古文辭類纂》(6책) (淸)姚鼐 三民書局 2006 臺灣 臺北

14. 《唐宋八大家全集》(5책) 余冠英, 周振甫, 啓功, 傅璇琮(主編) 國際文化出版公司 1998 北京

15. 《唐宋八家文》(漢文大系. 上下)(淸)沈德潛(著) 明治 43년, 1910. 東京

16. 《古文觀止》(淸)吳楚材(編) (革新版) 謝冰瑩(外 譯註) 三民書局 1997 臺灣 臺北

17. 《唐宋文擧要》(上下) (淸) 高步瀛(選注) 宏業書局 1979 臺灣 臺北

18. 《古文約選》(淸)方苞(編)臺灣中華書局(印本) 臺灣 臺北

19. 《文選》(6책) (梁)蕭統, (唐)李善 上海古籍出版社 1992 上海

20. 기타 작자 각 개인 文集,「二十五史」,「十三經」, 類書類, 選集類, 叢書類 등의 목록은 해당 작품의 참고란에 실었음.

해제

I 《文章軌範》

1. 宋代 科擧제도와 학문 풍토

　송나라 과거제도는 唐代의 제도를 이어받아 당대보다 훨씬 활발했던 인재 선발방법이었다. 송나라 과거는 공거貢擧와 제거制擧 둘로 나뉜다. 그 중 '貢擧'는 常設 定期 고시로 영종英宗 때 확정되어 3년에 한 번씩 치렀으며 '制擧'는 황제가 필요에 따라 임시로 거행하는 제도였다.

　공거는 진사進士와 명경(明經 : 九經, 五經, 開元禮, 三史, 三禮, 三傳, 明法) 등의 과거가 있었으며, 예부禮部에서 주관하였다. 응시자는 반드시 주현州縣의 향시鄕試를 통과하여 그곳의 추천을 거쳐 중앙 서울로 상경하여 응시하게 되며, 급제한 뒤에는 이부吏部에서 관직을 정해 파견하였다. 그 중 진사과進士科 합격자가 가장 중시를 받았다. 그 나머지는 '명경과明經科'로도 불렀으며 유학儒學의 경서經書에 대해 거의 외워 박식함을 인정받는 지식위주임에 비해, 진사과는 그것을 바탕으로 개인의 문재文才를 발휘하여 대책對策과 논술문論述文을 짓는 비교적 높은 단계의 시험이었기 때문이다. 여기서 대책과 작문은 오늘날의 논술고사와 같다. 이를 준비하려면 고문의 틀을 익히고 표준적인 고문의 예문例文을 섭렵하여 작문 연습을 하는 것이 기본이다. 그 예로 본 책 3권 소식蘇軾의 〈王者不治夷狄論〉(017)은 바로 이 가우嘉祐 6년(1061) 비각秘閣에서의 제과制科 고시考試를 볼 때 논술제목이었으며 그 때 東坡와 왕개王介, 소철蘇轍 등의 6편 논문이 뽑혀 임금에게 올려졌던 것 중의 한 편이다. 이처럼 송대

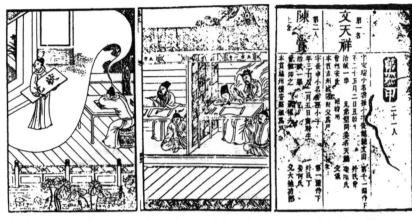

송대 과거 장원꿈   송대 과거 수험생 모습   송대 登科錄(文天祥)

는 과거가 가장 중요한 벼슬길 시작의 관문이었으며, 이로 인해 학문과 작문이 발달한 시기이기도 하다.

송나라는 건국이래로 숭문경무崇文輕武의 풍조가 자리를 잡아 교육을 지극히 중시하였다. 이에 학교제도가 제대로 자리를 잡았던 것이었다.

송대 학교제도는 관학官學과 사학私學, 書院으로 나눌 수 있다. 관학은 다시 중앙관학과 지방학교로 구분할 수 있다. 중앙관학은 국자학國子學, 태학太學, 사문학四門學이 있었으며, 주로 경학經學, 무학武學, 율학律學, 산학算學 등을 가르쳤다. 국자학은 기본적으로 관리의 자제를 교육시키는 교육기관이었으나, 태학은 규모가 가장 컸으며, 신분에 관계없이 뛰어난 인재라면 누구나 시험을 거쳐 입학할 수 있었고, 과거를 보기위한 기본 학력기관이었다. 북송 말에는 태학생이 무려 2천여 명에 이르기도 하였다.

한편·지방학교는 부학府學, 주학州學, 현학縣學이 있었으며 정식 교수를 두고 경의經義를 가르쳤고 신종神宗 때는 학관學官이라는 직책을 두어 중앙정부에서 직접 장려하고 관리하기도 하였다. 이들은 향시鄕試를 거쳐 부경응시赴京應試하는 지방 인재들을 양성하던 교육기관이었다.

〈嶽麓書院〉
(湖南 長沙
嶽麓山)

　다음으로 사학은 기본적으로 서원이 대표적이다. 산림 속의 명승지에 세워 과거를 위주로 하지 않고 오로지 학문學問과 수신修身을 위주로 하던 곳이다. 따라서 재야학자를 길러낸 대표적인 학자배출 요람이었던 것이다. 그 때문에 교재도 광범위하고 주로 성리학性理學을 토론하고 연구하는 데 뜻을 두었으며, 규약도 엄격하였다. 경영과 관리도 학자들이 스스로 해결하였으며 학생도 그 학자들의 명성을 듣고 각지에서 찾아드는 형식이었다. 경비는 학생의 자비自費와 서원이 가지고 있는 전지田地의 수입, 혹은 지방 유지의 보조로 하였으며, 정부로부터 일부 지원을 받기도 하였다.

　서원에는 동주洞主, 山長가 있어 서원의 주지자住持者이며 학사學舍, 학전學田을 마련하여 학생들의 유숙과 경작을 제공하였다. 이 서원은 송대 사회에 엄청난 영향을 끼쳤다. 사교육의 욕구를 충족시켰을 뿐만 아니라 자유로운 강학과 폭넓은 연구 분위기를 마련하여 새로운 학문을 마음 놓고 펼칠 수 있게 한 것이다. 이에 따라 송대 대표적인 학문, 즉 성리학이 꽃을 피웠고 그에 따라 자연스럽게 학파도 형성된 것이었다. 송대 대표적인 서원으로 白鹿洞書院(江西 九江 廬山), 嶽麓書院(湖南 長沙 嶽麓

〈白鹿洞書院〉
(江西 九江 廬
山)

山), 應天書院(河南 商丘 南湖), 石鼓書院(湖南 衡陽 石鼓山)을 (혹 石鼓書院대
신 嵩陽書院을 넣기도 함) 北宋四大書院이라 하며, 거기에 茅山書院(江蘇 句
容 茅山)과 嵩陽書院(河南 登封 嵩山)을 넣어 六大書院이라고도 한다.

　한편 이와 같은 송대의 숭문경무의 문약文弱에 흐른 풍조는 뒤에 북
쪽 이민족 거란契丹, 遼, 여진女眞, 金, 몽고蒙古, 元에게 시달리는 근본 원
인이 되기도 하였지만 대신 성리학性理學의 발달, 문장의 고박화古樸化,
치열한 학문 논쟁, 고문운동古文運動의 보편화 등에는 많은 공헌을 한
시기이기도 하였으며 그에 따라 당송팔대가唐宋八大家 중에 6명은 송대
에 출현한 문장가들이다.

2. 《文章軌範》의 체재와 편찬

　《문장궤범》이란 남송南宋 말 첩산疊山 사방득(謝枋得 : 1226-1289)이 위
와 같은 과거시험을 준비하는 초학자들을 위해 "문장 학습을 위한 정궤

宋代〈學童圖〉

正軌이며 전범典範이 되는 고문 문장"을 모아 편찬한 교재이다.

명대 왕수인(王守仁, 陽明)의 서문에 "蓋古文之奧, 不止於是, 是獨爲擧業者設耳"라 하여 목적은 과거 시험 준비를 위한 것에 한정된 것임을 밝혔다.

여기서 '문장'이란 고문을 뜻한다. 즉 당송팔대가를 중심으로 한 표준적인 문장 중에 답으로 쓸 논술문 예문으로 가장 적합한 것들이다.

이 책은 앞서 말한 송대 학문풍토와 과거제도를 통해 알 수 있듯이 분명하게 그 목적을 가지고 편찬된 것이다.

모두 7권 69편, 15명의 글을 택하고 비점批點을 가해 편찬한 것이다. 물론 당송팔대가의 문장이 기본이며, 여기에 삼국 시대 제갈량諸葛亮, 진대 도연명과 당의 원결元結, 두목杜牧, 그리고 송대 범중엄范仲淹, 신기질辛棄疾, 이구李覯, 이격비李格非, 호전胡銓 등의 글도 실려 있다.

모두 7권으로 나누되, 각권을 "侯王將相有種乎?"의 구절에서 한 글자씩 따서 이름을 붙였다. 이는 《사기史記》陳涉世家 "王侯將相寧有種乎?"

(왕, 제후, 장군, 재상이 어찌 씨가 따로 있겠는가?)의 구절에서 취한 것으로, "서민일지라도 과거에 응하여 급제하면 이렇게 높은 지위에 오를 수 있다"는 자신감을 주기 위한 것이다. 이에 급제한 다음의 부귀영화를 표현하여, 명청대 방간본에는 이를 "九重春色醉仙桃"로 바꾸어 꿈을 유도한 것도 있다.

아울러 1-2권은 방담문放膽文이라 하여 "마음 놓고 대담하게 뜻을 펼치고 싶은 대로 짓는 문장"의 예를 들었고, 3-7권은 소심문小心文이라 하여 "조심해서 다루어야 할 주제일 경우의 문장"의 예문을 들고 있다.

물론, 이 책이 나오기 전 고문 교본이 없었던 것은 아니다. 이를 테면 《文選》(梁, 蕭統), 《古文苑》(宋, 章樵 注), 《文苑英華》(宋, 李昉), 《唐文粹》(宋, 姚鉉), 《宋文鑑》(宋, 呂祖謙), 《文章正宗》(宋, 眞德秀), 《崇古文訣》(宋, 樓昉), 《古文關鍵》(呂祖謙), 《古文集成》(宋, 王霆震) 등이 있었다. 그러나 이들은 양이 많고 번다하여, 간결히 요점만을 익히기에는 많은 학습량을 요구해왔다. 이에 사방득은 69편의 표준 문장을 골라 권점비주(圈點批註)를 가해 학습자에게 제공했던 것이다. 따라서 韓愈(32편), 柳宗元(5), 歐陽修(5), 蘇洵(4), 蘇軾(12), 王安石(1), 諸葛亮(1), 陶淵明(1), 元結(1), 范仲淹(2), 辛棄疾(1), 李覯(1), 李格非(1), 杜牧(1), 胡銓(1) 등 15인 69편으로 한정한 것이다.

한편 이 책은 남송이 끝날 무렵 혼란기와 남송의 멸망으로 방간본坊間本, 坊刻本이 유행하였으며, 원, 명, 청을 거쳐 오면서 많은 간본이 쏟아졌고, 청대 「사고전서」에 수록되었다. 지금은 주로 《謝疊山先生評注四種合刻》본이 널리 알려져 있다.

이에 「사고전서四庫全書」에 실려 있는 王守仁(陽明)의 원서原序를 살펴보면 다음과 같다.

★《文章軌範》原序

宋謝枋得氏取古文之有資於塲屋者, 自漢迄宋, 凡六十有九篇. 標揭其篇章句字之法, 名之曰《文章軌範》, 蓋古文之奧, 不止於是, 是獨爲擧業者設耳. 夫自百家之言興, 而後有六經, 自擧業之習, 起而後有. 所謂古文, 古文之去, 六經遠矣, 由古文而擧業, 又加遠焉. 士君子有志聖賢之學, 而專求之於擧業, 何啻千里? 然中世以是取士, 士雖有聖賢之學, 堯舜其君之志, 不以是進, 終不大行於天下. 蓋士之始相見也, 必以贄. 故擧業者, 士君子求見於君之羔雉耳. 羔雉之弗飾, 是謂無禮. 無禮無所庸於交際矣. 故夫求工於擧業, 而不事於古, 作弗可工也弗. 工於擧業, 而求於倖進是, 僞飾羔雉, 以网其君也. 雖然, 羔雉飾矣, 而無恭敬之實焉, 其如羔雉何哉? 是故飾羔雉者, 非以求媚於主, 致吾誠焉耳;工擧業者, 非以要利於君致, 吾誠焉耳. 世徒見夫由科第而進者, 類多狥私媒利, 無事君之實, 而遂歸咎於擧業, 不知方其業. 擧之時, 惟欲釣聲利・弋身家之腴, 以苟一旦之得, 而初未嘗有其誠也. 鄒孟氏曰:「恭敬者, 幣之未將者也.」伊川曰:「自灑埽應對可以至聖人.」夫知恭敬之實, 在於飾羔雉之前, 則知堯舜其君之心, 不在於習擧業之後矣. 知灑埽應對之可以進於聖人, 則知擧業之可以達於伊傳周召矣. 正德丙寅(1506)仲秋旣望, 餘姚, 王守仁(陽明)序.

다음으로「사고전서총목제요(四庫全書總目提要)」(287)의 해제는 다음과 같다.

★《文章軌範》四庫全書提要(欽定四庫全書集部八.《文章軌範》總集類)
提要:

臣等謹案《文章軌範》(兩江總督採進本)七卷, 宋謝枋得編.
枋得有《疊山集》已著錄. 是集所錄, 漢晉唐宋之文, 凡六十九篇, 而韓愈之文居三十一, 柳宗元・歐陽修之文各五, 蘇洵之文四, 蘇轍之文十二, 其餘諸葛亮·陶潛·杜牧·范仲淹·王安石·李覯·李格非·辛棄疾人各一篇而已. 前二卷題曰〈放膽文〉, 後五卷題曰〈小心文〉, 各有批注圈點. 其六卷〈岳陽樓記〉一篇, 七卷〈祭田橫文〉·〈上梅直講書〉·〈三槐堂銘〉·〈表忠觀碑〉·〈後赤壁賦〉·〈阿房宮賦〉·〈送李愿歸盤谷〉七篇, 皆有圈點而無批注. 蓋偶無獨見, 卽不塡綴以塞. 白猶古人淳實之意, 其〈前出師表〉·〈歸去來詞〉, 乃併圈點亦無之, 則似有所寓意, 其門人王淵濟跋謂漢:「丞相晉處士之大義清節, 乃枋得所深致意, 非附會也.」前有王守仁序稱:「爲當時擧業而作. 然凡所標擧, 動中窾會, 要之古文之法, 亦不外此矣.」舊本以'王侯將相有種乎?'七字, 分標七卷. 近刻以'九重春色醉仙桃'七字易之. 觀第三卷, 批有先熟王侯兩集之語, 則此本爲枋得原題, 近刻乃以意改竄之. 雖無關大義, 亦足見坊刻之好改古書, 不可據爲典要也.

乾隆四十二年十月恭校上總纂官 臣紀昀

臣陸錫熊·臣孫士毅.

總校官 臣陸費墀.

한편《文章軌範補注》에는 "按：世所行《文章軌範》凡二通, 一爲〈小字本〉, 前有目錄及王淵濟識語, 蓋係從其原本而刻之 ; 一爲〈大字本〉, 係韓人傳刻, 前無目錄及識語, 殆缺脫也. 若〈提要〉所載, 稱前有王守仁序, 卽明是係明時覆刻, 知彼土旣佚其舊帙也"라 하여 〈小字本〉은 目錄과 王淵濟의 지어 識語가 있어, 원본을 따라 판각한 것이며, 〈대자본大字本〉은 조선에서 판각한 것으로 목록과 지어가 없어 탈락된 것으로, 明나라 때 왕수인陽明의 서문에 의하면 명나라 때는 이미 원본이 사라진 것이라 하였다.

3. 조선시대의《文章軌範》

이 책이 우리나라에 전해온 과정은 확실치 않으나 조선시대 이미 매우 활발하게 복각본이 쏟아져 나와 널리 애용되었음은 여러 판본과 기록 등으로 알 수 있다. 지금 우리나라에 전하는 판본으로, 중국 版本으로는 上海 著易堂 石板本(2책)이 각 대학 도서관 고문서로 가장 많이 소장되어 있고, 民國 16년(1927) 上海 掃葉山房의 7권 4책 石印本에는 咸豊 2년(1852) 潯陽 萬靑銓의 지어識語가 실려 있는 판본이 있다.

그리고 조선 판본으로는 규장각 등에 《疊山先生批點文章軌範》7책 2권 목판본 등이 있으며 간기는 알 수 없으나 명종明宗 연간으로 추정하고 있다. 그리고 정신문화연구원에는 같은 제목의 1책이 있으며 이는 선조宣祖 이전으로 추정하고 있다.

특히 雅丹文庫에 소장된 것으로 訓練都監字로 찍은 활자본에는 첫머리에 "《眞寶》·《軌範》, 世間竝行之書也. ……"라 하여 《詳說古文眞寶大全》 부록의 앞 설명과 같은 내용이 실려 있다. 한편 특이한 점은 인조仁祖 이전 일부 판본은 《고문궤범》으로 서명을 바꾸어 출간한 예도 있어, 실제 《고문진보》와 함께 같은 계열임을 알도록 한 것이 아닌가 한다. 즉 정신문화연구원 소장의 목판본은 서명이 "《古文軌範》謝枋得"으로, 연세대 소장의 목판본은 "《古文軌範補遺》乙集謝枋得"으로 되어 있어 '文章'을 '古文'으로 바꾼 것이 보인다.

이에 국내 소장 목록을 보면 다음과 같다.
○《文章軌範》: 謝枋得(著), 上海 著易堂 2책, 石版本. 고826. (建國大)
○《文章軌範》: 謝枋得(宋)撰 套印本 桐陰書屋, 廣西 9년(1883) 7권2책. (奎章閣)
○《文章軌範》: 謝枋得(編), 印本, 上海 著易堂. 7권4책. 咸豊 2년(1852) 萬靑銓(序) (梨花女大)
○《文章軌範》: 謝枋得(宋)編, 石印本, 上海 掃葉山房, 7권4책. 民國 16년(1927) (成均館大)
○《文章軌範》: 謝枋得(編次), 刊年未詳, 1책. "眞寶軌範, 世間竝行之書也……"의 서문이 있음. (雅丹文庫)
○《文章軌範》: 謝枋得(編) 寫本. (延世大)
○謝疊山先生《文章軌範》: 謝枋得(宋) 編次. 石印本, 上海 著易堂書局, 刊年未詳. (精神文化研究院)

○謝疊山先生《文章軌範》:謝枋得(撰), 上海 著易堂, 7권4책. (高麗大)

○謝疊山先生《文章軌範》:謝枋得(編), 石印本, 王陽明 序文. 咸豐 2년 萬靑銓 跋文. (延世大)

○謝疊山先生《文章軌範》:謝枋得(編), 木版本, 7권2책, 咸豐 2년 萬靑銓 謹識. (延世大)

○謝疊山先生批點《文章軌範》:謝枋得(宋)編, 木版本, 7권2책. (延世大)

○疊山先生批點《文章軌範》:謝枋得(宋)編次, 木版本, 仁祖以前, 7권1책. (精神文化硏究院)

○疊山先生批點《文章軌範》:謝枋得(宋)編, 木版本, 中宗—宣祖 20(1506–1587)年間, 零本 1 책, 4–6 一冊以外缺. (高麗大 新菴文庫)

○疊山先生批點《文章軌範》:謝枋得(宋)著, 木活字本(倣己卯字體), 壬辰(1592)以前, 零本 1 책. (高麗大 華山文庫)

○疊山先生批點《文章軌範》:謝枋得(宋)編次, 中宗—明宗年間, 7권2책. (高麗大, 晚松文庫)

○疊山先生批點《文章軌範》:謝枋得(宋)編, 木版本, 刊年未詳, 7권2책. (高麗大 晚松文庫)

○疊山先生批點《文章軌範》:謝枋得(宋)編次, 木版本, 刊年未詳. 卷1. (國立中央圖書館)

○疊山先生批點《文章軌範》:謝枋得(宋)編次, 木版本, 中宗—明宗연간, 7권2책. (高麗大 晚松文庫)

○疊山先生批點《文章軌範》:謝枋得(宋)批點, 木版本, 7권1책. (雅丹文庫)

○疊山先生批點《文章軌範》:謝枋得(宋)批點, 木版本, 壬亂以後, 3권1책. (東國大)

○疊山先生批點《文章軌範》:謝枋得(宋)批點, 寫本, 高宗 8년(1870), 1책. 寫記:"同治九年庚 午(1870)七月, 書于莞田"이라 함 (東國大)

○疊山先生批點《文章軌範》:謝枋得(宋)編次, 木版本, 永川. 刊記:"丙戌八月日, 永川開刊" 이라 함. (雅丹文庫)

○疊山先生批點《文章軌範》:謝枋得(宋)編, 寫本, 1책. (雅丹文庫)

○疊山先生批點《文章軌範》:謝枋得(宋)編, 寫本, 3권1책. (雅丹文庫)

○疊山先生批點《文章軌範》:謝枋得(宋)編, 寫本, 4권1책. 말미:"崇禎後三庚午(1750)孟春下 澣外孫金洛源拜手謹書"로 되어 있음. (雅丹文庫)

○疊山先生批點《文章軌範》:謝枋得(宋)編次, 木版本, 1권. (國立中央圖書館)

○疊山先生批點《文章軌範》:謝枋得(宋)編次, 木版本, 3권1책. (檀國大)

○疊山先生批點《文章軌範》:謝枋得(宋)編次, 寫本, 4권1책. (檀國大)

○疊山先生批點《文章軌範大全》:謝枋得(宋)編次, 活字本, 肅宗—英祖間, 零本 1책. (高麗 大 石洲文庫)

○《古文軌範》:謝枋得(宋)編, 木版本, 仁祖이전, 1책. (精神文化硏究院)

○《古文軌範補遺》乙集:謝枋得(編), 木版本, 零本 76張, 外題:「古文斝件」. (延世大)

○百家評注《續文章軌範》:鄒守益(批選), 王世貞(訓註), 李廷機(集評), 石印本, 上海 掃葉山 房, 民國 16(1927), 4권4책, 序文 王體仁(撰). (延世大)

※ 이상은 建國大 《藏書目錄》(1984), 李相殷 《古書目錄》(保京文化社, 1987), 全寅初(主編) 《韓國所藏中國漢籍總目》(學古房, 2005), 朝鮮總督府 《朝鮮圖書解題》(1919) 등을 참고하여 정리한 것임.

4. 《古文眞寶》와 《文章軌範》

《詳說古文眞寶大全》 부록에는 《眞寶》와 중복되는 것을 제외하고 《文章軌範》에만 있는 27편을 싣고 있으며 그 목록 다음에 협주夾註로 "疊山先生謝枋得君直編次"라 하고, 이어서 "《眞寶》·《軌範》, 世間竝行之書也. 《軌範》凡七編, 以'侯王將相有種乎'七字爲號, 其文共六十九篇, 而四十二則 《眞寶》中已錄. 故其餘二十七篇, 今附刊於《眞寶》之末, 因書《軌範》, 目錄於下, 以便參考云"이라 하였다.

《고문진보》는 조선시대 가장 널리 알려진 고시문古詩文 학습교재였다. 그런데 양은 그보다 적지만 문장위주로 엮었으며, 편찬자가 확실하고, 비점주석批點注釋 또한 명료한 이 《문장궤범》을 중시하지 않을 수 없었다. 특히 《고문진보》는 우재(迂齋, 樓昉. 宋 紹熙 年間의 학자로 呂祖謙의 제자이며 아우 樓昞과 함께 文名을 떨쳤음. 《崇古文訣》을 지음)의 《숭고문결(崇古文訣)》을 옮겨 놓은 주석이 위주이며, 양이 많고 일부 오류도 있고, 전편은 고체시古體詩가 있어, 문장만을 간결하게 학습하는 데는 이 《문장궤범》에 미치지 못한다. 이에 조선시대 《상설고문진보대전》(明版本)을 복간하면서 당연히 《문장궤범》을 주목하게 되었던 것이다. 그런데 마침 《고문진보》(後集)에는 이 《문장궤범》 69편 중 이미 42편이 들어 있어, 나머지 27편만 실으면 두 책을 완전히 학습하는 셈이 된다. 매우 편리한 편집인 셈이며 별도로 《문장궤범》을 출간하지 않아도 되는 것이었다. 이에 《문장궤범》에만 있는 27편을 보이면 다음과 같다.

No.	《文章軌範》		〈제목〉	作者
1	卷1(侯)	(001)	〈與于襄陽書〉	韓愈
2	〃	(003)	〈代張籍與李淛東書〉	〃
3	〃	(005)	〈與陳給事書〉	〃
4	〃	(006)	〈後十九日復上宰相書〉	〃
5	〃	(007)	〈應科目時與人書〉	〃
6	〃	(012)	〈送高閑上人序〉	〃
7	〃	(013)	〈送殷員外使回鶻序〉	〃
8	〃	(014)	〈原毁〉	〃
9	卷2(王)	(022)	〈春秋論〉	歐陽脩
10	卷3(將)	(025)	〈春秋論〉	蘇洵
11	〃	(027)	〈鼂錯論〉	蘇軾
12	〃	(028)	〈留侯論〉	〃
13	〃	(029)	〈秦始皇扶蘇論〉	〃
14	〃	(031)	〈荀卿論〉	〃
15	卷4(相)	(034)	〈上高宗封事〉	胡銓
16	卷5(有)	(040)	〈雜說上〉	韓愈
17	〃	(043)	〈送董邵南序〉	〃
18	〃	(044)	〈送王含秀才序〉	〃
19	〃	(045)	〈答李秀才書〉	〃
20	〃	(046)	〈送許郢州序〉	〃
21	〃	(047)	〈贈崔復州序〉	〃
22	〃	(048)	〈讀李翶文〉	歐陽脩
23	卷6(種)	(052)	〈柳子厚墓誌〉	韓愈
24	〃	(054)	〈書箕子廟碑陰〉	柳宗元
25	〃	(056)	〈跋紹興辛巳親征詔草〉	辛棄疾
26	卷7(乎)	(060)	〈祭田橫墓文〉	韓愈
27	〃	(061)	〈上梅直講書〉	蘇軾

　　다음으로 《고문진보》(후집)와 중복되는 42편을 표로 보이면 다음과
같다.

No.	卷	《軌範》No.	〈題目〉	作者	《眞寶》위치
1	1侯字集	002	〈後二十九日復上宰相書〉	韓愈	卷4 (048)
2		004	〈上張僕射書〉	〃	卷2 (025)
3		008	〈答陳商書〉	〃	卷2 (027)
4		009	〈送石洪處士序〉	〃	卷3 (039)
5		010	〈送溫處士赴河陽軍序〉	〃	卷3 (040)
6		011	〈送楊少尹序〉	〃	卷3 (038)

No.	卷	《軌範》No.	〈題目〉	作者	《眞寶》위치
7	2王字集	015	〈爭臣論〉	〃	卷3 (032)
8		016	〈諱辨〉	〃	卷4 (046)
9		017	〈桐葉封弟辯〉	柳宗元	卷5 (059)
10		018	〈與韓愈論史論〉	〃	卷5 (054)
11		019	〈晉文公問守原議〉	〃	卷5 (060)
12		020	〈朋黨論〉	歐陽脩	卷7 (082)
13		021	〈縱囚論〉	〃	卷7 (081)

No.	卷	《軌範》No.	〈題目〉	作者	《眞寶》위치
14	3將字集	023	〈管仲論〉	蘇洵	卷7 (085)
15		024	〈高祖論〉	〃	卷7 (087)
16		026	〈范增論〉	蘇軾	卷9 (106)
17		030	〈王者不治夷狄論〉	〃	卷9 (105)

No.	卷	《軌範》No.	〈題目〉	作者	《眞寶》위치
18	4相字集	032	〈原道〉	韓愈	卷2 (023)
19		033	〈與孟簡尙書書〉	〃	卷2 (028)
20		035	〈潮州韓文公廟碑〉	蘇軾	卷8 (091)
21		036	〈上田樞密書〉	蘇洵	卷7 (089)
22		037	〈上范司諫書〉	歐陽脩	卷6 (074)

No.	卷	《軌範》No.	〈題目〉	作者	《眞寶》위치
23	5 有 字 集	038	〈師說〉	韓愈	卷4 (043)
24		039	〈獲麟解〉	〃	卷4 (045)
25		041	〈雜說下〉	〃	卷4 (044)
26		042	〈送薛存義序〉	柳宗元	卷5 (062)
27		049	〈讀孟嘗君傳〉	王安石	卷6 (073)

No.	卷	《軌範》No.	〈題目〉	作者	《眞寶》위치
28	6 種 字 集	050	〈前出師表〉	諸葛亮	卷1 (009)
29		051	〈送浮屠文暢師序〉	韓愈	卷2 (029)
30		053	〈大唐中興頌序〉	元結	卷2 (021)
31		055	〈嚴先生祠堂記〉	范仲淹	卷6 (068)
32		057	〈袁州學記〉	李覯	卷9 (108)
33		058	〈書洛陽名園記後〉	李格非	卷10 (121)
34		059	〈岳陽樓記〉	范仲淹	卷6 (069)

No.	卷	《軌範》No.	〈題目〉	作者	《眞寶》위치
35	7 乎 字 集	062	〈三槐堂銘〉	蘇軾	卷8 (096)
36		063	〈表忠觀碑〉	〃	卷8 (097)
37		064	〈送孟東野序〉	韓愈	卷3 (037)
38		065	〈前赤壁賦〉	蘇軾	卷8 (092)
39		066	〈後赤壁賦〉	〃	卷8 (093)
40		067	〈阿房宮賦〉	杜牧	卷5 (064)
41		068	〈送李愿歸盤谷序〉	韓愈	卷4 (041)
42		069	〈歸去來辭〉	陶潛	卷1 (014)

5. 일본에서의 《文章軌範》

일본은 일찍부터 이 책에 대해 주목해 왔다. 방간본이 널리 퍼지면서 사첩산謝疊山 원본의 "侯王將相有種乎?"의 일곱 글자를 "九重春色醉仙

桃"로 바꾸어 편명을 정한 것이 유행하기도 하였다. 게다가 특히 조선판 朝鮮版 복각본은 일본에서 널리 애용되었던 것으로 알려져 있다. 즉 조선판 복각본은 제 5권 목록 〈독이고문讀李翺文〉 다음에 사방득 문인門人 왕연제王淵濟의 지어識語라 하여 "此篇除點抹, 係先生親筆外, 全篇却無一字批註"라 하였고, 제 6권 목록 다음 〈악양루기岳陽樓記〉 다음에는 "此一篇先生親筆, 祇有圈點而無批註. 如〈前出師表〉, 則倂圈點亦無之, 不敢妄以己意增益, 姑仍其舊. 淵濟謹識"라 하였으며, 제 7권 목록 다음의 〈귀거래사歸去來辭〉에는 "右此集, 惟〈送孟東野序〉·〈前赤壁賦〉, 係先生親筆批點. 其他篇僅有圈點而無批註, 若夫〈歸去來辭〉, 則與種字集〈前出師表〉, 一同倂圈點亦無之. 蓋漢丞相, 晉處士之大義淸節, 乃先生之所深致意者也. 今不敢妄自增益, 姑闕之以俟來者. 門人王淵濟謹識"라 한 구절이 있다라고 하였다.

일본은 그 뒤 伊東龜年의 《文章軌範評林》 등이 나온 이후 海保漁村은 평생 이 책을 애독하면서 조선판본에 주의하여 〈원참복각본〉과 〈조선판복각본〉을 참조하여 마침내 《文章軌範補注》를 내었고, 이것이 동경제국대학 도서관에 수장되었다. 이를 다시 義子元起(호 竹遷)가 세밀하게 가필하여 널리 알려지게 되었으며, 이것이 그 뒤 〈漢文大系〉에 수록되었던 것이다. 한편 海保漁村은 이름은 元備, 자는 純卿이며, 漁村은 지명으로 그의 호가 된 것이다. 그는 安政 4년(1857) 醫學直舍가 되었으며 뒤에 儒學敎授가 되어 활동하다가 慶應 2년(1869) 69세로 생을 마친 인물이다. 그의 저술로는 《周易古占法》, 《漁村文話》, 《文章軌範補注》 등이 있다.

그 외 일본은 大正 5년(1916) 早稻田大學에서 〈漢籍國字解全書〉 全集을 내면서 《文章軌範》(34)은 松平破天荒齋의 〈講述本〉을 넣었고, 海保漁村의 《漁村文話》와 그 續編을 싣고 있으며, 심지어 明代 鄒守益의 《續文

章軌範》(35)까지 싣고 있다. 그리고 《文章軌範補注》는 〈漢文大系〉에 실려 있다. 그의 서문은 다음과 같다.

★〈文章軌範補注序〉·················· (日)海保元備

嘗聞葉水東之言曰：「宋儒批撰文章, 前有呂東萊(祖謙), 次則樓迂齋(昉), 周應龍. 又其次則謝疊山(枋得)也.」蓋是編之爲世所貴重也尙矣. 乃在今日, 應龍之書久已無聞, 呂氏《關鍵》僅止二卷, 而樓氏《崇古文訣》, 積至於三十餘卷, 多寡不倫. 均有所不便. 獨是書繁簡得中, 其所採出入漢晉唐宋之間, 不必斤斤主於一家, 其抉擇精審, 極有不可磨之見焉. 宜其流傳之歷久而不已也. 竊謂：文章至於後漢而衰, 至於晉氏而復衰, 其間唯有武侯(孔明)之表(〈出師表〉), 靖節(淵明)之辭(〈歸去來辭〉), 稱爲中流一柱, 存之以見古文正派之所在, 不隨世而變. 要有一賢人出乎其間, 足以維挽之矣. 蓋其人之與言, 足爲世模則錄之, 其拳拳有取乎范希文(仲淹)·辛稼軒(棄疾)·胡澹菴(銓)等, 皆所以維持人倫世道, 最見其奇託匪淺也. 他則唐唯韓愈之文獨多, 宋則取歐陽·蘇氏居多, 蓋推唐宋古文之極盛, 必歸重於此. 其餘諸子或有起而開其先者, 或有感而興焉者. 凡皆所以見古文之一脈焉. 要之人各存一家矩度, 篇各有一家優長處. 後之學者, 知各家矩度之所在, 就各家優長處而求之, 涵濡而融會之, 取諸此而有餘, 此蓋疊山所以著是書之微意也歟! 抑又嘗攷之, 宋儒往往佞程氏, 則動不滿於東坡(軾), 喜朱子(熹), 則倂過尊於南豐(曾鞏), 是集於坡公, 採入不寡, 於南豐則不登一字, 蓋其胸中別自有卓不可磨之見, 亦于此見之矣. 余年來愛讀是書, 凡遇字句當注明者, 時疏記之, 以便誦習, 雖未必能知古人矩度所在, 亦庶幾乎足以見文家錯辭有本, 使事有典矣. 玆課及門之彦, 日校錄數葉, 而二三子密勿從事, 故僅未一歲, 便能成編, 得都合七卷, 但檢尋有未徧, 耳目有未及, 深愧數典而忘祖, 挂一而漏百, 在所不免, 要竢益我者, 更補改之.

安政丁巳臘月十有二夜燈下書. 漁村老人源元備.

Ⅱ 편자 사방득(謝枋得:1226-1289)

사방득은 남송말의 문학가
이며 충신으로 자는 군직君直,
호는 첩산疊山, 별호는 의재依
齋, 신주信州 익양弋陽, 지금의 江
西 사람이다. 남송 말 이종理
宗 보우寶祐 4년(1256) 문천상
文天祥과 함께 진사에 급제하
여 이듬해 교관敎官 복시에 응
시하여 경과經科에도 합격하였
다. 당시 몽고가 대거 남침하자
그는 오잠吳潛의 부름에 응하
여 민병民兵을 모집, 원병元兵
에 대항하기도 하였으며 다시
고관考官에 임명되었지만 당시
재상 가사도賈似道에게 미움을

〈謝枋得〉상

받아 멀리 쫓겨났다가 도종度宗 함순咸淳 3년(1267) 조정으로 돌아왔다.
다시 공제恭帝 덕우德祐 원년(1275) 강동제형江東提刑, 강서조유사지신주江
西詔諭使知信州의 직위에 나섰으나 원의 침입으로 나라가 기울어 남송이
망해가는 모습을 보고 건녕建寧의 당석산唐石山으로 피신하였다가 건양
建陽에 숨어 살 집터를 물색하고는 가족과 흩어진 채 홀로 독서로 시간
을 보냈다. 그 때 아내 이씨李氏는 두 아들을 데리고 귀계산貴溪山에 숨
어들었다가 포로가 되자 스스로 자결하였으며, 사방득의 어머니 계씨桂
氏 역시 아들과 며느리 손자가 모두 죽고 고통을 당한다는 소식을 듣고
도 "의로 보아 당연하다"고 태연히 여겼다 하여, 《송사宋史》 열녀전列女傳
에 실리기도 하였다. 사방득은 결국 1279년 남송 마지막 임금 조병趙昺

때 나라가 망하자 민중閩中, 지금의 福建省에 우거하며 저술과 독서로 망국의 분을 사기고 있었다. 원나라는 여러 차례 그를 불러 벼슬을 권하였으나 끝까지 반대하자 마침내 원의 수도 대도大都, 지금의 北京로 끌려가 협박과 회유에 뜻을 굽히지 않은 채 절식絶食하다가 자결해 생을 마쳤다. 시호는 문절文節이다.

그는 구양수歐陽修와 소식蘇軾을 숭앙하여 항상 "歐蘇起遐方僻壤, 以古道自任, 發爲詞華, 經天緯地, 天下學士皆知所宗"이라 하였다. 그리고 송말宋末의 문풍에 대해 〈여양석계서與楊石溪書〉에 "七十年來, 文體卑陋極矣"라 하며 많은 불만을 가지고 있었으며, 이에 따라 당송고문가唐宋古文家의 문체를 다시 진흥시키는 것을 자신의 임무로 삼았다. 그리하여 과거에 응하는 학자들을 위해 《문장궤범文章軌範》을 편찬하였고, 시를 익히는 이들을 위해 몽학교재 《천가시千家詩》를 완성하기도 한 것이다. 그의 산문은 격조가 높고 기세가 강하였다. 그는 가헌稼軒, 辛棄疾을 높이 여겨, "精忠大義, 不在張忠獻·岳武穆下"라 하였으며, 〈초도건녕부시初到建寧賦詩〉에서는 "雪中松柏愈靑靑"이라 하여 자신의 절의에 비유하기도 하였다.

《첩산집疊山集》(16권)이 〈사부총간四部叢刊〉에 실려 있고 《송사宋史》425에 그의 전이 있다.

Ⅲ 謝枋得 관련 자료

1. 《宋史》(425) 謝枋得傳

謝枋得字君直, 信州弋陽人也. 爲人豪爽. 每觀書, 五行俱下, 一覽終身不忘. 性好直言, 一與人論古今治亂國家事, 必掀髥抵几, 跳躍自奮, 以忠義自任. 徐霖稱其「如驚鶴摩霄, 不可籠絷.」

像遺公山疊

〈謝疊山〉(枋得)

贊曰

學通今古　忠貫日月　効勞王家　恪修臣職

嗚呼斯人　周之召虎

潁陽居士苫國撰

寶祐中, 學進士, 對策極攻丞相董槐與宦官董宋臣, 意擢高第矣, 及奏名, 中乙科. 除撫州司戶參軍, 即棄去. 明年復出, 試教官, 中兼經科, 除教授建寧府. 未上, 吳潛宣撫江東西, 辟差幹辦公事. 團結民兵, 以扞饒信撫, 科降錢米以給之. 枋得說鄧·傅二社諸大家, 得民兵萬餘人, 守信州, 暨兵退, 朝廷覈諸軍費, 幾至不免.

五年, 彗星出東方, 枋得考試建康, 摘似道政事爲問目, 言:「兵必至, 國必亡.」漕使陸景思銜之, 上其稿於似道, 坐居鄉不法, 起兵時冒破科降錢, 且訕謗, 追兩官, 謫居興國軍. 咸淳三年, 赦, 放歸. 德祐元年, 呂文煥導大元兵東下鄂·黃·蘄·安慶·九江, 凡其親友部曲皆誘下之, 遂屯建康. 枋得與呂師夔善, 乃應詔上書, 以一族保師夔可信, 乞分沿江諸屯兵, 以之爲鎭撫使, 使之行成, 且願身至江州見文煥與議. 從之, 使以沿江察訪使行, 會文煥北歸, 不及而反.

以江東提刑·江西招諭使知信州. 明年正月, 師夔與武萬戶分定江東地, 枋得以兵逆之, 使前鋒呼曰:「謝提刑來.」呂軍馳至, 射之, 矢及馬前. 枋得走入安仁, 調淮士張孝忠逆戰團湖坪, 矢盡, 孝忠揮雙刀擊殺百餘人. 前軍稍却, 後軍繞出孝忠後, 衆驚潰, 孝忠中流矢死. 馬奔歸, 枋得坐敵樓見之, 曰:「馬歸, 孝忠敗矣.」遂奔信州. 師夔下安仁, 進攻信州, 不守. 枋得乃變姓名, 入建寧唐石山, 轉茶坂, 寓逆旅中, 日麻衣躡屨, 東向而哭, 人不識之, 以

〈文節公謝枋得〉(聖賢像傳畧)

爲被病也. 已而去, 賣卜建陽市中, 有來卜者, 惟取米屨而已, 委以錢, 率謝不取. 其後人稍稍識之, 多延至其家, 使爲孝子論學. 天下既定, 遂居閩中.

至元二十三年, 集賢學士程文海薦宋臣二十二人, 以枋得爲首, 辭不起. 又明年, 行省丞相忙兀台將旨詔之, 執手相勉勞. 枋得曰:「上有堯舜, 下有巢由, 枋得名姓不祥, 不敢赴詔.」丞相義之, 不強也. 二十五年, 福建行省參政管如德將旨如江南求人材, 尙書留夢炎以枋得薦, 枋得遺書夢炎曰:「江南無人材, 求一瑕呂飴甥·程嬰·杵臼廝養卒, 不可得也. 紂之亡也, 以八百國之精兵, 而不敢抗二子之正論, 武王·太公凜凜無所容, 急以興滅繼絕謝天下. 殷之後遂與周並立. 使三監·淮夷不叛, 武庚必不死, 殷命必不黜. 夫女眞之待二帝亦慘矣. 而我宋今年遣使祈請, 明年遣使問安, 王倫一市井無賴·狃邪小人, 謂梓宮可還, 太后可歸. 終則二事皆符其言. 今一王倫且無之, 則江南無人材可見也. 今吾年六十餘矣, 所欠一死耳, 豈復有它志哉!」終不行. 郭少師從瀛國公入朝, 既而南歸, 與枋得道時事, 曰:「大元本無意江南, 屢遣使使頓兵, 令毋深入, 待還歲幣卽議和, 無枉害生靈也. 張宴然上書乞斂兵從和, 上卽可之. 兵交二年, 無一介行李之事, 乃挈數百年宗社而降.」因相與痛哭.

福建行省參政魏天祐見時方以求材爲急, 欲薦枋得爲功, 使其友趙孟迎來言, 枋得罵曰:「天祐仕閩, 無毫髮推廣德意, 反起銀冶病民, 顧以我輩飾好邪?」及見天祐, 又傲岸不爲禮, 與之言, 坐而不對. 天祐怒, 強之而北. 枋得卽日食菜果.

二十六年四月, 至京師, 問謝太后欑所及瀛國所在, 再拜慟哭. 而已病, 遷憫忠寺, 見壁間曹娥碑, 泣曰:「小女子猶爾, 吾豈不汝若哉!」留夢炎使醫持藥雜米飲進之, 枋得怒曰:「吾欲死, 汝乃欲生我邪?」棄之於地, 從不食而死. 伯父徽明以特奏恩爲當陽尉, 攝縣事, 時天基節上壽, 大元兵奄至, 徽明出兵戰死, 二子趨進抱父屍, 亦死.

論曰: 謝枋得嶔崎以全臣節, 皆宋末之卓然者也.

2.《宋史》(460) 列女傳(謝枋得妻 李氏傳)

《繪圖千家詩注釋》표지

謝枋得妻李氏, 饒州安仁人也. 色美而慧, 通女訓諸書. 嫁枋得, 事舅姑·奉祭·待賓皆有禮. 枋得起兵守安仁, 兵敗逃入閩中. 武萬戶以枋得豪傑, 恐其扇變, 購捕之, 根及其家人. 李氏攜二子匿貴溪山荊棘中, 采草木而食. 至元十四年冬, 信兵蹤跡至山中, 令曰:「苟不獲李氏, 屠而墟!」李聞之, 曰:「豈可以我故累人? 吾出, 事塞矣!」遂就俘. 明年, 徙囚建康. 或指李言曰:「明當沒入矣.」李聞之, 撫二子, 凄然而泣. 左右曰:「雖沒入, 將不失爲官人妻, 何泣也?」李曰:「吾豈可嫁二夫耶!」顧謂二子曰:「若幸生還, 善事吾姑, 吾不得終養矣.」是夕, 解裙帶自經獄中死.

枋得母桂氏尤賢達, 自枋得迸播, 婦與孫幽遠方, 處之泰然, 無一怨語. 人問之, 曰:「義所當然也.」人稱爲賢母云.

3.《庶齋老學叢談》

天兵南下時, 疊山謝先生率衆勤王, 潰散而逃, 兵至上饒, 拘謝母, 必欲得其子, 母曰:「老婦今日當死, 不合教子讀書知禮義, 識得三綱五常, 是以有今日患難. 若不知書, 不知禮義, 不識三綱五常, 那得許多事? 老婦願得早死.」
且語言雍容, 略無愁歎之意. 主者無如之何, 逐釋之, 鉛山葉有大說.

4.《輟耕錄》

謝君直先生(枋得), 號疊山, 信州弋陽人. 宋景定甲子, 江東漕闈校文, 發
策問權姦誤國, 趙氏必亡, 忤賈似道, 貶興國軍, 三年遇赦得還. 天兵南下,
郡城潰, 棄家入閩, 至元二十三年, 御史程文海承旨留夢炎等, 交薦累召, 不
赴. 二十六年, 春正月, 福建行省參知政事魏天祐復被詔旨, 集守令戍將, 迫
蹙上道, 臨行, 以詩別常所往來者曰:

『雪中松柏愈靑靑, 扶植綱常在此行.
　天下豈無龔勝潔, 人間不獨伯夷淸.
　義高便覺生堪捨, 禮重方知死甚難.
　南八男兒終不屈, 皇天上帝眼分明.』
夏四月, 至京師. 不食死. 年六十有四. 秋八月, 子定之奉柩歸葬, 門人誄
而題之, 曰:「文節先生謝公墓.」「嗟乎! 伯夷叔齊在周雖爲頑民, 而在商則
爲義士. 孰謂數千載後, 有商義士之風者, 復見先生焉?」

5.〈王原吉逢梧溪集〉(卷3)

「題謝疊山先生所撰〈高士薛君墓誌銘後〉」(有序)

君名伯英, 字俊夫, 號秋潭. 貴溪儒家子也. 學《老子》於龍虎山. 理宗朝,
以術排潮, 復驅旱魃, 咸有徵, 召見復古殿, 甚異之. 事父母孝, 義於兄弟,
上淸宮有古琴, 善琴者以爲'東南奇寶, 流落塵人家四十年'. 君常曰:「此山中
舊物, 人所共珍, 何忍使同俗物乎?」謀厥弟, 空囊中得錢千緡贖歸, 與其徒

疊山集卷一

　　　　　宋　謝枋得　撰

五言古詩

謝劉純父惠布

嘉樹種木綿天何厚八閩厥土不宜桑蠶事殊艱辛木
綿收千株八口不憂貧江東得此種亦可致富殷奈何
來瘴癘或者畏蓍受吾知饒信間蠶月如岐邠兒童皆
衣帛宣但奉老親婦女賤羅綺賣絲買金銀角齒不薰
與天道斯平均所以木綿利不異江東人避衣木葉
朒肯蓋懸鶉天下有元惠孔融顧卜隣綈袍望不及共
裹心自仁贈我以兩端腋意擬倫絺繢皆作貢此物不
過綿純羔縫不足貴狐難剪綵絲繢皆作貢此物不
薦陳皇非楚越欲隱遺遺小民詩多草木名箋疏諄
尊國家無楚越欲識固無因栽為大裘窮冬勝三春
拜嘉重感激觸物尤酸辛呼嗟彼寒谷鄒律今不神三

宮坐穹廬兩雪或十旬安得移此惠飛到君王身塞上
寒圍指挾纊誰為溫人各賜兩端貴銀貳萬斤大軍四
十萬談笑掃煙塵感君道義交何異骨肉親可與知者
道衆人笑且唲玉案未能報瓊琚情則真春秋二百年
幣交義君臣李札有贈好千古尚如新

謝張四居士惠紙衾

何年搗玉楮瑩潔無滓清興厭純綿安有塵可振夜
卧白晝中冰雪心不券覺梅花香爐紅絕煙熅疑到
玉皇前俯視日月暈人間羅綺帳何異錦覆糞吾慕
寒人從師將魯隣爵祿不在汶獨憐無禍
民茅簷凍欲僵大裘正萬丈德心久廣運天下皆無寒
孔孟有素蘊顧與物為春衾鐵吾不慍以君志趣高惠
我無俗韻縮帶報紵衣僑札真契分

謝人惠米線

玉粒百穀王有功滿人寰春磨作瓊屑飛雷落九關翁
張化瑤線絚直又可彎湯鑊每沸騰玉龍自相扳銀濤

謝枋得《疊山集》(四庫全書)

共之, 有弟爲游士累, 貪吏因羅織之, 勢窮矣. 君盡力以救, 不足則率兄弟爲士農者, 傾常産以脫急難. 謝先生曰:「以君志誼持爲天下用, 豈肯聽祖宗神州赤縣, 淪沒百三十年, 而不歸乎? 豈肯視生靈怨愁, 國步顛危, 而不出一策拯救乎? 韓退之見當世無偉才, 朝廷無忠臣義士, 遂疑忠臣材德之民, 迷溺於佛老之敎, 而不出一得廖道士, 警喜如見異人, 吾嘗恨不見廖道士者矣. 惜吾生同郡, 而不及與之言也.」其推重如此. 君咸淳六年卒. 族曾孫毅夫以詩靖, 敬題四韻:

『野服辭天子, 山居味道眞.
　力能歸舊物, 義不外彝倫.
　雨協雲霓望, 潮回白馬神.
　仙風高百世, 讜論感孤臣.』

6.〈王文恪公集〉

○「謝疊山先生像贊」

『噫古帝王, 自立中國.
　元爲長蛇, 吞噬罔極.
　河海奔潰, 左袵雜結.
　時維信國, 泊我疊山.
　奮不顧身, 障彼狂瀾.
　公身可殺, 公義莫效.
　至今耿耿, 光耀日月.
　視彼奸佞, 靦顔穹廬.
　與公所得, 孰少孰多?
　袍笏履絇, 神物呵守.

公應不亡, 公其有後.』

○「疊山夫人李氏像贊」

『公信大義, 昭揭天地.
有婉淑姬, 節與之齊.
茹辛履險, 左挈右提.』

噫! 公實宋忠臣夫人也, 無愧於
爲忠臣妻者乎!

7.《堅瓠集》

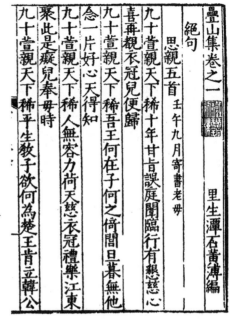

謝枋得《疊山集》(四部叢刊)

謝疊山被難北行, 劉洞齋(華父)
送以寒衣, 不受, 曰:「罿羅納阱, 何損麒麟? 反君事仇, 忍爲狗彘. 凡勸吾
入燕, 吐胸中不平而後死者, 皆非忠於謀人者也. 寧作男兒死爾, 不可爲不
義屈. 豈敢曰將以有爲乎? 平生學問到此時要見分明, 辱惠寒衣, 義不當受.
大顚果聰明識道理, 胸中無滯碍, 何必受昌黎先生衣服爲別耶? 小詩寫心,
謾發一笑.」

『平生愛讀龔勝傳, 進退存亡斷得明.
范叔綈袍雖見意, 大顚衣服莫留行.
此時要著英雄樣, 好漢應無兒女情.
只願諸賢扶世敎, 餓夫含笑死猶生.』

8.〈因樹屋書影〉

人但知謝疊山之死宋, 不知其妻李初匿貴溪山中. 元兵入山, 令曰:「苟不得李氏, 屠而墟.」李聞之曰:「豈可以我累人?」遂出就俘, 自縊死獄中. 疊山女, 通判周銓妻, 早孀無子, 聞父死于燕, 母死于獄, 乃自投橋下死, 鄉人名其橋曰孝烈. 弟君烈·君澤三姪女, 皆死于獄, 兄君禹在九江, 不屈, 斬于市, 其一門視死如歸.

9.〈紀文達公遺集〉

○建陽城外, 謝疊山賣卜處

疊山信州兵敗, 竄跡賣卜於建陽. 據《邑志》, 今建溪驛前, 是其故處. 而徧檢《藝文》, 無一詩, 豈此邦之人, 喜以理學相肯詡, 尊性命而薄事功, 流弊所至, 乃並忠孝薄之耶? 過其地爲補一詩, 亦紫陽表晉徵士之意云爾.

『一聲白雁江南秋, 六橋煙冷芙蓉愁.
霹靂夜繞鎮南塔, 杜鵑飛上冬青頭.
王孫芳草飄泊盡, 江海猶有孤臣留.
疊山心事比信國, 竄身避地來閩甌.
垂簾聊作成都隱, 采薇亦是西山儔.
餒魂何處覓舊主, 殘碑終古鄰山郵.
韓陵片石堪共語, 詩人宜向奚囊收?
手披邑乘六七過, 竟無一語當何柔?
陶潛大書晉徵士, 綱目實繼麟經修.
紫陽家法今尚在, 後儒胡不承箕裘?
我行過此三嘆息, 徘徊俯視漳灘流.
河聲亦似氣鬱怒, 寒濤澎湃風颼飀.』

按：謝疊山及其一家義烈之迹, 散見小說雜記, 足補本史之遺者有之, 足與本史相參證者有之, 茲據寓目所及, 姑摘錄其一二, 以附傳文之後.

〈謝枋得〉像(三才圖會)

Ⅳ 鄒守益의 《續文章軌範》

1. 《續文章軌範》의 내용

사첩산謝疊山의 《문장궤범》이 널리 알려지고 유행하자 명대 그 속편이 나왔다. 《문장궤범》이 비록 훌륭한 교재이기는 하나 겨우 69편으로 양이 너무 적고, 게다가 한유韓愈, 유종원柳宗元, 소식蘇軾 등 일부 사람의 문장에 치우치고, 발췌된 작가도 15명에 그치는 등 편향된 느낌이 있었다.

이에 명대 왕양명(王陽明, 守仁 : 1472-1528)의 수제자인 추수익(鄒守益 : 1491-1562)이 속편을 낸 것이다. 그는 사첩산의 《문장궤범》 체재를 그대로 답습하고 존중하여 똑같이 7권 68편으로 하되 대신 1,2,3을 방담문放膽文으로 하여 한 권 더 늘렸으며 4-7권은 그대로 소심문小心文으로 하였다. 아울러 작가는 무려 44명으로 늘렸으며, 시기도 한대漢代부터 명대明代까지 폭넓게 잡고 있다.

즉, 司馬遷(11), 蘇軾(5), 司馬相如(3), 班固(3), 屈原(2), 賈誼(2), 歐陽修(2), 柳宗元(2), 李華(2) 외에, 韓愈, 李白, 揚雄, 孔德璋, 王陽明, 王符, 宋玉, 劉

覆瓿, 魯共公, 韓非, 主父偃, 趙良, 李斯, 枚乘, 谷永, 徐偉長, 班彪, 馮用之, 蘇洵, 朱伯賢, 中山靖王, 鼂錯, 路溫舒, 司馬光, 終軍, 樂毅, 魯仲連, 鄒陽, 李陵, 諸葛亮, 李密, 謝枋得, 何武, 王褒, 庶子王生, 王元之 등은 각 1편씩 선정하고 있다. 특히 司馬遷과 班固 등 사서(史書)에서 많은 양을 선록(選錄)한 점이 특이하다.

2. 선록(選錄)된 문장 목록
참고로 전체 목차를 살펴보면 다음과 같다.

《續文章軌範》明 鄒守益(編) 목록

卷一(放膽文)

卷二(放膽文)

3. 편자 추수익(鄒守益)

한편 추수익(鄒守益, 1491–1562)은 자는 겸지謙之, 호는 동곽선생東廓先生이며 강서江西 안복安福 북향北鄉 철원(澂源, 지금의 江西 安福縣) 사람으로, 명대明代 유명한 이학가理學家이며 교육자이다. 아버지 추현鄒賢은 자는 회재恢才, 홍치弘治 9년1496 진사에 올라 남경대리평사南京大理評事를 거쳐 복건첨사福建僉使를 지낸 인물이기도 하였다. 당시 북향 철원추씨澂源鄒氏는 강남江南 제일의 망족望族으로 정덕正德 연간 7명의 진사를 배출하였으며 그중 추수익이 가장 뛰어난 인물로 추앙을 받기도 하였다. 그는 소년시기에 이미 경사자집經史子集에 능통하였고, 17세에 강서 향시鄉試에 응시하였을 때 당시 고관考官이었던 왕수인(王守仁, 陽明)이 그의 답안을 보고 회원(會元, 1등)으로 선발, 정시廷試에 참가하게 되었고, 다시 정시에서 진사 탐화探花, 3등에 올라 한림원편수翰林院編修를 제수받았다. 그러나 1년 만에 사직하고 고향으로 돌아와 정주학程朱學에 심취하였다. 그는 주희의 '格物致知'에 매달렸으나 이해하지 못하자

〈鄒守益〉상

정덕 13년(1518) 공주贛州로 양명을 찾아가 '良知'에 대한 논박을 벌이기도 하였으며, 이 때 양명의 '知行合一'을 '知行幷進'으로 바꿀 것을 주장하기도 하였다. 양명이 이를 듣고 "道在是矣"라고 감탄하자 드디어 그는 양명에게 배례하고 제자가 될 것을 약속하여 공주강학贛州講學을 맡게 되었다. 그리고 공주에 복초서원復初書院을 열어 제자들을 가르쳤으며 그는 늘 양명의 '治良知'를 도덕교육의 근본으로 삼고 후천적복성론後天的復性論을 주장하기도 하였다. 그가 남경예부낭중南京禮部郞中으로 부름을 받아 벼슬에 나서자 그곳 사람들이 사당을 지어 그를 기리기도 하였다. 죽은 뒤 태상소경겸시독학사太常少卿兼侍讀學士으로 추증되었으며 시호는 문장文莊이다. 그의 著作으로는 《東廓文集》, 《詩集》, 《學豚遺集》 등이 있으며 지금은 《東廓先生遺稿》가 널리 전하고 있다. 《明史》(283) 儒林傳에 그의 전이 실려 있다.

한편 그의 《續文章軌範》은 "(新譯評解)《續文章軌範》至誠堂 大正 2년(1913) 東京"에서 번역 출간되기도 하였으며, 早稻田大學〈漢籍國字解全書〉((35))에 수록되기도 하였다. 우리나라에도 延世大 圖書館에 百家評註《續文章軌範》(鄒守益 批選, 王世貞 訓註, 李廷機 集評), 石印本, 上海掃葉山房 民國 16년(1927) 4권 4책이 소장되어 있다.

文章軌範卷一

宋　謝枋得　編

放膽文
侯字集

凡學文初要膽大終要心小由粗入細由俗入雅
由繁入簡由豪蕩入純粹此集皆麤枝大葉之文
本于禮義老于世事合于人情初學熟之開廣其
胷襟發舒其志氣但見文之易不見文之難必能

故言高論筆端不窘束矣

與于襄陽書　韓愈

七月三日將仕郎守國子四門博士韓愈謹奉書尚書
閣下士之能享大名顯當世者莫不有先達之士
天下之望者為之前焉〔隱然許于公〕士之能垂休光照後世
者亦莫不有後進之士負天下之望者為之後焉〔隱然〕
莫為之前雖美而不彰莫為之後雖盛而不傳是二
人者未始不相須也然而千百載乃一相遇焉豈上之

人無可援下之人無可推歟何其相須之殷而相遇之
疎也以故在下之人負其能不肯諂其上上之人負其
位不肯顧其下故高材多戚戚之窮盛位無赫赫之光
是二人者之所為皆過也〔韓公作文要點地步如人要在高處立要在平處行要在〕
〔閣處坐下之人負其能不肯諂其上上人高材多戚戚之窮〕
〔人負其位不肯顧其下則是小人高材多戚戚之光是〕
〔則是君子而安貧賤戚戚之窮則是眉未嘗干〕
〔人而苟富貴辭公之所以處者可謂高矣〕
之不可謂上無其人未嘗求之不可謂下無其人愈
之不可謂上無其人未嘗敢以聞於人側聞閣下不世出之

才特立而獨行道方而事實卷舒不隨乎時文武惟其
所用豈愈所謂其人哉〔文妙曲有味〕未聞後進之士有遇知
於左右獲禮進之門下者豈求之而未得邪〔文妙曲有味〕將志
存乎立功而事專乎報主雖遇其人未暇禮邪〔文妙曲有味〕
何其宜聞而久不聞也雖不材其自處不敢後於常
人閣下將求之而未得歟〔文妙曲〕古人有言請自隗始
自史記燕昭王卑身厚幣以招賢者謂郭隗曰齊因孤
之國亂而襲破燕孤極知燕小力不足以報誠得賢
士與共國以雪先王之恥可者得賢
事之郭隗曰古之人君有以千金使涓人求千里馬者

《文章軌範》（四庫全書）

文章軌範卷一

放膽文

　　　　　宋　謝枋得　編

　　　　　　　侯字集

凡學文初要膽大然要心小由麤入細由俗入雅

由繁入簡由豪蕩入純粹此集皆麤枝大葉之文

本于禮義老于世事合于人情初學熟之開廣其

匈襟發舒其志氣但見文之易不見文之難必能

放言高論筆端不窘束矣

與于襄陽書
　韓愈

七月三日將仕郎守國子四門博士韓愈謹奉書尚書

閣下士之能享大名顯當世者此莫不有先達之士負

天下之望者為之前焉于公士之能垂休光照後世

者亦莫不有後進之士負天下之望者為之後焉然隱

自許莫為之前雖美而不彰莫為之後雖盛而不傳是二

人者未始不相須也然而千百載乃一相遇焉豈上之

《文章軌範》(四庫全書電子板)

文章軌範卷之一　（侯字集）

放膽文

講義　選者は、作家が文を作るときの意氣込
上より、本書に收めたる文章を別ちて放膽、小心
の二種とせり、放膽とは己れの肝玉に任せ臆面
なく作ることにして、放膽、小心と云ふ語の出處
は、唐書の盧思邈傳となす、邈の盧照隣に告ぐる
言に、膽は大ならんを欲し、心は小ならんを欲す
云云とあり、もと意氣込より辭を立てたるもの
にて、結構の上には別段異る所なければ、初學
の人に在つては其區別を辨ずるに困難なり。

大凡學文、初要膽大、終要心
小、由麤入細、由俗入雅、由繁
入簡、由豪蕩入純粹、此集皆
麤枝大葉之文、本於禮義、老
於世事、合於人情、初學熟之、

開廣其胸襟、發舒其志氣、但
見文之易、不見文之難、必能
放言高論、筆端不窘束矣、

講義　總じて文章を學ぶには、其心得として、
最初の中は肝玉の圖太くして、臆面なきことを
肝要とし、又最後には心持の小さくして引締る
ことを肝要とす、而して文章を作る順序として、
粗つぽき作り方より細密の作り方に入り、世間
的の調子より脱俗的の調子に入り、語數の多き
叙べ方、論じ方より、語數の少き論じ方、叙べ方
に入り、力みかへつて缺點などに頓著せざる仕
組より圓滿無疵なる仕組に入る、是れが初めは
大膽にして終りは小心と云ふ譯合なり、此の侯
字集の部に收めたる所の文章は、孰れも麤枝大
葉の文、即ち之を樹木に譬ふるときは、枝麤に葉
の大いなる類にて、其言ふ所は禮義に起因し、世
の中の事は老鍊し、人情に適合せり、初學の人、
此等の作に習熟せば、其胸の內廣廣となり、其

《文章軌範》(早稲田大, 漢籍國字解全書 34)

文章軌範補注卷第一 〔侯字集〕

海保元備著

放膽文

補注　唐書隱逸孫思邈傳思邈告盧照鄰曰膽欲大而心欲小智欲圓而行欲方詩曰如臨深淵如履薄冰謂小心也赳赳武夫公侯干城謂大膽也放膽小心蓋本諸此淮南子主術篇曰凡人之論心欲小而志欲大智欲員而行欲方此亦真人所本也困學紀聞梁簡文帝誡子當陽公書曰立身之道與文章異立身先須謹重文章且須放蕩通考梁簡文集五卷陳氏曰簡文帝集今不傳此條見藝文類聚二十三卷所引王洙談錄云歐公曰文字既馳騁亦要簡重是編立放膽小心二目蓋亦文家相傳遺矩云

大凡學文初要膽大終要心小由膽大以入簡由豪蕩入純粹此集皆麤枝大葉

補注　朱子語類卷七十八義剛錄云書序恐不是孔安國做漢文麤枝大葉今書序細膩只似六朝時文字又云漢人文字却是麤枝大葉書序細弱只是魏晉人文字

之文本於禮義老

補注　劉伶北芒客詩開此消胸襟何承天

於世事合於人情初學熟之開廣其胸襟

附文章軌範

真寶軌範世間並行之書也軌範凡七
十編以俠王將相有種乎七字為彌其文
共六十九篇而四十二則真寶中已錄
故其餘二十七篇今附刊於真寶之末
因書軌範目錄於下以便參考云

○放膽文

與于襄陽書

韓文公

天附軌範

七月三日將仕郎守國子四門博士韓愈謹
奉書尚書閣下士之能享大名顯當世者
莫不有先達之士頁天下之望者為之前焉
士之能垂休光照後世者亦莫不
有後進之士頁天下之望者為之後焉
莫為之前雖美而不彰
莫為之後雖盛而不
傳是二人者未始不相須也然而千百載乃
一相遇焉豈上之人無可援下之人無可推
歟何其相須之殷而相遇之踈也其故在下

《文章軌範》(詳說古文眞寶大全)

續文章軌範卷之一

放膽文

進學解　　　韓文公

議題　禮記の學記に云ふ「不善問答」者反
之、此皆進學之道也と、進は達なり、解とは辨明
なり、此の種の體は、東方朔の答客難に始まり、
揚雄、之に擬して解嘲を作る、後又崔駰の達旨、
班固の賓戲、張衡の應間あり、韓文公が二度目に
國子博士となるや、才高きに拘はらず、數官を
黜けられ、位地を墜されたるを以て、此の文を作
り、己れの境遇を述べたるが、執政覽て、其才を
奇とし、吏部郎中史館修撰の官を授けたり、

大旨　　聖賢と雖も不遇を免れざるが故に、己
れが開散の職に在ることは、兎も角、相當と心得
ざるべからずと云ふに在り、

目的　　己れが業に勤めて道に功あり、文章に
長じて完全の人物にてありながら、位地を墜さ
れたる不平を洩すに在り、

大段落　凡そ三大段より成る、第一大段は篇
首より「無患有司之不公」に至る、學生を獎勵す
る辭なり、第二大段は「言未既」より「反敎人爲」
に至る、ゆゑ「己れが才學と德行とありながら逆境に
陷る位ゆゑ、到底人に敎ふる資格なきこと」を言
ふ、第三大段は「先生曰吁子來前」より篇尾に至
る、現在の境遇は固より自分に取つて適當なれ
ば、悲みもせず又怨みもせざることを言ふ、

國子先生晨入大學、招諸生立
館下、誨之曰、業精于勤荒于嬉、
行成于思毀于隨、方今聖賢相
逢、治具畢張、拔去兇邪、登崇畯
良、占小善者率以錄、名一藝者
無不庸、爬羅剔抉、刮垢磨光、蓋
有幸而獲選、孰云多而不揚、諸
生業患不能精、無患有司之不

《續文章軌範》（漢籍國字解全書 35）

차례

문장궤범 ①

- 🔖 책머리에
- 🔖 일러두기
- 🔖 해제

《文章軌範》卷1
「放膽文」‘侯字集’

《文章軌範》卷2

「放膽文」‘王字集

문장궤범 ❷

《文章軌範》 卷6

「小心文」‘種字集

《文章軌範》卷7

「小心文」 ‘乎’字集

《文章軌範》卷1
「放膽文」'侯'字集

〈陶鶴〉(東漢) 明器 四川 成都 출토

《文章軌範》卷1
「放膽文」 '侯'字集

No.	〈題目〉	作者	《古文眞寶》	備注
001	與于襄陽書	韓愈		
002	後二十九日復上宰相書	〃	卷4 (048)	
003	代張籍與李浙東書	〃		
004	上張僕射書	〃	卷2 (025)	
005	與陳給事書	〃		
006	後十九日復上宰相書	〃		
007	應科目時與人書	〃		
008	答陳商書	〃	卷2 (027)	
009	送石洪處士序	〃	卷3 (039)	
010	送溫處士赴河陽軍序	〃	卷3 (040)	
011	送楊少尹序	〃	卷3 (038)	
012	送高閑上人序	〃		
013	送殷員外使回鶻序	〃		
014	原毀	〃		

"무릇 문장을 배움에는, 처음에는 담대膽大해야 하고 끝맺음은 소심小心해야 한다. 거친 것으로부터 세밀함으로 들어가고, 속된 것으로부터 아정雅正함으로 들어가며, 번잡한 것으로부터 간결함을 들어가고, 호탕함으로부터 순수純粹함으로 들어가야 한다.

이 〈후자집侯字集〉제 1권은 모두가 거친 가지에 큰 잎이 있는 문장으로, 예禮와 의義에 근본을 두고 세사世事에 노련하며, 인정人情에 부합하는 것들이다. 초학자는 익숙하게 익혀 그 흉금胷襟을 열어 넓히며, 그 지기志氣를 펼쳐야 한다.

단지 문장의 쉬움만을 보고, 문장의 어려움을 보지 않는다면, 틀림없이 방언放言과 고론高論에 능하게 되어 붓끝이 군색하거나 속박됨이 없게 될 것이다."

「凡學文, 初要膽大, 終要心小; 由麤入細, 由俗入雅; 由繁入簡, 由豪蕩入純粹.
　此集皆麤枝大葉之文, 本于禮義, 老于世事, 合于人情.
　初學熟之, 開廣其胷襟, 發舒其志氣.
　但見文之易, 不見文之難, 必能放言高論, 筆端不窘束矣.」

【侯字集】 "侯王將相有種乎!"의 구절을 기준으로 총 7권으로 나누어 첫 제1권인 '侯'자를 권 제목으로 삼은 것. 이는 《史記》(48) 陳涉世家의 "吳廣素愛人, 士卒多爲用者. 將尉醉, 廣故數言欲亡, 忿恚尉, 令辱之, 以激怒其衆. 尉果笞廣. 尉劍挺, 廣起, 奪而殺尉. 陳勝佐之, 幷殺兩尉. 召令徒屬曰:「公等遇雨, 皆已失期, 失期當斬. 藉弟令毋斬, 而戌死者固十六七. 且壯士不死卽已, 死卽擧大名耳, 王侯將相寧有種乎!」徒屬皆曰:「敬受命.」乃詐稱公子扶蘇·項燕, 從民欲也."의 '王侯將相寧有種乎!'에서 援用한 것임.

【放膽文】 膽(쓸개)을 호방하게 펼쳐 풀어낸 문장을 뜻함. 《舊唐書》(191) 方技傳 孫思邈에 "膽欲大而心欲小, 智欲圓而行欲方. 《詩》曰:「如臨深淵, 如履薄冰」, 謂小心也; 「赳赳武夫, 公侯干城」, 謂大膽也. 「不爲利回, 不爲義疚」, 行之方也; 「見機而作, 不俟終日」, 智之圓也"라 하였고, 《新唐書》(196) 隱逸傳 孫思邈에는 "(盧)照隣曰:「人事奈何?」曰:「心爲之君, 君尙恭, 故欲小. 《詩》曰'如臨深淵, 如履薄冰', 小之謂也. 膽爲之將, 以果決爲務, 故欲大. 《詩》曰'赳赳武夫, 公侯干城', 大之謂也. 仁者靜, 地之象, 故欲方. 《傳》曰'不爲利回, 不爲義疚', 方之謂也. 智者動, 天之象, 故欲圓. 《易》曰'見機而作, 不俟終日', 圓之謂也.」라 하였고, 《淮南子》主術訓에는 "凡人之論, 心欲小而志欲大. 智欲員而行欲方. 此亦眞人所本也"라 하였으며, 《困學紀聞》에는 "簡文帝〈誡子當陽公書〉曰:「立身之道, 與文章異. 立身先須謹重, 文章且須放蕩"《藝文類聚》 23)이라 하였음. 한편 王洙의 《談錄》에는 "歐陽公曰:「文字旣馳騁, 亦要簡重.」是篇立'放膽'·'小心'二目, 蓋亦文家相傳遺矩云"이라 하였음. 제1권에는

이러한 문장들을 모았음.

【凡學文, 初要膽大, 終要心小】 '學文'은 문장을 배움. 글 쓰는 법을 배움.

【由麤入細, 由俗入雅;由繁入簡, 由豪蕩入純粹】 '由麤入細'는 거친 것으로부터 미
세한 것으로 들어감. '麤'는 粗와 같음. '由豪蕩入純粹'는 豪蕩한 것으로부터 純粹
한 것으로 들어감.

【此集皆麤枝大葉之文, 本于禮義, 老于世事, 合于人情】 '麤枝大葉'은 거친 가지와
커다란 잎. 《朱子語類》(78)에 《義剛錄》云:「〈書序〉恐不是孔安國做. 漢文麤枝大葉,
今〈書序〉細膩. 只似六朝時文字.」 又云:「漢人文字, 却是麤枝大葉. 〈書序〉細弱, 只
是魏晉人文字.」라 함.

【初學熟之, 開廣其胷襟, 發舒其志氣】 '初學'은 처음 글쓰기를 배우는 자. '胷襟'은
가슴. 胸懷. 胸襟과 같음. '發舒'는 펴서 밝힘.

【但見文之易, 不見文之難, 必能放言高論, 筆端不窘束矣】 '不見文之難'은 문장이란
어려운 것이라는 선입견을 갖지 말아야 함. '放言高論'은 하고 싶은 그대 펼침.
《論語》微子篇에 "隱居放言"이라 하였고, 《史記》張釋之傳에 "文帝曰:「卑之, 毋甚
高論.」"이라 함. '筆端'은 붓끝. 문장을 짓는 일. 글로 표현하는 능력. 《文選》陸機
〈文賦〉에 "挫萬物于筆端"이라 함. '窘束'은 군색하거나 속박됨.

001(1-1) <與于襄陽書> ⋯⋯⋯⋯⋯⋯ 韓文公(韓愈)

양양자사 우적于頔에게 주는 글

＊<與于襄陽書>:'于襄陽'은 襄陽刺史
우적(于頔)을 가리킴. 于頔은 자는 允
元이며 河南 사람으로 唐 德宗(李适)
貞元 14년(798) 工部尙書 직위에 있다
가 襄州刺史가 되어 山南東道節度使
로서 襄陽, 郢州, 復州, 鄧州, 隋州, 唐
州, 均州, 房주 등 여덟 州를 진수하

<우적(于頔)>(736−796) 百度

고 있었음. 韓愈가 그에게 자신을 발탁해 주기를 원하여 이 편지를 보낸 것임.
그러나 于頔은 天子에게 건의하는 事案마다 채택되어 크게 신임을 받고 있었
으며, 이를 바탕으로 苛斂誅求하며 백성에게 貪虐을 부린 자이기도 함. 《舊唐
書》(156)와 《新唐書》(172)에 傳이 있음. 그는 《舊唐書》에 "公然聚斂, 恣意虐殺, 專
以凌上威下爲務"라 하여, 심하게 권력을 휘둘렀음. 한편 이글은 <送許郢州
序>(046) 및 <贈崔復州序>(047)와도 관련이 있음.

1/4 ─────────────────

7월 3일 장사랑將仕郎 수국자사문박사守國子四門博士 한유韓愈는 삼가
글을 받들어 상서합하尙書閤下께 올립니다.

선비로서 큰 명성을 누리며 당세에 드러난 자는, 선달지사先達之士이
면서 천하에 명명을 얻고 있는 자가 그를 앞에서 끌어주지 아니한 경우
란 없습니다.

선비로서 아름다운 광채를 남기며, 후세에 빛을 비춰주는 자도 역시
후진지사後進之士이면서 천하에 명망을 얻고 있는 자가 그를 뒤에서 밀
어주지 아니한 경우란 없습니다.

앞에서 끌어주지 아니하면 비록 훌륭하다 해도 드러날 수가 없고, 뒤에서 밀어주지 아니하면 비록 재능이 풍성하다 해도 전해지지 못합니다.

이러한 두 사람의 경우 일찍이 서로를 기다리지 않은 적이 없습니다.

그러나 천년 백년에 한 번 서로 만날 수 있는 것이지요.

어찌 윗사람으로써 잡아 이끌어줄 만한 사람이 없고, 아랫사람으로서 밀어줄 만한 사람이 없어서이겠습니까?

어찌 서로 필요로 함이 그토록 절실한데도 서로 만남이 그토록 드물기만 합니까?

그 까닭은 아랫사람은 자신의 능력을 믿고 윗사람에게 아첨하기를 좋아하지 않고, 윗사람은 자신의 지위를 믿고 아랫사람을 돌아보기를 좋아하지 않기 때문이겠지요.

그러므로 높은 재주를 가진 자는 척척戚戚한 궁함이 많고, 지위가 높은 사람은 혁혁赫赫한 광채가 없는 것입니다.

이 두 사람의 경우, 하는 행동은 모두가 잘못입니다.

일찍이 찾아보지 않아서이지, 위에 그런 사람이 없다고 말할 수 없고, 일찍이 요구하지 않아서이지, 아랫사람으로서 그런 사람이 없다고 말할 수는 없습니다.

저는 이 말을 외워온 지 오래되었지만 일찍이 감히 남에게 들려주지는 못하였습니다.

七月三日, 將仕郎守國子四門博士韓愈, 謹奉書尙書閣下.

士之能享大名·顯當世者, 莫不有先達之士, 負天下之望者, 爲之前焉.

士之能垂休光·照後世者, 亦莫不有後進之士, 負天下之望者, 爲之後焉.

莫爲之前, 雖美而不彰; 莫爲之後, 雖盛而不傳.

是二人者, 未始不相須也.

然而千百載, 乃一相遇焉.
豈上之人無可援·下之人無可推歟?
何其相須之殷, 而相遇之疏也?
其故在下之人負其能, 不肯諂其上; 上之人負其位, 不肯顧其下.
故高材多戚戚之窮, 盛位無赫赫之光.
是二人者之所爲, 皆過也.
未嘗干之, 不可謂上無其人; 未嘗求之, 不可謂下無其人.
愈之誦此言久矣, 未嘗敢以聞於人.

【七月三日, 將仕郎守國子四門博士韓愈, 謹奉書尙書閣下】'七月三日'은 唐 德宗 貞元
18년(802) 7월 3일. 《五百家注》에 "嚴曰: 書稱守國子四門博士, 當在貞元十八年秋也"
라 함. '將仕郎'은 唐代 文官의 직명. 從九品. 모두가 散官이며 고정적인 직무는 없
이 官員 신분임을 표시하는 것. '守'는 직무를 수행하고 있음. '國子'는 國子監. '四
門博士'는 四門學의 박사. 당대 사문학에는 6명의 박사를 두어 侯伯子男의 자제
들과 庶人의 자제 중에 재능이 특출한 자를 교육하였음. '尙書'는 관직 이름 여기
서는 于頔을 가리킴. '閣下'는 閣下와 같음. 상대를 존칭하여 부른 것. '閣'은 원래
궁중 정문 곁의 小門. 고대 三公은 이 문으로 드나들어 '閣下'라 불렸음.
【士之能享大名·顯當世者, 莫不有先達之士·負天下之望者, 爲之前焉】'先達'은 先
輩, 前輩. '前焉'은 앞에서 이끌어줌. 《軌範》 注에 "隱然許于公"이라 함.
【士之能垂休光·照後世者, 亦莫不有後進之士·負天下之望者, 爲之後焉】'休光'은
아름다운 輝光. '後進'은 선배들의 뒤를 이어감. 《軌範》 注에 "隱然自許"라 함.
【莫爲之前, 雖美而不彰; 莫爲之後, 雖盛而不傳】선후배가 서로 이끌고 뒤를 이어
주어야 각기 역할이 드러남을 뜻함.
【是二人者, 未始不相須也】'未始'는 '未嘗'과 같음. '相須'는 서로 기다려줌. '須'는 待
와 같음. 그러나 '필요로 하다, 필수로 여기다'의 뜻으로 봄이 마땅함.
【然而千百載, 乃一相遇焉】매우 만나기가 어려움을 뜻함.
【豈上之人無可援·下之人無可推歟】'援'은 攀과 같음. 도움을 받아 잡고 오름. '推'
는 밀어줌. 추천해줌.
【何其相須之殷, 而相遇之疏也】'殷'은 殷切함, 急切함, 懇切함, 切實함. '疏'는 적음.

稀少함.

【其故在下之人負其能, 不肯諂其上】'負其能'은 그 능력을 자부함. '不肯諂其上'은 윗사람에게 아첨하기를 좋아하지 않음.

【上之人負其位, 不肯顧其下】'不肯顧其下'는 아랫사람을 돌아보기를 좋아하지 않음. '顧'는 돌아봄. 관심을 가지고 살펴보아줌.

【故高材多戚戚之窮, 盛位無赫赫之光】'戚戚'은 근심을 가지고 안타까워함. '赫赫'은 戚戚을 상대하여 쓴 말.

【是二人者之所爲, 皆過也】'過'는 잘못. 허물. 《軌範》 注에 "韓公作文, 專占地步, 如人要在高處立, 要在平處, 行要在闊處. 坐下之人負其能不肯諂其上, 不害爲君子; 上之人負其位不肯顧其下, 不免爲小人. 高材多戚戚之窮, 則是君子而安貧賤; 盛位無赫赫之光, 則是庸人而苟富貴. 韓公之所以自處者, 可謂高矣"라 함.

【未嘗干之, 不可謂上無其人; 未嘗求之, 不可謂下無其人】'干'은 求와 같음. 찾음, 요구함, 바람.

【愈之誦此言久矣, 未嘗敢以聞於人】'聞於人'은 남에게 들려 줌.

2/4 ————————

소문에 들으니 합하께서는 세상에 없을 뛰어난 재능을 가진 자로서 특립독행特立獨行하시며, 도가 방정하고 일이 신실하시며, 권서卷舒가 시속時俗을 따르지 않으면서, 문무文武를 오직 그 쓰일 바에 맞추시는 분이라 하시니, 귀하야말로 제가 말한 바로 그런 분이 아니겠습니까?

다만 후진지사後進之士로서 귀하 곁에서 인정을 받았다거나, 그대 문하門下에서 예로써 대접을 받았던 자가 있었다는 말은 아직 듣지 못하였으니, 어찌 찾기는 하였으나 아직 얻지 못해서 그런 것이 아니겠습니까?

또는 장차 공을 세움에만 뜻을 두시고, 일은 임금에게 보답함에만 전일專一하시느라, 비록 그러한 사람을 만났는데도 미처 예를 갖출 겨를이 없어서 그런 것입니까?

어찌 의당 소문이 퍼져야 함에도 오랫동안 소문이 들리지 않는 걸까요?

側聞閤下抱不世之才, 特立而獨行, 道方而事實, 卷舒不隨乎時, 文武惟其所用, 豈愈所謂其人哉?

抑未聞後進之士, 有遇知於左右, 獲禮於門下者, 豈求之而未得邪?

將志存乎立功, 而事專乎報主, 雖遇其人, 未暇禮邪?

何其宜聞而久不聞也?

【側聞閤下抱不世之才, 特立而獨行, 道方而事實, 卷舒不隨乎時, 文武惟其所用, 豈愈所謂其人哉?】'側聞'은 소문으로 들음. 직접 들은 것은 아님. 賈誼 〈弔屈原賦〉에 "側聞屈原兮, 自沈汨羅"라 함. '不世之才'는 한 세대에는 없을 뛰어난 재능. '特立而獨行'은 行動이 獨特하고 品德이 超俗함. '獨行'은 獨善其身을 지키며, 홀로 올곧은 행동을 고집하는 자. 『二十五史』에 〈獨行傳〉이 있음. '道方而事實'은 지향하는 道가 方正하며 하는 事業이 信實함. '卷舒'는 말았다 풀었다 함. '卷'은 捲과 같음. 《論語》 衛靈公篇에 "君子哉! 蘧伯玉. 邦無道, 則可卷而懷之"라 함. 여기서는 政事에서의 결정을 뜻함. '豈愈所謂其人哉?'는 "어찌 제가 말한 바의 그런 훌륭한 분이 아니겠습니까?"의 뜻. 바로 그러한 분이라는 뜻을 강조한 것임. 韓愈가 우적을 높이 칭송한 말임. 《軌範》注에 "文婉曲有味"라 함.

【抑未聞後進之士, 有遇知於左右, 獲禮於門下者, 豈求之而未得邪?】'抑'은 말이 빠르고 논리 전개가 급할 때 이를 바꾸거나 休止를 필요로 할 때 쓰는 말. '다만'의 뜻. 《軌範》注에 "文婉曲有味"라 함.

【將志存乎立功, 而事專乎報主, 雖遇其人, 未暇禮邪?】'將'은 '아마, 혹' 등의 뜻. 《軌範》注에 "文婉曲有味"라 함.

【何其宜聞而久不聞也】'어찌 마땅히 소문이 들렸어야 함에도 오랫동안 그런 소문을 듣지 못하고 있을까요?'의 뜻.

3/4 ━━━━━━━━━━

저는 비록 재목감이 되지는 못하나 감히 보통 사람보다 뒤지지 않는다고 자처하고 있는데, 합하께서 장차 구하시고자 해도 저를 얻지 못한 것입니까?

옛사람의 말에 "청컨대 저 곽외郭隗로부터 시작하시지요"라 하였습니다.

저는 지금 조석朝夕으로 말에게 먹일 꼴과 먹을 식량, 종복의 품삯이 시급하온데, 이는 합하께서 하루아침 즐길 정도의 비용만 줄여도 족합니다.

그런데 만약 "내 뜻은 공을 세움에 있고, 임금께 보답하는 일에 전일하느라, 비록 그러한 사람을 만났다 해도 예를 갖출 겨를이 없다"라고 하신다면, 이는 제가 감히 알 바 아닙니다.

세상에 착착齪齪한 이들에 대해서는 이미 더 언급할 만한 것이 없고, 뇌락磊落하여 기위奇偉한 사람은 나의 말을 들어줄 수 없으니, 그렇다면 진실로 운명이 궁한 것이겠지요.

　愈雖不材, 其自處不敢後於常人, 閣下將求之而未得歟?
　古人有言:「請自隗始.」
　愈今者, 惟朝夕芻米僕賃之資是急, 不過廢(費)閤(閣)下一朝之享而足也.
　如曰:「吾志存乎立功, 而事專乎報主. 雖遇其人, 未暇禮焉.」則非愈之所敢知也.
　世之齪齪者, 旣不足以語之; 磊落奇偉之人, 又不能聽焉, 則信乎命之窮也.

【愈雖不材, 其自處, 不敢後於常人, 閣下將求之而未得歟?】 '常人'은 《昌黎集》에는 모두 '恒人'으로 되어 있음. 여기서는 보통 평범한 凡人을 뜻함. 《軌範》注에 "文婉曲有味"라 함.
【古人有言:「請自隗始.」】 '請自隗始'는 '郭隗로부터 시작하기를 청함'의 뜻으로, 戰國시대 燕 昭王 齊나라에게 복수하고자 하면서 우수한 인재를 구하려고 郭隗를 불러 물었을 때 곽외가 '죽은 말 5백금'의 고사를 들면서 "王必欲致士, 先從

隗始. 隗且見事, 況賢於隗者, 豈遠千里哉?"라 함. 연왕이 그의 말대로 하자 魏나라에서 樂毅가 왔고, 齊나라에서 鄒衍이, 趙나라에서 劇辛이 오는 등 많은 人才들이 다투어 연나라로 몰려들어 中興을 이루었음. 《戰國策》(燕策 1)에 "燕昭王收破燕後卽位, 卑身厚幣, 以招賢者, 欲將以報讎. 故往見郭隗先生曰:「齊因孤國之亂, 而襲破燕. 孤極知燕小力少, 不足以報. 然得賢士與共國, 以雪先王之恥, 孤之願也. 敢問以國報讎者奈何?」郭隗先生對曰:「帝者與師處, 王者與友處, 霸者與臣處, 亡國與役處. 詘指而事之, 北面而受學, 則百己者至; 先趨而後息, 先問而後嘿, 則十己者至; 人趨己趨, 則若己者至; 馮几據杖, 眄視指使, 則廝役之人至; 若恣睢奮擊, 呴籍叱咄, 則徒隷之人至矣. 此古服道致士之法也. 王誠博選國中之賢者, 而朝其門下, 天下聞王朝其賢臣, 天下之士必趨於燕矣.」昭王曰:「寡人將誰朝而可?」郭隗先生曰:「臣聞古之君人, 有以千金求千里馬者, 三年不能得. 涓人言於君曰:『請求之.』君遣之. 三月得千里馬, 馬已死, 買其首五百金, 反以報君. 君大怒曰:『所求者生馬, 安事死馬而捐五百金?』涓人對曰:『死馬且買之五百金, 況生馬乎? 天下必以王爲能市馬, 馬今至矣.』於是不能期年, 千馬之馬至者三. 今王誠欲致士, 先從隗始; 隗且見事, 況賢於隗者乎? 豈遠千里哉?』於是昭王爲隗築宮而師之. 樂毅自魏往, 鄒衍自齊往, 劇辛自趙往, 士爭湊燕. 燕王弔死問生, 與百姓同其甘苦. 二十八年, 燕國殷富, 士卒樂佚輕戰. 於是遂以樂毅爲上將軍, 與秦·楚·三晉合謀以伐齊. 齊兵敗, 湣王出走於外. 燕兵獨追, 北入至臨淄, 盡取齊寶, 燒其宮室宗廟. 齊城之不下者, 唯獨莒·卽墨"이라 함. 이 고사는 《史記》(燕召公世家), 《說苑》(君道篇), 《新序》(雜事 3), 《新書》(胎敎篇), 《資治通鑑》(周紀 3) 등에 널리 실려 있음. 《軌範》注에는 "《史記》: 燕昭王卑身厚幣以招賢者, 謂郭隗曰:「齊王因孤之國亂, 而襲破燕. 孤極知燕小, 力少不足以報. 誠得賢士與共國, 以雪先王之恥, 孤之願也. 先生視可者, 得身事之.」郭隗曰:「古之人君有以千金, 使涓人求千里馬者. 馬已死, 買其骨五百金而返, 君大怒. 涓人曰:『死馬且買, 況生者乎? 馬今至矣.』不朞年千里馬至者三. 今王必欲致士, 先從隗始, 況賢於隗者, 豈遠千里哉?」于是, 昭王爲隗改築宮而師事之. 士爭趨燕, 樂毅自魏往, 劇辛自趙往. 昭王以樂毅爲亞卿, 任以國政"이라 함.

【愈今者, 惟朝夕芻米僕貰之資是急】'芻米僕貰之資'는 일상생활에 쓸 비용. 말에게 줄 꼴과 사람이 먹을 곡식, 부릴 종의 품삯 등 각종 비용.

【不過廢(費)閤下一朝之享而足也】'不過廢'는 그러한 비용만 쓰지 않아도 됨을 뜻함. '廢'는 〈補注〉에 "《詩》楚茨:「廢徹不遲.」〈箋〉:「廢, 去也.」"라 함. 그러나 《昌黎

集》에는 '不過費'로 되어 있음. '一朝之享'은 하루 정도 누릴 비용.《別本韓文考
異》注에는 "享, 或作宴"이라 함. "하루 연회비용을 안 써도 나의 일용 생계비용
으로 충분함"을 뜻함.

【如曰:「吾志存乎立功, 而事專乎報主. 雖遇其人, 未暇禮焉.」 則非愈之所敢知也】 '未
暇禮'는 예를 갖출 겨를이 없음.《軌範》注에 "文婉曲有味"라 함.

【世之齪齪者, 旣不足以語之; 磊落奇偉之人, 又不能聽焉, 則信乎命之窮也】 '齪齪'은
흉중이 좁고 작은 일에 얽매어 지나치게 소심함을 뜻함. '磊落'은 齪齪을 상대하
여 쓴 말로 시원하게 확 트임. 雙聲連綿語. 착착한 자는 속이 좁아 자신의 뜻을
이해하지 못하고, 磊落한 자는 의지가 없어 들어주지 않음.

4/4 ————————

삼가 옛날 제가 지은 문장 18편을 바치오니, 만약 보아주신다면 역시
그러한 뜻이 들어있는 바를 족히 아실 수 있을 것입니다.
저는 두려워하며 재배합니다.

謹獻舊所爲文一十八首, 如賜覽觀, 亦足知其志之所存.
愈恐懼再拜.

【謹獻舊所爲文一十八首, 如賜覽觀, 亦足知其志之所存】 '所爲'는 '所作'과 같음. '지
은 바'의 뜻. '賜覽觀'은 윗사람이 그 작품을 보아줌.《軌範》注에 "結得健"이라 함.
【愈恐懼再拜】 '恐懼'는 두렵고 황송함을 뜻하는 雙聲連綿語.

┌──────────────────┐
│ 참고 및 관련 자료 │
└──────────────────┘

1. 한문공(韓文公, 韓愈, 韓退之, 韓昌黎)
한유(韓愈. 786-824). 唐代 대표적인 古文家이며 문장가. 자는 退之, 호는 昌黎先
生. 鄧州 南陽(지금의 河南 孟縣) 사람으로 唐 代宗 大曆 3년에 태어나 穆宗 長慶
4년 향년 57세로 생을 마침. 일찍이 고아가 되어 형수의 손에 자랐으며 貞元 8년
진사에 올라 吏部侍郎을 역임하였음. 시호는 文, 선대가 昌黎에 살아 宋 元豐 때

'昌黎伯'으로 봉해짐. 그 때문에 昌黎先生으로 불리며 달리 韓文公이라고도 함. 經史百家에 박통하여 유학을 존숭하며 불학을 반대하였음. 당대 고문운동을 주도하였으며 柳宗元과 함께 六朝의 화려한 변려체를 반대함. 唐宋八大家의 영수이며 고문가의 종주로 받들고 있음. 文以載道를 주장하였으며, 排佛崇儒의 투철한 의지를 가지고 있었음. 《昌黎先生集》40권과 《外集》10권, 《遺文》1권이 전함. 《全唐詩》에 시 10권이 수록되어있으며, 《舊唐書》(160)과 《新唐書》(176)에 傳이 있음. 《古文眞寶》諸賢姓氏事略에 "韓退之, 名愈, 昌黎人, 以六經之文爲諸士倡, 仕至吏部侍郎, 諡文公, 封昌黎伯"이라 함.

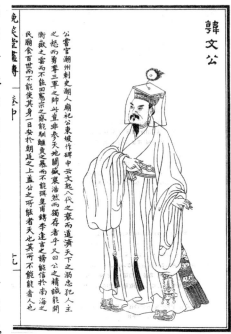

〈韓文公〉(韓愈)《晚笑堂畫傳》

2. 이 글은 《五百家注昌黎文集》(17), 《東雅堂昌黎集註》(17), 《別本韓文考異》(17), 《文苑英華》(668), 《唐宋八大家文鈔》(3), 《文章辨體彙選》(217), 《古文觀止》(8) 등에 실려 있음.

3. 《唐宋八大家文鈔》에 "前半瑰瑋游泳, 後半婉變凄切"이라 함.

4. 《五百家注昌黎文集》에 "孫曰:「于頔, 字允元. 貞元十四年九月, 以工部尙書爲山南東道節度使"라 함.

5. 過商侯의 評에 "退之上諸當事書, 皆各有自占地步處; 人每不之察, 而徒以其言詞之遜, 共爲指摘, 抑獨何哉? 謝枋得評此謂:韓公自處最高, 如下之人負其能不肯諂其上, 不害爲君子;上之人負其位不肯顧其下, 不免爲小人. 故材多戚戚之窮, 則是君子而安貧賤;盛位無赫赫之光, 則是庸人而爲富貴, 是何等占地步處? 最確, 後之君子, 幸勿輕議爲也"라 함.

002(1-2) 〈後二十九日復上宰相書〉 … 韓文公(韓愈)
20일이 지난 뒤 다시 재상에게 올리는 글

＊〈後二十九日復上宰相書〉〈上宰相第三書〉: 이 글은 韓愈가 貞元 원년(785) 進士에 급제하였고 다시 禮部의 博學宏辭科에 응시하였고, 다시 吏部에 응시하였으나 성공하지 못한 채, 한 때 中書省에 자리를 얻기도 하였지만 이내 면직되자 28세 때인 貞元 11년(795)에 당시 재상 趙憬, 賈耽, 盧邁에게 정월 27일, 2월 16일, 3월 16일 등 세 번이나 관직을 줄 것으로 요구하며 自薦書를 올리게 됨. 본편은 그 중 세 번째 글임. 그러나 끝내 응답이 없자 이 해 5월 韓愈는 동쪽으로 돌아 가버림. 따라서 제목은 〈後卄(二十, 念)九日復上書〉('念'은 20을 뜻함), 혹 〈上宰相第三書〉《古文眞寶》 등)로 되어 있음.

1/3 ─────────

3월 16일, 전전 향공진사鄕貢進士 한유는 삼가 재배하며 상공相公 각하閣下께 말씀드립니다.

제가 듣건대 주공周公은 성왕成王을 보필하는 재상이 되어 급히 서두

〈韓退之〉(韓愈)

른 것은 현인을 만나는 것이어서, 바야흐로 한 끼 식사에 세 번이나 입 안의 음식을 토해내었고, 바야흐로 한 번 머리를 감다가 세 번이나 머리카락을 움켜쥐었다고 하더이다.

그 당시에 천하의 현재賢才는 모두가 이윽고 거용되었습니다.

그리고 간사姦邪하거나 참녕讒佞한 짓을 하거나 속이고 배신하는 무리들은 모두가 제거되었습니다.

그리고 사해四海는 모두 근심할 일이 없게 되었고, 구이九夷, 팔만八蠻으로 황복荒服 밖에 있는 자들도 모두가 빈공賓貢을 오게 되었습니다.

천재天災나 시변時變, 곤충이나 초목의 요망함은 모두 사라져 없어졌습니다.

천하가 소위 말하는 예악禮樂, 형정刑政, 교화敎化의 구비는 모두가 이미 정리되고 완비되었습니다.

풍속은 모두가 돈후해졌고, 동식물動植物로서 풍우와 상로霜露의 혜택을 입는 것들은 모두가 자신의 마땅함을 얻었지요.

휴징休徵, 가서嘉瑞와 인麟, 봉鳳, 구龜, 용龍의 무리들은 모두가 갖추어 나타났습니다.

그런데 주공은 성인의 재능으로, 숙부로서의 친척이라는 힘에 의지하여 그가 처리하고 선왕의 교화를 이어받아 보필한 공로는 또한 이와 같이 모두 빛을 발하고 있었는데, 그가 찾아서 나아가 만나보았던 바의 선비들이라고 해서 어찌 주공보다 똑똑한 자들이었겠습니까?

그저 주공보다 똑똑하지 못한 정도일 뿐만 아니라, 어찌 다시 당시 온갖 일을 맡아 하던 집사執事들보다 똑똑했겠습니까?

어찌 다시 계책을 세우고 논의를 함에 있어서 능히 주공의 교화에 보탬이 되는 자들이었겠습니까?

그럼에도 주공이 구하기를 이처럼 다급하게 서두른 것은, 자신의 귀와 눈이 듣고 보지 못하는 것이 있거나, 사려思慮가 미치지 못하는 바가 있어, 성왕이 주공 자신에게 맡긴 뜻을 저버려, 천하의 민심을 얻지 못하면 어쩌나 하는 걱정 때문이었습니다.

(주공의 마음이 이와 같다 해도) 가령 그 당시 보리승화輔理承化의 공이 이처럼 모두 훤히 빛이 나지도 않고, 성인의 재능도 갖추지 않았으며, 숙부라는 친척 관계도 아니었다면, 그는 밥 먹고 머리감을 겨를도 없었을 텐데, 어찌 유독 토포악발吐哺握髮하는 정도의 부지런함에만 그쳤겠습니까?

그가 이와 같았기에 그 까닭으로 지금 성왕의 덕을 칭송하고, 주공의 공을 칭찬함이 쇠衰하지 않고 있는 것입니다.

三月十六日, 前鄕貢進士韓愈, 謹再拜言相公閣下.

愈聞周公之爲輔相, 其急於見賢也, 方一食, 三吐其哺; 方一沐, 三握其髮.

當是時, 天下之賢才 皆已擧用;

姦邪讒佞欺負之徒, 皆已除去;

四海皆已無虞; 九夷八蠻在荒服之外者, 皆已賓貢;

天災時變·昆蟲草木之妖, 皆已銷息;

天下之所謂禮樂刑政敎化之具, 皆已修理;

風俗皆已敦厚; 動植之物·風雨霜露之所霑被者, 皆已得宜;

休徵嘉瑞·麟鳳龜龍之屬, 皆已備至.

而周公以聖人之才, 憑叔父之親, 其所輔理承化之功, 又盡章章如是, 其所求進見之士, 豈復有賢於周公者哉?

不惟不賢於周公而已, 豈復有賢於時百執事者哉?

豈復有所計議·能補於周公之化者哉?

然而周公求之如此其急, 惟恐耳目有所不聞見, 思慮有所未及, 以負成王託周公之意, 不得於天下之心.

如周公之心, 設使其時, 輔理承化之功, 未盡章章如是, 而非聖人之才, 而無叔父之親, 則將不暇食與沐矣, 豈特吐哺握髮爲勤而止哉?

惟其如是, 故于今頌成王之德, 而稱周公之功不衰.

【三月十六日, '羈旅'前鄕貢進士韓愈, 謹再拜言相公閣下】《古文眞寶》에는 이 구절을 싣지 않고 있음.《昌黎集》등 다른 모든 전재문에는 이 구절이 실려 있으며,《五百家注》에는 '十六日' 다음에 '羈旅' 두 글자가 더 있고, 注에 "一無二字"라 함. 그리고 '閣下'는 '閤下'로 되어 있음. '前鄕貢進士'는 전에 鄕貢의 시험에 급제한 사람. 李肇《國史補》에 "進士得第, 謂之前進士"라 함. '鄕貢'에 대해서는《新唐書》(44) 選擧志에 "唐制, 取士之科, 多因隋舊, 然其大要有三. 由學館者曰生徒, 由州縣者曰鄕貢, 皆升於有司而進退之. 其科之目, 有秀才, 有明經, 有俊士, 有進士, 有明法, 有明字, 有明算, 有一史, 有三史, 有開元禮, 有道擧, 有童子. 而明經之別, 有五經, 有三經, 有二經, 有學究一經, 有三禮, 有三傳, 有史科. 此歲擧之常選也. 其天子自詔者曰制擧, 所以待非常之才焉. ……每歲仲冬, 州·縣·館·監擧其成者送之尙書省;而擧選不繇館·學者, 謂之鄕貢, 皆懷牒自列於州·縣. 試已, 長吏以鄕飮酒禮, 會屬僚, 設賓主, 陳俎豆, 備管弦, 牲用少牢, 歌《鹿鳴》之詩, 因與者艾敍長少焉. 旣至省, 皆疏名列到, 結款通保及所居, 始由戶部集閱, 而關於考功員外郞試之"라 함. '相公'은 丞相의 다른 칭호. 吳曾의《能改齋漫錄》에 "丞相稱相公, 魏已然矣"라 하였고,《日知錄》에는 "前代拜相者必封公, 故稱之曰相公"이라 함.

【愈聞周公之爲輔相, 其急於見賢也】'周公'은 '輔相'은 임금을 輔弼하는 재상.《易》泰卦 象辭에 "后以輔相天地之宜"라 함. 周公은 武王이 죽고 어린 成王이 제위에 오르자 이를 보필하는 재상이 되어 현인을 찾아 나라를 잘 다스리고자 하였음.《史記》魯周公世家에 "其後武王旣崩, 成王少, 在强葆之中. 周公恐天下聞武王崩而畔, 周公乃踐阼代成王攝行政當國"이라 함. '其'자는《古文眞寶》에는 누락되어 있음. '親賢'은《孟子》盡心(上)에 "知者無不知也, 當務之爲急;仁者無不愛也, 急親賢之爲務. 堯舜之知而不徧物, 急先務也;堯舜之仁不徧愛人, 急親賢也"라 함.

【方一食, 三吐其哺;方一沐, 三握其髮】'三吐其哺, 三握其髮'는 '吐哺握髮'을 풀어쓴 것. 周公은 成王을 보필하면서 한 끼의 밥을 먹는 사이에 세 번이나 먹던 밥을 토해 놓고, 세 번이나 감던 머리를 움켜쥐고 달려 나가 선비를 만났다는 고사를 원용한 것.《史記》魯周公世家에 "於是卒相成王, 而使其子伯禽代就封於魯. 周公戒伯禽曰:「我文王之子, 武王之弟, 成王之叔父, 我於天下亦不賤矣. 然我一沐三捉

髮, 一飯三吐哺, 起以待士, 猶恐失天下之賢人. 子之魯, 愼無以國驕人.」이라 함. 이 고사는 《荀子》(堯問篇), 《尙書大傳》(梓材), 《說苑》(敬愼), 《十八史略》(1), 《韓詩外傳》(3) 등에 아주 널리 실려 있으며, 널리 쓰이는 成語가 됨. 한편 《韓詩外傳》에는 "周公踐天子之位, 七年, 布衣之士所贄而師者十人, 所友見者十二人, 窮巷白屋先見者四十九人, 時進善百人, 敎士千人, 宮朝者萬人. 成王封伯禽於魯, 周公誠之曰:「往矣! 子無以魯國驕士. 吾, 文王之子, 武王之弟, 成王之叔父也, 又相天下, 吾於天下, 亦不輕矣. 然一沐三握髮, 一飯三吐哺, 猶恐失天下之士. 吾聞德行寬裕, 守之以恭者榮; 土地廣大, 守之以儉者安; 祿位尊盛, 守之以卑者貴; 人衆兵强, 守之以畏者勝; 聰明睿智, 守之以愚者善; 博聞强記, 守之以淺者智. 夫此六者, 皆謙德也. 夫貴爲天子, 富有四海, 由此德也; 不謙而失天下, 亡其身者, 桀紂是也; 可不愼歟? 故易有一道, 大足以守天下, 中足以守其國家, 近足以守其身, 謙之謂也. 夫天道虧盈而益謙, 地道變盈而流謙, 鬼神害盈而福謙, 人道惡盈而好謙. 是以衣成則必缺衽, 宮成則必缺隅, 屋成則必加拙, 示不成者, 天道然也. 《易》曰:『謙·亨, 君子有終, 吉.』《詩》曰:『湯降不遲, 聖敬日躋!』誠之哉! 其無以魯國驕士也.」라 함. 《五百家注》에는 "孫曰:《史記》周公子伯禽, 就封於魯. 周公戒曰:「我一沐三握髮, 一飯三吐哺, 以待士, 猶恐失天下之賢人.」"이라 함.

【當是時, 天下之賢才 皆已擧用】周初 周公 시대에는 모든 賢才들이 다 거용됨. 《軌範》注에 "九字句"라 함.

【姦邪讒佞欺負之徒, 皆已除去】'姦邪讒佞欺負'는 간사하고 사악하고, 남을 모함하고 교활하고 남을 속이고 남을 배신하는 짓을 하는 자들. 《史記》蔡澤傳에 "設刀鋸以禁姦邪"라 하였고, 循吏傳에 "吏無姦邪"라 함. '讒佞'은 《淮南子》主術訓에 "讒佞姦邪, 無由進矣"라 함. '欺負'는 속이고 배신함. 《日知錄》에 "今俗語欺壓人, 謂之欺負"라 함. 《軌範》注에 "十二字句"라 함.

【四海皆已無虞】'四海'는 《爾雅》釋地에 "九夷八狄七戎六蠻, 謂之四海"라 하였고, 孫炎은 "海之言, 晦也. 晦闇於禮義也"라 함. 《周禮》校人의 "凡將有事于四海山川"의 注에는 "四海, 猶四方也"라 함. '無虞'는 걱정이 없음. '虞'는 우려함, 근심함. 《古文眞寶》注에 "虞, 猶憂也"라 함. 《詩》魯頌 閟宮 "無貳無虞"의 鄭傳에는 "虞, 度也. 無復計度也"라 함. 《軌範》注에 "六字句"라 함.

【九夷八蠻在荒服之外者, 皆已賓貢】'九夷八蠻'은 변방의 여러 이민족들. '荒服'은 먼 국경 밖의 지역. 옛 五服의 하나로 국경 밖 5백 리 지역이었음. '服'은 천자가

거처하는 京師로부터 천리까지는 圻(畿)라 하며 그 밖으로 5백리씩 먼 곳을 일
컫는 말.《周禮》夏官 職方氏에 의하면 侯服, 甸服, 南服, 采服, 衛服, 蠻服, 夷服,
鎭服, 藩服 등 九服이 있었으며《尙書》禹貢에는 五服(甸服, 侯服, 綏服, 要服, 荒
服)으로, 혹 六服(侯服, 甸服, 男服, 采服, 衛服, 蠻服) 등 여러 구분이 있었음. '九夷'
는《後漢書》東夷傳에 "夷有九種: 曰畎夷·于夷·方夷·黃夷·白夷·赤夷·玄夷·風
夷·陽夷. 故孔子欲居九夷也"라 함. '八蠻'은 중국 둘레 八方의 異民族들. '賓貢'은
내조하여 공물을 바쳐옴.《軌範》注에 "十五字句"라 함.

【天災時變·昆蟲草木之妖, 皆已銷息】'天災'는 疫, 癘, 水, 旱 등의 자연 재해. '昆蟲'
은《禮記》王制 "昆蟲未蟄"의 鄭玄 注에 "昆, 明也. 明蟲者, 謂得陽而生, 得陰而藏"
이라 하였고, 〈祭統〉 "昆蟲之異"의 注에는 "昆蟲謂溫生寒死之蟲也"라 함.《五百
家注》에 "孫曰:《說文》云:「昆蟲, 蟲之總名.」 '妖', 孽也. 昆蟲草木之妖, 如〈五行志〉
所載是矣"라 함. '銷息'은 消滅되어 없어짐.《軌範》注에 "十四字句"라 함.

【天下之所謂禮樂刑政敎化之具, 皆已修理】'禮樂, 刑政, 敎化'는 역사적으로 중국
은 周公이 文物, 典章, 制度를 최초로 모두 完備하였다는 주장에서 늘 稱頌되는
사안임. '修理'는 잘 마련되고 정리됨을 뜻함.《漢書》丙吉傳 贊에 "黜陟有序, 衆
職修理"라 하였고,《後漢書》光武帝紀에는 "修理長安高廟"라 함.《軌範》注에
"十七字句"라 함.

【風俗皆已敦厚】'敦厚'는 敦篤하고 厚德함.《中庸》(27)에 "溫故而知新, 敦厚以崇禮.
是故居上不驕, 爲下不倍"라 함.《軌範》注에 "六字句"라 함.

【動植之物·風雨霜露之所霑被者, 皆已得宜】'霑被者'는 風雨와 霜露를 받아 그 혜
택을 보는 생명체들.《軌範》注에 "十七字句"라 함.

【休徵嘉瑞·麟鳳龜龍之屬, 皆已備至】'休徵嘉瑞'는 아름다운 徵候와 상서로운 兆
朕. '麟鳳龜龍'은 四靈으로 太平聖代나 聖人이 在世할 때 나타난다 하였음.《禮
記》禮運篇에 "何謂四靈? 麟鳳龜龍, 謂之四靈"이라 하였고,《左傳》杜預 序에
"麟鳳五靈, 王者之嘉瑞也"라 함.《軌範》注에 "十四字句. 此一段連下九箇皆已字,
變化七樣句法. 字有多少, 句有長短, 文有反順, 起伏頓挫, 如層瀾驚濤怒波. 讀者但
見其精神, 不覺其重疊, 此章法句法也"라 함.

【而周公以聖人之才, 憑叔父之親, 其所輔理承化之功】《論語》泰伯篇에 "子曰:「如有
周公之才之美, 使驕且吝, 其餘不足觀也已.」"라 함. '叔父之親'은《漢書》杜欽傳에
"昔周公有亞聖之德, 屬有叔父之親"이라 함. '輔理承化'는 임금 聖王을 보좌하여

나라를 다스리고 先王들의 뜻을 받들어 백성을 교화함.

【又盡章章如是, 其所求進見之士】'章章'은 밝고 빛이 나서 분명함.《呂氏春秋》本
生篇에 "萬物章章"이라 하였고,《後漢書》循吏傳 注에 "章章, 明也"라 함.

【豈復有賢於周公者哉】周公보다 더 어진 자는 없음.

【不惟不賢於周公而已, 豈復有賢於時百執事者哉】'時百執事者'는 周公 당시의 여러
관직에 있던 사람들. '百執事'는《尙書》盤庚(下)에 "嗚呼, 邦伯師長百執事之人,
尙皆隱哉!"의 疏에 "百執事, 謂諸有職事之官"이라 함.《軌範》注에 "連下三箇豈復
字變化三樣句法, 讀者但見其精神"이라 함.

【豈復有所計議・能補於周公之化者哉】'계책과 의논하는 바가 주공처럼 교화에 보
탬이 되는 것이 있었겠는가?'의 뜻.

【然而周公求之如此其急, 惟恐耳目有所不聞見】이처럼 급히 굴었음에도 耳目에 놓
치는 것이 있을까 염려하였음.

【思慮有所未及, 以負成王託周公之意, 不得於天下之心】成王이 周公에게 맡긴 뜻
을 저버리게 되면 天下 民心을 얻지 못함. 曹操〈短歌行〉에 "周公吐哺, 天下歸心"
이라 함.

【如周公之心, 設使其時, 輔理承化之功, 未盡章章如是】'如周公之心' 다섯 자는 모
든《古文眞寶》에는 누락됨. '設'은 假設하여 말함.《戰國策》"今先生設爲不宦"의
注에 "設者, 虛假之辭"라 함. '輔理承化'는 보필하여 드리고 선대의 뜻을 이어받
아 교화함. 周公의 실천을 말함.

【而非聖人之才, 而無叔父之親】'叔父'는 周公은 成王의 숙부였음. 成王(姬誦)은 武
王(姬發)의 장자이며, 周公(姬旦)은 武王의 아우였음.《古文眞寶》注에 "周公乃成
王之叔父, 故曰叔父之親"이라 함.

【則將不暇食與沐矣, 豈特吐哺握髮爲勤而止哉】《軌範》注에 "此一轉有筆力, 巧在
虛字斡旋"이라 함.《古文眞寶》注에는 "又進一步, 不特吐握矣"라 함.

【惟其如是, 故于今頌成王之德, 而稱周公之功不衰】'惟'는《昌黎集》에는 '維'로 되
어 있음. '不衰'는 쇠하지 않음. 지금도 두 사람에 대한 칭송이 끊이지 않음.《軌
範》注에 "他人只是頌成王之德, 而稱周公之功, 便了, 必無心力添'不衰'二字句法便
奇"라 함.

지금 각하께서 보상輔相이 되어 주공처럼 할 수 있기는 아주 쉽습니다.

그런데 지금 천하의 현재들이 모두 빠짐없이 거용되고 있습니까?

간사奸邪하고 참녕한 자, 속이고 배반하는 무리들이 모두 제거되었습니까?

사해가 모두 걱정이 없습니까? 구이, 팔만으로 황복의 밖에 있는 이들이 모두 빈공을 옵니까?

천재와 시변, 곤충, 초목의 재앙이 모두 사라졌습니까?

천하에 소위 말하는 예악, 형정, 교화의 갖춤이 모두 정비되고 정리되었습니까?

풍속이 돈후합니까? 동식물로서 풍우와 상로의 혜택을 받는 것들이 모두 그 마땅함을 얻고 있습니까?

휴징과 가서, 인, 봉, 구, 용의 무리들이 갖추어 다가오고 있습니까?

지금 찾아서 나아가 만나본 바의 선비들이 비록 바라는 성덕盛德을 갖추기에 부족하다 해도, 온갖 집사들에 비해 모두가 그들보다 낮은 사람들입니까?

그들이 말하는 바가 모두 전혀 도움 되는 바가 없는 것들입니까?

지금 비록 능히 주공처럼 토포악발은 못할지언정 역시 그들을 이끌어, 나아가게 하고, 그들의 소이所以를 관찰하여 진퇴進退를 결정하게 함이 마땅한 것이지, 묵묵히 그대로 있는 것은 온당치 않습니다.

제가 명령을 기다리고 있은 지 40여 일이 됩니다.

글을 재차 두 번이나 올렸지만 뜻을 통할 수 없어, 직접 세 번이나 재상의 문에 이르렀으나 문지기가 사절하더이다.

오직 저는 혼암하고 우매하여 도망하거나 숨을 줄도 모르고, 그 때문에 다시 주공의 예를 들어 말씀드리오니 각하께서 다시 살펴주십시오.

今閣下爲輔相亦近耳.

天下之賢才, 豈盡擧用?

姦邪讒侫欺負之徒, 豈盡除去?

四海豈盡無虞? 九夷八蠻之在荒服之外者, 豈盡賓貢?

天災時變·昆蟲草木之妖, 豈盡銷息?

天下之所謂禮樂刑政敎化之具, 豈盡修理?

風俗豈盡敦厚? 動植之物·風雨霜露之所霑被者, 豈盡得宜?

休徵嘉瑞·麟鳳龜龍之屬, 豈盡備至?

其所求進見之士, 雖不足以希望盛德, 至比於百執事, 豈盡出其下哉?

其所稱說, 豈盡無所補哉?

今雖不能如周公吐哺握髮, 亦宜引而進之, 察其所以而進退之, 不宜默默而已也.

愈之待命, 四十餘日矣.

書再上, 而志不得通, 足三及門而閽人辭焉,

惟其昏愚, 不知逃遁, 故復有周公之說焉. 閣下其亦察之.

【今閣下爲輔相亦近耳】지금 閣下(閤下, 宰相)들은 輔相이 되어 역시 周公과 같은 지위에 있으므로 주공처럼 훌륭한 일을 할 수 있음.

【天下之賢才, 豈盡擧用】이는 앞의 周公 시절 "天下之賢才 皆已擧用"을 反問하여 공격하며 책임을 물은 것.

【姦邪讒侫欺負之徒, 豈盡除去】앞의 "姦邪讒侫欺負之徒, 皆已除去"에 대한 反問.

【四海豈盡無虞】앞의 "四海皆已無虞"에 대한 反問.

【九夷八蠻之在荒服之外者, 豈盡賓貢】앞의 "九夷八蠻在荒服之外者, 皆已賓貢"에 대한 反問.

【天災時變·昆蟲草木之妖, 豈盡銷息】앞의 "天災時變·昆蟲草木之妖, 皆已銷息"에 대한 反問.

【天下之所謂禮樂刑政敎化之具, 豈盡修理】앞의 "天下之所謂禮樂刑政敎化之具,

皆已修理"에 대한 反問.

【風俗豈盡敦厚】앞의 "風俗皆已敦厚"에 대한 反問.

【動植之物·風雨霜露之所霑被者, 豈盡得宜】앞의 "動植之物·風雨霜露之所霑被者, 皆已得宜"에 대한 反問.

【休徵嘉瑞·麟鳳龜龍之屬, 豈盡備至】앞의 "休徵嘉瑞·麟鳳龜龍之屬, 皆已備至"에 대한 反問.《軌範》注에 "此一段說今宰相不如周公, 用'豈盡'二字, 對'皆已'二字亦巧. 句法變化與上段相對, 有權度有筆力"이라 함.

【其所求進見之士, 雖不足以希望盛德, 至比於百執事, 豈盡出其下哉】盛德을 희망하기에는 부족하나 온갖 집사들에 비하면 모두가 그들 아래라고 할 수는 없음. 지금의 선비들은 혹 훌륭한 이들이 많이 있음을 말한 것.《軌範》注에 "婉曲有法"이라 함.

【其所稱說, 豈盡無所補哉】그들이 하는 말이 전혀 裨補가 될 수 없다고는 할 수는 없음. 지금의 선비들은 그들이 칭하고 말하는 바가 행정에 補益이 되는 것이 있음.《軌範》注에 "本是九箇'豈盡'字, 與前段相對說. 今添兩箇'豈盡'字, 亦巧"라 함.

【今雖不能如周公吐哺握髮, 亦宜引而進之】周公만큼은 못한다 해도 역시 선비들이 나오도록 誘導는 해야 함.《禮記》檀弓(上)에 "喪服, 兄弟之子猶子也, 蓋引而進之也; 嫂叔之無服也, 蓋推而遠之也; 姑姉妹之薄也, 蓋有受我而厚之者也"라 함.

【察其所以而進退之, 不宜默默而已也】그들을 살펴 進退를 결정하도록 해야 할 것이지 재상으로써 침묵만 지키고 있어서는 안 될 것임. '進退'는《古文眞寶》등에는 '去就'로 되어 있음.《禮記》宴義에 "考其藝而進退之"라 하였고,《周禮》天官에 "醫師, 死則計其數, 而進退之"라 함. '默默'은《莊子》在宥篇에 "至道之極, 昏昏默默"이라 함.

【愈之待命, 四十餘日矣】'待命'은 進止의 명령을 기다림.《左傳》成公 17년 "待命于清"의 疏에 "待進止之命"이라 함. 韓愈가 첫 서신을 올린 것은 正月 27일이며, 다시 이 서신을 올린 것은 3월 16일로 40여일이 경과하였으나 아무런 회답이 없었음.

【書再上, 而志不得通, 足三及門而閽人辭焉】세 번이나 재상의 문에 갔으나 문지기가 사절함. '閽人'은 문지기.《周禮》天官 序官 閽人 注에 "閽人, 司昏晨, 以啓閉者"라 하였고,《禮記》檀弓(下) "閽人爲君在, 弗內也"의 注에 "閽人, 守門者"라 함.

【惟其昏愚, 不知逃遁, 故復有周公之說焉】'逃遁'은 도망하여 숨음. '遁逃'와 같음.《史記》樂毅傳에 "遁逃奔趙"라 함. 昏闇하고 愚昧하여 도망가 숨을 곳을 알 수

없어 그 때문에 다시 周公을 예로 들어 설명함.

【閣下其亦察之】《古文眞寶》 등에는 이 6자가 누락됨.《東雅堂》에 모두 들어 있으며, 注에 "或無此六字"라 하였고,《五百家注》에는 이 글자가 없는 대신 注에 "一作「閣下其亦察之」六字"라 함. '閣下'는 원전마다 '閤下', '閣下' 등 표기가 다름.

3/3 ————————

옛날의 선비는 석 달을 벼슬하지 못하면 서로 위로하였으며, 그것을 이유로 강역을 떠나되 반드시 폐백을 싣고 떠났지요.

그처럼 스스로 나서는 것을 신중히 여긴 까닭은, 주周나라에서 불가하면 노魯나라고 가고, 노나라에서 불가하면 제齊나라고 가고, 제나라에서 불가하면 송宋나라로, 정鄭나라로, 초楚나라로 갈 수 있었기 때문이었지요.

그런데 지금 천하는 한 임금의 시대가 되었고, 사해는 하나의 나라가 되었으니, 이를 버리면 이적夷狄 땅 밖에 없으니, 부모의 나라를 버리게 되는 것이지요.

그러므로 선비로서 도를 행하려는 자가 조정에서 뜻을 얻지 못하면 산림山林으로 갈 뿐입니다.

산림이란 선비로서 독선자양獨善自養하며 천하를 근심하지 않는 자가 능히 안정을 취할 곳이지요.

만약 천하에 근심을 둔 자라면 그렇게 할 수 없지요.

그 까닭으로 저는 매번 스스로 나서면서도 부끄러움을 모르기에, 서신을 자주 올리면서 발은 자주 재상의 문에 이르되 그칠 줄을 몰랐던 것입니다.

차라리 홀로 이와 같을 뿐이겠습니까? 두려워하면서 오직 대현大賢의 문으로 나설 수 없는 것, 이것이 두려움일 뿐입니다.

역시 조금만이라도 살핌을 내려주시기를 바랍니다.

위존威尊을 모독하여 황공함이 끝이 없습니다. 한유가 재배함.

古之士, 三月不仕則相弔, 故出疆必載質.

然所以重於自進者, 以其於周不可, 則去之魯; 於魯不可, 則去之齊; 於齊不可, 則去之宋, 之鄭, 之秦, 之楚也.

今天下一君, 四海一國, 舍乎此則夷狄矣, 去父母之邦矣.

故士之行道者, 不得於朝, 則山林而已矣.

山林者, 士之所獨善自養, 而不憂天下者之所能安也.

如有憂天下之心, 則不能矣.

故愈每自進而不知愧焉, 書亟上, 足數及門, 而不知止焉.

寧獨如此而已? 惴惴焉惟不得出大賢之門, 是懼.

亦惟少垂察焉.

瀆冒威尊, 惶恐無已. 愈再拜.

【古之士, 三月不仕則相弔, 故出疆必載質】'弔'은 '弗'와 같으며 '弔喪하다, 위문하다, 동정하다'의 뜻. '出疆'은 자신의 나라 疆域을 벗어남. 다른 나라로 감. 《孟子》滕文公(下)에 "周霄問曰:「古之君子仕乎?」孟子曰:「仕. 傳曰:『孔子三月無君, 則皇皇如也, 出疆必載質.』公明儀曰:『古之人, 三月無君則弔.』」「三月無君則弔」, 不以急乎?」曰:「士之失位也, 猶諸侯之失國家也. 禮曰:『諸侯耕助, 以供粢盛; 夫人蠶繅, 以爲衣服. 犧牲不成, 粢盛不潔, 衣服不備, 不敢以祭. 惟士無田, 則亦不祭.』牲殺器皿衣服不備, 不敢以祭, 則不敢以宴, 亦不足弔乎?」「出疆必載質」, 何也?」曰:「士之仕也, 猶農夫之耕也; 農夫豈爲出疆, 舍其耒耜哉?」"라 함. '質'은 典當物, 어떤 일을 보장할만한 재물이나 폐백. 그러나 여기서는 내용으로 보아 質은 자신이 벼슬을 구할 때까지 견디고 쓸 비용을 뜻하는 것이 아닌가 함.

【然所以重於自進者】스스로 나서는 것을 신중히 함. 벼슬 구하는 것을 다급히 여기면서도 자신이 나서는 것은 매우 신중히 함.

【以其於周不可, 則去之魯; 於魯不可, 則去之齊; 於齊不可, 則去之宋, 之鄭, 之秦, 之楚也】각 나라에서 뜻을 얻지 못하면 다른 나라로 감. 《禮記》內則에 "四十始仕, 道合則服從, 不可則去"라 함. '魯'는 춘추시대 曲阜에 도읍을 두었던 周公의 봉지. 《軌範》注에 "此句八字"라 함. '齊'는 春秋時代 齊나라는 姜太公(呂尙)의 봉지 姜氏齊, 戰國時代에는 田完(敬仲)의 후손이 물려받은 田氏齊로 지금의 山東 淄博

(臨淄), 《軌範》注에 "二句八字"라 함. '宋'은 춘추시대 微子啓의 봉지. 지금의 河南 商丘 일대. '鄭'은 春秋시대 지금의 하남 일대의 제후국으로 지금의 하남 鄭州 일대. '秦'은 春秋戰國 및 이를 통일한 나라로 지금의 陝西 西安(長安) 咸陽 일대. '楚'는 春秋戰國 남방의 大國으로 도읍은 郢(지금의 湖北 荊州). 《軌範》注에 "此句 十五字章法. ○第三句變文得法"이라 함.

【今天下一君, 四海一國】 '天下一君'은 천하에 한 임금만 있음. 春秋戰國시대처럼 많은 나라가 있어 옮겨갈 수 있는 시대가 아님. 《古文眞寶》注에 "回護善救首尾" 라 함.

【舍乎此則夷狄矣, 去父母之邦矣】 중국을 떠나면 갈 수 있는 곳은 夷狄의 나라이며 부모 나라를 떠나는 것이 됨. 《軌範》注에 "此一段以古道自處, 節節占地步, 文章絶妙"라 함.

【故士之行道者, 不得於朝, 則山林而已矣】 그 때문에 山林으로 들어갈 수밖에 없음. 《軌範》注에 "此一轉, 尤高占地步"라 함.

【山林者, 士之所獨善自養, 而不憂天下者之所能安也】 천하를 걱정하지 않아도 되는 선비들이 獨善自養하며 安全을 느끼는 곳이 山林임. 《孟子》盡心(上)에 "古之人, 得志, 澤加於民; 不得志, 脩身見於世. 窮則獨善其身, 達則兼善天下"라 함. 《軌範》注에 "此一段, 尤占地步"라 함.

【如有憂天下之心, 則不能矣】 천하를 걱정하는 마음을 가진 자는 산림으로 들어갈 수 없음.

【故愈每自進而不知愧焉, 書亟上, 足數及門, 而不知止焉】 '愧焉' 다음에 《軌範》注에 "只一句結上自身, 好筆力"이라 함. '亟'는 '기'로 읽으며 '빨리, 자주'의 뜻. '數'은 '삭'으로 읽음. 《東雅堂》에 "數, 音朔"이라 함.

【寧獨如此而已?】 '어찌 이 한 가지 행동만 하겠는가?'의 뜻.

【惴惴焉惟不得出大賢之門, 是懼】 '惴惴焉'(췌췌언)은 근심하고 두려워하는 모양. 《詩》秦風 黃鳥 "維此奄息, 百夫之特. 臨其穴, 惴惴其慄"의 傳에 "惴惴, 懼也"라 함. 《軌範》注에 "若下惟恐不得出大賢之門下, 便弱了. 今不下恐字, 安頓是懼二字在末. 句法奇而健"이라 함.

【亦惟少垂察焉. 瀆冒威尊, 惶恐無已. 愈再拜】 '少察'은 조금이라도 살펴주기를 바람. 《漢書》主父偃傳에 "願陛下幸赦而少察之"라 함. '瀆冒威尊'은 권위와 존귀함을 모독함. 《後漢書》寇榮傳에 "犯冒王怒, 觸突帝禁"이라 함. 한편 뒤의 11자는 모

든 《古文眞寶》 등에는 누락되었음. 《昌黎集》에 들어 있으며, 《東雅堂》 注에는
"「威尊」, 或作「尊威」. 「無已」, 或作無文, 非是"라 함.

참고 및 관련 자료

1. 韓文公(韓愈, 韓退之, 韓昌黎) 001 참조.

2. 이 글은 《別本韓文考異》(16), 《五百家注昌黎文集》(16), 《東雅堂昌黎集註》(16),
《唐宋八大家文鈔》(2), 《唐文粹》(87), 《崇古文訣》(10), 《文章正宗》(12), 《古文集成》(16),
《文編》(49), 《格物通》(71), 《事文類聚》(新集 7), 《稗編》(88), 《古文約選》(方苞 2), 《古文
觀止》(8), 《古文眞寶》(後集 4) 등에 실려 있음.

3. 《軌範》補注에 "公貞元八年登第, 其後以博學宏辭, 三試於吏部, 無成. 故十一年
上宰相求仕. 凡三上不報, 時宰相趙憬·賈耽, 盧邁皆庸人, 故不能用公. 是年五月
遂東歸. '二十九日', 〈元板本集〉並同. 本或'二十'作'卅', 又或作'念'. 楊用修《丹鉛錄》
曰: 「卅字韻書皆音'入'. 惟市井商賈音'念', 而學士大夫亦從其誤也. 顧炎武《金石文字
記》載: 唐〈開業寺碑〉, 蘇文擧正書, 碑陰多宋人題名, 有曰「濟南李致至道, 王亢退之
沿檄過此, 同宿承天佛舍. 元祐辛未陽月念五日題, 以'卅'爲'念', 始見於此」. 據此, 以
'卅'爲'念', 始見宋人. 按〈蘭亭考〉, 洧跋曰: 「熙寧八年十一月, 曝背大河之濱, 因書, 乃
念七日也.」 此亦一證. 但丘光迈〈兼明書〉曰: 「魏武之父諱崧, 故北人呼崧爲蔓菁, 而
江南不爲之諱也. 亦猶吳主之女名二十, 而江南人呼二十爲'念', 而北人不爲之避也.」
觀此則又知'卅'之稱'念', 不刱宋以後矣"라 함.

4. 《唐宋八大家文鈔》에는 "議論正大, 勝前篇. 當看虛字斡旋處"라 함. 〈第一書〉의
題注에 "公貞元八年登第, 其後以博學宏辭三試於吏部, 無成, 故十一年, 上宰相書求
仕, 凡三上不報, 時宰相趙憬·賈耽·盧邁, 皆庸人, 故不能用公, 是年五月, 遂東歸"라
함.

5. 《古文眞寶》注에는 "迂齋(樓昉)云: 「以周公與當時之事, 反覆對說, 而求士之緩
急. 居然可見, 雖是退之, 切於求進然, 理亦如此.」 ○此書上於貞元十一年乙亥, 公是
年二十八歲, 時相乃賈耽·盧邁也. 前一書云: 「前鄕貢進士韓愈, 謹伏光範門下, 再拜
獻書相公閣下.」 公二十五歲, 已登進士第, 時猶未出官, 故只云'前鄕貢進士', 自正月
二十七, 至三月十六, 凡三上書, 詞益慷慨, 世所謂'光範三書'者, 此也. 三上書不報,
乃東歸. 朱子論「公所論, 不免雜乎貪位慕祿之私」者, 正謂此類. 然初年干進, 亦誰能

免? 略之而取其議論文氣可也. 書辭激切如此, 而竟不報此, 二相者果何如人哉?"라
함.

6. 한편 이와 같은 예의 글은 後漢 高彪가 馬融을 만나 大義를 묻고자 했으나
馬融이 疾患으로 만나지 못해 高彪가 올린 글이 있음.

《後漢書》文苑傳(高彪)

高彪字義方, 吳郡無錫人也. 家本單寒, 至彪爲諸生, 遊太學. 有雅才而訥於言. 嘗
從馬融欲訪大義, 融疾, 不獲見, 乃復刺遺融書曰:「承服風問, 從來有年, 故不待介
者而謁大君子之門, 冀一見龍光, 以敍腹心之願. 不圖遭疾, 幽閉莫啓. 昔周公旦父文
兄武, 九命作伯, 以尹華夏, 猶揮沐吐餐, 垂接白屋, 故周道以隆, 天下歸德. 公今養痾
傲士, 故其宜也.」融省書慚, 追謝還之, 彪逝而不顧.

7.〈上宰相書〉(第一書)

正月二十七日, 前鄕貢進士韓愈, 謹伏光範門下, 再拜獻書相公閣下.《詩》之序曰:
「菁菁者莪, 樂育材也. 君子能長育人材, 則天下喜樂之矣.」其詩曰:『菁菁者莪, 在彼
中阿. 既見君子, 樂且有儀.』說者曰:「菁菁者, 盛也. 莪, 微草也. 阿, 大陵也. 言君子之
長育人材, 若大陵之長育微草, 能使之菁菁然盛也.」『既見君子, 樂且有儀』云者, 天下
美之之辭也. 其三章曰:『既見君子, 錫我百朋.』說者曰:「百朋, 多之之辭也. 言君子既
長育人材, 又當爵命之, 賜之厚祿, 以寵貴之云爾.」其卒章曰:『泛泛楊舟, 載沈載浮.
既見君子, 我心則休.』說者曰:「載者, 舟也; 浮沈者, 物也. 言君子之於人材, 無所不
取, 若舟之於物, 浮沈皆載之云爾.」『既見君子, 我心則喜』云者, 言若此, 則天下心美之
也. 君子之於人也, 既長育之, 又當爵命寵貴之, 而於其才無所遺焉. 孟子曰:「君子有
三樂, 王天下不與存焉. 其一曰「樂得天下之英才而教育之」, 此皆聖人賢士之所極言
至論, 古今之所宜法者也. 然則孰能長育天下之人材, 將非吾君與吾相乎? (孰能教育
天下之英才, 將非吾君與吾相乎?) 幸今天下無事, 大小之官, 各守其職, 所錢穀甲兵之
問, 不至於廟堂. 論道經邦之暇, 捨此宜無大者焉.

今有人生二十八年矣, 名不著於農工商賈之版, 其業則讀書著文, 歌頌堯舜之道, 雞
鳴而起, 孜孜焉亦不爲利. 其所讀皆聖人之書, 楊墨釋老之學, 無所入於其心. 其所著
皆約六經之旨而成文, 抑邪與正, 辨時俗之所惑, 居窮守約, 亦時有感激怨懟奇怪之
辭, 以求知於天下, 亦不悖於教化, 妖淫諛佞壽張之說, 無所出於其中. 四舉於禮部乃
一得, 三選於吏部卒無成. 九品之位其可望, 一畝之宮其可懷. 遑遑乎四海無所歸, 恤
恤乎饑不得食, 寒不得衣, 瀕於死而益固, 得其所者爭笑之, 忽將棄其舊而新是圖,

求老農老圃而爲師. 悼本志之變化, 中夜涕泗交頤. 雖不足當詩人孟子之所謂, 抑長育之使成材, 其亦可矣; 教育之使成才, 其亦可矣.

抑又聞古之君子相其君也, 一夫不獲其所, 若已推而內之溝中. 今有人生七年而學聖人之道以修其身, 積二十一年, 不得已一朝而毀之, 是亦不獲其所矣. 伏念今有仁人在上位, 若不往告之而遂行, 是果於自棄, 而不以古之君子之道待吾相也, 其可乎? 寧往告焉, 若不得志, 則命也. 其亦行矣!

〈洪範〉曰:「凡厥庶民, 有猷·有爲·有守, 汝則念之. 不協于極, 不罹于咎, 皇則受之, 而康而色. 曰: 予攸好德, 汝則錫之福.」是皆與善之辭也. 抑又聞古之人有自進者, 而君子不逆之矣, 曰「予攸好德, 汝則錫之福」之謂也. 抑又聞上之設官制祿, 必求其人而授之者, 非苟慕其才而富貴其身也, 蓋將用其能理不能, 用其明理不明者耳. 下之修己立誠, 必求其位而居之者, 非苟沒於利而榮於名也, 蓋將推己之所餘, 以濟其不足者耳. 然則上之求人, 下之於求位, 交相求而一其致焉耳. 苟以是而爲心, 則上之道不必難其下, 下之道不必難其上. 可擧而擧焉, 不必讓於其自擧也; 可進而進焉, 不必廉於其自進也. 抑又聞上之化下, 得其道, 則勸賞不必偏加乎天下, 而天下從焉, 因人之所欲爲而遂推之之謂矣. 今天下不由吏部而仕進者幾希矣, 主上傷感山林之士有逸遺者, 屢詔內外之臣, 旁求儒雅於四海, 而其至者蓋闕焉. 豈無其人乎哉? 亦見國家不以非常之道禮之, 而不來耳. 彼之處隱就閒者亦人耳! 其耳目口鼻之所欲, 其心之所樂, 其體之所安, 豈有異於人乎哉? 今所以惡衣食, 窮體膚, 麋鹿之與處, 猿狄之所居, 固自以其身不能與時從順俯仰, 故甘心自絶而不悔焉. 而方聞今國家之仕進者, 必擧於州縣, 然後升於禮部·吏部, 試之以繡繪雕琢之文, 考之以聲勢之逆順, 章句之短長, 中其程式者, 然後得從下士之列. 雖有化俗之方, 安邊之畫, 不繇是而稍進者, 萬不有一得焉. 彼惟恐入山之不深, 入林之不密, 其影響昧昧, 惟恐聞于人也. 今若聞有以書上宰相而求仕者, 而宰相不辱焉, 而薦之天子, 天子爵命之, 而布其書於四方. 枯槁沈溺魁閎寬通之士, 必且洋洋焉動其心, 峨峨焉纓其冠, 于于焉而來矣. 此所以謂勸賞不必偏加乎天下, 而天下從焉者也, 因人所欲爲而遂推之之謂者也.

伏惟覽《詩》《書》《孟子》之所指, 念育才錫福之所以, 考古之君子相其君之道, 而忘自進自擧之罪, 思設官制祿之故, 以誘致山林逸遺之士, 庶天下之行道者知所歸焉.

小子不敢自幸, 其嘗所著文, 輒採其可者若干首, 錄在異卷, 冀辱賜觀焉. 干黷尊嚴, 伏地待罪, 愈再拜.

8. 〈上宰相書〉(第二書) (〈後十九日復上書〉)

二月十六日, 前鄉貢進士韓愈, 謹再拜言相公閣下.

向上書及所著文後, 待命凡十有九日, 不得命. 恐懼不敢遁逃, 不知所爲. 乃復敢自納於不測之誅, 以求畢其說, 而請命於左右.

愈聞之: 蹈水火者之求免於人也, 不惟其父兄子弟之慈愛, 然後呼而望之也. 將有介於其側者, 雖其所憎怨, 苟不至乎欲其死者, 則將大其聲疾呼而望其人之救也. 彼介於其側者, 聞其聲而見其事, 不惟其父兄子弟之慈愛, 然後徃而全之也. 雖有所憎怨, 苟不至乎欲其死者, 則將徃奔盡氣, 濡手足, 焦毛髮, 救之而不辭也. 若是者何哉? 其勢甚急, 而其情誠可悲也. 愈之彊學力行有年矣. 愚甚不惟道之險夷, 行且不息, 以蹈於窮餓之水火, 其旣危且亟矣, 大其聲而疾呼矣, 閣下其亦聞而見之矣. 其將徃而全之歟? 抑將安而不救之歟? 有來言於閣下者曰:「有觀溺於水而蒸於火者, 有可救之道, 而終莫之救也.」閣下且以爲仁人乎哉? 不然, 若愈者, 亦君子之所宜動心者也.

或謂愈曰:「子言則然矣, 宰相則知子矣, 如時不可何?」愈竊謂之不知言者, 誠其才能不足當吾相之擧耳. 若所謂時者, 固在上位者爲之耳, 非天之所爲也. 前五六年時, 宰相薦聞, 尙有自布衣蒙抽擢者, 與今豈異時哉? 且今節度・觀察使防, 及防禦・營田及諸小使等, 尙得自擧判官, 無間於已仕未仕者, 況在宰相, 吾君所尊敬者, 而曰不可乎?

古之進人者, 或取於盜, 或擧於管庫. 今布衣雖賤, 猶足以方於此. 情隘辭蹙, 不知所裁, 亦惟少垂憐焉. 愈再拜.

003(1-3) 〈代張籍與李淛東書〉 ········· 韓文公(韓愈)

장적張籍을 대신하여 절동관찰사 이손李遜에게 주는 글

*〈代張籍與李淛東書〉:이 글은 韓
愈가 張籍을 대신해서 淛東觀察
使 李遜에게 보내도록 써 준 편
지글임. '淛東'은 《昌黎集》에는 모
두 '浙東'으로도 되어 있음. 李遜
은 당시 御使中丞의 벼슬에서 浙
東觀察使로 充任되었으며, 張籍
은 太常寺太祝으로 眼疾이 심해
病暇를 내어 서울에 와 있었음.
이 때 韓愈가 張籍을 불쌍히 여
겨 대신 편지를 써 준 것이며, 시

〈張籍〉(766-830)

기는 元和 5년(810) 8월로 보고
있음. '張籍'(766-830)은 자는 文昌, 和州 烏江(지금의 安徽 和縣) 사람. 혹 蘇州 사
람이라고도 함. 唐 德宗 貞元 15년(799) 진사에 올라 元和 초에 西明寺大祝이 되

張籍의 〈秋思〉시

어, 10년 동안 승진을 하지 못하였음. 50세에 이르자 眼疾이 생겨 고통을 겪기도 함. 孟郊의 소개로 韓愈를 알게 되었으며 韓愈의 추천으로 國子博士를 거쳐 水部員外郞에 오름. 唐 文宗 太和 2년(828)에는 國子司業을 역임하여 그를 張水部, 혹 張司業이라 부름. 樂府詩에 뛰어났으며, 그의 詩風은 古風스러우면서도 담백함. 그의 문집으로는 《張司業集》 8권이 전하며 《舊唐書》(160)과 《新唐書》(176)에 傳이 있음. 李遜은 《舊唐書》(155)와 《新唐書》(162)에 傳이 있음. 《昌黎集》注에는 '李巽'으로 되어 있으나 이는 '李遜'의 오기로 보고 있음.

1/5 ────────────

월月 일日, 전모관모前某官某는 삼가 동쪽을 향해 재배하며 절동관찰사澷東觀察使 중승中丞 이공李公 각하閣下께 글을 올립니다.

제[張籍]가 듣기로 논하는 이들이 모두 "방금 방백方伯 연솔連帥의 관직에 거하여, 한 곳에 앉은 채 그 경내를 전담하여 통제할 수 있는 이로써, 오직 각하만이 심사心事가 낙락犖犖하여 속된 무리들과는 다르다"라고 하더이다.

저는 진실로 가슴속에 이 말을 깊이 간직하고 있습니다.

月日, 前某官某, 謹東向再拜, 寓書澷東觀察使中丞李公閣下:
籍聞議論者皆云:「方今居方伯連帥之職, 坐一方, 得專制於其境內者, 惟閣下心事犖犖, 與俗輩不同.」
籍固以藏之胸中矣.

【月日, 前某官某, 謹東向再拜, 寓書澷東觀察使中丞李公閣下】'前某官某'는 '前太祝의 관직을 지낸 張籍' 자신을 말한 것. '寓'는 寄와 같음. 편지 등을 붙여 보냄. 본문에서의 '澷東'은 《昌黎集》등 다른 모든 轉載文에는 모두 '浙東'으로도 표기되어 있으며 浙江(澷江)의 동쪽. 지금의 紹興, 寧波 일대. '觀察使'는 唐代 지방장관으로 흔히 節度使를 겸하기도 하며 觀察使는 行政을, 節度使는 軍事 업무를

총괄함. '中丞'은 御使中丞. 中央의 관직으로 지방 장관의 考覈을 담당함. 李遜이
御使中丞에서 浙東觀察使로 전임됨. 《軌範》〈補注〉에 《唐書》百官志: 「御使中丞
二人, 正四品下, 大夫掌以刑法典章, 糾正百官之罪惡. 中丞爲之貳.」 李遜以御使中
丞出而爲浙東觀察使"라 함. '閤下'는 閣下와 같음. 높은 벼슬을 가진 자를 높여
부르는 尊稱. 《昌黎集》과 다른 모든 轉載文에는 모두 '閣下'로 되어 있음.

【籍聞議論者皆云: 「方今居方伯連帥之職, 坐一方, 得專制於其境內者, 惟閤下心事犖
犖, 與俗輩不同.」】 '方伯'은 지방 장관을 높여 부르는 칭호. 《昌黎集》에는 모두 '古
方伯'으로 되어 있음. '連帥'은 큰 고을의 州에 두었던 우두머리. 《禮記》王制에
"十國以爲連, 連爲帥"이라 함. '帥'은 率과 같으며 '솔'로 읽음. 唐代에는 觀察使나
節度使는 몇 개의 州를 묶어 관할하였음. '坐一方'은 한 고을을 맡아 앉아 다스
림. '心事'는 마음 씀씀이와 일을 처리하는 기준. '犖犖'(락락)은 빛이 남. 훌륭함.
일을 분명하게 처리함. 《史記》天官書 "此其犖犖者"의 〈索隱〉에 "犖犖, 事之分明
也"라 함. '境內者' 다음에 《軌範》注에는 "起句便不凡不弱"이라 함.

【籍固以藏之胸中矣】 이러한 評을 가슴에 깊이 간직하고 있음. 《淮南子》原道訓에
"機械之心, 藏於胸中"이라 함.

2/5 ————————————

근자에 각하의 종사從事인 협률協律 이고李翺가 경사京師에 왔는데, 저
는 이군과는 친구로서, 6, 7년을 만나지 못하다가, 그가 왔다는 소식을
듣고 달려가 살펴보며 별탈은 없는지 물어본 것 외에는 다른 말은 한
마디도 할 겨를이 없은 채 먼저 그가 훌륭하신 주인을 모시게 되었음을
축하하였지요.

그러자 이군은 이렇게 말하더군요.

"그대가 어찌 모든 것을 다 알겠는가? 내 장차 다 말해주리라."

며칠이 지나 저는 듣지 못했던 것을 더욱 많이 듣게 되었습니다.

저는 속으로 홀로 "늘 지금 이후로는 옛사람과 같은 훌륭한 이가 없을
것이라 여겨왔는데 지금 홀연히 그러한 분이 있구나"하고 즐거워하였습
니다.

그러나 물러나 스스로 "불행히도 두 눈으로 직접 그러한 분을 보지 못하니 천하에 쓸모가 없구나. 가슴속에 비록 지식을 가지고 있으나, 집 안에는 돈도 재물도 없어, 촌보寸步도 스스로 갈 수가 없으니, 지금 여기 에서 이중승과는 5천 리나 먼 거리인데 무슨 수로 이 몸을 그런 분 곁에 갖다 두어, 입을 열어 흉중에 있는 기책奇策을 토출吐出해보겠는가?" 라고 비통해하였습니다.

이 때문에 울음을 삼키며 말을 하지 못하였습니다.

近者, 閤下從事李協律翺到京師, 籍於李君友也, 不見六七年, 聞其至, 馳往省之, 問無恙外, 不暇出一言, 且先賀其得賢主人.

李君曰:「子豈盡知之乎? 吾將盡言之.」

數日, 籍益聞所不聞.

籍私獨喜:「常以爲自今已後, 不復有如古人者, 於今忽有之!」

退自悲:「不幸, 兩目不見物, 無用於天下. 胸中雖有知識, 家無錢財, 寸步不能自致, 今去李中丞五千里, 何由致其身於其人之側, 開口一吐出胸中之奇乎?」

因飮泣不能語.

【近者, 閤下從事李協律翺到京師, 籍於李君友也】 '從事'는 觀察使의 副官. '協律'은 관직 이름. 協律都尉. 樂府를 관장함. '翺'는 李翺(李翺:772-841, 혹 774-836?). 자는 習之. 韓愈를 따라 古文을 배워 이름을 날렸음.《舊唐書》(160)과《新唐書》(177)에 傳이 있음.《舊唐書》에 "李翺, 字習之, 涼武昭王之後. 父楚金, 貝州司法參軍. 翺幼勤於儒學, 博雅好古, 爲文尙氣質. 貞元十四年登進士第, 授校書郎. 三遷至京兆府司錄參軍. 元和初, 轉國子博士·史館修撰. ……翺性剛急, 論議無所避. 執政雖重其學, 而惡其激訐, 故久次不遷. 翺以史官記事不實"이라 하였고,《新唐書》에는 "入爲諫議大夫, 知制誥, 改中書舍人. 柏耆使滄州, 翺盛言其才. 耆得罪, 由是左遷少府少監. 後歷遷桂管湖南觀察使·山南東道節度使, 卒. 翺始從昌黎韓愈爲文章, 辭致渾厚, 見推當時, 故有司亦謚曰文"이라 함. 본《軌範》歐陽修의〈讀李翺文〉(048)

을 참조할 것. 《五百家注》에 "孫曰:翺字習之, 爲浙東觀察判官. 元和六年, 以事至京師"라 함.

【不見六七年, 聞其至, 馳往省之, 問無恙外, 不暇出一言, 且先賀其得賢主人】'問無恙外'는 '무슨 탈이나 걱정은 없는지 묻는 것 외에'의 뜻. '恙'은 근심이나 탈. 《爾雅》에 "恙, 憂也"라 함. '不暇出一言'은 다른 말은 한 마디도 할 겨를이 없었음. '且先賀其得賢主人'의 '且先'은 于先과 같음. 李翺가 훌륭한 주인 李遜을 만났음을 慶賀함.

【李君曰:「子豈盡知之乎? 吾將盡言之.」】李遜을 직접 모시고 있는 자신 李翺보다 張籍이 더 많이 알 수 없음. 그 때문에 장차 자세하게 말해 줄 것임.

【數日, 籍益聞所不聞】며칠 뒤 李翺로부터 많은 것을 듣게 됨.

【籍私獨喜:「常以爲自今已後, 不復有如古人者, 於今忽有之!」】張籍 자신은 '앞으로 옛사람처럼 덕을 갖춘 이는 더 없을 것'이라 여겼는데 지금 그런 분 李遜이 있음.

【退自悲:「不幸, 兩目不見物, 無用於天下」】당시 張籍은 심한 眼疾을 앓고 있었음. 張籍의 〈患眼〉시에 "三年患眼今年免, 較與風光便隔生. 昨日韓家後園裏, 看花猶自未分明"이라 함.

【胸中雖有知識, 家無錢財, 寸步不能自致, 今去李中丞五千里, 何由致其身於其人之側, 開口一吐出胸中之奇乎?」】李中丞(李遜)이 있는 곳은 먼 남쪽으로, 직접 가서 뵐 수가 없음. 당시 張籍은 휴가를 내어 長安에 있었음. '開口'는 입을 열고 편히 하고 싶은 말을 함. 《莊子》盜跖篇에 "人上壽百歲, 中壽八十, 下壽六十, 除病瘦死喪憂患, 其中開口而笑者, 一月之中不過四五日而已矣"라 함.

【因飮泣不能語】자신의 처지를 한탄함.

3/5 ─────────────

이윽고 며칠이 지나 다시 스스로 분발하여 "능력이 없으면서 맹인인 자는 남들로부터 버려지는 것이 당연하지만, 능력이 있는 자라면 그가 맹인이라는 이유로 비록 속된 무리로부터 버려지는 것은 응당 그럴 수 있으나, 옛사람의 도를 실천하는 훌륭한 분으로부터 버림을 받는 것은 옳지 않다"라고 여겼습니다.

절강浙江의 동쪽 일곱 주州는 호구 수가 수십 만 아래는 아닐 것인데,

그런 곳에 맹인이 아닌 자가 어찌 많지 않겠습니까?

이중승께서 사람을 선택하심에 진실로 의당 그의 현명함의 여부를 물으실 것이며 그가 맹인인가의 여부는 따지지 않을 것입니다.

의당 지금 마음의 눈이 먼 자들이 모두인데 저장적와 같은 자는 스스로 "눈만 맹인일 뿐 마음은 능히 시비를 분별하니, 만약 자리에 앉혀 놓고 질문을 내려주신다면 입으로 능히 말할 수 있다"라고 할 수 있습니다.

다행히 죽기 전에 실로 마음속에 평소 알고 있고 보아온 바를 토출하고 싶사오니, 각하께서는 믿고 저를 그 문으로 데려다 놓아주시겠습니까?

既數日, 復自奮曰:「無所能, 人乃宜以盲廢; 有所能, 人雖盲, 當廢於俗輩, 不當廢於行古人之道者.」

浙水東七州, 戶不下數十萬, 不盲者何限?

李中丞取人, 固當問其賢不賢, 不當計其盲與不盲也.

當今盲於心者皆是, 若籍自謂:「獨盲於目爾, 其心則能別是非. 若賜之坐而問之, 其口固能言也.」

幸未死, 實欲一吐出心中平生所知見, 閣下能信而致之於門耶?

【既數日, 復自奮曰:「無所能, 人乃宜以盲廢; 有所能, 人雖盲, 當廢於俗輩, 不當廢於行古人之道者.」】'自奮'은 스스로 奮起함. '盲廢'는 맹인이라 하여 폐기함. '當廢於俗輩'는 '의당 속된 무리들에게는 버림을 받을지언정'의 뜻. '行古人之道'는 옛 성현들의 도를 실행함. 훌륭한 사람을 뜻함. 《穀梁傳》定公 10년 傳에 "齊侯曰:「夫人率其君, 與之行人之道.」"라 함.

【浙水東七州, 戶不下數十萬, 不盲者何限?】'浙水'는 강 이름. 지금의 浙江. 漸江, 錢唐江, 富春江이라고도 부르며 지금의 浙江省 중부를 지나 杭州를 거쳐 바다로 들어감. '七州'는 浙江 동쪽 越州, 睦州 衢州, 台州, 處州, 溫州, 明州였으며 浙東 觀察使의 관할이었음. 《五百家注》에 "〈補注〉:浙東所管七州, 謂越, 睦, 衢, 台, 處,

溫, 明也"라 함. '不盲者何限'은 '눈이 멀지 않은 이들이 얼마나 많겠는가?'의 뜻으로 눈이 멀고 멀지 않은 것을 기준으로 한다면 쓸 사람이 얼마든지 있음을 말함.

【李中丞取人, 固當問其賢不賢, 不當計其盲與不盲也】사람을 쓰는 기준은 賢不賢에 있지 盲不盲에 있지 않을 것임.

【當今盲於心者皆是, 若籍自謂:「獨盲於目爾, 其心則能別是非. 若賜之坐而問之, 其口固能言也.」】'皆是'는 모두가 이와 같음. 《論語》微子篇에 "滔滔者, 天下皆是也"라 함. 모두는 실제 눈이 먼 것이 아니라 마음의 문이 먼 이들임. 따라서 장적 자신은 실제 눈이 먼 것이지 마음의 눈이 먼 것이 아니므로 입으로 얼마든지 말할 수 있음.

【幸未死, 實欲一吐出心中平生所知見, 閣下能信而致之於門耶?】'平生'은 平素의 뜻. '知見'은 알고 있거나 가지고 있는 견해들.

4/5 ━━━━━━━━━━━━

저는 고시古詩에도 능한 면이 있사오니 제 마음으로 하여금 의식衣食을 걱정하느라 마음의 혼란을 겪지 않게만 해 주시고, 각하께서 아무 일이 없을 때, 한 번 자리 곁으로 불러 저로 하여금 가진 바를 무릎 꿇고 올리도록 해주시면서, 각하께서는 궤几에 기대어 듣기만 하신다면, 결코 취죽탄사吹竹彈絲나 고금격석敲金擊石의 음악을 듣는 것보다 못하지는 않을 것입니다.

무릇 맹인은 하는 기예에 전일하여 틀림없도록 정밀하니, 그 까닭으로 악공樂工은 모두가 맹인이었던 것입니다.

저라면 혹시 이러한 무리들과 함께 할 수 있을 것입니다!

籍又善于古詩, 使其心不以憂衣食亂, 閣下無事時, 一致之座側, 使跪進其所有, 閣下憑几而聽之, 未必不如聽吹竹彈絲敲金擊石也.

夫盲者, 業專於藝必精, 故樂工皆盲.

籍倘可與此輩比幷乎!

【籍又善于古詩, 使其心不以憂衣食亂】'善于古詩'는 張籍은 樂府詩에 뛰어났음. 《舊唐書》張籍傳에 "籍爲詩, 長于樂府, 多警句"라 하였고, 白樂天의 〈贈張籍〉시에도 "張君何爲者? 業文三十春. 尤工樂府詞, 擧代少其倫"이라 함. '憂衣食亂'은 먹고 입는 일의 어려움을 걱정함.

【閣下無事時, 一致之座側, 使跪進其所有, 閣下憑几而聽之, 未必不如聽吹竹彈絲敲金擊石也】'憑几'는 几案에 기댐. '几'는 팔거리, 혹 앉거나 기댈 수 있는 榻子. '吹竹彈絲'의 '竹'은 管樂器, '絲'는 絃樂器. '敲金擊石'의 '金'은 金屬樂器, '石'은 石磬. 編磬. 여기서는 좋은 음악 연주를 뜻함.

【夫盲者, 業專於藝必精, 故樂工皆盲】'業專'은 자신의 직업이나 일에 전념함. '於藝必精'은 藝技(音樂)에 틀림없이 精通함. 이 까닭으로 古代 樂工들은 거의가 盲人이었음. 한편 《五百家注》에는 이 구절이 "夫盲者, 業於藝必專, 故樂工皆盲"으로 되어 있고, 《東雅堂》에는 "夫盲者, 業專於藝必□, 故樂工皆盲"로 되어 있으며, 注에 "諸本專字, 在必字下. 今從《文苑》. 但《文苑》必作也而下, 缺一字. 疑是精字, 更詳之"라 함.

【籍倘可與此輩比幷乎!】'倘'은 儻과 같음. '혹시, 만약' 등의 뜻. 《莊子》繕性篇에 "軒冕在身, 非性命也. 物之儻來寄也"라 함. '此輩'는 눈이 멀었지만 音樂에 精通한 樂工들.

5/5 ─────────────

저로 하여금 진실로 처자妻子를 먹여 살리는 일과 기한飢寒을 걱정하는 것 때문에 마음을 어지럽히는 일을 없도록 해 주시고, 돈이 있어 의약으로 구제받을 수 있도록 해주신다면 저의 눈멂은 아직 심한 상태가 아니어서 다시 천지와 일월을 거의 볼 수 있을 것입니다.

이러한 것을 얻어 버림을 받지 않는다면 지금부터 죽는 해까지는 모두가 각하께서 내려주시는 은혜가 되는 것입니다.

각하께서 이미 끊어진 나이를 구제해주시고, 이미 맹인이 될 자에게 시력을 내려주신다면 그 은혜의 경중輕重과 대소大小를, 제가 의당 어떻게 갚아나가겠습니까?

각하께서는 재어보시고 헤아려보시기 바랍니다.

저는 부끄러워하며 재배합니다.

使籍誠不以蓄妻子, 憂飢寒亂心, 有錢以濟醫藥, 其盲未甚, 庶
幾復見天地日月.

因得不廢, 則自今至死之年, 皆閣下之賜.

閣下濟之以已絶之年, 賜之以旣盲之視, 其恩輕重大小, 籍宜如
何報也?

閣下裁之度之.

籍慚靦再拜.

【使籍誠不以蓄妻子, 憂飢寒亂心, 有錢以濟醫藥, 其盲未甚, 庶幾復見天地日月】'蓄
妻子'는 가정을 이끌어 나가야 할 책무를 뜻함. '有錢以濟醫藥'은 돈이 있어 의약
으로 눈병을 치료함. '庶幾'는 거의 바라는 대로 될 것임.

【因得不廢, 則自今至死之年, 皆閣下之賜】'因得不廢'는 이러한 것을 바탕으로 버림
을 받지 않음.

【閣下濟之以已絶之年, 賜之以旣盲之視, 其恩輕重大小, 籍宜如何報也?】'已絶之年'
은 이미 끊어져 죽었어야 할 나이. '賜之以旣盲之視'는 이미 맹인이 되어 더 볼
수 없는 시력을 되살려 줌.《軌範》注에 "結得妙"라 함.

【閣下裁之度之】'裁之度之'는 이를 마름질해 보고, 생각해봄. '度'은 '탁'으로 읽음.
《詩》小雅 巧言에 "他人有心, 吾忖度之"라 함.

【籍慚靦再拜】慚靦(참전)은 부끄러워함.《詩》小雅 何人斯에 "有靦面目, 視人罔極"
이라 함. 혹 '慙腼'(참면)으로도 표기하며 이는 '부끄러워 낯을 가리다'의 뜻.

> 참고 및 관련 자료

1. 韓文公(韓愈, 韓退之, 韓昌黎) 001 참조.

2. 이 글은《五百家注昌黎文集》(16),《東雅堂昌黎集註》(16),《別本韓文考異》(16),
《唐宋八大家文鈔》(3),《文苑英華》(1),《文編》(51),《文章辨體彙選》(217),《古文約選》

⑵ 등에 실려 있음.

3 《軌範》補注에 "李浙東, 〈坊本〉載李巽. 按李巽傳, 無爲浙東觀察使事. 閻若璩 《潛邱箚記》稱:「不詳李浙東爲誰. 得《李翶全集》, 或可以考. 〈四庫全書總目〉載: 宋方崧卿《韓集擧正》十卷: 稱其書第六卷〈代張籍書〉下, 明注爲李遜. 此引《舊(唐)書》本傳: 遜以元和五年刺浙東, 九年召還, 此書作於六七年間.」"이라 함.

4. 《別本韓文考異》注에 "或作〈浙東觀察李中丞〉, 或注巽字"라 함.

5. 《五百家注昌黎文集》에 "韓曰: 中丞名遜, 字友道, 荆州石首人. 元和五年八月, 以遜兼御史中丞充浙東觀察使. 張籍時爲太常寺太祝, 病眼京師. 公於是代之爲書上遜"이라 함.

6. 《東雅堂昌黎集註》注에는 "或作〈浙東觀察李中丞〉, 或注巽字. 元和五年八月, 以巽兼御史中丞充浙東觀察使. 張籍時爲太常寺太祝, 病眼京師, 公於是爲之代書"라 함.

7. 《唐宋八大家文鈔》에 "獨以目盲一節, 感慨悲憤"이라 함.

004(1-4) 〈上張僕射書〉 ·············· 韓文公(韓愈)

복야 장건봉張建封에게 올리는 글

〈韓愈〉(文公, 退之)

＊〈上張僕射書〉: 張僕射는 張建封(735—800)으로 자는 本立. 鄧州 南陽 사람으로 한때 兗州에 隱居하기도 하였음. 貞元 4년(788) 徐州刺史兼徐泗濠節度使의 직무를 수행하게 되었으며 貞元 12년(796) 檢校右僕射의 직함이 추가되었음. 韓愈가 貞元 15년(799) 2월 汴州의 亂을 피해 徐州로 가서 張僕射(張建封)에게 의탁하자, 그해 가을 장복야는 한유를 節度推官(節度使 관할 구역의 형법을 담당하는 屬吏)의 자리를 주고 업무를 맡기게 됨. 이 때 勤務規定 중에 '晨入夜歸'(새벽 일찍 출근하여 밤늦게 퇴근)의 조항이 잘못되었다고 여겨 이 글을 올린 것이며, 이는 일종의 建議書로서 上書의 형식을 갖추고 있음. '僕射'는 벼슬이름. 한편 이를 '복야'로 읽는데 대해 楊用修의 《丹鉛錄》에 《語錄》은 인용하여 "遽此, 則射字音'赦'. 不當作'夜'音也"라 하였고, 何焯의 《義門讀書記》에도 《漢書》僕射條亦云: 僕射之義, 如此則已矣. 如夜音者, 尤謬"라 하여 '복사'로 읽어야 한다고 주장하였음.

1/4 ————————

9월 1일, 유愈가 재배합니다.

임명장을 받은 다음날, 절도사 청사에 있었을 때 어떤 소리小吏가 관청에서 예로부터 지켜왔다는 근무규정 10여 가지를 가지고 와서 저에게 보여주었습니다.

그 중 옳지 않은 것이 있었으니 "9월부터 이듬해 2월이 끝날 때까지는 모두 새벽에 출근하여 밤늦게 퇴근해야 하며, 질병이나 사고가 아니라면, 나가는 것을 허락하지 않는다"라는 것이었습니다.

당시는 처음 임명을 받은 때라서 감히 말씀드리지 못하였습니다.

옛사람의 말에 "사람에게는 저마다 능히 할 수 있는 바와 할 수 없는 바가 있다"라 하였으니, 이러한 규정은 저로서는 능히 할 수 있는 일이 아닙니다.

생각건대 이를 실행한다면 틀림없이 미칠 것 같은 질병이 일어나, 위로는 공公에게 받은 일을 해 낼 수 없게 되어 장차 갚아야 할 은덕을 잊게 될 것이며, 아래로는 저 자신이 홀로 설 수 없게 되어 마음을 써야 할 바를 상실하게 될 것이니, 무릇 이와 같은데 어찌 말씀을 올리지 않을 수 있겠습니까?

九月一日, 愈再拜.

受牒之明日, 在使院中, 有小吏, 持'院中故事節目'十餘事, 來示愈.

其中不可者有:「自九月至明年二月之終, 皆晨入夜歸, 非有疾病事故, 輒不許出」.

當時以初受命, 不敢言.

古人有言曰:「人各有能有不能.」若此者, 非愈之所能也.

抑而行之, 必發狂疾, 上無以承事于公, 忘其將所以報德者; 下無以自立, 喪失其所以爲心, 夫如是, 則安得而不言?

【九月一日, 愈再拜】9월 1일은 唐 德宗 貞元 15년(799) 己卯 9월 1일. 당시 韓愈는 徐州節度推官에 갓 임명된 때였음.《昌黎文集》에 "嚴曰:退之以貞元十五年二月, 從董晉之喪, 自汴之洛, 聞汴之亂, 遂來彭城, 依張建封. 至秋, 欲辭去, 建封奏爲節度推官, 因留幕中. 受命之明日, 見院中事目有'晨入夜歸'一件, 以爲不便, 乃於九月一

日, 上書言之”라 함.

【受牒之明日, 在使院中, 有小吏, 持‘院中故事節目’十餘事, 來示愈】‘牒’은 任命狀. 《昌黎文集》에 “節度推官牒”이라 함. ‘使院’은 節度使의 官府 廳舍. ‘故事節目’은 예로부터 지켜온 條例나 規程.

【其中不可者有:「自九月至明年二月之終, 皆晨入夜歸, 非有疾病事故, 輒不許出」】‘晨入夜歸’는 새벽에 출근하여 밤늦게 퇴근함. ‘輒’는 ‘문득, 곧’ 등 강조의 뜻이 들어 있음. ‘不許出’은 나가는 것을 허락지 않음. 자리를 지키고 있어야 함.

【當時以初受命, 不敢言】당시에는 갓 임명을 받은 터라 감히 거론하지 못했었음.

【古人有言曰:「人各有能有不能.」】《左傳》成公 5년에 “(趙)嬰曰:「我在, 故欒氏不作. 我亡, 吾二昆其憂哉! 且人各有能·有不能, 舍我, 何害?」라 하였고, 定公 5년에도 “子西曰:「不能, 如辭. 城不知高厚, 小大何知?」(由于)對曰:「固辭不能, 子使余也. 人各有能有不能. 王遇盜於雲中, 余受其戈, 其所猶在.」祖而示之背, 曰:「此余所能也, 脾洩之事, 余亦弗能也.」라 함.

【若此者, 非愈之所能也】이와 같이 (조례대로 하는) 것은 나로서는 능히 지킬 수 있는 것이 아님. 《軌範》과 《古文眞寶》注에 “用事變化當如此”라 함.

【抑而行之, 必發狂疾】‘抑’은 논리전개가 너무 급할 때 잠시 억누르는 의미를 가지고 있음. 해석은 ‘그러나’ 정도로 할 수 있음. ‘狂疾’은 미친병, 광증.

【上無以承事于公, 忘其將所以報德者】‘承事’은 事務를 받들어 시행함. ‘忘其將所以報德者’는 장차 은덕을 갚아야 할 소임을 잊게 됨. 《東雅堂昌黎集註》에 “忘, 或作望, 非是”라 함.

【下無以自立, 喪失其所以爲心】‘無以自立’은 스스로 설 수 없게 됨. ‘喪失其所以爲心’은 마음 써야 할 바를 상실하게 됨. 《孟子》告子(上)에 “此之謂失其本心”이라 함.

【夫如是, 則安得而不言】‘安得而不言’은 ‘어찌 말하지 않을 수 있겠는가?’의 뜻.

2/4 ────────

무릇 집사執事께서 저[愈]를 택하신 것은 능히 신입야귀晨入夜歸할 수 있다는 이유 때문이 아니었을 것이며, 틀림없이 장차 무언가 취할 점이 있다고 여겼기 때문이었을 것이요, 진실로 무언가 취할 만한 점이 있어서 저를 택하셨다면 비록 신입야귀하지 못한다 해도 그 취한 바는 여전

〈孟子(孟軻)〉

히 그대로 있을 것입니다.

아랫사람이 윗사람을 섬김에는 그 일이 한 가지가 아니며, 윗사람이 아랫사람을 부림에도 그 일이 한 가지만은 아니어서, 힘을 헤아려 일을 맡기고, 재능을 헤아려 자리에 처하게 하되 해낼 수 없는 것은 억지로 시키지 아니합니다.

이 까닭으로 아래가 된 자는 윗사람에게 죄를 얻지 아니하고, 위가 된 자는 아랫사람에게 원망을 사지 않게 되는 것입니다.

《맹자孟子》에 이르되 "지금 제후들로서 남에게 크게 뛰어난 자가 없는 것은, 그들이 모두 가르칠 만한 자를 신하로 삼기 좋아하고, 가르침을 받을 만한 자를 신하로 삼기 좋아하지 않기 때문"이라 하였는데, 지금 이 시대는 맹자 시대보다 더욱 그러한 풍조가 심해졌습니다.

모두가 명령을 듣고 뛰어다니는 사람을 좋아할 뿐, 자신을 곧게 지키면서 도를 실행하는 사람은 좋아하지 않는데, 명령을 듣고 뛰어다니는 자는 이利를 좋아하는 자요, 자신을 곧게 하여 도를 실행하는 사람은 의義를 좋아하는 자입니다. 이익을 좋아하면서 그 군주를 사랑하는 사람은 없었으며, 의를 좋아하면서 그 군주를 잊는 사람은 없었습니다.

지금의 왕족이나 공경대부들 중에 오직 집사만이 이러한 말씀을 들어주실 수 있고, 오직 저만이 집사께 이런 말씀을 올릴 수 있습니다.

凡執事之擇於愈者, 非謂其能晨入夜歸也, 必將有以取之; 苟有以取之, 雖不晨入夜歸, 其所取者猶在也.

下之事上, 不一其事; 上之使下, 不一其事, 量力而任之, 度才而處之, 其所不能, 不彊使爲.

是故爲下者, 不獲罪於上; 爲上者, 不得怨於下矣.

《孟子》有云:「今之諸侯, 無大相過者, 以其皆好臣其所敎; 而不好臣其所受敎」今之時與孟子之時, 又加遠矣.

皆好其聞命而奔走者, 不好其直己而行道者; 聞命而奔走者, 好利者也; 直己而行道者, 好義者也; 未有好利而愛其君者, 未有好義而忘其君者.

今之王公大人, 惟執事可以聞此言, 惟愈於執事也, 可以此言進.

【凡執事之擇於愈者, 非謂其能晨入夜歸也, 必將有以取之】'執事'는 상대를 높여 부른 것. '執事'는《尙書》金縢篇에 "問諸史與百執事"라 하여 처음 나오는 말. 여기서는 張僕射(張建封)를 가리킴. '擇於愈'는 이 직책에 나를 택한 이유. '必將有以取之'는 틀림없이 어떤 다른 이유가 있어 나를 취한 것일 것임. '以'는 이유.

【苟有以取之, 雖不晨入夜歸, 其所取者猶在也】'苟'는 '진실로, 만약' 등의 뜻. '猶在'는 그래도 그대로 있을 것임.

【下之事上, 不一其事】'不一其事'는 하는 일이 한 가지만 아님.《論語》微子篇에 "無求備於一人"이라 함.

【上之使下, 不一其事, 量力而任之, 度才而處之】'量力'은 능력을 헤아려봄. '度才'의 '度'은 '탁'으로 읽음.《古文眞寶》注에 "度, 卽忖度"이라 함.《左傳》隱公 11년에 "度德而處之, 量力而行之"라 함.

【其所不能, 不彊使爲】'不彊使爲'는 억지로 시켜서 하도록 하지는 않음.《禮記》表記에 "君子不以人之所不能者愧人"이라 함. '彊'은 强과 같으며 '억지로'의 뜻.《古文眞寶》注에 "彊, 猶勉强"이라 함.

【是故爲下者, 不獲罪於上; 爲上者, 不得怨於下矣】'爲下'와 '爲上'은 각기 上下의 위치에 있는 자. '獲罪'는 죄를 얻음. 죄를 지음.《論語》八佾篇에 "獲罪於天, 無所禱也"라 함.

【孟子有云:「今之諸侯, 無大相過者, 以其皆好臣其所敎;而不好臣其所受敎」】《孟子》公孫丑(下)에 "今天下地醜德齊, 莫能相尙. 無他, 好臣其所敎, 而不好臣其所受敎" (지금 천하 나라의 영토가 비슷하고 덕도 똑같아 서로 능히 숭상할 바가 없다. 이는 다

른 때문이 아니다. 그 가르치는 바대로 잘 따라주는 자를 신하로 삼기 좋아하면서, 자신이 가르침을 받아야 할 자는 신하로 삼기를 좋아하지 않기 때문이다)라 함. '無大相過者'는 크게 남보다 뛰어난 자가 없음.《孟子》梁惠王(下)에 "古之人所以大過人者, 無他焉. 善推己所爲而已矣"라 함. '皆好臣其所敎'는 모두들 가르치는 바대로 따라주는 자를 신하로 삼기를 좋아함. '不好臣其所受敎'는 자신이 가르침을 받아야 할 자는 신하로 삼기를 좋아하지 않음.《孟子》에서는 원래 의미는 湯은 伊尹에게서, 齊 桓公은 管仲에게 배웠으나 당시 제후들 중 크게 뛰어난 자가 없는 것은 그처럼 배우기에 힘쓰지 않고 명령하기를 즐기기 때문이라 하였음.

【今之時與孟子之時, 又加遠矣】'又加遠矣'는 아랫사람으로부터 배우지 않으려는 풍조가 맹자시대보다 훨씬 심해졌음을 말함.

【皆好其聞命而奔走者, 不好其直己而行道者】'聞命而奔走者'는 명령을 받고 바삐 뛰어다니며 일하는 사람. '直己而行道者'는 자신을 곧게 지키며 도를 행하는 사람.《孟子》滕文公(下)에 "枉己者, 未有能直人者也"라 함.

【聞命而奔走者, 好利者也】'好利'는 이익을 좋아하여 그렇게 하는 것임.

【直己而行道者, 好義者也】'好義'는 義를 좋아하기 때문에 그렇게 하는 것임.《大學》(10)에 "未有上好仁而下不好義者也. 未有好義其事不終者也, 未有府庫財 非其財者也"라 함.

【未有好利而愛其君者, 未有好義而忘其君者】이익을 좋아하면서 그 임금을 아껴주는 자는 없으며, 의를 좋아하면서 그 임금을 잊는 자는 없음.《軌範》과《古文眞寶》注에 "此一段, 分明是以孟子之言, 譏張公幹轉得婉曲可法"이라 함.

【今之王公大人, 惟執事可以聞此言】'王公大人'은 王族이나 公卿大夫들.

【惟愈於執事也, 可以此言進】나는 執事에게 이를 進言할 수 있음.《軌範》과《古文眞寶》注에 "此一章, 辭太直, 兩句救得好"라 함.

3/4 ————————————

저[愈]는 집사에게 총애를 입고 따른 지 오래되었으니, 만약 너그러이 용서해 주시어 저로 하여금 천성을 잃지 않도록 해주시고, 특별히 대우하시어 명분을 세우기에 족하도록 해주신다면, 인시寅時 새벽 3-5시에 출근하여 진시辰時 아침 7-9시가 끝날 때에 퇴근하거나, 또는 신시申時 오후 3–5시에 출근하여 유시酉時 오후 5–7시가 끝날 때에 퇴근하며 이를 상규常規로 삼는다 해도 역시 일을 그르치지는 않을 것입니다.

천하의 사람들이 집사께서 저에게 이와 같이 해 주신다는 것을 듣게 되면 틀림없이 모두들 "집사께서 선비를 좋아함이 이와 같고, 집사께서 선비를 예로써 대함이 이와 같으며, 집사께서 사람을 부림이 그 천성을 굽히지 않도록 하여 능히 허용할 수 있음이 이와 같고, 집사께서 남의 명성을 이루어 주고자 함이 이와 같으며, 집사께서 고구故舊에게 후하게 함이 이와 같다"라고 말할 것입니다.

또 장차 "한유가 의탁할 상대를 알아봄이 이와 같고, 한유가 부귀한 사람에게 아첨하거나 굽히지 않음이 이와 같으며, 한유의 현명함은 능히 그 주인으로 하여금 예로써 대우하게 함이 이와 같다"라고 할 것이니, 그렇게 된다면 집사의 문하에서 죽는다 해도 후회가 없을 것입니다.

愈蒙幸於執事, 其所從舊矣, 若寬假之, 使不失其性; 加待之, 使足以爲名, 寅而入, 盡辰而退; 申而入, 終酉而退, 率以爲常, 亦不廢事.

天下之人, 聞執事之於愈如是也, 必皆曰「執事之好士也如此, 執事之待士以禮如此, 執事之使人不枉其性, 而能有容如此, 執事之欲成人之名如此, 執事之厚於故舊如此」.

又將曰「韓愈之識其所依歸也如此, 韓愈之不諂屈於富貴之人如此, 韓愈之賢, 能使其主待之以禮如此」, 則死於執事之門, 無悔也.

【愈蒙幸於執事, 其所從舊矣, 若寬假之, 使不失其性】'蒙幸'은 총애를 입음. '寬假'는 너그러이 용서해줌. '假'는 恕의 뜻. '使不失其性'는 그 天性을 잃지 않도록 해줌.
【加待之, 使足以爲名, 寅而入, 盡辰而退】'加待之'는 특별히 대우해 줌. '寅'은 寅時. 새벽 3시부터 5시 사이. '辰'은 辰時. 오전 7시부터 9시 사이. 고대 十二支(子, 丑,

寅, 卯, 辰, 巳, 午, 未, 申, 酉, 戌, 亥)를 子時(밤 11−새벽 1시)를 시작으로 2시간씩 나누어 구분하였음.

【申而入, 終酉而退, 率以爲常, 亦不廢事】'申'은 申時. 오후 3시부터 5시 사이. '酉'는 酉時. 오후 5시부터 7시 사이. '率以爲常'은 이를 常規로 삼음. '率'은 行의 뜻. '廢事'는 일을 폐함. 일에 태만히 하거나 팽개치거나 혹 그르침.

【天下之人, 聞執事之於愈如是也】남들이 집사께서 나에게 이와 같이 해 줌을 듣게 됨.

【執事之使人不枉其性, 而能有容如此】'不枉其性'은 천성을 굽히지 않음. '能有容'은 능히 용납함. 너그러이 허용함.

【執事之欲成人之名如此】'成人之名'은 남의 명성을 이루어 줌.《穀梁傳》隱公 元年에 "成人之美, 不成人之惡"이라 하였고,《論語》顏淵篇에도 "子曰:「君子成人之美, 不成人之惡. 小人反是.」"라 함.

【執事之厚於故舊如此】'故舊'는 옛 친구나 옛날부터 알고 지내던 사이.《軌範》과《古文眞寶》注에 "九字句. ○連下五介'如此'字, 句法長短錯綜, 凡四變, 此章法也"라 함.

【韓愈之識其所依歸也如此】'識其所依歸'는 그 몸을 의탁할 곳을 앎.

【韓愈之不諂屈於富貴之人如此】'諂屈'은 아첨하며 굽신거림.

【韓愈之賢, 能使其主待之以禮如此】《古文眞寶》注에 "十四字句. ○又連下三介'如此'字, 長短錯綜, 此章法也"라 함.

【則死於執事之門, 無悔也】'無悔'는 후회가 없음.《左傳》隱公 3년에 "果人雖死, 亦無悔焉"이라 함.《軌範》과《古文眞寶》注에 "一段文勢如狂瀾浩波, 只此一句, 截斷有氣力"이라 함.

4/4 —————————

만약 그저 행렬을 따라 출근하고, 대오隊伍를 쫓아 뛰어다니며, 말에 감히 성심을 다 펼쳐내지 아니하고, 도를 행함에 스스로 굽히는 바가 있도록 그렇게만 한다면, 천하 사람들은 집사께서 저를 그저 이와 같이 대함 듣고는 모두들 "집사가 한유를 등용한 것은 그 궁함을 불쌍히 여겨 이를 거두어주고 있을 뿐이며, 한유가 집사를 모시는 것은 도 때문이 아니라 그저 이익을 위해서였을 뿐"이라고 말할 것입니다.

진실로 이와 같다면 비록 날마다 천금의 하사를 받고 한 해에 아홉 번 자리를 옮겨 승진한다 해도 은혜에 감사함은 있겠지만 장차 천하가 "둘은 지기知己"라 칭할 리는 없을 것입니다.

엎드려 바라옵건대 저의 부족함을 불쌍히 여기시고 저의 어리석음을 긍휼히 여기시어, 저의 죄를 기록해 두지 마시며, 저의 말씀을 잘 살피시어 어짊을 내려주시어 받아 주시기 바랍니다.

유愈는 두려운 마음으로 재배합니다.

若使隨行而入, 逐隊而趨, 言不敢盡其誠, 道有所屈於己, 天下之人, 聞執事之於愈如此, 皆曰「執事之用韓愈, 哀其窮, 收之而已耳; 韓愈之事執事, 不以道, 利之而已耳」.

苟如是, 雖日受千金之賜, 一歲九遷其官, 感恩則有之矣, 將以稱於天下曰「知己」, 則未也.

伏惟哀其所不足, 矜其愚, 不錄其罪, 察其辭, 而垂仁採納焉.

愈恐懼再拜.

【若使隨行而入, 逐隊而趨, 言不敢盡其誠】'隨行而入'은 행렬을 따라 들어감. 함께 출근함을 뜻함. '逐隊而趨'은 隊伍를 쫓아 뛰어다님.

【執事之用韓愈, 哀其窮, 收之而已耳】'哀且窮'은 불쌍하고 게다가 궁벽함. '收之而已耳'는 그를 거두었을 뿐임.

【韓愈之事執事, 不以道, 利之而已耳】'不以道'는 도를 이유로 삼는 것이 아님. 즉 도를 행하기 위해서가 아님. '利之而已耳'는 이익을 취하기 위해서였을 뿐임.《軌範》과《古文眞寶》注에 "前段說話此一反, 只用六句頓挫波蘭絶妙"라 함.

【苟如是, 雖日受千金之賜, 一歲九遷其官】'日受千金之賜'는 날마다 천금의 하사금을 받음. '九遷其官'은 아홉 번 관직을 옮김. 잦은 승진을 뜻함.

【感恩則有之矣, 將以稱於天下曰「知己則未也」】'知己則未也'는 '知己'는 아님. 서로 진실한 친교가 있어서 그렇게 한 것이 아님.《軌範》과《古文眞寶》注에 "受人之

恩與受人之知不同, 感恩易感知己難, 故曰「士爲知己者死」, 此兩句下得妙'라 함.

【伏惟哀其所不足, 矜其愚, 不錄其罪】'伏惟'는 간곡한 부탁을 할 때 사용하는 상투어. '哀其所不足'은 그 부족함을 불쌍히 여김. '矜其愚'은 어리석음을 긍휼히 여김. '不錄其罪'는 그 잘못을 기록해 두지 말 것.

【察其辭, 而垂仁採納焉】'垂仁採納'은 어짊을 내려주고 의견을 받아줌.《軌範》과《古文眞寶》注에 "此四句無緊要, 句法亦不苟且"라 함.

【愈恐懼再拜】두려움을 가진 채 두 번 절함.

참고 및 관련 자료

1. 韓文公(韓愈, 韓退之, 韓昌黎) 001 참조.

2. 이 글은《五百家注昌黎文集》(17),《東雅堂昌黎集註》(17),《別本韓文考異》(17),《韓集點勘》(4),《文苑英華》(671),《文章正宗》(12),《唐宋八大家文鈔》(2),《唐宋文醇》(3),《文編》(47),《文獻通考》(62),《容齋隨筆》(續筆 1),《經濟類編》(24),《古文約選》(2),《古文眞寶》(後集 2) 등에 실려 있음.

3.《五百家注昌黎文集》에 "〈集注〉:建封, 字本立, 兗州人. 貞元四年爲徐州刺史徐泗濠節度使, 十二年加檢校右僕射. 公以十五年二月脫汴州之亂, 依建封于徐. 秋建封辟爲節度推官. 至是供職書, 意以'晨入夜歸'爲不可, 其不諂於富貴之人, 可知也"라 함.

4. 張建封은《舊唐書》(140)와《新唐書》(158)에 傳이 있음.

《新唐書》張建封傳

張建封, 字本立, 鄧州南陽人, 客隱兗州. 玠, 少任俠. 安祿山反, 使李廷偉脅徇山東, 魯郡太守韓擇木迎館之. 玠率豪桀段絳等集兵, 將斬以徇, 擇木不許, 唯司兵參軍張孚助其謀, 乃殺廷偉幷其黨以聞. 擇木·孚皆受賞, 而玠去之江南, 不自言功. 建封少喜文章, 能辯論, 慷慨尚氣, 自許以功名顯. 李光弼鎭河南, 盜起蘇·常間, 殘掠鄉縣. 代宗詔中人馬日新與光弼麾下皆討. 建封見中人, 請前喩賊, 可不須戰. 因到賊屯開譬禍福, 一日降數千人, 縱還田里, 由是知名. 湖南觀察使韋之晉辟署參謀, 授左淸道兵曹參軍, 不樂職, 輒去. 令狐彰節度滑亳, 奏置幕府, 彰不朝覲, 建封非之. 往見轉運使劉晏, 晏奏試大理評事, 使筦漕務, 歲餘罷. 時馬燧爲三城鎭遏使, 雅知之, 表爲判官, 擢監察御史. 燧伐李靈耀, 軍中事多所諏訪, 從鎭河東, 授侍御史, 即表其能

於朝. 楊炎將任以要職, 盧杞不喜, 出爲嶽州刺史.(下略)

5.《容齋續錄》(1)(宋, 洪邁)〈唐藩鎭幕府〉

唐世士人初登科, 或未仕者, 多以從諸藩府辟置爲重. 觀韓文公〈送石洪〉,〈溫造二處士赴河陽幕序〉, 可見禮節. 然其職甚勞苦, 故亦或不屑爲之. 杜子美從劍南節度嚴武辟爲參謀, 作詩二十韻呈嚴公云:「胡爲來幕下, 只合在舟中. 束縛酬知己, 蹉跎效小忠. 周防期稍稍, 太簡遂忽忽. 曉入朱扉啓, 昏歸畫角終. 不成尋別業, 未敢息微躬. 會希全物色, 時放倚梧桐.」而其題曰「遣悶」, 意可知矣. 韓文公從徐州張建封辟爲推官, 有書上張公云:「受牒之明日, 使院小吏, 持故事節目十餘事來, 其中不可者, ‘自九月至二月, 皆晨入夜歸, 非有疾病事故, 輒不許出’. 若此者, 非愈之所能也. 若寬假之使, 不失其性, 寅而入盡辰而退, 申而入終酉而退, 率以爲常, 亦不廢事. 苟如此, 則死於執事之門無悔也.」杜韓之旨, 大略相似云.

005(1-5) 〈與陳給事書〉 ················ 韓文公(韓愈)

급사 진경陳京에게 주는 글

*〈與陳給事書〉:《文苑英華》에는 〈與陳京給事書〉로 되어 있음. '陳給事'는 陳京을 가리킴. 자는 慶復이며 나이는 韓愈보다 20여세 위였음. 그는 唐 代宗(李豫) 大曆 元年(766) 進士에 급제하여 太子正字, 太常博士, 左補闕, 膳部考功員外郎, 給事中 등을 역임함.《新唐書》(200)에 傳이 있음. 貞元 17년(801), 韓愈가 四門博士였을 때 두 사람이 '禘祫' 제사에 관한 논의에서, '禘祭는 반드시 太祖를 높여 昭穆을 바로잡기'를 상주하여 德宗의 칭송을 받기도 하였음. 貞元 19년(803), 陳京이 給事中에 올랐을 때 韓愈는 陽山縣令으로 폄직되었음. 이 글은 그 직전 올린 것임. '給事中'은 門下省의 요직으로 侍中과 侍郎 다음의 높은 직위임. 당시 한유는 四門博士로 매우 낮았으며 그 때 그를 몇 번 직접 만났으나 그가 냉담하게 대하자 이에 그 원인을 자신에게서 찾고, 이 편지를 보내어 오해를 풀고자 함과 아울러 慷慨한 심정을 드러내기도 한 것임. 한편《文章軌範》과《古文眞寶》부록에는 이 글이 앞부분(愈再拜–無愈之迹矣)만 실려 있음.

1/3 ————————————

저 한유가 재배합니다.

제가 합하閤下를 뵐 수 있었던 것이 몇 해가 되며, 처음에는 역시 일찍이 한 마디 칭찬을 듣기도 하였지요.

저는 빈천하여 의식衣食을 해결하기에, 분주하여 아침저녁으로 끊임없이 귀하게 문안을 드릴 수 없었습니다.

그 뒤 합하께서는 지위가 갈수록 높아지시어, 대문과 담장에서 귀하를 만날 기회를 엿보는 자들이 역시 날로 많아지게 되었습니다.

무릇 지위가 높아질수록 천한 자는 날로 멀어지게 마련이며, 대문과 담장에서 만날 기회를 엿보며 기다리는 자가 날로 많아질수록 사랑을 널리 베푸셔야 하기에 정을 한 사람에게만 전일하게 쏟을 수는 없는 법이지요.

저는 도道는 제대로 더 닦은 것이 없는데도 문장은 날로 이름을 날리고 있습니다.

무릇 도를 더 닦지 아니하면 현자賢者는 그와 함께 하지 않는 법이며, 문장이 날로 명성을 얻을수록 같은 길로 나가고자 하는 자는 그를 시기를 하게 마련입니다.

그대께서는 처음에는 날로 간격을 두고 저와 소원해지다가, 이어서는 정이 전일하지 못한 데 대한 나의 원망, 그리고 함께 해 줄 수 없는 마음까지 보태졌으며, 끝내 시기하는 자들의 말까지 듣게 되셨을 것입니다.

이로써 합하의 뜰에 저의 발자취가 끊어지게 된 것입니다.

愈再拜.

愈之獲見於閤下有年矣, 始者亦嘗辱一言之譽.

貧賤也, 衣食於奔走, 不得朝夕繼見.

其後閤下位益尊, 伺候於門墻者, 日益進.

夫位益尊, 則賤者日隔; 伺候於門墻者日益進, 則愛博而情不專.

愈也道不加修, 而文日益有名.

夫道不加修, 則賢者不與; 文日益有名, 則同進者忌.

始之以日隔之疏, 加之以不專之望, 以不與者之心, 而聽忌者之說.

由是閤下之庭, 無愈之迹矣.

【愈再拜】韓愈가 매우 공손함을 보인 것.

【愈之獲見於閤下有年矣, 始者亦嘗辱一言之譽】'閤下'는 閣下와 같음. 《別本》과 《東雅堂》 등에는 모두 '閣下'로 되어 있음. 상대를 높여 부른 것. '嘗辱一言之譽'는 일찍이 욕되게 한 마디 칭찬의 말을 들은 적이 있음. '辱'은 자신을 卑下하여

상대를 높인 것.

【貧賤也, 衣食於奔走, 不得朝夕繼見】가난하고 천하여 衣食을 해결하느라 奔走함. 그 때문에 朝夕으로 뵙지는 못하였음.

【其後閣下位益尊, 伺候於門墻者, 日益進】'伺候'는 기회를 엿봄. '門墻'은 상대의 대문과 담장. 애타게 만나보고자 함을 뜻함. '日益進'은 날이 갈수록 그러한 사람들이 많아짐. '進'은 多의 뜻.

【夫位益尊, 則賤者日隔;伺候於門墻者日益進, 則愛博而情不專】지위가 높아질수록 천한 자와는 날로 멀어지고 그대를 만나고자 하는 자가 많아질수록 평소 아끼고 사랑하던 정을 넓게 펴느라 한 사람에게 專一하지 못하게 됨. '愛博'은 지위가 높은 만큼 사랑도 널리 펴야하는 입장이 됨.

【愈也道不加修, 而文日益有名】자신은 도를 더 닦지 못했음에도 글을 잘 짓는다는 명성은 오히려 더욱 들어남.

【夫道不加修, 則賢者不與;文日益有名, 則同進者忌】도를 닦지 못하면 賢者는 그와 함께 하려 하지 않게 되고, 문장으로 이름이 높아지면 같은 길을 가는 자는 시기하게 됨.

【始之以日隔之疏, 加之以不專之望, 以不與者之心, 而聽忌者之說】처음에는 날로 저와 소원해지기 시작하다가, 이어서는 나만을 위해주지 않는다는 나의 원망과 나와 許與하지 아니하는 賢者들의 마음까지 추가되며, 게다가 猜忌하는 자들의 말까지 듣게 됨. 韓愈가 자신의 문장 실력이 늘자 시기하는 자들의 비방하는 말까지 陳京이 듣게 되었을 것임을 말한 것.

【由是閣下之庭, 無愈之迹矣】이 때문에 그대의 뜰에 나의 발자취는 없어지게 된 것임.

2/3 ────────────

지난 해 봄, 역시 일찍이 귀하 곁에서 한번 뵐 기회가 있었을 때만해도, 그 모습은 온화하시어 마치 새로 만난 사람에게 하듯 저를 대해주셨고, 말씀을 연달아 이어가심은 마치 저의 곤궁함을 불쌍히 여기시듯 하셨습니다.

저는 물러나 기꺼워하며 사람들에게 자랑스럽게 말했었지요.

그 뒤 제가 동경東京 낙양으로 처자를 데리러 가느라 역시 아침저녁
으로 뵐 수가 없었습니다.

돌아와서 역시 또 한 번 곁에서 뵐 수가 있었는데, 그 때는 표정이 멀
기만 하였으며, 또한 저의 심사를 전혀 살펴주지 않으셨고, 말씀은 침묵
을 지키시어 마치 저의 사정을 아랑곳하지 않겠다는 듯이 하셨습니다.

저는 물러나 두려워하면서 감히 다시는 나설 수 없었습니다.

去年春, 亦嘗一進謁于左右矣, 溫乎其容, 若加其新也; 屬乎其
言, 若閔其窮也.

退而喜也, 以告於人.

其後如東京取妻子, 又不得朝夕繼見.

及其還也, 亦嘗一進謁於左右矣, 邈乎其容, 亦不察其愚也; 悄
乎其言, 若不接其情也.

退而懼也, 不敢復進.

【去年春, 亦嘗一進謁于左右矣, 溫乎其容, 若加其新也; 屬乎其言, 若閔其窮也】 이하
의 문장은 《軌範》에는 실려 있지 않으나 《昌黎執》 등에 의해 全文을 모두 싣고
풀이 한 것임. '一進謁于左右'는 한 번 귀하의 곁(좌우)에서 謁見할 기회가 있었음.
'其新'은 새롭게 만나듯 잘 대해줌. 그러나 '新'은 '親'과 같은 뜻으로 보기도 함.
《軌範》補注에 "新, 與親通"이라 함. '屬'은 '연속해서'의 뜻. 이를 혹 '厲'자로 보기
도 하나 《東雅堂》注에 "屬, 或厲, 或从《文苑》云屬者. 猶附屬連屬之屬, 決非厲字
也"라 함.

【退而喜也, 以告於人】 물러나 기꺼워하면서 남에게 자랑삼아 말했음.

【其後如東京取妻子, 又不得朝夕繼見】 '如東京'의 '如'는 實辭. '가다'의 뜻. '東京'은
洛陽. 韓愈가 가족을 데리러 東京 낙양으로 갔음. 《五百家注》에 "嚴曰:調爲四門
博士, 上謁告還洛之時也"라 함.

【及其還也, 亦嘗一進謁於左右矣, 邈乎其容, 亦不察其愚也; 悄乎其言, 若不接其情
也】 '邈乎其容'은 그 태도가 아주 막막하게 멀어짐. 자신을 매우 냉담하게 대했

음을 말함. '不察其愚'는 자신을 전혀 살펴주지 않음. '愚'는 韓愈 자신을 가리킴. '悄'는 냉담한 분위기로 말을 거의 하지 않고 침묵함.

【退而懼也, 不敢復進】두려워 다시는 가서 뵙지 못함.

3/3 ——————————————

그런데 지금이라면 석연釋然히 깨달았고, 번연翻然히 뉘우치면서 이렇게 생각합니다.

"그렇게 멀리하신 것은 제가 계속해서 찾아오지 않음에 대한 노기 때문이며, 그렇게 침묵을 지키신 것은 바로 그 뜻을 보이시기 위한 것이었구나. 나의 불민함에 대한 질책은 도망할 곳도 피할 곳이 없게 되었도다."

이리하여 감히 나서지 못한 채, 문득 스스로 그 원인을 해소하기 위해, 근래 지은 바의 〈복지부復志賦〉와 그 아래 10 수十首의 글을 함께 묶어, 1권으로 만들어 권卷에 표축標軸을 붙여 바치옵니다.

〈송맹교서送孟郊序〉 1편은 생지生紙에 썼으며, 장식裝飾도 가하지 못한 채, 모두가 글자를 지우거나 고쳐 주석을 단 곳까지 있으니 이는 스스로 해명하면서 사과를 구하기에 급해서 고쳐 쓰기를 기다릴 수도 없었기 때문입니다.

합하께서는 그 뜻만을 취하실 것이며, 예禮를 갖추지 못함에 대해서는 염두에 두지 않았으면 합니다.

한유가 두려워하며 재배합니다.

今則釋然悟·翻然悔曰:「其邈也, 乃所以怒其來之不繼也; 其悄也, 乃所以示其意也. 不敏之誅, 無所逃避」

不敢遂進, 輒自疏其所以, 幷獻近所爲〈復志賦〉已下十首爲一卷, 卷有標軸.

〈送孟郊序〉一首, 生紙寫, 不加裝飾, 皆有揩字·注字處, 急于自解而謝, 不能俟更寫.

閣下取其意, 而略其禮可也.
愈恐懼再拜.

【今則釋然悟·翻然悔曰: 其邈也, 乃所以怒其來之不繼也; 其悄也, 乃所以示其意也】
'釋然悟, 翻然悔'는 釋然히 깨닫고 翻然히 후회함. '翻然'은 幡然과 같음. 《孟子》
萬章篇에 "旣而幡然"이라 함.

【不敏之誅, 無所逃避】'不敏之誅'는 자신이 不敏함으로 인해 얻게 된 꾸지람이나
질책.

【不敢遂進, 輒自疏其所以, 幷獻近所爲〈復志賦〉已下十首爲一卷, 卷有標軸】'自疏其
所以'는 스스로 그 이유를 陳疏함. 〈復志賦〉는 韓愈 자신이 지은 賦. 이 글은 貞
元 13년(797)에 한유가 병중에 자신의 울분을 읊은 것임. '標軸'은 卷子에 표시를
하여 찾거나 收藏하기 편하도록 함.

【〈送孟郊序〉一首, 生紙寫, 不加裝飾, 皆有揩字注字處, 急于自解而謝, 不能俟更寫】
〈送孟郊書〉는 韓愈가 孟郊(東野)에게 준 글로 본 《軌範》(7.064)을 볼 것. '生紙'는
加工하지 않은 종이. 상고가 있을 때 쓰는 종이. 《東雅堂》注에 宋 邵博의 《見聞
錄》(28)을 인용하여 "唐人有熟紙, 有生紙. 熟紙, 所謂姸妙輝光者. 其法不一, 生紙
非有喪故不用. 退之與陳京書云〈宋孟郊書〉容生紙寫", 言急於自解, 不可擇耳. 今
人少有知者"라 함. '裝飾'은 표구를 하거나 꾸밈. '揩字·注字'의 '揩字'는 글씨가
잘못되어 문질러 지우거나 지운 표시를 함. 《廣雅》釋訓에 "揩, 摩也"라 함. 《別
本》과 《五百家注》 등에는 '揩'자가 '楷'자로 되어 있음. '注字'는 글씨를 덧붙이거
나 곁에 注를 닮. '俟'는 竢로 표기된 판본도 있으며 '기다리다'의 뜻.

【閣下取其意, 而略其禮可也】'略其禮'는 그 (잘못된 저의) 禮는 염두에 두지 않기를
바람.

【愈恐懼再拜】두려워 하며 재배함.

<hr>

📌 참고 및 관련 자료

1. 韓文公(韓愈, 韓退之, 韓昌黎) 001 참조.

2. 이 글은 《五百家注昌黎文集》(17), 《東雅堂昌黎集註》(17), 《別本韓文考異》(17),
《唐宋八大家文鈔》(3), 《文苑英華》(669), 《文章正宗》(15), 《古文集成》(16), 《文編》(50),

《古文辭類纂》(29),《古文觀止》(8) 등에 널리 실려 있음.

3. 〈復志賦〉(并序) (《昌黎集》卷1)

　愈旣從隴西公平汴州, 其明年七月有負薪之疾, 退休于居作〈復志賦〉, 其辭曰:

『居悒悒之無解兮, 獨長思而永歎. 豈朝食之不飽兮, 寧冬裘之不完.

昔余之旣有知兮, 誠坎軻而艱難. 當歲行之未復兮, 從伯氏以南遷.

凌大江之驚波兮, 過洞庭之漫漫. 至曲江而乃息兮, 逾南紀之連山.

嗟日月其幾何兮, 攜孤矜而北旋. 值中原之有事兮, 將就食於江之南.

始專專於講習兮, 非古訓爲無所用其心. 窺前靈之逸迹兮, 超孤擧而幽尋.

旣識路又疾驅兮, 孰知余力之不任. 考古人之所佩兮, 閱時俗之所服.

忽忘身之不肖兮, 謂青紫其可拾. 自知者爲明兮, 故吾之所以爲惑.

擇吉日余西征兮, 亦旣造夫京師. 君之門不可逕而入兮, 遂從試於有司.

惟名利之都府兮, 羌衆人之所馳. 競乘時而附勢兮, 紛變化其難推.

全純愚以靖處兮, 將與彼而異宜. 欲奔走以及事兮, 顧初心而自非.

朝騁騖乎書林兮, 夕翶翔乎藝苑. 諒却步以圖前兮, 不浸近而逾遠.

哀白日之不與吾謀兮, 至今十年其猶初. 豈不登名於一科兮, 曾不補其遺餘.

進旣不獲其志願, 退將遁而窮居. 排國門而東出兮, 慨余行之舒舒.

時憑高以迴顧兮, 涕泣下之交如. 戾洛師而悵望兮, 聊浮游以躊躇.

假大龜以視兆兮, 求幽貞之所廬. 甘潛伏以老死兮, 不顯著其名譽.

非夫子之洵美兮, 吾何爲乎浚之. 都小人之懷惠兮, 猶知獻其至愚.

固余異於牛馬兮, 寧止乎飮水而求芻. 伏門下而黙黙兮, 竟歲年以康娛.

時乘間以獲進兮, 顔垂歡而愉愉. 仰盛德以安窮兮, 又何忠之能輸?

昔余之約吾心兮, 誰無施而有獲? 嫉貪佞之洿濁兮, 曰吾其旣勞而後食.

懲此志之不修兮, 受此言之不可忘. 情怊悵以自失兮, 心無歸之茫茫.

苟不內得其如斯兮, 孰與不食而高翔? 抱闕之阨陋兮, 有肆志之揚揚.

伊尹之樂於畎畝兮, 焉貴富之能當? 恐誓言之不固兮, 斯自訟以成章.

往者不可復兮, 冀來今之可望!』

　4. 《東雅堂昌黎集註》에 "京字慶復, 大曆元年中進士第, 貞元十九年將禘京奏「禘祭必尊太祖, 正昭穆帝」, 嘉之. 自考功員外遷給事中. 公於十九年冬貶陽山, 此書當在京遷給事後作"이라 함.

　5. 《唐宋八大家文鈔》에 "洗刷工而調句佳, 甚有益於初進者"라 함.

　6. 《軌範》에는 "陳止齋作論, 雙關文法, 皆本于此"라 함.

006(1-6) 〈後十九日復上宰相書〉 ······ 韓文公(韓愈)
19일 뒤 다시 재상에게 올리는 글

재상 〈賈耽〉

*〈後十九日復上宰相書〉: 韓愈는 唐 德宗(李适) 貞元 원년(785) 進士에 급제하였고 다시 禮部의 博學宏辭科에 응시하였으며, 다시 吏部에 응시하였으나 성공하지 못한 채, 한 때 中書省에 자리를 얻기도 하였지만 이내 면직되자 28세 때인 貞元 11년(795)에 당시 재상 趙憬, 賈耽, 盧邁에게 正月 27일에 첫 글을 올렸으나 대답이 없자, 19일 뒤인 2월 16일에 두 번째로 올린 글임. 그러나 역시 응답이 없어 3월 16일 등 세 번 째 〈上宰相三書〉(後念九日復上書)를 올림. 그럼에도 끝내 응답이 없자 이 해 5月 韓愈는 東都 洛陽으로 돌아 가버림. 따라서 원 제목은 〈再上宰相書〉임. 〈第一書〉는 나라의 재상으로서 천거의 임무를 잘 해 줄 것을 부탁한 것이었으나, 본문 〈第二書〉는 개인적인 자신의 貧困을 토로하면서 작은 벼슬이라도 내려주어 窘迫한 상황에서 벗어날 수 있도록 해 줄 것을 大聲疾呼하면서 애걸한 것임.

1/5 ─────────────

2월 16일, 전前 향공진사鄕貢進士 한유韓愈가 삼가 재배하며 상공相公 합하閣下께 말씀을 올립니다.

지난 번 편지와 제가 지은 바의 문장을 올린 뒤 무릇 19일이나 명령을 기다렸으나 명을 받지 못하고 있습니다.

두려워 감히 도망하여 숨지도 못하고 어찌할 바를 모르고 있습니다.

이에 다시 감히 헤아릴 수 없는 죄를 받아들일 요량으로 할 말을 다 하여 죄우左右에게 명을 청합니다.

> 二月十六日, 前鄕貢進士韓愈, 謹再拜言相公閣下:
> 向上書及所著文後, 待命凡十有九日, 不得命.
> 恐懼不敢逃遁, 不知所爲.
> 乃復敢自納於不測之誅, 以求畢其說, 而請命於左右.

【二月十六日, 前鄕貢進士韓愈, 謹再拜言相公閣下】'二月十六日'은 貞元 11년 乙亥년 正月은 큰달로 30일이었음. 따라서 첫 글이 정월 27일이었으므로, 2월 16일까지는 19일의 기간이었음. '前鄕貢進士'는 鄕 단위의 推薦을 받아 進士시험을 본 사람. 韓愈는 唐 德宗(李适) 貞元 원년(785) 進士에 급제하였으므로 자신을 이렇게 칭한 것임. '閣下'는 閣下와 같음. 상대를 존칭하여 부른 것. '閣'은 원래 궁중 정문 곁의 小門. 고대 三公은 이 문으로 드나들어 閣下라 불렀음.

【向上書及所著文後, 待命凡十有九日, 不得命】'向'은 지난 날, 앞서. 韓愈가 정월 27일 보냈던 〈第一書〉를 말함. '待命'은 指示나 命令을 기다림.

【恐懼不敢逃遁, 不知所爲】'恐懼'는 두려워함을 뜻하는 雙聲連綿語.

【乃復敢自納於不測之誅, 以求畢其說, 而請命於左右】'自納'은 스스로 맞아들임. 벌을 받을 것을 각오함. '左右'는 謙語. 직접 청하지 못하고 곁에 있는 사람을 통해 명을 청함.

2/5

제가 듣기로 물불에 빠진 자가 남에게 이를 면하도록 해 주기를 요구할 때는, 단지 그의 부형父兄과 자제子弟가 자애로운 다음에야 그를 불러 구원해주기를 바라는 것이 아니라 하였습니다.

그 곁에 서 있는 자가 있으면, 비록 증오하고 원망하던 자라 할지라도, 만약 그가 죽기를 바랄 정도의 대상이 아니라면 장차 큰 소리로 급히 불러 인仁을 베풀어주기를 바라는 것입니다.

저 곁에 서 있던 자가 그 소리를 듣고 그 상황을 보면, 그자 역시 그 빠진 자의 부형과 형제가 자애로운 다음에야 가서 온전하게 구해주는 것이 아닙니다.

비록 증오하고 원망하던 자라 할지라도, 만약 그가 죽기를 바랄 정도의 대상이 아니라면 장차 미친 듯이 달려가 기력을 다 소진하면서, 손발이 젖고, 모발毛髮을 태우며 이를 구제하기를 사양하지 않는 법입니다.

이와 같음은 무슨 이유에서 그렇겠습니까?

그 형세가 진실로 급하고 그 정이 진실로 가히 불쌍하기 때문일 것입니다.

愈聞之: 蹈水火者之求免於人也, 不惟其父兄子弟之慈愛, 然後呼而望之也.

將有介於其側者, 雖其所憎怨, 苟不至乎欲其死者, 則將大其聲, 疾呼而望仁之也.

彼介於其側者, 聞其聲而見其事, 不惟其父兄子弟之慈愛, 然後往而全之也.

雖有所憎怨, 苟不至乎欲其死者, 則將狂奔盡氣, 濡手足·焦毛髮, 救之而不辭也.

若是者何哉?

其勢誠急, 而其情誠可悲也.

【愈聞之: 蹈水火者之求免於人也, 不惟其父兄子弟之慈愛, 然後呼而望之也】 '蹈水火'는 물을 밟고 불을 밟음. 매우 危急한 禍難에 처해 있음을 비유함. 《論語》衛靈公篇에 "子曰:「民之於仁也, 甚於水火. 水火, 吾見蹈而死者矣, 未見蹈仁而死者也.」"라 함. 한편 《莊子》達生篇에는 "至人潛行不窒, 蹈火不熱, 行乎萬物之上而不慄"이라 하였고, 《列子》黃帝篇에도 같은 구절이 있음. 《史記》魯仲連列傳에도 "彼卽肆然而爲帝, 過而爲政於天下, 則連有蹈東海而死耳, 吾不忍爲之民也"라는 구절이

있음. '慈愛'는 구해줄 사람의 父兄子弟가 자애로움.

【將有介於其側者, 雖其所憎怨, 苟不至乎欲其死者, 則將大其聲, 疾呼而望仁之也】
'介'는 곁에 서 있음. 《漢書》鄒陽傳 顔師古 注에 "介, 謂間厠也"라 함. '欲其死'는
죽었으면 할 정도로 미워함. 《論語》顔淵篇에 "愛之欲其生, 惡之欲其死. 旣欲其
生, 又欲其死, 是惑也"라 함. '疾呼'는 급히 부름. '仁之'는 仁愛를 베풂. 《五百家
注》에는 '人之救'로 되어 있고, 《唐文粹》에는 '仁人之救'로 되어 있음.

【彼介於其側者, 聞其聲而見其事, 不惟其父兄子弟之慈愛, 然後往而全之也】 '慈愛'는
물불에 빠져 위급한 사람 父兄子弟의 자애로움. '全之'는 救出해내어 온전하게
해줌.

【雖有所憎怨, 苟不至乎欲其死者, 則將狂奔盡氣, 濡手足·焦毛髮, 救之而不辭也】
'狂奔盡氣'는 급하게 달려가 氣力을 다해 구해줌. 그러나 《五百家注》에는 '徃奔
盡氣'로 되어 있으며, 注에 "徃, 一作狂"이라 함. '濡手足'은 물에 빠진 자를 구출
해내느라 손발이 모두 젖음. '焦毛髮'은 불에 갇힌 자를 구출해내느라 머리카락
이 모두 탐. '不辭'는 사양하지 않음.

【若是者何哉?】 '若是者'는 이처럼 하는 이유.

【其勢誠急, 而其情誠可悲也】 '其情誠可悲'는 구해주는 자의 감정이 진실로 물불
에 빠진 그를 불쌍히 여기기 때문.

3/5

저는 힘써 배우고 행동을 바르게 세운지 몇 해가 되었습니다.

어리석게도 도道의 험난함은 생각하지 않은 채 실행하고 또 쉬지 않
다가 궁아窮餓의 물불에 빠져 이미 위태롭고 게다가 급하게 되었습
니다!

그래서 그 소리를 크게 하여 급히 부르고 있습니다! 합하께서도 역시
듣고 보셨겠지요! 장차 가서 온전하게 구원해주시겠습니까? 아니면 장
차 못 본 체 편안히 있으면서 구제해주지 않고 그대로 계시겠습니까?

합하께 와서 말하는 어떤 자가 "물에 빠지고 불에 타서 죽어가는 자
를 보았는데 구해줄 방법이 있었으나 끝내 구해주지 않았습니다"라고
말한다면, 합하께서는 그러한 자를 어진 자라 여기겠습니까?

그렇지 않다면, 저와 같은 자는 역시 군자가 마땅히 마음을 움직여야 할 그러한 대상일 것입니다.

愈之强學立行, 有年矣.
愚不惟道之險夷, 行且不息, 以蹈於窮餓之水火, 其旣危且亟矣!
大其聲而疾呼矣! 閣下其亦聞而見之矣! 其將往而全之歟? 抑將安而不救歟?
有來言於閣下者曰:「有觀溺於水而爇於火者, 有可救之道, 而終莫之救也.」閣下且以爲仁人乎哉?
不然, 若愈者, 亦君子之所宜動心者也.

【愈之强學立行, 有年矣】'强學立行'은 힘써 공부하여 공부한 대로 실행에 옮김.
【愚不惟道之險夷, 行且不息, 以蹈於窮餓之水火, 其旣危且亟矣!】'險夷'는 매우 험난함. '夷'는 평평하지 않음을 뜻함. '危且亟'는 위험하고도 또한 급함. '亟'(기)는 '급하다, 빠르다'의 뜻. 《詩》邶風 〈北風〉에 "北風其涼, 雨雪其雱. 惠而好我, 攜手同行. 其虛其邪, 旣亟只且"라 함.
【大其聲而疾呼矣! 閣下其亦聞而見之矣! 其將往而全之歟? 抑將安而不救歟?】'疾呼'는 앞에 예를 든 상황을 다시 상기시킨 것. '抑'은 말을 바꿀 때 쓰는 말. '아니면'의 뜻. '安'은 자신만이 안전하면 그 뿐이라 여김.
【有來言於閣下者曰:「有觀溺於水而爇於火者, 有可救之道, 而終莫之救也.」】'爇'(설)은 '불에 타다, 불타고 있다'의 뜻. '道'는 방법.
【閣下且以爲仁人乎哉?】'仁人'은 어진 사람. 사람으로서 人之常情을 느끼는 사람.
【不然, 若愈者, 亦君子之所宜動心者也】나 같은 경우가 君子의 마음을 움직이게 하는 그러한 예에 처하여 있음을 말함.

4/5 ————————

혹자는 저에게 "그대의 말이라면 그럴 듯하지만 재상이라면 그대의 사정을 알고는 있으나 때가 불가한데 어쩌겠는가?"라고 말합니다.

저는 속으로 "이는 말을 알아듣지 못하는 자이다. 진실로 그 재능이 우리 현상賢相께서 추천하기에 부족해서 일 따름일 것이다. 그처럼 때를 거론하는 것은 진실로 윗자리에 있는 자의 구실일 뿐, 하늘의 뜻은 아니다"라고 여겼습니다.

지난 5, 6년 전 재상께서 천거하여 아뢰어, 오히려 포의布衣로서 뽑혀 발탁을 입은 자가 있었는데 지금이 어찌 그 때와 다른 것이겠습니까?

게다가 지금 절도사節度使와 관찰사觀察使 및 방어사防禦使, 영전사營田使 등 여러 작은 사使들은 오히려 스스로 판관判官은 천거할 수 있어, 이미 벼슬했던 자와 아직 벼슬하지 않은 자에게 차등을 두고 있지 않은데, 하물며 재상 자리에 있는 이는 우리 임금께서 존경하는 분들임에도 불가하다고 말할 수 있겠습니까?

或謂愈:「子言則然矣, 宰相則知子矣, 如時不可何?」

愈竊謂之:「不知言者, 誠其材能, 不足當吾賢相之擧爾(耳). 若所謂時者, 固在上位者之爲爾(耳), 非天之所爲也.」

前五六年時, 宰相薦聞, 尚有自布衣蒙抽擢者, 與今豈異時哉?

且今節度·觀察使及防禦·營田諸小使等, 尚得自擧判官, 無間於已仕未仕者, 況在宰相, 吾君所尊敬者, 而曰不可乎?

【或謂愈:「子言則然矣, 宰相則知子矣, 如時不可何?」】 '然矣'는 그러함. 이치에 맞음. '時不可'는 때가 맞지 않음.

【愈竊謂之:「不知言者, 誠其材能, 不足當吾賢相之擧爾(耳). 若所謂時者, 固在上位者之爲爾(耳), 非天之所爲也.」】 '不知言者'는 말을 알아듣지 못하는 자. 《論語》堯曰篇에 "子曰:「不知命, 無以爲君子也;不知禮, 無以立也;不知言, 無以知人也.」"라 함. '上位者'는 윗자리에 있는 사람. 《中庸》(14)에 "在上位不陵下, 在下位不援上, 正己而不求於人則無怨. 上不怨天, 下不尤人"이라 함. '天之所爲'는 하늘이 하는 일.

《軌範》注에 "此卽賈誼云:「非天之所爲, 人之所設也.」"라 함. 전체 구절의 뜻은 "그러한 경우 진실로 현상으로서 그가 재능이 부족해서 천거할 수 없을 뿐인데 '時'를 핑계로 삼는 것은 윗자리에 있는 사람의 핑계일 뿐 하늘이 하는 것은 아님"을 말함.

【前五六年時, 宰相薦聞, 尙有自布衣蒙抽擢者, 與今豈異時哉?】'薦聞'은 추천하여 임금에게 들려드림. 《左傳》昭公 4년 傳에 "左師曰:「小國習之, 大國用之, 敢不薦聞?」"이라 함. '布衣'는 평민. 《史記》高祖本紀에 "高祖曰:「吾以布衣, 提三尺劍, 取天下.」"라 함. '蒙抽擢'는 抽擢의 기회를 입음. 뽑히고 발탁되는 은혜를 입음. 《韓集補注》에 "沈欽韓曰:李泌薦陽城事也"라 하여, 당시 재상 李泌이 陽城을 추천하여 著作郎에 오르게 한 일을 예로 들었음.

【且今節度·觀察使及防禦·營田諸小使等, 尙得自擧判官, 無間於已仕未仕者】'節度使'는 地方 軍政長官. '觀察使'는 經略觀察使. 唐代 전국을 10道로 나누어 매 道마다 하나의 觀察使를 두어 전체 행정을 관할하였음. '防禦使'는 觀察使의 下屬 직위로 국방상 중요한 곳에 防禦使를 두어 刺史를 兼職토록 하면서 그곳의 방어를 맡음. '營田使'는 唐 玄宗 때 처음 두었으며 屯田을 관리하는 직무. 이들은 실제 낮은 직책이었음. '判官'은 唐代 節度使, 觀察使, 防禦使, 營田使는 각기 모두 자신 아래 判官을 둘 수 있었음. 《唐書》百官志에 "防禦使, 副官, 判官, 推官, 巡官, 各一人"이라 함.

【況在宰相, 吾君所尊敬者, 而曰不可乎?】'宰相'은 앞에 든 節度使 등 여러 使들보다 높을 뿐더러 임금이 특별히 尊敬하는 지위에 있음을 말함.

5/5 ────────

옛날 인재를 진달시키는 자는 혹 도둑 중에서도 취하고, 혹 창고지기에서도 천거하였습니다.

지금 포의가 비록 천하기는 하지만 그래도 이러한 자들과는 족히 비교할 수 있습니다.

감정이 막히고 말이 위축되어 결정할 바를 알지 못하오나, 역시 조금이라도 가엾게 여기시어 살펴주십시오.

한유가 재배합니다.

古之進人者, 或取於盜, 或擧於管庫.
今布衣雖賤, 猶足以方於此.
情隘辭蹙, 不知所裁, 亦惟少垂憐(察)焉.
愈再拜.

【古之進人者, 或取於盜, 或擧於管庫】'取於盜'는 비록 도둑이었던 신분일지라도 발탁하여 벼슬자리를 줌.《禮記》雜記에 "孔子曰: 管仲遇盜, 取二人焉, 上以爲功臣, 曰: 其所與盜辟也, 可人也"라 함. '管庫'는 창고를 관리하는 자. 아주 낮은 신분임을 말함.《禮記》檀弓(下)에 "趙文子所擧於晉國, 管庫之士七十餘家"라 하였고, 鄭玄 注에 "管庫之士, 府史以下官長所置也. 擧之於君, 以爲大夫士也"라 함.

【今布衣雖賤, 猶足以方於此】한유 자신이 布衣라 해도 이들과 비교할 수는 있을 정도임. '方'은 比와 같음.

【情隘辭蹙, 不知所裁, 亦惟少垂憐(察)焉】'情隘辭蹙'은 감정은 막히고 말은 위축됨. '蹙(축)은 促迫함. 促急함. 萎縮과 같은 뜻임. '裁之'는 판단하여 결정함.《論語》公冶長篇에 "子在陳, 曰: 「歸與! 歸與! 吾黨之小子狂簡, 斐然成章, 不知所以裁之.」"라 함. '垂憐焉'은《漢書》鄒陽傳에 "願大王熟察, 少加憐焉"이라 함. 일부 판본에는 '垂憐察焉'으로 되어 있음.《別本》注에 "憐下, 或有察字"라 함.

【愈再拜】《昌黎集》에는 끝에 이 3자가 더 있음.

참고 및 관련 자료

1. 韓文公(韓愈, 韓退之, 韓昌黎) 001 참조.

2. 이 글은《別本韓文考異》(16),《五百家注昌黎文集》(16),《東雅堂昌黎集註》(16),《唐文粹》(87),《唐宋八大家文鈔》(2),《文編》(49),《唐宋文醇》(3),《古文辭類纂》(29),《古文觀止》(8),《古文約選》(2) 등에 실려 있음.

3. 지금의〈四庫全書〉《文章軌範》(電子版)에는 이곳에 한유의〈上宰相第三書〉(〈後念九日復上書〉)(第三書)가 잘못 들어가 있음.

4. 韓愈〈上宰相書〉(第一書)

正月二十七日, 前鄕貢進士韓愈, 謹伏光範門下, 再拜獻書相公閣下.《詩》之序曰: 「菁菁者莪, 樂育材也. 君子能長育人材, 則天下喜樂之矣.」 其詩曰: 『菁菁者莪, 在彼

中阿. 既見君子, 樂且有儀.」說者曰:「菁菁者, 盛也. 莪, 微草也. 阿, 大陵也. 言君子之
長育人材, 若大陵之長育微草, 能使之菁菁然盛也.」『既見君子, 樂且有儀』云者, 天下
美之之辭也. 其三章曰:『既見君子, 錫我百朋.』說者曰:「百朋, 多之之辭也. 言君子既
長育人材, 又當爵命之, 賜之厚祿, 以寵貴之云爾.」其卒章曰:『泛泛楊舟, 載沈載浮.
既見君子, 我心則休.』說者曰:「載者, 舟也; 浮沈者, 物也. 言君子之於人材, 無所不
取, 若舟之於物, 浮沈皆載之云爾.」『既見君子, 我心則喜』云者, 言若此, 則天下心美之
也. 君子之於人也, 既長育之, 又當爵命寵貴之, 而於其才無所遺焉. 孟子曰:「君子有
三樂, 王天下不與存焉. 其一曰『樂得天下之英才而教育之』, 此皆聖人賢士之所極言
至論, 古今之所宜法者也. 然則孰能長育天下之人材, 將非吾君與吾相乎? (孰能教育
天下之英才, 將非吾君與吾相乎?) 幸今天下無事, 大小之官, 各守其職, 所錢穀甲兵之
問, 不至於廟堂. 論道經邦之暇, 捨此宜無大者焉.

今有人生二十八年矣, 名不著於農工商賈之版, 其業則讀書著文, 歌頌堯舜之道, 雞
鳴而起, 孜孜焉亦不爲利. 其所讀皆聖人之書, 楊墨釋老之學, 無所入於其心. 其所著
皆約六經之旨而成文, 抑邪與正, 辨時俗之所惑, 居窮守約, 亦時有感激怨懟奇怪之
辭, 以求知於天下, 亦不悖於教化, 妖淫諛佞譸張之說, 無所出於其中. 四舉於禮部乃
一得, 三選於吏部卒無成. 九品之位其可望, 一畝之宮其可懷. 遑遑乎四海無所歸, 恤
恤乎饑不得食, 寒不得衣, 濱於死而益固, 得其所者爭笑之, 忽將棄其舊而新是圖,
求老農老圃而爲師. 悼本志之變化, 中夜涕泗交頤. 雖不足當詩人孟子之所謂, 抑長
育之使成材, 其亦可矣; 教育之使成才, 其亦可矣.

抑又聞古之君子相其君也, 一夫不獲其所, 若已推而內之溝中. 今有人生七年而學
聖人之道以修其身, 積二十一年, 不得已一朝而毀之, 是亦不獲其所矣. 伏念今有仁
人在上位, 若不往告之而遂行, 是果於自棄, 而不以古之君子之道待吾相也, 其可乎?
寧往告焉, 若不得志, 則命也. 其亦行矣!

〈洪範〉曰:「凡厥庶民, 有猷·有爲·有守, 汝則念之. 不協于極, 不罹于咎, 皇則受之,
而康而色. 曰: 予攸好德, 汝則錫之福.」是皆與善之辭也. 抑又聞古之人有自進者, 而
君子不逆之矣, 曰「予攸好德, 汝則錫之福」之謂也. 抑又聞上之設官制祿, 必求其人
而授之者, 非苟慕其才而富貴其身也, 蓋將用其能理不能, 用其明理不明者耳. 下之修
己立誠, 必求其位而居之者, 非苟没於利而榮於名也, 蓋將推己之所餘, 以濟其不足
者耳. 然則上之於求人, 下之於求位, 交相求而一其致焉耳. 苟以是而爲心, 則上之道
不必難其下, 下之道不必難其上. 可舉而舉焉, 不必讓於其自舉也; 可進而進焉, 不必

廉於其自進也. 抑又聞上之化下, 得其道, 則勸賞不必徧加乎天下, 而天下從焉, 因人之所欲爲而遂推之之謂矣. 今天下不由吏部而仕進者幾希矣, 主上傷感山林之士有逸遺者, 屢詔內外之臣, 旁求儒雅於四海, 而其至者蓋闕焉. 豈無其人乎哉? 亦見國家不以非常之道禮之, 而不來耳. 彼之處隱就閒者亦人耳! 其耳目口鼻之所欲, 其心之所樂, 其體之所安, 豈有異於人乎哉? 今所以惡衣食, 窮體膚, 麋鹿之與處, 猿狄之所居, 固自以其身不能與時從順俯仰, 故甘心自絶而不悔焉. 而方聞今國家之仕進者, 必舉於州縣, 然後升於禮部·吏部, 試之以繡繪雕琢之文, 考之以聲勢之逆順, 章句之短長, 中其程式者, 然後得從下士之列. 雖有化俗之方, 安邊之畫, 不繇是而稍進者, 萬不有一得焉. 彼惟恐入山之不深, 入林之不密, 其影響昧昧, 惟恐聞于人也. 今若聞有以書上宰相而求仕者, 而宰相不辱焉, 而薦之天子, 天子爵命之, 而布其書於四方. 枯槁沈溺魁閎寬通之士, 必且洋洋焉動其心, 峨峨焉纓其冠, 于于焉而來矣. 此所以謂勸賞不必徧加乎天下, 而天下從焉者也, 因人所欲爲而遂推之之謂者也.

伏惟覽《詩》《書》《孟子》之所指, 念育才錫福之所以, 考古之君子相其君之道, 而忘自進自舉之罪, 思設官制祿之故, 以誘致山林逸遺之士, 庶天下之行道者知所歸焉. 小子不敢自幸, 其嘗所著文, 輒採其可者若干首, 錄在異卷, 冀辱賜觀焉. 干瀆尊嚴, 伏地待罪, 愈再拜.

5. 韓愈〈上宰相第三書〉(〈後念九日復上書〉)(第三書)

三月十六日, 前鄕貢進士韓愈, 謹再拜言相公閣下. 愈聞周公之爲輔相, (其)急於見賢也, 方一食, 三吐其哺; 方一沐, 三握其髮. 當是時, 天下之賢才 皆已舉用; 姦邪讒佞欺負之徒, 皆已除去; 四海皆已無虞; 九夷八蠻在荒服之外者, 皆已賓貢; 天災時變·昆蟲草木之妖, 皆已銷息; 天下之所謂禮樂刑政敎化之具, 皆已修理; 風俗皆已敦厚; 動植之物·風雨霜露之所霑被者, 皆已得宜; 休徵嘉瑞·麟鳳龜龍之屬, 皆已備至.

而周公以聖人之才, 憑叔父之親, 其所輔理承化之功, 又盡章章如是, 其所求進見之士, 豈復有賢於周公者哉? 不惟不賢於周公而已, 豈復有賢於時百執事者哉? 豈復有所計議·能補於周公之化者哉?

然而周公求之如此其急, 惟恐耳目有所不聞見, 思慮有所未及, 以負成王託周公之意, 不得於天下之心. (如周公之心,) 設使其時, 輔理承化之功, 未盡章章如是, 而非聖人之才, 而無叔父之親, 則將不暇食與沐矣, 豈特吐哺握髮爲勤而止哉? (維)惟其如是, 故于今頌成王之德, 而稱周公之功不衰.

今閣下爲輔相亦近耳. 天下之賢才, 豈盡舉用? 姦邪讒佞欺負之徒, 豈盡除去? 四海豈盡無虞? 九夷八蠻之在荒服之外者, 豈盡賓貢? 天災時變·昆蟲草木之妖, 豈盡銷

息? 天下之所謂禮樂刑政敎化之具, 豈盡修理? 風俗豈盡敦厚? 動植之物·風雨霜露
之所霑被者, 豈盡得宜? 休徵嘉瑞·麟鳳龜龍之屬, 豈盡備至? 其所求進見之士, 雖
不足以希望盛德, 至比於百執事, 豈盡出其下哉? 其所稱說, 豈盡無所補哉? 今雖不
能如周公吐哺握髮, 亦宜引而進之, 察其所以而去就之, 不宜默默而已也. 愈之待命,
四十餘日矣. 書再上, 而志不得通, 足三及門而閽人辭焉, 惟其昏愚, 不知逃遁, 故復
有周公之說焉. (閤下其亦察之.) 古之士, 三月不仕則相吊, 故出疆必載質.

然所以重於自進者, 以其於周不可, 則去之魯; 於魯不可, 則去之齊; 於齊不可, 則去
之宋, 之鄭, 之秦, 之楚也. 今天下一君, 四海一國, 舍乎此則夷狄矣, 去父母之邦矣.

故士之行道者, 不得於朝, 則山林而已矣. 山林者, 士之所獨善自養, 而不憂天下者
之所能安也. 如有憂天下之心, 則不能矣. 故愈每自進而不知愧焉, 書亟上, 足數及門,
而不知止焉. 寧獨如此而已? 惴惴焉惟不得出大賢之門, 是懼. 亦惟少垂察焉.

(瀆冒威尊, 惶恐無已. 愈再拜.)

6. 各人의 評語

○ 何焯: "文勢如奔湍急箭, 所謂'情隘辭蹙'也. 與前書氣貌逈異, 故是神奇."

○ 吳汝綸: "此篇知其不可深語, 故專以情動之."

○ 林雲銘: "此單就前書中所云負才不遇處, 以'蹈水火'爲喩, 寫得異樣窮迫, 異樣
懇切, 雖使石人聞之, 亦當下淚. 末復以居上位不宜推諉於時, 在宰相尤可以取必於
君, 而布衣不至有負於擧, 三意爲異樣聳動, 異樣勸勉, 以堅其意. 筆致跌宕繚繞, 眞
千古無匹矣!"

○ 過商侯: "鍾竟陵(鍾惺)謂此書所見, 似悲戚, 非悲戚也. 如此大聲疾呼, 氣足以籠
罩之. 只因昌黎目空時宰, 故發言激宕如此. 卽《孟子》(盡心下)所云「說大人則藐之, 勿
視其巍巍然」也. 若視其巍巍, 必爲莊語·軟語, 不取激宕如此矣. 如謂悲戚而求, 非
喜讀昌黎之文者"라 함.

7. 〈第一書〉의 題注

"公貞元八年登第, 其後以博學宏辭三試於吏部, 無成, 故十一年, 上宰相書求仕, 凡
三上不報, 時宰相趙憬·賈耽·盧邁, 皆庸人, 故不能用公, 是年五月, 遂東歸."

8. 《五百家注昌黎文集》과 《東雅堂昌黎集註》에 "張子韶曰: 退之平生木强人, 而爲
饑寒所迫, 累數千言求官于宰相, 亦可怪也. 至第二書乃復自比爲盜賊·筮庫, 且云大
其聲而疾呼矣. 略不知恥何哉? 豈作文者, 其文當如是, 其心未必然邪?"라 함.

9. 《唐宋八大家文鈔》注에 "所見似悲慼, 而文則宕逸可誦"라 함.

007(1-7) 〈應科目時與人書〉 ·········· 韓文公(韓愈)

과거에 응시하면서 추천을 부탁하는 글

*〈應科目時與人書〉:韓愈가 貞元 9년(793) 博學宏詞科의 과거에 응시하면서 韋舍
人에게 추천을 부탁한 것임. 唐나라 과거는 進士科, 明經科, 秀才科가 있었음. 韓
愈는 정원 8년 進士科에 합격하고 선발을 기다리고 있었으며, 이듬해에 이어질
禮部의 博學宏詞, 書判拔萃, 三禮, 三傳, 三史, 五經, 九經, 開元禮 등 다음 시험
의 과목을 치러야 했음. '韋舍人'은 구체적으로 누구인지 알 수 없으나 宏詞科의
시험 주관자는 9년에는 高郢, 10년에는 權德輿였으며 韋씨 성의 이름은 보이지
않음. 그러나 唐代에는 장차 시험관이 될 만한 사람에게 미리 자신의 글을 보
내어 인정을 받고 추천을 청하는 예가 일반적이었음. 李白과 杜甫 역시 이와 같
이 하여, 일면 불공정하고 속된 풍조가 있었음을 알 수 있음.

1/2 ━━━━━━━━━━━━━━

월일月日, 저 한유가 재배합니다.

천지天池의 끝, 대강大江의 물가에 괴물怪物이 있다고 말하는데, 아마
평범히 물고기나 개충介蟲 따위와 짝을 이룰 그런 하찮은 것은 아닐 것
입니다.

그가 물을 얻으며 풍우風雨를 변화시켜 하늘을 오르내리기도 어렵지
않으나, 물에 닿지 못하면 아마 심상尋常이나 척촌尺寸 사이 정도의 물건
일 뿐입니다.

높은 산과 큰 언덕, 먼 길과 아주 험한 것일지라도 그에게 막힘이 될
수 없습니다.

그러나 고인 물에 궁하게 갇힌 채 스스로 물에 이르지 못하여 빈달
獱獺 따위에게 웃음을 사는 경우가 십중팔구입니다.

그런데 만약 유력자有力者가 그의 궁함을 불쌍히 여겨 그를 옮겨주는

일이란 그저 일거수일투족一擧手一投足 정도의 쉬운 일일 것입니다.

그런데 이 물건은 자신이 일반 무리와 다름을 자부하면서, 게다가 "모래와 진흙에 썩어 죽는다 해도 나는 차라리 즐겁게 여기리라. 만약 머리를 숙이고 귀를 붙여 꼬리를 흔들며 나를 불쌍히 여겨주기를 구걸하는 일이라면 이는 나의 뜻이 아니다"라고 하고 있습니다.

이 까닭으로 유력자가 그를 만나 자세히 보고도 마치 못 본 듯이 하는 것이니, 그의 죽고 삶은 진실로 알 수 없는 것입니다.

月日, 愈再拜.

天池之濱, 大江之濆, 曰有怪物焉, 蓋非常鱗(麟)凡介之品彙(滙)匹儔也.

其得水, 變化風雨, 上下于天不難也; 其不及水, 蓋尋常尺寸之間耳.

無高山大陵·曠塗(途)絶險爲之關隔也.

然其窮涸, 不能自致乎水, 爲獱獺之笑者, 蓋十八九矣.

如有力者, 哀其窮而運轉之, 蓋一擧手一投足之勞也.

然是物也, 負其異於衆也, 且曰:「爛死於沙泥, 吾寧樂之. 若俛首帖耳, 搖尾而乞憐者, 非我之志也.」

是以有力者遇之, 熟視之若無覩也. 其死其生, 固不可知也.

【月日, 愈再拜】《東雅堂昌黎集》注에 "一云:「應博學宏詞, 前進士韓愈, 謹再拜上韋舍人閣下"라 함.

【天池之濱, 大江之濆, 曰有怪物焉, 蓋非常鱗(麟)凡介之品彙(滙)匹儔也】 '天池'는 아주 커서 大鵬이나 大鯤도 수용할 수 있는 큰 못. 《莊子》逍遙遊에 "南冥者, 天池也. ……窮髮之北, 有冥海者, 天池也"라 함. '濱'은 《說文》에 "濱, 水厓也"라 하였고, 《詩》大雅 常武 "鋪敦淮濆"의 傳에 "濆, 涯라" 함. '怪物'은 龍을 상징함. 《國語》魯語에 "水之怪物曰龍罔象"이라 함. '常鱗'은 평범한 물고기. '鱗'은 비늘 달린 물고

기의 총칭. 魚龍之屬. '凡介'는 범속한 갑각류. '介'는 甲殼類 水中 동물의 총칭. 龜鼈之屬. '品彙'는 많은 물체, 물건, 동식물들. '匹儔'는 짝이 되고 같은 무리가 됨. 《晉書》孝友傳 序에 "資品彙以順名, 功苞萬象"이라 함.

【其得水, 變化風雨, 上下于天不難也 ; 其不及水, 蓋尋常尺寸之間耳】'變化風雨'는 비바람을 변화시킴. 龍이나 鵬, 鯤 따위의 昇天이나 飛翔을 비유함. '尋常'은 고대의 길이. "八尺曰尋, 倍尋曰常"이라 함. 그러나 평범함을 뜻하는 雙聲連綿語로도 널리 쓰임.

【無高山大陵·曠塗(途)絶險爲之關隔也】'曠途'는 아주 아득히 먼 길. '絶險'은 지극히 험난함. '關隔'은 막힘. 가로막음. 장애가 됨. 《軌範》에는 間隙으로 되어 있으며, 주에 "譬喩應宏詞科"라 함.

【然其窮涸, 不能自致乎水, 爲獱獺之笑者, 蓋十八九矣】'窮涸'(궁학)은 고인 물에 갇혀 궁하게 됨. '涸'은 작은 구덩이에 잠시 고였다가 말라가는 물을 뜻함. 《莊子》外物篇의 '涸轍鮒魚'와 같은 상황임을 말함. '獱獺'은 水獺. '獱' 역시 수달의 일종으로 청색이며 수달보다 작다 함. 揚雄〈校獵賦〉"蹈獱獺"의 顔師古 注에 "獱, 小獺也"라 함. '十八九'는 十中八九의 뜻. 그러나 《五百家注》에는 '八九年矣'로 되어 있으며, 注에 "一作十八九矣"라 함.

【如有力者, 哀其窮而運轉之, 蓋一舉手一投足之勞也】'運轉'은 옮겨 놓아 줌. '一舉手一投足'은 손을 한 번 들고, 발을 한 번 내뻗는 정도의 아주 쉬운 일.

【然是物也, 負其異於衆也, 且曰:「爛死於沙泥, 吾寧樂之. 若俛首帖耳, 搖尾而乞憐者, 非我之志也.」】'俛首'는 머리를 숙임. '帖耳'는 귀를 붙임. 남의 말을 공손히 들음. 남에게 복종하거나 비속한 짓을 함을 말함. 張裕釗는 "此退之之本色"이라 함. '搖尾'는 꼬리를 흔들며 복종함. 《漢書》司馬遷傳에 "猛虎處深山, 百獸震恐. 及其在穽檻之中, 搖尾而求食"이라 함.

【是以有力者遇之, 熟視之若無覩也. 其死其生, 固不可知也.】'熟視'는 자세히 들여다 봄. 혹은 늘 보아 익숙히 여김.

2/2 ━━━━━━━━━

지금 다시 유력자가 그 앞에 있게 되자 애오라지 시험삼아 머리를 들고 한 번 울어보고 있습니다.

이는 어찌 유력자가 그의 궁함을 불쌍히 여겨, 일거수일투족의 쉬운 일을 잊은 채 그를 맑은 파도가 치는 물로 옮겨주지는 않을 것이라고 여기기 때문이겠습니까?

　그를 불쌍히 여기는 것은 운명이요, 그를 불쌍히 여겨주지 않는 것도 운명이며, 그것이 운명에 있음을 알면서도 울부짖는 것도 역시 운명입니다.

　저는 지금 실제 이와 비슷함이 있어, 이 때문에 엉성하고 어리석은 죄를 잊은 채 이러한 말씀을 올리는 것입니다.

　합하閤下께서는 역시 가련히 여겨 살펴주심을 내려주시기 바랍니다.

　今又有有力者, 當其前矣, 聊試仰首一鳴號焉.
　庸詎知有力者不哀其窮, 而忘一擧手一投足之勞, 而轉之淸波乎?
　其哀之, 命也; 其不哀之, 命也; 知其在命, 而且鳴號之者, 亦命也.
　愈今者實有類於是, 是以忘其疏愚之罪, 而有是說焉.
　閤(閣)下其亦憐察之.

【今又有有力者, 當其前矣, 聊試仰首一鳴號焉, 庸詎知有力者不哀其窮, 而忘一擧手一投足之勞, 而轉之淸波乎?】'聊'는 '애오라지, 열심히' 등의 뜻. '鳴號'는 울부짖음. 자신의 존재를 알림. '庸詎'는 두 글자 모두 疑問詞, 反語詞. '혹 -때문이 아니겠는가?'의 뜻. 《莊》齊物論에 "庸詎知吾所謂知之非不知邪?"라 함. 이 구절 전체의 뜻은 '혹시 그래도 자신을 옮겨주지 않을까 하는 기대가 있기 때문에 그렇게 울부짖는 것임'을 말함. '淸波'는 《莊》外物篇 〈涸轍鮒魚〉에 "我東海之波臣也. 君豈有斗升之水而活我哉?"라 함. 그러나 《東雅堂》注에는 "而'轉或作'而輸', '轉之淸波', 作'轉致之波濤'"라 함.
【其哀之, 命也; 其不哀之, 命也; 知其在命, 而且鳴號之者, 亦命也】'鳴號'는 《東雅堂》注에는 "鳴或作呼. 鳴下或有且字, 或作而鳴且號"라 함. 모든 것을 운명에 맡기

기는 하되 그래도 기대를 가지고 있음을 말함.

【愈今者實有類於是, 是以忘其疏愚之罪, 而有是說焉】‘疏愚之罪’는 疏闊하고 어리석은 죄. 《軌範》注에 “一篇皆是譬喩, 只一句‘今者實類於是’收拾此文, 法最妙”라 함.

【閣(閤)下其亦憐察之】‘其’는 期, 冀와 같음. 기대함. 바람. ‘憐察’은 가련히 여겨 살펴줌. ‘閣下’는 閤下와 같음. ‘閤’은 궁궐 正門 곁의 小門. 고대 三公은 이 문을 통해 드나들어 三公의 높임말로 쓰였음.

참고 및 관련 자료

1. 韓文公(韓愈, 韓退之, 韓昌黎) 001 참조.

2. 이 글은 《五百家注昌黎文集》(18), 《東雅堂昌黎集註》(18), 《別本韓文考異》(18), 《唐宋八大家文鈔》(3), 《事文類聚》(別集 28), 《文編》(49), 《文章辨體彙選》(217), 《記纂淵海》(70), 《淵鑑類函》(310), 《古文辭類纂》(29), 《古文觀止》(8), 《古文約選》(2) 등에 널리 실려 있음.

3. 《東雅堂昌黎集》題下 注에 “或作〈與韋舍人〉, 卽貞元九年宏詞試也”라 함.

4. 《唐宋八大家文鈔》에 “空中樓閣, 其自擬處奇, 而其文亦奇”라 함.

008(1-8) <答陳商書> ·················· 韓文公(韓愈)

진상陳商에게 보내는 답글

*<答陳商書>:韓愈가 國子先生으로 있을 때 陳商(?-855)이 글을 보내오자 이에
답한 것임. 陳商은 자는 述經, 諫議大夫, 侍郎, 秘書監 등을 역임하였으며, 뒤에
許昌縣男에 봉해진 인물. 唐 德宗 때 馬仁山에 은거하며 박학다식하여 그를 찾
아 배우는 사람이 많았음. 뒤에 조칙에 의해 元和 9년(814) 進士에 급제 하였으
며 그의 《陳商集》 17권이 《唐書》 藝文志에 저록되어 있음. 그는 등용 전에 몹시
난해한 문장을 즐겨 썼으며, 이것이 세상에 맞지 않음을 알고 한유에게 가르침
을 청한 것임. 이에 한유는 이 글로써 그에게 답신을 보낸 것임.

1/2 ─────────────────

유愈가 아룁니다.

욕되게도 보내주신 서신은 어의語義가 높고 뜻이 깊어 서너 차례 읽
었으나 그래도 능히 시원하게 이해할 수가 없어, 망연히 부끄러움에 얼
굴이 더욱 붉어지고 있습니다.

또한 저의 천하고 결점이 많으며 남다른 지혜와 식견도 없음을 인정
하지 아니하시고, 게다가 그대가 지키는 바로써 저를 일깨워주시니 아
주 다행입니다!

그러니 제가 감히 진실한 감정을 토로하지 않을 수 있겠습니까마는,
그러나 저는 그대께서 바라는 바에 보탬이 되기에 부족함을 스스로 잘
알고 있습니다.

제齊나라 왕은 우竽를 좋아하였는데, 벼슬을 구하려는 어떤 사람이
슬瑟을 가지고 가서 3년을 왕의 궁문에 서 있었으나 들어갈 수 없었
지요.

그러자 그는 이렇게 질책했습니다.

"내가 슬을 연주하면 능히 귀신도 오르내리게 할 수 있고, 내가 연주하는 슬은 헌원씨軒轅氏의 율려律呂에 맞는다."

그러자 한 객客이 이렇게 그를 꾸짖었지요.

"왕께선 우를 좋아하시는데, 그대는 슬을 연주하였소. 슬 연주가 비록 뛰어나다 해도 왕께서 좋아하시지 않음을 어찌하겠소?"

이것이 이른 바 슬 연주에는 뛰어났지만, 제나라에서 벼슬을 구하는 데에는 훌륭하지 못하다는 것입니다.

愈白:
辱惠書, 語高而旨深, 三四讀, 尚不能通曉, 茫然增愧赧.
又不以其淺弊, 無過人智識, 且喩以所守, 幸甚!
愈敢不吐露情實, 然自識其不足補吾子所須也.
齊王好竽, 有求仕於齊者, 操瑟而往, 立王之門三年, 不得入.
叱曰:「吾瑟鼓之, 能使鬼神上下; 吾鼓瑟, 合軒轅氏之律呂.」
客罵之曰:「王好竽, 而子鼓瑟, 瑟雖工, 如王之不好何?」
是所謂工於瑟而不工於求齊也.

【愈白:辱惠書, 語高而旨深】'白'은 '말씀 드리다, 고하다'의 뜻. '辱惠書'의 '辱'은 남이 편지를 보내준 것에 대한 고마움을 겸손하게 표현한 것. '惠書'는 남의 편지를 높여 부른 것. '語高而旨深'은 語義가 높고 뜻이 심원함.

【三四讀, 尚不能通曉, 茫然增愧赧】'尚'은 '그래도, 아직, 오히려' 등의 뜻. '通曉'는 훤하게 이해함. '愧赧'은 부끄러워 얼굴을 붉어짐.

【不以其淺弊, 無過人智識】나는 얕고 폐단이 있으며 남을 뛰어넘는 지혜나 식견이 없음에도 그대가 그렇게 여기지 않음.

【且喩以所守, 幸甚】그대가 지키는 바로써 나를 깨우쳐 주니 매우 다행스럽게 여김.

【愈敢不吐露情實】'敢不'은 疑問文을 형성함. '吐露'는 《別本》과 《東雅堂》,《五百家注》 등에는 모두 '吐'로만 되어 있음. '情實'은 정의 진실함.

【然自識其不足補吾子所須也】'自識'은 '나 스스로 인식하고 있음'. 알고 있음. '吾子'

는 상대를 높여 부르는 親密語. '所須'는 기다리는 바, 바라는 바. 《古文眞寶》注에 "須, 待也"라 하였으며, 《韓昌黎集》注에는 "須, 求也. 意所欲也"라 함.

【齊王好竽】이 고사는 《韓非子》(30) 內儲說上에 실려 있음. "齊宣王使人吹竽, 必三百人. 南郭處士請爲王吹竽, 宣王說之, 廩食以數百人. 宣王死, 湣王立, 好一一聽之, 處士逃. 一曰:韓昭侯曰「吹竽者衆, 吾無以知其善者」田嚴對曰「一一而聽之」"라 하였고, 《古文眞寶》注에도 "《韓子》十三篇:齊宣王好竽, 南郭先生不知竽, 而濫於三百人之中以吹食祿"이라 함. 그러나 본 문장 내용과 일치하지는 않으며 齊王(齊宣王)이 竽를 좋아하였는데 엉뚱하게 瑟을 가지고 찾아갔다면 성공하지 못할 것이라는 寓言을 韓愈가 지어서 말한 것임. '竽'는 笙과 함께 管樂器 피리의 일종이며 36管으로 되어 있고 合奏에서 다른 악기를 領導하는 역할을 함. '瑟'은 絃樂器의 일종으로 25현의 琴. '鬼神上下'는 《禮記》樂記에 "及夫禮樂之極乎天, 而蟠乎地, 行乎陰陽而通乎鬼神, 窮高極遠而測深厚"라 함. '軒轅氏'는 고대 五帝의 하나인 黃帝. 그의 신하 伶倫이 명을 받고 陽의 六律과 陰의 六呂를 정하였다 함. '律呂'는 원래 고대 樂律의 음계를 조절하는 기구로서 대나무나 금속관으로 만들었으며 모두 12개. 그 구멍의 크기에 따라 음의 고도를 정하여 다른 악기의 음가를 정하는 것. 그 중 홀수 6개를 '律', 짝수 6개를 '呂'라 하며 이를 합하여 '律呂'라 함. 이를 12달과 배합하여 《呂氏春秋》音律에는 黃鐘, 大呂, 太簇, 夾鐘, 姑洗, 仲呂, 蕤賓, 林鐘, 夷則, 南呂, 無射, 應鐘이라 하였으며, 이에 따라 "仲冬日短至, 則生黃鐘;季冬生大呂, 孟春生太簇, 仲春生夾鐘, 孟夏生仲呂, 仲夏曰長至, 則生蕤賓, 季夏生林鐘, 孟秋生夷則, 仲秋生南呂, 季秋生無射, 孟冬生應鐘"이라 함. 한편 고대 동짓날 바람이 통하지 않는 밀실에서 갈대 껍질을 태운 재로 六律에 맞게 대롱을 책상에 올려놓은 다음 어느 율에 재가 흩날리는가를 보고 음의 고저를 맞추고 아울러 절기를 예측했다 함. 《漢書》律曆志(上) 참조. 《幼學瓊林》에 "冬至到而葭灰飛, 立秋至而梧葉落"이라 함. 《古文眞寶》注에 "《前》律曆志:陽六爲律, 陰六爲呂. 黃帝之所作也. ○疊山譬喩學孟子"라 함. '鼓瑟'의 鼓(鼓)는 '악기를 연주하다'의 뜻임.

【如王之不好何】'如何'의 如와 何 사이에 目的語를 넣은 구문임.

【是所謂工於瑟而不工於求齊也】'工'은 뛰어남. 工巧함. '求齊'는 齊나라에서 벼슬을 구하는 일. 《古文眞寶》注에 "謝(謝疊山, 謝枋得)云:文婉曲有味"라 함.

지금 이 세상에서 진사進士로 천거되어 이록利祿을 구하여, 도를 이 세상에 실행하려 하면서, 문장을 지음에는 모름지기 세상 사람들이 좋아하지 않도록 한다면, 슬을 가지고 제나라 궁문 앞에 서 있던 사람과 비교가 되지 않을 수 있겠습니까?

문장은 진실로 뛰어나다 하더라도 벼슬을 구하는 데에는 불리한데도, 구하여 얻지 못하면 노하고 게다가 원망까지 하니, 군자라면 반드시 그렇게 해야 하는지 그렇게 하지 말아야 하는지 모르겠습니다.

그 까닭으로 구구區區한 심정으로 매번 저를 찾아오는 사람은, 모두가 불초한 저에게 뜻한 바가 있어서 일 것입니다.

대략 사양치 않고 저는 끝내 모든 말을 다 하는 것이오니, 오직 그대께서는 양찰諒察하옵시기를!

今擧進士於此世, 求祿利行道於此世, 而爲文必使一世人不好, 得無與操瑟立齊門者比歟?

文誠工, 不利於求; 求不得, 則怒且怨, 不知君子必爾爲不也.

故區區之心, 每有來訪者, 皆有意於不肖者也.

略不辭讓, 遂盡言, 惟吾子諒察!

【今擧進士於此世, 求祿利行道於此世】 '求祿利'는 녹의 이익을 구함.

【而爲文必使一世人不好】 '爲文'은 문장을 지음. 그 문장 속의 내용이 지금 한 세상 사람들이 좋아하지 않도록 함. 그러한 문장을 지어 자신의 뜻을 고집함.

【得無與操瑟立齊門者比歟】 '得無與 —比歟'는 '비교가 되지 않을 수 있겠는가?'의 反語法 문장. '歟'는 疑問, 혹은 反語 語氣辭.

【文誠工, 不利於求; 求不得, 則怒且怨】 '文誠工'은 《別本》에는 '文雖工'으로 되어 있으며, 注에 "雖, 或作誠, 或雖上有誠字"라 함. '不利於求'는 (문장이 비록 훌륭하나) 벼슬을 구하는 데에 도리어 불리함. 이는 문장이 훌륭한 것이 아니라 요령을 모르는 無知임을 말한 것.

【不知君子必爾爲不也】'君子'는 군자를 자칭하는 자. '必爾爲不'은 반드시 그렇게 해야 하는지, 아니면 그렇게 하지 말아야 하는지에 대한 것. '爾'는 然의 뜻. 《古文眞寶》注에 "文婉曲而有味"라 함.

【故區區之心, 每有來訪者, 皆有意於不肖者也】'區區'는 작고 변변치 못한 모습. '每有來訪者'는 매번 자신 한유를 찾아오는 자. 《昌黎集》에는 "來, 一作求"라 함. '有意'는 자신 한유에게 요구하는 바가 있음. 무언가를 바라기 때문에 찾아오는 것. '不肖者'는 못난 사람. 한유가 자신을 가리킴. '不肖'는 不肖其父의 줄인 말.

【略不辭讓, 遂盡言, 惟吾子諒察】'盡言'은 말을 남김없이 다함. 하고 싶은 말을 숨김없이 내뱉음. '諒察'은 너그러이 살펴주기를 바라는 謙語. 한편 《五百家注》에는 이 다음 끝말로 "愈頓首", 《別本》과 《東雅堂》에는 "愈白" 등의 글자가 더 있음.

참고 및 관련 자료

1. 韓文公(韓愈, 韓退之, 韓昌黎) 001 참조.

2. 이 글은 《五百家注昌黎文集》(18), 《別本韓文考異》(18), 《東雅堂昌黎集註》(18), 《古文關鍵》(上), 《古文集成》(16), 《文編》(48), 《唐宋八大家文鈔》(5), 《古文辭類纂》(29), 《古文眞寶》(後集 2) 등에 실려 있음.

3. 《萬姓統譜》에 "陳商, 德宗時與王沖霄同隱馬仁山, 江表從學者衆, 後應詔射策, 仕至卿"이라 함.

4. 《五百家注昌黎文集》에는 "〈集注〉: 商元和九年進士, 會昌五年爲侍郎, 典貢舉. 此書乃商未第前, 以文求益於公, 而公爲國子先生時作也"라 함.

5. 《古文眞寶》注에 "以明理之文而求仕於當世, 不投時好, 如操瑟而立於齊門, 不能投合齊王之好竿. 然君子之所守, 不隨時而爲之遷就"라 함.

009(1-9) 〈送石洪處士序〉 ············· 韓文公(韓愈)
처사 석홍石洪을 보내며 주는 글

＊〈送石洪處士序〉:《五百家注》와《文苑英華》에는 제목이 〈送石洪處士赴河陽參謀序〉로 되어 있음. 石洪은 자는 濬川이며 處士(과거에 급제하지 아니한 선비)의 신분으로 黃州錄事參軍의 낮은 벼슬에서 물러나 洛陽에 은거하고 있었으나, 河陽節度使 烏重胤(761-827, 자는 保君)의 參謀로 추천되자, 떠나는 그를 위해 韓愈가 이글을 지어 보낸 것임. 元和 5년(810), 韓愈 43세 되던 해에 지은 것이며, 烏重胤은 뒤에 石洪을 참모로 하고 恒州의 반란군 王承宗을 토벌하게 됨. 石洪은 그 뒤 미미한 인물로 이름이 없었으나, 韓愈가 이 글을 지음으로 인해 널리 알려지게 되었다 함. 烏重胤은《舊唐書》(161)와《新唐書》(171)에 傳이 있으며, 石洪은《新唐書》(171) 烏重胤傳에 함께 傳이 들어 있음.

1/2 ─────────────

하양군절도사河陽軍節度使 오공烏公이 절도사가 된지 3개월 만에 종사從事들에게 현명한 자를 구하도록 하여, 석선생石先生을 추천하자 그는 이렇게 말하였다.

"석선생은 어떤 분이오?"

종사가 대답하였다.

"석선생은 숭산嵩山과 망산邙山 및 전수瀍水와 곡수穀水 사이에 살면서, 겨울에는 갖옷 한 벌, 여름에는 칡 베옷 한 벌이며, 아침저녁으로 밥 한 그릇과 채소 한 접시로 살고 있습니다. 사람들이 그에게 돈을 주면 사양하되, 그에게 함께 나가 놀기를 청하면 일찍이 일을 핑계로 사양한 적이 없으나, 벼슬을 권하면 응답도 하지 않습니다. 그가 앉아있는 방 하나에는 좌우로 도서圖書가 꽉 차있고, 그와 이야기를 나누면 화제는 도리道理에 관한 것이며, 고금의 일에 대해 합당한지의 여부를 변론하며,

인물의 고하를 논하며 일이 뒤에 의당 성패가 어떤지를 논하되, 마치 물을 터서 아래로 흘려보내어 동쪽으로 쏟아내듯 하며, 마치 네 필 말이 가벼운 수레를 끌고 익숙한 길로 가는 것과 같아, 왕량王良이나 조보造父와 선수를 다투는 것과 같고, 촛불을 밝혀놓고 셈하며 거북점을 치는 것처럼 분명합니다.”

대부大夫, 烏重胤가 말하였다.

“석선생은 스스로 늙어감을 이유로 남에게 아무것도 바라는 것이 없는데, 나를 위해 오려 하겠소?”

종사가 말하였다.

“대부께서는 문무와 충효를 겸하셨고, 나라를 위해 선비를 찾는 것이지 집에서 사사롭게 부리고자 하는 것이 아닙니다. 지금 바야흐로 반란군은 항주恒州에 모여 들고, 관군官軍이 그 지역을 둘러싸고 있어, 농부는 농사를 지어도 거둘 수가 없고, 재물과 식량은 바닥이 나고 있습니다. 지금 우리가 있는 이곳은 군수품을 보내어 수송해주는 길목입니다. 법치와 정벌, 책략에 대해 그는 의당 내놓을 의견이 있을 것입니다. 석선생은 어질면서 또한 용감하니, 만약 의리를 내세워 초청해서 억지로라도 중대한 일을 맡긴다면 그가 무슨 말로 사양하겠습니까?”

河陽軍節度使烏公, 爲節度之三月, 求士於從事之賢者, 有薦石先生者, 公曰:「先生何如?」

曰:「先生居嵩邙瀍穀之間, 冬一裘, 夏一葛; 朝夕飯一盂, 蔬一盤. 人與之錢則辭, 請與出遊, 未嘗以事免, 勸之仕則不應. 坐一室, 左右圖書, 與之語道理, 辨古今事當否, 論人高下, 事後當成敗, 若河決下流而東注也; 若駟馬駕輕車就熟路, 而王良·造父爲之先後也; 若燭照數計而龜卜也.」

大夫曰:「先生有以自老, 無求於人, 其肯爲某來邪?」

從事曰:「大夫文武忠孝, 求士爲國, 不私於家. 方今寇聚於恒,

師環其疆, 農不耕收, 財粟殫亡. 吾所處地, 歸輸之塗. 治法征謀,
宜有所出. 先生仁且勇, 若以義請, 而强委重焉, 其何說之辭?」

【河陽軍節度使烏公, 爲節度之三月, 求士於從事之賢者, 有薦石先生者】'河陽軍節度
使'의 '河陽'은 河南省에 있는 지명. '烏公'은 烏重胤. 元和 9년(814) 閏八月에 河陽
節度使 烏重胤을 汝州刺史로 임명하고, 河陽懷汝節度使를 겸하도록 하였음.《古文眞寶》
의 〈平淮西碑〉(030)를 볼 것. '從事'는 그를 따라 일하는 屬官. '石先生'은
石洪. 자는 濬川. 洛陽 사람. 湖北省 黃州의 錄事參軍으로 있다가 벼슬을 그만두
고 은거하고 있었는데, 이를 節度使 烏重胤의 從事가 參謀로 추천한 것임.《古文
眞寶》注에 "烏公, 重胤"이라 함.《五百家注》에는 "韓曰:元和五年四月, 詔用烏公重
胤爲河陽軍節度使, 御史大夫治孟州, 其曰'節度之三月', 則是歲六七月間也"라 함.

【先生居嵩邙瀍穀之間】'嵩邙瀍穀'은 嵩山과 邙山 및 瀍水와 穀水. 모두 洛陽을 둘
러싸고 있었음.《五百家注》와《東雅堂》에 "孫曰:嵩, 邙, 山名;瀍, 穀, 水名. 皆在洛
陽之境, 穀即澗,《木書》云:「卜澗水東.」是也. 後改名澗"이라 함.

【冬一裘, 夏一葛;朝夕飯一盂, 蔬一盤】'裘'는 거친 갖옷. 짐승 털가죽으로 만든 외
투. '葛'은 칡베로 만든 옷.《軌範》注에 "此是衣, 不說出衣字"라 함. '盂'는 주발.
밥그릇.《說文》에 "盂, 飯器也"라 하였고,《方言》에는 "宋楚魏之間, 盌謂之盂"라
함. '盤'은 작은 쟁반.《正字通》에 "盤, 盛物器. 或木或錫銅爲之"라 함.《軌範》注에
"看他說衣食二事, 變化句法甚奇"라 함.

【人與之錢則辭, 請與出遊, 未嘗以事免, 勸之仕則不應】'未嘗以事免'은 일을 핑계로
거절한 적이 없음. '仕則不應'은 벼슬을 하도록 권하면 응하지 않음.

【坐一室, 左右圖書, 與之語道理, 辨古今事當否】'語道理' 다음에《軌範》注에 "三子
句"라 하였고, '當否' 다음에는 "六字句"라 함. 겨우 방 하나에, 좌우로는 도서를
쌓아놓았으며, 그와의 대화 주제는 道理이며 고금의 일이 타당했는지의 여부를
辨析하는 것임.

【論人高下, 事後當成敗】'論人高下' 다음에《軌範》注에는 "四字句"라 하였고, '成
敗' 다음에는 "五字句"라 함. '事後當成敗'는 어떤 일의 뒷날 성패에 관한 것.

【若河決下流而東注也】마치 물을 터서 흘려보내면 동쪽으로 쏟아져 나가듯 함.

【若駟馬駕輕車就熟路, 而王良·造父爲之先後也】'駟馬'는 수레 한 대를 끄는 네

마리 말. '王良'은 고대 뛰어난 馬夫. '王子期, 王於期, 王子於期, 郵無恤' 등으로도 불림. 春秋시대 趙襄子의 마부. 於期는 그의 字.《左傳》哀公 2年 "郵無恤御簡子"의 杜預 注에 "郵無恤, 王良也"라 하였고, 같은 곳에서 다시 '子良'이라 불렀음.《孟子》滕文公(下)에는 "昔者, 趙簡子使王良與嬖奚乘"이라 하여 郵無恤, 王良, 子良, 王子期, 王子於期, 王於期는 모두 동일인으로 보이며 곳에 따라 趙襄子와 趙簡子의 마부로 엇갈리기도 함. 造父는 '趙父'로도 표기하며 고대에 말을 잘 부리던 사람. 周 穆王(穆天子)을 섬김. 趙氏와 戰國시대 趙나라의 조상이 됨.《史記》秦本紀에 "皐狼生衡父, 衡父生造父. 造父以善御幸於周繆王, 得驥·溫驪·驊騮·騄耳之駟, 西巡狩, 樂而忘歸. 徐偃王作亂, 造父爲繆王御, 長驅歸周, 一日千里以救亂. 繆王以趙城封造父, 造父族由此爲趙氏. 自蜚廉生季勝已下五世至造父, 別居趙. 趙衰其後也"라 하였고, 〈趙世家〉에는 "季勝生孟增. 孟增幸於周成王, 是爲宅皐狼. 皐狼生衡父, 衡父生造父. 造父幸於周繆王. 造父取驥之乘匹, 與桃林盜驪·驊騮·綠耳, 獻之繆王. 繆王使造父御, 西巡狩, 見西王母, 樂之忘歸. 而徐偃王反, 繆王日馳千里馬, 攻徐偃王, 大破之. 乃賜造父以趙城, 由此爲趙氏"라 함. 그러나 고대 史書에 말 다루는 솜씨가 뛰어난 자의 代名詞로 더 널리 쓰임.《軌範》注에 "一句長以三九, 合爲一句"라 함.

【若燭照數計而龜卜也】'燭照數計'는 촛불을 켜놓고 물건의 수를 세어보는 것. '龜卜'은 큰 거북 껍질을 지져 그 龜裂을 보고 길흉을 점치는 것.《軌範》注에 "一句短. ○如此設譬喩作句法. 文勢有頓挫, 有起伏, 更有波瀾"이라 함.《古文眞寶》注에 "此譬喩三派文法, 陳後山〈送參寥序〉, 亦法此行文"이라 함.

【大夫曰】여기서의 '大夫'는 烏重胤을 가리킴.《古文眞寶》注에 "大夫, 指烏公"이라 함.

【先生有以自老, 無求於人, 其肯爲某來邪】'自老'는 스스로 늙어 은퇴하여 여생을 편히 살아가는 것. '求於人'은《韓非子》外儲說右上에 "太公望東封於齊, 齊東海上有居士曰狂矞·華士昆弟二人者, 立議曰:「吾不臣天子, 不友諸侯, 耕作而食之, 掘井而飮之, 吾無求於人也. 無上之名, 無君之祿, 不事仕而事力.」"이라 함.

【大夫文武忠孝, 求士爲國, 不私於家】'私於家'는 집안에서 사사롭게 개인적으로 부리는 것을 말함.

【方今寇聚於恒, 師環其彊】'寇聚於恒'은 賊軍들이 恒州에 모여 있음. 恒州는 지금의 河北省 正定縣. 元和 4년(809) 成德軍節度使 王士眞이 죽자 그 아들 王承宗이

恒州를 근거로 반란을 일으켰음.《舊唐書》憲宗紀를 참조할 것. '師環其疆'은 군사들이 그 疆域, 즉 恒州를 둘러치고 포위하고 있음.《古文眞寶》注에 "時討王承宗叛. 恒, 地名"이라 함.《五百家注》와《東雅堂》注에 "孫曰: 元和四年三月, 成德軍節度王士眞卒, 其子承宗叛, 十二月, 詔吐突承璀率諸道兵, 討之. 樊曰:《地理志》: 鎭州恒山郡, 本恒州. 天寶元年更名, 鎭成德軍所治也"라 함.

【農不耕收, 財粟殫亡】 '殫亡'은 모두 다하여 바닥이 남.

【吾所處地, 歸輸之塗】 '處地'는 지금 節度使 烏重胤이 지키고 있는 河陽. '歸輸之塗'는 군용 물자를 수송해 보내는 길목. '塗'는 途, 道와 같음.

【治法征謀, 宜有所出】 法治의 문제나 征謀의 문제 등에 대해 石洪은 의당 어떤 의견이든지 내놓을 것임.

【先生仁且勇, 若以義請】 '以義請'는 義理로써 초청함.

【而强委重焉, 其何說之辭】 '强委重'은 중요한 직책을 강요하여 맡김. '何說之辭'는 무슨 대책이 없을까 말해줄 것을 청한 것.《軌範》注에 "此段文勢, 似緩慢. 若逐句點檢, 無一句懈怠輭弱, 無一字懈怠輭弱"이라 함.

2/2 ——————————

이에 사정을 글로 짓고 말과 폐백幣帛을 갖춘 다음, 길일을 점쳐 사자使者에게 주어 석선생의 여막廬幕을 찾아가 청해오도록 하였다.

그러자 석선생은 처자들에게도 말하지 않고, 친구들과 의논하지도 않은 채 의관衣冠을 차려 입고 나와 손님을 만나, 절하며 글과 예물을 문안에서 받았다.

그리고 밤이 되자 목욕을 하고 짐을 꾸리고 서책을 수레에 실은 다음, 가야 할 길을 묻고 나서 늘 내왕하던 사람들에게 자신이 떠난다는 것을 알렸다.

아침이 되자 여러 사람들이 모두 이르러 상동문上東門 밖에 송별연을 벌였는데, 술이 세 순배 돌고 막 떠나려고 일어나는 차에, 술잔을 들고 있던 어떤 사람이 이렇게 말하였다.

"대부께서는 진실로 의리로써 사람을 취하셨고, 선생께서는 진실로 도리로써 그 임무를 맡으시어 거취를 결정하셨으니, 선생을 위해 작별을 고합니다."

그리고는 다시 술을 따르고 이렇게 축원하였다.

"모든 거취와 출처가 어찌 항상 일정할 수 있겠소이까? 오직 도리에 귀착될 뿐이니, 마침내 이로써 선생의 수壽를 빌겠소이다."

그리고 다시 술을 따르면서 이렇게 축원하였다.

"오대부로 하여금 항심을 가지고, 초심初心을 지켜 변함이 없도록 할 것이며, 그 집을 부유하게 하기에 힘쓰느라 그의 군사들을 굶주리게 하는 일이 없도록 하시고, 간사한 사람들의 말을 달콤하게 받아들이느라 정직한 선비를 겉으로만 존경하는 척 하지 않도록 할 것이며, 아첨하는 말에는 맛들이지 아니하고 오직 선생님의 의견만을 따라 이로써 능히 공을 성취함으로써 천자의 총애와 명령을 보전하게 되기를 축원하오!"

그러면서 또 축원하였다.

"선생으로 하여금 오대부에게서 이익을 도모하여 자신만이 편하도록 도모하는 일이 없게 되기를 축원하오!"

이에 석선생은 일어나 절하고 축원하는 말에 감사드리며 말하였다.

"감히 아침 일찍부터 밤늦게까지 그대들의 축원과 훈계를 공경히 따르기를 애쓰지 않을 수 있겠습니까?"

이에 동도東都 낙양洛陽 사람들은 모두가 오대부와 석선생이, 과연 능히 서로 함께하여 공을 이룰 것임을 알게 되었다.

드디어 각각 여섯 운韻의 시가詩歌를 짓고, 나를 보내어 이 서序를 짓게 하였던 것이다.

於是撰書詞, 具馬幣, 卜日以授使者, 求先生之廬而請焉.
先生不告於妻子, 不謀於朋友, 冠帶出見客, 拜受書, 禮於門內.
宵則沐浴, 戒行李, 載書冊, 問道所由, 告行於常所來往.
晨則畢至, 張筵於上東門外, 酒三行, 且起, 有執爵而言者曰:

「大夫, 眞能以義取人; 先生, 眞能以道自任, 決去就, 爲先生別!」

又酌而祝曰:「凡去就出處何常? 惟義之歸. 遂以爲先生壽!」

又酌而祝曰:「使大夫恒, 無變其初, 無務富其家, 而飢其師; 無甘受佞人, 而外敬正士, 無味於諂言, 惟先生是聽, 以能有成功, 保天子之寵命!」

又祝曰:「使先生無圖利於大夫, 而私便其身圖!」

先生起拜祝辭曰:「敢不敬蚤夜, 以求從祝規?」

於是東都之人, 咸知大夫與先生, 果能相與以有成也.

遂各爲歌詩六韻, 遣愈爲之序云.

【於是撰書詞, 具馬幣, 卜日以授使者, 求先生之廬而請焉】'撰書詞'에 대해《容齋三筆》(16)〈唐世辟寮佐有詞〉에는 "唐世節度觀察諸使, 辟置寮佐, 以至州郡差掾屬牒語, 皆用四六, 大略如告詞. 李商隱《樊南甲乙集》, 顧雲《編橐》, 羅隱《湘南雜橐》, 皆有之. 故韓文公〈送石洪赴河陽幕府序〉云:「撰書辭, 具馬幣.」李肇《國史補》載〈崔州差故相韋誼攝軍事衙推〉, 亦有其文, 非若今時只以吏牘行遣也"라 함. '馬幣'는 말과 폐백. 초청받은 사람이 타고 올 말과 예물로써 보내는 선물. '卜日'은 좋은 날짜를 점을 쳐서 정함.《軌範》注에 "看他妝撰大夫從事賓主問答之言如此巧"라 함.

【先生不告於妻子, 不謀於朋友】처자에게 알리지도 않고 친구와 상의하지도 않음.

【冠帶出見客, 拜受書, 禮於門內, 宵則沐浴】'冠帶'는 관을 쓰고 큰 띠를 맴. 예를 갖추기 위해 正裝을 차려 입음. '宵'는 밤.《古文眞寶》注에 "可見其勇"이라 함.

【戒行李, 載書冊, 問道所由】'行李'는 여행할 때의 짐.《五百家注》에 "一作事. 嚴曰:《左氏傳》僖三十年曰:「君舍鄭以爲東道, 主行李之往來.」杜注: 行李, 使人. 又襄八年曰:「亦不使一介行李, 告於寡君.」注: 行李, 行人也"라 하여 行李는 원래 行人(外交官)을 뜻하는 말이었으나 뒤에 짐의 뜻으로 바뀜. '李'는 理, 吏와 같은 뜻임.《國語》周語(中)에는 行理로 되어 있으며, 賈逵는 "理, 吏也. 小行人也"라 함.《舊唐書》(165) 溫造傳에는 "中丞行李, 不過半坊, 今乃遠至兩坊, 謂之'籠街喝道'"라 하였으며, 역시 '出行資裝'의 뜻이었음. '問道所由'는 경유해야 할 길을 물어봄.

【告行於常所來往】늘 왕래하던 朋友나 知人들에게 자신이 떠날 것임을 일러줌.《軌範》注에 "叙事句句有法"이라 함.

【晨則畢至, 張筵於上東門外, 酒三行, 且起, 有執爵而言者曰】'晨則畢至'는 아침이 되자 사람들이 모두 그 자리에 모여들었음을 말함. '張筵'은 송별연을 베풂.《軌範》注에 "張, 供張也. 如今筵會鋪張設之類"라 함. '上東門'은 洛陽의 동쪽 성문 이름. '三行'은 술이 세 순배(巡杯) 돌아감.《史記》叔孫通傳에 "以尊卑次起, 觴九行"이라 함. '有執爵而言者曰'은 술잔을 들고 있던 어떤 사람이 말함.

【大夫, 眞能以義取人;先生, 眞能以道自任, 決去就, 爲先生別】'決去就'는 자리에 나아감과 물러섬을 결정함.《軌範》注에 "若只下以道自任作一句, 人皆能之, 今添決去就三字, 句法便奇"라 하였고,《古文眞寶》注에 "此頌之之辭"라 함.

【又酌而祝曰:「凡去就出處何常? 惟義之歸. 遂以爲先生壽.」】'祝'은 축원함. '出處' 역시 去就와 같은 뜻임. 벼슬길로 나섬과 물러서 은거함. '壽'는 장수를 빌어줌.《古文眞寶》注에 "此已規之"라 함.

【又酌而祝曰:「使大夫恒, 無變其初, 無務富其家, 而飢其師;無甘受佞人, 而外敬正士, 無味於諂言, 惟先生是聽, 以能有成功, 保天子之寵命.」】'甘受'는 달게 여겨 수용함. '佞人'은 간사한 말로 사람에게 접근하는 사람. '外敬正士'는 겉으로 공경히 하는 체하며 정직한 선비인 척 하는 자. '正士' 다음에《軌範》注에 "十字句"라 하였고, '諂言' 다음에는 "五字句"라 함. '先生是聽'은 선생의 말은 곧 들어야 함.《古文眞寶》注에 "此規烏公之辭"라 함. '寵命'은 천자가 寵愛하여 내려준 使命.《軌範》注에 "此一章句法, 長短不齊, 文有頓挫, 好章法"이라 함.

【又祝曰:「使先生無圖利於大夫, 而私便其身圖.」】'私便'은 사사롭게 편안함을 추구하는 것. 끝의 '身圖'는《昌黎集》에는 '身'으로만 되어 있고 '圖'자는 없음.《古文眞寶》注에 "此深規之"라 함.

【先生起拜祝辭曰:「敢不敬蚤夜, 以求從祝規?」】'蚤夜'는 早夜와 같음. 이른 새벽부터 밤늦게까지. '祝規'의 '規'는 規와 같음. 그대들의 祝願과 일러준 規範.《軌範》에는 "此一句是《左傳》句法"이라 함.《古文眞寶》注에 "頌不忘規其愛洪也至矣"라 함.

【於是東都之人, 咸知大夫與先生, 果能相與以有成也】'東都'는 洛陽. 石洪은 洛陽 사람임.《軌範》注에 "此一句, 結得絶妙, 有萬鈞筆力"이라 함.

【遂各爲歌詩六韻, 遣愈爲之序云】'六韻'은 여섯 韻으로 지은 시. 따라서 排律이 됨. 그러나 단순히 여섯 수의 詩를 뜻하는 것으로도 봄. '遣愈'는 나 韓愈를 보내었음을 말함. '云'은 문장 끝마무리를 위해 쓰이는 虛辭.《五百家注》에 "樊曰:洪之河陽幕府之明年, 召爲京兆昭應尉集賢校理, 又明年六月卒, 於是公誌其墓"라 함.

1. 韓文公(韓愈, 韓退之, 韓昌黎) 001 참조.

2. 이 글은 《五百家注昌黎文集》(21), 《別本韓文考異》(21), 《東雅堂昌黎集註》(21), 《唐宋八大家文鈔》(6), 《崇古文訣》(11), 《文苑英華》(731), 《文章正宗》(15), 《文編》(54), 《事文類聚》(前集 28), 《文章辨體彙選》(336), 《唐宋文醇》(5), 《古文辭類纂》(32), 《古文觀止》(8), 《古文眞寶》(後集 3) 등에 실려 있음.

3. 본편 말미 謝枋得 注

與之語道理, 辨古今事當否, 論人高下, 事後當成敗, 若河決下流而東注, 若駟馬駕輕車就熟路, 而王良·造父爲之先後也. 此一章, 譬喩文法最奇. 韓文公作文, 千變萬化, 不可捉摸, 如雷電鬼神, 使人不可測. 其作〈韋侍講盛山二詩序〉云:「夫儒者之于患難, 苟非其自取之. 其拒而不受于懷也. 若築河堤以障屋霤, 其容而消之也. 若水之于海, 冰之于夏日, 其玩而忘之. 以文辭也, 若奏金石以破蟋蟀之鳴, 蟲飛之聲, 況一不快于考功盛山一出入息之間哉!」此段分明是〈送石處士序〉, 譬喩文法, 恐人識破. 便變化三樣句, 分作三段. 此公平生以恔恔奇奇自負, 其作文要使人不可測識. 如陳后山〈送參寥序〉云:「其議古今, 張人情貌肯否. 言之從違, 詩之精粗, 若水赴壑, 阪走丸, 倒囊出物; 鷙鳥舉而風逼之也. 若升高視下, 爬痒而鑑貌也.」此一段文, 亦新奇不蹈襲, 只是被人看破, 全是學韓文公〈送石洪處士序文〉.

4. 樓昉(迂齋)의 《崇古文訣》에는 "看前面大夫從事四轉反覆, 又看後面四轉祝辭有無限曲折, 變態愈轉愈佳, 中間一聯用三句, 譬喩意聯屬而語不重. 疊後山作〈參廖序〉用此格"이라 함.

5. 《別本》과 《五百家注》에는 "孫曰:洪字濬川, 洛陽人. 罷黄州錄事參軍, 退居于洛, 十年不仕, 及是爲河陽參謀. 補注:歐公云:洪始終無可稱, 而名重一時, 以嘗爲退之稱道耳"라 함.

6. 《古文眞寶》注에 "洪, 字濬川, 以處士應節度之聘, 與溫造並稱. 其後造爲御史, 李祐爲之膽落. 洪竟事業無聞, 其所以名傳不朽者, 以有韓公此序耳. 公又嘗銘其墓"라 함.

7. 《容齋三筆》(6)〈韓蘇文章譬喩〉

韓蘇兩公爲文, 用譬喩處, 重複聯貫, 至有七八轉者. 韓公〈送石洪序〉云:「論人高下, 事後當成敗, 若河決下流東注, 若駟馬駕輕車就熟路, 而王良·造父爲之先後也.

若燭照數計而龜卜也. 〈盛山詩序〉云:「儒者之於患難, 其拒而不受於懷也, 若築河隄以障屋霤, 其容而消之也; 若水之於海, 冰之於夏日, 其渙而忘之以文辭也. 若奏金石以破蟋蟀之鳴, 蟲飛之聲」蘇公〈百步洪詩〉云:「長虹斗落生跳波, 輕舟南下如投梭. 水師絕叫鳧鴈起, 亂石一線爭蹉磨. 有如兔走鷹隼落, 駿馬下注千丈坡. 斷絃離柱箭脫手, 飛電過隙珠翻荷」之類是也.

8. 《舊唐書》(161), 《新唐書》(171) 烏重胤傳

烏重胤, 潞州牙將也. 元和中, 王承宗叛, 王師加討. 潞帥盧從史雖出軍, 而密與賊通. 時神策行營吐突承璀與從史軍相近, 承璀與重胤謀, 縛從史於帳下. 是日, 重胤戒嚴, 潞軍無敢動者. 憲宗賞其功, 授潞府左司馬, 遷懷州刺史, 兼充河陽三城節度使. 會討淮·蔡, 用重胤壓境, 仍割汝州隸河陽. 自王師討淮西三年, 重胤與李光顏掎角相應, 大小百餘戰, 以至元濟誅. 就加檢校尙書右僕射, 轉司空. 蔡將有李端者, 過澺河降重胤. 其妻爲賊束縛於樹, 臠食至死, 將絕, 猶呼其夫曰:「善事烏僕射」其得人心如此. ……重胤卒, 贈太尉, 諡懿穆.

9. 《新唐書》(171) 石洪傳

石洪者, 字濬川, 其先姓烏石蘭, 後獨以石爲氏. 有至行, 擧明經, 爲黃州錄事參軍, 罷歸東都, 十餘年隱居不出. 公卿數薦, 皆不答. 重胤鎭河陽, 求賢者以自重, 或薦洪, 重胤曰:「彼無求於人, 其肯爲我來邪?」乃具書幣邀辟, 洪亦謂重胤知己, 故欣然戒行. 重胤喜其至, 禮之. 后詔書召爲昭應尉·集賢校理.

010(1-10) 〈送溫處士赴河陽軍序〉 ······ 韓文公(韓愈)

온조溫造 처사가 하양군河陽軍에 부임함에 보내며 주는 글

＊〈送溫造處士赴河陽軍序〉: 溫造 處士를 河陽軍에 부임함에, 보내면서 지은 序文. 《古文眞寶》에는 제목이 모두 〈送溫處士序〉로 되어 있음. 溫造(766-835, 자는 簡興)는 앞장 石洪을 이어 두 번째로 河陽節度使 烏重胤의 參謀로 발탁되어 들어갔던 인물로 韓愈가 이처럼 두 사람이 烏重胤에게 발탁되자 마치 그물로 훑어가듯 인재를 모두 몰아간다고 여겨, 한편 축하하면서도 또한 자신으로서는 가까이 할 인재들이 주위에서 사라짐을 서운하게 여긴 것임. 溫造는 자는 簡興이며 溫大雅의 五世孫으로 文宗 때 禮部尙書를 역임한 인물. '溫造'는 《舊唐書》(165)와 《新唐書》(91)에 傳이 있음.

1/3 ─────────────

백락伯樂이 한 번 기북冀北의 들을 지나가자, 그곳의 말무리들이 텅 비고 말았다.

무릇 기북은 천하에서 말이 많은 곳인데, 백락이 비록 말을 잘 알아본다하더라도 어찌 능히 그 무리들을 텅 비게 할 수 있겠는가?

이를 풀이하는 사람이 말하였다.

"내가 말한 텅 비었다는 것은 말이 없어졌다는 뜻이 아니라, 양마良馬가 없어졌다는 뜻이다, 백락은 말을 잘 알아보므로 그곳의 양마를 만나면 곧바로 취해가기 때문에 무리 속에 양마를 남겨두지 않는다. 진실로 양마를 남겨두지 않는다면 비록 말이 없다고 말한다 해도 이는 허언虛言이 아니다."

伯樂一過冀北之野, 而馬羣遂空.

夫冀北, 馬多於天下, 伯樂雖善知馬, 安能空其羣邪?

解之者曰:「吾所謂空, 非無馬也, 無良馬也. 伯樂知馬, 遇其良, 輒取之, 羣無留良焉, 苟無留其良, 雖謂無馬, 不爲虛語矣.」

【伯樂一過冀北之野, 而馬羣遂空】'伯樂'은 원래 별 이름으로 天馬를 관장한다 함. 《淮南子》와 《列子》, 《莊子》 등에는 春秋시대 秦 穆公 때 사람으로 相馬에 뛰어났던 孫陽(자는 伯樂)이라 하였고, 《荀子》와 《呂氏春秋》 등에는 春秋 말 趙簡子의 마부였던 王良을 가리키는 것으로도 보았음. 그러나 뒤에 의술에 뛰어난 명의를 '扁鵲'이라 하듯이 말에 대해 아주 잘 아는 자를 일컫는 사람을 지칭하는 의미로 널리 쓰임. 그 후 知己, 知人의 뜻으로 쓰이기도 함. '冀北'은 冀州의 북쪽. 冀州는 황하 이북 遼河 서쪽의 땅으로 말의 산지로 유명함. 《五百家注》에 "祝曰: 《左氏傳》云:「冀之北土, 馬之所生.」"이라 하였고, 《左傳》昭公 4년에도 "冀之北土, 馬之所生"이라 함.

【伯樂雖善知馬, 安能空其羣邪】'安'은 疑問助動詞. '어찌'. 何, 焉, 烏, 惡, 詎 등과 같음.

【解之者曰】그 뜻을 풀이해주는 자가 말함.

【吾所謂空, 非無馬也, 無良馬也】'空'은 말이 없다는 것이 아니라 良馬가 없음을 뜻함. 《詩》鄘風 干旄에 "良馬四之"라 하였고, 《列子》說符篇에도 "良馬可形容筋骨相也"라 함.

【伯樂知馬, 遇其良, 輒取之, 羣無留良焉, 苟無留其良】'無留良焉'은 거기에 良馬를 남겨두지 않음. '苟'는 '진실로, 만약'의 뜻.

【雖謂無馬, 不爲虛語矣】'虛語'은 虛言. 거짓말. 잘못된 주장.

2/3

동도東都 낙양은 진실로 사대부들의 기북 땅이다. 자신의 재능을 믿고 깊이 감추어 마구 팔지 않는 자로써 낙수의 북쪽 끝에는 석생石生, 石洪이라 부르는 자가 있었고, 그 남쪽 끝에는 온생溫生, 溫造이라는 자가 있었다.

그런데 대부 오공烏公, 烏重胤이 부월鈇鉞의 권위로써 하양河陽을 지킨지 석 달 만에 석홍이 재능이 있다고 여겨, 예禮를 그물로 삼아 그를 그물질하여 자신의 막하幕下에 두더니, 채 몇 달이 되지 않아 이번에는 온생이 재능이 있다고 여겨, 석생을 중매로 삼고 역시 예를 그물로 삼아 다시 그를 그물질하여 자신의 막하에 두고 나자, 동도에 비록 진실로 재사才士가 많다하나 아침에 한 사람을 취하여 그 우수한 자를 발탁하였고, 저녁에 한 사람을 취하여 그 우수한 자를 발탁하여 가버리고 말았다.

그렇게 되자 거수居守, 東都留守와 하남윤河南尹으로부터 백사百司의 집사執事, 그리고 우리 두 현縣, 洛陽縣과 河陽縣의 대부에 이르기까지 정사政事에는 통하지 못하는 바가 있게 되었고, 일에는 결정을 하지 못할 것들이 생기고 말았으니, 어디에 자문을 구하여 결정을 할 것이며, 사대부士大夫로서 지위를 버리고 누항에 사는 자들은 누구와 더불어 즐기고 놀 것이며, 어린 아이 후학後學들은 어디에 덕을 상고하고 학업을 질문할 것인가?

또 진신搢紳으로서 동쪽 서쪽에서 이 도시를 지나가는 자는 예를 갖추어 방문할 움막이 없어지고 말았다.

이와 같다면 "대부 오공이 한 번 하양을 진수하게 되자, 동도의 처사 초려에는 사람이 없어지고 말았다"라고 하는 것이 어찌 틀린 말이겠는가?

東都, 固士大夫之冀北也. 恃才能, 深藏而不市者, 洛之北涯曰石生, 其南涯曰溫生.

大夫烏公, 以鈇鉞鎭河陽之三月, 以石生爲才, 以禮爲羅, 羅而致之幕下; 未數月也, 以溫生爲才, 於是以石生爲媒, 以禮爲羅, 又羅而致之幕下, 東都雖信多才士, 朝取一人焉, 拔其尤; 暮取一人焉, 拔其尤.

自居守河南尹, 以及百司之執事, 與吾輩二縣之大夫, 政有所不通, 事有所可疑, 奚所咨而取焉; 士大夫之去位而巷處者, 誰與嬉遊, 小子後生, 於何考德而問業焉?

縉紳之東西行過是都者, 無所禮於其廬.

若是而稱曰「大夫烏公, 一鎭河陽, 而東都處士之廬, 無人焉」, 豈不可也?

【東都, 固士大夫之冀北也】'東都'는 洛陽을 가리킴. 이는 長安을 西都로 부른 것에 상대하여 칭한 것. 《唐書》高宗紀에 "顯慶二年十二月丁卯, 以洛陽宮爲東都"라 하였고, 〈肅宗紀〉에는 "寶應元年, 以京兆府爲上都, 河南府爲東都, 鳳翔府爲西都, 江陵府爲南都, 太原府爲北都"라 하였으며, 〈則天紀〉에는 "長壽元年九月, 以幷州爲北都"라 함. '士大夫之冀北'은 冀北에는 良馬가 많듯이 東都에는 인재가 많음.

【恃才能, 深藏而不市者】'恃才能'은 자신의 재능을 믿음. 언젠가는 자신이 쓰일 것임을 예견하고 자부함. '深藏而不市'는 깊이 숨어 자신이 아무렇게나 팔리기를 바라지 않음. 깊이 숨어살며 벼슬하려들지 않음. 《論語》子罕篇에 "子貢曰:「有美玉於斯, 韞匵而藏諸? 求善賈而沽諸?」子曰:「沽之哉! 沽之哉! 我待賈者也.」"라 함.

【洛之北涯曰石生, 其南涯曰溫生】'洛'은 洛水. 洛陽 남쪽에 흐르는 강. '石生'은 앞〈送石洪處士序〉의 石洪을 가리킴. '溫生'은 溫造. 자는 簡輿. 이 글에 드러나는 것처럼 그는 洛陽에 숨어살다가 石洪에 뒤이어 河陽軍節度使 烏重胤의 참모로 발탁되어 갔음. 《古文眞寶》注에 "公寄玉川子(盧仝, 前集 156을 볼 것)詩所謂「水北山人, 水南山人」者也"라 함. 《五百家注》에도 "溫生, 卽造. 嚴曰:石洪, 字濬川; 溫造, 字簡輿. 二處士皆居洛陽. 北涯曰石生, 南涯曰溫生, 卽贈〈盧仝詩〉所謂「水北山人, 水南山人」, 是也"라 함.

【大夫烏公, 以鈇鉞鎭河陽之三月, 以石生爲才, 以禮爲羅, 羅而致之幕下】'大夫烏公'은 앞에 보이는 河陽節度使 烏重胤. '鈇鉞'은 '斧鉞'과 같으며 도끼. 군중에서 장군의 지휘권을 상징하는 것이었음. 烏重胤이 節度使에 임명된 것을 뜻함. '鎭'은 鎭守함. '羅'는 그물. 여기서는 石洪을 그물로 잡아들이듯 훑어 데리고 감을 뜻함. 陳陶의〈閑居雜興〉에 "中原莫道無麟鳳, 自是皇家結網疏"라 함. '三月' 다음에 《軌範》注에 "句新奇"라 함.

【未數月也, 以溫生爲才, 於是以石生爲媒, 以禮爲羅, 又羅而致之幕下】'溫生'은 溫

造. '媒'는 중매. 중개자, 소개자. 溫造는 石洪이 추천하여 추가로 발탁하여 참모가 되었음을 말함.

【東都雖信多才士, 朝取一人焉, 拔其尤】'才士'는 재주가 뛰어난 사람. 《莊子》天下篇에 "墨子眞天下之好也, 將求之不得也, 雖枯槁不舍也, 才士也夫!"라 함. '朝'는 아침. '拔其尤'는 특출한 자를 발탁하여 감. '尤'는 秀와 같음. 빼어난 인재.

【暮取一人焉, 拔其尤】'暮'는 저녁. 아침에는 石洪을, 저녁에는 溫造를 발탁해 감.

【自居守河南尹, 以及百司之執事, 與吾輩二縣之大夫】'居守'는 洛陽의 東都留守를 가리킴. 洛陽의 가장 높은 관리임. '河南尹'은 河南府의 尹. 洛陽은 河南府에 속해 河南尹도 洛陽에 있었음. '百司之執事'는 여러 관청에서 일을 맡은 관리들. '二縣之大夫'는 河南縣의 何陽賢의 두 縣令. 당시 韓愈는 河南令이었으며 竇牟는 何陽令이었음. 《古文眞寶》注에 "時公爲河南令, 竇牟爲何陽令"이라 함. 《五百家注》에 "韓曰:居守謂東都留守鄭餘慶"이라 함.

【政有所不通, 事有所可疑, 奚所咨而取焉】'奚所'는 어느 곳. 누구에게. '咨'는 諮와 같음. 자문함. 물어봄.

【士大夫之去位而巷處者, 誰與嬉遊, 小子後生, 於何考德而問業焉】'小子後生'은 어린 아이들. 《論語》公冶長篇에 "吾黨之小子"라 하였고, 〈子罕篇〉에는 "後生可畏"라 함. '去位而巷處者'는 지위를 버리고 陋巷에 살고 있는 자. '嬉遊'는 즐기며 놂. '問業'은 學業에 대한 질문.

【搢紳之東西行過是都者, 無所禮於其廬】'搢紳'은 큰 띠(紳)에 笏을 꽂은 사람. 곧 높은 벼슬자리에 있거나 신분이 높은 사람. 紳士. 《儀禮》士喪禮 "搢笏"의 鄭玄注에 "搢, 捷也"라 하였고, 《禮記》內則의 注에는 "搢, 猶扱也"라 하였으며, 《廣雅疏證》에는 "搢之言, 進也. 搢笏於紳帶之間, 故曰搢笏"이라 함. '禮'는 예방함. 찾아봄. 고대 예법에 새로운 마을로 들어가면 우선 먼저 그곳 명사를 찾아 예방하는 관습이 있었음. 《軌範》注에 "此一段, 四節四樣, 句法頓挫起伏, 有波瀾, 有峰巒. 文法之妙"라 함.

【若是而稱曰「大夫烏公, 一鎭河陽, 而東都處士之廬, 無人焉】東都 洛陽 處士의 草廬에는 더 이상 선비가 없음. 《古文眞寶》注에 "應起句"라 함.

【豈不可也】'그 말이 틀렸다고 할 것인가?'의 뜻.

무릇 남면南面하여 천하를 들음에 그 중요한 일을 부탁하고 그 힘을 믿게 되는 바는 오직 재상과 장수일 뿐인데, 재상이 천자를 위해 조정에 인물을 얻어주고, 장수가 천자를 위해 문무를 갖춘 인사를 막하에 두게 된다면, 내외가 잘 다스려지지 않기를 바란다 해도 그렇게 될 수 없을 것이다.

나 한유는 이 자리河南令에 매어 있어서 능히 내 몸을 이끌고 버리고 떠나지도 못하기에, 이들 두 사람을 믿고 늙음을 기다리려 하였는데, 이제 모두를 유력자有力者에게 빼앗기고 말았으니 어찌 능히 가슴에 서운함이 없겠는가?

온조가 이윽고 그곳에 이르러 군문軍門에서 오공에게 절을 하였으니, 나를 위해 글의 앞에 칭한 바에 의하여 천하를 위해 축하한다고 말해주고, 내가 글 뒤에 이른 바에 따라 나를 위해 모두 다 데리고 간데 대해 내 사사롭게 원망을 하고 있다고 전해 주기를 바라노라.

유수留守, 鄭餘慶 어른께서 우선 먼저 이를 위해 그 사실을 사운四韻의 시가詩歌로 지으시니, 나 한유는 이를 바탕으로 그 유수의 뜻을 미루어 서문을 짓노라.

夫南面而聽天下, 其所託重而恃力者, 惟相與將耳; 相爲天子, 得人於朝廷; 將爲天子, 得文武士於幕下, 求內外無治, 不可得也.

愈縻於茲, 不能引去, 資二生以待老, 今皆爲有力者奪之, 其何能無介然於懷邪?

生旣至, 拜公於軍門, 其爲吾, 以前所稱, 爲天下賀; 以後所稱, 爲吾致私怨於盡取也.

留守相公, 首爲四韻詩歌其事, 愈因推其意而序焉.

【夫南面而聽天下, 其所託重而恃力者, 惟相與將耳】'南面'은 帝王의 統治를 뜻함. 《易》 說卦에 "聖人南面而聽天下"라 함. '託重而恃力'은 중대한 임무를 맡기고 그의 힘에 의지함. '相與將'은 宰相과 將軍.

【相爲天子, 得人於朝廷; 將爲天子, 得文武士於幕下】宰相과 將軍의 임무를 논한 것.

【求內外無治, 不可得也】內外가 잘 다스려지지 않기를 바라더라도 그렇게 될 수 없음. 아주 잘 다스려짐을 말함. 〈補注〉에 "內謂朝廷, 外謂郡國"이라 함. 《古文眞寶》注에 "前所稱"이라 함.

【愈縻於玆, 不能引去】'縻於玆'는 여기에 얽매어 있음. 韓愈가 河南縣令 벼슬에 매어 있음.

【資二生以待老, 今皆爲有力者奪之, 其何能無介然於懷邪】'資'는 근거로 의지함. '二生'은 石洪과 溫造. '待老'는 늙기를 기다림. 늙어서의 대책으로 여김. '有力者'는 烏重胤. '介然'은 불안함, 서운함, 불만족스러움. '懷'는 마음속. 가슴속. 《古文眞寶》注에 "後所稱"이라 함.

【生既至, 拜公於軍門】溫造가 이윽고 河陽軍節度使의 軍門에 도착하여 烏公에게 절함. '軍門'은 절도사 軍營의 문.

【其爲吾以前所稱, 爲天下賀】앞서서 칭송한 말에 따라 천하를 대신하여 축하함.

【以後所稱, 爲吾致私怨於盡取也】'致私怨'은 사사로운 개인적인 원망을 전하여 일러줌. '盡取'는 두 사람 모두를 발탁해 간 것을 말함.

【留守相公, 首爲四韻詩歌其事】'留守相公'의 留守는 지역을 담당하여 그곳에 머물며 鎭守하는 임무를 맡은 자. '相公'은 존칭. 이때 河南留守는 鄭餘慶이었음. 《舊唐書》 德宗紀에 "貞元十四年七月, 鄭餘慶爲中書侍郎同中書門下平章事"라 함. '四韻詩'는 네 운으로 지은 시, 곧 律詩에 해당함. 혹은 시 네 수를 뜻하는 것으로도 봄.

【愈因推其意而序焉】나 韓愈가 그 뜻을 미루어 이에 序文을 씀.

참고 및 관련 자료

1. 韓文公(韓愈, 韓退之, 韓昌黎) 001 참조.

2. 이 글은 《別本韓文考異》(21), 《五百家注昌黎文集》(21), 《東雅堂昌黎集註》(21), 《唐宋八大家文鈔》(6), 《文章正宗》(15), 《文苑英華》(731), 《事文類聚》(前集 28), 《文編》

(54), 《文章辨體彙選》(336), 《唐宋文醇》(5), 《古文辭類纂》(32), 《唐宋文擧要》(2), 《古文觀止》(8), 《古文眞寶》(後集 3) 등에 실려 있음.

3. 《東雅堂》 注에 "温造, 字簡輿. 大雅之五世孫, 文宗朝, 終禮部尙書. 公前年送石洪, 今又送造, 二生皆東都處士之秀者. 公時爲河南令"이라 함.

4. '河陽軍'은 《唐書》 德宗紀에 "建中二年六月繫辭, 淮寧軍節度使李希烈, 爲漢南漢北兵馬招討使, 以討梁崇義. 八月以李希烈爲諸軍都統. 三年十月, 李希烈反. 四年正月, 李希烈陷汝州, 執刺史李元平"이라 하였고, 〈地理志〉에는 "建中二年, 以河南府之河陽, 河, 淸, 濟源, 溫租賦, 入河陽三城使"라 하고, 注에 "河陽軍, 建中四年置"라 함.

5. 《文章軌範》에는 "文有氣力, 有光燄, 頓挫豪宕, 讀之快人意, 可以發人才思"라 함.

6. 《古文眞寶》 注에 "朱文公嘗稱此篇謂「文章之有典有則者」也"라 함.

011(1-11) 〈送楊少尹序〉 ················ 韓文公(韓愈)

소윤 양거원楊巨源을 보내며 주는 글

＊〈送楊少尹序〉:《韓愈集》에는 〈送楊少尹序〉로,《古文眞寶》등에는 〈送楊巨源少尹序〉로 되어 있으며,《事文類聚》에는 〈送國子司業楊巨源序〉로도 되어 있음. 楊少尹은 楊巨源(755-?)으로 자는 景山, 貞元 5년(789) 進士에 올랐으며 詩로 이름을 날렸다 함.《舊唐書》와《新唐書》에 傳이 실려 있지 않음. 일찍이 "三刀夢益州, 一箭取遼城"이라는 시로 이름이 알려지게 되었으며, 만년에 國子司業이라는 벼슬을 그만두고 고향 河中으로 낙향하여, 그곳 河中府의 少尹 벼슬의 예우를 받아 楊少尹이라 불림. 韓愈가 그의 덕을 기려 그의 귀향에 이글로써 전송한 것임.

1/3 ────────────

옛날 소광疏廣과 소수疏受 두 사람이 늙음을 이유로 하루아침에 벼슬자리를 버리고 떠나자, 이에 공경公卿들이 도성문 밖에 장막을 치고 조도祖道의 전별 잔치를 벌여 수레 수백 량兩이 모였으며, 길가에서 구경하는 자들 많은 이들이 탄식하며 울음을 터뜨리고 함께 그의 어짊을 말하였다.

한漢나라 역사에는 이미 그 일을 전하고 있으며, 후세에는 화공畫工들이 다시 그 사적을 그림으로 그려 지금에 이르도록 사람들의 이목에 비추기를 마치 어제 일인 듯이 훤하게 보여주고 있다.

국자사업國子司業 양거원楊巨源은 마침 시에 능한 것으로써 후진들을 훈계하고 있다가, 하루아침에 일흔 살이 찼다 하여, 역시 승상에게 아뢰고 벼슬을 버리고 고향으로 돌아가 버렸다.

세상에는 늘 "옛 사람을 지금 사람들은 따를 수가 없다"라고 말하지만 지금 양거원과 이소二疏는 그 뜻이 어찌 다른 것이겠는가?

昔疏廣·受二子, 以年老, 一朝辭位而去, 于時公卿, 設供帳, 祖道都門外, 車數百兩, 道路觀者, 多歎息泣下, 共言其賢.

漢史旣傳其事, 而後世工畫者, 又圖其迹, 至今照人耳目, 赫赫若前日事.

國子司業楊君巨源, 方以能詩, 訓後進, 一旦, 以年滿七十, 亦白丞相, 去歸其鄉.

世常說「古今人不相及」, 今楊與二疏, 其意豈異也?

【昔疏廣·受二子】疏廣과 疏受의 '疏'자는 疎, 疏, 踈 등 여러 가지로 표기함. 이 두 사람은 '二疏'(二踈)로도 불리며 漢나라 宣帝 때의 疎廣(疏廣, 踈廣)과 疎受(疏受, 踈受) 두 사람을 가리킴. 疎廣은 자가 仲翁이며 東海 蘭陵人, 少傅·太傅를 지냈으며 그의 조카 疏受는 자는 公子이며 太子家令·少傅 등의 역임함. 당시 소광이 태부이며 소수가 소부로써 태자가 조정에 이르면 태부가 앞서고 소부가 뒤따라 조정에서는 이 모습을 두고 영예스러운 일이라 하였음. 그들은 직책에 있은 지 5년이 되자 소광은 공과 명예를 모두 누렸으니, 병을 핑계로 사직함이 마땅하다고 여겨, 사직하고 낙향할 것을 청하자 선제가 허락하며 황금 20근을 하사하였고, 태자 역시 50근을 내려줌. 모든 사람들이 都城門에 모여 성대하게 전별식을 해 주었다 하며, 그들은 고향으로 돌아온 뒤 금을 모두 고향 사람들에게 풀어 큰 잔치를 열어 모두 써버렸다 함.《漢書》(71) 疏廣傳에 "疏廣字仲翁, 東海蘭陵人也. 少好學, 明《春秋》, 家居敎授, 學者自遠方至. 徵爲博士太中大夫. 地節三年, 立皇太子, 選丙吉爲太傅, 廣爲少傅. 數月, 吉遷御史大夫, 廣徙爲太傅, 廣兄子受字公子, 亦以賢良擧爲太子家令. 受好禮恭謹, 敏而有辭. 宣帝幸太子宮, 受迎謁應對, 及置酒宴, 奉觴上壽, 辭禮閑雅, 上甚讙說. 頃之, 拜受爲少傅. 太子外祖父特進平恩侯許伯以爲太子少, 白使其弟中郞將舜監護太子家. 上以問廣, 廣對曰:「太子國儲副君, 師友必於天下英俊, 不宜獨親外家許氏. 且太子自有太傅少傅, 官屬已備, 今復使舜護太子家, 視陋, 非所以廣太子德於天下也.」上善其言, 以語丞相魏相, 相免冠謝曰:「此非臣等所能及.」廣繇是見器重, 數受賞賜. 太子每朝, 因進見, 太傅在前, 少傅在後. 父子並爲師傅, 朝廷以爲榮. 在位五歲, 皇太子年十二, 通《論語》·《孝經》. 廣謂受曰:「吾聞『知足不辱, 知止不殆』, 『功遂身退, 天之道』也. 今仕(宦)[官]至二千

石, 宦成名立, 如此不去, 懼有後悔, 豈如父子相隨出關, 歸老故鄕, 以壽命終, 不亦善乎?」受叩頭曰:「從大人議.」卽日父子俱移病. 滿三月賜告, 廣遂稱篤, 上疏乞骸骨. 上以其年篤老, 皆許之, 加賜黃金二十斤, 皇太子贈以五十斤. 公卿大夫故人邑子設祖道, 供張東都門外, 送者車數百兩, 辭決而去. 及道路觀者皆曰:「賢哉二大夫!」或歎息爲之下泣. 廣旣歸鄕里, 日令家共具設酒食, 請族人故舊賓客, 與相娛樂. 數問其家金餘尙有幾所, 趣賣以共具. 居歲餘, 廣子孫竊謂其昆弟老人廣所愛信者曰:「子孫幾及君時頗立産業基阯, 今日飮食(廢)[費]且盡. 宜從丈人所, 勸說君買田宅.」老人卽以閒暇時爲廣言此計, 廣曰:「吾豈老誖不念子孫哉? 顧自有舊田廬, 令子孫勤力其中, 足以共衣食, 與凡人齊. 今復增益之以爲贏餘, 但敎子孫怠惰耳. 賢而多財, 則損其志;愚而多財, 則益其過. 且夫富者, 衆人之怨也;吾旣亡以敎化子孫, 不欲益其過而生怨. 又此金者, 聖主所以惠養老臣也, 故樂與鄕黨宗族共饗其賜, 以盡吾餘日, 不亦可乎!」於是族人說服. 皆以壽終."이라 하였음.《蒙求》「二疏散金」에도 "前漢, 疏廣字仲翁, 東海蘭陵人, 兄子受字公子. 宣帝時, 廣爲太子太傅, 受爲少傅, 太子每朝, 因進見. 太傅在前, 少傅在後. 父子並爲師傅, 朝廷以爲榮. 後廣謂受曰:「吾聞知足不辱, 知止不殆, 功成身退天之道也. 豈如歸老故鄕, 以壽命終?」父子遂乞骸骨, 許之, 上賜黃金二十斤, 太子贈五十斤. 公卿大夫故人邑子設祖道, 供張東都門外, 送者車數百兩. 旣歸鄕里, 日具酒食, 請族人故舊賓客, 相與娛樂, 輒賣金以供具. 或勸買田宅, 廣曰:「吾顧自有舊田廬. 令子孫勤力其中, 足以供衣食. 此金聖主所以惠養老臣也. 故樂與鄕黨宗族共饗其賜, 以盡吾餘日.」族人悅服, 皆以壽終."이라 하였으며,《小學》善行篇「實明倫」에도 "疏廣爲太子太傅, 上疏乞骸骨, 加賜黃金二千斤, 太子贈五十斤. 歸鄕里, 日令家供具設酒食, 請族人故舊賓客, 相與娛樂, 數問其家, 金餘, 尙有幾斤, 趣賣以供具. 居歲餘, 廣子孫, 竊謂其昆弟老人, 廣所信愛者, 曰:「子孫冀及君時, 頗立産業基址, 今日飮食費且盡, 宜從丈人所, 勸說君, 置田宅.」老人卽以閑暇時, 爲廣言此計. 廣曰:「吾豈老悖, 不念子孫哉! 顧自有舊田廬, 令子孫勤力其中, 足以共衣食, 與凡人齊. 今復增益之, 以爲贏餘, 但敎子孫怠惰耳. 賢而多財則損其志, 愚而多財則益其過. 且夫富者, 衆之怨也. 吾旣無以敎化子孫, 不欲益其過而生怨. 又此金者, 聖主所以惠養老臣也. 故樂與鄕黨宗親, 共享其賜, 以盡吾餘日, 不亦可乎?」라 하였고,《十八史略》(2)에도 "三年, 太子太傅疏廣, 與兄子太子少傅疏受, 上疏乞骸骨. 許之, 加賜黃金. 公卿故人, 設祖道, 供張東門外. 送者車數百兩, 道路觀者皆曰:「賢哉! 二大夫.」旣歸, 日賣金共具, 請族人故舊賓客,

相與娛樂, 不爲子孫立産業, 曰:「賢而多財, 則損其志; 愚而多財, 則益其過. 且夫富者, 衆之怨也. 吾不欲益其過而生怨.」이라 하였으며, 陶淵明의 〈詠二疎〉에는 "大象轉四時, 功成者自去. 借問衰周來, 幾人得其趣. 游目漢廷中, 二疎復此擧. 高嘯返舊居, 長揖儲君傅. 餞送傾皇朝, 華軒盈道路. 離別情所悲, 餘榮何足顧! 事勝感行人, 賢哉豈常譽! 厭厭閭里歡, 所營非近務. 促席延故老, 揮觴道平素. 問金終寄心, 淸言曉未悟. 放意樂餘年, 遑恤身後慮! 誰云其人亡, 久而道彌著."라 하는 등 널리 칭송받고 있음.《古文眞寶》注에 "受, 廣之兄子, 同爲前漢宣帝太子師傅"라 함.《東雅堂昌黎集註》에 "疏, 或作疎.《漢書》作疏. 今按: 疏, 正字; 疎, 俗體也"라 함.

【以年老, 一朝辭位而去】늙음을 이유로 하루아침에 지위를 버리고 떠나버림.

【于時公卿, 設供帳, 祖道都門外】'設供帳'은 장막을 치고 여러 가지 잔치 준비물을 갖춤. '祖道'는 祖餞, 餞行과 같으며, 먼 길을 떠나보낼 때 여는 잔치. 고대 黃帝의 아들 유조(纍祖)가 먼 길을 떠나 도중에 죽자 사람들이 그를 '路神'으로 여겨 길 떠나는 자를 보호해 달라는 뜻으로 제를 올리기 시작한 것에서 유래되었다 함.《四民月令》'都門'은 都城의 문. 漢나라 때 長安 城門.

【車數百兩, 道路觀者, 多歎息泣下, 共言其賢】《漢書》의 "公卿大夫故人邑子設祖道, 供張東都門外, 送者車數百兩, 辭決而去. 及道路觀者皆曰:「賢哉二大夫!」或歎息爲之下泣"을 원용하여 표현한 것.

【漢史旣傳其事, 而後世工畫者, 又圖其迹】'漢史'는 班固의 《漢書》를 가리킴.

【至今照人耳目, 赫赫若前日事】'赫赫'은 아주 분명하게 밝은 모습. '前日'은 어제, 昨日.《古文眞寶》注에 "此節專言疏廣受事"라 함.

【國子司業楊君巨源, 方以能詩, 訓後進】'國子司業'은 國子監의 직책 이름. 楊巨源이 이 직책을 담당하였음. '方'은 副詞로 '바야흐로, 마침' 등의 뜻.《東雅堂昌黎集註》에는 《因話錄》云: 楊巨源, 在元和中詩韻不爲新語體律, 務實工夫頗深, 以高文爲諸生所宗"이라 하였고,《五百家注》에는 "洪曰: 白樂天〈贈楊秘書巨源〉詩云:『早聞一箭取遼城, 相識雖新有故情. 淸句三朝誰是敵? 白頭四海半爲兄.』注云: 楊譽〈贈盧洛州〉詩云:『三刀夢益州, 一箭取遼城.』由是知名. 樊曰:《因話錄》云: 張洪靖三世掌書命在台坐, 前代未有. 巨源〈贈詩〉云:『伊陟無聞祖, 韋賢不到孫.』時稱其能興張說家門, 又云: 巨源在元和中詩詠, 不爲新語體律務, 實工夫頗深, 以高文爲諸生所宗. 公所謂以能詩訓後進, 卽此也"라 함.

【一旦, 以年滿七十, 亦白丞相, 去歸其鄕】'白丞相'은 승상에게 아룀. 물러나 낙향하

겠노라 아룀. '去歸'는 '去職歸鄕'의 줄인 말. 벼슬을 버리고 낙향함.
【世常說「古今人不相及」, 今楊與二疏, 其意豈異也】'古今人不相及'은 古를 今人은 따
르지 못함. 옛사람의 덕행을 따르지 못함. '今不如古'의 뜻.《古文眞寶》注에 "此一
節說上楊巨源, 謂其去意與二疏同"이라 함.

2/3 ────────────

나는 욕되게도 공경의 후미에 있는데다가 마침 질환을 만나 나가보지
못하였으나, 양거원이 떠날 때에 성문 밖에서 전송한 이가 몇 사람이나
되었는지, 수레는 몇 량이나 모였는지, 말은 몇 필이나 모였는지, 길가에
서 구경하던 자들이 역시 탄식을 하며 그의 어짊을 알아주었는지, 그리
고 사관史官은 다시 그의 사적을 과장해서 전함으로서 두 소씨의 발자
취를 계승토록 해 주었는지의 여부나, 혹 쓸쓸하게 버려졌는지의 여부
등은 알지 못한다.

지금의 세상을 보건대 그림을 잘 그리는 이는 없으나, 그 내용을 그림
으로 그렸는지의 여부는 진실로 논할 거리는 되지 못한다.

그렇지만 내 듣건대 양거원이 떠나게 되자, 승상이 그를 사랑하고 애
석히 여겨, 그를 그 도都의 소윤少尹으로 삼아주어 그의 녹이 끊이지 않
도록 할 것을 천자에게 아뢰었으며, 또 노래와 시로서 그를 격려하자, 경
사의 시에 뛰어난 이들이 역시 이에 따라 화시和詩를 지었다 한다.

다시 옛날 두 소씨가 떠날 당시에도 이런 일이 있었는지의 여부는 알
수 없으니, 이는 옛 사람과 지금 사람의 같고 다른 점을 알 수 없기 때
문이다.

予忝在公卿後, 遇疾不能出, 不知楊侯去時, 城門外送者幾人,
車幾兩, 馬幾駟, 道傍觀者, 亦有歎息知其爲賢與否; 而太史氏又
能張大其事爲傳, 繼二疏蹤跡否; 不落莫否.

見今世, 無工畫者, 而畫與不畫, 固不論也.

然吾聞楊侯之去, 丞相有愛而惜之者, 白以爲其都少尹, 不絶其祿, 又爲歌詩以勸之, 京師之長於詩者, 亦屬而和之.
又不知當時二疏之去, 有是事否? 古今人同不同, 未可知也.

【予忝在公卿後, 遇疾不能出】'忝'은 '욕되다, 부끄럽다' 등의 뜻. '在公卿後'는 韓愈 자신의 벼슬이 公卿의 뒤쪽(말석)에 있음. 지위가 낮았음을 말함. 당시 韓愈는 吏部侍郎 비교적 높은 직책이었으나 겸손하게 표현한 것임.

【不知楊侯去時, 城門外送者幾人, 車幾兩, 馬幾駟】'駟'는 수레를 끄는 말 네 마리. 여기서는 얼마나 많은 수레가 전송하러 나왔는지에 대한 것.

【道傍觀者, 亦有歎息知其爲賢與否】길에서 그 전별식을 구경하는 이들이 그의 어짊에 대해 알아서 탄식했는지의 與否.

【而太史氏又能張大其事爲傳, 繼二疏蹤跡否】'太史氏'는 역사를 기록하는 史官의 우두머리. '張大'는 '과장하다'의 뜻. 그의 기록이 疏廣과 疏受의 발자취를 계승하였다고 기록했는지의 여부.

【不落莫否】'落莫'은 쓸쓸하고 적막함을 표현하는 疊韻連綿語.

【見今世, 無工畫者, 而畫與不畫, 固不論也】지금은 그림에 뛰어난 자가 없긴 하지만, 그림으로 그렸는지의 여부는 논의거리가 되지 않음.《古文眞寶》注에《史記田儋傳太史公論》「田橫曰:『無不善畫者, 莫能圖何哉!』」○此一節謂楊之去不知與二疏之迹同否, 全因自不能出生來"라 함.

【然吾聞楊侯之去, 丞相有愛而惜之者】'楊侯'는 楊巨源을 높여 부른 것. 승상들 중에 그를 사랑하고 애석히 여기는 자가 있었음.

【白以爲其都少尹, 不絶其祿】(천자에게) 아뢰어 그를 낙향하는 고향 고을의 少尹을 삼아 그의 녹봉이 끊어지지 않도록 해 주었음. 결국 楊巨源은 고향 山西省 河中府의 少尹을 제수 받게 되었으며, 少尹은 府尹 밑의 副官으로 업무는 없으며 봉록만 받도록 예우한 것임.

【又爲歌詩以勸之, 京師之長於詩者, 亦屬而和之】'勸之'는 권면함. 격려함. '屬而和之'는 시를 지어 다른 사람의 시에 화답함.

【又不知當時二疏之去, 有是事否? 古今人同不同, 未可知也】疏廣과 疏受의 시대에 이런 일이 있었는지는 알 수 없음. 이는 고금 사례가 달랐을 것이므로 알 수는 없음.《古文眞寶》注에 "此一節謂不知二疏之去, 有楊今日事否? 此一轉妙"라 함.

중세中世의 사대부들은 관청을 집으로 삼고 있어, 벼슬을 그만두면 돌아갈 곳이 없었다.

양거원은 약관의 나이에 고향 향리에서 천거되어, 〈녹명鹿鳴〉의 시를 노래하며 과거를 보러 왔었다.

지금은 돌아가 고향 나무를 가리키며 "저 나무는 나의 선친께서 심으신 것이며, 저 냇물과 저 언덕은 내가 어렸을 때에 낚시하며 놀던 곳이다"라고 하고 있다.

고향 사람들 모두가 공경심을 더하지 않는 자가 없으며, 자손들에게 양거원은 그의 고향을 버리지 않은 것을 법으로 삼도록 경계하고 있다.

옛날 소위 "고향 선배로서 죽은 다음 사社에 제사를 모실 수 있는 사람"라 한 것은, 바로 이런 사람이었을 것이다, 바로 이런 사람이었을 것이다!

中世士大夫, 以官爲家, 罷則無所於歸.
楊侯始冠, 擧於其鄉, 歌〈鹿鳴〉而來也.
今之歸, 指其樹曰:「某樹, 吾先人之所種也; 某水某丘, 吾童子時所釣遊也.」
鄉人莫不加敬, 誡子孫, 以楊侯不去其鄉爲法.
古之所謂「鄉先生沒而可祭於社」者, 其在斯人歟, 其在斯人歟!

【中世士大夫, 以官爲家, 罷則無所於歸】'中世'는 唐 이전 後漢 무렵을 가리킴. 그때의 사례로는 파직하고 나면 돌아갈 곳이 없었음.

【楊侯始冠, 擧於其鄉, 歌〈鹿鳴〉而來也】'始冠'은 '冠禮를 치르고 나서, 20살이 되어서'의 뜻. '擧於其鄉'은 그의 향리에서 鄉貢으로 薦擧되었음. 唐代에는 國學의 학생과 鄉貢으로 추천된 자만이 중앙에서의 과거시험을 볼 자격이 있었음. '鹿鳴'은 《詩》 小雅의 편명. 지방 장관이 그 고장의 鄉貢을 長安으로 과거를 보러 보낼

때 전송하는 연회에서도 불렀다 함.

【今之歸, 指其樹曰:「某樹, 吾先人之所種也;某水某丘, 吾童子時所遊也.」】어린 시절 선조가 심은 나무와 자신이 뛰놀거나 낚시하언 일을 회상한 것.

【鄕人莫不加敬, 誡子孫, 以楊侯不去其鄕爲法】'加敬'은 공경심을 가중시킴. 더욱 공경함. '誡子孫'은 疏廣과 疏受처럼 자손들을 훈계함. 소광이 "賢而多財, 則損其 志;愚而多財, 則益其過"라고 훈계한 것을 빗댐.

【鄕先生沒而可祭於社】'鄕先生'은 자신의 고향 출신의 선배. '社'는 땅의 신을 모시 는 사당. 각 고을에서는 큰 공적이 있는 사람은 合祀하였음.

【其在斯人歟, 其在斯人歟】《五百家注》에는 "此句一無其在字"라 하는 등 다른 판 본에는 두 곳 '在'자가 없어 의미가 오히려 순통함. '斯人'은 해당하는 사람을 감 탄하여 부르는 상투어.《論語》雍也篇에 "伯牛有疾. 子問之, 自牖執其手, 曰:「亡 之, 命矣夫! 斯人也而有斯疾也! 斯人也而有斯疾也!」"라 함.《古文眞寶》注에 "末 俗:士大夫以進爲欣, 以退爲戚, 自漢迄唐, 寥寥數百年, 僅見此三人, 故公盛稱之. 末又以其歸, 不居其鄕, 拈出以爲世勸, 此人此文, 皆有補世敎者也. 歐陽公吉州人, 半居於潁;東坡眉州人, 卒歿於常, 況其他乎?"라 함.

참고 및 관련 자료

1. 韓文公(韓愈, 韓退之, 韓昌黎) 001 참조.

2. 이 글은《別本韓文考異》(21),《五百家注昌黎文集》(21),《東雅堂昌黎集註》(21), 《唐宋八大家文鈔》(6),《文章正宗》(15),《事文類聚》(전집 32, 新集 31),《文苑英華》 (730),《文編》(54),《文章辨體彙選》(336),《唐宋文醇》(5),《古文辭類纂》(32),《古文約 選》(2),《古文觀止》(8),《古文眞寶》(後集 3) 등에 실려 있음.

3.《東雅堂》에 "一有'巨源'二字.《新舊史》無傳.〈藝文志〉云:字景山, 貞元五年第進 士, 以能詩名. 嘗有「三刀夢益州, 一箭取遼城」之句. 白樂天贈詩云「早聞一箭取遼 城」, 以此詩遂知名. 既引年去, 命爲其都少尹. 蓋公河中人, 即其鄕也. 張籍有詩送 云:「官爲本府當身榮, 因得還鄕任野情.」意蓋指此. 此序長慶中公爲吏部侍郎時作, 故序謂「余忝在公卿後」云"이라 함.

4.《古文眞寶》注에 "白樂天〈曾楊秘書巨源〉云:「早聞一箭取遼城, 相識雖新有故 情. 淸白三朝誰是敵? 白頭四海半爲兄.」許云楊嘗〈曾盧洛州〉詩云:「三刀夢益州, 一 箭取遼城.」由是知名, 故公謂其以能詩, 訓後進也"라 함.

012(1-12) 〈送高閑上人序〉 …………… 韓文公(韓愈)

상인上人 고한高閑을 보내며 주는 글

당대 승려 〈高閑〉

＊〈送高閑上人序〉:‘高閑’은 唐代 유명한 書藝家이며 僧侶. 贊寧《高僧傳》(30)에 "豪州開元寺釋高閑, 本烏程人也. 後入長安, 於薦福·西明等寺肄習經律, 極精講貫. 宣宗中興佛法, 召入對御前草聖, 遂賜紫衣. 閑常好將雪川白紵書眞草之蹟, 與人爲學法焉"이라 하여, 烏程 사람이며 長安에 들어와 薦福寺와 西明寺에서 經律을 정통으로 공부한 學僧임. 그러나 그가 당 宣宗(李忱:847–859년 재위)을 접견할 때 韓愈는 이미 죽은 지 22년 뒤였음. 따라서 이 글은 穆宗(李恒:821–824년 재위) 長慶 연간에 쓴 것으로 보임. 그러나 王宋賢은 "按宣宗卽位, 去公卒已二十二年, 此序當屬長慶中作"이라 하여, 이때까지도 高閑은 書藝에 뛰어나지 않아 그 때문에 韓愈가 그의 글씨를 두고 排佛崇儒의 입장에서 張旭의 草書로서 비유하면서 佛者의 태도를 논한 것임. 그러나 도리어 고한은 한유의 이글로 인해 그의 글씨가 높아진 것임.《軌範》補注에《避暑錄話》를 인용하여 "唐僧能書三人, 智永·懷素·高閑也. 高閑書絶不多見, 惟錢彦遠家有其‘寫史書當愼其遺脫’八字, 如掌大, 神采超越, 自爲一家. 蓋得韓退之之序, 故名益重爾"라 함. ‘上人’은 승려를 높이 부르는 칭호.《摩訶般若經》에 "何名上人? 佛言若菩薩一心行阿耨菩提, 心不散亂, 是名上人"이라 하였고,《十誦律》에는 "人有四種:一癡人, 二濁人, 三中間人, 四上人"이라 함. 한편《南史》劉顯傳에 "武帝時有沙門訟田, 帝大署曰貞. 顯曰:「貞字, 文爲與上人.」"이라 하여 梁나라 때 이미 ‘上人’이라는 말이 있었다 하였음.

　진실로 그 교지巧智에 붙여 기기로 하여금 마음에 응하도록 함으로써 기氣를 좌절시키지 않도록 한다면, 정신이 온전하고 지키는 것이 견고하여, 비록 외물이 이르더라도 그 마음을 교착膠着시키지 못한 것이다.

　요堯, 순舜, 우禹, 탕湯의 천하 다스림, 양숙養叔이 활쏘기를 하는 것, 포정庖丁이 소를 다루는 것, 사광師曠이 음악을 다스리는 것, 편작扁鵲이 병을 다스리는 것, 웅의료熊宜僚에 있어서의 탄환, 추秋에게 있어서의 바둑, 백륜伯倫에게 있어서의 술은 이를 즐기는데 종신토록 싫증을 내지 않았으니 어느 겨를에 외물을 사모하겠는가?

　무릇 외물을 사모하여 그 일을 하겠다고 옮겨가는 자는 모두가 그러한 경지에 이를 수 없으며, 그러한 고기를 먹어볼 수 없는 이들이다.

　苟可以寓其巧智, 使機應於心, 不挫於氣, 則神完而守固, 雖外物至, 不膠於其心.

　堯舜禹湯治天下, 養叔治射, 庖丁治牛, 師曠治音聲, 扁鵲治病, 僚之於丸, 秋之於奕, 伯倫之於酒, 樂之終身不厭, 奚暇外慕?

　夫外慕徙業者, 皆不造其堂, 不嚌其胾者也.

【苟可以寓其巧智, 使機應於心, 不挫於氣, 則神完而守固, 雖外物至, 不膠於其心】 '寓其巧智'는 그 교묘함과 지혜를 붙여 거기에 寓托함. '機應於心'은 마음이 능히 隨機應變하여 사물의 眞相을 정확히 파악함. '不挫於氣'는 앞에 닥친 난관을 능히 극복할 수 있는 기운. '神完而守固'는 정신이 온전하고 지키는 바가 견고함. '不膠於其心'은 외물이 그 마음에 달라붙어 교착되는 일이 없음. 姚氏 原注에 "機應於心, 故物不膠於心; 不挫於氣, 故神完守固. 韓公此言, 本自狀所得於文事者, 然以之論道亦然. 牢籠萬物之應, 而物皆爲我用者, 技之精也. 曲應萬物之情, 而事循其天者, 道之至也. 必離去事物而後靜其心, 是韓公所斥解外膠泊然淡然者也. 以是爲道 其道淺矣! 以是爲技, 其技粗矣!"라 함.
【堯舜禹湯治天下, 養叔治射, 庖丁治牛, 師曠治音聲, 扁鵲治病, 僚之於丸, 秋之於奕,

伯倫之於酒, 樂之終身不厭, 奚暇外慕?' '堯舜'은 고대 五帝의 마지막 두 제왕. '禹'
는 중국 첫 왕조 夏나라 시조. '湯'은 殷(詳)의 시조. 모두 고대 聖王을 말함. '養叔'
은 春秋시대 楚나라 사람으로 활의 명수 養由基, 자는 叔. 백 보 멀리 있는 버드
나무 잎을 맞추었다 함.《左傳》成公 16년에 "癸巳, 潘尪之黨與養由基蹲甲而射之,
徹七札焉"이라 하였고,《戰國策》西周策에도 "楚有養由基者, 善射, 去柳葉者百步
而射之, 百發百中"이라 함.《東雅堂》注에 "《史記》:「養由基善射, 去柳葉百步, 射之
百發百中.」"이라 함. '庖丁'은 戰國시대 뛰어난 庖人, 屠人. '庖丁解牛'의 고사를 남
김.《莊子》養生主에 "庖丁爲文惠君解牛, 手之所觸, 肩之所倚, 足之所履, 膝之所
踦, 砉然嚮然, 奏刀騞然, 莫不中音;合於桑林之舞, 乃中經首之會. 文惠君曰:「譆,
善哉! 技蓋至此乎?」庖丁釋刀對曰:「臣之所好者道也, 進乎技矣, 始臣之解牛之時,
所見无非全牛者. 三年之後, 未嘗見全牛也. 方今之時, 臣以神遇而不以目視, 官知止
而神欲行. 依乎天理, 批大卻導大窾因其固然, 枝經肯綮之未嘗微礙, 而況大軱乎!
良庖歲更刀, 割也;族庖月更刀, 折也. 今臣之刀十九年矣, 所解數千牛矣, 而刀刃若
新發於硎. 彼節者有閒, 而刀刃者無厚;以無厚入有閒, 恢恢乎其於遊刃必有餘地矣.
是以十九年而刀刃若新發於硎. 雖然, 每至於族, 吾見其難爲, 怵然爲戒, 視爲止,
行爲遲. 動刀甚微, 謋然已解, 牛不知其死也, 如土委地. 提刀而立, 爲之四顧, 爲之
躊躇滿志, 善刀而藏之.」文惠君曰:「善哉! 吾聞庖丁之言, 得養生焉.」"이라 함.《東
雅堂》注에 "《莊子》養生篇:庖丁爲文惠君解牛. 文惠君曰:「譆! 善哉. 技蓋至於此
乎?」"라 함. '師曠'은 春秋시대 晉나라 樂師 曠. 자는 子野. 장님으로 音에 대해 지
극히 밝았으며 晉 平公의 조언자.《孟子》離婁(上)에 "師曠之聰, 不以六律, 不能正
五音"이라 하였고,《淮南子》覽明訓에도 "師曠奏白雪之音, 而神物爲之下降"이라
함.《說苑》君道篇에도 "晉平公問於師曠曰:「人君之道, 如何?」對曰:「人君之道, 清
淨無爲, 務在博愛, 趨在任賢, 廣開耳目, 以察萬方;不溺溺於流俗, 不拘繫於左右;廓
然遠見, 踔然獨立;屢省考績, 以臨臣下. 此人君之操也.」平公曰:「善!」"이라 하는
등 널리 알려져 있음.《東雅堂》注에 "曠字子野, 晉平公時人"이라 함. '扁鵲'은 원
래 黃帝 때 인물이나, 뒤에 전국시대 鄭 땅 사람 秦越人의 의술이 神妙하여 그
를 '扁鵲'이라 불렀음. 盧라는 마을에 살아 '盧醫'라고도 하며《戰國策》秦策 및
《史記》扁鵲列傳을 참고 할 것. 虢(혹 趙)의 太子를 살려낸 고사 등이 널리 전함.
《史記》扁鵲倉公列傳에 "其後扁鵲過虢. 虢太子死, 扁鵲至虢宮門下, 門中庶子喜方
者曰:「太子何病, 國中治穰過於衆事?」中庶子曰:「太子病血氣不時, 交錯而不得泄,

暴發於外, 則爲中害. 精神不能止邪氣, 邪氣畜積而不得泄, 是以陽緩而陰急, 故暴蹶而死.」扁鵲曰:「其死何如時?」曰:「雞鳴至今.」曰:「收乎?」曰:「未也, 其死未能半日也.」「言臣齊勃海秦越人也, 家在於鄭, 未嘗得望精光侍謁於前也. 聞太子不幸而死, 臣能生之.」中庶子曰:「先生得無誕之乎? 何以言太子可生也! 臣聞上古之時, 醫有兪跗, 治病不以湯液醴灑, 鑱石撟引, 案扤毒熨, 一撥見病之應, 因五藏之輸, 乃割皮解肌, 訣脈結筋, 搦腦髓, 揲荒爪幕, 湔浣腸胃, 漱滌五藏, 練精易形. 先生之方能若是, 則太子可生也; 不能若是而欲生之, 曾不可以告咳嬰之兒.」終日, 扁鵲仰天歎曰:「夫子之爲方也, 若以管窺天, 以郄視文. 越人之爲方也, 不待切脈望色聽聲寫形, 言病之所在. 聞病之陽, 論得其陰; 聞病之陰, 論得其陽. 病應見於大表, 不出千里, 決者至衆, 不可曲止也. 子以吾言爲不誠, 試入診太子, 當聞其耳鳴而鼻張, 循其兩股以至於陰, 當尙溫也.」中庶子聞扁鵲言, 目眩然而不瞚, 舌撟然而不下, 乃以扁鵲言入報虢君. 虢君聞之大驚, 出見扁鵲於中闕, 曰:「竊聞高義之日久矣, 然未嘗得拜謁於前也. 先生過小國, 幸而擧之, 偏國寡臣幸甚. 有先生則活, 無先生則棄捐塡溝壑, 長終而不得反.」言未卒, 因噓唏服臆, 魂精泄橫, 流涕長潸, 忽忽承睫, 悲不能自止, 容貌變更. 扁鵲曰:「若太子病, 所謂『尸蹶』者也. 夫以陽入陰中, 動胃繵緣, 中經維絡, 別下於三焦 膀胱, 是以陽脈下遂, 陰脈上爭, 會氣閉而不通, 陰上而陽內行, 下內鼓而不起, 上外絶而不爲使, 上有絶陽之絡, 下有破陰之紐, 破陰絶陽, 色廢脈亂, 故形靜如死狀. 太子未死也. 夫以陽入陰支蘭藏者生, 以陰入陽支蘭藏者死. 凡此數事, 皆五藏蹶中之時暴作也. 良工取之, 拙者疑殆.」扁鵲乃使弟子子陽厲鍼砥石, 以取外三陽五會. 有閒, 太子蘇. 乃使子豹爲五分之熨, 以八減之齊和煮之, 以更熨兩脅下. 太子起坐. 更適陰陽, 但服湯二旬而復故. 故天下盡以扁鵲爲能生死人. 扁鵲曰:「越人非能生死人也, 此自當生者, 越人能使之起耳.」라 하였고, 《說苑》辨物篇에 "扁鵲過趙, 趙王太子暴疾而死, 鵲造宮門曰:「吾聞國中卒有壤土之事, 得無有急乎?」中庶子之好方者, 應之曰:「然, 王太子暴疾而死.」扁鵲曰:「入言鄭醫秦越人能活太子.」中庶子難之曰:「吾聞上古之爲醫者曰苗父, 苗父之爲醫也, 以菅爲席, 以芻爲狗, 北面而祝, 發十言耳, 諸扶而來者, 擧而來者, 皆平復如故. 子之方能如此乎?」扁鵲曰:「不能.」又曰:「吾聞中古之爲醫者曰兪柎, 兪柎之爲醫也, 搦腦髓, 束肓莫, 炊灼九竅而定經絡, 死人復爲生人, 故曰兪柎. 子之方能若是乎?」扁鵲曰:「不能.」中庶子曰:「子之方如此, 譬若以管窺天, 以錐刺地, 所窺者甚大, 所見者甚少. 鈞若子之方, 豈足以變駭童子哉?」扁鵲曰:「不然. 物故有昧掯而中蛟頭, 掩目而別白黑白

者. 太子之疾, 所謂尸厥者也, 以爲不然, 入診之, 太子股陰當濕, 耳中焦, 焦如有嘯者聲, 然者, 皆可治也.」中庶子入報趙王, 趙王跣而趨出門曰:「先生遠辱幸臨寡人, 先生幸而有之, 則糞土之息, 得蒙天履地而長爲人矣. 先生不有之, 則先犬馬塡溝壑矣.」言未已, 涕泣沾襟. 扁鵲遂爲診之, 先造軒光之竈, 八成之湯, 砥針礪石, 取三陽五輸; 子容擣藥, 子明吹耳, 陽儀反神, 子越扶形, 子游矯摩. 太子遂得復生. 天下聞之, 皆曰:「扁鵲能生死人.」鵲辭曰:「予非能生死人也, 特使夫當生者活耳, 夫死者猶不可藥而生也.」悲夫! 亂君之治, 不可藥而息也.《詩》曰:「多將熇熇, 不可救藥!」甚之之辭也.”라 하였으며,《韓詩外傳》(10)에도 같은 내용이 전하는 등 그의 고사는 아주 널리 실려 있음.《東雅堂》注에 “扁鵲, 即秦越人. 晉昭公時人”이라 함. ‘僚’는 春秋시대 楚나라 勇士 熊宜僚. 시장 남쪽에 살아 市南宜僚, 市南子로도 불림.《左傳》哀公 16년에 “市南有熊宜僚者, 若得之, 可以當五百人矣”라 하였고,《莊子》山木, 徐无鬼, 則陽篇 등에 널리 그 이름이 보이며, 徐无鬼篇에 “曰:「丘也聞不言之言矣, 未之嘗言, 於此乎言之. 市南宜僚弄丸而兩家之難解, 孫叔敖甘寢秉羽而郢人投兵. 丘願有喙三尺!」”이라 하였고, 成玄英의 注에 “楚白公勝欲因作亂, 將殺令尹子西. 司馬子綦言:「熊宜勇士也, 若得, 敵五百人.」遂遣使屈之. 宜僚正上下弄丸而戲, 不與使者言. 使因以劍勝之, 宜僚曾不驚懼, 旣不從命, 亦不言它. 白公不得宜僚, 反事不成, 故曰「兩家之難解.」”라 함.《淮南子》主術訓에도 “市南宜僚弄丸, 而兩家之難無所關其辭”라 함.《東雅堂》注에 “《莊子》:市南宜僚, 弄丸而兩家之難解”라 함. ‘秋’는 고대 바둑에 뛰어났언 인물.《孟子》告子(上)에 “孟子曰:「無或乎王之不智也. 雖有天下易生之物也, 一日暴之, 十日寒之, 未有能生者也. 吾見亦罕矣, 吾退而寒之者至矣, 吾如有萌焉何哉? 今夫弈之爲數, 小數也;不專心致志, 則不得也. 弈秋, 通國之善弈者也. 使弈秋誨二人弈, 其一人專心致志, 惟弈秋之爲聽. 一人雖聽之, 一心以爲有鴻鵠將至, 思援弓繳而射之, 雖與之俱學, 弗若之矣. 爲是其智弗若與? 曰:非然也.」”라 하였고, 趙岐 注에 “有人名秋, 通一國皆謂之善弈”이라 함. ‘弈’은 奕과 같음.《東雅堂》注에 “《孟子》:弈秋, 通國之善弈者也”라 함. ‘伯倫’은 유령(劉伶:?−300?). 자는 伯倫. 용모가 못생겼었다 하며 魏末 司馬氏가 정권을 휘두르자 自然으로 돌아가 老莊을 신봉하여 無爲而治를 주장하면서 飮酒로 세월을 보냄. 阮籍, 山濤, 向秀, 阮咸, 嵇康, 王戎과 더불어 ‘竹林七賢’의 하나. 唐 이전에는 ‘劉靈’으로 표기하였음. 그는 竹林七賢 중 술로 제일 이름이 나 있으며 늘 종자를 시켜 삽을 차고 다니게 하며 술 취해 쓰러져 죽는 그 자리를 파서 묻어 달

라고 할 정도였다 함.《晉書》(49)에 傳이 있음.〈嵇康傳〉에 "阮籍, 山濤, 向秀, 劉伶,
籍兄子咸, 王戎, 嵇康爲竹林之遊, 世所謂竹林七賢也"라 함.《世說新語》容止篇에
는 "劉伶身長六尺, 貌甚醜頓; 而悠悠忽忽, 土木形骸"라 하였고,《名士傳》(劉伶)에
는 "伶字伯倫, 沛郡人. 肆意放蕩, 以宇宙爲狹. 常乘鹿車, 攜一壺酒, 使人荷鍤隨之.
云: 「死便掘地以埋.」土木形骸, 遨遊一世"라 함.《酒德頌》(《古文眞寶》後集 011)이
유명함.《東雅堂》注에 "劉伶, 字伯. 倫晉人"이라 함.

【夫外慕徙業者, 皆不造其堂, 不嚌其胾者也】'外慕徙業'은 외물을 사모하여 자신의
업무를 그리로 옮겨 종사함. '不造其堂'은 그 本堂에 이르지 못함. '造'는 至, 到와
같음.《論語》先進篇에 "子曰: 「由之瑟奚爲於丘之門?」門人不敬子路. 子曰: 「由也
升堂矣, 未入於室也.」"라 함. '不嚌其胾者'는《五百家注》에는 "補注: 嚌, 嘗也; 胾,
大臠也. 禮左殽右胾. ○嚌. 在詣切; 胾, 側吏切"이라 하여 '제지'로 읽음.

2/4 ————

지난 날 장욱張旭이 초서草書에 빠져 다른 기예는 다스리지 않고, 희
로喜怒와 군궁窘窮, 우비憂悲와 유일愉佚, 원한怨恨과 사모思慕, 감취酣醉
와 무료無聊와 불평不平 등이 마음에 움직임이 있으면 반드시 초서에 이
를 나타내었다.

사물에서 보는 것, 산수山水와 애곡崖谷, 초수鳥獸와 충어蟲魚, 초목草
木의 화실花實은 물론, 일월日月과 열성列星, 풍우風雨와 수화水火, 뇌정
雷霆과 벽력霹靂, 가무歌舞와 전투戰鬪, 천지 사물의 변화를 보게 되면
기뻐하기도 하고 놀라워하기도 하면서 한결같이 글씨에 이를 우탁寓托
하였다.

그 까닭으로 장욱의 글씨는 변화와 동력이 귀신과 같아 단예端倪를
종잡을 수 없었던 것이다.

이로써 그 몸은 마쳐도 이름은 후세까지 드날리게 된 것이다.

往時張旭善草書, 不治它技, 喜怒窘窮, 憂悲愉佚, 怨恨思慕, 酣
醉無聊不平, 有動於心, 必於草書焉發之.

觀於物, 見山水崖谷, 鳥獸蟲魚, 草木之花實; 日月列星, 風雨水
火, 雷霆霹靂, 歌舞戰鬪, 天地事物之變; 可喜可愕, 一寓於書.
　故旭之書, 變動猶鬼神, 不可端倪.
　以此終其身而名後世.

【往時張旭善草書, 不治它技, 喜怒窘窮, 憂悲愉佚, 怨恨思慕, 酣醉無聊不平, 有動
　於心, 必於草書焉發之】'張旭'은 唐나라 때 草書로 유명한 사람. '張旭'은 자는 伯
　高. 唐代 草書의 名人. 술에 취해 미친 듯 글씨를 썼으며, 혹 머리에 먹을 묻혀
　머리로 글씨를 쓰기도 하여 '張顚'이라 부르기도 하였음. 吳中四士의 하나이며
　李白의 詩, 裴旻의 劍舞와 더불어 당시 '三絶'이라 불렀음. 蘇州 사람으로 詩와
　草書에 뛰어나 '草聖'이라 칭하였으며《草書古詩四帖》을 남김.《新唐書》藝文志
　張旭傳에 "旭, 蘇州人, 嗜酒, 每大醉, 呼叫狂走, 乃下筆. 或以頭濡墨而書, 既醒, 自
　視, 以爲神, 世號張顚. 自言始見公主擔夫爭道. 又聞鼓吹而得筆法意. 觀倡公孫舞
　〈劍器〉得其神"이라 하여 奇行을 일삼은 것으로도 유명함.《新唐書》李白傳에
　"張旭草書爲三絶, 旭蘇州吳人, 嗜酒每大醉呼叫狂走, 乃下筆. 或以頭濡墨而書, 既
　醒自視以爲神不可復得也. 世呼張顚"이라 함.《杜詩鏡銓》에 "王愔《文章志》: 後漢
　張芝好草書, 學崔杜之法, 韋仲將謂之草聖"이라 함. '它技'는《昌黎集》에는 '他伎'
　로 되어 있음. 다른 재주나 才技(才伎)를 뜻함.
【觀於物, 見山水崖谷, 鳥獸蟲魚, 草木之花實; 日月列星, 風雨水火, 雷霆霹靂, 歌舞
　戰鬪, 天地事物之變; 可喜可愕, 一寓於書】'雷霆霹靂'은 우레와 천둥소리. '霆'은
　《說文》에 "霆, 雷餘聲也"라 함. '霹靂'은 벼락을 뜻하는 疊韻連綿語. '歌舞戰鬪'는
　張旭은 특히 公孫大娘의 劍器舞를 보고 靈感을 얻어 草書가 크게 발전하였다
　함.《古文眞寶》(前集) 李白의 〈草書歌行〉(213)의 注를 참조할 것.《五百家注》에
　"樊曰:顚自言「見公主檐夫爭道, 又聞鼓吹而得筆法意. 觀倡公孫舞劍器得其神.」"이
　라 함.
【故旭之書, 變動猶鬼神, 不可端倪】'端倪'일의 실마리와 변두리. 端緒. 전체의 시작
　과 끝.
【以此終其身而名後世】죽은 후에도 그의 명성이 후세에 전함.

지금 고한은 초서에 있어서 장욱의 마음을 가지고 있는가?

그 마음을 얻지 못한 채 그 자취만 좇고 있어 아직 능히 장욱과 같은 경지를 드러내지 못하고 있다.

장욱과 같은 경지에 오르는 것은 도道가 있으니, 이해利害를 반드시 밝혀 치수錙銖의 미세한 눈금도 놓침이 없어야 하며, 마음속에 뜻을 불태워 이욕과 투쟁해 나가야 하며, 얻는 것과 잃는 것에 대해, 발연勃然히 이를 놓지 않아야 하는 것이니, 그런 연후에 한결같이 글씨에 결연함을 보인 뒤에라야 장욱의 경지에 가까워질 수 있는 것이다.

今閑之於草書, 有旭之心哉?
不得其心, 而逐其跡, 未見其能旭也.
爲旭有道, 利害必明, 無遺錙銖; 情炎于中, 利欲鬪進; 有得有喪, 勃然不釋, 然後一決於書, 而後旭可幾也.

【今閑之於草書, 有旭之心哉?】 '旭之心'은 張旭의 心態.

【不得其心, 而逐其跡, 未見其能旭也】 '未見'은 드러나 보이지 않음. 장욱의 경지에 오르지 못함.

【爲旭有道, 利害必明, 無遺錙銖; 情炎于中, 利欲鬪進; 有得有喪, 勃然不釋, 然後一決於書, 而後旭可幾也】 '錙銖'는 아주 미세한 눈금. 兩의 24분의 1을 銖라 하며 6銖를 1錙라 함. '情炎於中'은 《五百家注》에는 '精炎於中'으로 되어 있으며, 注에 "精, 一作情"이라 함.

지금 한상인은 부도씨浮屠氏, 釋迦를 스승으로 삼아 사생死生을 하나로 여기고 외물의 교착에서 해방되어 있으니, 이는 그 마음을 씀에는 틀림없이 박연泊然하여 일어나는 바가 없을 것이요, 이 세상에 대해서는 틀림없이 담연淡然하여 즐기는 바가 없을 것이다.

박泊과 담淡이 서로 만나, 퇴타頹墮하고 위미委靡하여, 이처럼 궤패潰
敗해도 수습할 수가 없다면, 그 글씨에 있어서도 그러한 형상이 나타나
지 않을 수 있겠는가?

그러나 내 듣기로 부도인浮屠人은 환술幻術에 능하여 기예와 능력이
많다고 하였다.

고한이 만약 기술에 능통하다면 나로서는 더 이상은 알 수 없다.

今閑師浮屠氏, 一死生, 解外膠, 是其爲心, 必泊然無所起; 其於
世, 必淡然無所嗜.

泊與淡相遭, 頹墮委靡, 潰敗不可收拾, 則其於書, 得無象之然
乎?

然吾聞浮屠人, 善幻多技能.

閑如通其術, 則吾不能知矣.

【今閑師浮屠氏, 一死生, 解外膠, 是其爲心, 必泊然無所起; 其於世, 必淡然無所嗜】
'浮屠氏'는 釋氏, 釋迦, 佛陀. '浮屠'는 佛陀(Budda)의 중국식 역음. 부처, 불교, 탑
또는 僧侶 등 다양하게 불교와 관련된 사물을 지칭하는 말로 쓰임. '一死生'은
죽음과 삶을 하나로 여김. '萬事皆空'과 같음. 生死를 同一視함. '解外膠'는 외부
의 집착에서 해방됨. '泊然'과 '淡然'은 둘 모두 佛敎에서 모든 사물을 淡泊하게
여기는 사상을 뜻함.

【泊與淡相遭, 頹墮委靡, 潰敗不可收拾, 則其於書, 得無象之然乎?】 '頹墮'는 무너지
고 떨어짐을 雙聲連綿語로 표현한 것. '委靡' 역시 모든 것을 無에 맡겨두고 개의
치 않음을 疊韻連綿語로 표현한 것. '潰敗'는 허물어지고 腐敗함. 여기서는 儒家
聖人의 質朴과 實質을 버리고 佛家의 虛無에 빠진 것을 못 마땅히 여긴 것. '象'
은 像과 같으며 그러한 생각과 생활이 글씨에 드러나게 마련임을 말한 것. 《五百
家注》에 "〈補注〉: 東坡〈送參廖〉詩云:「退之論草書, 萬事未嘗屛. 憂愁不平氣, 一寓
筆所騁. 頗怪浮屠人, 視身如丘井. 頹然寄淡泊, 誰與發豪猛?」正謂此一段立意也"

라 함.

【然吾聞浮屠人, 善幻多技能】'浮屠人'은 불교를 믿는 자, 승려. '善幻'은 유가의 實
樸에 상대되는 말. 《軌範》注에 "此轉妙"라 함.

【閑如通其術, 則吾不能知矣】'不能知'는 高閑이 그렇게 한다면 그 이상은 한유 자
신도 모르겠다는 뜻으로 부정적으로 본 것. 《東雅堂》注에 "今按韓公本意, 但謂
人必有不平之心, 鬱積之久, 而後發之, 則其氣勇決而伎必精. 今高閑旣無是心, 則
其爲伎, 宜其潰敗委靡, 而不能奇. 但恐其善幻多伎, 則不可知耳. 此自韓公所見非
如畫史祖師之說也"라 함.

참고 및 관련 자료

1. 韓文公(韓愈, 韓退之, 韓昌黎) 001 참조.

2. 이 글은 《五百家注昌黎文集》(21), 《東雅堂昌黎集註》(21), 《別本韓文考異》(21),
《唐宋八大家文鈔》(7), 《文苑英華》(730), 《文章正宗》(15), 《文編》(54), 《文章辨體彙選》
(336), 《唐宋文醇》(5), 《歷代名賢確論》(78), 《墨池編》(2), 《佩文齋書畫譜》(6), 《六藝之
一錄》(273), 《稗編》(83), 《古文辭類纂》(32), 《唐宋文擧要》(2), 《古文約選》(2) 등에 널리
실려 있음.

3. 《軌範》注에 "此序談詭放蕩學《莊子》文, 文雖學《莊子》, 又無一句蹈襲"이라 함.

4. 《唐宋八大家文鈔》에 "其用意本《莊子》, 而其行文造語叙實處, 亦大類《莊子》"라
함.

5. 《五百家注昌黎文集》注에 "韓曰: 贊寧《高僧傳》云: 閑, 烏程人, 克精書字. 宣宗
嘗召, 入對御草聖, 遂賜紫衣. 後歸湖州開元寺終焉. 閑嘗好以雪川白紵書, 眞草爲世
楷法"이라 함.

6. 《東雅堂昌黎集註》에도 "贊寧《高僧傳》云: 閑, 烏程人, 克精書字. 宣宗嘗召, 入
對御草聖, 遂賜紫衣. 後歸湖州開元寺終焉. 閑嘗好以雪川白紵書, 眞草爲世楷法"이
라 함.

013(1-13) 〈送殷員外使回鶻序〉 ········· 韓文公(韓愈)

회골回鶻 사신으로 가는 은유殷侑를 보내며 주는 글

＊〈送殷員外使回鶻序〉: 원 제목은 〈送殷侑員外使回鶻序〉로 되어 있음. 殷侑(767–838)는 陳郡(지금의 河南 淮陽) 사람으로 殷懌의 아들. 貞元 말에 五經에 뛰어나 급제하여 元和 중에 太常博士에 오름. 당시 回鶻과 和親을 위해 宗正少卿 李孝誠이 宣諭使臣으로 갈 때 尙書虞部員外郎으로 직급을 올려 副使로 함께 감. 당시 回鶻 칸(可汗, 王)이 거만하게 굴자 "可汗唐婿, 欲坐屈使者拜, 乃可汗無禮, 非使臣倨也"라 일갈하여 굴복시키고 화친을 이어갔다 함. 《舊唐書》(165)와 《新唐書》(164)에 傳이 있음. 이 시기는 《新唐書》에는 元和 8년(813)에 기록되어 있으나 韓愈의 이 글에는 元和 12년(817)으로 되어 있음. 한편 '回鶻'은 원래 回紇(廻紇)로 불렀으나 貞元 4년(788)에 '송골매처럼 급히 되돌아오기'(回旋輕捷如鶻)를 바라는 뜻으로 '回鶻'이라 바꿈. 지금의 위구르(維吾兒, 畏兀兒, Uighur/Uigur)이며, 고대 鐵勒部의 한 지파로 土剌河 부근의 韋紇族이 성장하여 隋初에 鄂爾渾(Orkhon)江을 중심으로 나라를 세웠으나 처음에는 突厥汗國에게 복속되었음. 그 뒤 743년(唐, 天寶 2년)에 돌궐을 멸하고 鐵勒 여러 부족을 통일, 국세를 떨쳐 지금의 內外 蒙古 일대와 신강위구르(新疆維吾兒) 북부, 甘肅, 중앙아시아 일부를 아우르고 있었음. 840년 黠戛斯 부족에게 멸망하여 역사 속에 묻혔다가, 淸代 지금의 신강위구르 지역이 중국에 편입되면서 오늘에 이름. 한편 回鶻은 安史의 난 때에는 唐을 도와 長安을 수복하기도 하였으며, 그 공으로 회골왕 갈러칸(葛勒可汗)은 肅宗(李亨)의 딸 寧國公主를 아내로 맞았고, 그 다음의 왕 골돌록비가칸(骨咄祿毗伽可汗)은 德宗(李适)의 딸 咸安公主를 아내로 맞아 唐과 姻戚 관계를 맺어 아주 가까운 관계였음.

1/3

당唐나라는 천명天命을 받아 천자天子가 되었으니, 무릇 사방 만국萬國은 해내외海內外를 불문하고, 대소大小에 관계없이 모두가 조정의 신하로 순종하고 있다.

그리하여 시절時節마다 수토水土의 온갖 산물을 바쳐와, 큰 나라는
특사를 보내어 오고, 작은 나라는 큰 나라에 붙어 몰려오고 있다.

唐受天命爲天子, 凡四方萬國, 不問海內外, 無小大, 咸臣順於朝.
時節貢水土百物, 大者特來, 小者附集.

【唐受天命爲天子, 凡四方萬國, 不問海內外, 無小大, 咸臣順於朝】'咸臣順於朝'는
唐 太宗(李世民)이 돌궐을 격파한 뒤 천하 모든 民族과 나라가 모두 唐나라 朝
廷에 臣服함.
【時節貢水土百物, 大者特來, 小者附集】'時節'은 四時와 二十四節氣. '水土百物'은
물과 땅에서 나는 모든 貢物. '小者附集'은 《五百家注》에 "孫曰:謂小國不能自致,
因大國幸得朝貢, 故曰附集"이라 함.

2/3 ─────────

원화元和 예성문무황제睿聖文武皇帝께서 이윽고 제위를 이어받으시어
사방 안을 모두 다스려 법도에 맞게 나가고 있다.

그리하여 12년 이렇게 조서를 내리셨다.

"사방 만국 중에 오직 회골回鶻만은 당나라에 가장 가까운 사이이며
직무를 받들기도 더욱 삼가니, 승상丞相은 종실宗室의 사품四品 중에 한
사람을 뽑아, 특별히 부절符節을 가지고 가서 군장君長에게 하사하여 짐
朕의 뜻을 고하라. 또한 경법經法에 학문이 깊고 시사時事에 정통한 자
한 사람을 뽑아 부사副使로 함께 가도록 하라."

이에 은후殷侯 유후가 태상박사太常博士의 직책에서 상서우부원외랑겸
시어사尙書虞部員外郞兼侍御史로 옮겨, 붉은 옷에 상아 홀笏로 명령을 받
들어 가게 되자, 조정의 대부大夫로서 전송하지 아니하는 자가 없었다.

元和睿聖文武皇帝旣嗣位, 悉治方內, 就法度.

十二年詔曰:「四方萬國, 惟回鶻於唐最親, 奉職尤謹, 丞相其選宗室四品一人, 特持節往賜君長, 告之朕意. 又選學有經法通知時事者一人, 與之爲貳.」

由是殷侯侑自太常博士, 遷尙書虞部員外郎兼侍御史, 朱衣象笏, 承命以行, 朝之大夫莫不出餞.

【元和睿聖文武皇帝旣嗣位, 悉治方內, 就法度】'元和'는 唐 憲宗(李純)의 연호. 806-820년까지 15년간이었음. '睿聖文武皇帝'는 睿智와 聖明, 文武를 갖춘 황제라는 뜻으로 당시 신하가 황제를 칭하던 말.《五百家注》에 "樊曰:憲宗元和三年正月, 上此尊號"라 함. '悉治內方'은 憲宗은 당시 나라 안의 여러 소요를 진압하여 안정을 이루었음. 즉 夏, 蜀, 江東, 澤潞를 평정하고 易州, 定州를 안정시켰으며, 魏州, 博州, 貝州, 衛州, 澶州, 相州 등의 난을 진압하였음.《古文眞寶》(後集) 韓愈의 〈平淮西碑〉(030)를 참조할 것.

【十二年詔曰:「四方萬國, 惟回鶻於唐最親, 奉職尤謹, 丞相其選宗室四品一人, 特持節往賜君長, 告之朕意. 又選學有經法通知時事者一人, 與之爲貳.」】'十二年'은 德宗 元和 12년(817). '最親'은 回鶻 칸이 寧國公主와 咸安公主를 王妃로 삼아 인척 관계가 되었을 뿐더러 安史의 亂 때 도움을 주는 등 아주 친밀한 관계였음을 말함.《五百家注》에 "嚴曰:肅宗之復兩京, 藉回鶻之師助焉. 故言於唐最親"이라 함.《軌範》注에 "尊中國得體"라 함. '宗室四品'은 唐 王室 李氏로서 四品 이상의 측근. 李孝誠이 발탁되었음을 말함. '持節'은 符節을 소지함. '學有經法'은 五經에 통달한 자. '貳'는 부사. 殷侑가 발탁되었음을 뜻함.

【由是殷侯侑自太常博士, 遷尙書虞部員外郎兼侍御史, 朱衣象笏, 承命以行】'殷侯侑'는 殷侑. '侯'는 높임을 위해 넣은 것. '太常博士'는 太常寺에 소속되어 禮儀祭典 등을 관장하는 직책으로 從七品이었음. '尙書虞部員外郎'은 尙書省에 속한 虞部의 員外郎. 尙書省 아래에 工部가 있으며 工部에 속한 부서로서 虞部가 있음. 虞部는 山澤, 苑囿의 草木, 鳥獸 등을 관장하는 직책. '員外郎'은 이름만 있는 虛職.《舊唐書》에는 殷侑가 "使還, 拜虞部員外郎"이라 하여 돌아온 다음 이 직책에 오른 것으로 되어 있음. 이에《五百家注》에는 "樊曰:《唐史》所書, 事與此同. 惟《史》

記八年而此云「十二年」.《史》云「還遷虞部員外郎」, 而此云「遷虞部員外郎以行」不同
耳. 當以此序爲正"이라 함. '侍御史'는 御史臺에 속하는 從六品으로 百官을 糾覈
하고 薦擧하는 업무를 관장하는 직책. '朱衣象笏'은 唐나라 제도에 四品과 五品
은 緋色衣, 六品과 七品은 綠色衣를 입게 되어 있으며, 다만 외국에 사신으로
갈 때는 緋色(朱色)을 입을 수 있음. '笏'은 五品 이상은 象牙, 五品 이하는 竹木笏
을 사용하나, 역시 殷侑는 사신으로 감으로 인해 象笏을 사용한 것.
【朝之大夫莫不出餞】'餞'은 祖餞, 餞別式. '餞行'과 같으며 먼 길을 떠나는 사람을
위해 여는 잔치.《四民月令》에 의하면 고대 黃帝의 아들 유조(纍祖)가 먼 길을 떠
나 도중에 죽자 사람들이 그를 '路神'으로 여겨 길 떠나는 자를 보호해 달라는
뜻으로 祭를 올리기 시작한 것에서 유래되었다 함.

3/3 ━━━━━━━━━

술자리가 반쯤 무르익었을 때 우서자右庶子 나 한유韓愈가 잔을 들고
이렇게 말하였다.

"은대부여! 지금 사람으로서 수 백리 길을 가게 되면, 문을 나서면서
망망惘惘하여 이별의 슬픈 기색이 있을 것이며, 이불을 가지고 삼성三省
에 숙직을 하러 가는 정도만 해도 아내[婢子]를 돌아보며 정녕丁寧히 소
근대는 말을 그치지 않는 법이오. 그런데 지금 그대는 만 리 외국에 사
신으로 가면서 유독 말씀과 얼굴에 그런 기미幾微가 조금도 없으니, 어
찌 진실로 경중輕重을 아는 대장부大丈夫가 아니겠소! 승상께서 그대를
조서에 응하여 추천하였으니, 승상은 진실로 사람을 알아본다 할 것이
니, 선비로서 경經에 통달하지 못하면 과연 세상에 쓰일 수가 없는 것이
외다."

이에 서로 이어가며 시를 지어, 그의 출행을 격려하였다.

酒半, 右庶子韓愈執盞言曰:「殷大夫! 今人適數百里, 出門惘
惘, 有離別可憐之色, 持被入直三省, 丁寧顧婢子語, 刺刺不能休.
今子使萬里外國, 獨無幾微出於言面, 豈不眞知輕重大丈夫哉!

丞相以子應詔, 眞誠知人矣, 士不通經, 果不足用.」

　於是相屬爲詩, 以道其行云.

【酒半, 右庶子韓愈執盞言曰:「殷大夫! 今人適數百里, 出門悁悁, 有離別可憐之色, 持被入直三省, 丁寧顧婢子語, 剌剌不能休. 今子使萬里外國, 獨無幾微出於言面, 豈不眞知輕重大丈夫哉!」』'右庶子'는 太子의 屬官으로 太子宮의 庶務를 담당하던 직책. 韓愈는 元和 11년 5월 太子右庶子로 발탁되었음.《五百家注》에 "樊曰: 元和十一年五月, 公爲太子右庶子"라 함. '殷大夫'는《五百家注》에는 '殷侯'로 되어 있으며, 注에 "一作殷大夫"라 함. '悁悁'은 멍하여 슬퍼함을 뜻함.《五百家注》에 "嚴曰: '悁悁', 失志貌. 文紡切"이라 함. '入直三省'은 三省에 當直(宿直)으로 들어감. '三省'은 尙書省, 中書省, 門下省. '丁寧'은 매우 자상하게 말로 일러주고 달래주며 다독거림을 뜻하는 疊韻連綿語.《漢書》谷永傳 "以丁寧陛下"의 顏師古 注에 "丁寧者, 謂再三告示也"라 함. 지금은 '叮嚀'으로 표기함. '婢子'는 아내의 賤稱, 마누라.《左傳》僖公 22년 傳 "寡君之使婢子, 侍執巾櫛"의 注에 "婢子, 婦人之卑稱也"라 하였고,《禮記》曲禮에 "自世婦以下, 自稱曰卑子"라 함. 자신이 숙직으로 인해 집에 돌아오지 못함에 婢子(아내)에게 집안을 잘 돌보고 자신을 기다릴 것을 再三 자상하게 일러주고 달램. '剌剌'(척척)은 象聲語.《軌範》注에 "七迹反"이라 하여 '척'으로 읽음. 많은 말에 끊임이 없음을 표현한 것. 혹 '剌剌'(랄랄. 盧達切, 慮達切)로도 표기하며, 이는 字形이 비슷하여 서로 混淆하여 쓴 것으로 둘 모두 가능함.《管子》心術篇에 "焉能去剌剌爲咢咢乎?"라 함.《五百家注》에 "祝曰: '剌剌', 語聲.《選》: 「風威剌剌.」二字並音'盧達切'. 韓曰: 當音'七迹切'. 前輩言杜詩·韓文, 無一字無來處. 潘岳〈閣道謠〉云:「和嶠剌促不得休.」公語疑出此. 前一音非是"라 함. 그러나《東雅堂》에는 "剌剌, 方云: 洪慶善云: 剌音'盧達切'. 樊澤之云: 剌'七迹切'. 若如洪讀, 則當以戾爲義, 顧婢子語何戾耶? 潘〈閣道謠〉:「和嶠剌促不得休.」語意皆同此. 當以'七迹切'爲正"이라 하여 '剌剌'여야 한다고 여겼음. '幾微'는 아주 미세함이나 徵兆 등을 뜻하는 疊韻連綿語. '大丈夫'는《孟子》滕文公(下)에 "景春曰:「公孫衍·張儀, 豈不誠大丈夫哉? 一怒而諸侯懼, 安居而天下熄.」孟子曰:「是焉得爲大丈夫乎? 子未學禮乎? 丈夫之冠也, 父命之; 女子之嫁也, 母命之; 往送之門, 戒之曰: 『往之女家, 必敬必戒, 無違夫子!』以順爲正者, 妾婦之道也. 居天下之廣居; 立天下之正位; 行天下之大道. 得志, 與民由之; 不得志, 獨行其道, 富貴不能淫; 貧

賤不能移, 威武不能屈. 此之謂大丈夫.」라 함.《軌範》注에 "只語此一段"이라 함.

【丞相以子應詔, 眞誠知人矣, 士不通經, 果不足用】'應詔'는 임금의 詔勅에 응함. 丞相이 殷侑를 선택하여 추천하였음을 말함.

【於是相屬爲詩, 以道其行云】'屬'은 '연속하여'의 뜻. '道'는 '말하다, 격려하다, 축하하다, 행운을 빌다' 등의 뜻.

참고 및 관련 자료

1. 韓文公(韓愈, 韓退之, 韓昌黎) 001 참조.

2. 이 글은《五百家注昌黎文集》(21),《東雅堂昌黎集註》(21),《別本韓文考異》(21),《唐宋八大家文鈔》(6),《文苑英華》(730),《文章正宗》(15),《文編》(54),《古文雅正》(8),《唐宋文醇》(5),《文章辨體彙選》(336),《淵鑑類函》(143),《古文辭類纂》(32),《古文約選》(2) 등에 널리 실려 있음.

3.《東雅堂昌黎集註》에 "一作〈殷侑員外使回鶻序〉. 元和十二年也. 據〈傳〉詔侑副宗正少卿李孝誠使回鶻, 可汗驕甚, 侑不爲屈虜, 責其倨. 侑曰:「可汗唐壻, 欲坐屈使者拜, 乃可汗無禮, 非使臣倨也.」虜憚其言, 不敢逼. 還遷虞部員外郞. 皆與序合, 惟年次稍先後, 當以序爲正"이라 함.

4.《五百家注昌黎文集》에는 "韓曰: 元和十二年二月, 遣回鶻摩尼僧等歸國, 因命宗正少卿李孝誠使回鶻, 以太常博士殷侑副之. 侑陳郡人, 貞元末及五經第, 其學長於禮, 及至回鶻責可汗無禮, 虜憚其言"이라 함.

5.《唐宋八大家文鈔》에 "學班掾之文, 其嚴緊如程, 不識李光弼之治兵"이라 함.

014(1-14) 〈原毀〉 ·················· 韓文公(韓愈)

헐뜯음에 대한 원의

* 〈原毀〉: '原'은 吳訥의 〈文章辨體序說〉에 "先儒謂始於退之之'五原', 蓋推其本原
之義以示人也"라 함. 따라서 '原毀'는 '남을 헐뜯음에 대한 原義'이며, 이는 韓愈
'五原'(原道, 原人, 原毀, 原性, 原鬼) 중 제 3편임. 혹 제목이 '毀原'으로도 되어 있
음. 《東雅堂昌黎集註》에 "或作毀原"이라 함. 中唐 시기는 朋黨의 深化로 士들은
서로 헐뜯고 비방하며 能한 자와 善한 자를 배척하는 분위기가 성행하였음. 韓
愈 자신도 朋黨의 화를 입어 고통을 당하였으므로 이 글을 지어 시대 풍조를
한탄한 것임.

1/4 ─────────────────

옛날의 군자들은 자신을 책함에는 무겁고 주밀周密했으며, 남을 대함
에는 가볍게 넘어가고 간약簡約하였다.

무겁고 주밀하기 때문에 태만하지 않았고, 가볍게 넘겨주고 간약하게
했기 때문에 남들이 일을 잘하는 것을 즐겁게 여겼다.

듣건대 옛 사람으로 순舜이라는 자가 있었는데, 그의 사람됨은 인의仁
義한 사람이었다.

순이 순임금다운 것을 찾으면서 자신에게 책임을 물어 "저도 사람이
요, 나도 사람이다. 저는 이에 능히 해내셨는데 나는 이를 능히 해내지
못하는가!"라고 한다.

그러면서 아침 일찍부터 밤늦도록 생각하여, 순만 못한 점을 버리고
순과 같은 쪽으로 나갔다.

듣기로 옛 사람으로 주공周公이란 분이 계셨는데, 그의 사람됨은 재능
과 기예가 많았던 사람이다.

주공이 주공다운 이유를 찾으면서 자신에게 책임을 물어 "저도 사람

이요, 나도 사람이다. 저는 능히 해내는데 나는 해내지 못하는구나!"라고 한다.

그러면서 아침 일찍부터 밤늦도록 생각하여, 주공만 못한 점을 버리고 주공과 같은 쪽으로 나갔다.

순은 큰 성인聖人으로 후세에 그를 따를 만한 자가 없었고, 주공도 큰 성인으로 후세에 그를 따를 만한 자가 없었다.

이 사람은 이에 "순만 못하고, 주공만 못함이 나의 병폐로다"라고 한다.

이는 역시 자신에게 책임을 묻기를 무겁게 하고 주밀하게 함이 아니겠는가!

古之君子, 其責己也重以周, 其待人也輕以約.

重以周, 故不怠; 輕以約, 故人樂爲善.

聞古之人有舜者, 其爲人也, 仁義人也.

求其所以爲舜者, 責於己曰:「彼人也, 予人也; 彼能是, 而我乃不能是!」

早夜以思, 去其不如舜者, 就其如舜者.

聞古之人有周公者, 其爲人也, 多才與藝人也.

求其所以爲周公者, 責於己曰:「彼人也, 予人也; 彼能是, 而我乃不能是!」

早夜以思, 去其不如周公者, 就其如周公者.

舜, 大聖人也, 後世無及焉; 周公, 大聖人也, 後世無及焉.

是人也, 乃曰:「不如舜, 不如周公, 吾之病也.」

是不亦責於己者重以周乎!

【古之君子, 其責己也重以周, 其待人也輕以約】 '君子'는 士大夫. 덕과 수양을 갖추어야 할 이들을 가리킴. 혹 指導者나 爲政者를 의미하기도 함. '重而周'는 嚴重하

게 하면서 周密함. '重'은 嚴格함. '周'는 周到綿密함. '輕而約'은 가볍게 넘어가고 簡約하게 함. 《尙書》伊尹篇의 "與人不求備, 檢身若不及" 및 《論語》微子篇의 "無求備於一人"과 같은 뜻임. 《四書蒙引》(8)에 "人之常情, 責己常輕, 責人常重. 此其所以來怨之多也. 惟吾身自厚而薄責於人, 則身益修而人易從, 怨可得而遠矣. 自厚, 自處其厚也. 所謂其責已也重以周, 其責人也輕以約. 不然, 便是以聖賢責人而以常人自待也"라 함.

【重以周, 故不怠;輕以約, 故人樂爲善】《論語》衛靈公篇 "躬自厚而薄責於人"의 朱熹 注에 "責己厚, 故身益修;責人薄, 故人易從"이라 함.

【聞古之人有舜者, 其爲人也, 仁義人也】'舜'은 고대 五帝의 하나. 有虞氏. 姓은 姒氏, 이름은 重華. 虞舜으로도 부름. 堯임금으로부터 천하를 물려받아 帝位에 오름. 瞽瞍의 아들로 孝誠이 뛰어났던 분으로 널리 알려져 있으며 儒家에서 聖人으로 추앙함. 《十八史略》(1)에 "帝舜有虞氏:姚姓, 或曰名重華, 瞽瞍之子, 顓頊六世孫也. 父惑於後妻, 愛少子象, 常欲殺舜. 舜盡孝悌之道, 烝烝乂不格姦"이라 함. 《孟子》離婁(下)에 "孟子曰:「人之所以異於禽獸者幾希, 庶民去之, 君子存之. 舜明於庶物, 察於人倫, 由仁義行, 非行仁義也.」라 하였고, 朱熹 注에 "由仁義行, 非行仁義, 則仁義已根於心, 而所行皆從此出. 非以仁義爲美, 而後勉强行之, 所謂安而行之也. 此則聖人之事, 不待存之, 而無不存矣"라 함.

【求其所以爲舜者, 責於己曰:「彼人也, 予人也;彼能是, 而我乃不能是!」】《孟子》離婁(下)에 "孟子曰:「君子所以異於人者, 以其存心也. 君子以仁存心, 以禮存心. 仁者愛人, 有禮者敬人. 愛人者人恆愛之;敬人者人恆敬之. ……『舜人也, 我亦人也. 舜爲法於天下, 可傳於後世, 我由未免爲鄉人也, 是則可憂也.』憂之如何? 如舜而已矣. 若夫君子所患則亡矣. 非仁無爲也, 非禮無行也. 如有一朝之患, 則君子不患矣.」라 하였고, 같은 《孟子》滕文公(上)에도 "顏淵曰:「舜何人也? 予何人也? 有爲者亦若是.」라 하였음.

【早夜以思, 去其不如舜者, 就其如舜者】'早夜'는 이른 새벽부터 밤늦도록. '以思'는 그것만 생각함. 《論語》衛靈公篇에 "子曰:「吾嘗終日不食, 終夜不寢, 以思, 無益, 不如學也.」라 함. '去'와 '就'는 대응되는 의미임. 버리고 나아감.

【聞古之人有周公者, 其爲人也, 多才與藝人也】'周公'姬旦. 周 文王(姬昌)의 아들이며 武王(姬發)의 아우. 武王을 도와 商(殷)의 紂를 멸하였으며 周나라 文物制度를 완비함. 조카 成王(姬誦)이 어려 즉위하자 7년간 섭정함. 管叔과 蔡叔이 武庚을

부추겨 난을 일으키자 東征하여 진압하고 洛陽을 成周로 건설하기도 함. 魯나라 曲阜를 봉지로 받아 魯나라 시조가 됨. 儒家에서 聖人으로 높이 받듦.《史記》魯周公世家 참조. '才'와 '藝'는 才能과 技藝.《尚書》金縢篇에 "周公曰:「予仁若考, 能多才多藝, 能事鬼神.」"이라 하였음.

【求其所以爲周公者, 責於己曰:「彼人也, 予人也; 彼能是, 而我乃不能是!」】《孟子》滕文公(上)에 "成覸謂齊景公曰:「彼丈夫也, 我丈夫也, 吾何畏彼哉?」顔淵曰:「舜何人也? 予何人也? 有爲者亦若是.」"라 하였고, 公孫丑(下)에도 "見孟子問曰:「周公何人也?」曰:「古聖人也.」"라 함.

【早夜以思, 去其不如周公者, 就其如周公者】周公의 훌륭한 점을 본받고자 함.

【舜, 大聖人也, 後世無及焉; 周公, 大聖人也, 後世無及焉】'無及'은 그에 미치는 자가 없음. 그를 따를 만한 성인이 없음. 그들은 최고의 성인이었음.

【是人也, 乃曰:「不如舜, 不如周公, 吾之病也.」】'病'은 병폐. 부족함.《論語》雍也篇에 "子貢曰:「如有博施於民而能濟衆, 何如? 可謂仁乎?」子曰:「何事於仁! 必也聖乎! 堯舜其猶病諸! 夫仁者, 己欲立而立人, 己欲達而達人. 能近取譬, 可謂仁之方也已.」"라 하였고, 注에 "病, 心有所不足也"라 함.

【是不亦責於己者重以周乎!】이렇게 하는 것은 자신에게 책임을 돌려 엄중히 하고 주밀하게 하는 것임.

2/4 ━━━━━━━━━━

그는 남에 대해서 "저 사람은 이러한 점에 능하니 족히 훌륭한 선비가 될 수 있고, 이러한 점을 잘하니 족히 예인藝人이 될 수 있다"라고 한다.

이처럼 한 가지만 취하고 두 가지에 대해서는 책임을 묻지 않으며, 새로운 것으로 나가면서 옛날 것은 따지지 않으니, 공공연恐恐然히 오직 그 사람이 잘하는 것의 이익을 얻지 못할까 두려워한다.

한 가지만 잘하는 것은 수행修行하기 쉽고, 한 가지 예능만 잘하는 것도 능히 해내기 쉬운 것인데도, 그 사람에 대해 이에 "이런 점이 있으니 이로써 역시 족하다"라고 하고, "이런 것을 능히 잘하니 역시 족하다"라고 한다면, 이는 역시 남을 대함에 가볍게 넘어가 주고 간약하게 함이 아니겠는가?

　其於人也, 曰：「彼人也, 能有是, 是足爲良士矣；能善是, 是足爲藝人矣.」
　取其一, 不責其二, 卽其新不究其舊, 恐恐然惟懼其人之不得爲善之利.
　一善易修也, 一藝易能也, 其於人也, 乃曰：「能有是, 是亦足矣」；曰：「能善是, 是亦足矣.」是不亦待於人者輕以約乎！

【其於人也, 曰：「彼人也, 能有是, 是足爲良士矣；能善是, 是足爲藝人矣.」】'良士'는 훌륭한 선비.《尙書》秦書에 "番番良士"라 함. '善'은 훌륭함, 잘함. '善惡'의 '善'이 아님. '藝人'은 기예가 뛰어난 사람.

【取其一, 不責其二, 卽其新不究其舊, 恐恐然惟懼其人之不得爲善之利】'卽其新不究其舊'는 새롭게 변한 것을 중히 여기고 지난날 잘못된 것은 따지지 않음.《左傳》僖公 28년 傳에 "舍其舊而新是謀"라 함. '恐恐然'은 매우 두렵게 여기며 자신의 부족함을 자책함.

【一善易修也, 一藝易能也, 其於人也, 乃曰：「能有是, 是亦足矣.」】'一善'은 한 가지에만 뛰어남. 잘함. '一藝'도 같은 뜻임.

【曰：「能善是, 是亦足矣.」是不亦待於人者輕以約乎！】'是不亦待於人者'의 '是'는《昌黎集》에는 이 글자가 없음. 전체의 뜻은 하나라도 잘하는 것을 인정하고 칭찬하는 것은 남을 대함에 가볍게 넘겨주고 간약하게 하는 것임.

3/4

　오늘날의 군자라면 그렇지 않으니, 남을 책함에는 상세하고, 자신을 대함에는 대충 넘어간다.
　상세하기 때문에 사람들이 잘 하기를 어렵게 여기고, 대충하기에 자신 스스로는 얻는 것이 적다.
　자신에게 아직 잘하는 것이 없으면서도 "나는 이를 잘하니 역시 족하다"라 하고, 자신에게 아직 능함이 없는데도 "나는 이런 면에 능하니 역시 족하다"라고 한다.

이처럼 밖으로는 남을 속이고, 안으로는 자신의 마음을 속여, 조금도 얻는 것이 없으면서 그쯤에서 중지하니, 이것이 역시 자신에게 이미 너무 대충하는 것이 아니겠는가!

그러면서 남에게는 "저 자는 비록 이에 능하나 그 사람에게 족히 걸맞지 않고, 저 사람은 비록 이에 잘하나 그 쓰임에는 아직 걸맞지 않다"라고 한다.

이처럼 한 가지만을 들어 열 가지를 계산하지 않으며, 옛날을 들추어 그의 새로움을 도모하지 않으면서, 공공연히 오직 그 사람이 명성이 날까봐 두려워한다.

이 역시 남에게 책임을 물음이 너무 상세한 것이 아니겠는가!

무릇 이것을 일러 '자신은 보통 사람으로 대하지 않으면서, 남에게는 성인이기를 바란다'는 것이니, 나는 아직 자신을 존귀하게 여기는 자를 보지 못하였다.

今之君子則不然: 其責人也詳, 其待己也廉.

詳, 故人難於爲善; 廉, 故自取也少.

己未有善, 曰:「我善是, 是亦足矣.」; 己未有能, 曰:「我能是, 是亦足矣.」

外以欺於人, 內以欺於心, 未少有得而止矣, 是不亦待於己者已廉乎!

其於人也, 曰:「彼雖能是, 其人不足稱也; 彼雖善是, 其用不足稱也.」

擧其一不計其十, 究其舊不圖其新, 恐恐然惟懼其人之有聞也.

是不亦責於人者已詳乎!

夫是之謂『不以衆人待其身, 而以聖人望於人』, 吾未見其尊己也.

【今之君子則不然. 其責人也詳, 其待己也廉】'詳'은 전체를 상세하게 따지고 듦. 吹毛覓疵함. '廉'은 적음. 대충함. 疏略함. 느슨함.《古文集成》(68)에 "迂齋曰: 廉者, 周重之反"이라 함.

【詳, 故人難於爲善;廉, 故自取也少】'難於爲善'은 잘하기에 대해 어렵게 여김. '自取也少'는 얻기는 하지만 아주 적음.

【己未有善, 曰:「我善是, 是亦足矣.」己未有能, 曰:「我能是, 是亦足矣.」】자신에게 善과 能이 없으면서도 스스로 그 정도면 된다고 여김.

【外以欺於人, 內以欺於心, 未少有得而止矣, 是不亦待於己者已廉乎!】'以欺於人'은 속임수로서 남을 대함. '是'자는 역시《昌黎集》에는 없음.

【其於人也, 曰:「彼雖能是, 其人不足稱也;彼雖善是, 其用不足稱也.」】'稱'은 걸맞음. 그 사람에게 아직 모자람. 혹은 稱함.

【擧其一不計其十, 究其舊不圖其新, 恐恐然惟懼其人之有聞也】'擧其一不計其十'은 모자란 한 가지만 들추어내고 나머지 열 가지는 계산에 넣지도 않음. '圖'는 謀와 같음.《詩》小雅 常棣篇 "是究是圖, 亶其然乎"의〈毛傳〉에 "圖, 謀也"라 함. '有聞'은 그 사람이 훌륭한 사람이라고 소문이 남. 그의 명성이나 명망이 알려짐.

【是不亦責於人者已詳乎!】'已詳'은 너무 상세함. '已'는 太와 같음.

【夫是之謂『不以衆人待其身, 而以聖人望於人』, 吾未見其尊己也】'衆人'은 보통 사람. 凡人. '以聖人望於人'은 남에게는 그가 성인이기를 바람. '尊己'는 자기 자신을 존중함. 이를 이루기 위해 노력함.

4/4 ─────────────────

비록 그렇기는 하나 이렇게 하는 것은 그 근본과 원인이 있으니, 게으름과 시기하는 마음을 두고 하는 말이다.

게으른 자는 능히 닦지 못하고, 시기하는 자는 남이 닦는 것을 두려워한다.

나는 일찍이 이를 시험해 보았다.

일찍이 많은 이들에게 시험 삼아 이렇게 말해보았다.

"아무개는 훌륭한 선비요, 아무개도 훌륭한 선비이다."

그러자 그 말을 인정하는 자는 틀림없이 그 사람과 같은 편이요, 그렇

지 않은 자라면 그와 소원疏遠하여 그와 이익을 함께 하지 않았던 자이
거나, 그것도 아니라면 두려워하는 이들이었다.

이와 같지 않으면 강한 자는 반드시 그의 말에 노기가 섞여있고, 나
약한 자는 반드시 그 얼굴에 노기를 드러내 보였다.

다시 나는 여러 사람들에게 이렇게 말해보았다.

"아무개는 훌륭한 선비가 아니며, 아무개도 훌륭한 선비가 아니다."

그러자 이 말을 인정하지 않는 자는 반드시 그와 같은 편이며, 그렇
지 않은 자라면 그와 소원하여 그와 이익을 함께 하지 않은 이들이거나,
그것도 아니면 그를 두려워하는 이들이었다.

이와 같지 않으면 강한 자는 반드시 그의 말에 즐거움이 드러나 보이
고, 약한 자는 반드시 그의 표정에 즐거워하는 기색이 드러나 보였다.

이 까닭으로 일이 닦여지면 비방이 일어나고, 덕이 높으면 헐뜯음이
다가오는 것이다.

아! 선비가 이 세상에 처하면서 명예의 영광과 도덕의 실행을 바란다
는 것은 어렵도다!

장차 윗자리에서 일하는 자가 내 말을 얻어 잘 보존한다면, 그 나라
가 잘 다스려지기를 기대해도 되리라!

雖然, 爲是者有本有原, 怠與忌之謂也.
怠者不能修, 而忌者畏人修.
吾嘗試之矣.
嘗試語於衆曰:「某, 良士; 某, 良士.」
其應者, 必其人之與也; 不然, 則其所疏遠不與同其利者也; 不
然, 則其畏也.
不若是, 强者必怒於言, 懦者 必怒於色矣.
又嘗語於衆曰:「某, 非良士; 某, 非良士.」
其不應者, 必其人之與也; 不然, 則其所疏遠不與同其利者也;

不然, 則其畏也.
　不若是, 强者必說於言, 懦者必說於色矣.
　是故事修而謗興, 德高而毀來.
　嗚呼! 士之處此世, 而望名譽之光, 道德之行, 難已!
　將有作於上者, 得吾說而存之, 其國家, 可幾而理矣!

【雖然, 爲是者有本有原, 怠與忌之謂也】'有本有原'은 근본과 원인이 있음. '怠與忌'
는 자신의 수양에는 怠慢하면서 남의 훌륭한 점에 대해서는 猜忌함.
【怠者不能修, 而忌者畏人修】'畏人修'는 남이 잘 수양하고 있음에 대해 두려워함.
【吾嘗試之矣】이를 시험해 보았음.
【嘗試語於衆曰:「某, 良士;某, 良士.」】어떤 인물을 두고 지극히 긍정적으로 평가
하여 상대의 반응을 봄.
【其應者, 必其人之與也;不然, 則其所疏遠不與同其利者也;不然, 則其畏也】'應者'
는 그렇다고 인정하는 사람. '與'는 그와 같은 편. 그의 친구나 친한 사람. '疏遠'
은 관계가 멂. '不與同其利'는 그와 이익을 함께 함.
【不若是, 强者必怒於言, 懦者 必怒於色矣】'强者'는 강하게 반대하는 자. '怒於言'
은 그의 말에 노기가 들어 있음. '懦者'는 柔弱하여 겁이 많은 자.《孟子》萬章
(下)에 "故聞伯夷之風者, 頑夫廉, 懦夫有立志"라 함. '怒於色'은 표정에 노기가 나
타남.
【又嘗語於衆曰:「某, 非良士;某, 非良士.」】어떤 인물을 두고 지극히 부정적으로 평
가하여 상대의 반응을 봄.
【其不應者, 必其人之與也;不然, 則其所疏遠不與同其利者也;不然, 則其畏也】'不應
者'는 그 말을 인정하지 않는 자.
【不若是, 强者必說於言, 懦者必說於色矣】'說'은 悅과 같음.
【是故事修而謗興, 德高而毀來】'事修'는 일을 잘 처리함. 자신을 잘 수양해 나감.
이 구절은 전체의 결론에 해당함.
【嗚呼! 士之處此世, 而望名譽之光, 道德之行, 難已!】'此世'는 韓愈가 당시 朋黨으
로 인해 해를 입고 있었음을 강조한 것. '難已'는 難矣와 같음.
【將有作於上者, 得吾說而存之, 其國家, 可幾而理矣!】'作於上'은 윗자리에서 行政을

퍼는 爲政者. '可幾'의 '幾'는 庶幾와 같음.《漢書》東方朔傳 "上以安主體, 下以便萬民, 則五帝三王之道, 可幾而見也"의 顔師古 注에 "幾, 庶幾"라 함. '矣'는《昌黎集》에는 '歟'로 되어 있음.

참고 및 관련 자료

1. 韓文公(韓愈, 韓退之, 韓昌黎) 001 참조.

2. 이 글은《東雅堂昌黎集註》(11),《五百家注昌黎文集》(11),《別本韓文考異》(11),《唐文粹》(43),《唐宋八大家文鈔》(9),《文苑英華》(363),《崇古文訣》(8),《文章正宗》(12),《古文集成》(68),《文編》(38),《文章辨體彙選》(431),《唐宋文醇》(1),《經濟類編》(93),《古文辭類纂》(2),《古文觀止》(7),《古文約選》(1) 등에 널리 실려 있음.

3.《軌範》注에 "此篇曲盡人情, 巧處妙處在假託他人之言辭, 摸寫世俗之情狀. 熟于此, 必能作論"이라 함.

4.《五百家注昌黎文集》에 "韓曰: 終篇之言曰:「將有仕于上者, 得吾說而存之, 其國家可幾而理.」意當時必有毁譽之不公者. 公初求仕, 時當有激而作, 故曰:「士之處此世而望名譽之光道德之行難矣.」則其言誠有旨云"이라 함.

5. 唐宋八大家文鈔》에 "此篇八大比秦漢來, 故無此調, 昌黎公創之, 然感慨古今之間, 因而摹寫人情曲鬱骨裏, 文之至者"라 함.

6. 震《黃氏日抄》(59)〈雜文〉(原毁)에 "傷後世議論之不公, 爲國家者, 不可不察也"라 함.

《文章軌範》卷2
「放膽文」'王'字集

〈白瓷雙腹龍柄傳瓶〉(隋) 1957 陝西 西安 李靜訓묘 출토

《文章軌範》卷2
「放膽文」 '王'字集

No	〈題目〉	作者	《古文眞寶》	備注
015	爭臣論	韓愈	卷3 (032)	
016	諱辨	〃	卷4 (046)	
017	桐葉封弟辯	柳宗元	卷5 (059)	
018	與韓愈論史論	〃	卷5 (054)	
019	晉文公問守原議	〃	卷5 (060)	
020	朋黨論	歐陽脩	卷7 (082)	
021	縱囚論	〃	卷7 (081)	
022	春秋論	〃		

"어려운 문제를 변석해내고 잘못을 공격하는 문장은 비록 무서운 소리와 얼굴빛을 내거나, 비록 날카로운 칼끝을 노출시킨다.

그럼에도 기력氣力이 웅건하고 광염光燄이 길고 멀게 뻗쳐나가 이를 읽으면 사람으로 하여금 뜻을 강하게 하고 정신이 상쾌하게 해준다.

초학자는 이를 잘 숙지하면 틀림없이 문장에 웅건함이 있어 천만 사람이 들끓는 과거 시험장에서 유사有司 역시 마땅히 눈을 비비며 놀랍게 여길 것이다."

「辨難攻擊之文, 雖厲聲色, 雖露鋒鋩.
  然氣力雄健, 光燄長遠, 讀之, 令人意强而神爽.
  初學熟此, 必雄于文, 千萬人場屋中, 有司亦當刮目.」

【辨難攻擊之文, 雖厲聲色, 雖露鋒鋩】'辨難'은 難題를 辨析해 냄. '攻擊'은 잘못을 지적하여 힘을 다해 용서 없이 공격함. '厲'는 戾와 같음. 지독함. 매서움. 날카로

움. '聲色'은 목소리와 얼굴빛. 문장의 표현법을 두고 이른 말. '鋒鋩'은 병기의 날, 칼날. 창끝 등. 主題가 辨難攻擊이므로 어쩔 수 없이 표현이 매섭고 공격이 칼끝과 같지 않을 수 없음.

【然氣力雄健, 光燄長遠】'光燄'은 光焰(光炎)과 같음. 빛과 열을 내는 불꽃.

【讀之, 令人意强而神爽】'意强'은 의지를 강하게 해줌. '神爽'은 정신이 시원함. 자신이 하고 싶던 말을 작자가 대신해준 듯 시원하게 느낌.

【初學熟此, 必雄于文】'初學'은 처음 문장 짓기를 배우는 자.

【千萬人塲屋中, 有司亦當刮目】'塲屋'(場屋)은 과거 시험장. 科場. '有司'는 시험 관리를 맡은 자. 採點者. 評審者. '刮目'은 刮目相待의 줄인 말. '拭目'과 같은 뜻임. 《三國志》吳志 呂蒙傳 裴駰 注에 "呂蒙謂魯肅曰:「士別三日, 卽更刮目相待.」"라 함. 한편 《後漢書》蔡茂傳에는 "會董宣擧糾湖陽公主, 上書曰:「當宣受怒之初, 京師側耳, 及其蒙宥, 天下拭目.」"이라 함.

015(2-1) 〈爭臣論〉 ············· 韓文公(韓愈)

간쟁의 임무를 맡은 신하에 대해 논함

〈陽城〉(736-805)

*〈爭臣論〉: '爭臣의 명확한 의무에 대한 論議'. 당시 諫議大夫였던 陽城(736-805)이라는 자가 諫言의 의무를 다하지 않고 默言의 도를 고수하여 덕이 있다고 이름을 얻자, 이를 훌륭하다 여기는 자를 가설로 내세우고, 韓愈가 이에 반박하는 형식을 취하고 있음. 陽城은 자는 亢宗, 定州 平北 사람으로 그곳 中條山 초야에 묻혀 살다가 그 덕행이 소문이 나서 추천을 거쳐 諫議大夫에 오른 인물.《舊唐書》(192) 隱逸傳과《新唐書》(194) 卓行傳에 傳이 실려 있음. 실제 陽城은 7년 재임 기간 동안 마지막에 陸贄와 裴延齡의 사안을 간언하고 파직되었을 뿐임.

1/4

어떤 자가 간의대부 양성陽城에 대하여 나에게 이렇게 질문하였다.

"그 분은 가히 도를 가진 선비라 여길 수 있겠지요! 학문이 넓고 들은 것이 많음에도 남에게 자신이 알려지기를 바라지 않고 있으며, 옛사람들의 도를 실행하며 산서山西의 시골에 살고 있어 산서의 촌사람들로서 그의 덕에 감화되어 선량하게 된 자가 수천 명이나 됩니다. 대신大臣, 李泌이 이를 듣고 추천하여 천자께서 간의대부로 삼자, 사람들은 모두 영예로운 일로 여겼으나 그분만은 기뻐하는 기색도 없었습니다. 그 벼슬자리에 5년이나 있었지만 그의 덕을 보면 여전히 초야에 있을 때나 같았으니, 그가 어찌 부귀 때문에 그의 마음을 바꿀 사람이라 하겠습니까!"

나는 이에 응답하여 이렇게 말하였다.

"이것은 《역易》에서 말한 바 '그가 늘 지키는 덕은 바른 것이지만 남자로서는 흉할 것'이라 한 것이니, 어찌 도를 가진 선비라 할 수 있겠소? 《역》 고괘蠱卦의 상구上九에 '왕후王侯를 섬기지 아니하고 자신 만의 일을 고상히 여긴다'라 하였고, 〈건괘蹇卦〉의 육이六二에는 '왕의 신하는 부지런하니, 이는 자신을 위한 이유에서가 아니다'라 하였소. 무릇 이런 경우는 자신이 처한 시국이 한결같이 같지 않고, 자신이 밟고 가는 덕행이 일정하지 않기 때문이 아니겠소? 그러나 만약 〈고괘〉의 상구처럼 '나라에 아무 소용이 없는 시기에 살면서, 자신도 돌보지 않는 절의節義를 지킨다'거나 〈건괘〉의 육이처럼 '왕의 신하 된 지위에 있으면서 일을 제대로 하지 않는 것을 고상히 여기는 마음'을 가지고 있다면, 이런데도 무릅쓰고 나가다가는 환난이 생겨나거나 관직에서 대충한다는 비난이 생겨나게 되어, 그의 그러한 뜻은 법으로 삼을 수 없게 되며, 허물이 끝내 없을 수가 없게 될 것이오.

지금 양성은 사실 하나의 필부匹夫였으며, 지위에 있은 지 오래지 않은 것도 아니고, 천하의 득실得失에 대해 들은 것도 익숙하지 않은 것이 아니며, 천자의 대우도 가중되는 것도 아니건만, 일찍이 정치에 대하여는 한마디도 언급한 것이 없으며, 정치에서의 득실을 보기는 마치 월越나라 사람이 진秦나라 사람들의 살찌거나 여윈 것을 보듯 하여, 홀연히 기쁨이나 슬픔을 마음에 더하지 않고 있소. 그의 관직을 물어보면 간의대부라 하고, 그의 녹禄을 물어보면 하대부下大夫의 등급이라 하면서, 정치에 대해 물어보면 나는 모른다고 하고 있소. 도를 가진 선비가 진실로 이럴 수가 있는 것이오? 게다가 내 듣건대 '관직을 지키고 있는 자는 그 직책을 다할 수 없으면 떠나야 하고, 언관으로서 책임을 가진 자는 그의 말을 제대로 할 수 없으면 그 자리를 떠나야 한다'라 하였소. 그런데 지금 양성은 그런 언관의 직책을 제대로 하고 있다고 할 수가 있겠소?

말해야 할 것을 말하지 않는 것과, 말을 하지 못하면서 떠나지도 않는 것은 하나도 옳은 것이 아니오. 양성은 녹을 위해 벼슬하는 것이오? 옛날 사람들은 '벼슬은 가난을 벗어나기 위해 하는 것은 아니지만 때로는 가난을 벗어나기 위해 하는 경우도 있다'라 하였으나, 녹을 위해 벼슬하는 경우를 두고 말한 경우라면 의당 높은 자리는 사양하고 낮은 자리에 있어야 하는 것이니, 그저 포관抱關: 문지기이나 격탁擊柝: 야경꾼 정도라면 가할 것이오. 공자孔子도 일찍이 위리委吏: 창고 관리를 했었으며, 일찍이 승전乘田: 소와 양을 기르는 일 등의 낮은 벼슬을 하였지만 역시 감히 자신의 직무를 대충하지 않았으며, 반드시 '출납의 회계를 정확하게 할 따름'이라 하였고, 반드시 '소와 양을 잘 길러낼 뿐'이라 하였소. 만약 양성의 직위와 봉록은 낮지도 가난하지도 않음이 분명하고 또 분명한데도 이렇게 한다면 그것이 옳은 일이겠소?"

　　或問諫議大夫陽城於愈:「可以爲有道之士乎哉! 學廣而聞多, 不求聞於人也, 行古人之道, 居於晉之鄙, 晉之鄙人, 薰其德而善良者幾千人. 大臣聞以薦之, 天子以爲諫議大夫, 人皆以爲華, 陽子不喜; 居於位五年矣, 視其德, 如在草野, 彼豈以富貴移易其心哉!」

　　愈應之曰:「是《易》所謂「恒其德, 貞, 而夫子凶」者也, 惡得爲有道之士乎哉? 在《易》蠱之上九云『不事王侯, 高尙其事』, <蹇>之六二則曰『王臣蹇蹇, 匪躬之故』, 夫不以所居之時不一, 而所蹈之德不同也? 若<蠱>之上九「居無用之地, 而致匪躬之節」, <蹇>之六二「在王臣之位, 而高不事之心」, 則冒進之患生, 曠官之刺興, 志不可則, 而尤不終無也. 今陽子實一匹夫, 在位不爲不久矣; 聞天下之得失, 不爲不熟矣, 天子待之不爲不加矣, 而未嘗一言及於政; 視政之得失, 若越人視秦人之肥瘠, 忽焉不加喜戚於其心. 問其官則曰諫議也; 問其祿則曰下大夫之秩也; 問其政則曰我不

知也. 有道之士, 固如是乎哉? 且吾聞之:『有官守者, 不得其職
則去; 有言責者, 不得其言則去.』今陽子以爲得其言乎哉? 得其
言而不言, 與不得其言而不去, 無一可者也. 陽子將爲祿仕乎? 古
之人有云:『仕不爲貧而有時乎爲貧.』謂祿仕者也, 宜乎辭尊而
居卑, 辭富而居貧, 若抱關擊柝者, 可也. 盖孔子嘗爲委吏矣, 嘗爲
乘田矣, 亦不敢曠其職, 必曰『會計當而已矣』, 必曰『牛羊遂而已
矣』. 若陽子之秩祿, 不爲卑且貧, 章章明矣, 而如此其可乎哉!」

【或問諫議大夫陽城於愈】'諫議大夫'는 後漢 때부터 설치했던 관직으로 天子의 政
策 등을 간언하는 임무를 맡았음.《舊唐書》職官志에 "諫議大夫, 掌侍從贊相,
規諫諷諭"라 하였고, 注에 "秦漢曰諫大夫. 光武加議字. 隋於門下省置, 諫議大夫
七員"이라 함. '陽城'은 자는 亢宗, 定州 北平 사람. 본 토론의 대상인물.《古文眞
寶》注에 "此句是書法爲下面責他張本"이라 함.

【可以爲有道之士乎哉】陽城은 道를 지닌 훌륭한 선비임을 인정해야 한다고 주장
한 것.《軌範》注에 "乎哉'二字連下, 乃疑詞"라 함.

【學廣而聞多, 不求聞於人也】'不求聞於人'은 남에게 자신의 명성이 알려지기를 바
라지 않음. 〈出師表〉에 "不求聞達於諸侯"라 함. '多聞'은 많은 것을 들어 정보가
풍부함.《論語》述而篇에 "子曰:「蓋有不知而作之者, 我無是也. 多聞, 擇其善者而
從之;多見而識之;知之次也.」"라 함.《昌黎集》注에 "城好學, 貧不能得書, 乃求爲
集賢寫書吏, 竊官書讀之, 晝夜不出, 六年乃無所不通"이라 함.

【行古人之道, 居於晉之鄙】'行古人之道'는《穀梁傳》定公 10년에 "齊侯曰:「夫人率
其君, 與之行古人之道.」"라 함. '晉之鄙'는 晉의 시골. '晉'은 지금의 山西省의 略稱.
'鄙'는 시골을 뜻하는 말. 鄙人은 촌사람.《戰國策》에 "商君曰:「五羖大夫, 荊之鄙
人也.」"라 함. 그러나《古文眞寶》注에는 "鄙, 地名"이라 함. 그는 山西 中條山에 은
거하고 있었음.

【晉之鄙人, 薰其德而善良者幾千人】'薰其德'은 그의 덕에 薰陶됨. 그로 인해 많은
교화를 받음.《說苑》雜言에 "孔子曰:「與善人居, 如入蘭芷之室, 久而不聞其香, 則
與之化矣.」"라 하였고,《顏氏家訓》慕賢篇에는 "所與款狎, 薰漬陶染"이라 함.《軌
範》注에 "薰字從《孟子》'炙'字, 變化來"라 함.《孟子》盡心(下)에 "非聖人而能若是

乎? 而況於親炙之者乎?"라 한 말을 뜻함.《昌黎集》注에 "城及進士第, 乃去隱中
條山, 遠近慕其德行, 多從之學"이라 함.

【大臣聞以薦之, 天子以爲諫議大夫】 '大臣'은 李泌을 가리키며 그가 陽城의 덕행을
듣고 著作郞으로 추천하였으며, 그 뒤 德宗이 長安尉 楊寧을 보내어 陽城을 불
러 諫議大夫로 삼았던 것임. 그가 諫議大夫가 된 것은 德宗 貞元 4년이었음.《舊
唐書》(13) 德宗(下)에 "四年, 六月丁丑, 徵夏縣處士先除著作郞陽城爲諫議大夫. 城
以褐衣詣闕, 上賜之章服而後召. 十一年, 秋七月丙寅朔, 右諫議大夫陽城爲國子司
業"이라 함.《昌黎集》注에 "城徙居陝州夏縣, 李泌爲陝虢觀察使, 聞城名. 泌入相
薦爲著作郞, 後德宗令長安尉楊寧, 賫束帛召爲諫議大夫"라 함.《古文眞寶》注에
"李泌"이라 함.《舊唐書》(130) 李泌傳에 "泌爲相, 嘗引薦夏縣處士北平陽城爲諫議
大夫. 城道直, 旣遇知己, 深德之"라 함.

【人皆以爲華, 陽子不喜】 '華'는 영화, 영예로 여김.《爾雅》釋草에 "木謂之華, 草謂
之榮"이라 함.《昌黎集》注에 "初城未至京, 人皆想望風采, 曰:「陽城山人, 今爲諫
官. 必能以死奉職.」而城與二弟, 日夜痛飮, 人莫能窺其際, 皆以虛名譏之"라 함.
《古文眞寶》注에 "雖說他好已開難, 他一端在此了"라 함.

【居於位五年矣, 視其德, 如在草野】 諫議大夫 자리에 5년이나 있었지만 그의 덕은
草野에 있을 때와 같음.《孟子》萬章(下)에 "在國曰市井之臣, 在野曰草莽之臣, 皆
謂庶人"이라 하였고,《韓非子》說難에는 "草野而倨侮"라 함.《軌範》注에 "此句便
含不諫意. '榮'字變爲'華'. '無喜色'三字, 變爲不色喜"라 함.《古文眞寶》注에 "兩居
字不苟. 便含不諫意"라 함.

【彼豈以富貴移易其心哉】 '移易其心'은 그의 마음이 옮겨가거나 바뀜.《軌範》注에
"先下此數句, 下章要用恒其德貞夫子凶以貶之"라 함.

【愈應之曰】《軌範》注에 "第一段"이라 함.

【是《易》所謂「恒其德貞, 而夫子凶」者也, 惡得爲有道之士乎哉】《軌範》注에 "用前言
結變"이라 함.《周易》(32) 恒卦 六五 爻辭에 "恒其德, 貞, 婦人吉, 夫子凶"이라 하였
고, 象辭에는 "婦人貞吉, 從一而終也; 夫子制義, 從婦凶也"라 함. '惡得'의 '惡'(오)
는 疑問詞. 何, 焉, 安, 胡 등과 같음.《軌範》注에 "直貶"이라 함.

【在《易》蠱之上九云『不事王侯, 高尙其事』】 '蠱'는《周易》(18) 蠱卦 上九의 爻辭에 "不
事王侯, 高尙其事"라 하였고, 象辭에는 "「不事王侯」, 志可則也"라 함. '高尙其事'
는 자신의 일만 고상히 처리함. 자신의 고상함을 고집하여 지킴.《古文眞寶》注

에 "陽子不出時, 可如此"라 함.

【〈蹇〉之六二則曰『王臣蹇蹇, 匪躬之故』】《周易》(39) 蹇卦 六二의 爻辭에 "王臣蹇蹇, 匪躬之故"라 하였고, 象辭에는 「王臣蹇蹇」, 終无尤也"라 함. '蹇蹇'은 충성을 다해 일하는 모양. '匪躬之故'는 자신만을 위한 이유가 아님. 《古文眞寶》注에 " '則曰'二字亦好. 陽子既出時, 當如此"라 함.

【夫不以所居之時, 不一而所踏之德, 不同也】'所居之時'는 처한 바의 時局. '所踏之德'은 실천하고 있는 바의 덕행. 《古文眞寶》注에 "應前兩居字"라 함.

【若〈蠱〉之上九「居無用之地, 而致匪躬之節」】'居無用之地'는 아무 쓸모가 없는 처지에 처하고 있음. 벼슬을 하지 않음. 《古文眞寶》注에 "當處而出, 陽子固無此矣"라 함.

【〈蹇〉之六二「在王臣之位, 而高不事之心」】

〈山東 曲阜 孔子墓〉

'高不事之心'은 남을 섬기지 않는 마음을 높은 것으로 여김. 《軌範》注에 "此一段六句, 是雙關文法. 韓文公專喜用之, 可以爲法"이라 함. 《古文眞寶》注에 "既出而尙如處, 陽字不免有此矣"라 함.

【則冒進之患生, 曠官之刺興, 志不可則, 而尤不終無也】'冒進'은 무릅쓰고 나감. 함부로 나감. '患生' 다음에 《軌範》注에 "應無用匪躬一句"라 함. '曠官'은 자신의 관직을 태만히 함. '曠'은 空의 뜻. 《尙書》皐陶謨 "無曠庶官"의 傳에 "曠, 空也"라 함. '刺興'은 풍자나 비난이 일어남. 《軌範》注에 "應王臣不事一句"라 함. '尤不終無'는 끝까지 허물이 없을 수는 없음. 결국 허물이 있게 됨. 《五百家注》에 "孫曰:「居無用之地, 而致匪躬之節, 則有冒進之患; 在王臣之位, 而高不事之心, 則有曠官之刺"라 함. 《古文眞寶》注에는 "蠱上九象曰:「不事王侯, 志可則也.」蹇六二象曰:「王臣蹇蹇, 終無尤也.」今以二卦, 錯綜議論, 謂未事可以高尙, 已事則當蹇謬. 苟未事而據致匪躬之節, 則冒進之患生而志不可則矣; 已事而仍高不事之心, 則曠官之刺興而尤不終無矣. 今陽子, 既爲諫官, 則與奮爲處士時, 不同矣. 當王臣蹇蹇之時, 而

守不事高尙之素, 爲諫官而尙如處士, 豈非恒其德貞而夫子凶者哉?"라 함.《軌範》
注에 "蠱上九象曰:「志可則也.」蹇之六二象曰:「終無尤也.」"라 함.

【今陽子實一匹夫, 在位不爲不久矣】원래 匹夫였던 자가 지위에 있은 지 이미 오래
되었음.《軌範》注에 "二字句"라 함.

【聞天下之得失, 不爲不熟矣】'得失'은 정치의 득실.《軌範》注에 "六字句"라 함.

【天子待之不爲不加矣, 而未嘗一言及於政】'待之' 다음에《軌範》注에 "四字句"라
함. '加'는 우대해줌.《軌範》注에 "此三句, 上異下同. 學《孟子》文法"이라 함.

【視政之得失, 若越人視秦人之肥瘠, 忽焉不加喜戚於其心】'肥瘠'은 살찐 것과 여윈
것. '忽焉'은 소홀히 여김. 무관심함. '喜戚'은 기쁨과 슬픔.

【問其官則曰諫議也;問其祿則曰下大夫之秩也】'諫議也' 다음에《軌範》注에 "二字"
라 함. '下大夫'는 대부의 등급 중에 아래 등급의 대부. '秩'은 등급이나 등급에
따른 俸祿.《古文眞寶》注에 "就所居生出, 官與祿兩句來添兩段議論"이라 함.《軌
範》注에 "五字"라 함.

【問其政則曰我不知也】정치에 대한 질문에는 모른다고 대답함.《軌範》注에 "三字.
○此三句, 上同下異. 學《孟子》文法"이라 함.

【有道之士, 固如是乎哉】'固'는 강조의 뜻으로 '진실로, 정말' 등의 뜻.《軌範》注에
"貶得婉"이라 함.

【且吾聞之】《軌範》注에 "第二段"이라 함.

【有官守者, 不得其職則去;有言責者, 不得其言則去】'官守者'는 관직에서 임무를
지키고 있는 자. 관직에 있는 자.《軌範》注에 "此兩句, 是《孟子》說"이라 함.《古文
眞寶》注에 "此段就問其祿上說"이라 함.

【得其言而不言, 與不得其言而不去, 無一可者也】'去'는 벼슬을 떠남. 사직함. '無一
可者'는 옳은 것이 하나도 없음. 모두 잘못되었음.

【陽子將爲祿仕乎】'爲祿仕'는 봉록을 위해 벼슬함. 생계를 위해 벼슬함.《軌範》注
에 "第三段, 問得婉"이라 함.

【謂祿仕者也, 宜乎辭尊而居卑, 辭富而居貧, 若抱關擊柝者, 可也】'抱關'은 문지기,
관문을 지키는 사람. '擊柝'은 딱딱이를 치며 巡邏를 도는 사람. 군대의 불침번,
야경꾼, 순라꾼.《五百家注》에 "孫曰:「擊柝, 行軍夜所擊之木.」"이라 함.《軌範》注
에 "此一段, 亦《孟子》說. 看他添字減字, 變換前言, 便不陳腐"라 함.

【盖孔子嘗爲委吏矣, 嘗爲乘田矣】'委吏'는 창고를 지키며 물건의 출납을 관장하는

관리. '乘田'은 소와 양을 기르는 관리, 牧畜官.《五百家注》에 "孫曰:「委吏, 主委 積倉庾之吏; 乘田, 苑囿之吏, 主六畜之芻牧者」라 함.《古文眞寶》注에 "委吏, 乘田, 皆微官. 擧小形大"라 함.

【亦不敢曠其職】'曠'은 게으름을 피움. 혹 자신의 임무에 충실하지 않고 대충 일을 처리함.

【必曰『會計當而已矣』, 必曰『牛羊遂而已矣』】'會計當'은 회계를 합당하고 정확하게 함. '遂'는 成育시킴. 번식시킴. 잘 길러냄.《軌範》注에 "此一段, 亦《孟子》說. 看他 添字減字, 變換前言, 便不陳腐"라 함.《古文眞寶》注에 "遂, 謂苗壯成就"라 함.

【若陽子之秩祿, 不爲卑且貧, 章章明矣, 而如此其可乎哉】'秩祿'은 관직의 등급과 녹봉. '章章'은 모두 아주 분명함.《軌範》注에 "貶得婉"이라 함.

2/4 ━━━━━━━━━━━

그가 말하였다.

"아닙니다. 이와 같지 않습니다. 무릇 양성은 윗사람을 비방하는 자를 증오하고, 남의 신하가 되어 그 임금의 과실을 들춰내어 그것이 명성인 줄로 여기는 자를 증오하고 있습니다. 그 때문에 비록 간하고 논의하되 남들로 하여금 알지 못하도록 하는 것입니다.《書》에 '너에게 좋은 모책이나 좋은 방법이 있다면, 들어가 안에서 너의 임금에게 알려드리되, 너는 곧 밖에 나와서는 임금의 뜻을 따르면서『이 모책과 이 방법은 오직 우리 임금의 덕德에서 나온 것』이라고 말해야 한다'라 하였으니, 양성의 마음 씀씀이도 역시 이와 같습니다."

나는 이에 이렇게 응답하였다.

"만약 양성의 마음 씀씀이가 그와 같다면 이것이 소위 미혹됨이라는 것이오. 들어가 임금께 간하고 나와서는 남들이 알지 못하도록 하는 것은, 대신이나 재상이 할 일이지 양성 같은 사람이 하기에 마땅한 것이 아니오. 무릇 양성은 본래 평민으로써 봉호蓬蒿 아래에 살고 있다가, 주상께서 그가 의誼를 행함을 가상히 여겨, 발탁하여 이 지위에 있게 되었으며, 관직은 간언을 직명으로 삼은 것이니, 진실로 마땅히 그 직책을 받들어, 사방 사람들과 후대로 하여금 조정에 직언하는 골경骨鯁의 신하가 있으며, 천자는 상을 잘못 내리는 일이 없이 간언을 듣기를 흐르는 물처럼 한다는 아름다움을 알게 하며, 암혈巖穴의 선비들이 이를 듣고 사모하여 띠를 매고 상투를 묶고 대궐 아래로 나아가 자신의 주장을 펴기를 원하여, 우리 임금을 요순堯舜처럼 되어, 훌륭한 이름이 무궁하게 빛이 나도록 해야 할 것이오. 《서》에 말한 바의 것이라면 대신이나 재상이 할 일이지 양성 같은 이가 하기에 마땅한 일이 아니오. 게다가 양성의 마음이란 장차 임금 된 분으로 하여금 자신의 허물 듣기를 싫어하도록 하는 것이오? 이는 그러한 길로 계도啓導하는 것이오."

或曰:「否. 非若此也. 夫陽子惡訕上者, 惡爲人臣, 招其君之過而以爲名者. 故雖諫且議, 使人不得而知焉.《書》曰:『爾有嘉謀嘉猷, 則入告爾后于內, 爾乃順之于外曰:'斯謀斯猷, 惟我后之德'.』夫陽子之用心, 亦若此者.」

愈應之曰:「若陽子之用心如此, 滋所謂惑者矣. 入則諫其君, 出不使人知者, 大臣宰相者之事, 非陽子之所宜行也. 夫陽子本以布衣, 隱於蓬蒿之下, 主上嘉其行誼, 擢在此位, 官以諫爲名, 誠宜有以奉其職, 使四方後代, 知朝廷有直言骨鯁之臣, 天子有不僭賞從諫如流之美, 庶巖穴之士, 聞而慕之, 束帶結髮, 願進於闕下而伸其辭說, 致吾君於堯舜, 熙鴻號於無窮也. 若《書》所謂, 則大臣宰相之事, 非陽子之所宜行也. 且陽子之心, 將使君人者, 惡聞其過乎? 是啓之也.」

【或曰:「否. 非若此也. 夫陽子惡訕上者】《軌範》注에 "第四段"이라 함. '惡訕上'은 윗사람을 비방하는 자를 미워함.《論語》陽貨篇에 "子貢曰:「君子亦有惡乎?」子曰:「有惡:惡稱人之惡者, 惡居下流而訕上者, 惡勇而無禮者, 惡果敢而窒者.」曰:「賜也亦有惡乎?」「惡徼以爲知者, 惡不孫以爲勇者, 惡訐以爲直者.」"라 함.

【惡爲人臣, 招其君之過而以爲名
者】'招其君之過'는 그 임금의 과
실을 들춰냄. '招'는《軌範》注에
"音翹"라 하였고,《古文眞寶》注에
도 "音喬, 擧也;過, 過失"이라 하여
'교'(喬)로 읽도록 되어 있음.《國
語》周語 "國武子好盡言, 以招人
過"의 韋昭 注에 "招, 擧也"라 함.

【故雖諫且議, 使人不得而知焉】간
언하고 논의하되 남이 알지 못하
도록 함.

【《書》曰:『爾有嘉謀嘉猷, 則入告爾后
于內, 爾乃順之于外曰:'斯謀斯猷,
惟我后之德'.』】《尙書》君陳篇에
"爾有嘉謀嘉猷, 則入告爾后于內,
爾乃順之于外, 曰「斯謀斯猷, 惟我
后之德.」嗚呼! 臣人咸若時, 惟良

《論語》(何晏集解)

顯哉!"라 함. 안으로 들어가 임금에게 좋은 모책을 일러준 다음 밖에 나와서는
그 모책은 우리 임금의 훌륭한 덕에서 나온 것이라 말함. '滋'는《昌黎集》에는 '玆'
로 되어 있으며 注에 "玆, 一作滋"라 함.

【若陽子之用心如此, 滋所謂惑者矣】'滋所謂惑者矣'는 그렇게 하는 것은 미혹함을
더욱 부채질하는 것임.

【入則諫其君, 出不使人知者, 大臣宰相者之事, 非陽子之所宜行也】들어가 임금에게
간언을 하고 나와서는 남이 알지 못하도록 하는 것은 대신이나 재상이 할 일이
지 간의대부인 陽城이 할 일이 아님.《軌範》注에 "緊要重複, 提掇得醒, 學《史
記》·〈檀弓〉文法"이라 함.

【夫陽子本以布衣, 隱於蓬蒿之下, 主上嘉其行誼, 擢在此位, 官以諫爲名】'布衣'는
베옷을 입은 사람으로 평민을 뜻함. '蓬蒿'는 쑥대. 여기서는 草野에 묻혀 사는
隱者를 말함.《莊子》逍遙遊篇에 "翶翔蓬蒿之間"이라 함.《古文眞寶》注에 "蓬蒿,
指所居窮廬. 段段提起說"이라 함. '嘉'는 가상히 여김. '行誼'는 행실이 바르고 홀

류함. '以諫爲名'은 《漢書》蓋寬饒傳에 "鄭昌上書曰:「臣幸得從大夫之後, 官以諫爲名, 不敢不言.」"이라 함.

【誠宜有以奉其職, 使四方後代, 知朝廷有直言骨鯁之臣, 天子有不僭賞從諫如流之美】'骨鯁'은 짐승 뼈와 생선뼈. 이처럼 굳고 강직한 신하를 말함. 《史記》刺客列傳(專諸)에 "內空無骨鯁之臣"이라 하였고, 《漢書》包宣傳에 "亡有大儒骨鯁"이라 함. 《古文眞寶》注에 "骨鯁, 謂直言極諫之臣"이라 함. '僭賞'은 상을 잘못 내림. '從諫如流'은 물이 흐르듯 신하의 간언을 따름. 《左傳》襄公 26년에 "善爲國者, 賞不僭而刑不濫. 賞僭, 則懼及淫人; 刑濫, 則懼及善人"이라 하였고, 成公 8년에는 "君子曰:「從善如流, 宜哉! 《詩》曰: 『愷悌君子, 遐不作人?』 求善也夫! 作人, 斯有功績矣.」"라 함. 《昌黎集》注에 "孫曰: 襄二十六年《左氏》:「善爲國者, 賞不僭而刑不溢.」 成八年《左氏》:「從善如流.」"라 함. 《古文眞寶》注에 "只恐人不知, 知之適所以彰君之義"라 함.

【庶巖穴之士, 聞而慕之, 束帶結髮, 願進於闕下而伸其辭說】'巖穴之士'는 바위 동굴에 사는 선비. 벼슬에 뜻을 두지 않고 숨어 사는 선비. 《史記》伯夷傳에 "巖穴之士, 趨舍有時"라 함. '束帶結髮'은 띠를 두르고 머리를 묶어 몸을 단정히 함. 《論語》公冶長篇에 "束帶立於朝"라 하였고, 《鹽鐵論》에 "大夫曰:「余結髮束脩, 年十三矣.」"라 함.

【致吾君於堯舜, 熙鴻號於無窮也】《孟子》萬章(上)에 "伊尹曰:「吾豈若使是君爲堯舜之君哉!」"라 함. '熙'는 빛냄. '鴻號'는 위대한 명성. '鴻名'과 같음. 司馬相如〈封禪賦〉에 "前世之所以承保鴻名"이라 함.

【若《書》所謂, 則大臣宰相之事, 非陽子之所宜行也】《尙書》에 거론된 내용은 대신이나 재상이 할 일이지 양성에게는 해당되는 것이 아님.

【且陽子之心, 將使君人者, 惡聞其過乎? 是啓之也】'且陽子之心' 다음에 《古文眞寶》注에는 "又生意"라 함. '惡聞其過'는 그 과실을 들춰내는 말을 듣기를 싫어함. '啓之'는 그 길로 가도록 啓導하는 것이 됨.

3/4

그가 말하였다.

"양성은 명성이 알려지기를 바라지 않았지만 사람들이 그의 명성을 듣게 되었고, 등용되기를 바라지 않았지만 임금이 그를 등용한 것이며, 부득이 기용되고는 자신의 도를 지키며 변함이 없었던 것인데, 어찌 선생께서는 비난이 이토록 심하십니까?"

나는 이렇게 말하였다.

"예로부터 성인이나 현사賢士는 모두가 소문이 나거나 등용되기를 바라는 것을 마음속에 품고 있지 않았소. 그 시대의 평등하지 못함과 사람들이 잘 다스려지지 않음을 가엾이 여겨, 그 도를 얻으면 감히 자신만이 훌륭하다고 여기지 않으면서, 반드시 천하를 함께 구제하겠다고 하여 힘쓰고 노력하여, 죽은 이후에야 그만두겠다고 하였소. 그 때문에 우禹는 자신의 집 앞을 지나면서도 들어가지 못하였고, 공자는 앉은 자리가 따뜻해질 겨를도 없었으며, 묵자墨子의 집 굴뚝이 검어질 여가가 없었던 것이오. 저 두 분 성인과 한 분 현인들이 어찌 자신이 편안함을 즐거움인 줄 알지 못하였겠소? 진실로 천명을 두려워하고 사람들의 곤궁함을 슬퍼하였기 때문이었던 것이오. 무릇 하늘이 사람들에게 현명하고 성스러운 재능을 준 것이, 어찌 자신에게만 여유를 준 것일 따름이겠소? 진실로 그 부족함을 보충하도록 한 것이지요. 몸에 있어서의 귀와 눈이란, 귀는 듣는 것을 맡고, 눈은 보는 것을 맡아, 그 시비是非를 듣고, 그 험이險易를 본 연후에야 그 몸이 안전함을 얻는 것이니, 성현이라는 것은 그 시대 사람에게 있어서의 눈과 귀이며, 그 시대 사람이란 성현에게 있어서의 몸이오. 그런데 양성이 현명하지 않다면 자신의 몸에 부림을 받는 것으로써 그 윗사람들을 받들어야 할 것이요, 만약 과연 현명하다면 천명을 두려워하여 사람들의 궁함을 가엾게 여겨야 할 것인데, 어찌 스스로 한가히 편하게 지낼 수 있겠소?"

或曰:「陽子之不求聞而人聞之, 不求用而君用之, 不得已而起, 守其道而不變, 何子過之深也?」

愈曰:「自古聖人賢士, 皆非有心求於聞用也. 閔其時之不平, 人之不乂, 得其道, 不敢獨善其身, 而必兼濟天下也, 孜孜矻矻, 死而後已. 故禹過家門不入, 孔席不暇暖, 而墨突不得黔. 彼二聖一賢者, 豈不知自安逸之爲樂哉! 誠畏天命而悲人窮也. 夫天授人以賢聖才能, 豈使自有餘而已? 誠欲以補其不足者也. 耳目之於身也, 耳司聞而目司見, 聽其是非, 視其險易, 然後身得安焉, 聖賢者, 時人之耳目也; 時人者, 賢聖之身也. 且陽子之不賢, 則將役於身, 以奉其上矣; 若果賢, 則固畏天命而閔人窮也, 惡得以自暇逸乎哉!」

【或曰:「陽子之不求聞而人聞之, 不求用而君用之」】'或曰' 다음에 《軌範》注에 "第五段"이라 함. '求聞'은 자신의 소문이 퍼지기를 바람.

【不得已而起, 守其道而不變, 何子過之深也】'過之深'은 허물로 삼기를 깊게 함. 지나치게 비난함. '不得已而起' 다음에 《古文眞寶》注에는 "下面是難此一句"라 함.

【自古聖人賢士, 皆非有心求於聞用也】'聞用'은 명성의 드러남과 임금에게 등용되는 두 가지.

【閔其時之不平, 人之不乂】'閔'은 불쌍하게 여김. '不平'은 평화롭지 못함. 공평하지 못함. 평탄치 못함. '不乂'는 올바르게 잘 다스려지지 못함.

【得其道, 不敢獨善其身, 而必兼濟天下也】'獨善其身'은 자신만 훌륭하면 된다는 생각. '兼濟天下'는 천하를 함께 구제함. 《孟子》盡心(上)에 "古人之窮則獨善其身, 達則兼善天下"라 함. 《古文眞寶》注에 "論議大難得十分到"라 함.

【孜孜矻矻, 死而後已】'孜孜矻矻'은 부지런히 힘써 일함. 《漢書》王褒傳 "勞筋苦骨, 終日矻矻"의 注에 "如淳曰:「矻矻, 健作貌.」"라 함. '矻'(골)은 《昌黎集》注에 "矻, 勞也. 音窟"이라 함. 《古文眞寶》注에는 "孜孜矻矻, 勤貌"라 함. '死而後已'는 죽은 이후에야 끝이 남. 《論語》泰伯篇에 "曾子曰:「士不可以不弘毅, 任重而道遠. 仁以爲己任, 不亦重乎? 死而後已, 不亦遠乎?」"라 함.

【故禹過家門不入, 孔席不暇暖, 而墨突不得黔】'禹'는 中國 최초의 왕조 夏나라의 시조. 夏后氏 부락의 領袖였으며 姒姓. 大禹, 夏禹 등으로도 불리며 이름은 文命. 鯀의 아들. 鯀이 물을 막는 방법으로 治水에 실패하여 죽음을 당한 뒤 禹는 물을 소통시키는 방법으로 성공을 거둔 다음 舜임금으로부터 천하를 물려받아 夏

王朝를 세움. 뒤에 천하를 순시하다가 會稽에서 생을 마침. 그는 益에게 천하를 물려주려 하였으나 아들 啓의 무리가 난을 일으켜 益을 죽이고 世襲王朝를 시작함. 이로부터 禪讓(公天下)의 제도가 마감되고 世襲(家天下)의 역사가 시작됨. 이를 "傳子而不傳賢"이라 함.《史記》에서는 五帝本紀 다음 첫 왕조로 夏本紀가 시작됨. '過家門不入'은 禹가 8년 동안 治水에 나섰다가 자신의 집 앞을 지나면서도 그 문 안으로 들어가지 못했음.《孟子》滕文公(上)에 "禹疏九河, 瀹濟漯, 而注諸海;決汝漢, 排淮泗, 而注之江. 然後中國可得而食也. 當是時也, 禹八年於外, 三過其門而不入, 雖欲耕, 得乎?"라 함.《昌黎集》注에 "孫曰:《孟子》:「禹稷, 當平世三過其門而不入"이라 함.《古文眞寶》注에는 "夏禹治水時, 三過其門而不入"이라 함.

【孔席不暇暖】孔子는 자기 앉았던 자리가 따뜻해질 겨를도 없이 분주히 천하를 周遊하며 자신의 道를 펴고자 하였음. '墨突不得黔'은 墨子는 자신의 주장을 펴기 위해 활동하느라고 집에서는 밥을 지을 틈도 없어 집 굴뚝이 검어지지 않았다 함.《昌黎集》注에 "孫曰:《文子》:「墨子無黔突, 孔子無席暖.」突, 竈也;黔, 黑也"라 함. 그러나《文子》(下) 自然篇에는 "神農形悴, 堯瘦癯, 舜黧黑, 禹胼胝, 伊尹負鼎而干湯, 呂望鼓刀而入周, 百里奚傳賣, 管仲束縛, 孔子無黔突, 墨子無煖席, 非以貪祿慕位, 將欲事起天下之利, 除萬民之害也"라 하여 孔子와 墨子가 바뀌어 있음.《淮南子》脩務訓에는 "孔子務黔突, 墨子務暖席"이라 함. 한편《古文眞寶》注에는 "此言不敢自暇逸. ○《文中子》曰:「墨子無黔突, 孔子無暖席.」"이라 하여 출전을《文中子》라 하였으나 이는《文子》의 오류임.

【彼二聖一賢者, 豈不知自安逸之爲樂哉】'二聖一賢'은 禹와 孔子, 그리고 墨子를 가리킴.《軌範》注에 "有權衡"이라 함.《古文眞寶》注에 "二聖, 禹孔;一賢, 墨"이라 함.

【誠畏天命而悲人窮也】天命을 두려워하면서 사람들의 궁함을 안타까워함.《論語》季氏篇에 "君子有三畏, 畏天命"이라 함.

【夫天授人以賢聖才能, 豈使自有餘而已】'自有餘'는 자신만을 위하여 여유를 누림.《古文眞寶》注에 "到此倂他未爲諫官時意思也. 難到了"라 함.

【誠欲以補其不足者也】그 부족함을 보충하고자 함.

【耳目之於身也, 耳司聞而目司見, 聽其是非, 視其險易】'險易'는 험난함과 쉬운 것.《左傳》昭公 9년에 "屠蒯飮工曰:「女爲君耳, 將司聽也.」"라 함.

【且陽子之不賢, 則將役於身, 以奉其上矣】'役於身'은 몸에게 부림을 당함.《古文眞寶》注에 "天地間, 無一介可自暇一底人"이라 함.

【若果賢, 則固畏天命而閔人窮也, 惡得以自暇逸乎哉】'惡得'은《古文眞寶》注에 "惡得, 猶烏得"이라 함. 疑問文을 구성함. '暇逸'은 한가히 지냄. 편하게 지냄.《古文眞寶》注에 "一段意結歸此一句"라 함.

4/4 ────────────

그가 말하였다.

"제가 듣건대 '군자는 남에게 불편함을 가증시키지 않으며, 남의 잘못을 들춰내는 것을 자신의 곧음으로 여기는 자를 증오한다'라 하였습니다. 선생님의 이론이라면 곧기는 곧으나 덕에 손상을 입히고, 말에 허비가 있는 것이 아니겠습니까? 할 말을 다 하면서 남의 허물을 들춰내기 좋아하는 것은 국무자國武子가 제齊나라에서 죽음을 당하였던 까닭인데, 선생께서도 역시 들으셨겠지요?"

내가 대답하였다.

"군자란 자리에 있게 되면 그 관직을 죽음으로써 생각하고, 아직 벼슬을 얻지 못하면 자신의 말을 잘 닦아 이로써 도를 밝히지요. 나는 장차 도를 밝히려는 것이지 곧은 것으로써 남에게 불편을 주려는 것이 아니오. 더구나 국무자는 선인善人을 얻지 못한 채 혼란한 나라에 말을 끝까지 하기를 좋아하여 이 까닭으로 죽임을 당한 것이오. 《전傳》에 '오직 선인만이 능히 할 말을 다하는 것을 받아줄 수 있다'라 하였는데, 이는 그 말을 듣고서 능히 잘못을 고침을 말하는 것이오. 당신은 나에게 고하기를 '양성은 도를 지닌 선비라 할 수 있다'라 하였소. 지금은 비록 그가 그러한 단계에 미치지는 못하였다 하더라도, 양성은 선인 정도는 되어야 하지 않겠소?"

或曰:「吾聞:『君子, 不欲加諸人, 而惡訐以爲直者.』若吾子之論, 直則直矣, 無乃傷于德而費於辭乎? 好盡言以招人過, 國武子之所以見殺於齊也, 吾子其亦聞乎?」

愈曰:「君子居其位, 則思死其官; 未得位, 則思修其辭, 以明其道. 我將以明道也, 非以爲直而加人也. 且國武子, 不能得善人, 而好盡言於亂國, 是以見殺《傳》曰:『惟善人, 能受盡言.』謂其聞而能改之也. 子告我曰『陽子, 可以爲有道之士』也, 今雖不能及已, 陽子將不得爲善人乎?」

【或曰:「吾聞:『君子, 不欲加諸人, 而惡訐以爲直者.』】'加諸人'은 남에게 불편함을 줌. 《論語》公冶長篇에 "子貢曰:「我不欲人之加諸我也, 吾亦欲無加諸人.」子曰:「賜也, 非爾所及也.」"라 함. '訐'(알)은 남의 과실을 들춰냄.《論語》陽貨篇의 구절. 앞의 주를 볼 것.《古文眞寶》注에 "惡訐, 猶憎"이라 함.

【無乃傷于德而費於辭乎】'費於辭'는 말을 허비함.《軌範》注에 "前五段, 攻擊陽子, 直是說他無逃避處. 末一段, 假或人之辭, 以攻己. 其言甚峻. 此文法最高"라 함.

【好盡言以招人過, 國武子之所以見殺於齊也】'盡言'을 하고 싶은 말을 다함. '招人過'는 남의 허물을 들춰냄.《軌範》注에 "音翹"라 함. '國武子'는 春秋시대 齊나라의 대부였던 國佐. 國歸父의 아들. 國氏는 齊나라 문벌 집안이었음. 그는 남의 허물을 들춰내기를 좋아하며 말을 마구하다가 결국 齊 靈公에게 죽임을 당하고 말았음.《國語》周語(下)에 "立於淫亂之國, 而好盡言, 以招人過, 怨之本也. 唯善人能受盡言, 齊其有乎? 吾聞之, 國德而鄰於不修, 必受其福. ……齊人殺國武子"라 하였고,《左傳》成公 18년에는 "齊殺其大夫國佐. 齊爲慶氏之難故, 甲申晦, 齊侯使士華免以戈殺國佐于內宮之朝. 師逃于夫人之宮. 書曰:「齊殺其大夫國佐」, 棄命·專殺·以穀叛故也. 使淸人殺國勝, 國弱來奔, 王湫奔萊. 慶封爲大夫, 慶佐爲司寇. 旣, 齊侯反國弱, 使嗣國氏, 禮也"라 함.《古文眞寶》注에 "見《國語》. 國武子, 名佐"라 함.《國語》周語(下)에 "雖齊國子亦將與焉. 立於淫亂之國, 而好盡言, 以招人過, 怨之本也. 唯善人能受盡言, 齊其有乎?"라 함.

【吾子其亦聞乎】'그대도 역시 들어 알고 있지 않은가?'의 뜻으로 상대에게 확인함.

【愈曰】《軌範》注에 "人來攻擊者甚急, 看他分解得好"라 함.

【君子居其位, 則思死其官】'思死其官'은 죽음으로 관직을 수행할 것을 생각함.《軌範》注에 "上一句說陽子"라 하였고,《古文眞寶》注에도 "謂陽子"라 함.

【未得位, 則思修其辭, 以明其道】《軌範》注에 "下一句說自身"이라 하였고,《古文眞

寶》注에도 "韓公自謂"라 함.

【《傳》曰:『惟善人, 能受盡言.』謂其聞而能改之也】'傳'은 《國語》 周語(下)의 구절을
인용한 것. 《軌範》注에 "韓文公所以敢攻擊陽子者, 亦靠得陽子是一箇善人, 必能
受盡言, 必不怒不怨"이라 함.

【今雖不能及已, 陽子將不得爲善人乎】《軌範》注에 "到底不肯以有道許陽子, 畢竟陽
子是箇好人. 如何泯沒得好處? ○此末句, 結得絶妙. 蘇東坡作〈范增論〉, 攻得他無
逃避處, 結句乃云'雖然, 增高帝之所畏也. 增不去項羽不亡, 增亦人傑也哉!' 正是
學韓子"라 함. 《古文眞寶》注에 "從前難到此已極矣. 須用放他一著. 蓋陽子, 在當
時畢竟是介賢者, 以善人待陽子, 故盡言以責陽子. 《春秋》之法:「責賢者備」之意也"
라 함. 陽子가 善人 정도는 되어야 할 것이라 기대한 것.

참고 및 관련 자료

1. 韓文公(韓愈, 韓退之, 韓昌黎) 001 참조.

2. 이 글은 《別本韓文考異》(14), 《五百家注昌黎文集》(14), 《東雅堂昌黎集註》(14),
《唐宋八大家文鈔》(9), 《崇古文訣》(8), 《文苑英華》(744), 《文章正宗》(12), 《古文集成》
(33), 《古文關鍵》(上), 《文編》(30), 《文章辨體彙選》(420), 《古文淵鑑》(35), 《唐宋文醇》
(2), 《淵鑑類函》(97), 《畿輔通志》(96), 《歷代名賢確論》(85), 《事文類聚》(新集 21), 《群
書考索》(續集 36), 《經濟類編》(83), 《古文辭類纂》(2), 《古文約選》(1), 《古文觀止》(8),
《古文眞寶》(後集 2) 등에 실려 있음.

3. 唐書》 陸贄傳에 "戶部侍郞·判度支裴延齡, 奸宄用事, 天下嫉之如仇. 以得幸於
天子, 無敢言者. 贄獨以身當之, 屢於延英面陳其不可, 累上疏極言其弊. 延齡日加譖
毀. 十一年春, 旱, 邊軍芻粟不給, 具事論訴; 延齡言贄與張滂·李充等搖動軍情, 語在
〈延齡傳〉. 德宗怒, 將誅贄等四人, 會諫議大夫陽城等極言論奏, 乃貶贄爲忠州別駕"
라 함. 이에 대해 韓愈의 본문 주장과 歐陽修의 〈上范司諫書〉(참고란을 볼 것)의 주
장이 달라, 이 때문에는 迂齋(樓昉, 《崇古文訣》)는 이를 종합하여 논하고 있었던 것
임.(앞의 《古文眞寶》注를 볼 것) 한편 제목은 《別本韓文考異》注에 "'爭'或作'諫'. 方云
曰: 本及歐公〈與范司諫書〉, 溫公《通鑑》皆作'爭'"라 하여 혹 〈諫臣論〉이라고도 함.

4. 《古文眞寶》注에 "迂齋曰:「此篇是箴規攻擊體, 是反難文字之格, 當以范司諫書
相兼看.」 歐陽公〈上范公書〉有云:「當退之作論時, 城爲諫議已五年, 後又二年, 始庭

論陸贄, 及沮裴延齡作相, 纔兩事耳. 當德宗, 時可謂多事. 豈無可言而需七年邪? 豈無急於沮延齡論陸摯兩事耶? 幸而爲諫官七年, 適遇二事, 一諫而罷, 以塞其責, 向使只五六年而遂遷司業, 是終無一言而去也.」○按韓公之論, 歐公之書, 盡之矣. 然陽城終爲唐代賢人, 不可磨也. 歐公謂當時事, 豈無急於沮裴論陸, 則公未然. 論救賢相, 沮止姦相, 天下事, 有大於此者乎? 使城初以細, 故聒其君, 此等大事, 不及言而去久矣. 以後補前, 亦可無愧, 讀者不可以韓歐之言, 而謂陽城, 眞緘默非賢人也」라 함.

5. 《昌黎集》에는 "陽城拜諫議大夫, 聞得失熟, 猶未肯言, 公作此論譏切之, 城亦不屑意. 及裴延齡誣逐陸贄等, 城乃守延英閣上疏, 極論延齡罪, 慷慨引誼, 申直贄等. 帝欲相延齡, 城顯語曰:「延齡爲相, 吾當取白麻壞之, 哭於庭.」帝不相延齡, 城之力也. 公作此論時, 城居位五年矣. 後三年而能排擊延齡, 或謂城蓋有待, 抑公有以激之歟? 爭或作諫, 歐公〈與范司諫書〉, 溫公《通鑑》皆作爭"이라 하여, 한유가 이 글을 지을 때 陽城은 諫議大夫가 된 지 5년째였으며, 그 뒤 陽城은 재상 裴延齡의 과실을 극간하여 황제로 하여금 그의 재상직 연장을 막은 것으로 보아 한유의 이 글에 영향을 받은 것이 아닌가 하였음. 한편 《昌黎集》이 글 말미에 "林少穎曰:「退之譏陽城, 固善矣. 及退之爲史官, 不敢褒貶, 而柳子厚作書以責之. 子厚之責退之, 亦猶退之責陽城也. '目見泰山, 不見眉睫', 其是之謂乎!」라 하여, 韓愈는 뒤에 자신이 史官이 되었을 때는 褒貶을 제대로 하지 않아 柳宗元이 〈與韓愈論史書〉(054)를 지어 비판하였는데, 이 역시 한유가 陽城을 비판한 것과 같아, 이는 마치 '눈은 태산은 보면서 눈썹은 보지 못하는 것'과 같다고 하였음.

6. 〈上范司諫書〉歐陽修《歐陽文忠集》(67)

月日, 具官謹齋沐拜書司諫學士執事, 前月中得進奏吏報, 云自陳州召至闕拜司諫, 即欲爲一書以賀, 多事忽卒未能也. 司諫, 七品官爾, 於執事得之不爲喜, 而獨區區欲一賀者. 誠以諫官者, 天下之得失, 一時之公議繫焉. 今世之官, 自九卿·百執事外至一郡縣吏, 非無貴官大職, 可以行其道也. 然縣越其封, 郡逾其境, 雖賢守長不得行, 以其有守也. 吏部之官, 不得理兵部;鴻臚之卿, 不得理光祿, 以其有司也. 若天下之失得·生民之利害·社稷之大計, 惟所見聞而不繫職司者, 獨宰相可行之, 諫官可言之爾. 故士學古懷道者仕於時, 不得爲宰相, 必爲諫官, 諫官雖卑, 與宰相等. 天子曰不可, 宰相曰可;天子曰然, 宰相曰不然, 坐乎廟堂之上, 與天子相可否者, 宰相也. 天子曰是, 諫官曰非;天子曰必行;諫官曰必不可行, 立殿陛之前與天子爭是非者, 諫官也.

宰相尊, 行其道;諫官卑, 行其言. 言行, 道亦行也. 九卿·百司·郡縣之吏守一職者, 任一職之責, 宰相·諫官繫天下之事, 亦任天下之責. 然宰相·九卿而下失職者, 受責於有司, 諫官之失職也, 取譏於君子. 有司之法行乎一時, 君子之譏著之簡冊而昭明, 垂之百世而不泯, 甚可懼也. 夫七品之官, 任天下之責, 懼百世之譏, 豈不重邪! 非材且賢者, 不能爲也.

近執事始被召於陳州, 洛之士大夫相與語曰:「我識范君, 知其材也. 其來不爲御史, 必爲諫官.」及命下, 果然, 則又相與語曰:「我識范君, 知其賢也. 他日聞有立天子陛下, 直辭正色面爭庭論者, 非他人, 必范君也.」拜命以來, 翹首企足, 佇乎有聞, 而卒未也. 竊惑之, 豈洛之士大夫能料於前而不能料於後耶, 將執事有待而爲也?

昔韓退之作〈爭臣論〉, 以譏陽城不能極諫, 卒以諫顯. 人皆謂城之不諫蓋有待而然, 退之不識其意而妄譏, 修獨以爲不然. 當退之作論時, 城爲諫議大夫已五年, 後又二年, 始庭論陸贄, 及沮裴延齡作相, 欲裂其麻, 纔兩事爾. 當德宗時, 可謂多事矣, 授受失宜, 叛將强臣羅列天下, 又多猜忌, 進任小人. 於此之時, 豈無一事可言, 而須七年邪? 當時之事, 豈無急於沮延齡·論陸贄兩事也? 謂宜朝拜官而夕奏疏也. 幸而城爲諫官七年, 適遇延齡·陸贄事, 一諫而罷, 以塞其責. 向使止五年六年, 而遂遷司業, 是終無一言而去, 何所取哉!

今之居官者, 率三歲而一遷, 或一二歲, 甚者半歲而遷也, 此又非更可以待乎七年也. 今天子躬親庶政, 化理清明, 雖爲無事, 然自千里詔執事而拜是官者, 豈不欲聞正議而樂讜言乎? 然今未聞有所言說, 使天下知朝廷有正士, 而彰吾君有納諫之明也.

夫布衣韋帶之士, 窮居草茅, 坐誦書史, 常恨不見用. 及用也, 又曰彼非我職, 不敢言;或曰我位猶卑, 不得言;得言矣, 又曰我有待, 是終無一人言也, 可不惜哉! 伏惟執事思天子所以見用之意, 懼君子百世之譏, 一陳昌言, 以塞重望, 且解洛之士大夫之惑, 則幸甚幸甚!

7.《舊唐書》(192) 隱逸傳(陽城)

陽城, 字亢宗, 北平人也. 代爲宦族. 家貧不能得書, 乃求爲集賢寫書吏, 竊官書讀之, 晝夜不出房;經六年, 乃無所不通. 既而隱於中條山. 遠近慕其德行, 多從之學. 閭里相訟者, 不詣官府, 詣城請決. 陝虢觀察使李泌聞其名, 親詣其里訪之, 與語甚悅. 泌爲宰相, 薦爲著作郎. 德宗令長安縣尉楊寧齎束帛詣夏縣所居而召之, 城乃衣褐赴京, 上章辭讓. 德宗遣中官持章服衣之, 而後詔, 賜帛五十匹. 尋遷諫議大夫.

初未至京, 人皆想望風彩, 曰:「陽城山人能自刻苦, 不樂名利, 今爲諫官, 必能以死奉職.」人咸畏憚之. 及至, 諸諫官紛紜言事, 細碎無不聞達, 天子益厭苦之. 而城方與二弟及客日夜痛飮, 人莫能窺其際, 皆以虛名譏之. 有造城所居, 將問其所以者. 城望風知其意, 引之與坐, 輒强以酒. 客辭, 城輒引自飮; 客不能已, 乃與城酬酢. 客或時先醉, 臥席上, 城或時先醉, 臥客懷中, 不能聽客語. 約其二弟云:「吾所得月俸, 汝可度吾家有幾口, 月食米當幾何? 買薪菜鹽凡用幾錢, 先具之, 其餘悉以送酒嫗, 無留也.」未嘗有所蓄積. 雖所服用有切急不可闕者, 客稱某物佳可愛, 城輒喜, 擧而授之. 有陳某者, 候其始請月俸, 常往稱其錢帛之美, 月有獲焉.

時德宗在位, 多不假宰相權, 而左右得以因緣用事. 於是裴延齡·李齊運·韋渠牟尋以奸佞相次進用, 誣譖時宰, 毁訛大臣, 陸贄等咸遭枉黜, 無敢救者. 城乃伏閤上疏, 與拾遺王仲舒共論延齡奸佞, 贄等無罪. 德宗大怒, 召宰相入議, 將加城罪. 時順宗在東宮, 爲城獨開解之, 城賴之獲免. 於是金吾將軍張萬福聞諫官伏閤諫, 趨往, 至延英門, 大言賀曰:「朝廷有直臣, 天下必太平矣!」乃造城及王仲舒等曰:「諸諫議能如此言事, 天下安得不太平?」已而連呼「太平, 太平」.

萬福武人, 年八十餘, 自此名重天下. 時朝夕欲相延齡, 城曰:「脫以延齡爲相, 城當取白麻壞之.」竟坐延齡事改國子司業.

城旣至國學, 乃召諸生, 告之曰:「凡學者所以學, 爲忠與孝也. 諸生寧有久不省其親者乎?」明日, 告城歸養者二十餘人.

有薛約者, 嘗學於城, 性狂躁, 以言事得罪, 徙連州, 客寄無根蔕. 臺吏以蹤跡求得之於城家. 城坐臺吏於門, 與約飮酒訣別, 涕泣送之郊外. 德宗聞之, 以城黨罪人, 出爲道州刺史. 太學生王魯卿·季償等二百七十人詣闕乞留, 經數日, 吏遮止之, 疏不得上.

在道州, 以家人法待吏人, 宜罰者罰之, 宜賞者賞之, 不以簿書介意. 道州土地產民多矮, 每年常配鄉戶, 竟以其男號爲「矮奴」. 城下車, 禁以良爲賤, 又憫其編甿歲有離異之苦, 乃抗疏論而免之, 自是乃停其貢. 民皆賴之, 無不泣荷. 前刺史有贓罪. 觀察使方推鞠之, 吏有幸於前刺史者, 拾其不法事以告, 自爲功, 城立杖殺之. 賦稅不登, 觀察使數加誚讓. 州上考功第, 城自署其第曰:「撫字心勞, 征科政拙, 考下下.」觀察使遣判官督其賦, 至州, 怪城不出迎, 以問州吏. 吏曰:「刺史聞判官來, 以爲有罪, 自囚於獄, 不敢出.」判官大驚, 馳入謁城於獄, 曰:「使君何罪! 某奉命來候安否耳.」留一二日未去, 城因不復歸館; 門外有故門扇橫地, 城晝夜坐臥其上, 判官不自安, 辭去. 其後又遣他判官往按之, 他判官義不欲按, 乃載妻子行, 中道而自逸.

順宗即位, 詔徵之, 而城已卒. 士君子惜之, 是歲四月, 賜其家錢二百貫文, 仍令所在州縣給遞, 以喪歸葬焉.

8.《新唐書》(194) 卓行傳(陽城)

陽城, 字亢宗, 定州北平人, 徙陝州夏縣, 世爲官族. 資好學, 貧不能得書, 求爲吏, 隷集賢院, 竊院書讀之, 晝夜不出戶, 六年, 無所不通. 及進士第, 乃去隱中條山, 與弟墹·域常易衣出. 年長, 不肯娶, 謂弟曰:「吾與若孤煢相育, 既娶則間外姓, 雖共處而益疏, 我不忍.」弟義之, 亦不娶, 遂終身.

城謙恭簡素, 遇人長幼如一. 遠近慕其行, 來學者跡接於道. 閭里有爭訟, 不詣官而詣城決之. 有盜其樹者, 城過之, 慮其恥, 退自匿. 嘗絶糧, 遣奴求米, 奴以米易酒, 醉臥於路. 城怪其故, 與弟迎之, 奴未醒, 乃負以歸. 及覺, 痛咎謝, 城曰:「寒而飲, 何責焉?」寡妹依城居, 其子四十餘, 癡不知人, 城常負以出入. 始, 妹之夫客死遠方, 城與弟行千里, 負其柩歸葬. 歲饑, 屏跡不過隣里, 屑楡爲粥, 講論不輟. 有奴都兒化其德, 亦方介自約. 或哀其餒, 與之食, 不納. 後致糠核數杯, 乃受. 山東節度府聞城義者, 發使遺五百縑, 戒使者不令返. 城固辭, 使者委而去, 城置之未嘗發. 會里人鄭俶欲葬親, 貸於人無得, 城知其然, 擧縑與之. 俶既葬, 還曰:「蒙君子之施, 願爲奴以償德.」城曰:「吾子非也, 能同我爲學乎?」俶泣謝, 即教以書, 俶不能業, 城更徙遠阜, 使顓其習. 學如初, 慚, 縊而死. 城驚且哭, 厚自咎, 爲服緦麻瘞之.

陝虢觀察使李泌數禮餉, 城受之. 泌欲辟致之府, 不起, 乃薦諸朝, 詔以著作佐郎召, 并賜緋魚. 泌使參軍事韓傑奉詔至其家, 城封還詔, 自稱「多病老憊, 不堪奔奉, 惟哀憐.」泌不敢强. 及爲宰相, 又言之德宗, 於是召拜右諫議大夫, 遣長安尉楊寧齎束帛詣其家. 城褐衣到闕下辭讓, 帝遣中人持緋衣衣之, 召見, 賜帛五十匹.

初, 城未起, 縉紳想見風采. 既興草茅, 處諫諍官, 士以爲且死職, 天下益憚之. 及受命, 它諫官論事苛細紛紛, 帝厭苦, 而城浸聞得失且熟, 猶未肯言. 韓愈作〈爭臣論〉譏切之, 城不屑. 方與二弟延賓客, 日夜劇飲. 客欲諫止者, 城揣知其情, 强飲客, 客辭, 即自引滿, 客不得已. 與酬酢, 或醉, 仆席上, 城或先醉臥客懷中, 不能聽客語, 無得關言. 常以木枕布衾質錢, 人重其賢, 爭售之. 每約二弟:「吾所俸入, 而可度月食米幾何, 薪菜鹽幾錢, 先具之, 餘送酒家, 無留也.」服用無贏副, 客或稱其佳可愛, 輒喜, 擧授之. 有陳萇者, 候其得俸, 常往稱錢之美, 月有獲焉. 居位八年, 人不能窺其際.

及裴延齡誣逐陸贄·張滂·李充等, 帝怒甚, 無敢言. 城聞, 曰:「吾諫官, 不可令天子殺無罪大臣.」乃約拾遺王仲舒守延英閣上疏極論延齡罪, 慷慨引誼, 申直贄等, 累日不止. 聞者寒懼, 城愈勵. 帝大怒, 召宰相抵城罪. 順宗方爲皇太子, 爲開救, 良久得免, 救宰相諗遣. 然帝意不已, 欲遂相延齡. 城顯語曰:「延齡爲相, 吾當取白麻壞之, 哭於廷.」帝不相延齡, 城力也. 坐是下遷國子司業. 引諸生告之曰:「凡學者, 所以學爲忠與孝也. 諸生有久不省親者乎?」明日謁城還養者二十輩, 有三年不歸侍者, 斥之. 簡孝秀德行升堂上, 沈酗不率教者皆罷. 躬講經籍, 生徒斤斤皆有法度.

薛約者, 狂而直, 言事得罪, 謫連州. 吏捕跡, 得之城家. 城坐吏於門, 引約飲食訖, 步至都外與別. 帝惡城黨有罪, 出爲道州刺史, 太學諸生何蕃·季償·王魯卿·李讜等二百人頓首闕下, 請留城. 柳宗元聞之, 遺蕃等書曰:「詔出陽公道州, 僕聞悒然. 幸生不諱之代, 不能論列大體, 聞下執事, 還陽公之南也. 今諸生愛慕陽公德, 懇惻乞留, 輒用撫手喜甚. 昔李膺·嵇康時, 太學生徒仰闕執訴, 仆謂訖千百年不可復見, 乃在今日, 誠諸生見賜甚厚, 將亦陽公漸漬導訓所致乎! 意公有博厚恢大之德, 幷容善僞, 來者不拒. 有狂惑小生, 依托門下, 飛文陳愚. 論者以爲陽公過於納汙, 無人師道. 仲尼吾黨狂狷, 南郭獻譏;曾參徒七十二人, 致禍負芻;孟軻館齊, 從者竊屨. 彼聖賢猶不免, 如之何其拒人也? 兪·扁之門, 不拒病夫;繩墨之側, 不拒枉材;師儒之席, 不拒曲士. 且陽公在朝, 四方聞風, 貪冒苟進邪薄之夫沮其志, 雖微師尹之位, 而人實瞻望焉. 與其化一州, 其功遠近可量哉! 諸生之言, 非獨爲己也, 於國甚宜.」蕃等守闕下數日, 爲吏遮抑不得上. 既行, 皆泣涕, 立石紀德.

至道州, 治民如治家, 宜罰罰之, 宜賞賞之, 不以簿書介意. 月俸取足則已, 官收其餘. 日炊米二斛, 魚一大鬵, 置甌杓道上, 人共食之. 州産侏儒, 歲貢諸朝, 城哀其生離, 無所進. 帝使求之, 城奏曰:「州民盡短, 若以貢, 不知何者可供.」自是罷. 州人感之, 以「陽」名子. 前刺史坐罪下獄, 吏有幸於刺史者, 拾不法事告城, 欲自脫, 城輒搒殺之. 賦稅不時, 觀察使數誚責. 州當上考功第, 城自署曰:「撫字心勞, 追科政拙, 考下下.」觀察府遣判官督賦, 至州, 怪城不迎, 以問吏, 吏曰:「刺史以爲有罪, 自囚於獄.」判官驚, 馳入, 謁城曰:「使君何罪? 我奉命來候安否耳.」留數日, 城不敢歸, 仆門闑, 寢館外以待命. 判官遽辭去. 府復遣官來按舉, 義不欲行, 乃載妻子中道逃去. 順宗立, 召還城, 而城已卒, 年七十; 贈左散騎常侍, 賜其家錢二十萬, 官護喪歸葬.

016(2-2) 〈諱辨〉 .... 韓文公(韓愈)

휘諱를 따져서 가림

〈李賀〉

*〈諱辨〉:'諱'는 왕이나 조상의 이름에 들어 있는 글자를 피하는 것으로 《禮記》曲禮(上)에 "卒哭乃諱. 禮, 不諱嫌名. 二名不偏諱"에서 비롯된 것임. 이 글은 李賀(長吉)가 進士에 천거되어 합격한 뒤 이름이 나자, 어떤 이가 "李賀는 그 아버지 '晉肅'의 발음이 '進士'와 비슷하여 마땅히 諱해야 하니 응시해서는 안 될 일을 했다"라 비방하였음. 그러자 응시를 권했던 韓愈가 이 〈諱辨〉을 지어, 관습으로 이어오던 避諱에 대하여 辨釋한 것임. 李賀(791?-817?)는 어려서 神童으로 소문이 나자 韓愈와 皇甫湜이 확인하러 찾아갔을 때 그 자리에서 〈高軒過〉라는 글을 지어 실력을 발휘했던 인물. 자는 長吉. 韓愈의 추천으로 과거에 응시하여 합격하였으며 憲宗 때 協律郎을 지냈으나 27세로 일찍 죽음. 비단 주머니를 가지고 다니며 詩想이 떠오를 때마다 적어 넣어 '錦囊詩人'으로도 불렸음. 《昌谷集》을 남겼음. 본 장의 내용과 시는 본 《古文眞寶》(前集) 李賀의 〈高軒過〉(163)를 참조할 것. '諱辨'의 표기는 《昌黎集》 등에는 모두 '諱辯'으로 되어 있으며, 《古文關鍵》에는 '辨諱'로, 《古文集成》과 《文章辨體》 등에는 '諱辨'으로 되어 있는 등 각기 다름.

1/3 ─────────────

나[愈]는 이하李賀에게 편지를 보내어, 그에게 진사 시험에 응시하도록 권하였는데, 이하가 진사 시험에 천거되어 이름이 나게 되었다.

그런데 이하와 명성을 다투는 자가 그를 이렇게 헐뜯었다.

"이하의 아버지는 이름이 진숙晉肅이니, 이하는 진사進士에 천거되지 않았어야 옳을 뿐더러, 그를 응시하도록 권한 자도 잘못이 있다."

이 말을 들은 이들은 살펴보지도 않고 그의 말에 덩달아 똑같은 말로 찬동하는 것이었다.

황보식皇甫湜이 말하였다.

"(만약 이를 명백히 밝히지 않으면) 선생님과 이하는 장차 죄를 얻게 될 것입니다."

내가 말하였다.

"그렇다."

《율律》에 "이명(二名, 두 글자로 된 이름)은 편휘偏諱하지 않는다"라 하였고, 정현鄭玄의 주석에는 "이를테면 징재徵在의 경우 '징'徵을 말할 때 '재'在는 말하지 않고, '재'를 말할 때는 '징'을 말하지 않는 것"이라 하였다.

《율》에 "글자의 혐명(嫌名, 음이 같거나 비슷한 경우)은 휘하지 않는다"라 하였고, 정현의 주석에는 "이를테면 우禹와 우雨, 구丘와 구蓲의 예가 그것"이라 하였다.

지금 이하 아버지의 이름이 '진숙'인데, 이하가 '진사'로 천거된 것이 잘못이라면 이는 이명二名을 범한 것인가? 아니면 혐명嫌名을 범한 것인가?

아버지의 이름이 '진숙'이어서 아들이 '진사'에 천거될 수 없다면, 만약 아버지 이름이 '인'仁이라면 그 아들은 '인'人이 될 수 없다는 것인가?

무릇 휘諱가 언제 시작된 것인가? 법제를 만들어 천하를 교화한 이는 주공周公과 공자孔子가 아니었던가?

주공은 《시詩》를 지음에 있어 휘하지 않았고, 공자는 이명二名을 치우쳐 휘하지 않았으며, 《춘추春秋》에서는 혐명을 휘하지 않았다고 해서 기롱하지도 않았다.

愈與(進士)李賀書, 勸賀擧進士, 賀擧進士有名.

與賀爭名者, 毁之曰:「賀父名晉肅, 賀不擧進士爲是, 勸之擧者爲非.」

聽者不察, 和而唱之, 同然一辭.

皇甫湜曰:「(若不明白), 子與賀且得罪.」

愈曰:「然.」

《律》曰:「二名不偏諱.」釋之者曰:「謂若言‘徵’不稱‘在’, 言‘在’不稱‘徵’是也.」

《律》曰:「不諱嫌名.」釋之者曰:「謂若‘禹’與‘雨’, ‘丘’與‘蓲’之類是也.」

今賀父名晉肅, 賀擧進士, 爲犯二名律乎? 爲犯嫌名律乎?

父名晉肅, 子不得擧進士; 若父名‘仁’, 子不得爲‘人’乎?

夫諱始於何時? 作法制以教天下者, 非周公·孔子歟?

周公作《詩》不諱, 孔子不偏諱二名, 《春秋》不譏不諱嫌名.

【愈與(進士)李賀書, 勸賀擧進士, 賀擧進士有名】‘愈’는 韓愈(退之) 자신의 이름. ‘與’는 (편지, 글 등을)‘주다, 보내다’의 뜻. ‘擧’는 천거됨. 당시는 鄕試나 일정 직급 이상 관리나 학자의 추천을 거쳐 科擧에 응시했음. ‘進士’는 科擧의 科目名, 進士科와 明經科 등이 있었음. 한편 《東雅堂》과 《別本》에는 "愈與進士李賀書"에서 ‘進士’ 두 글자가 없으며 注에 "李上或有‘進士’二字, 非是"라 하여 두 글자는 없어야 한다고 보았음. 이 글은 李賀가 進士에 오르기 전에 韓愈가 지어 進士 시험에 응시하도록 권한 것이므로 이 주장은 타당함. 李肇 《國史補》에 "韓愈引致後進, 爲求科第, 多有投書請益者, 時人謂之韓門弟子. 愈後官高, 不復爲也"라 함.

【與賀爭名者, 毁之曰:「賀父名晉肅, 賀不擧進士爲是, 勸之擧者爲非.」】‘與賀爭名者’는 구체적으로는 알 수 없음. 혹 비방한 자가 元稹이 아닌가 하였으나 근거가 없음. 《五百家注》에 "韓曰: 唐康軿 《劇談錄》云: 元稹明經中第, 願與賀交, 賀不許. 元和初, 稹擧制策爲禮部郎中, 因議「賀父名晉肅, 不合擧進士」, 公爲著 〈諱辨〉 以明之. 序所謂「賀擧進士有名, 與賀爭名毁之」意, 指此歟! 樊曰: 公 〈與李賀書〉, 今亡矣. 所謂

〈諱辯〉者, 此也. 其曰「與賀爭名者」, 按《劇談錄》「其元稹耶!」然考之史, 稹未嘗爲禮曹也"라 함. '晉肅'은 李賀의 아버지 이름. 從事官을 지냈음. '晉'(jìn)자와 進士의 '進'(jìn)자가 음이 같고, '肅'(sù)자는 '士'(shì)자의 음이 비슷해서 피휘를 해야 한다고 주장한 것. '勸之者'는 韓愈를 가리킴. 《容齋隨筆》(11) 〈唐人避諱〉에 "唐人避家諱甚嚴, 固有出於禮律之外者. 李賀應進士擧, 忌之者斥其父名晉肅, 以晉與進字同音. 賀遂不敢試, 韓文公作〈諱辯〉, 論之至切, 不能解衆惑也. 舊唐史至謂韓公此文爲文章之紕繆者, 則一時橫議可知矣. 杜子美有〈送李二十九弟晉肅入蜀〉詩, 蓋其人云"이라 함.

《李賀詩集》(四部叢刊)

【聽者不察, 和而唱之, 同然一辭】'不察'은 《昌黎集》 원전에는 모두 '不察也'로 되어 있음. '和而唱之'는 附和雷同하여 그의 말에 찬동하며 떠들어댐. '一辭'는 같은 말.

【皇甫湜曰:「(若不明白), 子與賀且得罪.」】'皇甫湜'은 字는 持正. 睦州 사람으로 唐 憲宗 때에 進士에 올라 工部郎中을 지냈으며 韓愈에게 古文을 배웠음. 《新唐書》에 傳이 실려 있음. 韓愈와 함께 어린 李賀를 찾아간 적이 있음. '子'는 선생님. 韓愈를 가리킴. 《五百家注》,《東雅堂》,《別本》에는 '子與賀'에 모두 "若不明白"4자가 들어 있으며, 다만 《五百家注》에 "一本無此四字"라 함. '且'는 장차.

【律曰:「二名不偏諱.」】'律'은 律法. 《律文》을 가리킴. 〈補注〉에 "《律文》十二卷,《音義》一卷. 陳氏曰:「自魏李悝, 漢蕭何以來, 更三國六朝隋唐, 因革損益備矣. 本朝天聖中, 孫奭等撰《音義》"라 함. 이는 《禮記》의 내용을 풀이한 것임. '二名不偏諱'의 '二名'은 두 글자로 된 이름을 말함. 이 경우 한 글자는 諱를 하지 않음. '偏'은 치우쳐 한 글자만을 지칭함. 《禮》曲禮(上)에 "卒哭乃諱. 禮, 不諱嫌名. 二名不偏

諱. 逮事父母, 則諱王父母;不逮事父母, 則不諱王父母. 君所無私諱, 大夫之所有公
諱. 詩書不諱, 臨文不諱. 廟中不諱. 夫人之諱, 雖質君之前, 臣不諱也;婦諱不出門.
大功小功不諱. 入竟而問禁, 入國而問俗, 入門而問諱"라 함.

【釋之者曰:「謂若言'徵'不稱'在', 言'在'不稱'徵'是也.」】'釋之者'는 그러한 규정을 해
석한 사람. 구체적으로 《禮記》를 주석한 鄭玄을 가리킴. 《禮記》 鄭玄 注에 "諱,
辟也. 生者不相辟名. 衛侯名惡, 大夫有名惡, 君臣同名. 諱, 敬鬼神之名也. '嫌名'
謂: 音聲相近, 若'雨'與'禹', '丘'與'區'也. '偏謂:二名不一一諱, 皆爲其難辟也. 孔子之
母名徵在', 言'在'不稱'徵', 言'徵'不稱'在'也"라 함.

【言'徵'不稱'在'】'徵'자를 말할 때는 '在'자를 칭하지 않음. 孔子의 어머니 '顔徵在'
의 경우 '徵'과 '在'를 한 글자씩 사용하는 것은 무관함.

【律曰:「不諱嫌名.」】'不諱嫌名'의 '嫌名'은 음이 같거나 비슷한 글자를 말해야 할
경우를 말함. 이때에는 휘하지 않아도 됨. '嫌名'은 嫌諱해야 할 발음의 이름. 이
경우 뜻이 다르면 휘하지 않아도 됨. 《左傳》 襄公 10년 傳의 〈正義〉에 "漢末有汝
南應劭, 作《舊名諱議》云:「昔者, 周穆王名滿, 晉厲公名州滿, 又有王孫滿. 是同名不
諱.」"라 함.

【「謂若'禹'與'雨', '丘'與'蓲'之類是也.」】'禹'와 '雨'는 음이 같으나 뜻이 다르며, '丘(孔
子)와 '蓲' 역시 음은 같으나 뜻은 전혀 다름. '蓲'는 烏蓲라고도 부르며 물억새의
일종. 《禮記》 鄭玄 注에는 '區'로 되어 있음. 《古文眞寶》 注에 "此說鄭氏《禮記》註"
라 함.

【爲犯二名律乎? 爲犯嫌名律乎?】'二名律'은 앞에서 거론한 첫 번째 규율, 즉 '二名
不偏諱'. '嫌名律'은 두 번째 거론한 '不諱嫌名'을 가리킴. 여기서는 두 가지 어떤
규율에도 저촉되지 않음을 말한 것. 《軌範》 注에 "此二句設疑問之, 不直說破不
犯諱. 此章法"이라 함.

【若父名'仁', 子不得爲'人'乎?】'不得爲人'은 사람이 될 수 없음. 아버지 이름에 '仁'
(rén)자가 있으면 그 아들은 '人'(rén)이 될 수 없음. 《呂氏春秋》 愛類篇에 "仁於他
物, 不仁於人, 不得爲人"이라 하였고, 《史記》 韓安國傳에는 "匈奴自上古不屬爲人"
이라 하였고, 注에 "晉灼曰:「不內屬於漢爲人.」"이라 함. 漢書 樊噲傳에는 "荒侯市
人病不能爲人"의 顔師古 注에 "言無人道也"라 함.

【夫諱始於何時? 作法制以敎天下者, 非周公·孔子歟?】'諱'라는 법제를 만들어 천
하를 교도한 것은 周公(姬旦)과 孔子(孔丘)임.

【周公作《詩》不諱】周公은 詩를 지을 때 아버지 文王(姬昌)이며, 형 武王(姬發)의 이름이 있음에도 《詩》周頌에 '發'자와 '昌'자가 쓰였음. 《古文眞寶》 注에 "若曰「克昌厥後」, 又曰「駿發爾私」"라 함.

【孔子不偏諱二名】孔子는 어머니 이름이 徵在임에도 《論語》八佾篇에 '徵'자와 '在'자가 쓰였음. 《古文眞寶》 注에 "若曰「宋不足徵」, 又曰「某在斯」"라 함.

【《春秋》不譏不諱嫌名】《春秋》는 공자가 저술한 史書로 魯나라 隱公으로부터 哀公까지 242년간의 역사를 기록한 것임. '不譏不諱嫌名'은 음이 비슷한 글자를 諱하지 않았다고 해서 기롱한 예는 없음. 《古文眞寶》注에 "若衛桓公名完"이라 함.

2/3 ———————

주周 강왕康王 교(釗, zhāo)의 후대는 실제로 소왕(昭王, 昭, zhāo)이었고, 증삼曾參의 아버지 이름은 석(晳, xī)인데 증자는 석(昔, xī)자를 휘하지 않았다.

주나라 때에는 기기(騏期, qíqí)라는 사람이 있었고, 한漢나라 때에는 두도(杜度, dùdù)라는 사람이 있었는데 이들 자손들은 의당 어떻게 휘를 해야 하겠는가?

장차 음이 같거나 비슷한 글자를 휘해야 한다면 마침내 그 성姓도 휘해야 하는가? 아니면 그것은 혐명이니 휘하지 말아야 하는가?

한나라 때에는 무제武帝의 이름 '철徹'자를 휘하여 '통通'으로 썼으나, 그렇다고 다시 '거철車轍'의 '轍'자를 다른 어떤 글자로 바꾸어 썼다는 말은 듣지 못하였다.

여후呂后의 이름 '치雉'자를 휘하여 '야계野鷄'로 썼으나, 그렇다고 다시 또 '치천하治天下'의 '治'자를 다른 어떤 글자로 바꾸어 썼다는 말은 듣지 못하였다.

오늘날 위로 올리는 장章과 아래로 내리는 조詔에 이르기까지 '호滸', '세勢', '병秉' '기饑' 등의 글자를 휘하고 있다는 말은 듣지 못하였으며, 다만 환관宦官이나 궁첩宮妾만이 감히 '유諭'자나 '기機'자를 말하지 아니하면서 이를 휘법에 저촉되는 것으로 여기고 있다.

康王釗之孫, 實爲昭王; 曾參之父名晳, 曾子不諱昔.

周之時, 有騏期; 漢之時, 有杜度, 此其子宜如何諱?

將諱其嫌, 遂諱其姓乎? 將不諱其嫌者乎?

漢諱武帝名'徹'爲'通', 不聞又諱車轍之'轍', 爲某字也.

諱呂后名'雉'爲野鷄, 不聞又諱治天下之'治', 爲某字也.

今上章及詔, 不聞諱'滸', '勢', '秉', '饑'也, 惟宦官宮妾, 乃不敢言'諭'及'機', 以爲觸犯.

【康王釗之孫, 實爲昭王】'康王'은 西周 成王(姬誦)의 아들로 이름은 釗였음. '釗'의 음은 《史記》正義에 "釗, 音招, 又古堯反"이라 하여 招(zhāo), 혹 '교'로 읽음. '昭王'은 康王(姬釗)의 아들로 이름이 瑕였음. '釗(zhāo)'의 음은 '昭(zhāo)'인데 그 아들 왕호가 昭王이어서 '釗'와 '昭'는 음이 같음. 한편 여기서 '康王釗之孫'의 '孫'은 다음 세대를 말하는 것이며 '孫子'의 뜻이 아님.《史記》周本紀에 "康王卒, 子昭王瑕立. 昭王之時, 王道微缺. 昭王南巡狩不返, 卒於江上"이라 함.〈補注〉에 "昭王瑕, 康王子. 此言孫者, 誤"라 함.

【曾參之父名晳, 曾子不諱昔】'曾參'은 자는 子輿이며 효행으로 이름이 높았던 孔子 제자. '晳'은 曾晳. 증삼의 아버지. 이름은 點이었음. '晳'(xī)과 '昔'(xī)은 같은 음이지만 曾子(曾參)은 '昔'자를 휘하지 않았음.《論語》泰伯篇에 '昔'자가 쓰였음.〈補注〉에 "曾參之父名點. 此言名晳, 亦誤"라 함.《古文眞寶》注에 "若曰「昔者吾友」, 又曰「褐裘而弔」"라 함.

【周之時, 有騏期; 漢之時, 有杜度, 此其子宜如何諱】'騏期'는 周나라 때 사람 이름. '杜度'는 漢나라 때 사람으로 자가 伯度. 원래 이름은 杜操였으나 '操'가 魏 武帝 曹操와 같아 杜度로 이름을 바꾸었음. 당시 草書體인 章草에 뛰어났던 인물. '騏'(qí)와 '期'(qī), '杜'(dù)와 '度'(du)는 한 사람의 성명인데 姓과 名이 음이 같음. 그렇다면 그 자손은 어떻게 諱를 해야 하는가의 문제가 생김.《古文眞寶》注에 "杜操, 字伯度. 曹魏時, 以名同武帝, 故因以其字呼之, 又去其伯字, 呼爲杜度"라 함.

【將諱其嫌, 遂諱其姓乎? 將不諱其嫌者乎?】'장차 그 嫌을 휘하여 姓을 휘해야 하는가? 아니면 그 혐의를 휘하지 않아야 하는가?'의 문제가 있음.《軌範》注에 "此二句, 又設疑問之, 不直說破甚妙"라 함.

【漢諱武帝名'徹'爲'通', 不聞又諱車轍之轍, 爲某字也】漢 武帝는 西漢 5대 황제.
B.C.140–B.C.87년 재위. 이름이 劉徹이어서 '徹'과 같은 뜻에 '通'자로 바꾸어 써
서 휘를 함.《五百家注》에 "補注:謂徹侯爲通侯, 刪徹爲刪通之類"라 함. '車徹'은
수레바퀴 자국. 그러나 그 '徹'자를 휘하기 위해 車轍의 같은 음의 '轍'자를 다른
어떤 글자로 바꾸어 썼다는 말은 듣지 못했음.〈補注〉에 "謂如以徹侯, 爲通侯.
刪徹爲刪通也"라 함.《顔氏家訓》風操篇에 "桓公名白, 博有五皓之稱. 厲王名長,
琹有修短之目, 不聞謂布帛爲布皓. 呼腎腸爲腎修也"라 함.

【諱呂后名'雉'爲野鷄, 不聞又諱治天下之'治'爲某字也】'呂后'는 呂文(叔平)의 딸로
漢나라 高祖(劉邦)의 황후가 됨. 이름이 呂雉였음. '野鷄'는 꿩. '治'(zhi)와 '雉'(zhi)
는 같은 음이지만 '治'자를 다른 어떤 글자로 바꾸었다는 말은 듣지 못했음.《史
記》封禪書 "野鷄夜雊"의 注에 "如淳曰:「野鷄, 雉也. 呂后名雉, 故曰野鷄.」"라 함.

【今上章及詔, 不聞諱'滸', '勢', '秉', '饑'也】'章'은 신하가 천자에게 올리는 글. 劉勰
의《文心雕龍》章表篇에 은혜에 감사드리는 글이라 하였음. '詔'는 천자가 내리
는 詔勅. '滸', '勢', '秉', '饑'에서 滸(hǔ)는 唐 太祖(高祖 李淵의 할아버지)의 이름
'虎'(hǔ)와 음이 같고, '勢'(shi)는 太宗의 이름 世民의 '世'(shi)와 같으며, '秉'(bing)은
世祖(李淵의 아버지)의 이름 '昺'(昺, bing)과 같고, '饑'(ji)는 玄宗의 이름 隆基의 '基'
(ji)와 같음. 즉 당나라 황제들의 이름과 음이 같은 嫌名의 글자들.《舊唐書》(1) 高
祖紀에 "高祖神堯大聖大光孝皇帝姓李氏, 諱淵. 其先隴西狄道人, 涼武昭王暠七
代孫也. 暠生歆. 歆生重耳, 仕魏爲弘農太守. 重耳生熙, 爲金門鎭將, 領豪傑鎭武
川, 因家焉. 儀鳳中, 追尊宣皇帝. 熙生天錫, 仕魏爲幢主. 大統中, 贈司空. 儀鳳中,
追尊光皇帝. 皇祖諱虎, 后魏左僕射, 封隴西郡公, 與周文帝及太保李弼·大司馬獨
孤信等以功參佐命, 當時稱爲「八柱國家」, 仍賜姓大野氏. 周受禪, 追封唐國公, 諡曰
襄. 至隋文帝作相, 還復本姓. 武德初, 追尊景皇帝, 廟號太祖, 陵曰永康. 皇考諱昺,
周安州總管·柱國大將軍, 襲唐國公, 諡曰仁. 武德初, 追尊元皇帝, 廟號世祖, 陵曰
興寧"이라 함.《容齋三筆》(11)에 "帝王諱名, 自周世始有此制, 然只避之於本廟中耳.
克昌厥後, 駿發爾私. 成王時所作詩, 昌發不爲文武諱也. 宣王名誦, 而吉甫作誦之
句. 正在其時, 厲王名胡, 而胡爲虺蜴, 胡然厲矣之句. 在其孫幽王時, 小國曰胡, 亦自
若也. 襄王名鄭, 而鄭不改封. 至於出居其國, 使者告于秦晉曰:「鄙在鄭地, 受晉文
公朝, 而鄭伯傳王.」唯秦始皇以父, 莊襄王名楚. 稱楚曰荊, 其名曰政, 自避其嫌, 以
正月爲一月, 盖已非周禮矣. 漢代所謂邦之字曰國, 盈之字曰滿, 徹之字曰通, 雖但諱

本字, 而吏民犯者, 有刑. 唐太宗名世民, 在位之日不偏諱. 故戴胄唐儉爲民部尙書. 虞世南, 李世勣在朝, 至于高宗, 始改民部爲戶部. 世勣但爲勣, 韓公〈諱辨〉云:「今上書及詔, 不聞諱滸勢秉饑, 惟宦官宮妾, 乃不敢言喩及機, 以爲觸犯.」此數者, 皆其先世嫌名也. 本朝尙文之習大盛, 故禮官討論, 每欲其多廟諱, 遂有五十字者, 擧場試卷, 小涉疑似. 士人輒不敢用, 一或犯之, 往往暗行黜落方州, 科擧尤甚此風"이라 함.《古文眞寶》注에는 "滸, 近太祖廟諱;勢, 近太宗廟諱;秉, 近代祖廟諱;饑, 近玄宗廟諱. 唐高祖之祖名處, 父名昞, 太宗名世民, 玄宗名隆基, 代宗名豫"라 함.

【惟宦官宮妾, 乃不敢言'喩'及'機', 以爲觸犯】'喩'(yù)는 代宗(763-779 재위)의 이름 '豫'(yù)와 음이 같고, '機'(jī)는 현종의 이름 '隆基'의 基와 음이 같음.〈補注〉에 "謂'喩', 近代宗諱豫;'機', 近玄宗諱隆基"라 함. '以爲觸犯'는 諱法에 저촉되는 것으로 여김.《古文眞寶》注에 "以'喩'爲近代宗廟諱, 以'機'爲近玄宗廟諱"라 함.《軌範》注에 "此一轉最高, 罵得時人諱嫌名者太毒"이라 함.

3/3 ─────────────

사군자士君子로서 말을 하고 일을 행함에는 의당 어떤 법을 지켜야 마땅하겠는가?

지금 이를 경서經書에서 상고해보고,《율》에 질문해 보고, 나라의 법전法典에 의거해 헤아려보건대, 이하가 진사에 천거되어도 되는 것인가? 아니면 될 수 없는 것인가?

무릇 부모를 섬김에 있어 증삼만큼 해낼 수 있다면, 나무랄 바가 없을 것이며, 사람됨에 있어서 주공이나 공자만큼 해낼 수 있다면 역시 그 정도에서 그쳐도 될 것이다.

지금 세상의 선비들은 증삼, 주공, 공자의 행실은 실행하고자 힘쓰지는 않으면서, 어버이의 이름을 휘하는 것에 대해서라면 증삼, 주공, 공자보다 낫게 하고자 힘쓰고 있으니, 역시 그 미혹됨을 알 수 있도다!

주공, 공자, 증삼과 같은 사람들은 아무리 해도 그들보다 나아질 수 없건만, 주공, 공자, 증삼보다 더 나서서 환관이나 궁첩들과 나란히 휘를 하고 있으니, 그렇다면 이는 곧 환관이나 궁첩들이 어버이에 효도하는 것이 주공, 공자, 증삼보다 더 똑똑하다는 것인가?

士君子立言行事, 宜何所法守也?

今考之於經, 質之於律, 稽之以國家之典, 賀擧進士爲可邪? 爲
不可邪?

凡事父母, 得如曾參, 可以無譏矣; 作人得如周公·孔子, 亦可以
止矣.

今世之士, 不務行曾參·周公·孔子之行, 而諱親之名, 則務勝於
曾參·周公·孔子, 亦見其惑也!

夫周公·孔子·曾參, 卒不可勝, 勝周公·孔子·曾參, 乃比於宦官·
宮妾, 則是宦官·宮妾之孝於其親, 賢於周公·孔子·曾參者耶?

【士君子立言行事, 宜何所法守也】《昌黎集》원전에는 '立言'이 '言語'로 되어 있음.
'法守'는《孟子》離婁(上)에 "上無道揆也, 下無法守也, 朝不信道, 工不信度, 君子犯
義, 小人犯刑, 國之所存者幸也"라 함.

【今考之於經, 質之於律, 稽之以國家之典】'考之於經'은 經書에서 고찰해 봄. '質之
於律'은 율법에 그것을 질문해 봄.《中庸》(29)에 "故君子之道: 本諸身, 徵諸庶民,
考諸三王而不繆, 建諸天地而不悖, 質諸鬼神而無疑, 百世以俟聖人而不惑"이라 함.
'稽之以國家之典'은 나라의 법전에서 이를 稽考해 봄.

【賀擧進士爲可邪? 爲不可邪?】'邪'는 다른《古文眞寶》에는 '耶'로 되어 있음.《軌
範》注에 "又設疑問"이라 함.

【凡事父母, 得如曾參, 可以無譏矣】'得如'는 그만큼 해냄. '無譏'는 나무랄 것이 없
음.《孟子》離婁(上)에 "若曾子, 則可謂養志也. 事親若曾子者, 可也"라 함.

【作人得如周公·孔子, 亦可以止矣】'可以止矣'는 그만큼이면 됐음. 더 바랄 것이 없
을 정도임.

【今世之士, 不務行曾參·周公·孔子之行, 而諱親之名】증삼, 주공, 공자의 행동을
힘쓰려 하지 아니하고 그저 어버이의 이름만 諱를 함.

【則務勝於曾參·周公·孔子, 亦見其惑也!】'其惑'은 그 미혹됨.

【夫周公·孔子·曾參, 卒不可勝】'卒不可勝'은 끝내 나아질 수 없음.

【勝周公·孔子·曾參, 乃比於宦官宮妾】'勝'은 '그들보다 앞서다, 더욱 더 심하다' 등의 뜻임. '比'는 '나란히, 똑같이, 그들처럼' 등의 뜻. '宦官'은 《東雅堂》본에는 '宦者'로 되어 있으며, 注에 "宦者, 或并作宦官"이라 함. 아래 구절도 같음.

【則是宦官·宮妾之孝於其親, 賢於周公·孔子·曾參者耶?】宦官이나 宮妾이 아무리 그 어버이에게 효를 다한다 해도 주공, 공자, 증삼만은 못한 것임.

참고 및 관련 자료

1. 韓文公(韓愈, 韓退之, 韓昌黎) 001 참조.

2. 이 글은 《別本韓文考異》(12), 《五百家注昌黎文集》(12), 《東雅堂昌黎集註》(2), 《唐文粹》(46), 《唐宋八大家文鈔》(10), 《文章正宗》(13), 《古文關鍵》(上), 《古文集成》(66), 《文編》(39), 《文章辨體彙選》(432), 《事文類聚》(後集 3), 《經濟類編》(44), 《讀禮通考》(63), 《古文辭類纂》(2), 《古文約選》(1), 《古文觀止》(8), 《古文眞寶》(後集 4) 등에 실려 있음.

3. 《舊唐書》(137) 李賀傳

李賀, 字長吉, 宗室鄭王之後. 父名晉肅, 以是不應進士, 韓愈爲之作〈諱辨〉, 賀竟不就試. 手筆敏捷, 尤長於歌篇. 其文思體勢, 如崇岩峭壁, 萬仞崛起, 當時文士從而效之, 無能髣髴者. 其樂府詞數十篇, 至於雲韶樂工, 無不諷誦. 補太常寺協律郎, 卒, 時年二十四.

4. 〈高軒過〉

華裾織翠青如蔥, 金環壓轡搖玲瓏.

馬蹄隱耳聲隆隆, 入門下馬氣如虹.

云是東京才子文章鉅公.

二十八宿羅心胷, 元精炯炯貫當中.

殿前作賦聲摩空, 筆補造化天無功.

庬眉書客感秋蓬, 誰知死草生華風?

我今垂翅附冥鴻, 他日不羞蛇作龍!

5. 《東雅堂》題注에는 "《舊史》公傳云:「李賀父名晉肅, 不應進士, 而愈爲賀作〈諱辯〉, 令擧進士, 蓋以是罪公」而《新史》則書其事於賀傳云:「以父名晉肅, 不肯擧進士, 愈爲作〈諱辯〉, 然亦卒不就擧.」라 하여 이하가 과거에 응하기 전에 권면한 글로

되어 있음.

6.《五百家注》에도 "洪曰:「李賀父名晉肅, 邊上從事. 賀年七歲能歌詩, 時愈與皇甫湜未信, 過其父, 使賀賦詩, 立就自目曰〈高軒過〉, 二人大驚. 他日擧進士, 或謗賀不避家諱, 公特著〈諱辯〉一篇.」又《幽閒鼓吹錄》云:「賀以歌詩謁愈, 愈送客, 歸因解帶, 旋讀首篇.〈雁門太守行〉云:『黑雲壓城城欲摧, 甲光向日金魚開.』却揷帶, 急命邀之.」又云: 張昭〈論舊君諱〉云: 周穆王諱滿, 至定王時有王孫滿者; 厲王諱胡, 至莊王之子名胡, 其比衆多. 退之〈諱辯〉取此意. 樊曰:《舊史》公傳云:「李賀父名晉肅, 不應進士, 而愈爲賀作〈諱辨〉, 令擧進士, 盖以是罪公.」而《新史》則書其事于賀傳云:「以父名晉肅, 不肯擧進士, 愈爲作〈諱辨〉, 然亦卒不就擧.」라 함.

7.《軌範》末尾 謝枋得 注에 "一篇辨明, 理强氣直, 意高辭嚴, 最不可及者. 有道理可以折服人矣. 全不直說破, 盡是設疑, 佯爲兩可之辭, 待智者自擇. 此別是一樣文法. ○此辨文法, 從孟子來"라 함.

8.《古文眞寶》注에 "洪曰:「李賀父晉肅, 邊上從事, 賀年七歲, 以長短之製, 名動京華. 時愈與皇甫湜, 覽賀所業, 奇之. 會有以晉肅行上言者, 二公聯騎造門, 請見其子, 旣而總角荷衣而出, 面試一篇, 承命欣然, 傍若無人, 仍目曰〈高軒過〉, 二公大驚, 命聯鑣而還, 所居, 親爲束髮. 年未弱冠, 丁內難. 它日擧進士, 或謗'賀不避家諱', 文公是著〈諱辨〉一篇. 張昭〈論舊君諱〉云:'周穆王諱滿, 至定王時有王孫滿者; 厲王諱胡, 至莊王之子名胡, 其比衆多.' 退之〈諱辨〉, 取此意.」라 함.

017(2-3) 〈桐葉封弟辯〉 ················ 柳子厚(柳宗元)

오동잎으로 아우를 봉했다는 것에 대한 변론

*〈桐葉封弟辯〉: '辯'은 《柳河東集》 등에는 모두 '辨'으로, 《柳河東集注》와 《五百家注》에는 '辯'으로 되어 있음. 《呂氏春秋》와 《說苑》 등에 실려 있는 '成王(姬誦)이 아우 叔虞에게 桐葉을 주면서 唐에 봉하는 놀이를 하자, 周公(姬旦)이 이를 놀이로 그렇게 한 것인 줄 알면서도 成事시켰다'라는 문제를 집중적으로 다루어, 辨釋하면서 동시에 이는 《史記》의 기록대로 周公이 아니라 史佚이 한 것으로 여긴 것.

1/3 ————————————

옛날에 전해오기로 이렇게 말하였다.

성왕成王이 어린 아우에게 오동잎을 주며 놀이로써 "이로써 너를 봉封하노라"라고 하였다.

주공周公이 들어와 축하하자 왕은 "놀이였소"라고 하였고, 주공은 "천자는 놀이로 할 수 없습니다"라고 하여, 이에 (어쩔 수 없이) 어린 아우를 당唐에 봉하였다.

> 古之傳者有言.
> 成王以桐葉, 與小弱弟, 戲曰:「以封汝.」
> 周公入賀, 王曰:「戲也.」周公曰:「天子不可戲.」乃封小弱弟於唐.

【古之傳者有言】'古之傳者'는 옛날의 책. 成王(姬誦)이 어린 동생 叔虞를 唐에 봉한 사실을 기록한 것. 《呂氏春秋》 重言篇에 "成王與唐叔虞燕居, 援梧葉以爲珪而授唐叔虞, 曰:「余以此封女.」叔虞喜, 以告周公. 周公以請曰:「天子其封虞耶?」成王曰:「余一人與虞戲也.」周公對曰:「臣聞之, 天子無戲言, 天子言則史書之, 工誦之, 士稱

之.」於是遂封叔虞於晉. 周公旦可謂善說
矣, 一稱而令成王益重言, 明愛弟之義,
有輔王室之固."라 하였고, 《說苑》君道
篇에도 "成王與唐叔虞燕居, 剪桐葉以爲
珪, 而授唐叔虞曰:「余以此封汝.」唐叔虞
喜, 以告周公, 周公以請曰:「天子封虞
耶?」成王曰:「余一與虞戲也.」周公對曰:
「臣聞之:天子無戲言. 言則史書之, 工誦
之, 士稱之.」於是遂封唐叔虞於晉, 周公
旦可謂善說矣, 一稱而成王益重言, 明愛
弟之義, 有輔王室之固."라 함. 그러나
《史記》晉世家에는 "晉唐叔虞者 周武王
子而成王弟, 初武王與叔虞母會時, 夢天
謂武王曰:「余命女生子, 名虞, 余與之唐.」

〈周成王(姬誦)〉(三才圖會)

及生子, 文在其手曰虞, 故遂因命之曰虞. 武王崩, 成王立, 唐有亂. 周公誅滅唐. 成
王與叔虞戲, 削桐葉爲珪以與叔虞曰:「以此封若」史佚因請擇日立叔虞, 成王曰:「吾
與之戲耳.」史佚曰:「天子無戲言, 言則史書之, 禮成之, 樂歌之」於是遂封叔虞於唐."
이라 하여 史官 尹佚이 성취시킨 것으로 되어 있음. 이 글에서는 柳宗元이 《說
苑》과 《呂氏春秋》의 내용을 분석한 것. 〈補注〉에 "此依《說苑》君道篇, 原注引《史
記》, 誤"라 함.

【成王以桐葉, 與小弱弟, 戲曰:「以封汝.」】 '成王'(姬誦)는 周 武王(姬昌)의 아들이며,
文王(姬發)의 손자. 어린 나이에 천자가 되어 숙부 周公(姬旦)이 섭정하였음. '桐葉'
은 오동나무 잎. 성왕이 어린 동생에게 오동잎을 珪로 삼아 놀이를 하면서 봉한
것. '小弱弟'는 어린 동생. 叔虞. 결국 唐에 봉해져서 唐叔虞라 부름.《古文眞寶》
注에 "唐叔, 名虞"라 함.

【周公入賀, 王曰:「戲也.」周公曰:「天子不可戲.」乃封小弱弟於唐】 '周公'은 文王의
아들이며 武王의 아우로서 어린 成王이 즉위하자 攝政을 통해 주 왕실의 기초
를 다짐. 아울러 周初 文物制度와 禮樂典章을 정비하여 후세 사람들은 그를 聖
人으로 추앙함. '唐'은 원래 堯(陶唐氏)의 근거지였으며 지금의 河北 唐縣. 그러나
叔虞가 봉지로 받은 땅은 뒤에 나라 이름을 晉나라로 바꾸어 文公(重耳) 때 春

秋五霸의 하나로 발전했으며, 지금의 山西省 일대가 주된 활동무대였음. '天子不可戲'는 周公이 천자는 말을 신중히 해야 함을 강하게 주문하여 어린 成王을 가르치기 위한 것이었음.

2/3 ————————————

나는 그렇지 않다고 생각한다. 왕의 아우를 마땅히 봉해야 했는가? 그렇다면 주공은 의당 알맞은 때에 왕에게 말해야 했을 것이지, 그 놀이를 기다렸다가 축하하여 그 일을 성사시키지는 않았을 것이며, 봉하는 것이 부당한 일이었는가? 그렇다면 주공이 그 도리에 맞지 않은 놀이에서의 말을 성사시켜, 어리고 약한 아우에게 토지와 백성을 주어 주인으로 삼게 한 것이 되니, 어찌 그를 성인聖人이라 할 수 있겠는가?

게다가 주공은 왕의 말이 구차해서는 안 되는 것이라고 여겼으면 그만이지, 반드시 그 말을 좇아 성사시켜야만 하였겠는가?

설사 불행히도 왕이 오동잎으로 부녀자나 환관에게 놀이로 그렇게 하였다면, 역시 이를 거론하여 그 말대로 하도록 해야 하는가?

무릇 왕 된 자의 덕이란 행동이 어떠한가에 달려있다.

만일 합당함을 얻지 못한 것이라면, 비록 열 번을 바꾸어도 병폐가 되지 않을 것이요, 합당함을 요구하는 일이라면 바꾸도록 해서는 아니 되는 것인데, 하물며 그것이 놀이로 한 것임에랴?

만약 놀이로 한 것임에도 반드시 실행해야 한다면, 이는 주공이 성왕에게 과실을 수행하게 한 것이다.

吾意不然. 王之弟當封邪? 周公宜以時言於王, 不待其戲而賀以成之也; 不當封邪? 周公乃成其不中之戲, 以地以人與小弱者爲之主, 其得爲聖也?

且周公以王之言, 不可苟焉而已, 必從而成之耶?

設有不幸, 王以桐葉戲婦寺, 亦將擧而從之乎?

凡王者之德, 在行之何若.

設未得其當, 雖十易之, 不爲病; 要於其當, 不可使易也, 而況以
其戲乎?

若戲而必行之, 是周公教王遂過也.

【吾意不然. 王之弟當封邪?】'當封'은 마땅히 봉해야 함. '邪'는 耶와 같으며 疑問終
　結詞.

【周公宜以時言於王, 不待其戲而賀以成之也】周公은 때를 보아 成王에게 말해야
　하지, 놀이를 기다렸다가 축하하여 이를 성사시키지는 않았을 것임.

【不當封邪? 周公乃成其不中之戲, 以地以人與小弱者爲之主, 其得爲聖也?】'不中之
　戲'는 도리에 맞지 않는 놀이. 《軌範》注에 "此是正理正論"이라 함.

【且周公以王之言, 不可苟焉而已, 必從而成之耶?】'苟'는 구차함. 《軌範》注에 "二節"
　이라 함.

【設有不幸, 王以桐葉戲婦寺, 亦將擧而從之乎?】'設'은 설령, 가령, 설사. '婦寺'는 부
　녀자나 환관. 궁중에서 일하는 從僕들. '寺'는 '시'로 읽음. 《詩》大雅 瞻卬篇에
　"匪教匪誨, 時維婦寺"라 함. 《古文眞寶》注에는 "婦寺, 卽宮妾宦官"이라 함.

【凡王者之德, 在行之何若】행동을 어떻게 하는가에 달려 있음. 《軌範》注에 "三節"
　이라 함.

【設未得其當, 雖十易之, 不爲病】'十易'은 열 번을 바꿈. '病'은 잘못, 병폐.

【要於其當, 不可使易也, 而況以其戲乎?】놀이로 한 것 정도는 바꿀 수 있음.

【若戲而必行之, 是周公教王遂過也】'遂過'의 '遂'는 이룸, 성취시킴. 자라게 함. '成'
　과 같은 뜻임. 〈補注〉에 "呂覽振亂篇:「遂桀紂之過也.」注云:「遂, 猶長也.」"라 하
　였고, 《古文眞寶》注에 "遂, 成也; 過, 過失"이라 함. 《軌範》注에 "四節, 一轉尤妙"
　라 함.

3/3 ——————————

내 의견으로는 주공이 성왕을 보필함에 있어서 의당 도道로써 했을
것이며, 조용히 부드럽고 즐겁게 하여 그런 일이 큰 중정中正으로 귀결
되도록 하였을 뿐, 반드시 왕이 과실을 저질렀을 때를 만나 이를 문제

삼지는 않았을 것이라는 것이다.

또한 왕을 속박하거나 몰아붙여 마치 소나 말처럼 급히 서둘러 실패의 길로 가도록 하지도 않았을 것이다.

게다가 일반 사람의 부자사이라도 오히려 이렇게 하면 능히 이겨낼 수 없을 터인데, 하물며 군신 사이로 칭호稱號하는 경우임에랴?

이는 특히 소인배들이 얕은꾀로 한 일이지 주공이 마땅하다고 여겨 한 일은 아닐 것이니, 믿을 수가 없다.

혹 "당숙唐叔을 봉한 것은 사일史佚이 그렇게 한 것이다"라 하였다.

吾意周公輔成王, 宜以道, 從容優樂, 要歸之大中而已, 必不逢
其失而爲之辭.
又不當束縛之, 馳驟之, 使若牛馬然, 急則敗矣.
且家人父子, 尚不能以此自克, 況號爲君臣者邪?
是特(直)小丈夫缺缺者之事, 非周公所宜用, 故不可信.
或曰:「封唐叔, 史佚成之.」

【吾意周公輔成王, 宜以道】'輔成王' 다음에 《軌範》注에 "五節"이라 함. '宜以道'는
마땅히 정당한 도리와 절차로서 해야 함.

【從容優樂, 要歸之大中而已, 必不逢其失而爲之辭】'從容'은 조용하고 부드러움. 疊
韻連綿語. '優樂'은 여유 있고 和樂함. '大中'은 치우침이 없는 위대한 中正. 위대
한 올바름. 《五百家注》에 "孫曰:逢, 謂逢迎也. 《孟子》曰:「逢君之惡, 其罪大.」"라
함. '不逢其失' 다음에 《軌範》補注에는 "《孟子》告子篇:「逢君之惡, 其罪大.」趙注:
「逢, 迎也.」"라 함. '爲之辭' 다음에 〈補注〉에는 "《孟子》公孫丑篇:「今之君子過則順
之, 其徒順之? 又從而爲之辭.」"라 함.

【又不當束縛之, 馳驟之, 使若牛馬然, 急則敗矣】'束縛'은 속박함. 얽어맴. '馳驟'는
급하게 몰아붙임. 〈補注〉에 "束縛伏牛字, 馳驟伏馬字. 《漢書》賈誼傳曰:「束縛之,
係緤之.」"라 함. '急則敗矣' 다음에 《軌範》注에 "此一段是正理"라 하였고, 〈補注〉
에 "《史》淮南厲王傳:「急則走越耳.」"라 함.

〈周公(姬旦)〉〈三才
圖會〉

【且家人父子, 尙不能以此自克, 況號爲君臣者邪(耶)?】‘家人’은 일반 사람, 보통 사람.
〈補注〉에 《左氏》哀四年傳: 「蔡昭侯入於家人而卒.」 疏云: 「入于凡人之家.」《史記》
高祖紀: 「高祖五日一朝太公, 如家人父子禮.」〈呂后紀〉: 「孝帝以齊王兄置上坐, 如
家人禮.」《漢書》惠帝紀: 「有兩龍, 見蘭陵家人井中.」 師古曰: 「家人, 言庶人之家.」라
함. ‘自克’은 스스로 이겨냄. 스스로 해결함.《軌範》注에 "六節"이라 하였고, 〈補
注〉에 《左氏》昭十年傳: 「我實縱欲, 而不能自克.」이라 함.

【是特小丈夫觖觖者之事, 非周公所宜用, 不可信】‘是特小丈夫’는《柳河東集》에는
‘是直小丈夫’로 되어 있음. 〈補注〉에 《孟子》公孫丑篇: 「予豈若是小丈夫然哉?」《史
記》孟嘗君傳: 「始以薛公爲魁然也. 今視之乃眇小丈夫耳.」라 함. ‘觖觖’은 자질구레
한 지혜를 사용함. 잔꾀로서 함. ‘觖’은 缺과 같음.《柳河東集》에 "觖, 傾雪切.《說
文》曰: 「器破也.」라 함.《古文眞寶》注에 "傾雪反"이라 하여 ‘결’로 읽음.《五百家
注》에는 "孫曰:《老子》: 「其政察察而其民缺缺.」 缺缺, 小智貌, 與觖觖同. 觖, 傾雪切"
이라 함.《軌範》補注에 "孫汝聽曰:《老子》: 「其政察察, 而其民觖觖. 觖觖, 小智貌.
如缺缺同. 傾雪切.《韻會》·《擧要》: 「缺, 或作觖」 唐李嗣眞傳: 「太常觖黃鐘.」 又張九
齡〈選擧疏〉: 「每一官觖, 以不次用之.」《文選》江文通〈上建平王書〉: 「左眙謗觖.」《佩
觿集》曰: 「于祿《字書》以缺字從垂旁, 爲不典. 蓋唐時俗字. 今本《文選》恐亦係後人改
寫.」라 함.《軌範》에는 "七節"이라 함. ‘不可信’은《柳河東集》에는 ‘故不可信’이라
하여 뜻이 훨씬 명확함.

【或曰: 「封唐叔, 史佚成之.」】‘或曰’은 〈補注〉에 "此言傳聞異事. 不可信也如此. 益見

專以屬周公者不可也"라 함. 여기서는《史記》晉世家 등의 기록을 믿을 수 있음을 말함. '封唐叔'은 叔虞를 唐에 봉한 일.《古文眞寶》注에 "事見《史記》晉世家"라 함. '史佚'은 太史 尹佚. 辛尹. 史는 史官임. 당시 太史의 직책을 맡았던 成王의 신하.《柳河東集注》에 "童云: 佚, 夷質切. 周武王時太史尹佚. 事見《史記》晉世家"라 함.《軌範》注에 "此一結尤高"라 하였고, 〈補注〉에 "鄭〈曾子問〉注:「史佚, 成王時賢史也.」〈周語〉韋昭注:「文武時太史.」〈晉語〉:「文王訪于辛尹」《後漢書》翟酺傳: 「昔成王之政, 史佚在右.」 是史佚歷事文武, 至成王時猶存也.《史記》晉世家:「成王與叔虞戲, 削桐葉爲珪, 以與叔虞曰:『以此封若.』 事佚因請擇日立叔虞. 成王曰:『吾與之戲耳.』 史佚曰:『天子無戲言. 言則史書之, 禮成之, 樂歌之.』 於是遂封叔虞於唐.」"이라 함.

참고 및 관련 자료

1. 유종원(柳宗元:773-819). 柳子厚, 柳柳州, 柳河東

자는 子厚, 河東 解縣(지금의 山西 永濟縣) 사람으로 시인이며 동시에 산문가. 唐宋八大家의 하나로 山水 游記와 寓言 小品 등에 뛰어났으며 景物詩에도 일가를 이룸. 21세에 博學鴻詞科에 등제하여 이름을 날렸으며 30세에 監察御史에 오름. 順宗 원년(805) 王叔文이 정권을 잡고 나서 그를 禮部員外郎에 추천하였으나 순종이 즉시 죽고 憲宗이 즉위하여 정권이 바뀌자 왕숙문이 몰락, 그 역시 元和 원년(806) 9월 멀리 邵州刺史로 좌천되었으나 부임 도중 다시 폄직되어 永州司馬(지금의 湖南 零陵縣)로 쫓겨 감. 그는 벽지 永州에서 34세부터 41세까지 머물면서 많은 작품을 남겼음. 元和 9년(814) 長安으로 귀환되었다가 이듬해 다시 柳州刺史(지금의 廣西)로 내려가 그곳에 5년 공직 생활 끝에 병으로 생을 마쳤음. 이에 그를

〈柳柳州(柳宗元)〉(晩笑堂畫傳)

'柳河東', '柳柳州'라 부르며 산문은 韓愈와 병칭되어 '韓柳'라 불리고 시는 韋應物과 병칭되어 '韋柳'라 불림. 뒤에 劉禹錫이 그의 유고를 모아《柳先生文集》(45권)을 편찬하여 세상에 전하며《柳河東集》도 전함. 그의 文集은《新唐書》(藝文志, 4),《宋史》(藝文志, 7)에 모두 30卷으로 되어 있으나《直齋書錄解題》(卷16)에는《柳柳州集》45卷, 外集 2卷으로 되어 있음. 현재의《柳宗元集》역시 45卷으로 되어 있음. 한편 그의 詩는《全唐詩》에 4卷(350-353)으로 編輯되어 있고,《全唐詩續拾》에 詩3首가 補入되어 있음.《舊唐書》(160)과《新唐書》(168)에 傳이 있음.《古文眞寶》諸賢姓氏事略에 "柳子厚, 名宗元, 本河東, 徒吳, 元和中爲柳州刺史, 號柳州"라 함.

2. 이 글은《柳河東集》(4),《柳河東集注》(4),《五百家注柳先生集》(4),《唐宋八大家文鈔》(24),《文苑英華》(367),《古文關鍵》(上),《古文集成》(66),《文章正宗》(13),《文編》(39),《唐宋文醇》(11),《文章辨體彙選》(433),《山西通志》(216),《歷代名臣確論》(8),《經濟類編》(13),《古文辭類纂》(2),《唐宋文擧要》(4),《古文約選》(2),《古文觀止》(9),《古文眞寶》(後集 5) 등에 실려 있음.

3.《柳河東集》題注에는 "《史記》晉世家: 成王與叔虞戲, 削桐葉爲珪, 以與叔虞曰:「以此封若!」史佚因請擇日立之, 成王曰:「吾與之戲耳.」佚曰:「天子無戲言.」於是遂封叔虞於唐. 觀此, 則桐葉封弟, 史佚成之明矣. 若曰周公入賀, 史不見之公. 謂周公之輔成王, 宜以道從容, 必不逢其失而爲之, 辭誠至言也"라 함.

4.《五百家注》에는 "韓曰:《史記》晉世家: 成王與叔虞戲, 削桐葉爲珪, 以與叔虞, 曰:「以此封若.」史佚因請擇日立之, 成王曰:「吾與之戲耳!」史佚曰:「天子無戲言.」於是遂封叔虞於唐. 此則桐葉封弟, 史佚成之明矣. 若曰周公入賀, 史不之見. 孫曰:事又見劉向《說苑》. 黃曰:觀經而不盡信, 於經始可與言經;觀史而不盡信, 於史始可與言史. 經史猶有不可信者, 阨於灰燼之餘, 汨於異端之學也. 謂伊尹以滋味干湯, 謂西伯以陰謀傾商, 遷史每每如此. 豈特翦桐一事誣周公哉! 讀遷史者, 當知其爲實錄, 又當知史之失, 自遷始"라 함.

5.《軌範》注에 "七節轉換, 義理明瑩, 意味悠長. 字字經思, 句句著意, 無一字懈怠, 亦子厚之文得意者"라 함.

6.《古文眞寶》注에 "字數不多, 曲折甚多, 辯而明, 此柳子所長也. 後之爲文者, 爲之. 添數百字不啻矣. 〈守原議〉亦然, 與非《國語》, 皆一樣手段"이라 함.

018(2-4) 〈與韓愈論史論〉 ·············· 柳子厚(柳宗元)
한유에게 주는 역사에 대해 논의한 글

*〈與韓愈論史書〉:《柳河東集》 등에는 모두 〈與韓愈論史官書〉로 되어 있어 '史官'
의 임무를 두고 토론을 벌인 書簡體 글임. 韓愈가 劉軻에게 보낸 〈答劉秀才論
史書〉(참고란을 볼 것)의 원고를 柳宗元이 구해보고, 그 글 속에 "退之가 史官의
직무에 대해 여러 이유를 들어 자신은 두려움을 느끼며 선뜻 용기 있게 수락
하지 못하는 내용"이 들어 있음을 알고, 이에 대해 退之를 강하게 압박하며 論
駁을 가한 글임.

1/6 ────────────

〈정월正月 21일, 모유종원는 머리를 조아리며 십팔장十八丈 퇴지 선생께
시자侍者를 통해 올립니다.〉

사관의 일에 대해 언급하신 글을 얻어 보았더니, 〈유수재에게 보낸 글
與劉秀才書〉에 갖추어 말했다고 하셨는데, 지금 그 글의 원고를 얻어 보
았더니, 사사로운 제 마음에 심히 즐겁지 못하며, 내가 그대 퇴지 선생

〈柳子厚(柳宗元)〉
(三才圖會)

과 지난해 사관의 일에 대해 이야기를 나눈 것과는 심히 다르더이다.

<正月二十一日 某頓首十八丈退之侍者前:>
獲書言史事, 云具<與劉秀才書>, 及今見書槀, 私心甚不喜, 與退之徃年言史事, 甚大謬.

【正月二十一日 某頓首十八丈退之侍者前】《柳河東集》등에는 앞에 이 구절이 더 있으며, '前'은 편지글의 '앞, -에게'의 뜻. '正月二十一日'은 唐 憲宗 元和 9년(814) 정월임. 〈補注〉에 "本集此上有'正月二十一日 某頓首十八丈退之侍者'十六字. 孫氏曰:「此元和九年事.」"라 함. '某'는 柳宗元 자신. '頓首'는 머리를 조아림. 상대에 대한 敬語. '十八'은 兄弟의 排行을 뜻함. 韓愈(退之)는 열여덟 번째였음. '丈'은 자신보다 年長者일 경우 붙이는 敬語. '侍者'는 모시며 따르는 사람. 侍從. 여기서는 韓退之에게 직접 말하지 못하고 그 侍者에게 따져 묻기 위해 이런 형식을 취한 것임.

【獲書言史事, 云具<與劉秀才書>, 及今見書槀, 私心甚不喜】'獲書'는 편지를 받음. '劉秀才'는 劉軻. 《韓文外集》(2) 〈答劉秀才論史書〉 注에 "劉秀才, 或云名軻, 字希仁"이라 함. 그 외에는 그에 대한 기록이 없어 구체적으로는 알 수 없음. '秀才'는 과거의 한 과목이었으며 鄕貢에 급제한 사람을 부르는 호칭으로 널리 쓰였음. 〈與劉秀才書〉는 韓愈가 사관이 되어 새로 들어온 劉軻에게 "퇴지 자신은 史官의 직책에 두려움을 느끼고 있으니 그대는 열심을 다하라"는 취지로 보냈던 격려의 글로 현재 《韓昌黎文集》에는 전하지 않고 《韓文外集》(2), 《全唐文》(514), 《韓集考異》(9), 《東雅堂昌黎集註》(外集 2), 《唐宋八大家文鈔》(5) 등에 각각 실려 있음. '書槀'는 편지의 원고. '槀'는 稿, 藁 등과 같음. 《漢書》 孔光傳에 "時有所言, 輒削草藁"라 함.

【與退之徃年言史事, 甚大謬】'徃年言史事'는 지난 해 史官의 일에 대해 언급했던 내용. 즉 사관은 죽음을 무릅쓰고 직필을 지조로 삼아야 한다고 의지를 표명한 언급. '大謬'는 크게 어긋남. 평소 퇴지가 하던 그런 말과 그 글 속의 내용이 현격히 차이가 남.

글 속에 말한 것과 같다면 퇴지께서는 의당 하루라도 사관史館의 아래에 있어서는 안 될 것이니, 어찌 재상의 뜻을 잘 탐지하여 구차스럽게 역사를 기록하는 일을 하면서, 그 자리가 퇴지 하나를 영광스럽게 하는 것으로 여겨서야 되겠습니까?

만약 과연 그렇다면 퇴지께서는 어찌 재상이 자신을 영광스럽게 함을 거짓으로 받아들여, 사관史館의 아래, 군주와 아주 가까운 지점에 무릎써 거居하여, 봉록이나 받아먹고, 장고掌故의 임무에 사역을 당하면서, 지필紙筆을 이용하여 사사로운 글을 써서, 자제子弟들을 기르는 비용으로 취하고 있는 것입니까?

옛날 도道에 뜻을 둔 자는 의당 이와 같이 하지 않았습니다.

　　若書中言, 退之不宜一日在館下, 安有探宰相意, 以爲苟以史筆, 榮一韓退之邪?
　　若果爾, 退之豈宜虛受宰相榮己, 而冒居館下, 近密地, 食奉養, 役使掌故, 利紙筆爲私書, 取以供子弟費?
　　古之志於道者, 不宜若是.

【若書中言, 退之不宜一日在館下, 安有探宰相意, 以爲苟以史筆, 榮一韓退之邪】‘館下’는 史館의 아래. 역사를 집필하는 公館. ‘探宰相意’는 재상의 뜻을 탐색함. 재상의 의도를 살펴 그에 맞추어줌. ‘史筆’은 역사를 기술하는 글. 그러나 《柳河東集》 등에는 모두 ‘筆’자가 없음.

【若果爾, 退之豈宜虛受宰相榮己, 而冒居館下】‘虛受’는 자신을 숨긴 채 받아들임. 한퇴지가 그만한 자신이 없음에도 재상이 내려준 史官이라는 직책을 받음. ‘榮己’는 자신을 영광스럽게 해줌. ‘冒’는 무릅씀. 함부로 함.

【近密地, 食奉養, 役使掌故, 利紙筆爲私書, 取以供子弟費】‘近密地’는 천자와 아주 가까운 지점. 史官은 天子나 재상을 아주 가까이에서 만날 수 있음을 말함. ‘密近’과 같음. 《三國志》 武帝紀 注에 “魏書在太祖拒王芬辭曰: 「朝之權臣, 議出密

近.」이라 함. '食奉養'은 봉록을 받아먹음. '掌故'는 漢代에 설치되었던 관직 이름. 禮樂의 故實에 대해 諮問에 응하던 직책. 한퇴지가 그러한 업무를 담당함.《柳河東集》에는 '掌固'로 되어 있으며, 注에 "孫曰:《漢書》作故, 令史之屬. 應劭云:掌故事. 固字, 一本作故"라 함. '利紙筆'은 紙筆을 사사롭게 이용함. '供子弟費'는 거기서 얻은 이익을 자제들을 위한 비용을 씀.

【古之志於道者, 不宜若是】道에 뜻을 둔 자는 의당 이와 같이 해서는 안 됨.

3/6 ─────────────

게다가 퇴지께서 "역사를 기록하는 자는 형벌이나 재앙을 만난다"라고 여기면서, 그런 역할을 피한 채 나서려 하지 않으니 더욱 그릇된 것입니다.

역사란 죽은 자의 포폄褒貶만을 명분으로 삼는 것인데도, 오히려 겁을 내어 감히 그 일을 하지 않거늘, 가령 그대 퇴지로 하여금 어사중승御史中丞의 대부大夫가 되어, 살아 있는 사람의 포폄과 성패成敗를 평가하라 할 경우, 그 평가 대상이 되는 자는 그 평판이 더욱 드러나게 됨으로써, 그러한 일의 두려움은 의당 더욱 클 것입니다.

그렇다면 장차 의기양양하게 어사대御史臺의 관부에 들어가 그저 좋은 음식과 편안한 자리에 앉아 조정에서 호령이나 하고 창도唱導하는 일 정도만으로 끝내려 하십니까?

어사의 자리에 있을 경우는 그 정도라 해도, 가령 퇴지로 하여금 재상이 되어 천하 선비들의 생살生殺, 출입出入, 승출升黜을 맡도록 했다면, 적이 될 자는 더욱 많아질 것입니다.

그렇다면 또 장차 의기양양하게 정사를 보는 관부에 들어가 좋은 음식과 편안한 자리에 앉아 안으로는 조정에서, 밖으로는 사통팔달의 큰 거리에서 호령하고 창도나 하는 정도만으로 그 책임을 끝내려는 것입니까?

그렇게 한다면 이는 사관으로서 그 일은 하지 않으면서 그 명호를 영광으로 여기고, 그 녹을 이익으로 여기는 것과 무엇이 다르겠습니까?

　且退之以爲「紀錄者, 有刑禍」, 避不肯就, 尤非也.
　史以名爲襃貶, 猶且恐懼不敢爲; 設使退之爲御史中丞大夫, 其
襃貶·成敗人愈益顯, 其宜恐懼尤大也.
　則又將揚揚入臺府, 美食安坐, 行呼唱於朝廷而已邪?
　在御史猶爾, 設使退之爲宰相, 生殺·出入·升黜天下士, 其敵益
衆.
　則又將揚揚入政事堂, 美食安坐, 行呼唱於內庭·外衢而已邪?
　何以異不爲史而榮其號·利其祿者也?

【且退之以爲「紀錄者, 有刑禍」, 避不肯就, 尤非也】'紀錄者有刑禍'는 역사를 기록
하는 임무를 담당한 자는 형벌이나 재앙을 만남. 韓愈〈答劉秀才論史書〉에 "夫
爲史者, 不有人禍, 則有天刑"이라 하였음. 참고란을 볼 것. '避不肯就'는 史官의
직책은 피하며 나가려 하지 않음.

【史以名爲襃貶, 猶且恐懼不敢爲】역사 기록은 襃貶을 명분으로 삼음. 죽고 이름
만 남은 사람을 襃貶함. 史官이 이러한 일을 겁을 내어 감히 하지 못함.〈答劉秀
才論史書〉에 "豈可不畏懼而輕爲之哉!"라 함.

【設使退之爲御史中丞大夫, 其襃貶·成敗人愈益顯, 其宜恐懼尤大也】'設使'는 가령
다음과 같은 일을 하도록 함. '御史中丞大夫'는 御史臺의 御史中丞. 御史臺는 백
관의 非違를 감찰하는 임무를 맡은 곳. 그곳의 책임자는 御史大夫이며 副官은
御史中丞. 여기서는 죽은 사람을 평가하는 史官의 권위를, 살아 있는 백관을 호
령하는 御史中丞에 빗대어 설명한 것임. '襃貶·成敗'는 襃貶을 평가받고 成敗로
판명을 받음.

【則又將揚揚入臺府, 美食安坐, 行呼唱於朝廷而已邪】'揚揚'은 得意에 찬 모습.《古
文眞寶》注에 "揚揚, 自得貌"라 함. '臺府'는 御史臺의 관청. '呼唱'은 조정에서 백
관을 지휘하고 호령을 내림. '而已邪'는 '그 정도에 그치겠는가?'의 뜻. 그 책임은
그 보다 훨씬 큼을 뜻함.

【在御史猶爾, 設使退之爲宰相, 生殺·出入·升黜天下士, 其敵益衆】'生殺·出入·升黜'은 모두 相對語. 이는 모두 재상으로서 할 수 있는 아주 큰 권한. 御史보다 훨씬 큰 권한.

【則又將揚揚入政事堂, 美食安坐, 行呼唱於內庭·外衢而已邪】'揚揚'은 뽐내며 거들먹거림. 《史記》晏嬰傳에 "意氣揚揚, 甚自得也"라 함. '政事堂'은 정사를 보는 곳. 재상의 집무실. '內庭·外衢'는 안에서의 朝廷(朝庭)과 밖에서의 大路. '衢'는 사통팔달의 큰 거리.

【何以異不爲史而榮其號·利其祿者也】"史官의 임무는 다하지 않으면서 그 칭호를 영예로 여기고 그 녹을 이롭게 여기는 것과 무엇이 다르겠는가?"의 뜻.

4/6 ────────────

또 "사람이 그에게 재앙을 내리지 않으면 틀림없이 하늘이 내리는 형벌이 있다"고 말씀하셨습니다.

이는 마치 옛날 사관으로 일을 했던 자들의 죄를 묻는 듯하여 역시 심히 미혹됩니다.

무릇 그 직위에 처하게 되면 그 일의 도를 곧게 지킬 생각을 하여야 하는 것이니, 도가 진실로 곧다면 비록 죽을지라도 가히 회피하지 말아야 하며, 만약 회피할 것이라면 곧바로 그 직위를 버리고 떠나느니만 못합니다.

공자孔子가 노魯, 위衛, 진陳, 송宋, 채蔡, 제齊, 초楚나라에서 곤액을 당한 것이 이것이니, 그 시기는 혼암하여 제후들이 능히 그를 쓸 수가 없었습니다.

그러니 공자가 불우하게 죽은 것이 《춘추春秋》를 지었기 때문이 아니요, 그 때라면 비록 《춘추》를 짓지 않았더라도 공자는 역시 불우하게 죽었을 것입니다.

그러나 주공周公이나 사일史佚은 비록 말을 기록하고 사건을 기록했지만, 오히려 시대를 잘 만났고, 게다가 이름도 드러났으니, 다시 《춘추》를 썼다는 이유로 공자의 불우함을 거기에 얽맬 수는 없습니다.

범엽范曄은 도에 어긋난 짓을 하였으니 비록 사관의 직책을 갖지 않았다 해도 그 종족이 역시 주벌을 당했을 것이요, 사마천司馬遷은 천자의 감정을 건드렸기 때문에 궁형을 당한 것이며, 반고班固는 아랫사람을 제대로 검속하지 못하였기 때문에 옥사한 것이며, 최호崔浩는 자신의 곧음을 팔고 자랑하여 북위北魏가 포악한 이민족이라 한 것 때문에 죽은 것으로, 모두가 중도中道를 지키지 못했기 때문이며, 좌구명左丘明은 병 때문에 눈이 먼 것이니, 불행해서 그런 일이 생긴 것이요, 자하子夏는 사관이 아니었음에도 역시 눈이 먼 것일 뿐, 사관이 되면 형벌이 있다는 것을 경계로 삼을 수는 없으며, 그 나머지도 모두가 사관이었다는 이유에서 나온 것은 아닙니다.

이 까닭으로 퇴지께서는 의당 중도를 지켜 그 곧음을 잊지 않을 것이지, 다른 일로 스스로 두려움을 가질 것은 없습니다.

퇴지의 두려움은 오직 곧음을 지키지 못하면 어쩌나 하는 경우와, 중도를 얻지 못하면 어쩌나 함에 있을 뿐, 형벌과 재앙은 근심할 바가 아닙니다.

又言「不有人禍, 必有天刑」.

若以罪夫前古之爲史者, 然亦甚惑.

凡居其位, 思直其道, 道苟直, 雖死不可回也; 如回之, 莫若亟去其位.

孔子之困于魯衛陳宋蔡齊楚者, 是也, 其時暗, 諸侯不能以也.

其不遇而死, 不以作《春秋》故也, 當是時, 雖不作《春秋》, 孔子猶不遇而死也.

若周公·史佚, 雖紀言書事, 猶遇且顯也, 又不得以《春秋》, 爲孔子累.

范曄悖亂, 雖不爲史, 其宗族亦誅; 司馬遷觸天子喜怒, 班固不撿下, 崔浩沽其直, 以鬪暴虜, 皆非中道; 左丘明以疾盲, 出於不幸; 子夏不爲史亦盲, 不可以是爲戒, 其餘皆不出此.
　是退之宜守中道, 不忘其直, 無以他事自恐.
　退之之恐, 惟在不直·不得中道, 刑禍非所恐也.

【又言「不有人禍, 必有天刑」】앞서 인용한 韓愈의 〈答劉秀才論史書〉의 한 구절임.

【若以罪夫前古之爲史者, 然亦甚惑】마치 옛날 사관이었던 자들에게 죄를 묻는 듯하여, 그렇다면 역시 매우 의혹스러운 일임.

【凡居其位, 思直其道】그 지위에 있는 자는 그 도를 곧게 실행할 생각을 가져야 하는 것임.

【道苟直, 雖死不可回也;如回之, 莫若亟去其位】'回'는 굽힘. 撤回함. 回避함.《古文眞寶》注에 "回, 回避也"라 함. '亟(기)'는 '급히, 빨리, 서둘러'의 뜻.

【孔子之困于魯衛陳宋蔡齊楚者, 是也, 其時暗, 諸侯不能以也】중간의 '是也' 두 글자는 《柳河東全集》등에는 전혀 실려 있지 않음.《古文眞寶》注에 "力詆紀錄者, 有刑禍之說"이라 함. '以'는 '用'과 같음.《柳河東集》에는 '行'으로 되어 있으며, 注에 "一作「諸侯不能以也」"라 함. 공자가 천하를 周遊하며 困厄에 처한 내용은 《史記》孔子世家 및 《孔子家語》등을 참조할 것.

【其不遇而死, 不以作《春秋》故也】孔子가 不遇하게 죽은 것은 《春秋》를 지었기 때문은 아님. 즉 退之가 "사관은 刑禍를 만난다"고 했으나 孔子가 《春秋》라는 史書를 지었기 때문에 곤액을 당한 것은 아님을 강조한 것.《古文眞寶》注에 "難得倒"라 함.

【當是時, 雖不作《春秋》, 孔子猶不遇而死也】'當是時'는 《柳河東集》에는 '當其時'로 되어 있음.

【若周公·史佚, 雖紀言書事, 猶遇且顯也】'周公'(姬旦)은 周文王(姬昌)의 아들이며 武王(姬發)의 아우로 周初 文物制度, 禮樂典章을 완비한 儒家의 聖人. '史佚'은 周 成王(姬誦) 때의 太史의 임무를 맡았던 史官 尹佚. 周公이나 史佚은 역사에 관한 기록을 하였지만 도리어 영화를 누리기도 하였음을 말한 것.《古文眞寶》注에 "史佚, 史官名"이라 함.

【又不得以《春秋》, 爲孔子累】《春秋》라는 史書가 孔子를 불행으로 얽매었다고는 할 수 없음.《古文眞寶》注에 "詳於孔子而略於他, 亦有斟酌"이라 함.

【范曄悖亂, 雖不爲史, 其宗族亦誅】'范曄'은 南朝 宋나라 때의 史家. 자는 薪宗.
《後漢書》(90권)를 저술을 하였으며 元嘉 22년(445) 모반에 연루되어 주살 당하였
음. 즉 그가 주살을 당한 것은 역사를 서술했기 때문이 아님을 말한 것. 《柳河東
集》注에 "范曄, 刪衆家《後漢書》, 爲一家之作. 宋文帝元嘉二十二年謀反, 族誅"라
함. '誅'는 《柳河東集》에는 '赤'으로 되어 있으며, 注에 "一作誅. 赤, 詁訓. 本及《全
唐文》作誅"라 함.

【司馬遷觸天子喜怒】'司馬遷'은 漢 武帝 때의 史官. 紀傳體《史記》(130권)을 저술하
여 正史의 효시가 됨. 그는 李陵이 匈奴와의 싸움에서 항복하자 이를 변호하였
다가 武帝의 노여움을 사서 宮刑을 당함. 역시 司馬遷이 궁형을 당한 것은 史官
이었기 때문이 아님을 말한 것. 《柳河東集》注에 "司馬遷, 盛言李陵. 武帝以遷欲
沮貳師, 下之蠶室"이라 하였고, 《漢》 李陵傳에 "武帝聞陵降怒甚, 群臣皆罪陵,
司馬遷盛言陵有國士之風, 雖古名將不過也.」上以遷誣罔, 爲陵遊說"라 함. 그 외
《史記》(太史公自序) 및 《漢書》(司馬遷傳)를 참조할 것. '喜怒'는 감정을 뜻함. '怒'를
강조한 것.

【班固不撿下】'班固'는 後漢 때의 史家. 孟堅. 《漢書》(100권)를 저술하여 첫 斷代史
의 正史를 완성함. '不撿下'는 아랫사람을 제대로 단속하지 못함. 班固의 從僕이
만취하여 洛陽令 충긍(种兢)에게 무례한 행동을 하여 이에 연루되어 반고는 옥
사한 것이지 史官이었기 때문이 아님을 말한 것임. 《柳河東集》에는 '不檢下'로 되
어 있으며, 注에 "漢和帝永元初, 洛陽令种兢, 以事捕固, 固死獄中"이라 함. 《後漢
書》班固傳에 "不敎學諸子, 諸子多不遵法度, 吏人苦之. 初洛陽令种兢嘗行, 固奴干
其車騎, 吏推呼之. 奴醉罵. 兢大怒, 畏竇憲不敢發, 心銜之及竇氏, 竇客皆逮考. 兢
因此捕繫固, 遂死獄中"이라 함.

【崔浩沽其直, 以鬪暴虜, 皆非中道】'崔浩'는 北朝 北魏 때 사람으로 神麐 2년(429)
太武帝(拓跋燾)가 《國書》를 편찬토록 하자 崔浩는 평소 자신에게 쏟아졌던 모함
과 魏를 세운 鮮卑族 拓跋氏는 원래 하찮은 北方 未開하고 賤한 소수민족이었
음을 直筆하였음. 그러자 더욱 심한 모함을 받아 太平眞君 11년(450)에 일족이
誅殺을 당하였음. 崔浩 역시 史官이었기 때문에 주살을 당한 것이 아님을 강조
한 것. 《魏書》(35)와 《北史》(21, 崔宏)에 傳이 있으며, 高允傳을 함께 참조할 것.
《柳河東集》注에 "崔浩事魏太武帝, 太平眞君十一年, 以罪族誅"라 하였고, 〈答劉
秀才論史書〉注에는 "浩字伯深, 後魏人, 著《國書》三十卷, 太武帝太平眞君十一年,

以罪夷其族"이라 함. '沽'는 '팔다, 자랑하다, 제값을 하고자 하다'의 뜻. '暴虜'는 난폭한 異民族. 北魏는 鮮卑族 拓跋氏가 세웠던 왕조였음.

【左丘明以疾盲, 出於不幸】'左丘明'은 孔子의 《春秋》에 傳을 붙여 三傳의 하나인 《春秋左氏傳》을 지은 것으로 알려진 魯나라 史官. 그는 실명하자 그 울분을 삭이기 위해 이 책을 지었다 하였음. 左丘明이 失明한 것은 질환 때문이었지 史官이었기 때문이 아님. 《史記》太史公自序에 "昔西伯拘羑里, 演《周易》; 孔子厄陳蔡作《春秋》; 屈原放逐, 著《離騷》; 左丘失明, 厥有《國語》; 孫子臏脚, 而論兵法; 不韋遷蜀, 世傳《呂覽》; 韓非囚秦, 〈說難〉·〈孤憤〉; 詩三百篇, 大抵賢聖發憤之所爲作也"라 함.

【子夏不爲史亦盲, 不可以是爲戒, 其餘皆不出此】'子夏'는 孔子 제자 卜商. 그는 아들이 먼저 죽자 그 슬픔에 눈이 멀었다 함. 子夏는 사관이 아니었음에도 눈이 머는 불행을 겪음. 《柳河東集》注에 "《禮記》:「子夏哭其子而喪其明.」"이라 함. 《禮記》檀弓(上)에는 "子夏喪其子而喪其明. 曾子弔之曰:「吾聞之也: 朋友喪明則哭之.」曾子哭, 子夏亦哭, 曰:「天乎! 予之無罪也.」"라 함. '不可以是爲戒'는 이처럼 '史官이 되면 刑禍를 겪는다'는 것을 경계를 삼을 수는 없음을 뜻함. '其餘'는 그 외의여러 사례. 韓愈의 〈答劉秀才論史書〉에는 陳壽(《三國志》), 王隱(《晉書》), 習鑿齒(《漢晉春秋》)魏收(《後漢書》)의 예를 들고 있음. 참고란을 볼 것. 이상 事例에 대해 《古文眞寶》注에는 "范曄, 爲《後漢書》, 後以逆誅; 司馬遷爲《史記》, 以救李陵, 忤武帝, 遭腐刑; 班固奴殺人, 爲洛陽令捕死獄中; 崔浩爲元魏史, 直書魏先夷虜之實, 爲魏主所誅. 退之所引, 不止於此, 子厚大略就此數人關之, 餘所不及. 如齊太史兄弟, 陳壽, 王隱, 習鑿齒, 魏收, 宋孝王, 吳兢輩, 故該以一句云「其餘皆不出此」"라 함.

【是退之宜守中道, 不忘其直, 無以他事自恐】'二百年'은 韓愈와 柳宗元 당시까지 唐이 건국된 지 약 2백년의 기간을 말함. 이 기간의 역사 기록.

【退之之恐, 惟在不直·不得中道, 刑禍非所恐也】韓愈가 두려워할 것은 直道를 실행하지 못하거나, 中道를 얻지 못하는 것에 있어야 하지, 刑禍를 두려워 할 바는 아님.

5/6

무릇 "당唐나라 그 동안 2백 년 기간에는 문무文武에 뛰어난 인물이 많다"라 하셨는데 진실로 그렇습니다.

그런데 지금 퇴지께서 "나 한 사람이 어찌 능히 밝히겠는가?"라고 하신다면, 같은 직무를 맡은 자들도 또한 이렇게 말할 것이며, 뒤에 나와 지금을 이어 사관이 되는 자도 또한 이렇게 말할 것이니, 사람마다 모두가 "나 한 사람"이라고 한다면 끝내 능히 역사를 기록하여 전해줄 자가 누가 있겠습니까?

만약 퇴지께서 단지 듣고 아는 것만이라도 힘써, 감히 태만함이 없이 하시고, 같은 직무를 맡은 자와 뒤에 나와 지금을 이어가는 자도 역시 각각 듣고 아는 것으로써 힘써 감히 태만함이 없이 한다면, 아마 그 임무는 추락함이 없이 끝내 밝힘이 있을 것입니다.

그렇게 하지 않고, 다만 남이 하는 말을 믿어 그 때마다 매번 말이 달라진 채, 날로 시간이 자꾸 오래되면 그대 퇴지께서 말씀하신 바 "그 많고 굉장한 역사 사실이 천지에 우뚝 드러날 것"이라 한 것도 결코 틀림없이 잠겨 사라질 것이며(사라지지지 않을 것이며), 게다가 난잡하여 상고할 수도 없게 될 것이니, 이는 뜻 있는 자가 차마 그대로 둘 수 없는 것이 되고 말 것입니다.

과연 뜻이 있으시다면 어찌 남이 독촉하고 책임을 묻기를 급박히 하기를 기다린 연후에야 관직을 지켜내겠노라 하려 하십니까?

凡言「二百年文武士多」, 有誠如此者.

今退之曰「我一人也, 何能明?」則同職者, 又所云若是; 後來繼今者, 又所云若是; 人人皆曰「我一人」, 則卒誰能紀傳之邪?

如退之但以所聞知, 孜孜不敢怠, 同職者·後來繼今者, 亦各以所聞知, 孜孜不敢怠, 則庶幾不墜, 使卒有明也.

不然, 徒信人口語, 每每異辭, 日以滋久, 則所云「磊磊軒天地」者, 決必(不)沈沒, 且亂雜無可考, 非有志者所忍恣也.

果有志, 豈當待人督責迫蹙, 然後爲官守邪?

【凡言「二百年文武士多」, 有誠如此者】〈答劉秀才論史書〉에 "唐有天下二百年矣, 聖君賢相相踵, 其餘文武之士, 立功名跨越前後者, 不可勝數, 豈一人卒卒能紀而傳之邪?"라 함. '有誠'의 '誠'은 《柳宗元集》注에 "誠, 一作誠"라 함.

【今退之曰「我一人也, 何能明?」 則同職者, 又所云若是】'若是'는 다른 이들도 똑같이 韓愈처럼 말을 할 것임.

【後來繼今者, 又所云若是】'後來繼今者'는 뒤에 나타나 지금 이러한 史官의 일을 계속하게 될 사람.

【人人皆曰「我一人」, 則卒誰能紀傳之邪】"누구나 '나 혼자서 어떻게?'라고 한다면 누가 능히 역사를 기록하여 전해줄 수 있겠는가?"의 뜻.

【如退之但以所聞知, 孜孜不敢怠】'孜孜'는 부지런히 힘쓰는 모양.

【同職者·後來繼今者, 亦各以所聞知, 孜孜不敢怠, 則庶幾不墜, 使卒有明也】'不墜'는 실추되지 않음. 史官의 임무를 제대로 해낼 것임.

【不然, 徒信人口語, 每每異辭, 日以滋久】'徒信人口語'는 한갓 사람들의 입으로 말하는 것만 믿음. 史料로서 증거가 없는, 떠도는 閑談을 믿음. '日以滋久'의 '久'는 《全唐文》에는 '多'로 되어 있음.

【則所云「磊磊軒天地」者, 決必(不)沈沒, 且亂雜無可考, 非有志者所忍恣也】'磊磊軒天地'는 〈答劉秀才論史書〉의 "夫聖唐鉅跡, 及賢士大夫事, 皆磊磊軒天地, 決不沈沒"의 구절을 인용한 것. '磊磊'는 돌이 무더기로 쌓인 모습. 매우 장엄함을 뜻함. '당나라 2백년간의 굉걸한 역사가 천지에 우뚝 드러나다'의 뜻. 《古文眞寶》注에 "磊磊, 魁傑貌"라 함. '軒天地'는 천지 사이에 높이 솟음. '軒'은 '掀'과 같음. 〈答劉秀才論史書〉注에 "軒, 亦作掀"이라 하였고, 〈與韓愈論史官書〉의 注에는 "軒, 作掀, 音軒, 擧也"라 함. '決必不沈沒'은 《柳河東集》에는 '不'자가 없으며 〈四部本〉注에 "則所云「磊磊軒天地者, 決必沈沒」, 音辯, 游居敬, 濟美堂本, '必'下有'不'字. 蔣之翹本注: 「決必沈沒, 諸本皆作'決必不沈沒', 於文義不合. 一作'未必不沈沒', 此因'決'者而改之者. 翹按: 朱子注韓書引柳此文, 只作'決必沈沒', 今從之.」何焯《義門讀書記》: 「〈大字本〉作'決必沈沒', 注: 重校一本'必'下有'不'字. 按韓與柳書云'決不沈沒', 故反其詞耳. 今〈考異〉載柳書作'決必沈沒', 朱子當日所見之本爲無誤也.」按: 蔣·何說近是"라 하여 '不'자는 柳宗元이 故意로 韓愈의 글에서 이를 없애고 자신의 뜻을 강조한 것으로서, 없어야 의미가 맞다고 하였음. 즉 퇴지가 기대했던 '磊磊軒天地'의 역사 기록은 잠겨 사라져 실현되지 못할 것임을 뜻함. '忍恣'는 이

를 차마 그대로 방치함.

【果有志, 豈當待人督責迫蠻, 然後爲官守邪】'督責'은 독촉하고 책임을 추궁함. '迫蠻'은 급박하게 굶. '官守'는 맡은 바 史官으로서의 관직 임무를 지켜 수행함.

6/6 ───────────

또한 무릇 귀신鬼神의 일은 묘망眇茫하고 황혹荒惑하여 기준을 삼을 수 없는 것이어서, 명석한 자도 거론하지 않는 것인데 퇴지처럼 지혜로움으로도 오히려 여기에 두려움을 두십니까?

지금 학문이 퇴지와 같고, 언사가 퇴지와 같고, 언론을 좋아하기도 퇴지와 같으며, 강개慷慨하여 스스로 말하기를 정직하고 항항行行하다고 말함도 퇴지와 같으면서, 오히려 말하는 바는 이와 같다면 당나라의 역사 서술은 끝내 부탁할 만 한 자는 누구여야 하겠습니까?

영명한 천자와 현명한 재상이 사관이 될 재주를 가진 자를 얻음이 이와 같은데, 또한 과감히 나서지 않고 있으니 심히 통탄스럽습니다!

퇴지께서는 마땅히 생각을 바꾸시어, 할 만하거든 서둘러 하시고, 과연 끝까지 두려워서 감히 나서지 못하겠다고 여기시거든 하루라도 몸을 이끌고 떠나셔야지, 어찌 "장차 도모해보리라"라고 말만하고 계십니까?

지금 마땅히 해야 할 것은 하지 않은 채, 사관史館에 있는 타인과 후생後生을 유혹하고 있는 것, 이는 크게 미혹된 것일 뿐입니다.

자신은 힘쓰지 아니하고 남이 힘쓰기를 요구하는 것은 어려운 일입니다!

又凡鬼神事, 眇茫荒惑無可準, 明者所不道, 退之之智, 而猶懼於此?

今學如退之, 辭如退之, 好言論如退之, 慷慨自謂正直行行焉如退之, 猶所云若是, 則唐之史述, 其卒無可託乎?

明天子·賢宰相, 得史才如此, 而又不果, 甚可痛哉!

退之宜更思, 可爲速爲, 果卒以爲恐懼不敢, 則一日可引去, 又何以云「行且謀」也?

今當爲而不爲, 又誘館中他人及後生者, 此大惑已.

不勉己而欲勉人, 難矣哉!

【又凡鬼神事, 眇茫荒惑無可準, 明者所不道】'眇茫'은 〈四部本〉에는 '渺茫'으로 되어 있으며, 아득하여 망망함을 뜻하는 雙聲連綿語. '荒惑' 역시 황당하고 迷惑스러움을 뜻하는 雙聲連綿語. '不道'의 '道'는 '말하다, 언급하다, 거론하다'의 뜻.

【退之之智, 而猶懼於此】'猶懼於此'는 오히려 이에 대하여 두려워함. 이는 〈答劉秀才論史書〉의 "若無鬼神, 豈可不自心慚愧; 若有鬼神, 將不福人. 僕雖駑, 亦粗知自愛, 實不敢率爾爲也"를 풀이한 것.

【今學如退之, 辭如退之, 好言論如退之】學問, 言辭, 言論 등이 모두 退之와 같음.

【慷慨自謂正直行行焉如退之, 猶所云若是, 則唐之史述, 其卒無可託乎】모든 것이 退之와 같다면 唐나라 역사를 기술할 사람은 끝내 맡길 대상이 없음. '行行'은 '항항'으로 읽으며 떳떳함. 剛健함. 剛强함. 《論語》先進篇에 "閔子侍側, 誾誾如也; 子路, 行行如也; 冉有·子貢, 侃侃如也"라 함. 한편 《古文眞寶》注에는 「自謂正直行行焉」七字, 有斟酌意謂「果終畏禍, 不敢作史」, 則是自謂正直耳, 人誰以正直稱之?"라 함.

【明天子·賢宰相, 得史才如此, 而又不果, 甚可痛哉】英名한 천자와 賢明한 재상이 그대 韓愈처럼 역사 기술에 뛰어난 인재를 얻어 일을 맡겼음에도, 그대가 과감히 나서지 못하는 것은 심히 통탄스러운 일임.

【退之宜更思, 可爲速爲, 果卒以爲恐懼不敢, 則一日可引去, 又何以云「行且謀」也】'引去'는 몸을 이끌고 자리를 떠남. 즉 史官의 직에서 떠남. '行且謀'는 장차 도모해 보려함. 〈答劉秀才論史書〉에 "賤不敢逆盛指, 行且謀引去"라 한 말을 반박한 것임. 韓愈는 애당초 史官이라는 직책에 자신감이 없었음을 비판한 것임.

【今當爲而不爲, 又誘館中他人及後生者, 此大惑已】'今'은 〈四部本〉에는 '今人'으로 되어 있으며, 注에 "今人當爲而不爲', 音辯, 游居敬, 濟美堂, 蔣之翹本及全唐文, '今'下無'人'字, 疑是"라 함. '他人及後生'은 韓愈가 자신은 직무에 자신감을 갖지

못하면서 後生이며 他人인 劉秀才(劉軻)에게는 〈與劉秀才論史書〉라는 글을 보내어 史官의 임무에 힘쓰라고 한 것을 두고 비판한 것임.

【不勉己而欲勉人, 難矣哉】 자신은 힘쓰지 아니하면서 남을 힘쓰도록 하기란 어려운 것임. 末尾에 《古文眞寶》注에 "元和八年三月乙亥, 國子博士韓愈, 遷比部郎中, 史館修撰. 先是愈數黜官. 又下遷, 乃作〈進學解〉以自喻, 執政覽之, 以其有史才, 故除是官, 制詞曰:「太學博士韓愈, 學術精博, 文力雄健, 立詞措意, 有班馬之風. 求之一時, 甚不易得, 加以性方道直, 介然有守, 不交勢利, 自致名望, 可使執簡, 列爲史官, 記事書法, 必無所苟, 仍遷郎位, 用示褒升.」白居易詞也, 觀此, 豈可謂宰相, 苟可史職榮之邪?"라 함.

(참고 및 관련 자료)

1. 柳宗元(柳子厚, 柳柳州, 柳河東) 017 참조.

2. 이 글은 《柳河東集》(31), 《柳河東集注》(31), 《唐宋八大家文鈔》(19), 《唐文粹》(82), 《崇古文訣》(13), 《古文關鍵》(上), 《古文集成》(17), 《文章正宗》(14), 《文編》(47), 《文章辨體彙選》(218), 《古文淵鑑》(37), 《唐宋文醇》(14), 《事文類聚》(新集 22), 《經濟類編》(48), 《古文約選》(2), 《古文眞寶》(後集 5) 등에 실려 있음.

3. 韓愈〈答劉秀才論史書〉《別本韓文考異》外集 2)

六月九日, 韓愈白秀才. 辱問見愛, 教勉以所宜務, 敢不拜賜. 愚以爲凡史氏褒貶大法, 《春秋》已備之矣. 後之作者, 在據事跡實錄, 則善惡自見. 然此尙非淺陋偸惰者所能就, 況褒貶邪?

孔子聖人作《春秋》, 辱於魯衛陳宋齊楚, 卒不遇而死; 齊太史氏兄弟幾盡; 左丘明紀《春秋》時事以失明; 司馬遷作《史記》刑誅; 班固瘐死; 陳壽起又廢, 卒亦無所至; 王隱謗退死家; 習鑿齒無一足; 崔浩·范曄亦誅; 魏收夭絶; 宋孝王誅死. 足下所稱吳兢, 亦不聞身貴, 而今其後有聞也. 夫爲史者, 不有人禍, 則有天刑, 豈可不畏懼而輕爲之哉!

唐有天下二百年矣, 聖君賢相相踵, 其餘文武之士, 立功名跨越前後者, 不可勝數, 豈一人卒卒能紀而傳之邪? 僕年志已就衰退, 不可敦率. 宰相知其無他才能, 不足用, 哀其老窮齟齬無所合, 不欲令四海內有戚戚者, 猥言之上, 苟加一職榮之耳, 非必督責迫蹙令就功役也. 賤不敢逆盛指, 行且謀引去. 且傳聞不同, 善惡隨人所見, 甚者附黨, 惜愛不同, 巧造語言, 鑿空構立, 善惡事迹, 於今何所承受取信, 而可草草作傳記, 令傳萬世乎? 若無鬼神, 豈可不自心慚愧; 若有鬼神, 將不福人. 僕雖騃, 亦粗知自愛, 實不敢率爾爲也.

夫聖唐鉅跡, 及賢士大夫事, 皆磊磊軒天地, 決不沈没. 今館中非無人, 將必有作者勤而纂之. 後生可畏, 安知不在足下? 亦宜勉之! 愈再拜.

4.《軌範》에 "辯難攻擊之文, 要人心服. 子厚此書, 文公不復辯, 亦理勝也."라 함.

5.《古文關鍵》에 "亦是攻擊辨詰體, 頗似退之〈諫臣論〉"이라 함.

6.《古文淵鑑》에는 "元和八年, 愈爲史館修撰, 劉秀才作書勉之, 愈答書, 宗元見愈書藁, 乃與愈書"라 함.

7.《柳河東集》에는 "《韓集》中不見〈與公書〉. 言史事惟有答劉秀才論史書具言「爲史者不有人禍, 必有天刑」. 豈可不畏懼而輕爲之? 至引自古爲史不克令, 終者爲證. 公此書皆與韓問辨, 以爲不然. 觀韓〈與劉秀才書〉, 則公所以答之之意, 昭然矣. 韓元和八年六月爲史館修撰. 此書云正月二十一日, 其九年之春與"라 함.

8.《東雅堂昌黎集註》(外集 2)〈答柳秀才論史書〉註에는 "劉秀才, 或云名軻, 字希仁. 集中不他見. 公是時爲史館修撰, 劉作此書以勉之. 柳子厚有與公〈論史官書〉曰「前獲書言史事, 云具〈與劉秀才書〉, 及今乃見書藁, 私心甚不喜」云云. 反復論辨, 皆以公爲不肯任作史之責, 則柳所見, 卽公此書也. 李漢自謂「收拾遺文, 無所失墜」, 乃逸此篇于正集之外, 豈以其嘗爲子厚所辨駁而遂棄歟? 又問張子韶曰:「退之〈與劉秀才論史書〉, 謂'爲史不有人禍, 必有天殃'. 子厚作書闢之, 其說甚有理. 退之於理似屈.」子韻曰:「此亦退之說得未盡處, 想其意亦不專在畏禍, 但恐褒貶足以貽禍, 故遷就其說, 而失之泥, 宜爲子厚所攻也.」라 함.

9.《古文眞寶》註에 "迂齋云:「掊擊辨難之體, 沈著痛快. (可以想見其人.)」○退之爲史官, 柳子厚·劉秀才, 皆勉以作史. 柳書首云: 前獲書言史事, 退之集中,〈與柳子之書〉不存, 所存者,〈答柳秀才論史書〉, 今在外集. ○云「辱問敎, 勉以所宜務. 愚以爲凡史氏褒貶大法,《春秋》已備之矣. 後之作者在據事跡, 實錄則善惡自見, 然此尚非淺陋偸惰者, 所能就, 況褒貶邪? 孔子聖人, 作《春秋》, 辱於魯衛陳宋齊楚, 卒不遇而死. 齊太史氏, 兄弟幾盡; 左丘明紀《春秋》時事, 以失明; 司馬遷作《史記》, 刑誅; 班固瘦死; 陳壽起又廢, 卒亦無所至; 王隱謗退死家; 習鑿齒無一足; 崔浩·范曄亦誅; 魏收夭絶; 宋孝王誅死; 足下所稱吳兢, 亦不聞身貴, 而今其後有聞也. 夫爲史者, 不有人禍, 則有天刑, 豈可不畏懼, 而輕爲之? 唐有天下二百年, 聖君賢相相踵, 其餘文武之

士, 立功名, 跨越前後者, 不可勝數, 豈一人卒卒能紀而傳之邪? 僕年志, 已就衰退, 不可自敦率, 宰相, 知其無他才能, 不足用, 哀其老窮齟齬而無所合, 不欲令四海內有戚戚者, 猥言之上, 苟加一職, 榮之耳. 非必督責迫蹙, 令就功役也. 賤不敢逆盛指, 行且謀引去. 夫聖唐鉅跡, 及賢士大夫事, 皆磊磊軒天地, 決不沈沒. 今館中非無人, 將必有作者勤而纂之, 後生可畏, 安知不在足下, 亦宜勉之.」○讀退之此書, 然後讀子厚此書, 皆是排闢, 退之書中所說意了然矣. 居其職, 則宜稱其職. 柳之以史事責韓, 與韓之以諫責陽城, 一也. 以韓之平生剛正, 而有不敢作史之失, 受責何疑? 然卒能成《順宗實錄》五卷, 亦可以塞責矣. 與陽城救陸贄, 沮延齡, 略足相當, 能補過如此, 何損二子之賢哉? 亦朋友責善之力也."라 함.

019(2-5) <晉文公問守原議> ·········· 柳子厚(柳宗元)

진문공이 원原 땅을 지키는 이에게 질문한 내용을 논함

*<晉文公問守原議>: '晉文公이 천자로부터 받은 原 땅을 차지하고, 그곳을 지킬 대부를 시인(寺人, 내시, 환관) 발제(勃鞮)에게 물어 조최(趙衰)로 결정한 일은 잘못된 것이며, 이는 그 뒤 환관의 득세에 선례가 된 것임'을 주장한 내용임. 晉文公(重耳:B.C.636−B.C.628년까지 9년간 재위)은 春秋時代 晉나라 獻公(詭諸)의 둘째 아들로, 獻公이 후처 驪姬를 총애하여 奚齊를 낳자 여희는 계략을 꾸며 獻公으로 하여금 첫째 아들 태자 申生을 죽이도록 함. 이에 重耳와 아우들은 모두 여희의 화를 피해 국외로 흩어졌으며, 重耳는 자신의 신하 介

〈晉文公(重耳)〉

子推, 趙衰 등과 함께 19년의 망명생활 끝에 獻公이 죽고 惠公(夷吾)가 들어서자, 秦穆公의 도움을 받아 귀국하여 惠公을 몰아내고 君位에 오르게 됨. 晉文公은 이어 狐偃, 先軫 등을 기용하여 국력을 키워 春秋五霸에 오르게 됨. 그가 宗主國 천자 周 襄王(姬鄭)을 배알하는 자리에서 공로를 인정받아 襄王으로부터 原 땅을 하사받았으나, 原 땅 사람들이 반대하자 무력으로 진압하고, 趙衰를 原大夫로 삼아 그곳을 다스리도록 하였음.

*이 글은 《左傳》僖公 25(B.C.635년, 文公 2년)년의 다음 세 기사를 두고 辨析한 것임.

⑴ 戊午, 晉侯朝王. 王饗醴, 命之宥. 請隧, 弗許, 曰:「王章也. 未有代德, 而有二王,

亦叔父之所惡也.」與之陽樊·溫·原·欑茅之田. 晉於是始啓南陽. 陽樊不服, 圍之.
倉葛呼曰:「德以柔中國, 刑以威四夷, 宜吾不敢服也. 此, 誰非王之親姻, 其俘之
也?」乃出其民.

(무오날, 晉文公이 襄王에게 입조하였다. 그러자 천자가 단술을 대접하고 예물로써 잔
치 분위기를 더 하도록 하였다. 문공이 隧道를 마련할 수 있도록 해 줄 것을 청하자
襄王이 허락하지 않으면서 이렇게 말하였다. "천자의 典章 제도요. 아직 주나라를 대
신해 천하를 다스릴 덕 있는 이가 없는데 두 명의 천자가 있게 되면 叔父 역시 싫어
할 것이오." 이에 襄樊, 溫, 原, 欑茅의 봉토를 하사하였다. 진나라는 이에 비로소 南陽
으로 영토를 넓힐 수 있었다. 그러나 陽樊이 진나라에 복종하지 않아 그곳을 포위하
였다. 양번의 蒼葛이 큰소리로 말하였다. "중원은 덕으로 懷柔하고, 四夷는 형벌로써
위협하는 것이니, 마땅히 우리는 감히 복종할 수 없소. 여기 누가 천자의 친인척이 아
니기에 포로로 한다는 것이오?" 이에 성 안 사람들을 다른 곳으로 내보내고 땅만 차
지하였다.)

(2) 冬, 晉侯圍原, 命三日之糧. 原不降, 命去之. 諜出, 曰:「原將降矣.」軍吏曰:「請待
之.」公曰:「信, 國之寶也, 民之所庇也. 得原失信, 何以庇之? 所亡滋多.」退一舍而
原降. 遷原伯貫于翼. 趙衰爲原大夫, 狐溱爲溫大夫.

(겨울, 晉文公이 原을 포위하고 사흘 분의 양식만 준비하도록 명하였다. 그런데 사흘
이 되어도 항복하지 않자 물러나 떠날 것을 명하였다. 그러자 원을 살피고 온 첩자가
나서며 말하였다. "원 사람들이 장차 항복하려 하고 있습니다!" 그러자 軍吏도 이렇게
말하였다. "좀 더 기다리시기를 청합니다." 문공이 말하였다. "신의는 治國의 보배요,
백성들은 이로써 비호를 받는 것이다. 원을 얻는 대신 신의를 잃는다면 어떻게 백성을
비호할 수 있겠는가? 잃는 것이 더 많을 것이다." 그리고 30리를 물러나자 원이 항복
하였다. 이에 原伯 貫을 翼 땅으로 옮기고, 趙衰를 原의 대부로 삼고 狐溱을 溫의 대부
로 삼았다.)

(3) 晉侯問原守於寺人勃鞮, 對曰:「昔趙衰以壺飧從, 徑, 餒而弗食.」故使處原.

(晉나라 군주가 原을 지킬 사람에 대해 侍人 勃鞮에게 물었더니 그는 이렇게 답하는
것이었다. "지나날, 趙衰는 밥이 든 항아리를 들고 군주를 뒤따르다가 뒤처지게 되어
지름길로 가면서 배가 고팠지만 그것을 먹지 않았습니다." 그 때문에 조최를 원의 대
부로 삼은 것이다.)

"진晉 문공文公이 주왕周王, 襄王으로부터 원原 땅을 받고, 그곳을 지키기 어렵다고 여겨 시인寺人 발제勃鞮에게 물어 조최趙衰에게 임무를 주었다"라 하였다.

내 생각으로는 원 땅을 지키는 일은 정치에 있어서 중대한 일이다.

천자로부터 받아 패자의 공을 세우며 제후들에게 명령을 내릴 수 있는 것이어서, 가까운 측근과 상의하여 왕의 명령을 더럽히는 것은 옳지 않다고 생각한다.

그리고 진 문공은 큰 임무를 맡을 자를 선택하면서 조정에서 공개적으로 상의하지 않고 궁궐 안에서 사사롭게 논의하였고, 널리 경상卿相들과 모책을 세우지 않고, 홀로 시인과 상의하였다.

비록 혹 조최가 똑똑하여 족히 지켜낼 수 있었고, 나라의 정치가 어그러지지 않았다 해도, 똑똑한 이를 적해하고 정치를 어그러뜨리는 단서는 여기에서 커져가기 시작한 것이다.

하물며 그 당시처럼 말로써 모의할 만한 신하가 적지도 않았던 때임에랴?

「晉文公旣受原於王, 難其守, 問於寺人勃鞮, 以畀趙衰.」
余謂守原, 政之大者也.
所以承天子, 樹霸功, 致命諸侯, 不宜謀及媟近, 以忝王命.
而晉君擇大任, 不公議於朝, 而私議於宮; 不博謀於卿相, 而獨謀於寺人.
雖或衰之賢, 足以守, 國之政不爲敗, 而賊賢失政之端, 由是滋矣.
況當其時, 不乏謀議之臣乎?

【晉文公旣受原於王, 難其守】'晉文公'은 春秋시대 晉나라 군주. 이름은 重耳. 獻公

의 둘째 아들. 驪姬의 핍박으로 19년간 해외 망명을 거쳐 귀국, 왕위에 오름. 春秋五霸의 하나. B.C.636-628년까지 9년간 재위함.《史記》晉世家에 "重耳母, 翟之狐女也; 夷吾母, 重耳母女弟也. ……自獻公爲太子時, 重耳固以成人矣"라 하였고, 《國語》는 重耳의 망명 생활에 대하여 매우 많은 양을 자세히 싣고 있음. 晉語(4)에 "狐氏出自唐叔. 狐姬, 伯行之子也, 實生重耳"라 함.《左傳》,《國語》,《史記》 등을 참조할 것. '受原'은 晉文公이 패자로 인정을 받고 周 天子 襄王(姬鄭:B.C.651-B.C.619년까지 33년간 재위)에게 조알했을 때 襄王이 陽樊, 溫, 原, 欑茅(攢茅)의 땅을 주었음. '原'은 지금의 河南 濟源縣 북쪽이었을 것으로 여김.《軌範》注에 "原邑, 乃周襄王所賜"라 하였고, 〈補注〉에 "《左氏》僖公二十五年傳:「晉侯朝王, 王與之陽樊, 溫, 原, 攢茅之田. 晉侯問原守於寺人勃鞮, 對曰:『昔趙衰以壺飧從, 經餒而弗食.』故使處原.」이라 함. '難其守'는 原 땅을 지키기 어려움. 그에 걸맞은 大夫를 임명하기 어려움.

【問於寺人勃鞮, 以畀趙衰】'寺人'은 '시인'으로 읽으며, '寺'는 '侍'와 같음. 太監. 內侍의 우두머리.《軌範》注에 "閹人"이라 함.《國語》 등에도 '勃鞮'로 되어 있으며 勃鞮는 자가 伯楚였음. '勃鞮'는 시인의 이름이며 혹 이름이 披라고도 함.《後漢書》宦者傳에 "其能者則勃貂管蘇, 有功于楚晉"이라 하였고, 注에 "勃貂則寺人披, 一名勃鞮, 字伯楚"라 함.《韓非子》外儲說左下에는 "晉文公出亡, 箕鄭絜壺飧而從, 迷而失道, 與公相失, 饑而道泣, 寢餓而不敢食"이라 함. '畀'는 '與'와 뜻이 같음. '주다, 임명하다'의 뜻. '趙衰'는 '조최'로 읽음. 字는 子餘. 趙夙의 아우이며 文公(重耳)을 오랫동안 모신 대부. 趙盾, 趙同, 趙括 삼형제의 아버지이며 시호가 成子여서 흔히 趙成子로도 부름. 그 후손이 戰國時代 趙나라를 세움.《軌範》注에 "賢臣"이라 함.

【余謂守原, 政之大者也】'守原'은 原을 지킴. 原의 大夫로 임명함.《軌範》注에 "一節"이라 함.

【所以承天子, 樹霸功, 致命諸侯, 不宜謀及媟近, 以添王命】'承天子'는 천자의 명령을 이어받음. 〈補注〉에 "承天子, 與翼天子應. 承, 亦佐也.《左氏》哀十八年傳注,《呂覽》貴臣篇注, 並云:「承, 佐也.」《莊子》秋水篇:「兼懷萬物, 其孰承翼?」此承翼同義"라 함. '樹霸功'은 晉文公이 霸者가 되어 天子를 保衛하는 임무를 인정받음. '致命諸侯'는 제후들에게 霸者로서의 명령을 내릴 수 있음. '媟近'(설근)은 친압하고 가까이하는 사람.《五百家注》에 "媟, 嬻也. 音薛"이라 함. '以忝王命'은 王(天子)의

명을 욕되게 함.

【而晉君擇大任, 不公議於朝, 而私議於宮】大任을 맡을 자를 선택하면서 조정에서 公議로 하지 않고 궁궐에서 사사롭게 겨우 내시와 상의함.《軌範》注에 "二節"이라 함.

【不博謀於卿相, 而獨謀於寺人】卿相을 두고 寺人들과 상의함.

【雖或衰之賢, 足以守, 國之政不爲敗, 而賊賢失政之端, 由是滋矣】'衰'는 趙衰를 가리킴.

【況當其時, 不乏言議之臣乎】'不乏'은 적지 않음. 부족하지 않음. 많음. '言議之臣'은 言官. 상의할 만한 신하.《軌範》注에 "三節"이라 함.

2/3 ————————————

호언狐偃이 모신謀臣이었고, 선진先軫은 중군中軍의 장수였는데도, 문공은 이들을 멀리한 채 자문을 구하지 않았으며, 이들을 외면하여 찾지도 않았고 마침내 안에 있는 내시에게 물어 결정했으니, 그것이 가히 법에 맞는 것이라 하겠는가?

게다가 문공은 장차 제齊 환공桓公의 패업을 이어받아 천자를 보필해야 하였으니 이는 큰 임무였다.

그런데 제 환공은 관중管仲에게 맡겨 흥하게 되었으나 수조豎刁를 진용하여 실패하고 말았으니, 그렇다면 문공이 원 땅을 얻어 국토를 넓혀 처음 정치를 시작함에 맞게 해서 제후들에게 본보기를 보였어야 하나, 이에 그 흥할 수 있는 기회를 등지고 그 실패할 원인을 따라 밟았던 것이다.

그러나 능히 제후들의 우두머리 패자가 된 것은 진나라가 땅은 넓고 힘은 강하며 의義는 천자의 책봉冊封으로서 했기 때문인데, 진실로 그를 두렵게 여기기는 하였으나 그것이 어찌 마음으로 복종한 것이겠는가!

그 뒤 진秦의 경감景監이 위衛나라 상앙商鞅을 재상으로 삼게 하였고, 한漢나라 환관 홍공弘恭과 석현石顯이 소망지蕭望之를 죽였으니, 이러한 잘못은 진 문공으로부터 시작된 것이다.

狐偃爲謀臣, 先軫將中軍, 晉君疏而不咨, 外而不求, 乃卒定於
內豎, 其可以爲法乎?

且晉君將襲齊桓之業, 以翼天子, 乃大志也.

然而齊桓, 任管仲以興, 進豎刁以敗, 則獲原啓疆, 適其始政, 所
以觀視諸侯也, 而乃背其所以興, 跡其所以敗.

然而能伯諸侯者, 以土則大, 以力則彊, 以義則天子之册也; 誠
畏之矣, 烏能得其心服哉!

其後景監, 得以相衛鞅, 弘·石得以殺望之, 誤之者, 晉文公也.

【狐偃爲謀臣, 先軫將中軍, 晉君疏而不咨】'狐偃'은 狐突의 아들. 重耳의 외삼촌으
로 '咎犯'으로도 부름. 자는 子犯. 晉文公의 19년의 망명생활을 함께하였으며, 晉
文公이 君位에 오른 뒤에는 大夫가 되어 계속 보좌한 명신. '先軫'은 '原軫'이라고
도 하며 先且居의 아버지. 下軍을 맡았던 將令. 晉文公의 명신 중 하나. 《左傳》
(僖公 27년, 28년) 및 《國語》(齊語), 《史記》(齊太公世家) 등을 참조할 것. 〈補注〉에
"《左氏》僖二十七年傳: 楚圍宋, 宋告急. 狐偃曰:「若伐曹衛, 楚必救之, 則宋免矣.」 於
是晉作三軍, 狐偃佐上軍, 先軫佐下軍. 二十八年: 晉郤縠卒, 原軫將中軍, 胥臣佐下
軍, 上德也"라 함. 《柳河東集》과 《五百家注》에 "是時, 楚及諸侯圍宋, 宋如晉告急,
先軫·狐偃爲晉謀:「若伐曹衛, 楚必救之, 則宋免矣.」 於是晉作三軍, 狐偃將上軍,
先軫佐下軍事. 見《史》"라 함.

【外而不求, 乃卒定於內豎, 其可以爲法乎】'外而不求'는 그들을 외면하고 찾지도 않
음. '內豎'는 宦者. 궁중의 대수롭지 않은 벼슬아치. '豎'는 '竪'의 異體字.

【且晉君將襲齊桓之業, 以翼天子, 乃大志也】'齊桓'은 齊桓公(B.C.685~B.C.643년까지
43년간 재위함). 이름은 小白. 齊僖公의 庶子. 내란을 피해 莒로 피신하였다가 鮑
叔牙의 도움으로 돌아와 왕위에 오름. 鮑叔牙의 추천으로 적대 인물이었던 管仲
을 등용하여 春秋五霸의 첫 번째 패자가 됨. 《史記》齊太公世家 참조. '以翼天子'
는 천자를 보필함. 《古文眞寶》注에 "翼, 猶輔翼"이라 함. '大志'는 천자로부터 패
자로 임명을 받아 보필해야 하는 큰 임무. 《軌範》注에 "四節"이라 함.

【然而齊桓, 任管仲以興, 進豎刁以敗】'管仲'은 자는 夷吾. 齊나라에 내란이 일어나
자 公子 糾를 모시고 魯나라로 피신하였다가 桓公(小白)의 귀국을 막았던 인물

로, 뒤에 鮑叔의 추천으로 桓公을 도와 齊나라 재상이 되어 환공을 패자로 성공시킨 인물. 管鮑之交의 고사로도 유명함. 《史記》管晏列傳 참조. 《國語》齊語 韋昭 注에 "管夷吾, 齊卿, 姬姓之後, 管嚴仲之子敬仲也"라 함. '豎刁'는 豎刁로도 표기하며 齊桓公의 宦官. 스스로 宮刑을 자원하여 桓公을 가까이 모신 亂臣. 桓公이 말년에 병이 들자 易牙, 開方과 함께 公子들을 부추겨 난을 일으켜, 결국 齊나라가 큰 혼란에 빠짐. 《史記》齊太公世家를 참조할 것. 《左傳》僖公 2년(B.C.658)에는 竪貂(豎貂, 寺人貂)로 되어 있음. 그러나 《國語》, 《管子》, 《呂氏春秋》, 《說苑》, 《史記》 등에는 '竪貂'가 모두 '豎刁'로 되어 있음. 《柳河東集注》에 "刁字, 亦作貂. 齊威公用之, 由是因内寵殺羣吏, 擅廢立"이라 함. 《柳河東集注》과 《五百家注》에 "周莊王十一年, 齊桓公立, 鮑叔牙曰:「君欲伯王, 非管夷吾不可.」桓公從之, 自仲用而齊以大治. 及桓公四十一年, 管仲病, 桓以豎刁·易牙·開方三子問:「誰可相?」仲歷數其不可. 公卒, 用三子, 三子專權. 自是因内寵殺羣吏, 擅廢立, 無所不至矣"라 함. 〈補注〉에 《史》齊世家:桓公旣得管仲與鮑叔, 隰朋, 高傒, 修齊國政, 而桓公於是始霸焉. 管仲病, 桓公問群臣誰可相者. 曰:「易牙, 開方, 豎刁, 非人情, 難親.」管仲死, 而桓公不用管仲言, 三子專權. 桓公卒, 易牙與豎刁立公子無詭爲君, 五公子爭立, 遂相攻"이라 함.

【則獲原啓疆, 適其始政, 所以觀視諸侯也】'啓疆'은 영토를 넓힘. 《左傳》僖公 26년에 "王與之溫原之田, 晉於是始啓南陽"이라 함. '適其始政'은 《軌範》注에 "僖公二十五年"이라 함.

【而乃背其所以興, 跡其所以敗】흥할 이유를 등지고 패망할 길을 따라서 밟고 감. 《軌範》注에 "下字好, 文字好處"라 함.

【然而能伯諸侯者, 以土則大, 以力則彊, 以義則天子之册也】'伯'은 제후의 우두머리. 《柳河東集》에는 '霸'로 되어 있음. '義'는 大義名分. '册'은 제후가 봉해지거나 패자로 인정받을 때 天子(周王)로부터 내려지는 문서. 이를 받으면 명실공히 제후들을 거느릴 수 있는 霸者가 됨. 《軌範》注에 "五節"이라 함. 《柳河東集》에 《左傳》二十八年:策命晉侯爲侯伯"이라 함. 《軌範》注에 "晉文公, 受周襄王冊命爲侯伯"이라 함.

【誠畏之矣. 烏能得其心服哉】'誠畏之矣'는 당시 晉 文公이 땅이 넓고 힘이 강하며 천자의 책봉으로 패자가 되었으므로 다른 제후들이 두려워하여 꺼림. 《軌範》注에 "魯僖公二十八年"이라 함. '烏'는 疑問, 혹은 反語法을 구성하는 助詞. 安, 焉,

何, 惡 등과 같음. '心服'은 마음으로부터 복종함.《孟子》公孫丑(上)에 "孟子曰:「以力假仁者霸; 霸必有大國. 以德行仁者王; 王不待大. 湯以七十里, 文王以百里. 以力服人者, 非心服也, 力不贍也; 以德服人者, 中心悅而誠服也; 如七十子之服孔子也.《詩》云: 『自西自東, 自南自北, 無思不服.』此之謂也.」"라 함.

【其後景監, 得以相衛鞅】 '其後' 다음에《軌範》注에 "六節"이라 함. '景監'은 戰國시대 秦孝公의 宦官.《軌範》注에 "秦孝公時宦官"이라 함. '衛鞅'은 商鞅. 商君. 公孫鞅. 戰國시대 衛나라의 庶孽 公子여서 衛鞅으로 부른 것. 성은 公孫, 이름은 鞅. 刑名法術을 익혀 秦 孝公을 섬겨 法治의 공으로 商, 오(於) 땅에 봉을 받은 商君으로 불림. 뒤에 車裂刑을 당하였으며 그의 法治 사상을 담은《商君書》가 전함.《史記》商君列傳을 참조할 것.《柳河東集》과《五百家注》에는 "按《史》: 景監, 秦孝公之寵臣也. 衛鞅, 公孫氏, 衛之諸庶孽公子. 始事魏相公叔痤, 其後去魏之秦. 因景監以見孝公. 凡乙再以帝王爲說. 孝公不納, 終獻强國之說, 孝公始善之. 謂景監曰:「汝客可與語矣.」鞅遂用於秦. 鞅, 於亮切"이라 함.《柳河東集注》에 "鞅, 於亮切.《史記》: 商鞅入秦, 因寵臣景監以見秦孝公"이라 함.《古文眞寶》注에 "秦宦者"라 함. 衛나라 商鞅이 秦 孝公이 인재를 구한다는 소식을 듣고, 효공이 총애하던 환관 景監을 통해 孝公을 만날 수 있었으며, 결국 秦나라 재상에 오르게 됨.《軌範》注에 "商鞅"이라 하고〈補注〉에 "《史》商君傳: 鞅西入秦, 孝公寵臣景監, 以求見孝公, 語數日不厭, 以鞅爲左庶長, 封之於商, 號商君, 相秦十年"이라 함.

【弘·石得以殺望之, 誤之者, 晉文公也】 '弘'은 弘恭, '石'은 石顯. '望之'는 蕭望之. 弘恭과 石顯은 漢나라 宣帝와 元帝 때의 환관이었음.《軌範》注에 "弘恭, 石顯二人, 漢宣帝宦官"이라 함.《古文眞寶》注에 "弘恭, 石顯, 漢宦者"라 함. 元帝가 즉위 후 병으로 親政을 못하게 되자 당시 측근이었던 石顯 등이 정치를 맡게 되었음. 石顯 일파가 정권을 잡고 온갖 부정을 저지르자 元帝의 師傅였던 蕭望之는 周堪, 劉更生 등과 함께 상소하여 宦官의 정치를 비판하였음. 그러자 石顯 일당은 계략을 꾸며 蕭望之를 자결토록 하고 周堪과 劉更生 등은 옥에 갇히게 되었음.《柳河東集注》에 "漢元帝時宦官, 弘恭石顯譖殺蕭望之"라 함.《漢書》蕭望之傳을 참조할 것.《柳河東集》과《五百家注》에 "按《史》: 弘恭·石顯, 自宣帝時, 久典樞機明習文法, 元帝即位多病, 委以政事, 蕭望之等頗疾恭·顯擅權. 建白以爲中書, 政本國家樞機, 用宦者非古制也. 宜罷中書宦官, 應古不近刑人之義. 由是大與恭·顯忤, 恭·顯遂譖望之, 令自殺"이라 함. '誤之者, 晉文公也'는 文公이 寺人(宦官)과 상의

한 것이 常例가 되어 秦 孝公도 宦官 景監을 통해 商鞅을 만났고, 漢 元帝도 환관 弘恭, 石顯 등에게 전권을 줌으로써 나라가 혼란에 빠지게 되었음을 연관시킨 것. 《軌範》注에 "望之, 蕭望之"라 하고, 〈補注〉에 《漢書》蕭望之傳: 弘恭, 石顯等, 知望之素高節不詘辱, 建白非頗詘望之於牢獄, 塞其怏怏心, 則聖朝無以施恩厚, 上乃可其奏, 望之竟飮鴆自殺"이라 함.

3/3 ──────────────

아! 현명한 신하를 찾아 대읍大邑의 태수를 맡겼으니, 질문은 비록 잘못된 질문이었지만 그나마 거용擧用한 것은 잘못된 것이 아니었음에도 오히려 당시를 부끄럽게 하였고, 후대에 잘못된 길로 빠지게 함이 이와 같았는데, 하물며 질문과 거용 두 가지 모두가 잘못된 것이라면 이를 무슨 수로 구제할 수 있겠는가?

나는 이 까닭으로 진 문공의 잘못을 들춰내며, 아울러 《춘추春秋》의 허許나라 세자 지止와 조돈趙盾의 사례에서의 의義를 덧붙이는 것이다.

嗚呼! 得賢臣以守大邑, 則問雖失問, 擧非失擧也, (則問非失擧也, 蓋失問也) 然猶羞當時陷後代若此, 況於問與擧又兩失者, 其何以救之哉?

余故著晉君之罪, 以附《春秋》許世子止·晉趙盾之義.

【嗚呼! 得賢臣以守大邑, 則問雖失問, 擧非失擧也】 '嗚呼' 다음에 《軌範》注에 "七節"이라 함. '大邑' 다음에 《軌範》注에 "此指文公"이라 함. '失問' 다음에 〈補注〉에 "志在得賢也"라 하였고, '失擧' 다음에는 "志在薦賢也"라 함. 한편 이 구절은 《柳河東集》에는 "問非失擧也, 蓋失問也"로 되어 있음. 《柳河東集注》과 《五百家注》에는 "一本作「問非失問, 擧非失擧也」"라 함.

【然猶羞當時陷後代若此】 '陷'은 함정에 빠짐. 허물어뜨림. 그르치게 함. 景監의 商鞅 추천과 弘恭, 石顯의 횡포를 뜻함. 《軌範》注에 "此指秦漢"이라 함.

【況於問與擧又兩失者, 其何以救之哉】질문과 천거 두 가지가 모두 잘못되었음.
〈補注〉에 "謂問不在於得賢, 擧亦不在於薦賢也"라 함.

【余故著晉君之罪, 以附《春秋》許世子止・(晉)趙盾之義】'許世子止'는 春秋시대의 許
나라 太子 止. 그는 孝子로 아버지 悼公(買)이 학질에 걸리자 성심껏 간호하였으
나, 悼公은 태자가 미리 맛을 보지 않고 올린 약을 먹고 죽고 말았음. 이에 止는
禍가 두려워 晉나라로 달아났음. 그런데도 《春秋》의 經文에는 태자가 國君을 시
해한 것으로 기록하였음. 《左傳》昭公 19년(B.C.523) 經文에 "夏五月戊辰, 許世子
止弑其君買"라 하였고, 傳에는 "夏, 許悼公瘧. 五月戊辰, 飮大子止之藥卒. 大子奔
晉. 書曰「弑其君」, 君子曰:「盡心力以事君, 舍藥物可也.」"(여름, 許 悼公이 학질에 걸렸
다. 5월 무진날, 도공은 태자 止가 올린 약을 마시고 세상을 떠났다. 태자는 晉나라로
달아났다. 經에 '태자가 그의 군주를 시해하였다'고 기록하였으며 이를 두고 군자가 말
하였다. "마음과 힘을 다하여 임금을 섬기는 데에는 약은 올리지 않는 것이 옳다.")라
하였음. '趙盾'은 《柳河東集》에는 '晉趙盾'으로 되어 있음. '趙盾'은 '조돈'으로 읽으
며 晉나라 大夫. 趙衰의 아들. 趙宣子, 趙孟으로도 부르며 晉나라의 실력자. 그
후손이 뒤에 春秋末 晉나라 六卿의 하나가 되며 다시 戰國시대 趙나라를 일으
킴. 조돈은 당시 國君이던 靈公(夷皐)이 無道한 정치를 하자 수차례 간하였으나
도리어 미움을 받아 살해당할 위기에 처하여 국외로 망명하러 나섰음. 그가 국
경을 넘기 전 일족인 趙穿이 靈公을 살해하였다는 소식을 듣고 되돌아왔음. 그
러나 史官이 '조돈이 임금을 시해하였다'라고 기록하자, 조돈은 訂正을 요구함.
그러자 사관이 "그대는 正卿으로 망명하다 국경을 넘지 않고 돌아와서는 賊을
토벌하지도 않았으니 그것이 잘못"이라 하자 조돈은 자신의 죄를 인정하였음.
《左傳》宣公 2년 經文에 에 "秋九月乙丑, 晉趙盾弑其君夷皐"라 하였고 傳에는
"乙丑, 趙穿攻靈公於桃園. 宣子未出山而復. 大史書曰:「趙盾弑其君」, 以示於朝. 宣
子曰:「不然.」對曰:「子爲正卿, 亡不越竟, 反不討賊, 非子而誰?」宣子曰:「嗚呼!
《詩》曰:『我之懷矣, 自詒伊慼.』其我之謂矣!」孔子曰:「董狐, 古之良史也, 書法不隱.
趙宣子, 古之良大夫也, 爲法受惡. 惜也, 越竟乃免.」宣子使趙穿逆公子黑臀于周而
立之. 壬申, 朝于武宮."(을축날, 趙穿 靈公 桃園에서 죽였다. 그때 趙宣子(趙盾)는 다른
나라로 달아나다 국경의 산을 넘지 못하고 있었는데 그 소식을 듣고 되돌아왔다. 大史
가 그 사건을 "조돈이 그의 군주를 죽였다"라고 기록하고, 이를 조정에 전시하였다. 이
에 조선자가 "내가 죽이지 않았다"라고 하자 태사는 "그대는 나라의 正卿으로써 다른

나라로 망명하다가 국경을 넘어가지 않았고 돌아와서는 군주를 죽인 자를 토벌하지 않고 있으니 죽인 자가 그대가 아니고 누라는 것입니까?"라 하였다. 조선자는 탄식하며 "아! 《시》에 '내가 품은 생각이 스스로 나에게 걱정만 남겼구나'라 하였는데 이는 나 같은 사람을 두고 한 말이로구나!"라 하였구나. 이에 孔子는 "董狐는 옛날의 훌륭한 史官으로써 법도대로 기록하여 사실을 숨기지 않았다. 조선자는 옛날의 훌륭한 대부로다. 법을 위하여 자신의 악명을 받아들였다. 아까운 일이로다. 그가 국경을 넘었더라면 그 악명을 면하였을 터인데"라 하였다. 조선자는 조천에게 공자 黑臀을 周나라에서 맞이하여 임금으로 세우도록 하였다. 임신날, 선조 武公의 사당에 제사를 올리며 이를 알렸다.)라 하였음. 《古文眞寶》注에 "許世子止, 因不嘗藥, 《春秋》書: 「許世子止弒其君買.」趙盾因亡不越境, 反不討賊, 《春秋》書: 「秦趙盾弒其君夷皐.」"라 함. 《柳河東集注》과 《五百家注》에도 "盾, 徒本切. 魯宣公二年, 趙穿殺靈公. 《春秋》書曰: 「晉趙盾弒其君夷皐」又昭公十九年, 許悼公疾飲太子之藥而卒. 《春秋》書曰: 「許世子止弒其君買.」"라 함. 《柳河東集》에 《春秋》宣公二年, 書「晉趙盾弒其君夷皐」, 《左氏》云: 「趙穿攻靈公於桃園, 宣子未出山而復.」太史書曰: 「趙盾弒其君, 以示於朝.」宣子曰: 「不然.」對曰: 「子爲正卿, 亡不越竟, 反不討賊. 非子而誰?」昭公十九年書: 「許世子止弒其君買.」《左氏》云: 「許悼公瘧五月, 飲太子之藥而卒. 太子奔晉.」書曰: 「弒其君.」君子曰: 「盡心力以事君, 舍藥物可也.」盾, 徒本切「宣子, 名」이라 함. 《軌範》補注에 "許世子止, 見昭十九年; 晉趙盾見宣二年. 以秦漢之禍, 歸罪於文公, 此與不自弒, 而仍書弒, 以罪其事相類, 比附論之, 老吏之手也"라 함. 말미 〈補注〉에 《五百家注》를 인용하여 "韓汝霖曰: 唐自德宗懲艾此賊, 故以左右神策·天威等, 軍委宦者主之. 置護軍中尉, 中護軍分提禁兵, 威柄下遷, 政在宦人. 其視晉文問原守於寺人尤甚, 公此議, 雖曰論「晉文之失, 其意實憫當時宦者之禍.」逮憲宗元和十五年, 而陳弘志之亂作, 公之先見至是驗矣"라 함.

참고 및 관련 자료

1. 柳宗元(柳子厚, 柳柳州, 柳河東) 017 참조.
2. 이 글은 《柳河東集》(4), 《柳河東集注》(4), 《五百家注柳先生集》(4), 《文章正宗》(13), 《古文關鍵》(上), 《文苑英華》(770), 《古文集成》(73), 《唐宋八大家文鈔》(24), 《文章辨體彙選》(424), 《山西通志》(190), 《經濟類編》(19), 《歷代名臣確論》(19), 《文編》(36),

《古文淵鑑》(37), 《唐宋文醇》(11), 《古文辭類纂》(2), 《古文約選》(2), 《古文眞寶》(後集 5) 등에 실려 있음.

3. 《軌範》注에 "字字經思, 句句有法, 無一字一句懈怠. 此柳文最得意者"라 함.

4. 《柳河東集》題注에 "不詳其作之年月, 然觀公旨意, 當作於憲宗元和間. 盖自德宗懲刈泚賊, 故以左右神策·天威等軍, 委宦者主之. 置護軍中尉, 中護軍分提禁兵, 是以威柄下遷, 政在宦人. 其視晉文問守原於寺人, 殆有甚焉. 故首論晉文公之失, 而終之以景監弘石之亂國政. 其曰: 不公議於朝, 而私議於宮, 不博謀於卿相, 而獨謀於寺人, 雖或衰之賢, 足以守國之政, 不爲敗而賊賢, 失政之端, 由是滋矣. 盖亦深憫當時宦者之禍, 當時之君由之而不知也. 憲宗元和十五年, 而陳洪志之亂, 作至是驗矣"라 함.

5. 《五百家注》에 "韓曰: 唐自德宗懲艾此賊, 故以左右神策·天威等, 軍委宦者主之. 置護軍中尉, 中護軍分提禁兵, 威柄下遷, 政在宦人. 其視晉文問原守於寺人尤甚, 公此議, 雖曰論「晉文之失, 其意實憫當時宦者之禍.」逮憲宗元和十五年, 而陳弘志之亂作, 公之先見至是驗矣"라 함.

6. 《古文眞寶》注에는 "事見《左傳》僖公二十四年"이라 함. (24년은 25년의 오류. 《柳河東集注》에 "事見《左傳》僖公二十五年"이라 함.)

020(2-6) 〈朋黨論〉 .... 歐陽公(歐陽脩)

붕당朋黨에 대해 논함

*〈朋黨論〉: '朋黨'은 '朋友로써 黨을 지어 같은 主義主張을 내세우는 모임'으로, 君子끼리의 경우 同道로 하여 긍정적이지만 小人끼리인 경우 同利로써 比周를 일삼으며 派黨을 이루어 상대를 헐뜯고 비방하며 混亂을 惹起시키게 되는 것. 이를 역사적인 사건을 나열하며 임금은 오직 君子와 小人을 변별하여 興亡治亂의 거울로 삼아야 함을 勸告한 글. 《文忠集》題下에 "在諫院進, 本以論爲議"라 함. 宋 仁宗 天聖 末年 范仲淹이 〈百官圖〉를 올려 時政을 비평하였다가 재상 呂夷簡에게 미움을 사서 饒州 知事로 폄직되고 말았으며, 余靖

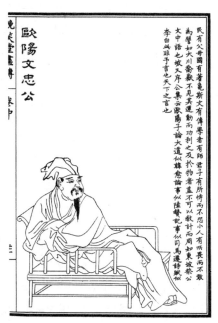

〈歐陽文忠公(歐陽修)〉(晩笑堂畫傳)

과 尹洙, 그리고 歐陽修 등도 그와 同黨이라는 이유로 貶職되거나 귀양을 가게 됨. 그러다가 慶曆 3년(1043) 杜衍, 富弼, 韓琦, 范仲淹이 다시 집정하면서 歐陽修는 諫官에 발탁되어 좋은 건의를 많이 하게 됨. 그러자 소인들이 다시 이들을 모함하면서 朋黨을 이루어, 藍先振이 먼저 〈朋黨論〉을 올려 이들을 헐뜯자 이에 구양수는 杜衍, 富弼, 韓琦, 范仲淹을 적극 변호하면서 이 〈朋黨論〉을 지어 올린 것임. 이에 仁宗은 그의 직언을 가상히 여겨 그를 知制誥로 발탁하였고 이로써 黨論이 잠시 그치게 되었음.

　제가 듣기로 붕당朋黨에 대한 설은 예로부터 있어왔으나 오직 임금 된 자가 그들이 군자인지, 소인인지를 변별함을 다행으로 여겼을 뿐입니다.

　크게 보건대 군자와 군자는 동도同道로써 붕朋이 되고, 소인과 소인은 동리同利로써 붕이 되는 것이니 이는 자연스러운 이치입니다.

　그러나 제가 "소인은 붕이 될 수가 없으며 오직 군자라면 그럴 수 있다"라고 말씀드리는 것은 그 까닭이 무엇이겠습니까?

　소인이 좋아하는 바는 이록利祿이며 탐貪하는 바는 재화財貨입니다.

　그것이 동리일 때를 당해서는 잠시 서로 당黨으로 끌어들여 붕으로 여기는 것인데 이는 위선僞善입니다.

　그들은 이익을 봄에 이르면 먼저 차지하겠다고 다투며, 혹 이익이 다하면 사귐이 소원해지고, 심한 경우 반대로 서로가 적해賊害를 하여 비록 형제나 친척이라도 서로 보호해주지 않습니다.

　그 까닭으로 저는 소인에게는 붕이 없으며 그들이 잠시 붕으로 삼는다 것은 위선이라 말하는 것입니다.

　군자라면 그렇지 않으니 지키는 바는 도의道義요, 실행하는 것은 충신忠信이며, 아끼는 것은 명절名節입니다.

　이 세 가지로써 자신을 닦게 됨에는 도를 같이하면서 서로 도움을 주고, 이 세 가지로써 나랏일을 하게 되면 동심으로써 공제共濟하여 끝과 시작이 같으니 이것이 군자의 붕입니다.

　그러므로 사람의 임금 된 자가 다만 의당 소인의 위붕僞朋을 퇴각시키고, 군자의 진붕眞朋을 활용한다면 천하는 다스려질 것입니다.

　臣聞朋黨之說, 自古有之, 惟幸人君, 辨其君子小人而已.

　大凡君子與君子, 以同道爲朋; 小人與小人, 以同利爲朋, 此自然之理也.

　然臣謂「小人無朋, 惟君子則有之」, 其故何哉?

小人所好者, 利祿也; 所貪者, 財貨也.

當其同利之時, 暫相黨引以爲朋者, 僞也.

及其見利而爭先, 或利盡而交疎, 甚者反相賊害, 雖其兄弟親戚, 不能相保.

故臣謂小人無朋, 其暫爲朋者, 僞也.

君子則不然, 所守者道義, 所行者忠信, 所惜者名節.

以之脩身, 則同道而相益; 以之事國, 則同心而共濟, 終始如一, 此君子之朋也.

故爲人君者, 但當退小人之僞朋, 用君子之眞朋, 則天下治矣.

【臣聞朋黨之說, 自古有之, 惟幸人君, 辨其君子小人而已】'朋黨' 어휘의 出典에 대해 〈補注〉에 《困學紀聞》曰: 歐陽子曰'始爲朋黨之說'者, 甚於作俑. 愚攷《漢史》: 蕭望之, 周堪, 劉更生同心謀議, 弘恭, 石顯奏: 「望之, 堪, 更生朋黨, 欲專擅權勢.」'朋黨'二字, 始見於此. 遂爲萬世之禍. 可謂一言喪邦. 陳霆《雨山墨談》云: 「王厚齊謂: '朋黨'二字, 始見班史.」余按《逸周書》載穆王作史記以自警, 云: 「昔有過氏, 好以新易故. 新故不和, 乃爭朋黨, 陰事外權, 有過氏以亡.」'朋黨'字, 當始於此. 今按《淮南子》覽冥訓曰: 「夫聖人者, 屛流言之迹, 塞朋黨之門.」《史記》蘇秦傳曰: 「臣聞: 明主屛流言之迹, 塞朋黨之門.」鄒陽傳: 「獄中上書曰: 捐朋黨之私, 挾孤獨之位.」諸如此之類, 亦皆在《漢史》之前, 深寧曳未之考也"라 함. '惟幸'은 오직 바랄 뿐임. '辨'은 辨別함. 《軌範》注에 "此三句是一篇主意"라 함.

【大凡君子與君子, 以同道爲朋; 小人與小人, 以同利爲朋, 此自然之理也】'同道'는 추구하는 것이 같은 道임. 아래 小人의 '同利'에 상대하여 쓴 것. 《論語》里仁篇에 "君子喩於義, 小人喩於利"라 함.

【然臣謂小人無朋, 惟君子則有之, 其故何哉】'君子則有之' 다음에 《軌範》注에 "此轉最妙"라 함. '小人無朋'은 소인에게는 '朋'이라는 것이 있을 수 없음.

【小人所好者, 利祿也; 所貪者, 財貨也】'好·貪'과 '利祿·財貨'는 동격의 나열형.

【當其同利之時, 暫相黨引以爲朋者, 僞也】'黨引'은 자신의 당으로 끌어들임.《軌範》注에 "初說小人無黨, 又生'僞''朋'二字尤妙"라 함.

【及其見利而爭先, 或利盡而交疎】'疎'는 疏, 踈, 疎 등과 같음. 疎遠해짐. 멀어짐.

【甚者反相賊害, 雖其兄弟親戚, 不能相保】'甚者'는《文忠集》에는 '則'으로 되어 있음. '賊害'는 해치거나 배반하며 못된 짓을 함. '相保'는 서로 보호해줌.《漢書》嚴助傳에 "夫婦相守, 父子相保"라 하였고, 〈鮑宣傳〉에도 "父子夫婦, 不能相保"라 함.

【故臣謂小人無朋, 其暫爲朋者, 僞也】'暫爲朋'은 잠시 朋友가 되는 것은 僞善임.

【君子則不然, 所守者道義, 所行者忠信, 所惜者名節】道義, 忠信, 名節은 군자가 높이 여기는 표준임. '惜'은 아까워함. '忠信'은 충성심과 믿음. '名節'은 명예와 절개.《漢書》樓護傳에 "論議常依名節"이라 함.

【以之脩身, 則同道而相益;以之事國, 則同心而共濟, 終始如一, 此君子之朋也】'以之'의 之는 道義, 忠信, 名節을 가리킴. '共濟'는 함께 힘을 모아 어려운 일을 해결하고 건넘.

【故爲人君者, 但當退小人之僞朋, 用君子之眞朋, 則天下治矣】'爲人君'은 남의 군주가 된 자. 즉 임금. '僞朋'과 '眞朋'은 상대하여 쓴 말.《古文眞寶》注에 "惟君子可以朋, 小人之朋, 則必以僞言矣. 道理旣明, 下文乃用事證"이라 함.

2/4

요堯임금 때는 소인들인 공공共工과 환도驩兜 등 네 사람이 하나의 붕을 이루었고, 군자들인 팔원八元과 팔개八愷 등 16인이 하나의 붕을 이루었습니다.

순舜이 요임금을 보좌하면서 사흉四凶의 소인지붕小人之朋은 퇴각시키고 팔원, 팔개의 군자지붕君子之朋은 진용하자 요임금 시대의 천하는 크게 다스려졌습니다.

순이 스스로 천자天子가 됨에 이르러서는 고요皐陶, 기夔, 후직后稷, 설契 등 22인이 아울러 조정에 줄을 서서 서로 돌아가며 훌륭함을 칭찬하고, 서로 돌아가며 추천하고 양보하였으니 무릇 22인이 하나의 붕을 이루었고 순이 이들을 모두 등용하자 천하가 역시 크게 다스려졌습니다.

堯之時, 小人共工·驩兜等四人爲一朋;君子八元·八愷十六人

爲一朋.

舜佐堯, 退四凶小人之朋, 而進元愷君子之朋, 堯之天下大治.

及舜自爲天子, 而皐·蘷·稷·契等二十二人, 幷列于朝, 更相稱美, 更相推讓, 凡二十二人爲一朋, 而舜皆用之, 天下亦大治.

【堯之時, 小人共工·驩兜等四人爲一朋】'堯'는 五帝(黃帝, 顓項, 帝嚳, 帝堯, 帝舜)의 하나. 陶唐氏. 唐堯로도 부름. 祁姓이며 이름은 放勳. 帝嚳의 아들.《十八史略》(1)에 "帝堯陶唐氏: 伊祁姓, 或曰名放勛, 帝嚳子也. 其仁如天, 其知如神, 就之如日, 望之如雲, 都平陽. 茆茨不剪, 土階三等. 有草生庭, 十五日以前, 日生一葉, 以後日落一葉, 月小盡, 則一葉厭而不落, 名曰蓂莢, 觀之以知旬朔"이라 함.《史記》五帝本紀를 볼 것. '共工'과 '驩兜'는 모두 堯舜 때의 악행을 저지른 대표적인 신하로서 三苗와 鯀을 합하여 四凶이라 부름. '驩兜'는《尙書》와《文忠集》에는 '讙兜'로 표기되어 있음.《尙書》舜典에 "流共工于幽洲, 放驩兜于崇山, 竄三苗于三危, 殛鯀于羽山. 四罪而天下咸服"이라 함.《古文眞寶》注에 "共工驩兜, 唐堯時四凶"이라 함.

【君子八元·八愷十六人爲一朋】'八元八愷'는 堯임금 때 훌륭한 여덟 신하. '八愷'는《文忠集》에는 '八凱'로 표기되어 있음.《左傳》文公 18년에 "昔高陽氏有才子八人: 蒼舒·隤凱·檮戢·大臨·尨降·庭堅·仲容·叔達, 齊·聖·廣·淵·明·允·篤·誠, 天下之民謂之八愷. 高辛氏有才子八人: 伯奮·仲堪·叔獻·季仲·伯虎·仲熊·叔豹·季狸, 忠·肅·共·懿·宣·慈·惠·和, 天下之民謂之八元. 此十六族也, 世濟其美, 不隕其名. 以至於堯, 堯不能擧. 舜臣堯, 擧八愷, 使主后土, 以揆百事, 莫不時序, 地平天成. 擧八元, 使布五敎于四方, 父義·母慈·兄友·弟共·子孝, 內平外成"이라 함. '元'은 善의 뜻. '愷'는 和의 뜻.《軌範》注에 "元, 善也; 愷, 和也"라 함.

【舜佐堯, 退四凶小人之朋, 而進元愷君子之朋, 堯之天下大治】'舜'은 五帝의 마지막 帝王. 有虞氏. 姓은 姒氏, 이름은 重華. 虞舜으로도 부름. 堯임금으로부터 천하를 물려받아 帝位에 오름. 瞽瞍의 아들로 孝誠이 뛰어났던 분으로 널리 알려져 있으며 儒家에서 聖人으로 추앙함.《十八史略》(1)에 "帝舜有虞氏: 姚姓, 或曰名重華, 瞽瞍之子, 顓項六世孫也. 父惑於後妻, 愛少子象, 常欲殺舜. 舜盡孝悌之道, 烝烝乂不格姦"이라 함.

【及舜自爲天子, 而皐·蘷·稷·契等二十二人, 幷列于朝, 更相稱美, 更相推讓】'皐·

夔·稷·契은 皐陶, 夔, 后稷, 契(설)을 가리킴. '皐陶'는 舜임금 때의 獄官을 지냈던 신하. 《尙書》舜典에 "帝曰:「皐陶, 蠻夷猾夏, 寇賊姦宄. 汝作士, 五刑有服, 五服三就. 五流有宅, 五宅三居. 惟明克允!」"이라 함. '夔'는 典樂을 담당했던 신하. 《尙書》舜典에 "帝曰:「夔! 命汝典樂, 敎胄子, 直而溫, 寬而栗, 剛而無虐, 簡而無傲, 詩言志, 歌永言, 聲依永, 律和聲, 八音克諧, 無相奪倫, 神人以和.」"라 함. '稷'은 棄(姬棄)로서 后稷을 담당함. 《尙書》舜典에 "帝曰:「棄, 黎民阻飢, 汝后稷, 播時百穀.」"이라 함. '契'은 卨로도 표기하며 司徒를 담당하였던 신하. 《尙書》舜典에 "帝曰:「契, 百姓不親, 五品不遜. 汝作司徒, 敬敷五敎, 在寬.」"이라 함. '二十二人'은 舜임금을 도운 四岳 九官, 十二牧 등의 훌륭했던 22명의 신하. 《尙書》舜典에 "帝曰:「咨! 汝二十有二人, 欽哉! 惟時亮天功.」"이라 함. 그러나 棄, 契, 皐陶, 禹, 垂. 그리고 十二牧과 四岳을 합해 모두 22명으로 보고 있음. 혹 四岳을 하나로 하여, 九官, 十二牧을 합하여 22명이라고도 함. '更相'은 '서로, 돌아가며'의 뜻.

【凡二十二人爲一朋, 而舜皆用之, 天下亦大治】22명이 모두 훌륭한 朋黨이 됨으로써 천하가 크게 다스려짐.

《서書》에는 "주紂는 신하가 억만 명이었지만 마음도 억만이었으나, 주周는 신하 3천이 오직 한마음이었다"라 하였습니다.

주임금 때에는 억만 명이 각기 다른 마음이었으니 가위 붕이 있을 수 없었습니다. 그리하여 주임금은 이로써 나라를 잃고 말았습니다. 그러나 주 무왕武王은 신하 3천 명이 하나의 큰 붕을 이루었으니 주나라는 이를 등용하여 흥하였던 것입니다.

후한後漢 헌제獻帝 때에는 천하의 명사名士들을 모두 잡아 가두어 금고禁錮시키면서 이들을 당인黨人으로 지목하였습니다.

그러다가 황건적黃巾賊의 난이 일어나 한나라 황실이 대혼란이 일어난 뒤에야 후회하며 깨닫고 당인들을 모두 풀어 석방하였지만 그래도 이미 구제해낼 수가 없었습니다.

당唐나라 말기에는 점차 붕당에 대한 논박이 일어나더니 소종昭宗 때 이르러 조정의 명사들을 모두 죽여 혹 이들을 황하黃河에 던지면서 "이 무리들은 청류淸流들이니 가히 탁류濁流에 던져도 된다"라고까지 하였다가 당나라는 드디어 망하고 말았던 것입니다.

《書》曰:「紂有臣億萬, 惟億萬心; 周有臣三千, 惟一心.」

紂之時, 億萬人各異心, 可謂不爲朋矣, 然紂以此亡國; 周武王之臣三千人爲一大朋, 而周用以興.

後漢獻帝時, 盡取天下名士囚禁之, 目爲黨人

及黃巾賊起, 漢室大亂, 後方悔悟, 盡解黨人而釋之, 然已無救矣.

唐之晩年, 漸起朋黨之論, 及昭宗時, 盡殺朝之名士, 或投之黃河, 曰「此輩淸流, 可投濁流」, 而唐遂亡矣.

【《書》曰:「紂有臣億萬, 惟億萬心; 周有臣三千, 惟一心.」】《書》는 《尙書(書經)》. 이는 泰誓篇(上)에 "同力度德, 同德度義. 受有臣億萬, 惟億萬心; 予有臣三千, 惟一心. 商罪貫盈, 天命誅之. 予弗順天, 厥罪惟鈞, 予小子夙夜祗懼, 受命文考, 類于上帝, 宜于冢土, 以爾有衆, 底天之罰. 天矜于民, 民之所欲, 天必從之. 爾尙弼予一人, 永淸四海. 時哉, 弗可失!"이라 한 말을 인용한 것. 《淮南子》兵略訓에도 "古紂之卒百萬之心, 武王之卒三千, 皆專而一"이라 함.

【紂之時, 億萬人各異心, 可謂不爲朋矣, 然紂以此亡國】'紂'는 이름은 受이며 殷나라 末王. 暴君으로 武王(姬發)에게 망함. 《史記》殷本紀에 "帝乙崩, 子辛立, 是爲帝辛, 天下謂之紂"라 하였고, 鄭玄은 "紂, 帝乙之少子名辛. 帝乙愛而欲立焉, 號曰受德. 時人傳聲轉作紂也. 史掌書, 知其本, 故曰受"라 함.

【周武王之臣三千人爲一大朋, 而周用以興】'周武王'은 西伯 姬昌. 古公亶父의 손자이며 季歷(公季)의 아들. 武王(姬發)과 周公(姬旦), 召公(姬奭) 등의 아버지. 殷나라 말 紂가 폭정을 일삼을 때 岐山에 거하면서 雍州伯에 봉해졌다가 남쪽으로 梁과 荊을 겸병하자 西伯에 봉해짐. 뒤에 그 아들 姬發(武王)이 殷을 멸하고 古公亶父를 太王으로, 季歷을 公季(王季)로, 姬昌을 文王으로 추존함. 《史記》周本紀에 "公季卒, 子昌立, 是爲西伯. 西伯曰文王"이라 함. 덕망이 높아 儒家에서 聖人으로 받듦.

【後漢獻帝時, 盡取天下名士囚禁之, 目爲黨人】'獻帝'는 後漢(東漢)의 마지막 임금. 廢帝(少帝, 劉辯)의 아들로 이름은 劉協. 189-220까지 재위하였으며 魏公 曹操(魏文帝)에게 휘둘리다가 결국 曹丕(魏武帝)에게 나라를 빼앗기고 山陽公으로 강등되어 漢나라는 종말을 고함.《軌範》注에 "漢之黨錮, 有三君八俊八顧八及八廚, 有張儉, 范滂, 李膺, 郭泰等爲之魁"라 함.

【及黃巾賊起, 漢室大亂, 後方悔悟, 盡解黨人而釋之, 然已無救矣】'黃巾賊'은 後漢 말의 가장 극렬했던 민란. 당시 鉅鹿 출신 張角이《太平淸領書》를 지어 이를 경전으로 '太平道'라는 사이비 종교를 만들어 "蒼天已死, 黃天當立; 歲在甲子, 天下大吉", 즉 '蒼天'은 東漢, '黃天'은 張角, '甲子'는 靈帝 元年(184)이라 하여 信徒들을 거느리고 난을 일으킴. 이들은 모두 노란색 두건을 쓰고 나서서 그 때문에 '황건적'이라 부른 것임. 1년만에 진압은 되었으나 殘賊이 20여 년간 황하 일대에서 버팀. '盡解黨人'은 '黨錮之禍'를 해제하였음을 말함. '黨錮之禍'는 宦官과 外戚 사이에 극렬한 대립으로, 桓帝 때 太學生 李膺, 范滂 환관의 횡포를 비판하고 나서자 환관들이 이들을 무고하여 후한 桓帝 延熹 9년(166) 2백여 명을 투옥함. 이듬해 외척 竇武, 皇甫嵩 등의 건의에 의해 禁錮(평생 벼슬에 참여하지 못하도록 함)를 조건으로 석방하였으나 靈帝가 즉위하여 두무가 집정하자 비밀리에 환관을 제거하기로 密謀하다가 누설되어 두무는 피살되고 이응 등 7백여 명이 다시 투옥(靈帝 建寧 2년, 169)되어 제 2차 黨錮 사건이 일어남. 이로써 漢나라는 급속히 쇠락하여 암흑기를 맞다가 결국 曹操 등에 의해 망국의 길을 걷게 됨.《後漢書》(67) 黨錮傳 참조.《十八史略》(3)에 "會成瑨與太原守劉瓆, 於赦後案殺宦官之黨. 徵下獄, 將棄市. 山陽守翟超, 以張儉爲督郵, 破宦官踰制冢宅. 東海相黃浮, 亦收宦官家屬犯法者殺之. 宦官訴冤, 皆得罪. 蕃屢爭之, 上不聽. 宦官敎人上書, 告李膺:「養太學遊士, 共爲部黨, 誹訕朝廷, 疑亂風俗.」上震怒, 下郡國逮捕黨人. 案經三府, 蕃卻不肯署. 上愈怒, 下膺等北寺獄. 辭連杜密·陳寔·范滂等二百餘人. 使者追捕四出, 蕃又極諫, 上策免之. 朝廷震慄, 莫敢復爲黨人言者. 賈彪曰:「吾不西行, 大難不解.」乃入洛陽, 說皇后父竇武, 上疏解之. 膺等獄辭, 又多引宦官子弟. 宦官乃懼, 白上赦黨人二百餘人. 皆歸田里, 書名三府, 禁錮終身"이라 함.《軌範》注에 "張角"이라 하였고 〈補注〉에 "《後漢書》黨錮傳:中平元年, 黃巾賊起, 中常侍呂彊言於帝曰:「黨錮久積, 人情多怨, 若久不赦宥, 輕與張角合謀, 爲變滋大, 悔之無赦.」帝懼其言, 乃大赦黨人. 誅徒之家, 皆歸故郡. 其後黃巾雖盛, 朝野崩離, 綱

紀文章蕩然矣"라 함. '漢室大亂'은 《軌範》注에 "桓靈獻三朝"라 함.

【唐之晚年, 漸起朋黨之論, 及昭宗時, 盡殺朝之名士, 或投之黃河】 '唐之晚年'은 唐
나라 憲宗(11대 李純, 806−820), 穆宗(12대 李恒, 821−824), 敬宗(13대 李湛, 825−
826) 이후 쇠약해지기 시작한 시기를 말함. 이때는 환관이 作黨하여 穆宗, 文宗
(14대 李昂, 827−840) 武宗(15대 李炎, 841−846), 毅宗(17대 李漼, 860−873), 昭宗(19
대 李曄, 889−904) 등은 모두 宦官에 의해 세워졌으며, 憲宗과 敬宗은 환관에 의
해 弑殺을 당하는 등 환관의 시대였음. 그 뒤 903년 朱溫(朱全忠, 뒤에 五代 後梁
의 건국자)에 의해 환관이 모두 주살되자 결말을 고하였음. '朋黨之論'은 武則天
때부터 士族이 대거 집정하면서 武宗 때 두 파로 나누어 李德裕를 중심으로 한
世族官僚와 牛僧孺, 李宗閔 등을 중심으로 한 進士出身 관료들이 40여년간 극렬
하게 대립하였으며 이를 '牛李黨爭'이라 함. 《軌範》注에 "前世李德裕之黨, 多君
子; 牛僧孺之黨, 多小人. 爲之牛李黨"이라 함. '昭宗'은 19대 황제 李曄. 889−904년
재위. 그러나 이는 唐 마지막 황제 昭宣帝(20대 李柷, 哀帝, 904−907) 天祐 2년
(905) 때의 일을 잘못 인용한 것임. 朱全忠이 당시 이름난 명사들을 白馬驛에서
모두 죽이도록 한 다음 黃河에 던져버렸음. 《新唐書》(140) 崔苗二裴呂傳에 "全忠
遣人殺之白馬驛, 投尸于河, 年六十五. 初, 全忠佐吏李振曰: 「此等自謂淸流, 宜投
諸河河, 永爲濁流.」 全忠笑而許之"라 하였으며, 《軌範》注에 "朱全忠之時, 盡殺黨
人于白馬驛"이라 함. 朱全忠은 뒤에 李柷(昭宣帝)을 毒殺하고 천하를 빼앗아 五
代의 첫 왕조 後梁을 세움.

【曰「此輩淸流, 可投濁流」, 而唐遂亡矣】 '淸流'는 淸貧한 선비. '濁流'는 탁한 黃河
를 뜻함. 《軌範》注에 "朱全忠時, 盡殺黨人于白馬驛"이라 함. 《古文眞寶》注에 "用
事已盡, 下文却紐上事作議論"이라 함.

4/4 ────────────

무릇 전세 군주들로서 능히 사람마다 다른 마음을 가져 붕을 이루지
못하도록 한 이로서는 주임금만 한 이가 없고, 능히 선인이 붕을 이루
는 것을 금하고 끊어버린 자로서는 한나라 헌제만 한 이가 없으며, 청류
의 붕을 주륙誅戮하기로는 당 소종 시대만한 때가 없었으니, 그리하여
모두가 혼란 속에 나라를 망하게 한 것입니다.

서로 돌아가며 아름다움을 칭찬해주고 추천하며 양보하되 스스로 의심도 갖지 않도록 한 이들로서는 순의 22명 만 한 이가 없었으며, 순 역시 의심하지 아니하고 이들을 모두 등용하였던 것입니다.

후세에 순이 22명에게 속임을 당했다고 꾸짖는 말이 없으며, 도리어 순은 총명한 성자聖者라 칭송하니 이는 군자와 소인을 변별했기 때문입니다.

주 무왕 때에는 나라 전체를 들어 신하 3천 명이 하나의 붕을 이루었으니 자고로 붕을 이룬 숫자도 많았고 규모가 컸기로도 주나라 만한 때가 없었으나, 주나라가 이들을 등용하여 흥한 것은 선인은 비록 많다고 해도 싫어하지 않았기 때문입니다.

무릇 흥망과 치란의 흔적을 군주 된 자는 가히 거울로 삼아야 할 것입니다!

夫前世之主, 能使人人異心, 不爲朋, 莫如紂; 能禁絶善人爲朋, 莫如漢獻帝; 能誅戮淸流之朋, 莫如唐昭宗之世, 然皆亂亡其國.

更相稱美推讓而不自疑, 莫如舜之二十二人, 舜亦不疑而皆用之.

然而後世, 不誚舜爲二十二人朋黨所欺, 而稱舜爲聰明之聖者, 以其辨君子與小人也.

周武之世, 擧其國之臣三千人共爲一朋, 自古爲朋之多且大, 莫如周, 然周用此以興者, 善人雖多而不厭也.

夫興亡治亂之迹, 爲人君者, 可以鑑矣!

【夫前世之主, 能使人人異心, 不爲朋, 莫如紂】사람마다 각기 異心을 가진 채 朋黨을 짓지 못하도록 한 면에서 紂만 한 군주가 없음.
【能禁絶善人爲朋, 莫如漢獻帝】獻帝는 善人들의 붕당을 금지하고 끊어버린 면에서 가장 큰 실수를 저지른 황제임을 말함.

【能誅戮清流之朋, 莫如唐昭宗之世, 然皆亂亡其國】'昭宗'은 昭宣帝(哀帝)의 오류.
《軌範》注에 "天子看到此三句, 豈不感悟?"라 함.

【更相稱美推讓而不自疑, 莫如舜之二十二人, 舜亦不疑而皆用之】舜을 보좌한 22인
은 稱美推讓에 가장 뛰어났던 인물들이며, 舜 역시 이들을 의심하지 아니하고
등용하였음.

【然而後世, 不誚舜爲二十二人朋黨所欺, 而稱舜爲聰明之聖者, 以其辨君子與小人
也】'誚'는 꾸짖고 나무람.

【周武之世, 擧其國之臣三千人共爲一朋, 自古爲朋之多且大, 莫如周, 然周用此以興
者, 善人雖多而不厭也】'不厭'은 싫어하지 않음. 아무리 많아도 모두 자신을 도울
사람으로 만듦.

【夫興亡治亂之迹, 爲人君者, 可以鑑矣】'鑑'은 거울로 삼음. 《古文眞寶》注에 "君子
有朋而無黨, 此說可破朋黨之論"이라 하였고, 《軌範》注에는 "只二句結末, 絶妙"
라 함.

참고 및 관련 자료

1. 구양수(歐陽修, 歐陽脩), 永叔, 文忠. 文忠公(1007-1072)

宋代 최고의 문장가이며 시인. '歐陽脩'로도 표기하며 자는 永叔, 吉州 廬陵(지
금의 江西 吉安縣) 사람으로 北宋 眞宗 景德 4년에 태어나 神宗 熙寧 5년에 생을
마침. 향년 66세. 仁宗 天聖 8년(1030) 進士에 올라 慶曆 3년(1043)에 知諫院이 되
었다가 右正言을 거쳐 知制誥가 됨. 당시 韓琦, 富弼 등이 계속 재상 직에서 파면
되자 이에 반대하여 간언을 올렸다가 미움을 받아 滁州(지금의 安徽 滁縣)로 폄직
되기도 하였음. 그곳에서 스스로 호를 '醉翁'이라 하였으며, 元和 元年(1054) 다시
돌아와 翰林學士, 兼史館修撰이 되었으며 嘉祐 2년(1057) 知貢擧가 됨. 실용성 있
는 古文運動을 주장하여 曾鞏, 蘇軾 등이 모두 그의 문하에서 나왔으며, 唐宋八
大家의 수령급임. 神宗 초 王安石의 新法을 비난하여 王安石과 대립하자며 太子
少師 벼슬을 그만두고 潁州(지금의 安徽 阜陽)로 낙향하여 만년에 호를 '六一居士'
라 하였음. 일생 古文에 심취하여 송초 西崑體를 반대하였으며, 唐代 韓愈의 뒤를
이어 北宋 古文家의 맹주 역할을 하였음. 시호는 文忠. 《歐陽文忠公集》, 《新五代
史》, 《毛詩本義》, 《集古錄》 등이 있으며 《宋史》(319)에 傳이 있음.

2. 이 글은《文忠集》(17),《唐宋八大家文鈔》(42),《宋文選》(1),《宋文鑑》(94),《古文關鍵》(上),《古文集成》(33),《文編》(30),《文章辨體彙選》(414),《古文淵鑑》(45),《續資治通鑑長編》(148),《宋史紀事本末》(5),《恥堂存稿》(2),《古文辭類纂》(3),《古文觀止》(9),《古文眞寶》(後集 7) 등에 실려 있음.

3.《軌範》에 "在諫院時進"이라 함.

4.《古文關鍵》과《古文集成》에 "東萊批: 在諫院進, 議論出人意表, 大凡, 作文妙處, 須出意外"라 함.

5.《續資治通鑑長編》(148)에 "戊戌上謂輔臣曰:「自昔小人多爲朋黨, 亦有君子之黨乎?」范仲淹對曰:「臣在邊時, 見好戰者自爲黨, 而怯戰者亦自爲黨, 其在朝廷邪正之黨亦然. 唯聖心所察爾. 苟朋而爲善於國家, 何害也?」初呂夷簡罷相, 夏竦授樞密使, 復奪之, 代以杜衍. 同時進用富弼·韓琦·范仲淹在二府, 歐陽修等爲諫官. 石介作慶曆〈聖德詩〉言進賢退姦之, 不易姦, 盖斥夏竦也. 竦銜之而仲淹等皆修素所厚善, 修言事, 一意徑行, 略不以形迹, 嫌疑, 顧避竦, 因與其黨造爲黨論, 目衍·仲淹及修爲黨人, 修乃作〈朋黨論〉上之"라 함.

6.《宋史紀事本末》에 "慶曆三年三月增置諫官, 以歐陽修·王素·蔡襄知諫院, 余靖爲右正言. 襄喜言路開, 而慮正人難久立, 因上言任諫非難, 聽諫爲難; 聽諫非難, 用諫爲難. 修等三人忠誠剛直, 必能盡言臣, 恐邪人不利, 必造爲禦之之說, 其禦之不過, 有三曰:「好名好進, 彰君過耳. 願陛下察之. 無使有好諫之名而無其實!」修每入對帝, 必延問執政否所宜, 行旣多所張弛. 修慮善人必不勝, 數爲帝分別言之, 自范仲淹貶饒州, 修及尹洙·余靖皆以直. 仲淹見逐, 羣邪目之曰黨人. 於是朋黨之議遂起, 修乃爲〈朋黨論〉以進"이라 함.

7.《古文淵鑑》에 "初呂夷簡罷夏竦, 授樞密使, 復奪之, 代以杜衍. 同時進用富弼·韓琦·范仲淹在二府, 歐陽修爲諫官, 石介作慶曆〈聖德詩〉斥竦爲大姦. 竦銜之因與其黨造爲黨論, 目衍仲淹及修爲黨人. 慶曆四年四月上謂輔臣曰:「自昔小人多爲朋黨亦有君子之黨乎?」范仲淹對曰:「邪正之黨, 唯聖心所察, 苟朋而爲善於國家, 亦何害也?」修於是作〈朋黨論〉上之"라 함. 宋 仁宗(趙禎) 慶曆 4년((1044)에 지은 것임.

8.《古文眞寶》注에 "自朋黨之名, 起於弘恭·石顯, 以是而譖蕭望之·周堪·劉向, 而後小人之傾善類者, 徃徃以此一網打盡之. 後漢之黨錮, 李唐之牛·李, 宋之蜀黨·洛黨·元祐黨·僞學黨, 其禍極矣. 公在諫院, 進此論, 亦劉向封事遺意也. 向曰:「孔子與顏淵·子貢, 更相稱譽, 不爲朋黨; 禹·稷·皐陶, 轉相汲引, 不爲比周, 何則? 忠於爲

國, 無邪心也.」歐公不過推極之耳. 要之, 君子可以朋言, 不可以黨言. 公雖不說破, 然終篇用'朋'字'黨'字, 未嘗苟也, 細觀則見之"라 함.

9. 본편 말미 謝枋得 注

(1)仁宗時, 杜衍·富弼·韓琦·范仲淹位執政, 歐陽修·余靖·王素·蔡襄爲諫官. 欲盡革弊政, 共致太平, 陳執中·章得象·王拱辰·魚周詢等不悅, 謀傾陷君子. 首擊去館職名士十三人, 杜富韓范不安, 相繼去國. 小人創朋黨之說, 欲盡去善類. 藍先震進〈朋黨論〉, 歐陽公憂之, 旣上疏論杜富韓范, 皆公忠愛國. 又上〈朋黨論〉, 以破邪說, 仁宗感悟.

(2)漢元帝二年, 弘恭·石顯, 奏蕭望之·周堪·劉更生朋黨, 請召致廷尉. 上初立不省廷尉爲獄也. 可其奏, 後赦望之, 欲倚以爲相, 恭顯復白望之不悔過懷怨. 望非頗詘望之于牢獄, 塞其快快心, 則聖朝無以施恩厚, 遂飲鴆自殺.

(3)漢桓帝九年, 宦官敎張成弟子牢脩告:「李膺等養太學游士, 結諸郡生徒, 共爲部黨, 誹訕朝廷, 疑亂風俗, 逮捕下黃門獄北寺獄.」所引二百餘人, 禁錮終身. 又儒學有行義者, 宦官皆指爲朋人, 死徙廢禁, 又六七百人.

(4)竇武·陳蕃·劉淑爲三君. 君者, 言一世之所宗也. 李膺·荀昱·杜密·王暢·劉祐·魏朗·趙典·朱㝢爲八俊. 俊者, 言人之英也.

(5)郭泰·范滂·尹勳·巴肅·宗慈·夏馥·蔡衍·羊陟爲八顧. 顧者, 言能以德行引人者也. 張儉·翟超·岑晊·范康·劉表·陳翔·孔昱·檀敷爲八及. 及者, 言其能導人追宗者也. 度尙·張邈·劉儒·胡母班·秦周·蕃嚮·王章·王考爲八廚. 廚者, 言能以財救人者也. (儉爲之魁.)

(6)唐昭宗天祐三年, 貶裴樞·崔遠·獨孤損·陸扆·王溥·趙崇·王贊等, 其餘皆指爲浮薄, 貶逐無虛日, 縉紳一空.

(7)禹, 稷, 契, 皐陶, 垂, 殳, 斨, 伯與, 益, 朱虎, 熊羆, 伯夷, 夔, 龍, 四岳十二牧總二十二人.

021(2-7) 〈縱囚論〉 ······················ 歐陽公(歐陽脩)

종수론

〈唐太宗(李世民)〉

＊〈縱囚論〉:《新唐書》(56) 刑法志에
"六年, 親錄囚徒, 閔死罪者三百九十
人, 縱之還家, 期以明年秋即刑; 及期,
囚皆詣朝堂, 無後者, 太宗嘉其誠信,
悉原之."라 하여 唐 太宗(李世民)은
貞觀 6년(632)에 사형수들을 친히
살펴본 뒤, 불쌍히 여겨 다음 해 9
월에 돌아와 死刑에 임할 것을 약
속하고 귀가시켰음. 이듬해 날짜가
되어, 과연 이들 390명 모두가 돌아
오자 태종은 그들을 사면하였다 하
였음. 이 사건을 두고 歐陽修가 論
辯體로 이를 辨析한 것임. 宋 仁宗
(趙禎) 康定 元年(1040)에 지은 것임.

1/4

신의信義는 군자君子에게 행해지는 것이요, 형륙刑戮은 소인小人에게
시행되어 지는 것이다.

형벌이 사형에 들 정도의 사람이라면 이는 죄가 크고 악이 지극한 자
이며, 이는 소인 중에 더욱 심한 자이다.

차리라 의로써 죽을지언정 구차스럽게 요행으로 살아나지 않겠다고
여기며 죽음을 마치 돌아가는 것처럼 여기는 것, 이는 또한 군자라 해도
더욱 어려운 것이다.

信義行于君子, 而刑戮加于小人.

刑入于死者, 乃罪大惡極, 此又小人之尤甚者也.

寧以義死, 不苟幸生, 而視死如歸, 此又君子之尤難者也.

【信義行于君子, 而刑戮加于小人】君子에게는 信義로 행해야 하며, 小人에게는 刑
戮이 더해져야 함. '刑戮加于小人'은 《文忠集》에는 '刑戮施於小人'으로 되어 있음.

【刑入于死者, 乃罪大惡極, 此又小人之尤甚者也】형벌 중에 사형에 해당하는 짓을
한 자는 罪大惡極한 것이며 小人 중에서도 더욱 낮은 소인임.

【寧以義死, 不苟幸生, 而視死如歸, 此又君子之尤難者也】'視死如歸'는 죽는 것을
돌아가는 것으로 여김. 죽음을 두렵게 여기지 않음. 〈補注〉에 《大戴》曾子制言:
「君子視死若歸.」《淮南子》兵略訓:「戰日有期, 視死若歸.」라 함. 여기서는 '아무리
의로운 죽음이라 해도 군자로서도 하기 어려운 일임'을 뜻함. 《古文眞寶》注에
"敷演說未是主意, 亦斡旋好上"이라 함.

2/4 ━━━━━━━━━━

바야흐로 당唐 태종太宗 6년632 대벽大辟에 해당하는 사형수 3백여 명
을 기록하다가 이들을 풀어 집으로
돌아가게 하되 스스로 돌아와 사형에
임하도록 약속하였는데 이는 군자로
서도 능히 해내기 어려운 것이었건만
소인 중에서도 심한 자가 반드시 능
히 해낼 것이라 기대한 것이다.

그 죄수들은 기한에 이르러 마침내
스스로 돌아왔으며 늦게 온 자도 없
었으니 이는 군자로서도 어려운 바였
건만 소인들은 쉽게 여겼으니 이것이
어찌 인정에 가까운 것이었는가?

혹자는 "죄가 크고 악이 지극한 것

〈唐太宗〉(三才圖會)

이 진실로 소인이다. 그런데 은덕을 베풀어 임해주어 그들로 하여금 군자로 변하도록 할 수 있다. 대체로 은덕이 사람의 깊은 곳에 들어가면 사람은 속히 변하는 것이니 이와 같은 일이 있었던 것이다"라고 하였다.

方唐太宗之六年, 錄大辟囚三百餘人, 縱使還家, 約其自歸以就死, 是以君子之難能, 期小人之尤者以必能也.

其囚及期而卒自歸無後者, 是君子之所難, 而小人之所易也, 此豈近於人情哉?

或曰:「罪大惡極, 誠小人矣. 及施恩德以臨之, 可使變而爲君子. 蓋恩德入人之深, 而移人之速, 有如是者矣.」

【方唐太宗之六年, 錄大辟囚三百餘人, 縱使還家, 約其自歸以就死】'太宗'은 李世民. 唐나라 2대 황제. 高操 李淵의 둘째 아들. 아버지를 도와 唐을 건국에 지대한 공을 세워 秦王에 봉해졌으나 야심을 품고 玄武門의 政變(626)을 일으켜 당시 태자이며 형인 李建成과 아우 齊王 李元吉을 죽이고 자신이 태자 자리를 차지함. 이에 高祖는 얼마 뒤 제위를 世民에게 물려주었음. 이가 太宗이며 627년부터 649년까지 23년간 재위함. 그는 연호를 貞觀이라 하였고 중국 역사상 가장 강성하였던 大帝國을 이룩함. 이 縱囚의 사건은 貞觀 6년(632)에 일어나 이듬해 결말이 났던 사건임. '大辟'은 원래 周代의 五刑, 墨刑, 劓刑, 刖刑, 宮刑, 大辟의 하나로 사형에 해당하는 형벌.《古文眞寶》注에 "大辟, 謂死刑"이라 함. '縱'은 풀어줌. 석방함. 여기서는 귀가시킴을 뜻함.《舊唐書》太宗紀에 "貞觀六年十二月辛未, 親錄囚徒, 歸死罪者二百九十八人于家, 令明年秋末就刑. 其後應期畢至, 詔悉原之"라 하였고,《新唐書》太宗紀에도 "貞觀六年十二月辛未, 慮囚, 縱死罪者歸其家"라 하였으며, 〈刑法志〉에는 "二百九十八"이라 하였음.《古文眞寶》注에 "敘事省文, 亦高"라 함.

【是以君子之難能, 期小人之尤者以必能也】'期'는 기대함. 기약함.

【其囚及期而卒自歸無後者, 是君子之所難, 而小人之所易也】'無後者'는 늦게 도착한 사람이 없음. 모두가 정해진 기일에 돌아옴.《古文眞寶》注에 "省了幾句"라 함.

【此豈近於人情哉】'이것이 어찌 인지상정에 가까운 것이겠는가?'의 뜻. 〈補注〉에 "《莊子》逍遙遊:「大有逕庭, 不近人情焉.」"이라 함. 《古文眞寶》注에 "一句折倒簡當" 이라 함. 《文忠集》에는 끝의 '哉'자가 없음.

【或曰:「罪大惡極, 誠小人矣, 及施恩德以臨之, 可使變而爲君子」】 소인에게 은덕을 베풀어 군자로 변하도록 함. 훌륭한 일을 한 것으로 칭송한 것.

【蓋恩德入人之深, 而移人之速, 有如是者矣】 '移'는 옮겨가게 함. 변하게 함. 변화시 킴. 〈補注〉에 "《淮南子》繆稱訓:「仁心之感, 恩接而僭怛生, 故其入人深.」"이라 함.

3/4 —————————

나는 이렇게 생각한다.

"태종이 위와 같이 한 것은 이와 같은 명분을 구하기 위해서였다. 그러나 무릇 풀어주어 떠나게 하면서 '그들은 반드시 돌아올 것이며 이로써 사면을 바랄 것이기에 그래서 풀어주기로' 의도한 것은 아닌지를 어찌 알겠는가? 또 무릇 석방시켜 줌을 얻은 죄수들로서는 떠나면서 '스스로 돌아오면 틀림없이 사면을 얻을 것이니 그래서 다시 돌아올 생각'을 한 것은 아닌지를 어찌 알겠는가? 무릇 반드시 돌아올 것이며, 그러면 풀어주겠다고 생각했으니 이는 윗사람이 아랫사람의 심리를 몰래 들여다 본 것이요, 틀림없이 반드시 면죄를 받을 것임을 생각하여 다시 왔으니 이는 아랫사람이 윗사람의 심리를 몰래 들여다 본 것이다. 내가 보기에는 위아래가 교차하여 서로 심리를 엿보아 이러한 미명을 성취시킨 것일 뿐이지, 어찌 은덕을 베풀거나 신의를 알았기 때문이라 말할 수 있겠는가! 그렇지 않다면 태종이 천하에 덕을 베푼 것이 그 때까지 6년이나 되었는데도 그 동안 소인으로 하여금 극악한 대죄를 짓지 않도록 하지 못하였다가, 하루의 은혜로 능히 죽음을 돌아가는 것으로 여기면서 신의가 존재하도록 했다는 것이 되는데, 이는 또한 논리에 통할 수 없는 일이다."

曰：「太宗之爲此，所以求此名也．然安知夫縱之去也，不意‘其必來以冀免，所以縱之’乎？又安知夫被縱而去也，不意‘其自歸而必獲免，所以復來’乎？夫意其必來而縱之，是上賊下之情也；意其必免而復來，是下賊上之心也．吾見上下交相賊，以成此名也，烏有所謂施恩德與夫知信義者哉！不然，太宗施德於天下，於茲六年矣，不能使小人，不爲極惡大罪，而一日之恩，能使視死如歸而存信義，此又不通之論也．」

【曰：「太宗之爲此，所以求此名也】‘曰’은 歐陽修 자신의 말. 歐陽修의 생각을 피력한 것. ‘此名’은 은덕을 베풀어 소인을 군자로 변화시켰다는 美名.《古文眞寶》注에 "說破"라 함.

【然安知夫縱之去也，不意‘其必來以冀免，所以縱之’乎】‘不意’는 ‘그렇게 예상한 것이 아닌지’의 뜻. ‘冀免’은 면죄를 받을 것을 바람. ‘冀’는 希와 같음. 이 문장은 "安知――不意乎？"의 根幹에 사이사이 필요한 내용이 첨가된 것임. 아래도 같음. 〈補注〉에 "此原太宗意"라 함.

【又安知夫被縱而去也，不意‘其自歸而必獲免，所以復來’乎】‘被縱’은 석방의 은혜를 입은 죄수들. 〈補注〉에 "此原囚者意"라 함. ‘獲免’은 면죄를 받음.《古文眞寶》注에 "極是"라 함.

【夫意其必來而縱之，是上賊下之情也；意其必免而復來，是下賊上之心也】‘上賊下’는 윗사람으로서 아랫사람의 심리를 몰래 엿보아 예측함. ‘賊’은 ‘窺測’의 뜻. 상대의 심리를 악용함, 미리 짐작하고 일을 시행함의 뜻. 아래 ‘下賊上’은 그에 상대되는 뜻.

【吾見上下交相賊，以成此名也，烏有所謂施恩德與夫知信義者哉】‘烏’는 何, 胡, 焉, 安, 惡, 豈 등과 같은 疑問詞.《古文眞寶》注에 "此段關鎖斷制, 文極有法"이라 함.

【不然，太宗施德於天下，於茲六年矣】‘於茲六年’은 唐太宗의 貞觀 6년. 6년 동안 정치를 잘 베풀어왔음을 말함. 따라서 극악한 죄인이 나오지 않아야 했음을 암시한 것.

【不能使小人，不爲極惡大罪】小人으로 하여금 極惡大罪를 짓지 못하도록 하지 못하였음.

【而一日之恩, 能使視死如歸而存信義, 此又不通之論也】하루 은혜를 베풀어 죽음
을 개의치 않고 신의를 가지도록 할 수 있도록 했다는 것은 통할 수 없는 논리
임.《古文眞寶》注에 "此一轉, 倂後又有三轉, 多少好議論"이라 함.

4/4 ──────────────

"그렇다면 어떻게 하는 것이 옳은가?"

나는 이렇게 생각한다.

"풀어주었으나 돌아왔더라도 이들은 죽여 용서함이 없어야 하며, 그
이후에 또 풀어주었는데도 또 돌아왔다면 그 때서야 가히 은덕이 그렇
게 한 것임을 알아야 한다. 그러나 이러한 일은 틀림없이 있을 수 없는
일이다. 만약 풀어주었는데 돌아왔고, 돌아왔다고 해서 용서해준다면
이는 우연히 한 번 그렇게 할 수 있는 일일 뿐이다. 만약 여러 차례 그렇
게 한다면 사람을 죽인 자는 모두가 사형을 당하지 않게 될 것이니, 이
것이 가히 천하의 상법常法이 될 수 있겠는가? 가히 상식이 될 수 없는
것이 성인聖人의 법일 수 있겠는가? 이 까닭으로 요순堯舜이나 삼왕三王
의 다스림에는 반드시 인정人情에 근본을 두었지 특이함을 내세우는 것
을 높은 것으로 여기지 않았으며, 인지상정을 거슬리면서까지 명예를 구
하지는 않았던 것이다."

「然則何爲而可?」

曰:「縱而來歸, 殺之無赦, 而又縱之, 而又來, 則可知爲恩德之
致爾. 然此必無之事也. 若夫縱而來, 歸而赦之, 可偶一爲之爾; 若
屢爲之, 則殺人者皆不死, 是可爲天下之常法乎? 不可爲常者, 其
聖人之法乎? 是以堯舜三王之治, 必本於人情, 不立異以爲高, 不
逆情以干譽.」

【「然則何爲而可?」】'그렇다면 어떻게 하는 것이 옳은가?'의 뜻.

【曰：「縱而來歸, 殺之無赦, 而又縱之, 而又來, 則可知爲恩德之致爾」】‘恩德之致’는 은덕을 베풀었기에 그러한 결과가 나타난 것으로 판단함.

【然此必無之事也】이러한 일은 있을 수 없음.

【若夫縱而來, 歸而赦之, 可偶一爲之爾】‘偶一爲之’는 우연히 한 번 하고 말아야 할 사례일 뿐임.

【若屢爲之, 則殺人者皆不死, 是可爲天下之常法乎】‘常法’은 일상의 평범한 법. 상식적인 법.

【不可爲常者, 其聖人之法乎】‘常’이 되지 못하는 것이 성인의 법일 수는 없음.

【是以堯舜三王之治, 必本於人情, 不立異以爲高, 不逆情以干譽】‘三王’은 夏禹, 商湯, 周文·武의 3대 초기의 임금들. 모두가 성인의 정치를 한 위대한 임금이며 표준으로 여기던 성인들. 그러나 《古文眞寶》注에는 "三王, 殷湯, 周文王, 武王"이라 하여 夏禹를 제외하고 있음. ‘必本於人情’에 대해 《古文眞寶》注에는 "應豈近於人情?"이라 함. ‘異’는 ‘常’과 상대되는 뜻. ‘干譽’는 명예를 구함. ‘干’은 求와 같음. 〈補注〉에 "收上文‘豈近於人情哉’語"라 함. 《古文眞寶》注에 "簡健"이라 함.

참고 및 관련 자료

1. 歐陽脩(歐陽修, 永叔, 文忠) 020 참조.

2. 이 글은 《文忠集》(18), 《歐陽文粹》(3), 《唐宋八大家文鈔》(42), 《古文關鍵》(上), 《文編》(30), 《文章辨體彙選》(394), 《古文淵鑑》(45), 《示兒編》(8), 《文獻通考》(172), 《古文約選》(2), 《古文觀止》(9), 《古文眞寶》(後集 7) 등에 실려 있음.

3. 《軌範》에 "文有氣力有光燄, 熟讀之可發人才氣, 善於立論"이라 함.

4. 《軌範》補注에 "《後漢書》獨行傳：「戴封遷中山相. 時諸縣囚四百餘人, 辭狀已定, 當行刑. 封哀之, 皆遣歸家, 與克期日, 皆無違者. 詔書策美焉.」太宗事蓋倣此也"라 하여, 이는 이미 《後漢書》(81) 獨行傳의 戴封 사례가 있었으며, 그 외 약속된 기한을 지킨 예로는 《後漢書》虞延傳, 鍾離意傳 등에도 있었음.

5. 《古文關鍵》에 "文最緊曲折, 辨論驚人. 險語精神, 聚處詞盡, 意未盡此篇, 反覆有血脉"이라 함.

6. 《唐宋八大家文鈔》에는 "曲盡人情"이라 함.

7. 《古文眞寶》注에 "唐太宗貞觀七年, 去年帝親錄繫囚, 見應死者, 憫之, 縱使歸

家, 期以來秋, 來就死, 仍勅天下死囚, 皆縱遣, 至期, 來詣京師, 至時九月, 去歲所縱天下死囚, 凡三百九十人, 無人督帥, 皆如期自詣朝堂, 無一人亡匿者. 上皆赦之. ○歐公論此事, 得太宗之情, 盡用刑之理, 文尤簡而當, 婉而明, 宜熟讀"이라 함.

《춘추》를 논함下

《春秋經傳集解》(杜預)

*〈春秋論〉(下): 歐陽修가 景祐 4년 (1037)에 쓴 〈春秋論〉은 上, 中, 下 3 편이 있으며 이는 그중 下篇임. 본 편은 (1)춘추시대 晉나라 때 무도한 靈公(夷皐)에게 간언을 하다가 위협을 느껴 국외로 도망하던 조돈(趙盾)이, 마침 趙穿이 영공을 죽였다는 소식을 듣고 돌아와 조천을 성토하지 않아, 史官 董狐가 '조돈이 영공을 죽였다'고 쓴 기록(《左傳》宣公 2년)과 (2) 許나라 세자 止가 학질에 걸린 아버지 悼公(買)에게 약을 올리면서 미리 맛보지 않아 그 독성으로 인해 아버지가 죽자, 弑害의 혐의가 두려워 국외로 도망하였는데 經文에 '세자 지가 아버지 임금을 죽였다'라는 기록(《左傳》昭公 19년)을 두고 聖人 孔子의 의도가 그렇지 않았을 것임을 辨析한 論文임. 《左傳》의 두 기록은 참고란을 볼 것.

*《春秋》는 원래 魯나라 역사 기록으로 공자가 동시대 각국의 역사 사실을 年度(干支)와 春夏秋冬으로 나누어 기록한 것임. 이는 東周 平王 49년(魯 隱公 원년. B. C.722)부터 敬王 39년(魯 哀公 14년. B.C.481)까지 242년간 魯나라 12公의 기간임.(단 今文은 魯 哀公 14년 '獲麟'에서 끝났으나, 古文은 2년이 더 많아 哀公 16년 '孔丘卒' 에서 끝남.) 孔子가 魯나라 역사책을 바탕으로 添削을 가해 標題語나 題目에 가깝게 간단히 적었으나, 그 속에는 '正名分', '寓褒貶', '微言大義'의 깊은 뜻이 들어 있음. 漢나라 때까지는 《春秋經》(今文)과 《春秋古經》(古文)으로 내려왔으나, 그 기록이 너

무 간결하여, 배경이나 의미를 쉽게 파악
할 수 없다고 여겨, 이에 經文을 풀이한
《左氏傳》,《公羊傳》,《穀梁傳》,《鄒氏傳》,
《夾氏傳》 등 여러 '傳'이 나오게 되었음.
그 뒤 《鄒氏傳》과 《夾氏傳》은 사라지고
'三傳'만 남아 지금 '十三經'에 열입되었음.
이 三傳은 각각 특색과 차이가 있어 元의
吳澄은 "載事則《左氏》詳於《公·穀》, 釋經
則《公·穀》精於《左氏》"라 하여, 左丘明의
《左傳》은 역사 사건의 記述에 주안점을
두었고, 公羊高의 《公羊傳》과 穀梁赤의
《穀梁傳》은 經文의 解釋에 정밀하다 하
였음. 기타 자세한 것은 林東錫 譯註《春
秋左傳》(東西文化社 출간)을 참고할 것.

〈歐陽修〉

1/8 ——————————

시역弑逆은 대악大惡이다!

그것이 죄가 됨은 속죄할 수도 없고 사람에게 용납될 수도 없으며, 법
에 있어서도 사면을 받을 수 없다.

법을 사람에게 시행함에는 비록 작은 죄라도 신중히 하여야 하는 것
인데, 하물며 대법大法을 들어 대악에게 가함에랴!

이미 문득 법을 가해놓고 곧바로 사면해준다면 스스로도 그 법을 모
면할 것이며 사람들은 그런 법을 두려워하지 않게 될 것이다.

《춘추春秋》의 법사용은 이처럼 경솔하고 쉽지 않았다.

弑逆, 大惡也!
其爲罪也莫贖, 其於人也不容, 其在法也無赦.
法施於人, 雖小必謹, 況擧大法而加大惡乎!

旣輒加之, 又輒赦之, 則自侮其法而人不畏.
《春秋》用法, 不如是之輕易也.

【弒逆, 大惡也!】'弒逆'은 자신이 모시던 君主를 弒害하는 행위.

【其爲罪也莫贖, 其於人也不容, 其在法也無赦】'莫贖'은 贖罪조차 허용되지 않음.
'無赦'는 법으로도 赦免이 되지 않음.

【法施於人, 雖小必謹, 況擧大法而加大惡乎!】'必謹'은 《文忠集》에는 '必愼'으로 되어 있음. 반드시 愼重하게 살펴 빠뜨림이 없음.

【旣輒加之, 又輒赦之, 則自侮其法而人不畏】'侮其法'은 그 법을 無視함. '人不畏'는 사람들이 두려워하지 않음. 《孟子》離婁(上)에 "夫人必自侮, 然後人侮之;家必自毁, 而後人毁之;國必自伐, 而後人伐之"라 함.

【《春秋》用法, 不如是之輕易也】孔子의 《春秋》筆法은 이처럼 輕忽히 하거나 가볍게 여기지 않았음.

2/8 ————————————

삼자三子의 설에 "《춘추》에 '조돈趙盾이 난적을 성토하지 않았기 때문에 그를 대악으로 처벌하였으며, 조돈이 실제로 시살한 것이 아니므로 다시 경經에 드러내어 조돈의 무죄를 밝혔다'라고 기록하였다"라 하였는데, 이는 문득 법으로 가해놓고 곧바로 사면해준 것이다.

조돈이 시역할 마음이 없었다고 여긴 것인가? 그런데 가히 경솔하게 대악으로써 그를 처벌할 수 있겠는가?

조돈이 난적을 성토하지 않은 것을 정황으로 보아 책임을 묻고 마땅히 처벌을 가해야 하는가? 그렇다면 그 뒤 완연頑然히 난적을 성토하지 않았다가 이윽고 잘못을 고쳐 스스로 속죄하지도 않았는데도 어찌 급하게 사면을 해주어 죄가 없는 사람처럼 해 줄 수 있겠는가?

그 진퇴에 있어서 모두가 옳지 않은 것이니 이는 《춘추》의 의도가 아니었다.

조천趙穿이 그 임금을 시해한 것은 대악이다.

그런데 조돈이 난적을 성토하지 않아 능히 복수를 하지 못하였고, 아래에서의 형벌도 실패하였으니 이 두 가지의 경중輕重은 비교해보지 않아도 알 수 있는 것이다.

조돈에게 책임을 묻게 할 수 있으나 그렇다고 조천이라고 어찌 죄를 면할 수 있겠는가?

지금 수죄首罪를 사면하여 선인善人으로 하고, 무고無辜한 자로 하여금 대악을 받도록 하고 있으니, 이는 결코 그렇지 않았을 것임을 알 수 있다.

三子說「《春秋》書『趙盾以不討賊, 故加之大惡, 而以盾非實弑, 則又復見乎經, 以明盾之無罪.』」, 是輒加之而輒赦之爾.

以盾爲無弑心乎? 其可輕以大惡加之?

以盾不討賊, 情可責而宜加之乎? 則其後頑然未嘗討賊, 旣不改過以自贖, 何爲遽赦, 使同無罪之人?

其於進退皆不可, 此非《春秋》意也.

趙穿弑君, 大惡也.

盾不討賊, 不能復讐, 而失刑於下, 二者輕重, 不較可知.

就使盾爲可責, 然穿焉得免也?

今免首罪爲善人, 使無辜者受大惡, 此決知其不然也.

【三子說「《春秋》書『趙盾以不討賊, 故加之大惡, 而以盾非實弑』 '三子'는 《左傳》을 쓴 左丘明과 《公羊傳》을 쓴 公羊高, 그리고 《穀梁傳》을 쓴 穀梁赤. 이 셋은 孔子의 《春秋》를 풀이한 것으로 흔히 '春秋三傳'이라 칭하며 모두 '十三經'에 列入됨. '趙盾'은 春秋시대 晉나라 靈公 때의 大夫이며 당시 실력자였음. 이 내용은 참고란의 《左傳》을 볼 것. 이 故事는 《國語》 晉語(2), 《呂氏春秋》 過理篇, 《說苑》 立節篇 등에도 실려 있음.

【則又復見乎經, 以明盾之無罪.」」, 是輒加之而輒赦之爾】 '復見於經'은 《左傳》 宣公 6년 經에 "六年春, 晉趙盾·衛孫免侵陳"이라 하여 그 이름이 다시 보임을 말함. 한

편 이에 대해 《公羊傳》에는 "趙盾弑君, 此其復見何? 親弑君者趙穿也. 親弑者趙
穿, 則曷爲加之趙盾不討賊也?"라 함. '加之'는 죄가 있음을 밝혀 貶毀를 기록함.
'赦之'는 죄가 없음을 인정하여 사면함. 《軌範》補注에 "此駁三傳用法之輕易, 非
聖意"라 함.

【以盾爲無弑心乎? 其可輕以大惡加之?】'弑心'은 弑害할 마음만 가지고 있어도 죄
가 있으나 그렇다고 大惡으로 판정하지는 않음.

【以盾不討賊, 情可責而宜加之乎?】'情可責'은 趙盾이 趙穿을 성토해야 함에도 그
렇게 하지 않은 상황.

【則其後頑然未嘗討賊, 旣不改過以自贖, 何爲遽赦, 使同無罪之人?】'頑然'은 완고하
게. 심하게 고집을 부림. '遽赦'는 급하게 서둘러 사면해줌.

【其於進退皆不可, 此非《春秋》意也】어느 쪽으로 보나 進退가 모두 맞지 않으니 이
는 《春秋》本意가 아닐 것임.

【趙穿弑君, 大惡也】趙穿이 靈公을 죽인 것은 분명 大惡임.

【盾不討賊, 不能復讐, 而失刑於下, 二者輕重, 不較可知】趙盾이 趙穿을 토벌하지
않아 靈公을 위해 복수를 해주지 않음으로서 형벌의 마땅함을 잃기는 했으나
두 事案의 輕重은 분명 차이가 있음.

【就使盾爲可責, 然穿焉得免也?】趙盾에게 책임을 묻는다고 해서 趙穿이 면죄되는
것은 아님.

【今免首罪爲善人, 使無辜者受大惡, 此決知其不然也】'首罪'는 首魁. 죄의 우두머
리. '無辜'는 首罪에 상대되는 말.

3/8 ────────────────

《춘추》의 법은 악을 저지른 자로 하여금 요행으로 면할 수 없도록 하
고, 의심을 가질 만한 자에게는 변명辨明이 있도록 해주는 것이니, 이것
이 소위 시비가 공정했다라는 것이다.

삼자의 설에 근거하면 당초 영공靈公이 조돈을 죽이려 하자 조돈이
달아나 죽음을 면하였다 하였다. 조천은 조돈의 집안이었다. 그가 마침
내 영공을 시해하였지만 조돈은 성토하지 않았으니 그의 행적은 시해에
참여한 것이 되고 말았는데 이는 의심을 가질 만하여 명확히 밝히기 어

려운 일이었다.

성인은 더욱이 의당 실정을 찾고 사실의 책임을 따져 이를 명백히 해야 했다.

조돈이 과연 시해할 마음이 있었던 것인가? 그렇다면 자연히 죄는 조돈에게 있어, '법을 위해 악을 받은 것이니 그 어짊을 칭찬해야 한다'라고 말할 수 없게 된다.

그렇다면 과연 그는 시해할 마음이 없었는가? 그렇다면 당연히 이를 변명해서, 반드시 먼저 조천의 악을 밝히고 그에게 죄를 귀속시킨 연후에 조돈이 난적을 풀어준 책임을 묻는다면, 조천의 대악은 가히 요행으로 면할 수 없게 될 것이며, 조돈의 의심스런 행적은 변명의 기회를 얻기는 하되 난적을 성토하지 않은 책임은 역시 벗어날 수가 없게 될 것이다.

이와 같이 한다면 시비와 선악이 분명했을 것이다.

그런데 지금 악을 저지른 자는 벗어나고 의심을 받던 사람이 대악에 빠지고 말았으니 이는 결코 그렇지 않았을 것임을 알 수 있다.

《春秋》之法, 使爲惡者, 不得幸免; 疑似者, 有所辨明, 此所謂是非之公也.

據三子之說: 初, 靈公欲殺盾, 盾走而免. 穿, 盾族也, 遂弒公, 而盾不討, 其迹涉於與弒矣, 此疑似難明之事.

聖人尤當求情責實而明白之.

使盾果有弒心乎? 則自然罪在盾矣, 不得曰「爲法受惡而稱其賢」也.

使果無弒心乎? 則當爲之辨明, 必先正穿之惡, 使有所歸, 然後責盾縱賊, 則穿之大惡, 不可幸而免, 盾疑似之迹, 獲辨, 而不討之責, 亦不得辭.

如此, 則是非善惡, 明矣.

今爲惡者獲免, 而疑似之人陷于大惡, 此決知其不然也.

【《春秋》之法, 使爲惡者, 不得幸免】《春秋》之法'은 明襃貶을 뜻함. 襃貶을 명확히
  가림.

【疑似者, 有所辨明, 此所謂是非之公也】'疑似'는 비슷하여 嫌疑가 있는 경우. '辨明'
  은 스스로 釋明하여 밝힘. '是非之公'은 是非에 대한 公正性.

【據三子之說:初, 靈公欲殺盾, 盾走而免】애초에 靈公이 먼저 趙盾을 죽이려 하자
  趙盾이 도망하여 죽음을 면한 것임. '靈公'은 이름은 夷皐. 春秋시대 晉나라 無
  道한 군주. 襄公(驩)의 뒤를 이어 B.C.620∼607년까지 14년간 재위하고 成公(黑
  臀)이 그 뒤를 이음.《公羊傳》에는 '夷獋'로 되어 있음.

【穿, 盾族也. 遂弑公. 而盾不討, 其迹涉於與弑矣, 此疑似難明之事】'趙穿'은 晉나라
  대부이며 趙盾의 堂弟였음. '遂弑公'은《文忠集》에는 '遂弑'로만 되어 있어, 公자
  가 없음. '迹涉於弑'은 그 行迹은 弑逆에 참여한 것과 관련이 있음. '涉'은 연관
  됨.

【聖人尤當求情責實而明白之, 使盾果有弑心乎?】'求情責實'은 정황과 실제를 찾아
  그에 맞게 책임을 물음.

【則自然罪在盾矣, 不得曰「爲法受惡而稱其賢」也】'爲法受惡'은 법을 위해 惡名을
  대신 뒤집어 씀.《軌範》補注에 "駁《左氏》載孔子之言"이라 함.

【使果無弑心乎? 則當爲之辨明, 必先正穿之惡, 使有所歸, 然後責盾縱賊】'先正穿
  之惡'은 먼저 趙穿의 惡行을 바르게 지적함. '責盾縱賊'은 趙盾이 賊臣(趙穿)을 놓
  아준 죄를 따짐.

【則穿之大惡, 不可幸而免, 盾疑似之迹, 獲辨, 而不討之責, 亦不得辭】'獲辨'은 辨明
  하여 사실이 밝혀짐.

【如此, 則是非善惡, 明矣】이렇게 했더라면 是非와 善惡이 분명해짐.

【今爲惡者獲免, 而疑似之人陷于大惡, 此決知其不然也】'決'은 決斷코. 강한 단정을
  의미함.

4/8 ———————————

만약 "조돈이 난적을 성토하지 않은 채, 영공을 죽인 것이 다행이라는
마음을 가졌으니 이는 자신도 시해에 동참한 셈이므로, 차라리 조천을
놓아주고 조돈에게 죄를 물은 것"이라 한다면, 이는 조돈이 속인 것으

로 보아 정황을 적용하는 관리가 교격矯激한 행위를 한 것일 뿐, 공자孔子의 충서忠恕나 왕도王道로써 사람을 다스리는 《춘추》의 법은 아니다.

공자는 구사舊史에서 시비가 착란錯亂되어 선악이 밝혀지지 않은 것을 걱정하였다. 그래서 《춘추》를 수찬修撰한 것이니, 가령 옛 역사가 이와 같다 해도 그것을 따르기만 하면서 바로잡지는 않으려 했겠는가?

그것을 따르기를 긍정하여 훌륭함을 칭찬하면서 게다가 사람들에게 국경을 넘어 악에서 도피하라고 가르쳤겠는가? 이로써 그것이 잘못 전해졌음을 가히 알 수 있다.

若曰「盾不討賊, 有幸弑之心, 與自弑同. 故寧捨穿而罪盾」, 此乃逆詐用情之吏, 矯激之爲爾, 非孔子忠恕, 《春秋》以王道治人之法也.

孔子患舊史是非錯亂而善惡不明. 所以修《春秋》, 就令舊史如此, 其肯從而不正之乎?

其肯從而稱美, 又教人以越境逃惡乎? 此可知其謬(繆)傳也.

【若曰「盾不討賊, 有幸弑之心, 與自弑同, 故寧捨穿而罪盾」】'幸弑之心'은 無道한 靈公이 시해를 당한 것을 잘된 일이라 여기는 마음. '寧捨穿而罪盾'은 차라리 趙穿을 놓아 줄지언정 趙盾에게는 죄를 물음. '捨'는 《文忠集》에는 '舍'로 되어 있음.

【此乃逆詐用情之吏, 矯激之爲爾, 非孔子忠恕, 《春秋》以王道治人之法也】'逆詐'는 詐心을 거꾸로 이용함. '用情之吏'는 정황을 보아 죄의 유무를 판별하는 法官. '矯激'은 恣意的으로 마구 고침을 뜻하는 雙聲連綿語. '忠恕'는 진정으로 남의 생각을 바르게 이해함. 《論語》里仁篇에 "曾子曰:「夫子之道, 忠恕而已矣.」"라 하였고, 集注에 "盡己之謂忠, 推己之謂恕. 而已矣者, 竭盡而無餘之辭也. 夫子之一理渾然, 而泛應曲當, 譬則天地之至誠無息, 而萬物各得其所也. 自此之外, 固無餘法, 而亦無待於推矣. 曾子有見於此而難言之, 故借學者盡己·推己之目以著明之, 欲人之易曉也. 蓋至誠無息者, 道之體也, 萬殊之所以一本也;萬物各得其所者, 道之用也, 一本之所以萬殊也. 以此觀之, 一以貫之之實可見矣. ○或曰:「中心爲忠, 如心

爲恕.」於義亦通. ○程子曰: 「以己及物, 仁也; 推己及物, 恕也, 違道不遠是也. 忠恕
一以貫之: 忠者天道, 恕者人道; 忠者無妄, 恕者所以行乎忠也; 忠者體, 恕者用, 大本
達道也. 此與違道不遠異者, 動以天爾.」 ○又曰: 「『維天之命, 於穆不已』, 忠也; 『乾道
變化, 各正性命』, 恕也.」라 함. 《中庸》(13)에도 "忠恕違道不遠: 施諸己而不願, 亦勿
施於人"이라 함. '王道'는 霸道에 상대되는 개념으로 三代(夏, 殷, 周) 三王(禹, 湯,
文武)의 마음으로 정치를 함을 뜻함.

【孔子患舊史是非錯亂而善惡不明】'舊史'는 공자 이전의 옛 역사 기록. 是非와 善
惡에 대해 분명한 褒貶이 없었음을 말함.

【所以修《春秋》, 就令舊史如此, 其肯從而不正之乎?】'從而不正'은 따르기만 하고 바
로잡으려 하지 않음.

【其肯從而稱美, 又教人以越境逃惡乎? 此可知其謬(繆)傳也】'越境逃惡'은 국경을
벗어나 악행에 대한 죄 값에서 도망함. '謬傳'은 잘못 전해짐. '謬'는 《文忠集》에
는 '繆'로 되어 있음.

5/8 ━━━━━━━━━━━━━━━

질문하는 자가 물었다.

"그렇다면 이고夷皐, 靈公는 누가 시해한 것입니까?"

대답은 이렇다.

"공자가 쓴 것이 맞다. 조돈이 그 임금을 시해한 것이다.

지금 여기에 한 사람이 있는데, 아버지가 병인 나서 아들이 직접 약
을 올리면서 미리 맛을 보지 않은 경우와, 또 한 사람이 있는데 아버지
가 병이 나자 직접 약을 올리지 않았는데 두 경우의 두 아버지가 모두
다 죽었다. 또 한 사람이 있는데 칼을 들고 그 아버지를 죽였다.

관리로 하여금 이들의 죄를 다스리도록 한다면 이 세 사람은 그 죄가
같겠는가?

비록 용렬한 관리라 해고 똑같이 처벌하지 않을 것임은 알 수 있다.
직접 약을 가지고 갔으나 맛을 보지 않은 자는 아버지를 사랑하는 마
음은 있었으나 예禮에 익숙하지 않았던 것이니 가히 애처롭기는 하나

죄는 없는 경우이다. 직접 약을 가져가지 않은 자는 진실로 효성스럽지 못하여 비록 어버이를 사랑하는 마음이 없기는 하나, 그렇다고 아버지를 시해할 마음이 있었던 것은 아니니, 죄를 잘 다스리는 자로 하여금 판결을 내리도록 한다면 오히려 칼을 쥐고 들어간 자와는 당연히 다른 법 조문을 적용했을 것이다. 그런데 하물며 약을 가지고 들어간 자의 효심과 도리어 칼을 쥐고 들어간 자를 같은 죄라고 할 수 있겠는가? 이는 용렬한 관리일지라도 그렇게 하지는 않을 것이다. 그렇다면 허許나라 세자世子 지止가 실제 약을 미리 맛을 보지 않았다면, 공자는 결코 그를 두고 '임금을 죽였다'라고 쓰지 않았을 것이니, 공자가 '임금을 죽였다'라고 썼다면 세자 지는 결코 약을 맛보지 않은 것이 아니다."

問者曰:「然則夷皐孰弑之?」
曰:「孔子所書是矣, 趙盾弑其君也.
　今有一人焉, 父病, 躬進藥而不嘗; 又有一人焉, 父病而不躬進藥, 而二父皆死; 又有一人焉, 操刃以殺其父.
　使吏治之, 是三人者, 其罪同乎?
　曰雖庸吏, 猶知其不可同也. 躬藥而不嘗者, 有愛父之心, 而不習於禮, 是可哀也, 無罪之人爾. 不躬進藥者, 誠不孝矣, 雖無愛親之心, 然未有弑父之意, 使善治獄者蔽之, 猶當與操刃殊科. 況以躬藥之孝, 反與操刃者同其罪乎? 此庸吏之所不爲也. 然則許世子止, 實不嘗藥, 則孔子決不書曰'弑君', 孔子書'弑君', 則止決非不嘗藥.」

【問者曰:「然則夷皐孰弑之?」】'夷皐'는 晉 靈公의 이름. 《公羊傳》에는 '夷獳'로 되어 있음.
【曰:「孔子所書是矣, 趙盾弑其君也」】孔子가 기록한 대로 趙盾이 시해한 것임. 실제 죽인 것은 趙穿이지만 趙盾이 趙穿을 토벌하지 않은 것은 趙盾이 죽인 것과 같

음을 뜻함.

【今有一人焉, 父病, 躬進藥而不嘗; 又有一人焉, 父病而不躬進藥, 而二父皆死; 又有一人焉, 操刃以殺其父】'躬進藥'은 직접 약을 들고 들어감. '不嘗'의 '嘗'은 '嚌'과 같음. 고대 君主나 父母의 병에 약을 드릴 때에는 신하나 아들이 먼저 그 약을 맛을 보아 독성여부를 확인한 다음 복용토록 하였음. 《禮記》曲禮(下)에 "君有疾, 飮藥, 臣先嘗之. 親有疾, 飮藥, 子先嘗之. 醫不三世, 不服其藥"이라 함.

【使吏治之, 是三人者, 其罪同乎?】'三人'은 앞에 든 3가지 사례를 말함.

【曰雖庸吏, 猶知其不可同也】'庸吏'는 庸劣한 법관.

【躬藥而不嘗者, 有愛父之心, 而不習於禮, 是可哀也, 無罪之人爾】'愛父之心'은 《文忠集》에는 '愛父之孝心'으로 되어 있음. '不習於禮'는 禮에 익숙지 않음. 미리 맛을 보아야 함을 몰랐음. 이 경우 불쌍하기는 하지만 죄를 지은 것은 아님.

【不躬進藥者, 誠不孝矣, 雖無愛親之心, 然未有弒父之意, 使善治獄者蔽之, 猶當與操刃殊科】'不躬進藥'은 《文忠集》에는 '不躬藥'으로 되어 있음. 직접 약을 가져다 드리지 않은 경우 불효한 것은 분명함. 아울러 효심이 없기는 하나 아버지를 죽이려는 뜻이 있었던 것은 아님. '蔽之'는 판결을 내림. '蔽'는 弊와 같음. 《周禮》大司寇 "以邦成弊之"이 鄭玄 注에 "弊之, 斷其獄訟也. 掌囚, 以待弊罪. 弊, 猶斷也"라 함. '殊科'는 적용하는 법의 조목(科條)이 다름. '殊'는 異의 뜻.

【況以躬藥之孝, 反與操刃者同其罪乎? 此庸吏之所不爲也】직접 약을 들고 들어간 자와 칼을 들고 들어간 자는 같은 죄가 될 수 없음.

【然則許世子止, 實不嘗藥, 則孔子決不書曰弒君】'許世子止'는 許나라 世子. 이름은 止. 許 悼公의 아들. '許'나라는 姜姓으로 춘추시대 작은 제후국 이름. 姜姓으로 지금의 河南 許昌縣. 周 武王(姬發)이 文叔을 봉하였던 나라. 許 靈公 때 葉(지금의 河南 葉縣)으로 옮겼다가 悼公 때 夷로 다시 옮김. '世子'는 許나라는 男爵이어서 公子라 칭하지 않고 世子라 칭한 것임. 참고란을 볼 것. '悼公'은 許나라 군주. 이름은 買. B.C.546−B.C.522년까지 재위하고 학질로 죽었으며 그 뒤를 許男(斯)이 이음.

【孔子書弒君, 則止決非不嘗藥.】世子 止는 약을 미리 맛보았을 것이라 본 것. 한편 《左傳》해당 기사에 대해 服虔은 "《禮》:「醫不三世不便. 君有疾, 飮藥, 臣先嘗之; 親有疾, 飮藥, 子先嘗之.」公疾未瘳, 而止進藥, 雖嘗而不由醫而卒, 故國史書'弒'告於諸侯"라 하였고, 萬斯大의 《學春秋隨筆》에는 "夫瘧非必死之疾, 治瘧無立

斃之劑. 今藥出自止, 飮之卽卒, 是有心毒殺之也"라 함. 따라서 약을 아예 올리지 않았어야 함에도 약을 올린 것이 화근이 된 것이라 본 것. 따라서 孔子가 '弑君'이라 기록한 것은 다른 의도가 있었을 것이라 여긴 것임.

6/8 ────────────

논란하는 자가 말하였다.

"성인은 지를 빌려 가르침을 내린 것일 뿐입니다."

나는 이렇게 대답하였다.

"그렇지 않다. 무릇 소위 지를 빌려 가르침을 내린 것이란, 사람들이 약은 맛을 보아야 한다는 것만을 알리려는 것에 불과할 뿐이다. 성인이 한 마디 말로 명확하게 고하면 이것은 만세萬世의 법이 되는데 하필 효자에게 대악이라는 이름을 가하였겠는가? 그리고 약을 맛보았다는 사실은 끝내 문文에 나타나지도 않고 있다. 후세로 하여금 단지 지가 임금을 시해했다는 것만 알고, 약은 의당 맛보아야 함은 알지 못하게 하였다면, 이는 가르침을 제대로 내려주지 않은 채 이미 사람을 대악에 빠뜨린 것이니, 성인이 내려준 가르침은 이처럼 우활하지는 않았을 것이다. 결과만으로 '지에게 죄를 준다'라고 했다면, 이처럼 각박하지는 않았을 것이다."

難者曰:「聖人借止以垂敎爾.」

對曰:「不然. 夫所謂借止垂敎者, 不過欲人之知嘗藥爾. 聖人一言明以告人, 則萬世法也, 何必加孝子以大惡之名? 又嘗藥之事, 卒不見於文. 使後世但知止爲弑君, 而莫知藥之當嘗也, 敎未可垂而已陷人於大惡矣, 聖人垂敎, 不如是之迂也. 果曰罪止, 不如是之刻也.」

【難者曰:「聖人借止以垂敎爾.」】'借止'는 世子 止의 사건을 빌려서의 뜻. '垂敎'는 후

세에 교훈을 내려줌.

【對曰:「不然. 夫所謂借止垂敎者, 不過欲人之知嘗藥爾】 만약 '垂敎'라고 한다면 단지 약은 미리 맛을 보아야 한다는 것만 일러주는 것일 뿐임. 그처럼 단순한 이유는 아닐 것임을 강조한 것. '爾'는 《文忠集》에는 '耳'로 되어 있음.

【聖人一言明以告人, 則萬世法也, 何必加孝子以大惡之名?】 '하필 효자에게 大惡의 惡名을 씌웠겠는가?'의 뜻.

【又嘗藥之事, 卒不見於文】 약을 맛보았는지의 여부는 經文에 나타나 있지도 않음. '又'는 《文忠集》에는 '而'로 되어 있음.

【使後世但知止爲弑君, 而莫知藥之當嘗也】 弑君만 알려주고 약은 맛보아야 한다는 것은 알려주지 않음.

【敎未可垂而已陷人於大惡矣, 聖人垂敎, 不如是之迂也】 '迂'는 迂闊함. 멂. 치밀하지 못함.

【果曰罪止, 不如是之刻也.」】 '罪止'는 世子 止에게 죄가 있음을 단정함. '刻'은 각박함. 심각함. 인정사정없음.

7/8

논란하는 자가 물었다.

"(그렇다면) 조돈은 어찌하여 경문經文에 다시 보입니까? 그리고 허許도공悼公은 어찌하여 장례를 기록하였습니까?"

나는 이렇게 말하였다.

"임금을 시해한 신하는 경문에 보이지 않는다는 것, 이것은 삼자의 설로부터 나왔을 뿐이지, 과연 성인의 법이겠는가? 도공의 장례는 게다가 난적을 토벌하고 장례를 치렀음을 기록한 것이 아님을 어찌 알겠는가? 지가 시해한 사실이 경문에 나타나고부터 4년 뒤에, 오吳나라가 허나라 군사를 패배시켰고, 다시 18년 뒤는 노魯 정공定公 4년에 해당하는 해로써 허남許男이 비로소 경문에 보이되 그 이름을 쓰지 않았다. 경문에 허나라에 대한 기록은 소략疏略하여 지의 사적은 더 이상 알 수가 없게 된 것이다."

難者曰:「曷爲盾復見于經? 許悼公曷爲書葬?」

曰:「弒君之臣不見經, 此自三子說爾, 果聖人法乎? 悼公之葬, 且安知其不討賊而書葬也? 自止以弒見經, 後四(十)年, 吳敗許師, 又十有八年, 當魯定公之四年, 許男始見於經而不名. 許之書於經者略矣, 止之事跡, 不可得而知也.」

【難者曰:「曷爲盾復見于經? 許悼公曷爲書葬?」】'難者'는 어려운 문제나 반대 의견을 제기하는 사람. '曷爲盾復見于經'은 《文忠集》에는 '然則盾曷爲復見於經'으로 되어 있음. '書葬'은 그의 장례 사실을 기록함. 참고란을 볼 것.

【曰:「弒君之臣不見經, 此自三子說爾, 果聖人法乎?」】임금을 시해한 신하는 경에 다시 더 기록해주지 않았다는 주장은 左丘明, 公羊高, 穀梁赤 세 사람의 설(책)에 불과한 것임.

【悼公之葬, 且安知其不討賊而書葬也?】역적을 토벌하였기 때문에 장례를 기록한 것은 아닐 수 있음.

【自止以弒見經, 後四年, 吳敗許師】世子 止가 아버지 悼公을 시해한 것은 魯昭公 19年(B.C.523년)이며, 그로부터 4년 뒤 昭公 22年(B.C.519) 經에 "戊辰, 吳敗頓·胡·沈·蔡·陳·許之師于雞父"라 하여 許나라가 다시 나타남.

【又十有八年, 當魯定公之四年, 許男始見於經而不名】그로부터 18년 뒤인 定公 4년 (B.C.506) 經에 "三月, 公會劉子·晉侯·宋公·蔡侯·衛侯·陳子·鄭伯·許男·曹伯·莒子·邾子·頓子·胡子·滕子·薛伯·杞伯·小邾子·齊國夏于召陵, 侵楚"라 하여 許男이 나타남.

【許之書於經者略矣, 止之事跡, 不可得而知也.」】許나라는 小國으로 사건이 많지 않아 世子 止의 사적은 그 때문에 알 수 없는 것일 뿐임.

8/8

논란하는 자가 말하였다.

"삼자의 설은 억측으로 내놓은 것이 아닙니다. 전하는 바가 이와 같았던 것입니다. 그렇다면 전한 것이 모두 믿을 수 없다는 것입니까?"

나는 이렇게 말하였다.

"전하여 들은 것을 어찌 다 믿을 수 있겠는가? 《공양전公羊傳》과 《곡량전穀梁傳》에는 윤씨尹氏가 죽자 정경正卿이라 하였으나, 《좌씨전左氏傳》에는 그가 죽자 은공隱公의 어머니라 하여, 하나는 남자男子로 여겼고, 하나는 부인婦人으로 여겼다. 전하는 바에 근거로 한다 해도 대체로 이와 같은데 이를 모두 믿을 수 있는가?"

難者曰:「三子之說, 非其臆出也. 其得於所傳如此. 然則所傳者, 皆不可信乎?」

曰:「傳聞何可盡信? 公羊·穀梁, 以尹氏卒爲正卿, 左氏以尹氏卒爲隱母, 一以爲男子, 一以爲婦人. 得於所傳者蓋如此, 是可盡信乎?」

【難者曰:「三子之說, 非其臆出也】《左傳》, 《公羊傳》, 《穀梁傳》의 설은 臆測에서 나온 것이 아님을 주장한 것.

【其得於所傳如此. 然則所傳者, 皆不可信乎?】 '三傳에 쓰인 기록은 모두가 믿을 수 없는 것인가?'라고 강하게 물은 것임.

【曰:「傳聞何可盡信? 《公羊》·《穀梁》, 以尹氏卒爲正卿, 《左氏》以尹氏卒爲隱母, 一以爲男子, 一以爲婦人' '盡信'은 모두를 철저히 믿음. 《孟子》盡心篇(下)에 "孟子曰:「盡信《書》, 則不如無《書》. 吾於〈武成〉, 取二三策而已矣. ㊀ 仁人無敵於天下. 以至仁伐至不仁, 而何其血之流杵也?」라 하여 孟子도 《尙書》를 모두 믿지는 않았음. '尹氏'는 《左傳》隱公 3년 經에 "夏, 四月, 辛卯, 君氏卒"라 하여, 여기서의 '君氏'는 隱公의 어머니 聲子를 가리키며 惠公의 正夫人이 아니었음. 《公羊傳》과 《穀梁傳》에는 이를 '尹氏'로 잘못 표기한 것을 말함. 당시 隱公은 섭정이었으며 桓公이 자라면 讓位할 뜻을 가지고 있었으므로 그 전 해 12월 仲子가 죽자 '夫人'으로 모셔 禮를 갖추어 장례를 하였던 것임. 같은 곳 傳에는 "夏, 君氏卒, 聲子也. 不赴于諸侯, 不反哭于寢, 不祔于姑, 故不曰「薨」, 不稱「夫人」, 故不言葬, 不書姓. 爲

公故, 曰「君氏」라 하였음. '隱母'는 聲子. '隱公'은 이름은 息姑. 惠公과 聲子사이에서 태어났으며 '隱公'은 사후의 시호임. 諡號法에 "不尸其位曰隱"이라 함. 惠公이 죽자 어린 桓公을 대신해 섭정을 맡았다가 뒷날 공자 羽父(翬)에게 시해를 당하였음. B.C.722~712년까지 재위함. 그의 어머니 聲子는 孟子(宋나라 여인으로 魯惠公의 비)의 여동생이거나 혹은 조카딸. '聲'은 죽은 뒤의 시호. 諡號法에 "不生其國曰聲"이라 함.《史記》魯世家에는 聲子를 賤妾이라 하여 그 때문에 그에게서 난 아들 隱公이 桓公보다 먼저 태어났음에도 태자에 오르지 못한 것임. 아울러 隱公 어머니 聲子는 正卿이 아니었음에도《公羊傳》과《穀梁傳》에는 '正卿'이라 한 것은《左傳》과 차이가 있으므로 이들 三傳은 믿을 수 없다고 여긴 것임.

【得於所傳者蓋如此, 是可盡信乎?】'得'은 근거로 함. '三傳에 전하는 바를 근거로 한다 해도 모두 이처럼 서로 다른데 그래도 모든 것을 다 믿을 수 있겠는가?'의 뜻.

참고 및 관련 자료

1. 歐陽脩(歐陽修, 永叔, 文忠) 020 참조.

2. 이 글은《文忠集》(18),《歐陽文粹》(2),《唐宋八大家文鈔》(42),《宋文選》(1),《古文關鍵》(上),《續文章正宗》(1),《文編》(27),《文章辨體彙選》(404),《呂氏春秋或問》(15),《古文約選》(2) 등에 널리 실려 있음.

3.《軌範》注에《春秋》書:「趙盾弑其君夷皋.」《左傳》謂:「趙穿弑靈公, 趙盾爲正卿, 亡不越竟, 反, 不討賊. 故董狐書曰:『趙盾弑其君.』」《左傳》又曰:「孔子曰:『董狐, 古之良史也. 書法不隱趙宣子, 古之良大夫也.』」爲法受惡惜也. 越竟乃免"이라 함.

4.《唐宋八大家文鈔》에 "又發次篇所未盡, 更洗發辨析"이라 함.

5.《古文關鍵》(上)에 "此一篇是反題格, 與韓文諫臣相類. 排斥之辭, 大抵要斥人, 須多方說教, 他無逃處, 此前數段可見"이라 함.

6 본편 사건의 배경과 내용

(1)《左傳》宣公 2年(B.C.607년)

(經) 秋九月乙丑, 晉趙盾弑其君夷皋.

(가을 9월 을축날, 晉나라 趙盾이 군주 夷皋를 시해하였다.)

【乙丑】9월 26일.

【夷皋】晉 靈公. 襄公(驪)의 뒤를 이어 B.C.620~607년까지 14년간 재위하고 成公(黑臀)이 그 뒤를 이음.《公羊傳》에는 '夷獋'로 되어 있음.)

㊀

晉靈公不君, 厚歛以彫牆; 從臺上彈人, 而觀其辟丸也; 宰夫胹熊蹯不熟, 殺之, 寘諸畚, 使婦人載以過朝.

趙盾·士季見其手, 問其故, 而患之.

將諫, 士季曰:「諫而不入, 則莫之繼也. 會請先, 不入, 則子繼之.」

三進, 及溜, 而後視之, 曰:「吾知所過矣, 將改之.」

稽首而對曰:「人誰無過, 過而能改, 善莫大焉.《詩》曰:『靡不有初, 鮮克有終.』夫如是, 則能補過者鮮矣. 君能有終, 則社稷之固也, 豈唯羣臣賴之? 又曰『袞職有闕, 惟仲山甫補之』, 能補過也. 君能補過, 袞不廢矣.」

猶不改.

宣子驟諫, 公患之, 使鉏麑賊之.

晨往, 寢門闢矣, 盛服將朝.

尙早, 坐而假寐.

麑退, 歎而言曰:「不忘恭敬, 民之主也. 賊民之主, 不忠; 弃君之命, 不信. 有一於此, 不如死也.」

觸槐而死.

秋九月, 晉侯飮趙盾酒, 伏甲, 將攻之.

其右提彌明知之, 趨登, 曰:「臣侍君宴, 過三爵, 非禮也.」

遂扶以下.

公嗾夫獒焉, 明搏而殺之.

盾曰:「弃人用犬, 雖猛何爲!」

鬭且出, 提彌明死之.

初, 宣子田于首山, 舍于翳桑, 見靈輒餓, 問其病.

曰:「不食三日矣.」

食之, 舍其半.

問之. 曰:「宦三年矣, 未知母之存否, 今近焉, 請以遺之.」

使盡之, 而爲之簞食與肉, 寘諸橐以與之.

旣而與爲公介, 倒戟以禦公徒而免之.

問何故. 對曰:「翳桑之餓人也.」

問其名居, 不告而退, 遂自亡也.

(晉 靈公은 임금답지 못하여 많은 세금을 거두어 담장까지도 조각할 정도였으며, 궁전 위에서 사람들에게 탄환을 쏘아 사람들이 피하려고 허둥거리는 광경을 보고 즐기기도 하였으며, 한번은 요리사가 곰발바닥을 삶았는데 제대로 익지 않았다고 그를 죽여 삼태기에 담아 여인들로 하여금 이를 이고 조정을 지나가게 할 정도였다.

趙盾과 土季가 죽은 요리사의 뼈죽이 나온 손을 보고 그 까닭을 물어보고는 걱정을 하였다.

조돈이 영공에게 충간을 하려 하자 사계가 말하였다.

"그대 같은 이가 충간하였다가 받아들여지지 않으면 그 뒤 더 이상 충간할 만한 인물이 없습니다. 제가 먼저 들어갈 테니 충간해서 받아들여지지 않으면 그때 그대가 내 뒤를 이어 충간하십시오."

사계가 세 번씩이나 궁전의 처마 밑 빗물 떨어지는 곳에서 충간을 하자 임금은 그제야 뒤돌아보더니 이렇게 말하는 것이었다.

"내 심하게 한 바를 알고 있으니 장차 고치도록 하겠소."

그러자 사계는 머리를 조아리며 대답하였다.

"사람이라면 누군들 잘못이 없겠습니까? 잘못을 알고 이를 고칠 수 있다면 그것보다 더 좋은 일은 없습니다. 《시》에 '처음 시작은 잘 하려 하지 않은 것이 없건만 끝을 제대로 맺는 자는 드물도다'라 하였습니다. 무릇 이와 같다면 능히 허물을 고치는 자는 적다는 말입니다. 임금께서 능히 유종의 미를 거두신다면 우리나라 사직은 튼튼하게 될 것입니다. 어찌 저희 신하들만이 복을 받는 것이겠습니까? '삼공으로 있는 자에게 잘못이 있으면, 仲山甫가 그것을 바로잡았네'라 하였습니다. 이것은 능히 허물을 바로잡을 수 있음을 말한 것입니다. 임금께서 능히 잘못을 바로잡아주신다면 임금의 자리는 폐지되지 않을 것입니다."

그러나 영공은 자신의 잘못을 고치지 않았다.

그리하여 趙宣子(趙盾)가 자꾸 간언을 하자 영공은 이를 몹시 싫어하여 서예鉏麑로 하여금 조돈을 죽여 없애도록 하였다.

서예가 아침 일찍 조돈의 집으로 갔더니 그의 침실 문이 활짝 열려 있었고 조돈은 마침 朝服을 입고 조정으로 나가려는 참이었다.

그런데 아직 너무 이른 아침이라 그는 앉은 채 졸고 있었다.

서예는 물러나와 탄복하며 이렇게 하였다.

"군주를 공경스럽게 대해야 한다는 것을 잊지 않으니 이러한 자야말로 백성의 주인이다. 백성의 주인을 죽이는 것은 불충不忠이며, 그렇다고 임금의 명령을 저버리는 것은 不信이다. 이 둘 가운데 하나라도 범하는 것은 차라리 죽느니만 못하다."

그리고 홰나무에 자신의 머리를 찧어 죽고 말았다.

가을 9월, 진 영공이 조돈에게 술대접을 하고 무장한 병사들을 숨겨 그를 죽이려 하였다.

그런데 조돈의 전차 오른쪽 전사 시미명提彌明이 이를 알고 급히 달려가 그 술자리로 올라서며 말하였다.

"신하가 임금을 모시고 잔치할 때 석 잔을 넘어서는 것은 예가 아닙니다."

조돈은 맨발로 뛰어 내려갔다.

영공이 사나운 개에게 소리를 질러 그에게 덤벼들도록 하자 시미명은 그 개를 손으로 때려죽였다.

조돈이 영공에게 이렇게 소리쳤다.

"사람을 버리고 개를 등용하시니, 그 개가 아무리 사납다 한들 무슨 일을 할 수 있겠소이까!"

조돈은 병사들과 맞서 싸우면서 빠져 나왔으나 시미명은 그만 죽고 말았다.

당초, 조선자(조돈)가 首山에서 사냥하면서 뽕나무 그늘에 자리를 잡고 있었었을 때 그는 靈輒이라는 자가 굶주리고 있는 것을 보고 무슨 병이 있느냐고 물었다.

그러자 영첩은 이렇게 대답하였다.

"사흘 동안 아무것도 먹지 못하였습니다."

그리하여 조선자가 그에게 밥을 주었더니 거기에 그는 밥의 반절을 남기는 것이었다.

조선자가 그 까닭을 묻자 그는 이렇게 말하였다.

"저는 나라에 3년 간 벼슬하였으나 어머니가 잘 계시는지조차 모르고 있습니다. 이제는 어머니 계시는 집이 가까우니 청컨대 남은 이 밥을 어머니께 보내드릴 수 있도록 해주십시오."

조선자는 그가 남긴 밥을 마저 다 먹도록 하고 다시 그를 위해 밥과 고기를 표주박에 담아 자루에 넣어 주었다.

　이윽고 영첩은 영공의 호위병으로써 거기에 참여하게 되었다가 그는 가지고 있던 창을 거꾸로 하여 영공의 병사들을 막아 조선자로 하여금 죽음을 면하게 해 주었던 것이다.

　조선자가 그 이유를 묻자 영첩은 이렇게 대답하였다.

　"제가 바로 지난 날 뽕나무 아래에서 굶주리던 그 사람입니다."

　조선자가 그의 이름과 살고 있는 곳을 물었으나 그는 대답도 하지 않고 물러나 혼자 사라지고 말았다.)

　【晉靈公】《呂氏春秋》過理篇에 "晉靈公無道"라 하였고 《潛夫論》浮侈篇에도 "晉靈公厚賦以雕牆"이라 하였음.

　【宰夫】궁중 요리사.

　【胹】요리 중 푹 삶는 조리법.

　【寘諸畚】'寘'(치)는 '置'와 같으며, '諸'(저)는 '之於'의 합음자. '畚'은 삼태기.

　【士季】晉나라 대부. 士會, 隨季, 范會, 隨會 등 여러 이름으로 불림. 士蔿의 손자이며 士穀과 형제. 隨땅을 채읍으로 하여 '隨會', 혹 '隨武子'라고도 불렸으며 다시 范땅을 채읍으로 하여 '范武子'로도 불림. 한 때 秦나라로 망명하는 등 우여곡절을 겪기도 함. 그 후손이 뒤에 晉나라 六卿의 하나인 范氏로 발전함.

　【溜】처마 밑의 빗물 떨어지는 곳. 沈欽韓 〈補注〉에 "溜謂簷下水溜之處"라 함.

　【詩】《詩經》大雅 蕩篇에 "蕩蕩上帝, 下民之辟. 疾威上帝, 其命多辟. 天生烝民, 其命匪諶. 靡不有初, 鮮克有終. 文王曰咨, 咨女殷商. 曾是彊禦, 曾是掊克, 曾是在位, 曾是在服. 天將慆德, 女興是力"이라 함.

　【袞職有闕, 惟中山甫補之】《詩經》大雅 烝民篇에 "人亦有言, 柔則茹之, 剛則吐之. 維仲山甫, 柔亦不茹, 剛亦不吐, 不侮矜寡, 不畏彊禦. 人亦有言, 德輶如毛, 民鮮克擧之. 我儀圖之, 維仲山甫擧之, 愛莫助之. 袞職有闕, 維仲山甫補之"라 함. '袞職'의 袞은 龍무늬가 들어 있는 옷으로 천자 밑의 三公이 입었음. 따라서 삼공을 대신한 말임. '仲山甫'는 周 宣王 때의 名臣.

　【袞不廢矣】곤복을 입고 있는 군주의 지위가 사라지지 않음. 여기서의 '袞'은 당시 周나라 天子國을 보위하는 諸侯의 뜻으로 진 영공을 삼공에 비유하여 말한 것.

　【驟諫】자주 간언을 함. '驟'는 '屢', 혹은 '數'(삭)과 같음. 《史記》晉世家에 "趙盾·

隨會前數諫, 不聽"이라 하였고 《國語》 晉語(5)에도 "靈公虐, 趙宣子驟諫, 公患之"라 함.

【鉏麑】晉 靈公의 신하이며 力士. 《史記》 晉世家에 "使鉏麑刺趙盾"이라 함.

【假寐】눈을 감고 조는 것. 혹은 눈을 감고 정신을 수양하고 있는 모습이라고도 함.

【槐】홰나무. 고대 정승의 집안에는 홰나무를 심었으며 趙盾의 뜰 나무에 머리를 찧어 죽음. 《國語》 晉語(5) 韋昭 注에 "庭, 外朝之庭也. 周禮, 王之外朝三槐, 三公位焉; 則諸侯之朝三槐, 三卿位焉"이라 함. 한편 이상의 고사는 《國語》 晉語(5)에 "靈公虐, 趙宣子驟諫, 公患之, 使鉏麑賊之. 晨往, 則寢門辟矣, 盛服將朝, 早而假寐. 麑退, 歎而言曰:「趙孟敬哉! 夫不忘恭敬, 社稷之鎭也. 賊國之鎭不忠, 受命而廢之不信, 享一名於此, 不如死.」觸庭之槐而死. 靈公將殺趙盾, 不克. 趙穿攻公於桃園, 逆公子黑臀而立之, 實爲成公"이라 하였고 《說苑》(立節篇)에도 "晉靈公暴, 趙宣子驟諫, 靈公患之, 使鉏之彌賊之; 鉏之彌晨往, 則寢門闢矣, 宣子盛服將朝, 尙早, 坐而假寢, 之彌退, 歎而言曰:「不忘恭敬, 民之主也. 賊民之主, 不忠; 棄君之命, 不信. 有一於此, 不如死也.」遂觸槐而死"라 하였으며, 《呂氏春秋》(過理篇)에도 "趙盾驟諫而不聽, 公惡之, 乃使沮麛見之, 不忍賊, 曰:「不忘恭敬, 民之主也! 賊民之主, 不忠; 棄君之命, 不信. 一於此, 不若死.」乃觸廷槐而死"라 함. 《史記》(晉世家)에도 "靈公患之, 使鉏麑刺趙盾. 盾閨門開, 居處節. 鉏麑退, 歎曰:「殺忠臣, 棄君命, 罪一也.」遂觸樹而死"라 하여 널리 실려 있음.

【將攻之】靈公이 趙盾을 죽이고자 함. 《公羊傳》에는 "靈公聞之, 怒, 滋欲殺之甚. 衆莫可使往者, 於是伏甲于宮中, 召趙盾而食之"라 함.

【提彌明】'提'는 注에 '提本又作衹. 上支反'이라 하여 '시'로 읽음. 趙宣子(趙盾)의 전차 오른쪽을 담당했던 副官. 《公羊傳》에는 '祁彌明'으로, 《史記》 晉世家에는 '示彌明'으로 되어 있음.

【三爵】석 잔의 술. 조선자로 하여금 술을 더 마시지 못하도록 한 것.

【嗾】개를 부리는 소리. '哨'와 같음. 《方言》에 "秦晉之西鄙, 自冀隴而西, 使犬曰哨"라 함.

【獒】사나운 개. 猛犬.

【首山】首陽山. 雷首山이라고도 하며 지금의 山西 永濟縣 남쪽.

【翳桑】뽕나무 그늘. 杜預 注에 "翳桑, 桑之多蔭翳者"라 함. 《呂氏春秋》(報更篇)에

는 '飢桑', 《淮南子》(人間訓)에는 '委桑', 《公羊傳》과 《史記》(晉世家)에는 '桑下'로 되어 있음. 그러나 江永과 王引之는 지명으로 보아야 한다고 여겼음.

【靈輒】인명. 뒤에 靈公의 호위병이 되어 趙宣子를 죽이고자 하는 잔치에 호위를 맡았다가 격투 와중에 趙宣子(趙盾)를 살려줌. 《呂氏春秋》 報更篇에 "昔趙宣孟將上之絳, 見飢桑之下, 有餓人臥不能起者, 宣孟止車, 爲之下食, 蠲而餔之, 再咽而後能視. 宣孟問之曰:「女何爲而餓若是?」對曰:「臣宦於絳, 歸而糧絶, 羞行乞而憎自取, 故至於此.」宣孟與脯一朐, 拜受而弗敢食也. 問其故, 對曰:「臣有老母, 將以遺之.」宣孟曰:「斯食之, 吾更與女.」乃復賜之脯二束與錢百, 而遂去之. 處二年, 晉靈公欲殺宣孟, 伏士於房中以待之, 因發酒於宣孟. 宣孟知之, 中飮而出. 靈公令房中之士疾追而殺之. 一人追疾, 先及宣孟之面曰:「嘻, 君舉! 吾請爲君反死.」宣孟曰:「而名爲誰?」反走對曰:「何以名爲! 臣飢桑下之餓人也.」還鬪而死. 宣孟遂活. 此書之所謂德幾無小者也. 宣孟德一士猶活其身, 而況德萬人乎? 故《詩》曰:「赳赳武夫, 公侯干城」,「濟濟多士, 文王以寧」, 人主胡可以不務哀士? 士其難知, 唯博之爲可, 博則無所遁矣"라 함.

【宦】나라에 봉사함. 벼슬함. 떠돌이 벼슬살이를 말함.

【公介】'公'은 靈公, '介'는 介甲. 즉 군주의 호위병.

【倒戟】창을 거꾸로 쥠.

【名居】이름과 주소. 지금 살고 있는 곳을 알아 보답하고자 하였던 것임.

【自亡】杜預 注에 "輒亦去"라 하여 영첩 자신이 스스로 사라진 것으로 보았으나 王引之는 趙盾이 그 자리를 떠난 것으로 보았음. 《呂氏春秋》에는 靈輒은 "還鬪而死"로 되어 있음.)

전

乙丑, 趙穿攻靈公於桃園.

宣子未出山而復.

大史書曰:「趙盾弑其君」, 以示於朝.

宣子曰:「不然.」

對曰:「子爲正卿, 亡不越竟, 反不討賊, 非子而誰?」

宣子曰:「嗚呼!《詩》曰:『我之懷矣, 自詒伊慼.』其我之謂矣!」

孔子曰:「董狐, 古之良史也, 書法不隱. 趙宣子, 古之良大夫也, 爲法受惡. 惜也, 越竟乃免.」

宣子使趙穿逆公子黑臀于周而立之.

壬申, 朝于武宮.

(을축날, 趙穿이 靈公을 桃園에서 죽였다.

그때 趙宣子(趙盾)는 다른 나라로 달아나다 국경의 산을 넘지 못하고 있었는데 그 소식을 듣고 되돌아왔다.

태사大史가 그 사건을 이렇게 기록하였다.

"조돈이 그의 군주를 죽였다."

그리고는 그 기록을 조정에 전시하였다.

이에 조선자가 말하였다.

"내가 죽이지 않았다."

태사는 이렇게 대답하였다.

"그대는 나라의 正卿으로써 다른 나라로 망명하다가 국경을 넘어가지 않았고 돌아와서는 군주를 죽인 자를 토벌하지 않고 있으니 죽인 자가 그대가 아니고 누구라는 것입니까?"

조선자는 탄식하며 말하였다.

"아! 《시》에 '내가 품은 생각이 스스로 나에게 걱정만 남겼구나'라 하였는데 이는 나 같은 사람을 두고 한 말이로구나!"

孔子가 말하셨다.

"董狐는 옛날의 훌륭한 史官으로써 법도대로 기록하여 사실을 숨기지 않았다. 조선자는 옛날의 훌륭한 대부로다. 법을 위하여 자신의 악명을 받아들였다. 아까운 일이로다. 그가 국경을 넘었더라면 그 악명을 면하였을 터인데."

조선자는 조천에게 공자 黑臀을 周나라에서 맞이하여 임금으로 세우도록 하였다. 임신날, 선조 武公의 사당에 제사를 올리며 이를 알렸다.)

【乙丑】 9월 26일.

【趙穿】晉나라 대부. 趙盾의 堂弟.

【攻靈公】《孔子家語》正論篇에는 "趙穿殺靈公"이라 하였고, 《史記》晉世家에도 "盾遂奔, 未出晉境. 乙丑, 盾昆弟將軍趙穿襲殺靈公於桃園, 而迎趙盾. 趙盾素貴, 得民和; 靈公少, 侈, 民不附, 故爲弑易. 盾復位"라 하여 영공을 죽인 것으로 되어 있음. 〈金澤文庫本〉에는 '攻'이 '煞'로 표기되어 있음.

【桃園】궁궐 안의 정원 이름.

【大史】太史. 董狐를 가리킴. 당시 역사기록을 맡았던 인물.

【詩】杜預 注에 "逸詩也"라 하였으나 지금의 《詩經》邶風 雄雉篇에 "雄雉于飛, 泄泄其羽. 我之懷矣, 自詒伊阻. 雄雉于飛, 下上其音. 展矣君子, 實勞我心. 瞻彼日月, 悠悠我思. 道之云遠, 曷云能來. 百爾君子, 不知德行. 不忮不求, 何用不臧"이라 하여 실려 있음.

【董狐】太史의 이름. 역사 기록에 어떤 압력에도 굴하지 않고 사실대로 기록한 인물로 널리 거명됨. 杜預 注에 "不隱盾之罪"라 함.

【越竟乃免】국경을 넘어 다른 나라로 망명하면 군주와 인연이 끊어져 나중에 악행을 저지른 사람(趙穿)을 응징할 책임이 없기에 이렇게 말한 것임. '越竟'은 '越境'과 같으며 《史記》晉世家에는 "出竟"으로 되어 있음. 沈欽韓 〈補注〉에는 "言倉皇出奔他國, 義不再返, 乃可逃弒君之名"이라 함.

【公子黑臀】晉 成公. 晉 文公의 아들이며 襄公의 아우. 그가 태어날 때 신이 궁둥이에 '使有晉國'이라 검은 글씨를 써 준 꿈을 꾸어 붙여진 이름. 周나라에 망명해 있었으며 이 때 趙穿이 맞이하여 군주로 세움. 《國語》周語(下)에 "且吾聞成公之生也, 其母夢神規其臀而墨曰「使有晉國」, 故名之曰黑臀"이라 함. 한편 《史記》晉世家에는 "趙盾使趙穿迎襄公弟黑臀于周而立之, 是爲成公. 成公者, 文公少子. 其母周女也"라 함. 그는 B.C.606~600년까지 7년간 재위하고 景公(獳)이 그 뒤를 이음.

【壬申】10월 5일.

【武宮】晉나라를 중흥시킨 曲沃 武公(稱)의 사당. 진나라는 새 임금이 들어서면 반드시 무공의 사당에 가서 이를 고하였음. 僖公 14년을 볼 것.)

(2) 《左傳》昭公 19年(B.C.523년)

(經) 夏五月戊辰, 許世子止弒其君買.

(여름 5월 무진날, 許나라 세자 止가 그의 군주 買를 죽였다.)

(【戊辰】5월 5일.

【世子止】許 悼公의 아들.

【買】許 悼公. 이름은 買.)

ⓣ

夏, 許悼公瘧.

五月戊辰, 飮大子止之藥卒.

大子奔晉.

書曰「弒其君」, 君子曰: 「盡心力以事君, 舍藥物可也.」

(여름, 許 悼公이 학질에 걸렸다.

5월 무진날, 도공은 태자 止가 올린 약을 마시고 세상을 떠났다.

태자는 진晉나라로 달아났다.

經에 '태자가 그의 군주를 시해하였다'고 기록하였으며 이를 두고 군자가 말하였다.

"마음과 힘을 다하여 임금을 섬기는 데에는 약은 올리지 않는 것이 옳다.")

(【許悼公】이름은 買.

【舍藥物可也】 '舍'는 '捨'와 같음. 服虔은 "禮, 醫不三世不便. 君有疾, 飲藥, 臣先嘗之; 親有疾, 飲藥, 子先嘗之. 公疾未瘳, 而止進藥, 雖嘗而不由醫而卒, 故國史書 '弒'告於諸侯"라 하였고, 萬斯大의 《學春秋隨筆》에는 "夫瘧非必死之疾, 治瘧無立斃之劑. 今藥出自止, 飲之卽卒, 是有心毒殺之也"라 함.)

※ 昭公 19년

(經) 冬, 葬許悼公.

(겨울, 許 悼公의 장례를 치렀다.)

《文章軌範》卷3
「小心文」 '將'字集

〈靑瓷四繫螭耳天雞尊〉(隋) 1956 湖北 武漢 隋墓 출토

《文章軌範》卷3
「小心文」'將'字集

No.	〈題目〉	作者	《古文眞寶》	備注
023	管仲論	蘇洵	卷7 (085)	
024	高祖論	〃	卷7 (087)	
025	春秋論	〃		
026	范增論	蘇軾	卷9 (106)	
027	鼂錯論	〃		
028	留侯論	〃		
029	秦始皇扶蘇論	〃		
030	王者不治夷狄論	〃	卷9 (105)	
031	荀卿論	〃		

"의론議論이 정명精明하고 단제斷制하며, 문세文勢가 원활圓活하고 완곡婉曲하다.

억양抑揚이 있고, 돈좌頓挫함이 있으며, 금종擒縱이 있어, 과거 시험장에서 정문程文의 논리는 마땅히 이와 같은 문법을 사용해야 한다.

먼저 〈후자집侯字集, 1권〉과 〈왕자집王字集, 2권〉 두 권을 암기하여, 붓을 대어 막힘이 없이 하기에는 마땅히 이 글들을 읽어 두어야 한다."

「議論, 精明而斷制; 文勢, 圓活而婉曲.
有抑揚, 有頓挫, 有擒縱, 塲屋程文論, 當用此樣文法.
先暗記侯王兩集, 下筆無滯礙, 便當讀此.」

【議論, 精明而斷制; 文勢, 圓活而婉曲】'議論'은 글에서의 논의와 주장. '精明'은 '精

明'과 같음. 정확하고 명료함. '斷制'는 끊을 것은 끊고 제압할 것은 제압함. '婉曲'
은 《左傳》成公 14년에 "婉而成章"이라 함.

【有抑揚, 有頓挫, 有擒縱】'頓挫'는 좌절시켜 꺾어버림. '擒縱'은 잡아들였다가 다
시 놓아줌. 諸葛亮의 七縱七擒의 작전과 같은 글을 지어냄.

【場屋程文論, 當用此樣文法】'塲屋'(場屋)은 科場. 과거 시험장. '程文'은 과거 시험
에서의 답안. 考試文. 論說文. 《軌範》補注에 "宋熙寧四年, 始以經義取士. 呂祖謙
編《文鑑》, 特錄張才叔文一篇, 以爲程式. 《朱子文集》卅四〈答呂伯恭〉曰:「大兒來自
里中, 嬾慢如故. 今誦程文, 僅能記三兩句耳.」元王充耘作《書義矜式》, 卽所業之經
篇, 摘數題, 各爲程文, 以示標準. 淸人有程墨"이라 함. '此樣'은 '這樣'과 같음. 이러
한 모습, 이러한 양식. '文法'은 作文 技法.

【先暗記侯王兩集】'侯王'은 〈侯字集〉(1권)과 〈王字集〉(2권).

【下筆無滯礙, 便當讀此】'下筆'은 붓을 댐. 글을 짓기 시작함. '便'은 就와 같음. '곧'.
강조법 문장을 구성함.

023(3-1) 〈管仲論〉 .... 蘇老泉(蘇明允)

관중管仲을 논함

《管子》

*〈管仲論〉:관중의 임종에 제환공이 찾아와 다음 재상에 대해 물었을 때, 관중이 적극적으로 의견을 내어 환공의 그릇된 판단을 바로잡아주었어야 하나 그렇게 하지 않음으로 해서, 환공이 죽고 나서 제나라가 혼란에 빠지게 된 사건을 두고 이는 관중의 책임이라는 관점에서 논리를 편 것임.

*《古文眞寶》注에 "責其不薦賢. ○東萊云:「此文句句的當, 前亦可學, 後不可到.」 ○迂齋曰:「諸論中, 唯此論最純正開闔抑揚妙, 責管仲最深切.」"이라 함.

〈管夷吾(管仲)〉
(三才圖會)

관중管仲은 제齊나라 위공威公,
桓公의 재상이 되어 제후를 제패
하고, 이적夷狄을 물리쳐서, 그 자
신이 죽을 때까지 제나라는 부강
하였으며 제후들은 감히 제나라
를 배반하지 못하였다.

관중이 죽자 수조豎刁, 역아易牙,
개방開方이 등용되어 환공이 혼란
중에 죽고, 다섯 공자公子들이 서
로 임금이 되고자 다투어 그 재
앙이 만연蔓延하여 간공簡公에 이
르도록 제나라는 편안한 해가 없
었다.

〈齊桓公〈小白〉〉

무릇 공功의 성취는 성취된 그날에 성취된 것이 아니며, 대체로 반드
시 그것이 연유된 바가 있게 마련이며, 재앙이 터짐은 터진 그날에 터진
것이 아니라 역시 반드시 그것의 징조가 있었기 마련이다.

그렇다면 제나라가 다스려짐은 관중 때문이 아니라 포숙 때문이라 나
는 말하는 것이며, 난을 만나게 된 것도 수조나 개방 때문이 아니라 관
중 때문이라 나는 주장하는 것이다.

어찌하여 그런가? 저들 수조, 역아, 개방 세 사람은 진실로 나라에 난
을 일으킬 사람들이었고, 돌아보건대 이들을 임용한 자는 환공이었기
때문이다.

管仲相威公, 霸諸侯, 攘夷狄, 終其身齊國富强, 諸侯不敢叛.
管仲死, 豎刁·易牙·開方用, 威公薨於亂, 五公子爭立, 其禍蔓
延, 訖簡公, 齊無寧歲.

夫功之成, 非成於成之日, 蓋必有所由起; 禍之作不作於作之日, 亦必有所由兆.

則齊之治也, 吾不曰管仲而曰鮑叔; 及其亂也, 吾不曰豎刁·易牙·開方而曰管仲.

何則? 豎刁·易牙·開方三子, 彼固亂人國者, 顧其用之者, 威公也.

【管仲相威公, 霸諸侯, 攘夷狄, 終其身齊國富强, 諸侯不敢叛】'管仲'은 管夷吾. 春秋시대 齊나라 재상. 이름은 夷吾, . 齊桓公을 첫 霸者로 성취시킨 인물. 처음 齊나라에 公孫無知의 난이 일어나 公子들이 뿔뿔이 흩어질 때, 管仲은 公子 糾를 모시고 魯나라로 피신하였으며 鮑叔은 小白을 모시고 莒나라로 피신함. 뒤에 난이 끝나고 먼저 귀국하는 자가 왕위에 오르게 되어 있었으며 이 때 管仲은 小白일행이 오는 길목을 지키다가 활로 小白을 쏘았으나 小白이 허리띠 고리에 맞고 죽은 척 쓰러져 있다가 지름길로 들어가 먼저 왕위에 오름. 이가 환공임. 이에 공자 규와 관중 일행은 귀국하지 못하고 처벌을 기다렸으나 鮑叔의 추천으로 환공의 재상이 되어 仲父라 불렸으며, 제나라를 부강하게 만들어 재상에 오름. 환공이 그를 높여 仲父라 칭하였음. 《史記》 管晏列傳 및 《列子》 등을 참조할 것. '管鮑之交' 등의 많은 고사를 남겼으며 그의 思想과 言行을 기록한 《管子》가 전함. '相'은 재상이 됨. 《古文眞寶》注에 "相, 猶輔相"이라 함. '威公'은 齊桓公을 가리킴. 宋 欽宗(趙桓)의 이름을 避하여 '威'로 바꾼 것임. 그러나 《嘉祐集》 등에는 모두 '桓公'으로 표기되어 있음. '齊桓公'은 春秋五霸의 첫 首長. 이름은 小白. 齊나라에 난이 일어나자 鮑叔이 모시고 莒나라로 피신, 管仲은 公子 糾를 모시고 魯나라로 피신함. 뒤에 난이 진압되고 먼저 귀국하여 제나라 왕위에 오름. 뒤에 鮑叔의 추천으로 管仲을 등용하여 제나라를 부강하게 하여 九合諸侯, 一匡天下하여 첫 패자가 됨. B.C.685－643년까지 43년간 재위함. 《軌範》補注에 "《管子》內言:威公用管仲, 合諸侯, 伐山戎, 攘白狄之地, 遂至西河. 故中國諸侯, 莫不賓服"이라 함. 《史記》 齊太公世家를 참조할 것. '霸諸侯'는 제후들의 패자가 됨. 東周의 전반기는 春秋시대로 周王의 권위가 추락하자 제후들 중에 강한 자가 다른 제후들의 패자가 되어 周王으로부터 형식상 인정을 받아 천하를 이끌고 나갔음.

다섯 차례 제후들이 돌아가며 패자가 되어 이들을 春秋五霸라 함. 霸道政治는 王道政治의 상대되는 말. '攘夷狄'은 中原의 華夏 이외의 민족을 배격하는 주장을 말함. 춘추시대 패자들은 '尊王攘夷'의 기치를 내 걸고 활동하였음. 이상《古文眞寶》注에 "功"이라 함.

【管仲死, 豎刁·易牙·開方用, 威公薨於亂, 五公子爭立, 其禍蔓延, 訖簡公齊無寧歲】'豎刁'는 '豎刀'로도 표기하며 춘추시대 齊桓公의 內侍. 桓公에게 접근하기 위하여 스스로 宮刑을 자청하고 宦官이 되어 온갖 아첨을 다함. 뒤에 관중이 죽은 뒤 易牙·開方과 함께 왕자들을 끼고 각기 난을 일으킴. '易牙'는 齊桓公의 주방장. 환공이 진기한 요리는 모두 먹어보았으나 사람 고기는 먹어보지 못하였다고 하자 자신의 아들을 죽여 요리해서 바쳤다 함. '開方'은 오로지 桓公에게 환심을 사고자 어머니를 버린 인물. 앞 해제의 내용을 참조할 것. '薨'은 제후의 죽음을 칭하는 말.《禮記》曲禮(下)에 "天子死曰崩, 諸侯曰薨, 大夫曰卒, 士曰不祿, 庶人曰死, 在牀曰尸, 在棺曰柩, 羽鳥曰降, 四足曰漬. 死寇曰兵"이라 함. '五公子'는 桓公에게는 여섯 명의 아들이 있었으며, 그 중 公子昭는 뒤에 孝公이 되고, 나머지 武孟, 元, 潘, 商人, 雍 공자들이 난을 일으킨 것.《軌範》注에 "公子武孟, 公子元, 公子潘, 公子商人, 公子雍, 公子昭. 昭立是爲孝公, 故曰五公子"라 함. '訖簡公'의 '訖'은 迄, 到, 至의 뜻. '簡公'은 이름은 壬. 悼公의 아들. 桓公으로부터 11대 뒤의 군주. 齊나라는 簡公에 이르러 혼란이 극심하였으며 뒤에 결국 田氏(陳氏)에게 나라를 잃고 戰國시대 田氏齊로 넘어감. 이상《古文眞寶》注에 "禍"라 함.

【夫功之成, 非成於成之日, 蓋必有所由起;禍之作不作於作之日, 亦必有所由兆】'所由起'는 일이 일어난 緣由. '所由兆'는 시작되는 徵兆.《軌範》注에 "文有斷制"라 함.《古文眞寶》注에는 "承接好有方"이라 함.

【則齊之治也, 吾不曰管仲而曰鮑叔;及其亂也, 吾不曰豎刁·易牙·開方而曰管仲】'鮑叔'은 鮑叔牙. 齊나라 大夫로 젊은 시절 管仲과 친구로서 함께 활동하며 管仲을 이해하고 도와주었음. 뒤에는 管仲이 公子 糾를 섬기다가 붙잡히자, 자신이 모셔 군주에 오른 桓公에게 추천하여 재상이 되도록 하였음. '管鮑之交'의 고사를 낳은 인물.《軌範》注에 "鮑叔薦管仲, 威公用之"라 함.《古文眞寶》注에 '曰鮑叔' 다음에 "備此形容下邊, 事見《左傳》莊元年"이라 하였으나《左傳》莊公 9년의 오류임. 莊公 9년 傳에 "鮑叔帥師來言曰:「子糾, 親也, 請君討之. 管·召, 讎也, 請受而甘心焉.」乃殺子糾于生竇, 召忽死之. 管仲請囚, 鮑叔受之, 及堂阜而稅之. 歸而以告

曰:「管夷吾治於高傒, 使相可也.」公從之"의 기록을 가리킴. '曰管仲' 다음에《古文
眞寶》注에 "推原禍本"이라 함.

【何則? 豎刁·易牙·開方三子, 彼固亂人國者, 顧其用之者, 威公也】'顧'는 '돌아보다,
생각하다'의 뜻.《古文眞寶》注에 "先責威公, 是責管仲張本"이라 함.

2/7 ━━━━━━━━━

무릇 순舜이 있은 연후에 사흉四凶을 방축할 줄 알았고, 중니仲尼가
있은 연후에 소정묘少正卯을 제거할 줄 알았다.

저 환공은 어떤 사람인가? 생각건대 환공으로 하여금 세 사람을 임
용할 수 있도록 해 준 것은 관중이었다.

관중이 병이 들어 환공이 재상할 만한 사람을 물었을 때 내 생각이라
면 관중은 장차 천하의 현자들을 천거하여 대답해야 했을 것인데 그는
그저 "수조, 역아, 개방 세 사람은 인지상정에 어긋난 사람들이니 가까
이 하면 안 됩니다"라고만 말했을 뿐이다.

夫有舜而後, 知放四凶; 有仲尼而後, 知去少正卯.
彼威公, 何人也? 顧其使威公, 得用三子者, 管仲也.
仲之疾也, 公問之相, 當是時也, 吾意以仲且擧天下之賢者以對,
而其言乃不過曰「豎刁·易牙·開方三子, 非人情, 不可近而已」.

【夫有舜而後, 知放四凶; 有仲尼而後, 知去少正卯】'四凶'은 舜에 의하여 追放되었던
驩兜, 共工, 鯀, 三苗를 가리킴. 이는《尙書》舜典 및《左傳》文公 18년을 참조할
것.《古文眞寶》注에 "四凶, 指共工, 驩兜, 三苗, 鯀"이라 함. '少正卯'는 魯나라 大
夫로 여러 악행을 저지르다 孔子가 大司寇가 되자 즉시 처형했던 인물.《史記》
孔子世家에 "孔子年五十六, 由大司寇行攝相事, 有喜色. 門人曰:「聞君子禍至不懼,
福至不喜.」孔子曰:「有是言也. 不曰『樂其以貴下人』乎?」於是誅魯大夫亂政者少正
卯"라 함.《荀子》宥坐篇에도 "孔子爲魯攝相, 朝七日而誅少正卯"라 하였고, 그 외
《史記》魯世家 및《孔子家語》始誅篇 등을 참조할 것.

【彼威公, 何人也? 顧其使威公, 得用三子者, 管仲也】'彼威公, 何人也?' 다음에 〈補注〉에 "此言威公非有舜仲尼之知, 不待言矣. 而伏下威公, 聲不絶於耳句"라 하였고, '管仲也' 다음에는 "用之者威公, 使之者管仲也. 語極驚醒人, 故又說破其意"라 하였고, 《古文眞寶》注에 "含蘊, 方責仲"이라 함.

【仲之疾也, 公問之相, 當是時也, 吾意以仲且擧天下之賢者以對, 而其言乃不過曰「豎刁·易牙·開方三子, 非人情, 不可近而已」】'問之相'는 환공이 管仲에게 다음 재상이 될 자에 대해 자문함. '吾意'는 〈補注〉에 "〈呂本〉無'意'字. 注云:〈時本〉有'意'字, 〈沈本〉亦無'意'字. 按:語忙無之, 尤妙"라 함. '非人情'은 桓公이 거론한 세 사람은 人之常情에 어긋난 짓을 하였음을 말함. '賢者以對'는 《古文眞寶》注에 "此是本"이라 함.

3/7 ─────────────────

아! 관중은 환공이 과연 능히 세 사람을 등용하지 않을 수 있다고 여겼던 것인가?

관중과 환공은 함께 한 것이 몇 년이나 되며, 또한 환공의 사람 됨됨이를 알고 있지 않았던가!

환공은 음악이 귀에서 끊어져본 적이 없고, 색色이 눈에서 끊어져 본 적이 없었는데 세 사람이 아니었다면 그 욕망을 이룰 수가 없었다.

저들이 처음에 등용되지 않았던 것은 한갓 관중이 있었기 때문이었다.

하루라도 관중이 없었다면 세 사람은 가히 관冠을 털며 서로 축하했을 것이다.

관중은 장차 죽으면서 한 말이 가히 환공의 손과 발을 묶어둘 수 있으리라 여겼던 것인가?

嗚呼! 仲以爲威公, 果能不用三子矣乎?

仲與威公處幾年矣, 亦知威公之爲人矣乎!

威公聲不絶乎耳, 色不絶於目, 而非三子者, 則無以遂其欲彼其初之所以不用者, 徒以有仲焉耳.

一日無仲, 則三子者, 可以彈冠而相慶矣.

仲以爲將死之言, 可以縶威公之手足耶?

【嗚呼! 仲以爲威公, 果能不用三子矣乎?】그 정도의 반대로 환공이 그들을 거용하지 않을 것으로 여겼다면 이는 管仲이 잘못한 판단한 것임. 《古文眞寶》注에 "看他過接"이라 함.

【仲與威公處幾年矣, 亦知威公之爲人矣乎!】管仲은 桓公이 어떤 군주인지 그의 사람 됨됨이를 잘 알고 있었을 것임. 《古文眞寶》注에는 "責得有理"라 함.

【威公聲不絶乎耳, 色不絶於目, 而非三子者, 則無以逐其欲, 彼其初之所以不用者, 徒以有仲焉耳】'徒'는 '다만, 부질없이, 한갓' 등의 뜻. 《古文眞寶》注에 "看有無二字"라 함.

【一日無仲, 則三子者, 可以彈冠而相慶矣】'彈冠'은 벼슬자리에 추천되어 나갈 것임을 기대하고, 걸어두었던 관을 꺼내어 먼지를 털고 기다림. 《漢書》王吉傳에 "吉與貢禹爲友, 世稱「王陽在位, 貢公彈冠」, 言其取舍同也"라 하였고, 《幼學瓊林》에 "王陽在位, 貢禹彈冠以待薦"이라 함. 《蒙求》(145) 「王貢彈冠」에는 "前漢, 王吉字子陽, 琅邪皐虞人. 少好學明經, 宣帝時爲諫大夫. 與同郡貢禹爲友, 世稱『王陽在位貢公彈冠』, 言其取舍同也. 禹字少翁, 以明經潔行著聞. 仕至御史大夫."라 함. 《古文眞寶》注에 "條理抑揚反覆在此數行"이라 함.

【仲以爲將死之言, 可以縶威公之手足耶?】'縶'는 '잡아매다, 묶다' 등의 뜻. 〈補注〉에 "仲以爲將死一言, 可以制御威公終身邪? 此亦不智甚矣"라 하였고, 《古文眞寶》注에 "婉曲切"이라 함.

4/7 ————

무릇 제나라는 세 사람이 있는 것을 걱정할 것이 아니라 관중이 없음을 걱정해야 하였으니, 관중이 있으면 세 사람은 그저 필부匹夫일 따름이었기 때문이다.

그렇지 않다면 천하에 세 사람과 같은 무리들이 어찌 몇몇 뿐이었겠는가?

비록 환공이 다행히 관중의 말을 듣고, 이런 세 사람을 주벌했다하더라도 그 나머지 사람들을 관중이 어찌 능히 일일이 모두 수를 따져 제거할 수 있었겠는가?

아! 관중은 가히 근본을 알지 못한 사람이라 말할 수 있다.

환공의 질문을 기회로 천하의 현자를 천거하여 자신의 뒤를 잇도록 하였더라면 관중이 비록 죽고 없다 해도 제나라는 관중이 없는 나라가 되지 않았을 것이니, 무릇 어찌 세 사람만을 걱정할 것인가? 차라리 말을 하지 않았어도 될 일이었다.

夫齊國不患有三子, 而患無仲; 有仲則三子者, 三匹夫耳.
不然, 天下, 豈少三子之徒?
雖威公幸而聽仲, 誅此三人, 而其餘者, 仲能悉數而去之耶?
嗚呼! 仲可謂不知本者矣.
因威公之問, 擧天下之賢者以自代, 則仲雖死, 而齊國未爲無仲也, 夫何患三子者? 不言可也.

【夫齊國不患有三子, 而患無仲; 有仲則三子者, 三匹夫耳】〈補注〉에 "應其初之不用者, 以有仲焉句"라 함.《古文眞寶》注에 "警策"이라 함.

【不然, 天下, 豈少三子之徒?】천하에 그러한 자는 세 사람에 그치지 않으며 매우 많음.

【雖威公幸而聽仲, 誅此三人, 而其餘者, 仲能悉數而去之耶?】'悉數而去'는 모두 따져보아 제거함. 있는 숫자대로 제거해 없애버림. '耶'는《嘉祐集에》는 '邪'로 되어 있음.《古文眞寶》注에 "好"라 함.

【嗚呼! 仲可謂不知本者矣】'不知本'은 근본에 대해서 잘 알지 못함.

【因威公之問, 擧天下之賢者以自代, 則仲雖死, 而齊國未爲無仲也, 夫何患三子者? 不言可也】'威文'은 齊桓公과 晉文公.《軌範》注에 "此一段, 是代管仲爲謀. 文章最高處, 旣攻擊管仲, 須是思量吾身生管仲之時, 居管仲之位, 爲管仲之事. 當如何處置, 必有一策. 東坡作〈鼂錯論〉·〈范增論〉, 皆用此法"이라 함.《古文眞寶》注에 '以

自代' 다음에 "本", '不言可也' 다음에 '末'이라 함.

5/7

오패五霸로서 환공이나 진문공晉文公만큼 강했던 이는 없었는데, 진문공의 재능은 환공을 넘어서지 못하였고, 그의 신하도 모두가 관중에 미치지 못하였으며 나아가 영공靈公의 포학함은 효공孝公의 관후寬厚함만 같지 못하였건만, 문공이 죽은 뒤 제후들이 감히 진晉나라를 배반하지 못한 것은, 진나라는 문공의 여위餘威를 이어받아 그래도 제후들의 맹주 노릇을 백여 년이나 할 수 있었던 것이다.

어찌 그러한가? 그 군주가 비록 불초不肖하다 해도, 그래도 노련한 사람들이 있었기 때문이었다.

五霸莫盛於威·文; 文公之才不過威公, 其臣又皆不及仲, 靈公
之虐不如孝公之寬厚, 文公死, 諸侯不敢叛晉, 晉襲文公之餘威,
猶得爲諸侯之盟主百餘年.

何者? 其君雖不肖, 而尚有老成人焉.

【五霸莫盛於威文; 文公之才不過威公, 其臣又皆不及仲】'五霸'는 春秋五霸. '盛'은 《孟子》告子章에 "五霸, 桓公爲盛"이라 함. 《史記》와 《孟子》(告子) 趙岐 注에는 齊桓公(小白), 晉文公(重耳), 秦穆公(任好), 宋襄公(玆父), 楚莊王(熊侶, 熊旅)을 들고 있으나, 《荀子》(王霸篇)에는 秦穆公과 宋襄公 대신 吳王 闔閭와 越王 句踐을 들고 있음. 《古文眞寶》注에 "五霸:齊桓, 晉文, 宋襄, 楚莊, 秦穆公;使晉文外事佳, 意新文不困, 到此意已竭, 却把文公比並"이라 함. '不及仲' 다음에 《軌範》注에는 "狐偃, 趙衰, 先軫, 陽處父"라 하였고, 《古文眞寶》注에는 "狐趙之徒"라 함.

【靈公之虐不如孝公之寬厚】'靈公'은 晉文公의 손자. 《古文眞寶》注에 "文公孫"이라 함. 《軌範》注에 "文公孫"이라 함. 이름은 夷皐로 前620−前607년까지 14년간 재위하고 成公(黑臀)에게 이어짐. 靈公은 온갖 무도한 짓을 하다가 趙穿에게 죽음을 당하고 말았음. 《左傳》宣公 2년 등을 참조할 것. 그 외 《國語》晉語(5), 《說苑》

(立節篇),《呂氏春秋》(過理篇),《史記》(晉世家) 등에도 그에 관한 악행이 많이 실려 있음.《左傳》宣公 2년 傳에 "晉靈公不君, 厚斂以彫牆; 從臺上彈人, 而觀其辟丸也; 宰夫胹熊蹯不熟, 殺之, 寘諸畚, 使婦人載以過朝. 趙盾·士季見其手, 問其故, 而患之. 將諫, 士季曰:「諫而不入, 則莫之繼也. 會請先, 不入, 則子繼之.」三進, 及溜, 而後視之, 曰:「吾知所過矣, 將改之.」稽首而對曰:「人誰無過, 過而能改, 善莫大焉.《詩》曰:『靡不有初, 鮮克有終.』夫如是, 則能補過者鮮矣. 君能有終, 則社稷之固也, 豈唯羣臣賴之? 又曰『袞職有闕, 惟仲山甫補之』, 能補過也. 君能補過, 袞不廢矣.」猶不改. 宣子驟諫, 公患之, 使鉏麑賊之. 晨往, 寢門闢矣, 盛服將朝. 尙早, 坐而假寐. 麑退, 歎而言曰:「不忘恭敬, 民之主也. 賊民之主, 不忠; 弃君之命, 不信. 有一於此, 不如死也.」觸槐而死. 秋九月, 晉侯飮趙盾酒, 伏甲, 將攻之. 其右提彌明知之, 趨登, 曰:「臣侍君宴, 過三爵, 非禮也.」遂扶以下. 公嗾夫獒焉, 明搏而殺之. 盾曰:「弃人用犬, 雖猛何爲!」鬪且出, 提彌明死之. 初, 宣子田于首山, 舍于翳桑, 見靈輒餓, 問其病. 曰:「不食三日矣.」食之, 舍其半. 問之. 曰:「宦三年矣, 未知母之存否, 今近焉, 請以遺之.」使盡之, 而爲之簞食與肉, 寘諸橐以與之. 旣而與爲公介, 倒戟以禦公徒而免之. 問何故. 對曰:「翳桑之餓人也.」問其名居, 不告而退, 遂自亡也."의 고사가 실려 있음. '孝公'은 齊桓公과 鄭姬 사이에 난 아들.《軌範》과《古文眞寶》注에 "威公子"라 함. 公子 때 이름은 昭. 桓公의 뒤를 이어 왕위에 오름. B.C.642~633년까지 10년간 재위함. 후덕한 임금으로 알려져 있음.《左傳》僖公 26년 등을 참조할 것.

【文公死, 諸侯不敢叛晉, 晉襲文公之餘威, 猶得爲諸侯之盟主百餘年】'百餘年'은 晉 文公 이후 悼公(周:전 572-558년 재위)에 이르기까지 晉나라의 霸業이 계속되었음.《古文眞寶》注에 "繼霸直至悼公"이라 함.

【何者? 其君雖不肖, 而尙有老成人焉】'老成人'은 나이가 많고 경험이 풍부하며 노련하고 노숙한 인물들.《詩》大雅 蕩에 "匪上帝不時, 殷不用舊. 雖無老成人, 尙有典刑"이라 함. 여기서는 구체적으로 趙武와 魏絳 등을 가리킴.《古文眞寶》注에 "趙武魏絳等"이라 함.

6/7 —————————

환공이 죽고 나서 한 번의 난亂에 제나라는 그만 일패도지一敗塗地하고 말았다.

이는 이상하게 여길 것이 없다. 저는 홀로 하나의 관중만 믿었고 그러한 관중이 죽어 없어졌기 때문이다.

무릇 천하에는 현자가 없었던 적이 없었으나, 대체로 신하는 있으나 군주가 없었던 경우는 있었다.

환공 같은 이는 있을 수 있지만 천하에 관중만한 자는 다시는 있을 수 없다는 말을 나는 믿지 않는다.

威公之死也, 一亂塗地.
無惑也, 彼獨恃一管仲, 而仲則死矣.
夫天下未嘗無賢者, 蓋有有臣而無君者矣.
威公在焉而曰天下不復有管仲者, 吾不信也.

【威公之死也, 一亂塗地】'一亂塗地'는 一敗塗地와 같음. 혼란으로 인해 땅에 무너짐. 한 번 실패에 나라가 그대로 망함.《史記》高祖本紀에 "今置將不善, 壹敗塗地"라 하였고, 〈索隱〉에 "言一朝破敗, 使肝腦塗地"라 함. '死'는《嘉祐集》에는 '薨'으로 되어 있음.《古文眞寶》注에 "過佳"라 함.

【無惑也, 彼獨恃一管仲, 而仲則死矣】'無惑'은 의혹을 가질 이유가 없음. 의심할 바가 없음. 〈補注〉에 "齊無賢者, 所以遽亂, 是其患無仲也"라 함.

【夫天下未嘗無賢者, 蓋有有臣而無君者矣】현자는 늘 있었으나 옳은 군주가 없었던 시대는 있었음.

【威公在焉, 而曰天下不復有管仲者, 吾不信也】《古文眞寶》注에 "生新意承前"이라 함. 〈補注〉에 "不擧天下之賢者以自代, 仲不得辭其責也"라 함.

7/7

관중의 글에 기록되어 있기를 그가 장차 죽음에 이르렀을 때 포숙과 빈서무賓胥無의 사람됨을 논하였고, 게다가 각기 그들의 단점만을 아뢰었다 하였으니, 이는 그 마음에 이 몇몇 사람은 모두가 족히 나라를 맡길 수 없다고 여긴 것인데, 거기에 자신이 장차 죽을 것임을 미리 알고 있었다면 그 기록은 탄만誕謾한 것으로서, 족히 믿을 것이 되지 못한다.

내가 보건대 사추史鰌는 능히 거백옥蘧伯玉을 진달시켰으나 미자하彌子瑕는 퇴출시키지 못하였다고 해서 그 까닭으로 죽은 뒤에 시간屍諫을 하였고, 소하蕭何는 장차 죽음에 이르자 조참曹參을 천거하여 자신의 뒤를 잇도록 하였으니, 대신大臣의 마음 씀씀이는 진실로 이와 같아야 마땅한 것이다.

한 나라는 한 사람에 의해 흥할 수도 있고 한 사람에 의해 망할 수도 있는 것으로, 현자賢者는 그 자신의 죽음을 슬퍼할 것이 아니라 나라가 쇠약해질 것임을 걱정해야 하는 것이다.

그 때문에 모름지기 다시 현자가 있은 이후에야 자신이 죽을 수 있는 것인데, 저 관중은 어찌하고 죽었는가!

仲之書有記其將死, 論鮑叔·賓胥無之爲人, 且各疏其短, 是其心, 以爲是數子者, 皆不足以托國, 而又逆知其將死, 則其書誕謾不足信也.

吾觀史鰌以不能進蘧伯玉而退彌子瑕, 故有身後之諫; 蕭何且死, 擧曹參以自代, 大臣之用心, 固宜如此也.

一國以一人興, 以一人亡, 賢者不悲其身之死, 而憂其國之衰.

故必復有賢者而後, 有以死, 彼管仲, 何以死哉!

【仲之書有記其將死, 論鮑叔·賓胥無之爲人, 且各疏其短】'仲之書'는 管仲의 언행을 기록한 책《管子》. 이 책은 후인의 위작이거나 수정 가필한 것으로 보고 있음. '賓胥無'는 齊나라 大夫. 《嘉祐集》에는 '賓須無'로 되어 있음. 《古文眞寶》注에 "鮑叔, 賓胥, 無之, 皆人名"이라 하여 잘못 설명하고 있음. '疏其短'은 그들의 단점만을 아룀. 앞의 해설 부분《管子》戒篇을 볼 것. 《軌範》注에 "此事見《管子》"라 함. 《古文眞寶》注에 "管子寢疾, 威公往問之, 仲曰: 「鮑叔之爲人, 好直而不能以國强; 賓胥無之爲人, 好善而不能以國詘.」"이라 함.

【是其心, 以爲是數子者, 皆不足以托國, 而又逆知其將死, 則其書誕謾不足信也】'逆知'는 豫知(預知)와 같음. 《古文眞寶》 注에 "逆知, 猶言預知"라 함. '誕謾'은 함부로 거짓말을 함을 뜻하는 疊韻連綿語. 《通鑑外紀》에 《傅子》를 인용하여 "管仲之書, 過半便是後人好事者所加, 乃說管仲事後事"라 하였고, 葉適의 《水心集》에는 "《管子》, 非一人之筆, 亦非一時之書, 以其言'毛嬙', '西施', '吳王好劍'推之, 當是春秋末年"이라 하였으며, 王堂의 《知新錄》에는 "夷吾在西施, 吳王之前將百年, 而《管子》一書引'西施', '吳王好劍'等事. 又記管子事後事, 此皆後人隨筆, 牽連載之云爾. 又云管子石璧菁茅之謀, 皆一時術數, 何是傳後? 此後人增入無疑. 管子天下才, 豈肯書此?"라 함.

【吾觀史鰌以不能進蘧伯玉而退彌子瑕, 故有身後之諫】'史鰌'는 史鰍로도 표기하며 자는 魚. 史魚라고도 부르며, 衛나라 대부. 衛靈公 때 彌子瑕를 퇴출시키고 蘧伯玉을 등용할 것을 간언하였으나 靈公이 들어주지 않자 죽은 뒤 屍諫을 한 것으로 유명한 인물. 《論語》(衛靈公)에 "子曰:「直哉史魚! 邦有道, 如矢; 邦無道, 如矢.」"라 하였고, 《孔子家語》(困誓篇)에는 "衛蘧伯玉賢而靈公不用, 彌子瑕不肖反任之, 史魚驟諫而不從. 史魚病將卒, 命其子曰:「吾在衛朝, 不能進蘧伯玉退彌子瑕, 是吾爲臣不能正君也. 生而不能正君, 則死無以成禮. 我死, 汝置屍牖下, 於我畢矣.」其子從之, 靈公弔焉, 怪而問焉, 其子以其父言告公, 公愕然失容曰:「是寡人之過也.」於是命之殯於客位, 進蘧伯玉而用之, 退彌子瑕而遠之. 孔子問之:「古之列諫之者, 死則已矣, 未有若史魚死而屍諫, 忠感其君者也, 不可謂直乎?」"라 하였으며, 《韓詩外傳》(7)에도 "昔者, 衛大夫史魚病且死, 謂其子曰:「我數言蘧伯玉之賢, 而不能進; 彌子瑕不肖, 而不能退. 爲人臣, 生不能進賢而退不肖, 死不堂治喪正堂, 殯我於室, 足矣.」衛君問其故, 子以父言聞. 君造然召蘧伯玉而貴之, 而退彌子瑕, 徒殯於正堂, 成禮而後去. 生以身諫, 死以尸諫, 可謂直矣. 詩曰:「靖共爾位, 好是正直.」"이라 하였고, 《新序》(雜事一)에도 "衛靈公之時, 蘧伯玉賢而不用, 彌子瑕不肖而任事. 衛大夫史鰌患之, 數以諫靈公而不聽. 史鰌病且死, 謂其子曰:「我卽死, 治喪於北堂. 吾不能進蘧伯玉而退彌子瑕, 是不能正君也, 生不能正君者, 死不當成禮, 置尸於北堂, 於我足矣.」史鰌死, 靈公往弔, 見喪在北堂, 問其故? 其子以父言對靈公. 靈公蹴然易容, 寪然失位曰:「夫子生則欲進賢而退不肖, 死且不懈, 又以屍諫, 可謂忠而不衰矣.」於是乃召蘧伯玉, 而進之以爲卿, 退彌子瑕. 徒喪正堂, 成禮而後返, 衛國以治. 史鰌, 字子魚, 《論語》所謂「直哉! 史魚」者也."라 하였으며, 《大戴禮記》

保傅篇에도 "衛靈公之時, 蘧伯玉賢而不用, 迷子瑕不肖而任事, 史鰌患之, 數言蘧伯玉賢而不聽. 病且死, 謂其子曰:「我卽死, 置喪於北堂, 吾生不能進蘧伯玉, 而退迷子瑕, 是不能正君者, 死不當成禮, 而置屍於北堂, 於我足矣.」靈公往弔, 問其故, 其子以父言聞. 靈公造然失容. 曰:「吾失矣!」立召蘧伯玉而貴之, 召迷子瑕而退, 徙喪於堂, 成禮而後去. 衛國以治, 史鰌之力也. 夫生進賢而退不肖, 死且未止, 又以屍諫, 可謂忠不衰矣."라 하였고, 《新書》(賈誼) 胎敎篇에도 "衛靈公之時, 蘧伯玉賢而不用, 彌子瑕不肖而任事, 史鰌患之, 數言蘧伯玉賢而不聽. 病且死, 謂其子曰:「我卽死, 置喪於北堂, 吾生不能進蘧伯玉, 而退彌子瑕, 不能正君也, 生不能正君者, 死不當成禮, 死而置屍於北堂, 於我足矣.」靈公往弔, 問其故, 其子以父言聞. 靈公戚然易容而寤. 曰:「吾失矣!」立召蘧伯玉而進之, 召彌子瑕而退之, 徙喪於當堂, 成禮而後去. 衛國以治, 史鰌之力也. 夫生進賢而退不肖, 死且未止, 又以屍諫, 可謂忠不衰矣."라 하는 등 널리 실려 있음. '彌子瑕'는 衛靈公의 佞臣으로 먹던 복숭아를 임금에게 주어 칭찬을 받고, 어머니의 병환에 임금의 수레를 타고 가서 칭찬을 받았으나 뒤에 미움을 받자 그 일들이 모두 더럽고 법을 범한 것이라는 '愛憎之變'의 고사를 남긴 인물. 《韓非子》(說難篇)에 "昔者, 彌子瑕有寵於衛君. 衛國之法: 竊駕君車者罪刖. 彌子瑕母病, 人聞, 有夜告彌子, 彌子矯駕君車以出. 君聞而賢之, 曰:「孝哉! 爲母之故, 忘其犯刖罪.」異日, 與君遊於果園, 食桃而甘, 不盡, 以其半啗君. 君曰:「愛我哉! 忘其口味, 以啗寡人.」及彌子色衰愛弛, 得罪於君. 君曰:「是固嘗矯駕吾車, 又嘗啗我以餘桃.」故彌子之行未變於初也, 而以前之所以見賢而後獲罪者, 愛憎之變也. 故有愛於主, 則智當而加親; 有憎於主, 則智不當見罪而加疏. 故諫說談論之士, 不可不察愛憎之主而後說焉."이라 하였으며, 《史記》(老莊申韓列傳)에도 "昔者, 彌子瑕見愛於衛君. 衛國之法, 竊駕君車者罪至刖. 旣而彌子之母病, 人聞, 往夜告之, 彌子矯駕君車而出. 君聞之而賢之曰:「孝哉, 爲母之故而犯刖罪!」與君游果園, 彌子食桃而甘, 不盡而奉君. 君曰:「愛我哉, 忘其口而念我!」及彌子色衰而愛弛, 得罪於君. 君曰:「是嘗矯駕吾車, 又嘗食我以其餘桃.」故彌子之行未變於初也, 前見賢而後獲罪者, 愛憎之至變也. 故有愛於主, 則知當而加親; 見憎於主, 則罪當而加疏. 故諫說之士不可不察愛憎之主而後說之矣."라 함. '蘧伯玉'은 이름은 瑗, 자는 伯玉. 衛靈公의 賢大夫. 孔子가 衛나라에 갔을 때 그의 집에 머물렀다 함. 《論語》憲問篇에 "蘧伯玉使人於孔子. 孔子與之坐而問焉, 曰:「夫子何爲?」對曰:「夫子欲寡其過而未能也.」使者出, 子曰:「使乎使乎!」라 하였고, 衛靈公

篇에는 "子曰:「直哉史魚! 邦有道, 如矢;邦無道, 如矢. 君子哉蘧伯玉! 邦有道, 則仕;邦無道, 則可卷而懷之.」"라 함.

【蕭何且死, 擧曹參以自代, 大臣之用心, 固宜如此也】'蕭何'는 沛 땅 사람으로 漢 高祖 劉邦을 도와 천하를 평정한 인물. 뒤에 丞相이 되었으며, 侯에 봉해짐.《史記》蕭相國世家에 "及何病, 孝惠自臨視病, 因問曰:「君卽百歲後, 誰可代君者?」對曰:「知臣莫如君.」孝惠曰:「曹參何如?」何頓首曰:「帝得之矣. 臣死不恨矣.」"라 하여 그는 죽음을 앞두고 동료 曹參을 추천하여 재상이 되도록 하여 나라를 안정시킴. '曹參'은 역시 高祖 劉邦을 도운 인물. 뒤에 蕭何의 뒤를 이어 相國이 되었음.《史記》曹相國世家 참조.《軌範》注에 "先得此二事爲證, 然後立論"이라 하였고,《古文眞寶》注에는 "二事的當. 只如此緻不費辭而有餘味"라 함.

【一國以一人興, 以一人亡, 賢者不悲其身之死, 而憂其國之衰】'一國'은《嘉祐集》에는 '夫國'으로 되어 있음.

【故必復有賢者而後, 有以死, 彼管仲者, 何以死哉!】《嘉祐集》에는 '有以邪'는 '可以死'로 되어 있으며,《古文眞寶》注에 "責仲十分到"라 함. '彼管仲者'는《古文眞寶》에는 '彼管仲'이라 하여 '者'자가 없음. 끝에《古文眞寶》注에는 "斷句有力如破竹勢, 一句緊一句"라 하였고, 〈補注〉에 "未擧賢者, 未足償大臣之責, 則仲不宜有死"라 함.

참고 및 관련 자료

1. 蘇洵(1009–1066) 明允, 老泉, 嘉祐

자는 明允, 蘇氏 先塋의 老人泉이라는 우물 이름에 의해 老泉을 自號로 삼았음. 이에 따라 老泉先生이라 불림. 北宋 眉州 眉山(지금의 四川 眉山縣) 사람으로 27세에 비로소 학문에 뜻을 두고 공부하여 進士試驗에 응시하였으나 실패하자 문을 걸어 잠그고 經史 및 百家書를 깊이 연구함. 그 뒤 嘉祐 연간에 아들 蘇軾과 蘇轍을 데리고 다시 서울 汴京(지금의 河南 開封)으로 가서 당시 문단의 맹주 歐陽修를 뵙고 자신이 지은 〈權書〉 및 〈論衡〉 22편을 보여주고 인정을 받음. 그리고 재상 韓琦의 추천으로 秘書省 校書郎에 올라 姚闢과 함께 〈太常因革禮〉를 지음. 그 글이 완성되자 곧 58세로 일생을 마침.《嘉祐集》16권을 남겼으며 두 아들 蘇軾, 蘇轍과 함께 三父子 모두가 唐宋八大家에 이름을 올리게 됨. 이에 그를 老蘇, 蘇軾을 大蘇, 蘇轍을 小蘇라 하며 합하여 '三蘇'라 칭함.《宋史》(443) 文苑傳(5) 그의 전에 "蘇洵, 字明允, 眉州眉山人. 年二十七始發憤爲學, 歲餘擧進士, 又擧茂才異等, 皆不中. 悉焚常所爲文, 閉戶益讀書, 遂通《六經》·百家之說, 下筆頃刻數千言. 至和·嘉祐間, 與其二子軾·轍皆至京師, 翰林學士歐陽修上其所著書二十二篇, 既出, 士大夫爭傳之, 一時學者競效蘇氏爲文章. 所著《權書》·《衡論》·《機策》, 文多不可悉錄, 錄其《心術》·《遠慮》二篇. ……宰相韓琦見其書, 善之, 奏於朝, 召試舍人院, 辭疾不至, 遂除秘書省校書郎. 會太常修纂建隆以來禮書, 乃以爲霸州文安縣主簿, 與陳州項城令姚辟同修禮書, 爲《太常因革禮》一百卷. 書成, 方奏未報, 卒. 賜其家

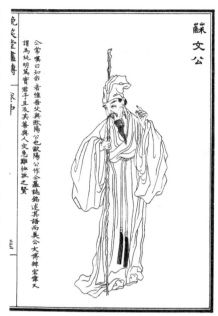

〈蘇文公(蘇洵)〉(晩笑堂畫傳)

縑·銀二百, 子軾辭所賜, 求贈官, 特贈光祿寺丞, 敕有司具舟載其喪歸蜀. 有文集二十卷·《謚法》三卷"이라 함.

2. 이 글은 《嘉祐集》(9), 《唐宋八大家文鈔》(112), 《崇古文訣》(21), 《古文關鍵》(下), 《文編》(31), 《文章辨體彙選》(399), 《古文淵鑑》(47), 《資治通鑑綱目前篇》(11), 《古文辭類纂》(3), 《古文約選》(3), 《古文觀止》(10), 《古文眞寶》(後集 7) 등에 실려 있음.

3. 사건 내용의 관련 기록들

(1) 《韓非子》難一篇

管仲有病, 桓公往問之, 曰:「仲父病, 不幸卒於大命, 將奚以告寡人?」管仲曰:「微君言, 臣故將謁之. 願君去豎刁, 除易牙, 遠衛公子開方. 易牙爲君主味, 君惟人肉未嘗, 易牙烝其子首而進之. 夫人情莫不愛其子, 今弗愛其子, 安能愛君? 君妒而好內, 豎刁自宮以治內. 人情莫不愛其身, 身且不愛, 安能愛君? 開方事君十五年, 齊·衛之間, 不容數日行, 棄其母, 久宦不歸. 其母不愛, 安能愛君? 臣聞之:『矜僞不長, 蓋虛不久.』願君去此三子者也.」管仲卒死, 而桓公弗行. 及桓公死, 蟲出尸不葬.

(2) 《呂氏春秋》知接篇

管仲有疾, 桓公往問之曰:「仲父之疾病矣, 將何以敎寡人?」管仲曰:「齊鄙人有諺曰: 居者無載, 行者無埋. 今臣將有遠行, 胡可以問?」桓公曰:「願仲父之無讓也.」管仲對

曰:「願君之遠易牙‧豎刁‧常之巫‧衛公子啓方.」公曰:「易牙烹其子以慊寡人, 猶尚可疑邪?」管仲對曰:「人之情, 非不愛其子也, 其子之忍, 又將何有於君?」公又曰:「豎刁自宮以近寡人, 猶尚可疑耶?」管仲對曰:「人之情, 非不愛其身也, 其身之忍, 又將何有於君?」公又曰:「常之巫審於死生, 能去苛病, 猶尚可疑邪?」管仲對曰:「死生命也, 苛病失也. 君不任其命‧守其本, 而恃常之巫, 彼將以此無不爲也.」公又曰:「衛公子啓方事寡人十五年矣, 其父死而不敢歸哭, 猶尚可疑邪?」管仲對曰:「人之情, 非不愛其父也, 其父之忍, 又將何有於君?」公曰:「諾.」管仲死, 盡逐之, 食不甘, 宮不治, 苛病起, 朝不肅. 居三年, 公曰:「仲父不亦過乎? 孰謂仲父盡之乎?」於是皆復召而反. 明年, 公有病, 常之巫從中出曰:「公將以某日薨. 易牙‧豎刁‧常之巫相與作亂, 塞宮門, 築高牆, 不通人, 矯以公令. 有一婦人踰垣入, 至公所.」公曰:「我欲食.」婦人曰:「吾無所得.」公又曰:「我欲飲.」婦人曰:「吾無所得.」公曰:「何故?」對曰:「常之巫從中出曰: 公將以某日薨. 易牙‧豎刁‧常之巫相與作亂, 塞宮門, 築高牆, 不通人, 故無所得. 衛公子啓方以書社四十下衛.」公慨焉歎涕出曰:「嗟乎! 聖人之所見, 豈不遠哉? 若死者有知, 我將何面目以見仲父乎?」蒙衣袂而絶乎壽宮. 蟲流出於戶, 上蓋以楊門之扇, 三月不葬. 此不卒聽管仲之言也. 桓公非輕難而惡管子也, 無由接見也. 無由接, 固却其忠言, 而愛其所尊貴也.

(3)《史記》齊太公世家

管仲病, 桓公問曰:「群臣誰可相者?」管仲曰:「知臣莫如君.」公曰:「易牙如何?」對曰:「殺子以適君, 非人情, 不可.」公曰:「開方如何?」對曰:「倍親以適君, 非人情, 難近.」公曰:「豎刀如何?」對曰:「自宮以適君, 非人情, 難親.」管仲死, 而桓公不用管仲言, 卒近用三子, 三子專權. 桓公病, 五公子各樹黨爭立. 及桓公卒, 遂相攻, 以故宮中空, 莫敢棺. 桓公尸在牀上六十七日, 尸蟲出于戶. 十二月乙亥, 無詭立, 乃棺赴. 辛巳夜, 斂殯.

(4)《說苑》權謀篇

管仲有疾, 桓公往問之, 曰:「仲父若棄寡人, 豎刁可使從政乎?」對曰:「不可. 豎刁自刑以求入君, 其身之忍, 將何有於君.」公曰:「然則易牙可乎?」對曰:「易牙解其子以食君, 其子之忍, 將何有於君, 若用之, 必爲諸侯笑.」及桓公歿, 豎刁易牙乃作難. 桓公死六十日, 蟲出於戶而不收.

(5)《管子》戒篇

管仲寢疾, 桓公往問之, 曰:「仲父之疾甚也, 若不可諱矣, 不幸而不起此疾, 彼政我將安移之?」管仲未對. 桓公曰:「鮑叔之爲人何如?」管子對曰:「鮑叔, 君子也, 千乘之

國不以其道予之, 不受也. 雖然, 不可以爲
政. 其爲人也, 好善而惡惡已甚, 見一惡終身
不忘.」桓公曰:「然則孰可?」管仲對曰:「隰朋
可. 朋之爲人, 好上識而下問. 臣聞之, 以德
予人者謂之仁, 以財予人者謂之良. 以善勝人
者, 未有服人者也. 于國有所不知政, 于家
有所不知事, 必則朋乎!且朋之爲人也, 居其
家不忘公門, 居公門不忘其家, 事君不二其
心, 亦不忘其身, 舉齊國之幣, 握路家五十
室, 其人不知也. 大仁也哉, 其朋乎!」公又問
曰:「不幸而失仲父也, 二三大夫者, 其猶能
以國寧乎?」管仲對曰:「君請釐已乎? 鮑叔
牙之爲人也好直, 賓胥無之爲人也好善, 寧
戚之爲人也能事, 孫在之爲人也善言.」公曰:
「此四子者, 其孰能一? 人之上也, 寡人幷而

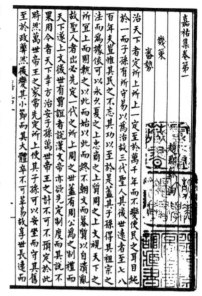

蘇洵《嘉祐集》(四部叢刊)

臣之, 則其不以國寧, 何也?」對曰:「鮑叔之爲人, 好直而不能以國詘;賓胥無之爲人
也, 好善而不能以國詘;寧戚之爲人, 能事而不能以足息;孫在之爲人, 善言而不能以
信黙. 臣聞之, 消息盈虛, 與百姓詘信, 然後能以國寧勿已者, 朋其可乎? 朋之爲人也,
動必量力, 舉必量技.」言終, 喟然而歎曰:「天之生朋, 以爲夷吾舌也, 其身死, 舌焉得
生哉!」管仲曰:「夫江, 黃之國近于楚, 爲臣死乎, 君必歸之楚而寄之;君不歸, 楚必私
之. 私之而不救也, 則不可;救之, 則亂自此始矣.」桓公曰:「諾.」管仲又言曰:「東郭有
狗嘽嘽, 旦暮欲齧, 我猥而不使也. 今夫易牙, 子之不能愛, 將安能愛君? 君必去之.」
公曰:「諾.」管子又言曰:「北郭有狗嘽嘽, 旦暮欲齧, 我猥而不使也. 今夫豎刁, 其身之
不愛, 焉能愛君? 君必去之.」公曰:「諾.」管子又言曰:「西郭有狗嘽嘽, 旦暮欲齧, 我
猥而不使也. 今夫衛公子開方, 去其千乘之太子而臣事君, 是所願也, 得于君者是將
欲過其千乘也, 君必去之.」桓公曰:「諾.」管子遂卒. 卒十月, 隰朋亦卒. 桓公去易牙·
豎刁·衛公子開方. 五味不至, 于是乎復反易牙;宮中亂, 復反豎刁;利言卑辭不在側,
復反衛公子開方. 桓公內不量力, 外不量交, 而力伐四鄰. 公薨, 六子皆求立, 易牙與
衛公子內與豎刁, 因共殺群吏, 而立公子無虧, 故公死七日不斂, 九月不葬. 孝公犇宋,
宋襄公率諸侯以伐齊, 戰于甗, 大敗齊師, 殺公子無虧, 立孝公而還. 襄公立十三年,
桓公立四十二年.

(6)《管子》小稱篇

管仲有病, 桓公往問之曰:「仲父之病病矣, 若不可諱而不起此病也, 仲父亦將何以詔寡人?」管仲對曰:「微君之命臣也, 故臣且謁之. 雖然, 君猶不能行也.」公曰:「仲父命寡人東, 寡人東; 令寡人西, 寡人西. 仲父之命于寡人, 寡人敢不從乎?」管仲攝衣冠起, 對曰:「臣願君之遠易牙·豎刁·堂巫·公子開方. 夫易牙以調和事公, 公曰惟烝嬰兒之未嘗, 于是烝其首子而獻之公, 人情非不愛其子也, 于子之不愛, 將何有于公? 公喜宮而妒, 豎刁自刑而爲公治內, 人情非不愛其身也, 于身之不愛, 將何有于公? 公子開方事公, 十五年不歸視其親, 齊衛之間, 不容數日之行. 臣聞之, 務爲不久, 蓋虛不長, 其生不長者, 其死必不終.」桓公曰:「善.」管仲死, 已葬, 公憎四子者廢之官. 逐堂巫而苛病起兵, 逐易牙而味不至, 逐豎刁而宮中亂, 逐公子開方而朝不治. 桓公曰:「嗟! 聖人固有悖乎?」乃復四子者. 處期年, 四子作難, 圍公一室不得出. 有一婦人, 遂從竇入, 得至公所, 公曰:「吾饑而欲食, 渴而欲飲, 不可得, 其故何也?」婦人對曰:「易牙·豎刁·堂巫·公子開方, 四人分齊國. 塗十日不通矣. 公子開方以書社七百下衛矣, 食將不得矣.」公曰:「嗟, 茲乎! 聖人之言長乎哉! 死者無知則已, 若有知, 吾何面目以見仲父于地下!」乃援素幭以裹首而絕. 死十一日, 蟲出于戶, 乃知桓公之死也, 葬以楊門之扇. 桓公之所以身死十一日, 蟲出戶而不收者, 以不終用賢也.

(7)《十八史略》(1)

管仲病, 桓公問:「羣臣誰可相? 易牙何如?」仲曰:「殺子以食君, 非人情, 不可近.」「開方何如?」曰:「倍親以適君, 非人情, 不可近.」蓋開方故衛公子來奔者也.「豎刁何如?」曰:「自宮以適君, 非人情, 不可近.」仲死, 公不用仲言, 卒近之. 三子專權, 公內寵, 如夫人者六, 皆有子. 公薨, 五公子爭立相攻, 公尸在床, 無殯斂者六十七日, 尸蟲出于戶.

024(3-2) 〈高祖論〉 .... 蘇老泉(蘇明允)

고조 유방劉邦을 논함

*〈高祖論〉: 漢 高祖(劉邦)가 미래에 대한 예측에 뛰어났음을 논한 글. 蘇洵은 高祖 劉邦은 呂氏들이 발호할 것임을 예견하고 周勃을 太衛에 임명하여 자신의 뒤를 이을 惠帝(劉盈))를 보필하도록 하면서 呂后를 제거하지는 않았으나, 呂后의 세력을 약화시키기 위하여 여후의 당이 될 동서 樊噲(여후 여동생 呂嬃 臨光侯의 남편)를 陳平과 周勃로 하여금 죽여 없애도록 하였지만 두 사람이 번쾌를 죽이지 않음으로써 결국 呂氏亂이 일어나게 되었으며, 다행히 樊噲가 미리 죽었기 때문에 여씨들이 주발에 의하여 모두 죽게 되어 유씨 왕실이 이어갈 수 있었던 것일 뿐, 결국 陳平과 周勃은 '고조의 걱정을 후세까지 남겨 놓았던 사람들'이라는 논리를 편 글임.

〈漢高祖(劉邦)〉(三才圖會)

1/5 ━━━━━━━━━

한漢 고조高祖는 술수를 끼고 술법을 써서 한때의 손익을 제압하는 면에 있어서는 진평陳平만 못하였고, 천하의 형세를 미리 헤아려 손가락만 들거나 눈짓만 해서 항우項羽를 위협하여 제압하는 면에서는 장량張良만 못하였다.

이들 두 사람이 아니었더라면 천하는 한나라로 귀속되지 못하였을 것

漢高祖

漢書高帝紀贊曰漢承堯
運德祖已盛斷蛇著符旗
幟尚赤協於火德自然之
應得天統矣

〈漢高祖(劉邦)〉(晚笑堂畫傳)

이며, 고조는 그저 나무처럼 뻣뻣한 사람에 그치고 말았을 것이다.

그러나 천하가 이미 안정되고 나서 후세 자손을 위한 계책은 진평이나 장량의 지혜도 미치지 못하는 바를 고조는 항상 먼저 후손을 위해 규획規畫을 세우고 처치處置하였으니, 후세에 일어날 일로 하여금 효연曉然히 마치 눈으로 그 일을 보는 듯 해내는 자였다.

대체로 고조의 지혜는 큰 것에는 밝으면서 작은 것에는 어두운 것이 여기에 이른 이후에 드러난 것이다.

고조는 일찍이 여후呂后에게 "주발周勃은 중후하고 겉치레가 적으니, 유씨劉氏 왕실을 안정시킬 자는 틀림없이 주발일 것이다. 그를 태위太尉로 삼을 만하다"라고 하였었다.

바로 이때에 유씨는 이미 안정되어 있는데 주발이 다시 장차 누구를 안정시킨다는 것인가?

그러므로 내 생각으로는 "고조가 태위 자리를 주발에게 주도록 위촉한 것은, 여씨呂氏의 화禍가 있을 것임을 알았기 때문일 것이다. 비록 그렇다고는 하나 여후를 제거하지 아니한 것은 어째서인가? 형세가 불가했기 때문이었다"라고 여기는 것이다.

漢高祖挾數用術, 以制一時之利害, 不如陳平, 揣摩天下之勢, 擧指搖目, 以劫制項羽, 不如張良.

微此二人, 則天下不歸漢, 而高帝乃木彊之人而止耳.

然天下已定, 後世子孫之計, 陳平·張良智之所不及, 則高帝常先爲之規畫處置, 使夫後世之所爲, 曉然如目見其事而爲之者.

蓋高帝之智, 明於大而暗於小, 至於此而後見也.

帝嘗語呂后曰:「周勃重厚少文, 然安劉氏者, 必勃也, 可令爲太尉.」

方是時, 劉氏旣安矣, 勃又將誰安耶?

故吾之意曰:「高帝之以太尉屬勃也, 知有呂氏之禍也. 雖然其不去呂后, 何也? 勢不可也.」

【漢高祖挾數用術, 以制一時之利害, 不如陳平】 '漢高祖'는 劉邦. 項羽와 秦나라를 멸하고 천하를 다툰 끝에 漢나라를 건국함. B.C.206-B.C.195년 在位.《史記》高祖本紀 및《漢書》高帝紀를 참조할 것. '挾數'는 술수를 끼고 신하를 다룸. '陳平'은 漢高祖 劉邦을 도왔던 천하를 제패하도록 한 功臣. 策略에 뛰어났음. 曹參이 죽은 뒤 左丞相에 올랐으며 曲逆侯에 봉해졌던 인물. 諡號는 獻侯.《史記》(56) 陳丞相世家와《漢書》(40) 陳平傳을 참조할 것.

【揣摩天下之勢, 擧指搖目, 以劫制項羽, 不如張良】 '揣摩'는 미루어 헤아리는 心靈術의 하나.《戰國策》秦策(1)에 "(蘇秦)乃夜發書, 陳篋數十, 得太公陰符之謀, 伏而誦之, 簡練以爲揣摩. 讀書欲睡, 引錐自刺其股, 血流至足. 曰:「安有說人主不能出其金玉錦繡, 取卿相之尊者乎?」期年揣摩成, 曰:「此眞可以說當世之君矣!」"라 하였고, 高誘 注에 "揣, 定也; 摩, 合也"라 함. 한편《鬼谷子》揣摩篇에는 "善用天下者, 必揣諸侯之情"이라 함. '劫制'는 위협하고 制御함. '擧指搖目'은 손가락을 들고 눈을 움직임. 아주 간단한 지시만으로 사람을 부릴 수 있음.《禮記》曲禮에 "六十日耆, 指使"라 하였고,《漢書》貢禹傳 "家富埶足, 目指氣指"의 顔師古 注에 "動目以指之, 出氣以使之"라 함. '項羽'는 項籍. 楚나라 장수의 後裔로 秦末 천하대란 때 가장 큰 세력으로 秦나라를 멸망시켰으나 뒤에 漢高祖와의 楚漢戰에 패하여 천하를 잃음.《史記》項羽本紀를 참조할 것. '張良'은 자는 子房. 韓나라 後裔로 秦始皇을 죽이려다 실패하자 下邳로 도망하여 黃石公의《太公兵法》을 얻어 秦末 천하대란 때에 劉邦을 도와 漢을 세우는 데 지대한 공을 세웠음. 뒤에

留侯에 封짐.《史記》留侯世家를 참조할 것.

【微此二人, 則天下不歸漢, 而高帝乃木彊之人而止耳】'微'는 '아니었더라면' 뜻을
나타내는 否定과 假定을 함께 표현하는 副詞.《軌範》注에 "無也"라 함. '木彊之
人'은 나무처럼 뻣뻣한 사람. 나무처럼 뻣뻣하기만 할 뿐 아무 일도 할 수 없는
사람.《史記》張昌傳 贊 "周昌, 木彊人也"의 〈正義〉에 "言其質直掘強, 如木石焉"이
라 하였고, 周勃傳에 "勃爲人木彊敦厚"라 하였으며,《漢書》顔師古 注에 "木爲質
朴"이라 함.《古文眞寶》注에 "抑"이라 함.

【然天下已定, 後世子孫之計, 陳平·張良智之所不及】'天下已定'은 高祖 劉邦이 천
하를 이미 평정함.《史記》樊噲傳에 "今天下已定, 又何憊也?"라 함. 여기서는 그럼
에도 후세를 위한 계책에 대해서는 진평이나 장량일지라도 그 漢高祖에 미치지
못함을 말함.

【則高帝常先爲之規畫處置, 使夫後世之所爲, 曉然如目見其事而爲之者】'先爲之規
畫'는 미리 후세 자손들을 위해 계획을 세움. '規'는 規와 같음. '處置'는 일을 처
리함. '使夫'는《嘉祐集》에는 '以中'으로 되어 있음. '以中'은 정확하게 맞춤. 예상했
던 대로 됨. '後世之所爲'는 후세(후손)에게 하는 바의 일들. '曉然'은 분명함. 훤히
밝음. '目見其事'은 눈으로 그 사건들 직접 봄.《古文眞寶》注에 "揚"이라 함.

【蓋高帝之智, 明於大而暗於小, 至於此而後見也】'明於大而暗於小'는 큰일에는 밝으
나 작은 일에는 어두움. 〈補注〉에 '明於大'는 "應後世子孫之計"라 하였고, '暗於小'
는 "應不如陳平·張良"이라 함. '見'(현)은 드러남. 現과 같음.《軌範》注에 "此一段,
如論之冒頭"라 함.

【帝嘗語呂后曰:「周勃重厚少文, 然安劉氏, 必勃也, 可令爲太尉.」】'嘗'은 다른 轉載
文에는 常으로 되어 있음. '呂后'(呂雉)는 漢高祖의 부인. 單父(선보) 사람 呂公이
秦亂을 피해 劉邦이 사는 沛 땅 豐邑에 와서 머물 때, 劉邦이 큰 인물임을 알고
자신의 딸 呂雉를 주어 결혼시켰음. 뒤에 高祖가 제위에 오르자 太后가 되었으
며 高祖가 죽은 뒤에는 스스로 권력을 잡아 女帝가 되어 B.C.187~B.C.180년까지
8년간 재위함. 아울러 자신의 친정 식구를 끌어들여 呂氏 天下를 이루고자 하였
음.《史記》呂太后本紀를 참조할 것. 한편《史記》高祖本紀에 "高祖病甚, 呂后問:
「陛下百歲後, 蕭相國卽死, 令誰代之?」上曰:「曹參可.」問:「其次?」上曰:「王陵可,
然陵少戇. 陳平可以助之. 陳平智有餘, 然難以獨任, 周鉢厚重少文, 然安劉氏者, 必
勃也, 可令爲太尉.」라 하였음. '周勃'은 漢高祖의 공신 중의 하나. 뒤에 絳侯에 봉

해짐. 《史記》 絳侯周勃世家를 참조할 것. '重厚'는 《嘉祐集》에는 '厚重'으로 되어
있음. '少文'은 겉치레를 적게 함. 周勃의 성품이 質朴함을 뜻함. '劉氏'는 漢나라
高祖 劉邦의 劉氏 王室을 말함. '安劉氏'는 《嘉祐集》에는 '安劉氏者'라 하여 '者'자
가 더 있어 뜻이 명확함. '太尉'는 漢나라 때 最高 관직의 하나로 丞相, 御史大夫
와 함께 三公이라 불렸음. 太尉는 최고 군사 책임자, 丞相은 행정 책임자, 御使大
夫는 司法의 최고 책임자였음. 《史記》 袁盎傳에 "絳侯爲太尉, 主兵柄"이라 함. '帝
常於呂后曰' 다음에 《古文眞寶》 注에 "入實事第一段, 思量未盡"이라 함.

【方是時, 劉氏旣安矣, 勃又將誰安耶】 '한나라가 이미 안정되었는데 주발이 무엇을
안정시킨다는 것인가?'의 뜻.

【故吾之意曰:「高帝之以太尉屬勃也, 知有呂氏之禍也. 雖然其不去呂后, 何也? 勢不
可也.」】 '屬'은 囑과 같음. 위촉함. 부탁함. 당부함. 임명함. '呂氏之禍'는 한고조가
죽은 뒤 呂后가 권력을 잡자, 劉邦과 다른 여인 사이에 난 자식들을 모두 죽이
고 呂氏 집안사람들을 모아 세력을 구축한 것. 특히 戚夫人을 아주 잔인하게 학
대하고 죽인 사건으로 유명함. '知有呂氏之禍也' 다음에 《軌範》 注에 "此一問, 可
見老泉讀書有眼力, 作文有筆力, 衆人讀《漢書》, 然後安劉氏必勃. 可令爲太尉二句,
只說高帝知勃重厚. 可當大事, 誰能思量劉氏旣安矣. 勃又將誰安耶? '高帝之以太
尉屬勃也, 知有呂氏之禍也'四句, 老泉學識, 未易及也"라 함. 〈補注〉에 "知有呂氏
禍, 此帝之智'明於大'; 不知勃之有憂, 此帝之智'暗於小'也"라 하였고, 《古文眞寶》
注에는 "文不斷"이라 하였고, '勢不可也' 다음에는 "第二段, 思量也未盡"이라 함.
〈補注〉에는 "時未可去"라 함.

2/5 ——————————

옛날 무왕武王이 죽고 성왕成王이 어려 삼감三監이 반란을 일으켰다.

고조의 생각은 자신이 죽은 뒤 장군과 재상, 대신 및 제후왕들이 마
치 무경武庚이나 녹보祿父처럼 구는 자가 있게 되면 이들을 제압할 수
없을 것이라 여겼던 것이다.

홀로 계책을 세우되 "집안에 줏대 있는 어머니가 있으면 힘센 노비나
독한 여종이라도 감히 약한 어린 아들에게 대항하지 못할 것이다. 여씨
는 나를 도와 천하를 평정하여 제후와 대신들이 평소 두려워하고 복종

하는 대상이니, 오직 이렇게 하는 것이 그들의 사심邪心을 진압하여 내 뒤를 이을 사자嗣子, 劉盈가 장년이 되기를 기다릴 수 있을 것이다"라고 여겼던 것이다.

그러므로 여후를 제거하지 않은 것은 혜제惠帝, 劉盈를 위한 계책이었 던 것이다.

여후를 이왕 제거할 수 없으니 그 까닭으로 그의 무리를 깎아버리고 그의 권력을 덜어서, 비록 변고가 있다 해도 천하가 요동치지 않도록 한 것이다.

이 까닭으로 번쾌樊噲가 공이 있었음에도 하루아침에 참수하여 없애 버리려 하면서 아무런 망설임도 없었던 것이다.

昔者, 武王沒, 成王幼而三監叛.
帝意百歲後, 將相大臣及諸侯王, 有如武庚·祿父, 而無有以制 之也.
獨計以爲「家有主母, 而豪奴悍婢, 不敢與弱子抗. 呂氏佐帝定 天下, 爲諸侯大臣素所畏服, 獨此可以鎭壓其邪心, 以待嗣子之 壯.」
故不去呂后者, 爲惠帝計也.
呂后旣不可去, 故削其黨, 以損其權, 使雖有變, 而天下不搖.
是故以樊噲之功, 一旦遂欲斬之而無疑.

【昔者, 武王沒, 成王幼而三監叛】'武王'은 西伯 昌(姬昌)의 아들 武王(姬發). '三監'은 周武王이 殷을 멸한 다음 殷나라 流民들을 慰撫하기 위해 紂王의 아들 武庚과 祿父를 殷의 옛 땅에 봉하고 대신 武王의 아우들 管叔과 蔡叔, 霍叔으로 하여 금 이들을 감시토록 함. 그러나 武王이 죽고 어린 成王(姬誦)이 왕이 되어 武王의 아우 周公(姬旦)이 攝政을 하자 이들은 주공이 성왕을 대신하여 왕이 될 것이라 는 유언을 퍼뜨리며 武庚과 결탁하여 난을 일으켰음. 이를 '三監之亂'이라 하며

周公이 東征하여 이들을 평정하고 대신 微子啓를 宋에 봉하여 은나라 제사를 잇도록 함. 이를 周公東征이라 함. 《史記》周本紀에 "周武王遂斬紂頭, 縣之大白旗. 殺妲己. 釋箕子之囚, 封比干之墓, 表商容之閭. 封紂子武庚·祿父, 以續殷祀, 令修行盤庚之政. 殷民大說. ……周武王崩, 武庚與管叔·蔡叔作亂, 成王命周公誅之, 而立微子於宋, 以續殷後焉"이라 함. 《古文眞寶》注에 "三監, 謂管叔, 蔡叔, 霍叔"이라 함. 〈補注〉에 "武王, 比高帝;成王, 比惠帝;三監, 比諸將大臣"이라 함.

【帝意百歲後, 將相大臣及諸侯王, 有如武庚·祿父, 而無有以制之也】'百歲後'는 자신이 죽은 뒤를 말함. 〈補注〉에 "應武王沒"이라 하였고, '將相大臣'은 "應三監叛"이라 함. '有如武庚·祿父'는 《嘉祐集》에는 '有武庚·祿父者'로 되어 있음. '武庚'과 '祿父'(록보)는 殷의 末王 紂의 아들들. 武王이 殷의 제사를 잇도록 이들을 殷의 舊地에 봉했으나 管叔, 蔡叔, 霍叔과 결탁하여 난을 일으켰다가 망함. '制之'는 그들을 제압함.

【獨計以爲「家有主母, 而豪奴悍婢, 不敢與弱子抗. 呂氏佐帝定天下, 爲大臣素所畏服, 獨此可以鎭壓其邪心, 以待嗣子之壯.」】'獨計'는 혼자서 계책을 세움. '以爲'는 아래 문장 전체를 포괄함. '主母'는 한 집안의 주인이 되는 부인. 여기서는 呂后를 비유함. '豪奴'는 힘이 센 노복. '悍婢'는 사나운 여종. 다루기 힘든 아랫사람들을 비유함. 〈補注〉에 "〈呂后紀〉:呂后爲人剛毅, 佐高祖定天下, 所誅大臣, 多呂后力"이라 함. 《古文眞寶》注에 "句法"이라 함. '呂氏'는 《嘉祐集》에는 '呂后'로 되어 있음. '爲諸侯大臣'은 《嘉祐集》에는 '爲大臣'이라 하여 '諸侯'가 생략되어 있음. '嗣子'는 뒤를 이을 아들. 즉 惠帝(劉盈:B.C.194-B.C.188년 재위)를 가리킴. 劉邦과 呂后 사이에 난 아들로 劉邦이 戚夫人과 사이에 난 如意를 태자로 삼고자 하였으나 留侯 張良의 기지로 商山四皓를 불러옴으로써 무산되어 惠帝가 뒤를 잇게 됨. 《史記》呂太后本紀에 "呂太后者, 高祖微時妃也, 生孝惠帝·女魯元太后. 及高祖爲漢王, 得定陶戚姬, 愛幸, 生趙隱王如意. 孝惠爲人仁弱, 高祖以爲不類我, 常欲廢太子, 立戚姬子如意, 如意類我. 戚姬幸, 常從上之關東, 日夜啼泣, 欲立其子代太子. 呂后年長, 常留守, 希見上, 益疏. 如意立爲趙王後, 幾代太子者數矣, 賴大臣爭之, 及留侯策, 太子得毋廢."라 함. 《古文眞寶》注에 "下語造字運意, 甚精到"라 함. '獨此'의 '此'는 여후로 하여금 周勃을 太尉로 삼아 다른 이들의 사심을 막고 惠帝가 장성하여 자신의 뒤를 이을 수 있을 때까지 기다릴 수 있게 되도록 하고자 한 것을 말함.

【故不去呂后者, 爲惠帝計也】'不去呂后'는 呂后를 제거하지 않음.〈補注〉에 "此高帝
之明智於大也.《能改齋漫錄》云:「老蘇明允云'不去呂后者, 爲惠帝計也'. 按唐李德裕
〈羊祜留賈充論〉云'漢高不去呂后', 亦近于此. 漢高嬖戚姬, 愛如意. 思其久安之計,
至于悲歌不樂, 豈不知除去呂后, 必無後禍? 況呂后年長有過, 稀復進見? 漢高棄
之, 如去塵垢, 實以惠帝闇弱, 必不能自攬乾綱, 其將相皆平生故人, 俱起豐沛, 非呂
后剛彊, 不能臨制. 所以存之, 爲社稷也. 乃知老蘇本此"라 함. 한편《嘉祐集》에는
'呂后'가 '呂氏'로 되어 있음.《軌範》注에 "又揣摩高帝不去呂后之意, 作一段議論,
皆是駕空憑虛, 自出新意, 無中生有, 文法最高. ○此一段如論之原題"라 함.

【呂后旣不可去, 故削其黨, 以損其權, 使雖有變, 而天下不搖】'削其黨'은 呂后 주변
의 인물들 깎아 없애버림. '以損其權'은 이로써 呂氏의 권력을 덜어버림.《古文眞
寶》注에 "第三段, 思量力盡"이라 함. '不搖' 다음에《古文眞寶》注에 "一篇之精
神, 全在此句, 有挽萬鈞力"이라 함.

【是故以樊噲之功, 一旦遂欲斬之而無疑】'樊噲'는 高祖의 功臣 중 하나. 원래 項羽
와 같은 고향 사람으로 개백정이었으나 劉邦을 따라 나서서 많은 공을 세웠으
며 뒤에 舞陽侯에 봉해짐. 呂后의 동생을 아내로 맞아 呂氏 집안과 친밀한 관계
가 됨.《史記》(95) 樊酈滕灌列傳에 "舞陽侯樊噲者, 沛人也. 以屠狗爲事, 與高祖俱
隱"이라 함. 특히 鴻門宴에서 項羽의 숙부 項莊이 칼춤을 추며 劉邦을 죽이려
하였을 때에, 뛰어 들어가 高祖를 구해낸 인물로 유명함. '一旦'은 하루아침. 어느
날. 어떤 이가 고조가 죽으면 번쾌는 여후와 힘을 합쳐 戚夫人과 그 집안을 없
앨 것이라 하였음. 이에 고조는 번쾌가 큰 공을 세웠던 인물이며 자신의 동서임
에도 그를 참수하여 없애는데 전혀 망설임이 없었음. '無疑'는 '망설임이 없다'의
뜻에 가까움.《軌範》補注에 "爲後世子孫之計, 莫如削呂氏黨. 此帝之智, 明於大處"
라 함.

3/5 ————————

아! 저가 어찌 유독 번쾌에게만 인자하지 않았겠는가!

게다가 번쾌는 고조와는 함께 기병하여 성城을 뽑고 적진을 함락시
켰으니 공이 적다고 할 수 없으며, 바야흐로 아보亞父 범증范增이 항장
項莊을 사주하여 유방을 죽이라 했을 때 번쾌가 항우를 꾸짖지 않았더

라면 한나라는 한나라가 될 수
있었을 것인지는 알 수 없었다.

  하루아침에 어떤 사람이 번
쾌를 악담하여 척씨戚氏를 멸
족시키려 한다는 자가 있었고,
그 때 마침 번쾌는 연燕의 노
관盧綰을 치러 출정 중이었는
데 고조는 곧바로 진평과 주발
에게 명하여 그 군중軍中에 가
서 번쾌를 참수해 버리도록 하
였다.

  무릇 번쾌의 죄가 아직 형성
되지도 않았고, 악담을 한 자의
진위도 반드시 그런 것이 아니

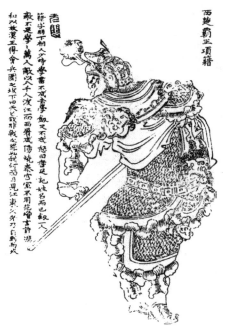

〈西楚霸王項羽〉(項籍) 淸 金古良《無雙譜》

었으며, 게다가 고조라면 한 여자 척부인을 이유로 천하의 공신을 죽일
리도 없음은 역시 명확한 것이다.

  번쾌는 여씨에게 장가를 들어 여씨 일족, 이를테면 여산呂産, 여록呂祿
같은 무리들은 모두가 용렬한 재주여서 근심할 만한 대상도 아니었으며,
유독 번쾌만은 호건豪健하여 여러 장수들도 능히 제압할 수 있는 자가
아니어서, 후세의 재앙이 될 자로서는 이보다 더 큰 상대는 없었다.

  嗚呼! 彼獨於噲不仁耶!
  且噲與帝偕起, 拔城陷陣, 功不爲少, 方亞父喉項莊時, 微噲譙
羽, 則漢之爲漢, 未可知也.
  一旦人有惡噲欲滅戚氏者, 時噲出伐燕, 立命平·勃, 卽軍中斬
之.
  夫噲之罪未形也, 惡之者誠僞, 未必也, 且帝之不以一女子斬天

下功臣, 亦明矣.

　彼其娶於呂氏, 呂氏之族, 若産·祿輩, 皆庸才不足邮, 獨噲豪健, 諸將所不能制, 後世之患, 無大於此者矣.

【嗚呼! 彼獨於噲不仁耶】'彼獨於噲'는《嘉祐集》에는 '彼豈獨於噲'라 하여 '豈'자가 더 있어 뜻이 명확함.

【且噲與帝偕起, 拔城陷陣, 功不爲少, 方亞父嗾項莊時, 微噲譙羽, 則漢之爲漢, 未可知也】'偕起'는 樊噲는 劉邦과 함께 군사를 일으켜 抗秦隊列에 나섰음. '拔城陷陣' 다음에 〈補注〉에는 "就噲之功而論, 尤不宜遽斬之"라 함. '功不爲少'의 뒤에 《嘉祐集》에는 '矣'자가 더 있음. '亞父'는 項羽의 軍師 范增. 項羽는 평소에 그를 존경하여 '亞父'라 불렀음. 그런데 鴻門宴에서 劉邦을 죽이도록 눈짓을 하였으나 듣지 않자 천하를 차지할 자는 劉邦이라 탄식하고는 뒤에 項羽를 떠나 彭城으로 가겠다고 나섰다가 등창이 나서 죽고 말았음.《史記》項羽本紀에 "歷陽侯范增曰:「漢易與耳, 今釋弗取, 後必悔之.」項王乃與范增急圍滎陽. 漢王患之, 乃用陳平計閒項王. 項王使者來, 爲太牢具, 擧欲進之. 見使者, 詳驚愕曰:「吾以爲亞父使者, 乃反項王使者.」更持去, 以惡食食項王使者. 使者歸報項王, 項王乃疑范增與漢有私, 稍奪之權. 范增大怒, 曰:「天下事大定矣, 君王自爲之. 願賜骸骨歸卒伍.」項王許之. 行未至彭城, 疽發背而死"라 함. '項莊'은 項羽의 숙부. 鴻門宴에서 范增은 項莊을 시켜 술자리에서 칼춤을 추다가 기회를 보아 劉邦을 찔러 죽이도록 하였으나 번쾌가 이를 알고 뛰어 들어 劉邦의 죽음을 막아내었음.《史記》項羽本紀에 "沛公旦日從百餘騎來見項王, 至鴻門, 謝曰:「臣與將軍戮力而攻秦, 將軍戰河北, 臣戰河南, 然不自意能先入關破秦, 得復見將軍於此. 今者有小人之言, 令將軍與臣有郤.」項王曰:「此沛公左司馬曹無傷言之;不然, 籍何以至此.」項王卽日因留沛公與飮. 項王·項伯東嚮坐. 亞父南嚮坐. 亞父者, 范增也. 沛公北嚮坐, 張良西嚮侍. 范增數目項王, 擧所佩玉玦以示之者三, 項王黙然不應. 范增起, 出召項莊, 謂曰:「君王爲人不忍, 若入前爲壽, 壽畢, 請以劍舞, 因擊沛公於坐, 殺之. 不者, 若屬皆且爲所虜.」莊則入爲壽, 壽畢, 曰:「君王與沛公飮, 軍中無以爲樂, 請以劍舞.」項王曰:「諾.」項莊拔劍起舞, 項伯亦拔劍起舞, 常以身翼蔽沛公, 莊不得擊. 於是張良至軍門, 見樊噲. 樊噲曰:「今日之事何如?」良曰:「甚急. 今者項莊拔劍舞, 其意常在

沛公也.」噲曰:「此迫矣, 臣請入,
與之同命.」噲卽帶劍擁盾入軍門.
交戟之衛士欲止不內, 樊噲側其盾
以撞, 衛士仆地, 噲遂入, 披帷西
嚮立, 瞋目視項王, 頭髮上指, 目眥
盡裂. 項王按劍而跽曰:「客何爲
者?」張良曰:「沛公之參乘樊噲者
也.」項王曰:「壯士, 賜之卮酒.」則
與斗卮酒. 噲拜謝, 起, 立而飲之.
項王曰:「賜之彘肩.」則與一生彘肩.
樊噲覆其盾於地, 加彘肩上, 拔劍
切而啗之. 項王曰:「壯士, 能復飲
乎?」樊噲曰:「臣死且不避, 卮酒安

〈樊噲〉明末淸初 馬駘(畫)《馬駘畫寶》

足辭! 夫秦王有虎狼之心, 殺人如不能擧, 刑人如恐不勝, 天下皆叛之. 懷王與諸將
約曰‘先破秦入咸陽者王之’. 今沛公先破秦入咸陽, 豪毛不敢有所近, 封閉宮室, 還
軍霸上, 以待大王來. 故遣將守關者, 備他盜出入與非常也. 勞苦而功高如此, 未有
封侯之賞, 而聽細說, 欲誅有功之人. 此亡秦之續耳, 竊爲大王不取也.」項王未有以
應, 曰:「坐.」樊噲從良坐. 坐須臾, 沛公起如廁, 因招樊噲出. 沛公已出, 項王使都尉
陳平召沛公. 沛公曰:「今者出, 未辭也, 爲之奈何?」樊噲曰:「大行不顧細謹, 大禮不
辭小讓. 如今人方爲刀俎, 我爲魚肉, 何辭爲?」於是遂去. 乃令張良留謝. 良問曰:「大
王來何操?」曰:「我持白璧一雙, 欲獻項王, 玉斗一雙, 欲與亞父, 會其怒, 不敢獻.
公爲我獻之」張良曰:「謹諾.」當是時, 項王軍在鴻門下, 沛公軍在霸上, 相去四十里.
沛公則置車騎, 脫身獨騎, 與樊噲·夏侯嬰·靳彊·紀信等四人持劍盾步走, 從酈山下,
道芷陽閒行. 沛公謂張良曰:「從此道至吾軍, 不過二十里耳. 度我至軍中, 公乃入.」
沛公已去, 閒至軍中, 張良入謝, 曰:「沛公不勝桮杓, 不能辭. 謹使臣良奉白璧一雙,
再拜獻大王足下; 玉斗一雙, 再拜奉大將軍足下.」項王曰:「沛公安在?」良曰:「聞大王
有意督過之, 脫身獨去, 已至軍矣.」項王則受璧, 置之坐上. 亞父受玉斗, 置之地,
拔劍撞而破之, 曰:「唉! 豎子不足與謀. 奪項王天下者, 必沛公也, 吾屬今爲之虜
矣.」沛公至軍, 立誅殺曹無傷.”이라 함.《古文眞寶》注에 “亞父, 謂范亞父”라 함.
‘嗾’(주)는 ‘使嗾하다’의 뜻. 劉邦을 죽이도록 지시하였음을 말함. ‘譙羽’는 항우를 질책하여 꾸짖음. 위의 원문을 볼 것. 한편《嘉祐集》에는 '譙'가 '誚讓' 두 글자로 되어 있음. '譙'는 誚와 같음. 〈補注〉에 "〈樊噲傳〉:'是日微樊噲犇入營, 誚讓項羽, 沛公事幾殆.'〈索隱〉:「誚, 責也, 亦或作譙.」《蒼頡篇》:「譙, 訶也.」"라 함.《古文眞寶》注에 "譙羽, 謂樊噲責項羽"라 함.

【一旦人有惡噲欲滅戚氏者, 時噲出伐燕, 立命平・勃, 卽軍中斬之】'惡'는 惡評을 함. 모함을 함. '戚氏'는 高祖 劉邦이 가장 아끼던 戚夫人 일족으로 戚夫人은 如意를 낳아 고조는 如意가 자신을 닮았다고 하여 如意를 태자로 삼으로 하였음. 이에 번쾌(여후 여동생이 아내였음)가 여씨 집안과 일당이 되어 척씨 집안을 멸족시키려 한다고 악담을 한 것임. '燕'은 지금의 河北 지역 北京(薊)을 중심으로 한 옛 春秋戰國시대 燕나라 땅. 高祖의 공신 盧綰이 반란을 일으키려 하자 樊噲는 대장이 되어 정벌에 나섰던 것이며, 이 때 高祖는 陳平과 周勃에게 그 기회에 가서 軍中에서 번쾌를 죽여 없애도록 명하였으나, 진평은 呂后의 보복이 두려워 번쾌를 죽이지 않은 채 長安으로 호송하였음. 그런데 長安에 도착하자 고조가 이미 죽은 뒤여서 樊噲는 즉시 석방되고, 陳平도 무사할 수 있었음.《史記》樊噲傳에 "其後盧綰反, 高帝使噲以相國擊燕. 是時高帝病甚, 人有惡噲黨於呂氏, 卽上一日宮車晏駕, 則噲欲以兵盡誅滅戚氏・趙王如意之屬. 高帝聞之大怒, 乃使陳平載絳侯代將, 而卽軍中斬噲. 陳平畏呂后, 執噲詣長安. 至則高祖已崩, 呂后釋噲, 使復爵邑"라 함.《古文眞寶》注에 "只使二子, 是何意?"라 함.

【夫噲之罪未形也, 惡之者誠僞, 未必也, 且帝之不以一女子斬天下功臣, 亦明矣】'未形'은 아직 죄가 겉으로 드러나 형성되지 않음. '誠僞'은 眞僞와 같음. 사실 여부를 알 수 없음. '未必也' 다음에 〈補注〉에는 "就事實而論, 亦不宜遽斬之"라 함. '且帝'는《嘉祐集》에는 '且高帝'로 되어 있음. '天下之功臣' 다음에 〈補注〉에는 "就帝爲人而論, 亦必不遽斬之"라 함.

【彼其娶於呂氏, 呂氏之族, 若産・祿輩, 皆庸才不足卹, 獨噲豪健, 諸將所不能制, 後世之患, 無大於此者矣】'彼其娶於呂氏'는 樊噲가 呂后의 동생에게 장가들었음을 말함. 〈補注〉에 "'彼其'이하, 說欲斬噲而無疑. 高帝逆知呂氏之禍, 而噲娶於呂氏. 若一旦合謀, 事不可爲, 不知削其黨以損其權. 此所以欲斬噲而不疑. 要皆爲後世子孫之計也. 高帝之規畫處置, 以中後世之所爲, 其智明於大, 于此見之矣"라 함.《史記》樊噲傳에 "噲以呂后女弟呂須爲婦, 生子伉, 故其比諸將最親"이라 함. '産・祿'은 呂産과 呂祿. 모두 呂后의 조카들. 여후 오빠의 아들.《古文眞寶》注에 "産・祿,

指呂産·呂祿"이라 함. 이들은 漢室을 呂氏 일가의 왕조로 구축하려 하였음.《史記》呂太后本紀에 "七年秋八月戊寅, 孝惠帝崩. 發喪, 太后哭, 泣不下. 留侯子張爲侍中, 年十五, 謂丞相曰:「太后獨有孝惠, 今崩, 哭不悲, 君知其解乎?」丞相曰:「何解?」辟彊曰:「帝毋壯子, 太后畏君等. 君今請拜呂台·呂産·呂祿爲將, 將兵居南北軍, 及諸呂皆入宮, 居中用事, 如此則太心安, 君等幸得脫禍矣.」丞相迺如辟彊計. 太后說, 其哭迺哀. 呂氏權由此起. 迺大赦天下. 九月辛丑, 葬. 太子卽位爲帝, 謁高廟. 元年, 號令一出太后"라 하였고, 같은 곳에 "六年十月, 太后曰呂王嘉居處驕恣, 廢之, 以肅王台弟呂産爲呂王. ······建成康侯釋之卒, 嗣子有罪, 廢, 立其弟呂祿爲胡陵侯, 續康侯後"라 함. '庸才'는 庸劣한 才能. '不足卹'은 족히 걱정할 대상도 되지 않음.《軌範》注에 "本以高帝病中, 命平勃斬樊噲事, 有所見, 遂作〈高祖論〉前面不說破畢. 逐節出新意立奇論, 直到此方入事"라 함.

4/5 ————————————

무릇 고제가 여후 보기를 마치 의원醫員이 근초董草를 보는 정도와 같아 그 독으로 하여금 가히 병을 치료하도록 할 뿐, 사람을 죽이는 데에는 이르지 않도록 한 것이니, 만약 번쾌가 죽는다 해도 여씨의 독은 사람을 죽이는 데에는 이르지 않을 것이라 여겼으니, 고조는 이는 자신이 죽은 후에도 근심거리가 되지 않을 것이라 여겼던 것이다.

그러나 진평과 주발은 고조의 근심을 남겨놓은 자 등이다.

번쾌의 죽음은 혜제 6년이니 이는 하늘의 뜻이다.

그로 하여금 그 때 죽지 않고 그대로 있게 했다면 여록을 속일 수 없었을 것이며, 태위 주발은 북군北軍으로 들어가 여씨 일족을 모두 죽여 없앨 수도 없었을 것이다.

夫高帝之視呂后, 猶醫者之視董也, 使其毒可使治病, 而無至於殺人而已;噲死, 則呂氏之毒, 將不至於殺人, 高帝以爲是足以死而無憂矣.

彼平·勃者, 遺其憂者也.

噲之死於惠帝之六年, 天也.
使之尚在, 則呂祿不可紿, 太尉不得入北軍矣.

【夫高帝之視呂后, 猶醫者之視菫也, 使其毒可使治病, 而無至於殺人而已】'呂后' 다
음에 《嘉祐集》에는 '也'자가 더 들어 있음. '菫'은 제비꽃, 혹 딱총나무, 또는 말오
줌나무의 일종으로 毒性이 있어 사용 방법에 따라 사람의 병을 고치기도 하고
죽게도 함. 혹 苦茱, 烏頭, 烏喙라고도 함. 《古文眞寶》注에 "菫, 苦茱"라 함. '可使
治病'은 《嘉祐集》에는 '可以使治病'으로 되어 있음. 〈補注〉에 "應鎭壓其邪心, 以待
嗣子之壯"이라 함. '而已' 다음에 《嘉祐集》에는 '矣'자가 더 들어 있음. 〈補注〉에
는 "使惠帝得立"이라 함.

【噲死, 則呂氏之毒, 將不至於殺人, 高帝以爲是足以死而無憂矣】'噲'는 《嘉祐集》에
는 '樊噲'로 되어 있음.

【彼平·勃者, 遺其憂者也】'平·勃'은 陳平(獻侯)과 周勃(絳侯). '遺其憂'는 고조의 걱
정을 후세에까지 남김. 즉 樊噲를 죽이도록 한 일을 실행하지 않아 呂氏 跋扈의
씨앗을 그대로 남겨두게 되었음을 말함. 〈補注〉에 "謂不知帝意而活噲"라 함.

【噲之死於惠帝之六年, 天也】'惠帝'는 漢 2대 황제 劉盈. '六年'은 B.C.189년. 이듬
해 惠帝가 죽고 B.C.187－B.C.180년까지 본격적인 呂后의 시대가 되었다가 그 뒤
文帝(劉恒)가 다시 劉氏 王朝를 회복함. '六年' 다음에 《嘉祐集》에는 '也'자가 더
있음. 〈補注〉에 "《史記》噲傳: 「孝惠六年, 樊噲卒, 諡武侯.」"라 함.

【使之尙在, 則呂祿不可紿, 太尉不得入北軍矣】'紿'는 '속이다'의 뜻. 여후가 죽은
뒤, 長安의 군대는 남북 양군으로 나뉘어져 있었으며, 呂産과 呂祿 두 사람이 지
휘를 맡아, 太尉 周勃(絳侯)조차도 軍中으로 들어갈 수가 없었음. 마침 齊王이 呂
氏 토벌의 군사를 일으키자, 周勃은 陳平과 의논한 끝에, 呂祿에게 첩자를 보내
어 여록으로 하여금 자신의 봉지 趙로 돌아가도록 속였음. 이에 여록이 이를 믿
고 北軍의 지휘권을 내놓자 周勃은 북군으로 들어가 군사들을 선동하여 呂氏
일족을 모두 죽여 버리고, 劉恒을 皇帝로 옹립하였으며 이가 漢나라 3대 황제
文帝가 됨. 《史記》呂太后本紀에 "八月庚申旦, 平陽侯窋行御史大夫事, 見相國産計
事. 郎中令賈壽使從齊來, 因數産曰: 「王不蚤之國, 今雖欲行, 尙可得邪?」 具以灌嬰
與齊楚合從, 欲誅諸呂告産, 迺趣産急入宮. 平陽侯頗聞其語, 迺馳告丞相·太尉.

太尉欲入北軍, 不得入. 襄平侯通尙符節. 迺令持節矯內太尉北軍. 太尉復令酈寄與典客劉揭先說呂祿曰:「帝使太尉守北軍, 欲足下之國, 急歸將印辭去, 不然, 禍且起.」呂祿以爲酈兄不欺己, 遂解印屬典客, 而以兵授太尉. 太尉將之入軍門, 行令軍中曰:「爲呂氏右襢, 爲劉氏左襢.」軍中皆左襢爲劉氏. 太尉行至, 將軍呂祿亦已解上將印去, 太尉遂將北軍. 然尙有南軍. 平陽侯聞之, 以呂產謀告丞相平, 丞相平迺召朱虛侯佐太尉. 太尉令朱虛侯監軍門. 令平陽侯告衛尉:「毋入相國產殿門.」呂產不知呂祿已去北軍, 迺入未央宮, 欲爲亂, 殿門弗得入, 裴回往來. 平陽侯恐弗勝, 馳語太尉. 太尉尙恐不勝諸呂, 未敢訟言誅之, 迺遣朱虛侯謂曰:「急入宮衛帝.」朱虛侯請卒, 太尉予卒千餘人. 入未央宮門, 遂見產廷中. 日餔時, 遂擊產. 產走, 天風大起, 以故其從官亂, 莫敢鬪. 逐產, 殺之郎中府吏廁中. 朱虛侯已殺產, 帝命謁者持節勞朱虛侯. 朱虛侯欲奪節信, 謁者不肯, 朱虛侯則從與載, 因節信馳走, 斬長樂衛尉呂更始. 還, 馳入北軍, 報太尉. 太尉起, 拜賀朱虛侯曰:「所患獨呂產, 今已誅, 天下定矣.」遂遣人分部悉捕諸呂男女, 無少長皆斬之. 辛酉, 捕斬呂祿, 而笞殺呂嬃. 使人誅燕王呂通, 而廢魯王偃. 壬戌, 以帝太傅食其復爲左丞相. 戊辰, 徙濟川王王梁, 立趙幽王子遂爲趙王. 遣朱虛侯章以誅諸呂氏事告齊王, 令罷兵. 灌嬰兵亦罷滎陽而歸. 諸大臣相與陰謀曰:「少帝及梁·淮陽·常山王, 皆非眞孝惠子也. 呂后以計詐名他人子, 殺其母, 養後宮, 令孝惠子之, 立以爲後, 及諸王, 以彊呂氏. 今皆已夷滅諸呂, 而置所立, 即長用事, 吾屬無類矣. 不如視諸王最賢者立之.」或言「齊悼惠王高帝長子, 今其適子爲齊王, 推本言之, 高帝適長孫, 可立也」. 大臣皆曰:「呂氏以外家惡而幾危宗廟, 亂功臣今齊王母家駟(鈞), 駟鈞, 惡人也. 即立齊王, 則復爲呂氏.」欲立淮南王, 以爲少, 母家又惡. 迺曰:「代王方今高帝見子, 最長, 仁孝寬厚. 太后家薄氏謹良. 且立長故順, 以仁孝聞於天下, 便.」迺相與共陰使人召代王. 代王使人辭謝. 再反, 然後乘六乘傳. 後九月晦己酉, 至長安, 舍代邸. 大臣皆往謁, 奉天子璽上代王, 共尊立爲天子. 代王數讓, 群臣固請, 然後聽. 東牟侯興居曰:「誅呂氏吾無功, 請得除宮.」迺與太僕汝陰侯滕公入宮, 前謂少帝曰:「足下非劉氏, 不當立.」乃顧麾左右執戟者掊兵罷去. 有數人不肯去兵, 宦者令張澤諭告, 亦去兵. 滕公迺召乘輿車載少帝出. 少帝曰:「欲將我安之乎?」滕公曰「出就舍.」舍少府. 迺奉天子法駕, 迎代王於邸. 報曰:「宮謹除.」代王即夕入未央宮. 有謁者十人持戟衛端門, 曰:「天子在也, 足下何爲者而入?」代王迺謂太尉. 太尉往諭, 謁者十人皆掊兵而去. 代王遂入而聽政. 夜, 有司分部誅滅梁·淮陽·常山王及少帝於邸. 代王立爲天子. 二十三年崩,

諡爲孝文皇帝.'라 함. 여기서는 만약 樊噲가 죽지 않고 살아 있었더라면 여씨 일족이 그토록 당하지는 않았을 것이라는 뜻. 《軌範》注에 "此一段, 如論之講題"라 하였고, 〈補注〉에는 《漢書》高后紀:「太尉勃與丞相平謀, 使酈寄紿說呂祿, 使祿歸將印, 而以兵授太尉勃, 故勃得入北軍也.」 太尉不得入北軍, 則高帝以太尉屬勃之意荒矣"라 함.

5/5 ————————

혹자는 "번쾌는 고조와 가장 친한 관계이니, 그가 살아 있었다 해도 여산, 여록과 반란을 일으켰을 것이라 단정할 수는 없다"라고 말한다.

무릇 한신韓信이나 경포黥布, 노관盧綰 등은 모두가 남면南面하여 고孤를 칭하였고, 노관은 또한 고조와 가장 친하고 사랑을 받았었으나 그런데도 고조가 죽기 전에 모두가 차례로 반역을 꿈꾸다가 주살을 당한 이들이다.

누군들 고조가 죽은 뒤 추매椎埋의 못된 짓이나 개백정의 짓을 하던 사람이, 그 친척이 그런 자가 제왕이 되는 것을 보고는 흔연히 따르지 않을 자가 있다고 말할 수 있겠는가?

나는 그러므로 "저 진평과 주발이란 자는 고조에게 근심을 남겨놓은 자"라고 말하는 것이다.

　或謂「噲於帝最親, 使之尙在, 未必與産·祿叛.」
　夫韓信·黥布·盧綰, 皆南面稱孤, 而綰又最爲親幸, 然及高帝之未崩也, 皆相繼以逆誅.
　誰謂百歲之後, 椎埋屠狗之人, 見其親戚得爲帝王, 而不欣然從之耶?
　吾故曰:「彼平·勃者, 遺其憂者也.」

【或謂噲於帝最親, 使之尙在, 未必與産·祿叛】혹자는 번쾌가 고조와 가장 친한

사이였기 때문에 그가 죽지 않고 그대로 있었다 해도 呂産과 呂祿이 반란을 일으키도록 그대로 두지는 않았을 것이라 말함. 〈補注〉에 "〈噲傳〉:「噲以呂后第呂嬃爲婦, 生子伉.」 故其比諸將最親"이라 함.

【夫韓信·黥布·盧綰, 皆南面稱孤, 而綰又最爲親幸, 然及高帝之未崩也, 皆相繼以逆誅】'韓信'은 고조가 가장 신임했던 장군으로 항우와의 싸움에서 가장 큰 공을 세웠던 인물. 淮陰侯에 봉해진 다음 반란을 꾀하다가 죽임을 당함.《史記》(92) 淮陰侯韓信列傳을 참조할 것. '黥布'는 본명은 英布. 살인을 저질러 墨刑을 받아 黥布라고 하였으며 원래 項羽를 섬기다가 劉邦에게로 와서 많은 공을 세웠음. 韓信이 죽임을 당하는 것을 보고 자신의 위험을 감지하고 반란을 꾀하다가 역시 죽임을 당함.《史記》(91) 黥布列傳을 참조할 것. '盧綰'은 고조와 동향으로 어릴 때부터 친구였으나 燕王에 봉해진 뒤 모반을 꾀하다가 고조가 樊噲로 하여금 토벌하게 하자 匈奴로 달아남.《史記》高祖本紀에 "盧綰聞高祖崩, 遂亡入匈奴"라 하였고,《史記》(93) 盧綰列傳에 "盧綰者, 豊人也, 與高祖同里. 盧綰親與高祖太上皇相愛, 及生男, 高祖·盧綰同日生, 里中持羊酒賀兩家. 及高祖·盧綰壯, 俱學書, 又相愛也. 里中嘉兩家親相愛, 生子同日, 壯又相愛, 復賀兩家羊酒. 高祖爲布衣時, 有吏事辟匿, 盧綰常隨出入上下. 及高祖初起沛, 盧綰以客從, 入漢中爲將軍, 常侍中. 從東擊項籍, 以太尉常從, 出入臥內, 衣被飲食賞賜, 羣臣莫敢望, 雖蕭曹等, 特以事見禮, 至其親幸, 莫及盧綰. 綰封爲長安侯. 長安, 故咸陽也. 漢五年冬, 以破項籍, 迺使盧綰別將, 與劉賈擊臨江王共尉, 破之. 七月還, 從擊燕王臧荼, 臧荼降. 高祖已定天下, 諸侯非劉氏而王者七人. 欲王盧綰, 爲羣臣觖望. 及虜臧荼, 迺下詔諸將相列侯, 擇羣臣有功者以爲燕王. 羣臣知上欲王盧綰, 皆言曰:「太尉長安侯盧綰常從平定天下, 功最多, 可王燕.」詔許之. 漢五年八月, 迺立盧綰爲燕王. 諸侯王得幸莫如燕王. 漢十一年秋, 陳豨反代地, 高祖如邯鄲擊豨兵, 燕王綰亦擊其東北. 當是時, 陳豨使王黃求救匈奴. 燕王綰亦使其臣張勝於匈奴, 言豨等軍破. 張勝至胡, 故燕王臧荼子衍出亡在胡, 見張勝曰:「公所以重於燕者, 以習胡事也. 燕所以久存者, 以諸侯數反, 兵燕不決也. 今公爲燕欲急滅豨等, 豨等已盡, 次亦至燕, 公等亦且爲虜矣. 公何不令燕且緩陳豨而與胡和? 事寬, 得長王燕;卽有漢急, 可以安國.」張勝以爲然, 迺私令匈奴助豨等擊燕. 燕王綰疑張勝與胡反, 上書請族張勝. 勝還, 具道所以爲者. 燕王寤, 迺詐論它人, 脫勝家屬, 使得爲匈奴閒, 而陰使范齊之陳豨所, 欲令久亡, 連兵勿決. 漢十二年, 東擊黥布, 豨常將兵居代, 漢使樊噲擊斬豨. 其

裨將降, 言燕王綰使范齊通計謀於豨所. 高祖使使召盧綰, 綰稱病. 上又使辟陽侯審食其·御史大夫趙堯往迎燕王, 因驗問左右. 綰愈恐, 閉匿, 謂其幸臣曰:「非劉氏而王, 獨我與長沙耳. 往年春, 漢族淮陰, 夏, 誅彭越, 皆呂后計. 今上病, 屬任呂后. 呂后婦人, 專欲以事誅異姓王者及大功臣.」迺遂稱病不行. 其左右皆亡匿. 語頗泄, 辟陽侯聞之, 歸具報上, 上益怒. 又得匈奴降者, 降者言張勝亡在匈奴, 爲燕使. 於是上曰:「盧綰果反矣!」使樊噲擊燕. 燕王綰悉將其宮人家屬騎數千居長城下, 候伺, 幸上病愈, 自入謝. 四月, 高祖崩, 盧綰遂將其衆亡入匈奴, 匈奴以爲東胡盧王. 綰爲蠻夷所侵奪, 常思復歸. 居歲餘, 死胡中. 高后時, 盧綰妻子亡降漢, 會高后病, 不能見, 舍燕邸, 爲欲置酒見之. 高后竟崩, 不得見. 盧綰妻亦病死. 孝景中六年, 盧綰孫他之, 以東胡王降, 封爲亞谷侯.」라 함. '南面稱孤'는 王이 되어 南面하여 '孤'라 칭함. '孤'은 임금이 자신을 낮추어 부르는 칭호.《老子》(39)에 "故貴以賤爲本, 高以下爲基. 是以侯王自謂孤·寡·不穀, 此非以賤爲本邪? 非歟?"라 함. 〈補注〉에 "韓信王楚, 黥布王淮南, 盧綰王燕"이라 함. '親幸'은 황제가 친히 여기고 사랑함. 〈補注〉에《盧綰傳》: 盧綰者, 豐人也, 與高祖同里, 同日生, 出入臥內, 衣被食飮賞賜. 群臣莫敢望, 雖蕭曹等, 特以事見禮, 至其親幸, 莫及盧綰"이라 함. '皆相繼以逆誅' 다음에 〈補注〉에는 "高帝十一年春正月, 信謀叛長安, 夷三族. 秋七月, 淮南王黥布叛, 追斬於番陽. 十二年陳豨降將言:「盧綰與豨通, 謀反有端矣.」十二月使樊噲·周勃將兵擊之, 後亡入匈奴. 見〈高祖紀〉及〈韓王信〉·〈黥布〉·〈盧綰傳〉"이라 함.

【誰謂百歲之後, 椎埋屠狗之人, 見其親戚得爲帝王, 而不欣然從之耶】'椎埋'(추매)는 사람을 몽둥이로 쳐 죽여 땅에 묻어 버리는 무법자. 구체적인 인물을 가리킨 것은 아니며 못된 짓을 했으나 운이 좋아 성공한 자를 가리킴. 黥布는 죄를 지어 墨刑에 처해지는 등 그와 같은 類의 사람들.《古文眞寶》注에 "椎埋, 卽墓賊"이라 하였고,《史記》貨殖列傳에 "其在閭巷少年, 攻剽椎埋, 劫人作姦, 掘冢鑄幣, 任俠幷兼, 借交報仇, 篡逐幽隱, 不避法禁, 走死地如鶩者, 其實皆爲財用耳"라 함. '屠狗'는 개백정의 일을 했던 사람. 樊噲를 가리킴. 그처럼 못된 짓을 한 사람이었더라도 제왕이 되면 그 친척들은 기쁘게 여기며 따를 것이라 보는 편이 타당함. 〈補注〉에《史》酷吏王溫舒傳:「少時椎埋爲姦」, 徐廣曰:「椎殺人而埋之, 或謂發冢」 〈樊噲傳〉:「噲以屠狗爲事」〈正義〉曰:「時人食狗, 亦與羊豕同, 故噲專屠以賣之.」라 함. '得爲帝王'은《嘉祐集》에는 '乘勢爲帝王'으로 되어 있으며 '耶'는 '邪'로 되어 있음.《古文眞寶》注에 "帝在則與帝親, 帝死則産·祿爲親矣"라 함.

【吾故曰:「彼平·勃者, 遺其憂者也.」】앞서 주장한 陳平과 周勃로 하여금 呂氏 一族을 옹호했던 樊噲를 죽이도록 하였으나 두 사람이 이를 실행하지 않음으로써 高祖에게 근심을 남기도록 하였음을 결론으로 내세운 것.《軌範》注에 "此一段, 論之結尾"라 함.

참고 및 관련 자료

1. 蘇洵(明允, 老泉, 嘉祐) 023 참조.

2. 이 글은《嘉祐集》(3),《唐宋八大家文鈔》(113),《古文關鍵》(下),《歷代名賢確論》(40),《說郛》(8 下),《文編》(29),《文章辨體彙選》(394),《中庸衍義》(9),《經濟類編》(84),《群書考索》(21),《古文約選》(3),《古文眞寶》(後集 7) 등에 실려 있음.

3.《軌範》에 "此論因高祖命平·勃, 即軍中斬樊噲事, 有所見遂作一段, 文字知有呂氏之禍, 而用周勃不去呂后二事, 皆是窮思極慮, 刻苦作文, 非淺學所到. 必熟讀暗記, 方知其好"라 하였고, 結尾에 "此篇以高帝命平勃, 即軍中斬樊噲一事, 立一篇議論;斬樊噲, 如一篇題目;命周勃爲太尉一事, 如論之原題. 高帝不去呂后者, 正爲惠帝計, 斬樊噲可以去呂氏之黨, 制呂氏之變, 論之主意"라 함.

4.《古文關鍵》에는 "此篇須看抑揚, 反覆過接處, 將無作有以虛爲實"이라 함.

5.《唐宋八大家文鈔》에는 "雖非當漢成敗確論, 而行文却自縱橫可愛"라 함.

6.《古文眞寶》注에 "漢〈樊噲傳:〉盧綰叛, 帝遣噲伐之, 人有言:「噲黨呂氏, 一日, 宮車晏駕, 噲欲以兵, 誅戚氏趙王.」帝大怒, 使陳平載絳侯, 代將, 即軍中斬噲. 平, 畏呂氏, 執噲詣長安, 至則帝已崩, 后釋噲. 惠帝六年, 噲卒. ○此篇反覆論高帝爲身後慮, 全在斬樊噲上, 噲妻, 呂后女弟嬃也. 不去呂后者, 欲扶惠帝之弱;斬樊噲者, 欲剪呂后之黨. 斬噲則高帝可死而無憂矣. 平·勃不悟此, 乃留噲不斬, 豈非遺帝身後之憂耶? 幸噲後來自先死耳, 議論抑揚反覆極有情神"이라 함.

025(3-3) 〈春秋論〉 ·················· 蘇老泉(蘇洵)
《춘추》를 논함

*〈春秋論〉: 賞罰은 公이며 천하의 상벌은 王公만이 할 수 있는 일인데, 공자가 이를 실시한 것은 聖人이기 때문이며 그것이 극명하게 드러난 것이 《춘추》라는 주장을 편 것.

1/8 ─────────────

상벌賞罰은 천하의 공公이요, 시비是非는 한 사람의 사私이다.

지위가 있는 바라면 성인聖人이 그 권權으로써 천하의 공公이 되어 천하를 징벌하고 권면하면 된다.

도가 있는 바라면 성인이 그 권으로써 한 사람의 사私를 써서 천하는 그로써 영광을 주거나 치욕을 주면 된다.

> 賞罰者, 天下之公也; 是非者一人之私也.
> 位之所在, 則聖人以其權, 爲天下之公, 而天下以懲以勸.
> 道之所在, 則聖人以其權, 爲一人之私, 而天下以榮以辱.

【賞罰者, 天下之公也; 是非者一人之私也】'賞罰'은 公權으로만 할 수 있는 것임. '是非'는 私人도 변별할 수 있는 것임.

【位之所在, 則聖人以其權, 爲天下之公, 而天下以懲以勸】'位之所在'는 천자나 제후처럼 지위를 가지고 있음. '聖人'은 夏, 殷, 周 三代 三王(禹, 湯, 文武)과 같은 聖君. '權'은 권한. 권리. '以懲以勸'은 惡은 懲罰하고 善은 勸勉함. 勸善懲惡과 같음.

【道之所在, 則聖人以其權, 爲一人之私, 而天下以榮以辱】'道'는 地位는 없으나 도가 있음. 공자 같은 성인을 말함. '以榮以辱'은 공자의 評價에 의해 榮光이 되기도 하고 恥辱이 되기도 함.

주周나라가 쇠하면서 지위가 부자夫子, 孔子에게 있지 않았고, 도만 그에게 있었다.

부자는 그 권으로써 천하에 대해 시비를 따지는 것만 가능했다.

그리하여 《춘추春秋》에 사람의 공功에 대해 상을 주고, 사람의 죄에 대해 사면을 내리며, 사람의 집안을 없애기도 하고, 남의 나라를 끊기도 하며, 남의 작위를 깎아내리기도 하고, 제후諸侯라 해도 혹 그 이름을 기록해 주고, 대부大夫라 해도 혹 그 자字를 써 주되, 그 법만으로 하지 않고 오직 그 뜻대로 하였으며, 한갓 '이는 옳고, 이는 그르다'라고 하지 않으면서 상벌을 가한 것이다.

그렇다면 부자께서는 진실로 "나는 가히 사람에게 상벌을 내릴 수 있다"라고 말한 셈이다.

　周之衰也, 位不在夫子, 而道在焉.
　夫子以其權是非天下, 可也.
　而《春秋》賞人之功, 赦人之罪, 去人之族, 絶人之國, 貶人之爵, 諸侯而或書其名, 大夫而或書其字, 不惟其法, 惟其意; 不徒曰 『此是此非』, 而賞罰加焉.
　則夫子固曰:「我可以賞罰人矣.」

【周之衰也, 位不在夫子, 而道在焉】'周之衰'는 西周가 망하고 東周로 옮겨옴을 말함. 禮가 붕괴되어가는 시대. '夫子'는 선생님. 여기서는 孔子를 가리킴. 孔子는 地位는 갖지 못하고 그에게 있는 것이라곤 道뿐이었음. 《論語》子罕篇에 "子畏於匡, 曰:「文王旣沒, 文不在玆乎? 天之將喪斯文也, 後死者不得與於斯文也; 天之未喪斯文也, 匡人其如予何?」"라 함.
【夫子以其權是非天下, 可也】공자는 도만 가지고 있으므로 天下의 是非만 관장할 수 있음.

【而《春秋》賞人之功, 赦人之罪, 去人之族, 絶人之國, 貶人之爵, 諸侯而或書其名, 大
夫而或書其字, 不惟其法, 惟其意; 不徒曰此是此非, 而賞罰加焉】孔子가 《春秋》에
서 '明褒貶'을 분명히 하였으며, 是非만 변별한 것이 아니라 賞罰도 가하였음을
말함. 예로 '賞功'은 《春秋》僖公 4년 春의 經文 "楚屈完來盟于師, 盟于召陵"과 僖
公 28年 經文 "夏四月己巳, 晉侯·齊師·宋師·秦師及楚人戰于城濮, 楚師敗績"이
며, '去族'은 隱公 10년 "夏, 翬帥師會齊人·鄭人伐宋"과 襄公 27년 "夏, 叔孫豹會
晉趙武·楚屈建·蔡公孫歸生·衛石惡·陳孔奐·鄭良霄·許人·曹人于宋"이며, '絶國'
은 昭公 31년 "冬, 黑肱以濫來奔"이며, '貶爵'은 莊公 30년 "齊人伐山戎"이며, '書名'
은 僖公 25년의 "丙午, 衛侯燬滅邢"이며, '書字'는 隱公 2년 "紀子帛·莒子盟于密"
와 閔公 元年 "冬, 齊仲孫來"등의 기록임.
【則夫子固曰: 我可以賞罰人矣】따라서 孔子는 분명히 賞罰을 내렸던 것임.

3/8

사람에게 상벌을 내리는 것은 천자와 제후의 일이다.

그런데 부자께서는 천하의 제후와 대부들이 천자와 제후의 일을 참람
함을 병폐로 여겨 《춘추》를 지은 것인데, 자신이 그런 일을 한다면 어찌
천하를 질책할 수 있겠는가?

위位는 공公이며, 도道는 사私이다.

사가 공을 이길 수 없다면 도는 위를 이길 수 없다.

위의 권은 이로써 상벌을 줄 수 있으나, 도의 권은 그저 시비를 따지
는 일에만 불과할 따름이다.

도가 나에게 있기는 하나 위를 가진 자의 일을 할 수가 없다면 천하
는 모두가 "위가 참람할 수 없음이 이와 같다!"라고 말할 것이다.

그렇지 않다면 천하에 누군들 도가 나에게 있다라고 말하지 않겠
는가?

그렇게 되면 이 도라는 것은 위의 적賊이 되고 만다.

賞罰人者, 天子·諸侯事也.

夫子病天下之諸侯大夫, 僭天子諸侯之事而作《春秋》, 而己則爲
之, 其何以責天下?

位, 公也; 道, 私也.

私不勝公, 則道不勝位.

位之權得以賞罰, 而道之權不過於是非.

道在我矣, 而不得爲有位者之事, 則天下皆曰: 「位之不可僭也
如此!」

不然, 天下其誰不曰道在我?

則是道者, 位之賊也.

【賞罰人者, 天子·諸侯事也】賞罰은 天子나 諸侯만이 할 수 있는 일임.

【夫子病天下之諸侯大夫, 僭天子諸侯之事而作《春秋》, 而己則爲之, 其何以責天
下?】천하의 諸侯와 大夫들이 천자와 제후의 일을 僭越함을 병폐로 여겨 공자가
《춘추》를 지은 것인데, 공자 자신이 그런 일을 했다면 이는 논리에 맞지 않음. 당
시 서열은 天子, 諸侯, 大夫, 士, 庶民이었는데 下剋上의 사례가 잦았음.

【位, 公也; 道, 私也】'位'는 지위, '道'는 孔子만이 周公으로부터 이어받아 가지고
있는 正道.

【私不勝公, 則道不勝位】'私'가 '公'을 이기지 못한다면 당연히 '道'도 '位'를 이기지
못함.

【位之權得以賞罰, 而道之權不過於是非】'位'가 가지고 있는 권한으로는 賞罰을 내
릴 수 있으나 '道'의 권한은 是非만 변별할 따름임.

【道在我矣, 而不得爲有位者之事, 則天下皆曰: 「位之不可僭也如此!」】자신에게 道가
있기는 하지만 位를 가진 자가 하는 일은 할 수 없음.

【不然, 天下其誰不曰道在我?】그러한 원칙이 지켜지지 않는다면 누구나 자신에
게 道가 있다고 말할 것임.

【則是道者, 位之賊也】그러한 '道'라면 이는 '位'의 賊이 됨.

어떤 이가 말하였다.

"부자께서 어찌 정말로 상벌을 주었겠는가? 그저 말로 상벌을 주셨을 뿐인데 어찌 상처가 되겠는가?"

나는 이렇게 말하였다.

"내가 임금도 아니요, 관리도 아닌데 길 가는 사람을 붙잡고 '아무개는 착하고 아무개는 악하다'라고 하는 것은 그럴 수 있지만, 이어서 '아무개는 착하니, 내가 상을 주고, 아무개는 악하니 내가 벌을 내린다'라고 한다면 사람들이 나를 두고 웃지 않겠는가?

부자의 상벌이 이와 무엇이 다르겠는가?

그렇게 한다면 어찌 족히 부자가 될 수 있겠으며, 어찌 족히 《춘추》가 될 수 있겠는가?

'부자가 《춘추》를 지었다'라고 한 것은, '공씨孔氏가 쓴 것'이라 말한 것이 아니며, 또한 '내가 지었다'라는 말도 아니다.

상벌의 권리는 스스로 자신에게 부여할 수 없었으므로, '이는 노나라의 기록이요, 노나라가 지은 것'이라 한 것이다.

잘한 일이 있으면 상을 내리면서도 '노나라가 상을 내린 것'이라 하였고, 악한 것이 있으면 벌을 내리되 '노나라가 벌을 준 것'이라 한 것이다.

어떻게 이를 알 수 있는가?

부자께서 《역易》을 이어서 쓴 것을 일러 〈계사繫辭〉라 하였고, 효경孝를 일러 《효경孝經》이라 하여 모두 스스로 이름을 지었다' 하였으니, 그렇다면 이는 부자께서 사私로 여긴 것이다.

그러나 《춘추》는 노나라가 역사의 이름을 삼은 것으로, 부자가 이에 기탁한 것이다. 그렇다면 이는 부자께서 공公으로 여긴 것이다.

공으로써 노나라 역사의 이름을 삼은 것이니, 상벌의 권한은 진실로 노나라에 있는 것이다.

《춘추》의 상벌은 노나라로부터 시작하여 천하에 미친 것이니 천자天子

의 권한이다.

　曰:「夫子豈誠賞罰之耶? 徒曰賞罰之耳, 庸何傷?」
　曰:「我非君也, 非吏也, 執塗之人而告之曰:『某爲善, 某爲惡』,
可也; 繼之曰:『某爲善, 吾賞之; 某爲惡, 吾誅之』, 則人有不笑我
者乎?
　夫子之賞罰, 何以異此?
　然則何足以爲夫子? 何足以爲《春秋》?
　曰『夫子之作《春秋》』也, 非曰『孔氏之書』也, 又非曰『我作之』
也.
　賞罰之權, 不得以自與也, 曰『此魯之書也, 魯作之也』.
　有善而賞之, 曰『魯賞之』也; 有惡而罰之, 曰『魯罰之』也.
　何以知之?
　曰『夫子繫《易》謂之<繫辭>, 言《孝》謂之《孝經》』, 皆自名之, 則
夫子私之也.
　而《春秋》者, 魯之所以名史, 而夫子託(托)焉, 則夫子公之也.
　公之以魯史之名, 而賞罰之權, 固在魯矣.
　《春秋》之賞罰, 自魯而及于天下, 天子之權也.

【曰:「夫子豈誠賞罰之耶? 徒曰賞罰之耳, 庸何傷?」】孔子는 한갓 말로만 '賞罰을 내
린다'라 했을 뿐임.《軌範》注에 "一解"라 함.

【曰:「我非君也, 非吏也, 執塗之人而告之曰:『某爲善, 某爲惡』, 可也】'執塗之人'은 길
가는 사람을 붙잡고 물어봄. '塗'는 途, 道와 같음.

【繼之曰:『某爲善, 吾賞之; 某爲惡, 吾誅之』, 則人有不笑我者乎?】이처럼 개별적으
로 마구 말한다면 누구나 비웃을 것임.《荀子》儒效篇 "鄕也, 混然塗之人也"의
注에 "塗, 與途同"이라 하였고, 性惡篇 "塗之人, 可以爲禹"의 注에 "途, 道路也"라
함.《軌範》注에 "二難"이라 함.

【夫子之賞罰, 何以異此?】孔子가 내린 賞罰이 이와 다를 바가 없음.

【然則何足以爲夫子? 何足以爲《春秋》?】'공자의 夫子다움이 무엇이며《춘추》의 《춘추》다움이 무엇인가?'의 질문.《軌範》補注에 "言如所言, 則夫子聖人,《春秋》 聖經, 不可通. 此二句承上而起難"이라 함.

【曰『夫子之作《春秋》』也, 非曰『孔氏之書』也, 又非曰『我作之』也】공자는《춘추》를 짓고 나서 자신의 기록이 아니며, 자신이 지은 것도 아니라고 했음.

【賞罰之權, 不得以自與也】賞罰에 대한 權限도 자신에게 주어진 것이라 여기지 않았음.

【曰『此魯之書也, 魯作之也』】魯나라의 기록이며 魯나라가 지은 것이라 하였음.《軌範》注에 "二解"라 함.

【有善而賞之, 曰『魯賞之』也; 有惡而罰之, 曰『魯罰之』也】賞善罰惡도 주체를 魯나라라 하였음.《軌範》에 "一篇主意正在此"라 하였고, 補注에 "說到此, 上兩句之難, 刃迎而解, 先說出天子主意, 下乃設問申明之"라 함.

【何以知之?】아래는 그 이유를 설명한 것임.

【曰: 夫子繫《易》謂之〈繫辭〉, 言《孝》謂之《孝經》, 皆自名之, 則夫子私之也】〈繫辭〉는 《易》의 繫辭傳. '十翼'의 하나.《易》의 卦辭와 爻辭가 너무 간단하여 공자가 총체적으로 부연설명한 7편, 즉〈彖辭〉(上下),〈象辭〉(上下),〈繫辭〉(上下),〈文言〉,〈說卦〉,〈序卦〉,〈雜卦〉 등 7편 10종의 하나. '孝'는《孝經》. 孔子가 孝에 대한 것을 曾子(曾參)에게 진술하여 전해온 것.《漢書》藝文志에 "《孝經》者, 孔子爲曾子陳孝道也"라 함. 그러나 異說이 많음. '夫子私'는 孔子가 公人(在位者)의 입장에서 쓴 것이 아니라 私人으로서 쓴 것임.

【而《春秋》者, 魯之所以名史, 而夫子託焉, 則夫子公之也】《春秋》는 魯나라 史書에서 이름을 가져와서 孔子가 이에 의탁한 것임. '託'은《嘉祐執》에는 '托'으로 되어 있음.

【公之以魯史之名, 而賞罰之權, 固在魯矣】魯나라 史書를 公으로 여겼으니, 賞罰의 權限은 魯나라에게 있는 것임.

【《春秋》之賞罰, 自魯而及于天下, 天子之權也】《春秋》의 賞罰은 魯나라에서 시작되어 天下에 미친 것이니 바로 天子의 권한인 셈임.

5/8 ────────

"노나라의 상벌은 국경을 벗어나지 않아야 하는데 천자의 권한을 준 것은 어째서인가?"

대답은 이렇다.

"천자의 권한은 주周나라에 있지만 부자께서 부득이 노나라에게 준 것이다. 무왕武王이 붕어하고 천자의 지위는 당연히 성왕成王에게 있었으나, 성왕이 어려 주공周公이 천하에 상벌이 없을 수 없다고 여겨, 그 때문에 부득이 천자의 지위를 섭정하여 천하에 상벌을 내려 주실周室을 보존한 것이다. 주나라가 동천東遷하고 천자의 권한은 당연히 평왕平王에게 있어야 하나 평왕은 혼미하여, 그 때문에 부자께서 역시 천하에 상벌이 없을 수 없다고 말한 것이다. 그런데 노나라는 주공의 나라이므로 (부자께서) 노나라 땅에 살면서 의당 주공처럼 부득이 천자의 권한을 빌려 천하에 상벌로 하여 주실은 존중한 것이다. 이 때문에 천자의 권한이 부자에게 주어진 것이다."

「魯之賞罰不出境, 而以天子之權與之, 何也?」
曰:「天子之權在周, 夫子不得已而以與魯也. 武王之崩也, 天子之位, 當在成王, 而成王幼, 周公以爲天下不可以無賞罰, 故不得已而攝天子之位, 以賞罰天下, 以存周室. 周之東遷也, 天子之權, 當在平王, 平王昏亂, 故夫子亦曰天下不可以無賞罰. 而魯, 周公之國也, 居魯之地者, 宜如周公不得已而假天子之權, 以賞罰天下, 以尊周室. 故以天子之權與之也.」

【「魯之賞罰不出境, 而以天子之權與之, 何也?」】'魯나라의 상벌은 魯나라 경내를 벗어날 수 없는데 天子의 權限이 주어졌다는 것은 무슨 뜻인가?'의 命題. 《軌範》注에 "三難"이라 함.
【曰:「天子之權在周, 夫子不得已而以與魯也」】원래는 周 天子에게 그 권한이 있어야 하나, 공자가 부득이 魯나라에게 권한을 준 것임.
【武王之崩也, 天子之位, 當在成王, 而成王幼, 周公以爲天下不可以無賞罰, 故不得

已而攝天子之位, 以賞罰天下, 以存周室】'武王'은 姬發. 文王(姬昌, 西伯)의 아들. 殷末 周民族의 領袖. 아버지의 뜻을 이어 庸, 蜀, 羌 등 부족과 연합하여 殷의 紂를 멸하고 西周의 封建王朝를 건립함. 周公(姬旦)의 형이며 成王(姬誦)의 아버지. 周初의 文物制度를 완비하여 儒家에서 흔히 三代의 개국시조 夏禹, 商湯, 周文武로 칭하며 추앙받기도 함. '成王'은 姬誦. 武王의 아들이며 周公(姬旦)의 조카. '周公'은 姬旦. 周 文王(姬昌)의 아들이며 武王(姬發)의 아우. 武王을 도와 商(殷)의 紂를 멸하였으며 周나라 文物制度를 완비함. 조카 成王(姬誦)이 어려 즉위하자 7년간 섭정함. 管叔과 蔡叔이 武庚을 부추겨 난을 일으키자 東征하여 진압하고 洛陽을 成周로 건설하기도 함. 魯나라 曲阜를 봉지로 받아 魯나라 시조가 됨. 儒家에서 聖人으로 높이 받듦.《史記》魯周公世家 참조.《軌範》補注에 "《禮記》明堂位篇:武王崩, 成王幼弱, 周公踐天子之位, 以治天下. 六年, 朝諸侯於明堂, 制禮作樂, 頒度量, 而天下大服"이라 함.

【周之東遷也, 天子之權, 當在平王, 平王昏亂, 故夫子亦曰:天下不可以無賞罰】'東遷'은 西周 말 幽王(姬宮涅)이 褒姒의 난으로 죽고 나라가 망하자 太子 宜臼가 遺臣들을 이끌고 동쪽 洛陽으로 옮겨 나라를 이어감(B.C.770). 이가 첫 임금 平王이며 이때부터 東周가 시작됨. 東周의 전반부는 '春秋'(B.C.722–B.C.481), 그리고 후반부는 '戰國'(B.C.481–B.C.221)으로 이어지며, 이때는 천자의 권위는 추락하고 제후들에 의해 霸道政治가 이루어짐. 공자는 春秋 말에 태어나 禮의 崩壞를 보고 이를 복원하기 위해 노력한 聖人으로 보고 있음.《軌範》補注에 "周本紀: 犬戎遂殺幽王, 於是諸侯乃共立幽王太子宜臼, 是爲平王, 以奉周祀. 平王立, 東遷于洛邑. 辟戎寇. 平王時, 周室衰微, 諸侯强幷弱"이라 함. '平王昏亂'은《嘉祐集》에는 '而平王昏'으로 되어있음.

【而魯, 周公之國也, 居魯之地者, 宜如周公不得已而假天子之權, 以賞罰天下, 以尊周室】周公은 魯나라 曲阜를 봉지로 받았음. 따라서 魯나라는 周公의 精通 繼承의 나라임. 이에 諸侯國이지만 天子의 권한을 빌려 天下의 賞罰을 내려 周室을 높일 수 있음. '居魯之地'는《嘉祐集》에는 '居魯之地者'로 되어 '者'자가 더 있어 補入해 넣음.

【故以天子之權與之也.】《軌範》注에 "三解"라 함.

"그렇다면 천자의 권한을 가탁함은 의당 어떠해야 하는가?"

대답은 이렇다.

"이를테면 제환공齊桓公이나 진문공晉文公처럼 하면 된다."

"부자께서 노나라를 제환공이나 진문공처럼 하고자 하였음에도 천자의 권한이 끝내 제나라와 진나라에게 주어지지 않은 것은 어째서인가?"

"제환공과 진문공은 겉으로는 주왕실을 존경하는 척하면서 실제로는 자신의 나라만 부강하게 하고자 하였다. 그 때문에 부자께서 그 사무만 주었지 그 마음은 주지 않은 것이다. 주공의 마음은 왕실을 존속하는 데에 있었다. 비록 그 자손이 능히 이어받지는 못하였지만 부자는 주공을 생각하여 천자의 권한을 빌려 천하에 상벌을 주도록 허락하였다고 여겼다. 그 생각은 '주공의 마음을 가지고 그 뒤에 제환공이나 진문공의 업무를 행할 수 있다'고 여긴 것이니, 이것이 제나라나 진나라에게 주지 않고 노나라에게 준 이유이다. 부자 역시 노나라 임금의 재능이 주공의 일을 족히 실행해낼 수 없음을 알았으나, 그 마음을 돌아보건대 지금의 천하에는 주공이 없으니 그 때문에 이 지경에 이른 것이라 여긴 것이다. 이 까닭으로 천자의 권한을 그 자손에게 준 것이니, 그래서 주공을 생각하는 의도를 드러낸 것이다."

「然則, 假天子之權, 宜如何?」

曰:「如齊桓·晉文可也.」

「夫子欲魯如齊桓·晉文, 而不遂以天子之權與齊晉, 何也?」

「齊桓·晉文, 陽爲尊周, 而實欲富强其國. 故夫子與其事而不與其心. 周公心存王室. 雖其子孫不能繼, 而夫子思周公而許其假天子之權以賞罰天下. 其意曰『有周公之心, 而後可以行桓文之事』, 此其所以不與齊晉而與魯也. 夫子亦知魯君之才, 不足以行周公之事矣, 顧其心, 以爲今之天下, 無周公, 故至此. 是故以天子之

權, 與其子孫, 所以見思周公之意也.」

【「然則, 假天子之權, 宜如何?」】'천자의 권한을 빌렸다면 의당 어떻게 그 권한을 행사해야 하는가?'의 질문.

【曰: 「如齊桓·晉文可也.」】'齊桓'은 齊 桓公. 春秋五霸의 첫 霸者. 이름은 小白. 齊나라에 난이 일어나자 鮑叔이 모시고 莒나라로 피신, 管仲은 公子 糾를 모시고 魯나라로 피신함. 뒤에 난이 진압되고 먼저 귀국하는 자가 왕이 될 수 있는 기회에 小白이 오는 길을 管仲 일행이 막고 활을 쏘아 소백의 허리띠 고리에 맞추자 소백은 죽은 척 쓰러져 있다가 지름길로 귀국하여 왕위에 오름. 뒤에 포숙의 추천으로 관중을 등용하여 제나라를 부강하게 하여 九合諸侯, 一匡天下하여 첫 패자가 됨. B.C.685~643년까지 43년간 재위함.《史記》齊太公世家를 참조할 것. '晉文'은 晉 文公. 이름은 重耳. 晉 獻公의 둘째 아들. 驪姬의 핍박으로 19년간 해외 망명을 거쳐 귀국, 왕위에 오름. 뒤에 齊 桓公에 이어 春秋五霸의 지위에 오름. B.C.636~628년까지 9년간 재위함.《史記》晉世家에 "重耳母, 翟之狐女也; 夷吾母, 重耳母女弟也. ……自獻公爲太子時, 重耳固以成人矣"라 하였고,《國語》는 重耳의 망명 생활에 대하여 매우 많은 양을 자세히 싣고 있음.《左傳》,《史記》晉世家 등을 참조할 것. 한편 '霸者'는 '尊王攘夷'의 기치를 내 걸고 명분상 周天子의 명령을 등에 업고 武力으로 이웃나라를 정벌하고 천하의 질서를 이끌어 나갔음. 따라서 이들이 천자의 지위를 대신하여 賞罰을 행하였다고 본 것.

【「夫子欲魯如齊桓·晉文, 而不遂以天子之權與齊晉, 何也?」】'그런데 어찌하여 천자의 권한이 齊나라나 晉나라에 주어지지 않고, 魯나라에 주어진 것인가?'의 命題. '齊晉'은《嘉祐執》에는 '齊晉者'라 하여 者자가 더 있음.

【「齊桓·晉文, 陽爲尊周, 而實欲富强其國」】'陽爲尊周'은 겉으로만 周나라를 높이는 척함.《軌範》補注에 "如桓公實欲伐蔡, 而責楚包茅不入(僖四年); 文公實欲求諸侯, 而出定襄王(僖二十五年)是也"라 함.

【故夫子與其事而不與其心】그 때문에 孔子는 그 일에 관여하여 기록은 하되, 마음속의 褒貶은 기록하지 않음.

【周公心存王室, 雖其子孫不能繼, 而夫子思周公而許其假天子之權以賞罰天下】周公의 후손 魯나라 왕들이 제대로 하지 못하자, 孔子가 자신의 고국 노나라는 周公의 법통을 이었으므로 天子의 권한을 빌려 자신이 나서서 天下의 賞罰을 담당

해야겠다고 생각한 것임.

【其意曰『有周公之心, 而後可以行桓文之事』, 此其所以不與齊晉而與魯也】周公의 마음을 가지고 뒤에 齊桓公과 晉文公의 일을 할 수 있다고 여겨 그 때문에 齊나라나 晉나라가 아닌 魯나라에 권한이 주어진 것이라 여겼던 것임. 《軌範》注에 "又生一段議論"이라 함.

【夫子亦知魯君之才, 不足以行周公之事矣, 顧其心, 以爲今之天下, 無周公, 故至此. 是故以天子之權, 與其子孫, 所以見思周公之意也.】《軌範》注에 "此一段, 眞是論得痛快, 感動人"이라 함.

7/8 ━━━━━━━━━

"내 보건대 《춘추》의 법은 모두가 주공의 법으로써 또한 노나라 국내는 상세히 하고 국외는 간략히 하셨으니, 이는 노나라가 주공이 하던 것을 법으로 삼고, 먼저 앞서 스스로 치도를 이룬 뒤에 남을 다스리고자 의도한 것이 명확하다.

부자께서 예악禮樂 정벌征伐이 제후로부터 나오는 것을 탄식하면서, 전항田恒이 그 임금을 시해하자, 목욕을 하고 나서 토벌을 청하였다. 그렇다면 천자의 권한을 부자는 진실로 명확히 노나라에게 준 것이다.

자공子貢의 무리들은 부자의 뜻을 알지 못한 채 경문을 이어서 '공구께서 졸하셨다'孔丘卒라고 썼다. 부자가 이윽고 늙음을 고하였는데, 대부大夫가 늙음을 고하고 물러나면 죽음을 기록하지 않는 것인데 부자만이 유독 그렇게 기록하였다.

부자가 《춘추》를 지어 천하를 공공으로 여겼는데 어찌 공자 한 사람을 사私로 여기는가!

아! 부자가 노나라의 기록이라 여겼는데, 자공의 무리들이 공씨 개인의 기록을 여겼음이여!"

「吾觀《春秋》之法, 皆周公之法, 而又詳內而略外, 此其意欲魯法周公之所爲, 且先自治而後治人也, 明矣.

夫子嘆禮樂征伐, 自諸侯出, 而田恒弒其君, 則沐浴而請討. 然則天子之權, 夫子固明以與魯矣.

子貢之徒, 不達夫子之意, 續經而書『孔丘卒』. 夫子旣告老矣, 大夫告老而卒不書, 而夫子獨書. 夫子作《春秋》以公天下, 而豈私一孔丘哉!

嗚呼! 夫子以爲魯國之書, 而子貢之徒, 以爲孔氏之書也歟!」

【「吾觀《春秋》之法, 皆周公之法】《軌範》補注에 "《左傳》昭二年: 晉侯使韓宣子來聘, 觀書於太史氏, 見《易象》與《魯春秋》曰:「周禮盡在魯矣. 吾乃今知周公之德與周之所以王也.」杜預〈左傳序〉:「仲尼因魯史策書成文, 考其眞僞而志其典禮. 上以遵周公之遺制, 下以明將來之法.」"이라 함.

【而又詳內而略外】《軌範》補注에 "《公羊》隱公七年傳曰:「《春秋》錄內而略外.」成十五年傳曰:「《春秋》內其國而外諸夏, 內諸夏而外夷狄.」"이라 함.

【此其意欲魯法周公之所爲, 且先自治而後治人也, 明矣】周公이 한 것처럼 먼저 魯나라 자신부터 다스리고 남을 다스리고자 한 의도가 분명함.

【夫子嘆禮樂征伐, 自諸侯出】《論語》季氏篇에 "孔子曰:「天下有道, 則禮樂征伐自天子出; 天下無道, 則禮樂征伐自諸侯出. 自諸侯出, 蓋十世希不失矣; 自大夫出, 五世希不失矣; 陪臣執國命, 三世希不失矣. 天下有道, 則政不在大夫. 天下有道, 則庶人不議.」"라 함.

【而田恒弒其君, 則沐浴而請討】《論語》憲問篇에 "陳成子弒簡公. 孔子沐浴而朝, 告於哀公曰:「陳恆弒其君, 請討之.」公曰:「告夫三子!」孔子曰:「以吾從大夫之後, 不敢不告也. 君曰『告夫三子』者!」之三子告, 不可. 孔子曰:「以吾從大夫之後, 不敢不告也.」"라 하였고, 注에 "是時孔子致仕居魯. 沐浴齊戒以告君, 重其事而不敢忽也. 臣弒其君, 人倫之大變, 天理所不容, 人人得而誅之, 況隣國乎? 故夫子雖已告老, 而猶請哀公討之"라 함. 한편 '田恒'은 陳成子. 陳恒, 田成子. 陳恆. 田常, 陳常, 田恆 등 여러 표기가 있음. 시호는 成子.《左傳》哀公 14년을 볼 것. 그 선조가 陳完(敬仲)이 陳나라에서 齊나라로 망명하여 姓을 田氏로 바꾸어 실권을 잡았음. 그 후손 田和가 결국 齊나라를 찬탈하여 戰國時代 田氏齊가 됨.《史記》田敬仲完世家 참조. '簡公'은 春秋 말 齊나라 君主. 이름은 壬. 재위 4년(B.C.484~481). 田恒에게 시해를 당했으며 그 뒤를 平公이 이었으나 田和에 의해 姜氏齊는 망함.

【然則天子之權, 夫子固明以與魯矣】이상으로 보면 天子의 權限은 魯나라에게 주어졌음이 분명함.

【子貢之徒, 不達夫子之意, 續經而書孔丘卒】'子貢'은 孔子 제자. 端木賜(B.C.520~?) 姓은 端木, 이름은 賜, 字는 子貢(子贛). 衛나라 출신으로 孔子보다 31세 아래였음. 《史記》仲尼弟子列傳에 "端沐賜, 衛人, 字子貢. 少孔子三十一歲. 子貢利口巧辭, 孔子常黜其辯"이라 하여 '端沐賜'로도 표기함. 言辭에 뛰어나 국제 분쟁에 뛰어들기도 하였으며 특히 吳越의 싸움에 해결사로 나서서 공을 세운 이야기가 《史記》와 《吳越春秋》에 자세히 실려 있음. 理財에도 뛰어나 《史記》에 "子貢好廢擧, 與時轉貨貲. 喜揚人之美, 不能匿人之過. 常相魯衛, 家累千金, 卒終于齊"라 함. 그는 공자가 쓴 《춘추》에 공자가 죽은 뒤 2년간의 역사를 더 써넣었음. 즉 孔子의 《春秋》는 哀公 14년(B.C.481) "十有四年春, 西狩獲麟"에서 끝났으나 2년 뒤인 哀公 16년(B.C.479)에 "夏四月己丑, 孔丘卒"이라 하여 더 써넣었음. 《史記》孔子世家에는 "至於爲春秋, 筆則筆, 削則削, 子夏之徒不能贊一辭. 弟子受春秋, 孔子曰:「後世知丘者以春秋, 而罪丘者亦以春秋.」"라 하였음.

【夫子既告老矣, 大夫告老而卒不書, 而夫子獨書】'告老'는 늙음을 고함. 즉 致仕함을 뜻함. '卒不書'는 孔子가 大夫 신분이었으므로 致仕한 이후에는 기록하지 않음. 《軌範》補注에 《左傳》哀公十六年經書:「夏四月己丑, 孔丘卒.」 杜預云:「仲尼既告老去位, 猶書卒者, 魯之君臣, 宗其賢德, 殊而異之.」라 함.

【夫子作《春秋》以公天下, 而豈私一孔丘哉!】《春秋》가 공자 한 사람을 위한 기록물이 아님을 뜻함. 子貢이 이를 어겼음을 질책한 것.

【嗚呼! 夫子以爲魯國之書, 而子貢之徒, 以爲孔氏之書也歟!】공자 자신은 《春秋》를 魯나라의 기록이라 여겼는데 子貢의 무리들은 孔子의 책이라 여겼음.

8/8 ————————

"사마천司馬遷과 반고班固의 역사책은 시비만 있고 상벌은 없으니 저들 역시 사신史臣의 문체로서는 마땅한 것이다.

후세 공자를 흉내내어 《춘추》를 짓는 자들에 대해 나는 의혹을 갖는다.

《춘추》는 천자의 권한이다. 천하에 임금이 있으면 《춘추》는 지을 수

없고, 천하에 임금이 없으면 천자의 권한은 누구에게 그 권한이 주어질
지 나는 알지 못하겠다.

천하 사람들로써 어찌 주공의 후손처럼 가히 줄만 한 자가 있겠는가?

주었으되 그에 맞는 사람을 얻지 못하면 난亂이 되고, 주지 않고 자신
에게 주었다 여기면 참僭이 되는 것이니, 주지도 않고, 자신에게도 주어
졌다고 여기지도 않아, 부여받은 이가 없게 되면 산散이 된다.

아! 후세 《춘추》는 난이 되려나! 참이 되려나? 산이 되려나!"

「遷固之史, 有是非而無賞罰, 彼亦史臣之體宜爾也.
後之効孔子作《春秋》者, 吾惑焉.
《春秋》有天子之權. 天下有君, 則《春秋》不當作; 天下無君, 則天
子之權, 吾不知其誰與.
天下之人, 烏有如周公之後之可與者?
與之而不得其人則亂, 不與人而自與則僭, 不與人·不自與, 而
無所與則散.
嗚呼! 後之《春秋》, 亂邪, 僭邪, 散邪!」

【「遷固之史, 有是非而無賞罰, 彼亦史臣之體宜爾也」『遷古』는 《史記》의 저자 司馬
遷과 《漢書》의 저자 班固. 이들 두 책은 是非만 있고 賞罰은 없음. 이들은 공자
와 같은 聖人이 아니므로 史臣으로써는 그 체제가 맞는 것임. 《軌範》注에 "結尾"
라 함.

【後之効孔子作《春秋》者, 吾惑焉】'効'는 흉내를 냄. 뒤에 《춘추》를 흉내 내어 이름
을 붙인 책으로 《軌範》注에는 "《呂氏春秋》, 《吳越春秋》"라 함. 그러나 〈補注〉에
는 "《後漢書》(班彪傳)陸賈記錄時功作《楚漢春秋》九篇. 《晉書》司馬彪作《九州春秋》
起於世祖, 終孝獻, 凡八十篇, 孫盛著《晉春秋》(《隋志》三十二卷). 習鑿齒著《漢晉春
秋》(《隋志》四十七卷). 《北史》崔鴻爲《十六國春秋》勒成百卷. 露天所斥, 蓋此之類. 舊
注引《呂氏春秋》, 《吳越春秋》, 固非矣. 近人或引王通文中子《續書》, 不知文中子《中
說》擬《論語》, 《續書》擬《尙書》, 始無《春秋》之目, 則引以充之. 擬非其倫. 老泉史論,

以王通陸長源並稱, 蓋一時未考之失, 不足據矣"라 함.

【《春秋》有天子之權】《春秋》는 天子의 權限임.

【天下有君, 則《春秋》不當作; 天下無君, 則天子之權, 吾不知其誰與?】임금이 있으면 개인이 《春秋》를 지을 수 없음. 그러나 군주가 없다면 앞으로 《춘추》와 같은 褒貶, 賞罰을 다룰 책을 쓸 수 있는 권한을 누구에게 주어지게 될 지 알 수 없음.

【天下之人, 烏有如周公之後之可與者?】'周公의 정통을 이어 뒤에 그런 권한이 주어질 자가 있겠는가?'의 뜻.

【與之而不得其人則亂, 不與人而自與則僭, 不與人·不自與, 而無所與則散】'亂'은 僭亂함이 됨. 해당자가 아닌데 그에게 주어졌을 때 일어나는 폐단. '僭'은 僭越이 됨. 사명을 부여하지 않았는데도 자신이 適任이라고 나섰을 때의 폐단. '散'은 散漫해짐. 아무에게도 주어지지 않았을 때 역사의 褒貶과 賞罰이 산만해짐.

【嗚呼! 後之《春秋》, 亂邪, 僭邪, 散邪!】뒷날 《春秋》를 쓰게 될 경우, 그것이 '亂', '僭', '散' 어느 형태로 갈 것인가에 대한 우려를 표현한 것. '邪' 세 글자는 《嘉祐集》에는 모두 '耶'로 되어 있음.

> ### 참고 및 관련 자료

1. 蘇洵(明允, 老泉, 嘉祐) 023 참조.

2. 이 글은 《嘉祐集》(6), 《唐宋八大家文鈔》(110), 《古文關鍵》(下), 《春秋辯義》(1), 《文編》(27), 《文章辨體彙選》(404), 《古文淵鑑》(47), 《唐宋文醇》(35) 등에 실려 있음.

3. 《軌範》注에 "此文有法度·有氣力·有精神·有光燄, 謹嚴而華藻者也. 讀得孟子熟, 方有此文章"이라 함.

4. 《唐宋八大家文鈔》에 "此文自謝枋得氏錄之以爲名筆, 而世之學者遂相傳以爲千年絶論. 予竊謂:「老蘇於論六經處, 竝以强詞, 軋正理故, 往往支離, 旁斥特其行文, 嫋娜百折, 似屬烟波耳.」"라 함.

5. 《古文關鍵》에 "此篇須看首尾相應, 枝葉相生, 如引繩貫珠. 大抵一節未盡, 又生一節別人. 意多則雜, 惟此篇意多而不雜. 六句應接, 得緊切, 自此振發公私二字, 是一篇本意"라 하였고, 末尾에는 "荊川曰:「只是一事問答, 纒聯到底.」 愚謂:「孔子非思周公而與魯以天子之權. 蓋當是時諸侯之國, 竝各有史. 孔子魯大夫也. 故得以遍觀魯之史, 因其編年紀事之文, 而繫之以賞罰功罪之權, 以補王政之缺, 垂教萬世耳. 使孔子而晉大夫謂:『晉之乘可也.』」"라 함.

범증范增을 논함

〈范增〉(B.C.277-B.C.204)

*〈范增論〉:蘇軾의 여러 인물론, 즉 〈鼂錯論〉, 〈留侯論〉, 〈荀卿論〉, 〈伊尹論〉, 〈韓非論〉, 〈始皇論〉, 〈賈誼論〉 중의 하나이며, 이는 《史記》項羽本紀에 실려 있는 范增에 대한 인물평임. 范增 (B.C.277-B.C.204)은 項羽의 가장 뛰어난 보좌이며 책략가였지만 일찍 項羽를 떠나지 못하고 陳平의 계략에 의해 의심을 받게 되고 나서야 떠난 것은, 판단이 늦은 것이라는 주장을 편 것임.

1/5

한漢 유방劉邦이 진평陳平의 계략을 써서 초楚 항우項羽의 군신君臣 사이를 이간시켜 멀어지게 하자, 과연 항우는 범증范增이 한나라와 사사롭게 내통하고 있다고 의심하여 조금씩 그의 권한을 삭탈해나갔다.

범증은 크게 노하여 "천하의 일은 크게 결정이 나고 말았소이다. 임금께서 스스로 하시오. 원컨대 해골이나 온전히 하여 졸개로 돌아가게 해주시오!"라고 말했다.

그리고 미처 팽성彭城에 이르지도 못하여 등에 등창이 나서 죽고 말았다.

나 소식은 "범증이 떠난 것은 잘한 일이다. 떠나지 않았으면 항우는 틀림없이 범증을 죽였을 것이다. 다만 그가 좀 더 일찍 떠나지 않은 것이 한스러울 뿐이다"라고 결론부터 내린다.

漢用陳平計, 間踈楚君臣, 項羽疑范增與漢有私, 稍奪其權.
增大怒曰:「天下事大定矣, 君王自爲之. 願賜骸骨歸卒伍!」
未至彭城, 疽發背死.
蘇子曰:「增之去, 善矣. 不去, 羽必殺增, 獨恨其不蚤耳.」

【漢用陳平計, 間踈楚君臣, 項羽疑范增與漢有私, 稍奪其權】'陳平'은 漢高祖 劉邦을 도와 유방으로 하여금 천하를 제패하도록 한 功臣. 策略에 뛰어나 여섯 번의 奇計를 내었었으며 項羽와 范增을 이간시킨 것이 그 중 하나임. 曹參이 죽은 뒤 左丞相에 오름. 曲逆侯에 봉해졌으며 諡號는 獻侯. 《史記》(56) 陳丞相世家와 《漢書》(40) 陳平傳을 참조할 것. '間踈楚君臣'은 陳平이 楚나라 項羽의 君臣 사이를 멀어지도록 離間함. 이는 《史記》 項羽本紀에 "漢之三年, 項王數侵奪漢甬道, 漢王食乏, 恐, 請和, 割滎陽以西爲漢. 項王欲聽之. 歷陽侯范增曰:「漢易與耳, 今釋弗取, 後必悔之.」項王乃與范增急圍滎陽. 漢王患之, 乃用陳平計間項王. 項王使者來, 爲太牢具, 擧欲進之. 見使者, 詳驚愕曰:「吾以爲亞父使者, 乃反項王使者.」更持去, 以惡食食項王使者. 使者歸報項王, 項王乃疑范增與漢有私, 稍奪之權. 范增大怒, 曰:「天下事大定矣, 君王自爲之. 願賜骸骨歸卒伍!」項王許之. 行未至彭城, 疽發背而死."의 내용을 시작으로 한 것. 漢 高祖(劉邦) 3년(B.C.204) 項羽가 范增의 제안으로 劉邦의 군대를 포위하자 陳平의 계책을 써서 項羽와 范增을 離間시켰던 사건. 項羽가 보낸 使者에게 太牢를 갖추어놓고는 짐짓 "亞父(范增)께서 보낸 사자가 아니고, 겨우 항우의 사자냐?"고 물어보고는 조악한 음식으로 바꾸어 대접함으로써 使者가 돌아가 項羽에게 이를 알리자 項羽는 范增이 劉邦과 내통하고 있다고 의심하고는 차츰 범증의 권한을 빼앗기 시작함. '間踈'은 이간하여 사이가 멀어지도록 함. '楚君臣'은 項羽와 范增을 가리킴. '范增'은 項羽의 모신이며 軍事 諮問을 맡았었음. 항우는 일찍이 그를 존경하여 亞父라 불렀음. 范增은 居巢 사람으로 처음 陳勝이 反秦의 旗幟를 들자 項羽의 叔父 項梁을 찾아가 擧事

를 일으킬 것을 권유하여 項羽가 큰 인물이 되도록 하였음.《史記》項羽本紀에 "居鄛人范增, 年七十; 素居家, 好奇計, 往說項梁曰:「陳勝敗固當. 夫秦滅六國, 楚最無罪. 自懷王入秦不反, 楚人憐之至今, 故楚南公曰'楚雖三戶, 亡秦必楚也.' 今陳勝首事, 不立楚後而自立, 其勢不長. 今君起江東, 楚蜂午之將皆爭附君者, 以君世世楚將, 爲能復立楚之後也.」於是項梁然其言, 乃求楚懷王孫心民閒, 爲人牧羊, 立以爲楚懷王, 從民所望也. 陳嬰爲楚上柱國, 封五縣, 與懷王都盱台. 項梁自號爲武信君."이라 함. '項羽'는 이름은 籍. 楚나라 貴族으로 秦末 起兵하여 秦이 망하자 자립하여 西楚霸王이 되어 천하를 호령하였으나, 뒤에 楚漢戰에서 垓下에서 劉邦에게 패하자 烏江에서 스스로 목숨을 끊음.《史記》項羽本紀를 참조할 것.

【增大怒曰:「天下事大定矣, 君王自爲之. 願賜骸骨歸卒伍!」】'賜骸骨'은 자신의 해골을 온전히 하여 고향으로 돌아가 살다 죽을 수 있도록 허락해 달라는 뜻. '歸卒伍'는 졸개, 즉 평민의 신분으로 돌아감.

【未至彭城, 疽發背死】'彭城'은 지금의 江蘇省 銅山縣. 당시 項羽가 도읍으로 정하고 있었음. '疽發背死'는 范增은 項羽를 떠나 고향으로 가던 중 등에 등창이 나서 죽고 말았음.《古文眞寶》注에 "漢三年, 楚急擊, 絶漢甬道, 圍漢王於滎陽城. 漢王用陳平謀, 出黃金四萬斤予平, 爲間於楚, 宣言曰:「諸將鍾離眜等, 爲項王將, 功多矣. 然終不得裂地而王, 欲與漢爲一, 以滅項氏, 分王其地.」項王果疑之, 使使至漢, 漢爲大牢之具, 擧進, 見楚使則陽驚, 曰:「以爲亞父使, 乃項王使也.」復去, 以惡草具進楚使, 使歸具以報. 項王果大疑亞父, 亞父欲急擊下滎陽城, 項王不聽, 亞父怒, 乞骸骨云云."이라 함.

【蘇子曰:增之去, 善矣. 不去, 羽必殺增, 獨恨其不蚤耳】'不蚤'는 늦었음. 좀 더 일찍 결정했어야 함. '蚤'는 '早'와 같음.

2/5 ──────────

그렇다면 어떤 일이 있었을 때 떠났어야 했는가?

범증이 항우에게 패공沛公, 劉邦을 죽이라고 권했지만 항우는 듣지 않아, 결국 이 때문에 천하를 잃고 말았으니 마땅히 이때에 떠났어야 했는가? 그렇지 않다.

범증이 패공을 죽이고자 했을 때는 자신이 항우의 신하된 자로서의 본분이었고, 항우가 패공을 죽이지 않은 것은 항우 자신이 유방의 군주였으므로 그래도 도량을 베푼 것이니, 범증이 어찌 이를 이유로 떠날 수 있었겠는가?

《역易》에 "기미를 아는 것은 신이로다!"라 하였고, 《시詩》에는 "우설이 쏟아지는 것을 살펴보니, 먼저 싸락눈이 모여 들도다"라 하였다.

범증이 떠났어야 할 때는 마땅히 항우가 경자관군군卿子冠軍, 송의宋義를 죽였을 때였다.

然則當以何事去?

增勸羽殺沛公, 羽不聽, 終以此失天下, 當於是去邪? 曰: 否.

增之欲殺沛公, 人臣之分也; 羽之不殺, 猶有君人之度也, 增曷爲以此去哉?

《易》曰「知幾其神乎!」,《詩》曰「相彼雨雪, 先集維霰」.

增之去, 當於羽殺卿子冠軍時也.

【然則當以何事去】'어떤 사건이 났을 때 떠났어야 하는가?'의 뜻.
【增勸羽殺沛公, 羽不聽. 終以此失天下, 當於是去邪? 曰:否】이는 '鴻門宴 사건'을 말함. '沛公'은 漢 高祖를 가리킴. 高祖 劉邦은 沛에서 일어나 많은 무리들이 그를 '沛公'이라 불렀으며, 뒤에 項羽에 의해 漢中王에 봉해져 '漢王'이라 칭했음. 鴻門宴 때 范增은 項羽에게 劉邦을 죽이라고 눈짓을 보냈으며 이 기회를 놓치면 천하를 잃게 된다고 여겼음. 그러나 項羽는 劉邦을 죽이지 않았고 이로 인해 천하를 잃게 된 것임. 《史記》項羽本紀에 "沛公旦日從百餘騎來見項王, 至鴻門, 謝曰:「臣與將軍戮力而攻秦, 將軍戰河北, 臣戰河南, 然不自意能先入關破秦, 得復見將軍於此. 今者有小人之言, 令將軍與臣有郤.」項王曰:「此沛公左司馬曹無傷言之; 不然, 籍何以至此.」項王卽日因留沛公與飮. 項王·項伯東嚮坐. 亞父南嚮坐. 亞父者, 范增也. 沛公北嚮坐, 張良西嚮侍. 范增數目項王, 擧所佩玉玦以示之者三, 項王黙然不應. 范增起, 出召項莊, 謂曰:「君王爲人不忍, 若入前爲壽, 壽畢, 請以劍舞, 因擊沛公於坐, 殺之. 不者, 若屬皆且爲所虜.」莊則入爲壽, 壽畢, 曰:「君王與沛公

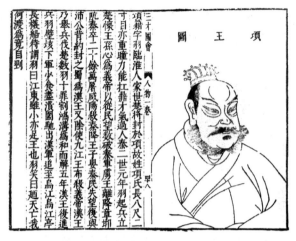

〈項羽(項籍)〉(三才圖會)

飲, 軍中無以爲樂, 請以劍舞.」項王曰:「諾.」項莊拔劍起舞, 項伯亦拔劍起舞, 常以
身翼蔽沛公, 莊不得擊. 於是張良至軍門, 見樊噲. 樊噲曰:「今日之事何如?」良曰:
「甚急. 今者項莊拔劍舞, 其意常在沛公也.」噲曰:「此迫矣, 臣請入, 與之同命.」噲卽
帶劍擁盾入軍門. 交戟之衛士欲止不內, 樊噲側其盾以撞, 衛士仆地, 噲遂入, 披帷
西嚮立, 瞋目視項王, 頭髮上指, 目眥盡裂. 項王按劍而跽曰:「客何爲者?」張良曰:
「沛公之參乘樊噲者也.」項王曰:「壯士, 賜之卮酒.」則與斗卮酒. 噲拜謝, 起, 立而飲
之. 項王曰:「賜之彘肩.」則與一生彘肩. 樊噲覆其盾於地, 加彘肩上, 拔劍切而啗之.
項曰:「壯士, 能復飲乎?」樊噲曰:「臣死且不避, 卮酒安足辭! 夫秦王有虎狼之心,
殺人如不能擧, 刑人如恐不勝, 天下皆叛之. 懷王與諸將約曰'先破秦入咸陽者王之'.
今沛公先破秦入咸陽, 豪毛不敢有所近, 封閉宮室, 還軍霸上, 以待大王來. 故遣將
守關者, 備他盜出入與非常也. 勞苦而功高如此, 未有封侯之賞, 而聽細說, 欲誅有
功之人. 此亡秦之續耳, 竊爲大王不取也.」項王未有以應, 曰:「坐」樊噲從良坐. 坐
須臾, 沛公起如廁, 因招樊噲出. 沛公已出, 項王使都尉陳平召沛公. 沛公曰:「今者
出, 未辭也, 爲之奈何?」樊噲曰:「大行不顧細謹, 大禮不辭小讓. 如今人方爲刀俎,
我爲魚肉, 何辭爲.」於是遂去. 乃令張良留謝. 良問曰:「大王來何操?」曰:「我持白璧
一雙, 欲獻項王, 玉斗一雙, 欲與亞父, 會其怒, 不敢獻. 公爲我獻之.」張良曰:「謹
諾.」當是時, 項王軍在鴻門下, 沛公軍在霸上, 相去四十里. 沛公則置車騎, 脫身獨
騎, 與樊噲·夏侯嬰·靳彊·紀信等四人持劍盾步走, 從酈山下, 道芷陽間行. 沛公謂
張良曰:「從此道至吾軍, 不過二十里耳. 度我至軍中, 公乃入.」沛公已去, 間至軍中,

張良入謝, 曰:「沛公不勝桮杓, 不能辭. 謹使臣良奉白璧一雙, 再拜獻大王足下; 玉斗一雙, 再拜奉大將軍足下.」項王曰:「沛公安在?」良曰:「聞大王有意督過之, 脫身獨去, 已至軍矣.」項王則受璧, 置之坐上. 亞父受玉斗, 置之地, 拔劍撞而破之, 曰:「唉! 豎子不足與謀. 奪項王天下者, 必沛公也, 吾屬今爲之虜矣.」沛公至軍, 立誅殺曹無傷"이라 함.

【增之欲殺沛公, 人臣之分也, 羽之不殺, 猶有君人之度也, 增曷爲以此去哉】'人臣之分'는 范增은 項羽의 신하였으므로 자신의 군주를 위해 권유할 수 있는 것임. '君人之度'는 君主로서의 度量. 당시 項羽는 君主, 劉邦은 그의 臣下인 셈이었음. 따라서 劉邦을 죽이지 않은 것은 項羽가 君主로서의 度量을 베푼 것임. '曷'은 疑問이나 感歎을 나타내는 助詞.《古文眞寶》注에 "漸次引入無, 此一切則直了"라 함.

【《易》曰「知幾其神乎!」,《詩》曰「相彼雨雪, 先集維霰」】《易》繫辭傳(下)에 "子曰:「知幾其神乎? 君子上交不諂, 下交不瀆, 其知幾乎? 幾者, 動之微, 吉之先見者也. 君子見幾而作, 不俟終日.」"이라 함. '幾'는 빌미, 幾微, 어떤 일의 徵候. '神'은 神과 같은 마음의 작용. 미래의 희미한 徵兆를 앎이 신과 같음.《詩》는 小雅 頍弁에 "豈伊異人, 兄弟甥舅. 如彼雨雪, 先集維霰. 死喪無日, 無幾相見. 樂酒今夕, 君子維宴"이라 함. 큰 눈이 내리기 전에 싸락눈부터 내림을 뜻함. '霰'은 싸락눈. '相彼雨雪'은《古文眞寶》注에는 "相, 猶視也"라 하였으나, 원문에는 '如彼雨雪'로 되어 있음.

【增之去, 當於羽殺卿子冠軍時也】'卿子冠軍'은 楚나라 義帝의 장군 宋義. 당시 反秦 세력들은 名分을 위해 楚나라 후손 楚 懷王의 孫子 心을 세워 義帝라 부르며 그 휘하에 있었음. 이 때 義帝는 宋義를 上將軍으로, 項羽를 次將軍으로 삼았음. 아울러 宋義를 높여 '卿子冠軍'이라 불렀으나 뒤에 項羽는 宋義를 죽이고 자신이 上將軍에 올랐음.《史記》項羽本紀에 "初, 宋義所遇齊使者高陵君顯在楚軍, 見楚王曰:「宋義論武信君之軍必敗, 居數日, 軍果敗. 兵未戰而先見敗徵, 此可謂知兵矣.」王召宋義與計事而大說之, 因置以爲上將軍, 項羽爲魯公, 爲次將, 范增爲末將, 救趙. 諸別將皆屬宋義, 號爲卿子冠軍"이라 함.《古文眞寶》注에 "宋義方說出"이라 함.

3/5 ————————————

진섭陳涉이 백성의 지지를 얻은 것은 항연項燕과 부소扶蘇를 내세웠기 때문이었고, 항씨項氏가 흥한 것은 초회왕楚懷王의 손자 심心을 세웠기 때문이었는데, 제후가 이에 반기를 든 것은 항우가 의제義帝를 시살했기 때문이었다.

게다가 의제를 세운 것은 범증이 그 모책의 주동자였는데 의제의 존망이 어찌 유독 초나라의 성쇠에만 국한된 것이었겠는가?

역시 범증이 얻게 될 화복과 함께 한 것이니, 의제가 없어졌는데 범증만이 오래 살아남을 수는 없는 것이었다.

항우가 경자관군을 죽인 만큼 이는 의제를 시살할 전조前兆였던 것이다.

그가 의제를 시살함은 범증을 의심하게 된 근본인데, 어찌 반드시 진평의 계략까지 기다리겠는가!

陳涉之得民也, 以項燕·扶蘇; 項氏之興也, 以立楚懷王孫心, 而諸侯叛之也, 以弑義帝.

且義帝之立, 增爲謀主矣, 義帝之存亡, 豈獨爲楚之盛衰?

亦增之所與同禍福也, 未有義帝亡, 而增獨能久存者也.

羽之殺卿子冠軍也, 是弑義帝之兆也.

其弑義帝, 則疑增之本也, 豈必待陳平哉!

【陳涉之得民也, 以項燕·扶蘇】'陳涉'은 이름은 勝. 吳廣과 함께 최초로 秦나라에 반기를 들었던 인물.《史記》陳涉世家를 참조할 것. "燕雀安知鴻鵠之志?", '王侯將相寧有種乎?' 등의 고사를 남겼으며, 그가 일어서자 천하가 드디어 호응하여 項羽와 劉邦도 봉기하게 된 것임.《史記》秦始皇本紀에 "七月, 戌卒陳勝等反故荊地, 爲「張楚」. 勝自立爲楚王, 居陳, 遣諸將徇地. 山東郡縣少年苦秦吏, 皆殺其守尉令丞反, 以應陳涉, 相立爲侯王, 合從西鄉, 名爲伐秦, 不可勝數也. 謁者使東方來, 以反者聞二世. 二世怒, 下吏. 後使者至, 上問, 對曰:「群盜, 郡守尉方逐捕, 今盡得, 不足憂.」上悅. 武臣自立爲趙王, 魏咎爲魏王, 田儋爲齊王. 沛公起沛. 項梁擧兵會稽郡"이라 함. '項燕'은 戰國 말의 楚나라 장수이며 項羽의 祖父. '扶蘇'는 秦始皇

의 태자 이름. 秦始皇이 죽자 趙高가 거짓 詔書를 꾸며 자결토록 하고 대신 胡亥를 二世皇帝로 세움. 陳涉은 처음에 군사를 일으킬 때 자신들은 項燕과 扶蘇의 殘餘部隊라 거짓 명분을 내세워 민심을 얻었음.《史記》陳涉世家에 "陳勝者, 陽城人也, 字涉. 吳廣者, 陽夏人也, 字叔. 陳涉少時, 嘗與人傭耕, 輟耕之壟上, 悵恨久之, 曰:「苟富貴, 無相忘.」庸者笑而應曰:「若爲庸耕, 何富貴也?」陳涉太息曰:「嗟乎, 燕雀安知鴻鵠之志哉!」陳勝·吳廣乃謀曰:「今亡亦死, 擧大計亦死, 等死, 死國可乎?」陳勝曰:「天下苦秦久矣. 吾聞二世少子也, 不當立, 當立者乃公子扶蘇. 扶蘇以數諫故, 上使外將兵. 今或聞無罪, 二世殺之. 百姓多聞其賢, 未知其死也. 項燕爲楚將, 數有功, 愛士卒, 楚人憐之. 或以爲死, 或以爲亡. 今誠以吾衆詐自稱公子扶蘇·項燕, 爲天下唱, 宜多應者.」吳廣以爲然. 乃行卜. 卜者知其指意, 曰:「足下事皆成, 有功. 然足下卜之鬼乎!」陳勝·吳廣喜, 念鬼, 曰:「此敎我先威衆耳.」乃丹書帛曰「陳勝王」, 置人所罾魚腹中. 卒買魚烹食, 得魚腹中書, 固以怪之矣. 又閒令吳廣之次所旁叢祠中, 夜篝火, 狐鳴呼曰「大楚興, 陳勝王」. 卒皆夜驚恐. 旦日, 卒中往往語, 皆指目陳勝. 吳廣素愛人, 士卒多爲用者. 將尉醉, 廣故數言欲亡, 忿恚尉, 令辱之, 以激怒其衆. 尉果笞廣. 尉劍挺, 廣起, 奪而殺尉. 陳勝佐之, 并殺兩尉. 召令徒屬曰:「公等遇雨, 皆已失期, 失期當斬. 藉弟令毋斬, 而戍死者固十六七. 且壯士不死卽已, 死卽擧大名耳, 王侯將相寧有種乎!」徒屬皆曰:「敬受命.」乃詐稱公子扶蘇·項燕, 從民欲也"라 함.

【項氏之興也, 以立楚懷王孫心, 而諸侯叛之也, 以弑義帝】'項氏'는 項羽가 叔父 項梁과 함께 군사를 일으켜 함께 칭한 것. '楚懷王孫心'은 楚나라 懷王의 손자. 이름은 心. 戰國 末에 楚 懷王은 秦나라에 속아 秦나라에 갔다가 붙잡혀 그곳에서 죽어, 楚나라는 秦나라에 대한 원한이 매우 컸음. 이에 范增은 項梁에게 懷王의 孫子 心을 민간에서 찾아 그를 임금으로 내세워, 그를 처음에는 楚懷王으로 불렀다가 뒤에 秦나라를 멸하고 나서 義帝라 부르고, 劉邦을 漢中王으로, 그리고 할거하던 각지의 반군들을 王으로 봉한 다음, 자신은 西楚霸王이 되었음.《古文眞寶》注에 "心, 義帝"라 함. '弑義帝'는 項羽는 秦나라를 멸망시키고 나서 義帝를 湖南 長沙로 옮겨놓았다가 九江王 英布로 하여금 江中에서 擊殺하도록 하였음.《軌範》注에 "義帝命宋義爲上將, 號曰卿子冠軍. 後爲項羽所殺. 陳涉初起兵, 假楚將項燕, 秦太子扶蘇爲名, 二人已死矣. 陳涉詐稱其尙在, 感動人心. 楚懷王入秦, 無罪而亡, 楚人憐之. 南公曰:「楚雖三戶, 亡秦必楚.」范增勸楚項梁, 求懷王孫

名心者, 立以爲楚懷王. 項羽陽尊懷王爲義帝, 後陰使人弒義帝江中"이라 함.《古文
眞寶》注에는 "此是說羽決不可以自有, 爲增看不破處"라 함.

【且義帝之立, 增爲謀主矣, 義帝之存亡, 豈獨爲楚之盛衰】'謀主'는 項梁으로 하여
금 義帝를 세우도록 했던 주모자 范增.

【亦增之所與同禍福也, 未有義帝亡, 而增獨能久存者也】'所與同禍福'은 禍福을 함
께 받음.《古文眞寶》注에 "此增元曉得底, 後來昏了"라 함. '能久存者' 다음에《古
文眞寶》注에는 "無陳涉之得民以下, 便說羽殺宋義事, 則文字無曲折, 而失之直矣"
라 함.

【羽之殺卿子冠軍也, 是弒義帝之兆也】'兆'는 徵兆, 前兆.

【其弒義帝, 則疑增之本也, 豈必待陳平哉】'本'은 范增을 의심하게 한 근본.

4/5

물건이란 반드시 먼저 썩고 난 뒤에야 벌레가 생기는 것이요, 사람
이란 반드시 먼저 의심을 가진 뒤에야 헐뜯는 말이 파고들 수 있는 것
이다.

진평이 비록 지혜롭다 해도 어찌 능히 의심을 갖지 않은 군주를 이간
시킬 수 있었겠는가?

나는 일찍이 의제를 두고 천하의 현명한 군주로 논하였었다.

패공을 홀로 함곡관函谷關으로 들어가게 하면서 항우는 보내지 않
았으며, 많은 사람들 속에서 경자관군을 알아보고 그를 발탁하여 상장
上將으로 삼았으니, 현명하지 않고서야 능히 이와 같이 할 수 있었겠
는가?

그런데 항우가 이윽고 거짓을 꾸며 경자관군을 죽이자, 의제는 틀림없
이 능히 견딜 수 없었을 것이니, 항우가 의제를 시살하지 않으면 의제가
항우를 죽여야 할 것임은 지혜로운 자를 기다린 뒤에야 알 수 있는 것
은 아니었다.

범증은 애초에 항량項梁에게 의제를 세워 제후들이 이로써 복종하
게 할 것을 권하였는데, 중도에 이를 시살했으니 이는 범증의 뜻이 아니

었다.

　무릇 어찌 유독 그런 뜻이 아닐 뿐이었겠는가? 장차 틀림없이 힘써 간쟁을 해도 듣지 않았을 것이다.

　그의 말을 채용하지 않을 뿐더러 나아가 그가 세워준 사람까지 시살 하였으니, 항우가 범증을 의심한 것은 틀림없이 여기에서부터 시작되었 던 것이다.

　物必先腐也而後, 蟲生之; 人必先疑也而後, 讒入之.

　陳平雖智, 安能間無疑之主哉?

　吾嘗論義帝, 天下之賢主也.

　獨遣沛公入關而不遣項羽, 識卿子冠軍於稠人之中, 而擢以爲 上將, 不賢而能如是乎?

　羽旣矯殺卿子冠軍, 義帝必不能堪, 非羽弑帝, 則帝殺羽, 不待 智者而後知也.

　增始勸項梁立義帝, 諸侯以此服從, 中道而弑之, 非增之意也.

　夫豈獨非其意? 將必力爭而不聽也.

　不用其言, 而殺其所立, 羽之疑增, 必自此始矣.

【物必先腐也而後, 蟲生之; 人必先疑也而後, 讒入之】《荀子》勸學篇에 "肉腐生蟲, 魚枯生蠹"라 함. '讒'은 讒害, 모함, 헐뜯음, 비방함. 《古文眞寶》注에 "又著此語, 則文字優游不迫, 與前面引《詩》《易》同類"라 함.

【陳平雖智, 安能間無疑之主哉】의심을 품고 있지 않은 군주를 離間시킬 수 없음.

【吾嘗論義帝, 天下之賢主也】義帝는 현명한 군주였음.

【獨遣沛公入關而不遣項羽, 識卿子冠軍於稠人之中, 而擢以爲上將, 不賢而能如是 乎】'遣沛公入關'은 義帝가 沛公(劉邦)을 보내어 函谷關으로 들어가게 함. 원래 項羽가 먼저 函谷關으로 들어가 秦나라 咸陽을 공격하겠다고 나섰으나, 義帝는 項羽가 난폭하여 民心을 잃을 것임을 우려하여 沛公으로 하여금 먼저 咸陽을 공격하도록 하였음. 《史記》高祖本紀에 "趙數請救, 懷王乃以宋義爲上將軍, 項羽

爲次將, 范增爲末將, 北救趙. 令沛公西略地入關. 與諸將約:「先入定關中者, 王之.」
當是時, 秦兵彊, 常乘勝逐北, 諸將莫利先入關. 獨項羽怨秦破項梁軍, 奮, 願與沛
公西入關. 懷王諸老將皆曰:「項羽爲人僄悍猾賊. 項羽嘗攻襄城, 襄城無遺類, 皆阬
之, 諸所過無不殘滅. 且楚數進取, 前陳王・項梁皆敗. 不如更遣長者扶義而西, 告
諭秦父兄. 秦父兄苦其主久矣, 今誠得長者往, 毋侵暴, 宜可下. 今項羽僄悍, 今不可
遣. 獨沛公素寬大長者, 可遣.」卒不許項羽, 而遣沛公西略地, 收陳王・項梁散卒. 乃
道碭至成陽, 與杠里秦軍夾壁, 破(魏)[秦]二軍. 楚軍出兵擊王離, 大破之"라 함.《古
文眞寶》注에 "義帝識羽, 增識不破"라 함. '稠人'은 많은 사람들. 빽빽하게 밀집한
사람들.

【羽既矯殺卿子冠軍, 義帝必不能堪, 非羽弑帝, 則帝殺羽, 不待智者而後知也】'矯殺'
은 속임수를 써서 죽임. 項羽는 군중에서 卿子冠軍 宋義를 죽이고, 그가 齊나라
와 내통하고 반란을 꾀하였기 때문에 義帝의 命에 의해 죽인 것이라 거짓말을
함. 宋義는 義帝의 명을 받들어 趙를 구하러 나서서 安養에 이르자 46일 동안
머물며 趙와 秦이 맞붙어 지치기를 기다려 漁父之利를 얻고자 책략을 세웠으나,
項羽는 이에 반대하여 趙나라와 연합하여 秦軍을 공격할 것을 요구함. 이에 宋
義가 노하자 項羽는 도리어 宋義를 齊와 謀議하여 楚나라를 배반하고자 했다
고 거짓을 꾸며 죽인 것임.《史記》項羽本紀에 "項羽晨朝上將軍宋義, 卽其帳中斬
宋義頭, 出令軍中曰:「宋義與齊謀反楚, 楚王陰令羽誅之.」"라 함. '不能堪'은 감내
하지 못함. '則帝殺羽'는 그렇지 않으면 義帝가 項羽를 죽였을 것임.《古文眞寶》
注에 "應「殺冠軍爲弑, 義帝之兆」一句"라 하였고, 끝에는 "增豈不曉得?"이라 함.
【增始勸項梁立義帝, 諸侯以此服從, 中道而弑之, 非增之意也】'項梁'은 項燕의 아
들이며 項羽의 숙부. 처음 范增이 項梁에게 찾아가 楚나라 민심을 얻기 위해 楚
懷王의 손자 心을 세울 것을 권유함. 이에 心을 찾아 왕으로 세우고 처음에는
楚懷王으로 불렀으나 뒤에 義帝로 고쳐 부름.
【夫豈獨非其意, 將必力爭而不聽也】'力爭'는 힘써 간쟁을 하며 義帝의 죽음을 막
음. '爭'은 諍과 같음.《古文眞寶》注에 "文字要用無作有"라 함.
【不用其言, 而殺其所立, 羽之疑增, 必自此始矣】《古文眞寶》注에 "應「弑義帝爲疑
增之本」一句"라 함.

바야흐로 경자관군을 죽일 때는 범증과 항우는 어깨를 나란히 하면서 의제를 섬기고 있어, 둘 사이는 군신君臣의 구분이 아직 확정되지 않았었다.

범증 자신을 위한 계책으로, 권력이 능히 항우를 주벌할 수 있었다면 주벌하고, 그것이 불가했다면 떠나버리면 되었을 것이니, 그것이 어찌 의연한 대장부가 아니었겠는가?

범증은 나이가 이미 일흔이었으니 뜻이 맞으면 머물고, 맞지 않으면 떠났어야 했는데, 이때에 거취의 구분을 명확하게 하지 아니한 채, 항우에게 의지하여 공명功名을 이루려 했으니 비루하도다!

비록 그렇기는 하나 범증은 고제高帝, 劉邦에게는 두려운 존재였으니, 범증이 떠나지 않았다면 항우 역시 망하지 않았을 것이다.

아! 범증은 역시 인걸人傑이었도다!

方羽殺卿子冠軍, 增與羽比肩而事義帝, 君臣之分, 未定也.
　爲增計者, 力能誅羽則誅之, 不能則去之, 豈不毅然大丈夫也哉?
　增年已七十, 合則留, 不合則去, 不以此時明去就之分, 而欲依羽以成功名, 陋矣!
　雖然, 增, 高帝之所畏也, 增不去, 項羽不亡.
　嗚呼! 增亦人傑也哉!

【方羽殺卿子冠軍, 增與羽比肩而事義帝, 君臣之分, 未定也】'君臣之分'은 임금과 신하의 구분. 당시 項羽도 아직 군주가 아니었으므로 項羽와 范增 사이는 임금과 신하의 관계가 아니며 서로 義帝의 신하들이었음을 말함.《軌範》補注에 "應增之去, 當於羽殺卿子冠軍時"라 함.

【爲增計者, 力能誅羽則誅之, 不能則去之, 豈不毅然大丈夫也哉】'不能則去之' 다음

에 《古文眞寶》 注에 "二句妙"라 함. '毅然'은 꿋꿋한 모습. 《軌範》 注에 "此一段最妙, 乃無中生有死中求活"이라 함.

【增年已七十, 合則留, 不合則去, 不以此時明去就之分, 而欲依羽以成功名, 陋矣】 '去就之分'은 去取의 문제. '陋矣'는 鄙陋함. 떳떳하지 못함. 《古文眞寶》 注에 "增只是此處者不破, 倂前曉得底, 都昏了"라 함.

【雖然, 增, 高帝之所畏也, 增不去, 項羽不亡】 范增은 高帝(劉邦)가 두렵게 여기는 대상이었음. 項羽에게 范增이 있음으로 해서 劉邦은 자신의 뜻을 제대로 펼 수 없었음을 말함.

【嗚呼, 增亦人傑也哉】 《軌範》 注에 "結尾. 不貶盡范增, 反許之爲人傑. 正如韓文公 〈爭臣論〉, 攻擊不遺餘力. 結句乃曰: 「陽子將不得爲善人乎?」 如此方是公論, 若斷人之過, 攻人之惡, 沒人之善, 皆非老手"라 함. 《古文眞寶》 注에는 "前深抑之, 此處揚之, 操縱法. 大凡作漢唐君臣文字, 前說他好, 後須說, 些不好處, 前說他不好, 後面須放他出一線路"라 함.

참고 및 관련 자료

1. 소동파(蘇東坡) 蘇軾, 子瞻

소식(蘇軾. 1037-1101) 宋代 시인이며 문장가. 자는 子瞻, 호는 東坡居士이며 北宋의 大文豪. 眉州 眉山(지금의 四川 眉山縣) 사람으로 아버지 蘇洵, 아우 蘇轍과 함께 '三蘇'로 널리 불리며 모두 唐宋八大家에 속함. 北宋 仁宗 景祐 4년에 태어나 徽宗 建中靖國 元年에 죽었으며 향년 65세. 嘉祐 2년에 서울에 올라와 과거에 응하여 당시 시험관 歐陽修의 탄상을 받았으며 神宗 때 祠部員外郞을 시작으로 密州, 徐州, 湖州 등의 州知府를 역임하면서 많은 업적을 쌓았음. 王安石의 變法에 반대하다가 黃州로 귀양을 감. 그 뒤 哲宗이 즉위하고 太皇太后가 舊黨을 등용하자 소식은 다시 翰林學士를 거쳐 杭州知州로 갔다가 禮部尙書로 올라오게 됨. 얼마 뒤 哲宗이 親政에 나서서 다시 新黨이 정권을 잡자 蘇軾은 惠州, 澹州, 潁州로 밀려났다가 다시 돌아오는 길에 常州에서 죽었음. 그는 당시 文壇의 領袖였으며 박학한 지식과 풍부한 감정으로 詩, 詞, 散文 등과 書畫 등 예술분야 전반에 탁월한 경지를 보였음. 특히 書法은 蔡襄, 米芾, 黃庭堅과 합하여 '宋四大家'로 불렸음. 《仇池筆記》, 《東坡志林》, 《東坡全集》, 《東坡詞》 등이 있으며 《宋史》(338)에 傳이 있음. 《古文眞寶》 諸賢姓氏事略에 "蘇子瞻, 名軾, 眉山人. 號東坡, 嘉祐甲科, 元豐二

年謫黃州, 元祐初召入翰林, 遷內翰, 紹聖元年南遷"이라 함.

2. 이 글은《東坡全集》(105, 御製讀蘇軾范增論),《古文關鍵》(下),《唐宋八大家文鈔》(130),《唐宋文醇》(43),《文編》(31),《經濟類編》(84),《歷代名賢確論》(38),《御製文集》(2集 34),《古文約選》(4),《古文觀止》(10),《古文眞寶》(後集 9) 등에 실려 있음.

3.《軌範》末尾에 謝枋得은 "此是東坡海外文字, 一句一字, 增減不得, 句句有法, 字字盡心. 後生只熟讀暗記此一篇, 義理融明, 音律諧和, 下筆作論, 必驚世絶俗. 此論最好處, 在方羽殺卿子冠軍時, 增與羽比肩事義帝一段. 當與

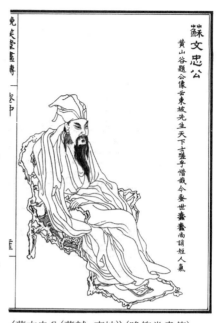

〈蘇文忠公(蘇軾, 東坡)〉(晚笑堂畫傳)

〈鼂錯論〉並觀. ○凡作史評, 斷古人是非得失存亡成敗, 如明官判斷大公案. 須要說得人心服, 若只能責人, 亦非高手; 須要思量我若生此人之時, 居此人之位. 遇此人之事, 當如何應變, 當如何全身, 必有至當不易之說. 如奕某然, 敗某有勝着, 勝某有敗着, 得失在一着之間, 某師旁觀, 必能覆某, 歷說勝者, 亦可敗; 敗者亦可勝, 乃爲良工. 東坡作史評, 皆得此說, 人不能知, 能知此者, 必長於作論"이라 함.

4.《古文關鍵》에는 "這一篇要看抑揚處, 吾嘗論一段前平, 平說來, 忽換起放開說, 見得語新意屬. 又見一伏一起處, 漸次引入難, 一段之曲折, 若無陳涉之得民, 便接羽殺卿子一段去, 則文字直了, 無曲折; 且義帝之立一段, 亦直了, 惟有此二段然後見曲折處"라 함.

5.《唐宋八大家文鈔》에는 "增之罪案, 一一刺骨"이라 함.

6. 洪邁의《容齋隨筆》(9)에는 "范增爲人傑, 予以爲不然. 夷考平生, 蓋出戰國縱橫之餘. 見利而不知義者也. 始勸項氏立懷王, 及羽奪王之地, 遷王於郴, 而已殺之, 增不能引君臣大誼, 爭之以死. 懷王與諸將約: 「先入關中者王之.」 沛公先定關中, 則當如約. 增乃勸羽殺之, 又徙之蜀漢. 羽之伐趙, 殺上將宋義, 增爲末將, 坐而視之. 坑秦降卒, 殺秦降王, 燒秦宮室, 增皆親見之, 未嘗聞一言也. 至於滎陽之役, 身遭反間,

然後發怒而去. 嗚呼! 疏矣哉! 東坡公論此事, 偉甚, 然未盡也"라 함.

7. 《古文眞寶》注에는 "迂齋云:「宋義是義帝所命;義帝, 是范增所立. 三人死生存亡去就, 最相關涉, 此坡公海外文字筆力, 老健.」○靜觀云:「增當去於羽殺宋義之時, 此是一篇本意, 但有難看者, 若把殺宋義, 爲弑義帝之兆, 弑義帝, 爲疑增之本. 此處道增不曉此不得只是看項羽不破, 有依羽成功之心, 所以一齊昏了.」○責增全說興楚, 不可無義帝, 羽決不可自有爲, 若增此處纖得分明斬截, 則當羽殺宋義時, 有廢主目爲之意, 便當決策, 不誅之則去之, 失處全在此.」"라 함.

027(3-5) ⟨鼂錯論⟩(晁錯論) ·········· 蘇東坡(蘇軾)

조착鼂錯을 논함

＊⟨鼂錯論⟩: 鼂錯(B.C.200−B.C.154)
은 晁錯으로도 표기하며 漢나라
潁川(지금의 河南 禹縣) 사람으로
太子家令을 할 때 태자로부터 깊
은 신임을 얻었음. 태자가 제위(景
帝, 劉啓:B.C.156−B.C.141년 재위)에
오르자 御使大夫의 임무를 맡고
지혜가 뛰어나 '智囊'으로 불릴
정도였음. 당시 劉氏 諸侯들의 세
력이 점차 강해져 조정에서 제대
로 통제할 수가 없었음. 특히 吳
王 劉濞(劉邦의 조카)는 반란의
의도까지 품고 있었음. 이에 조착
은 왕실을 공고히 하기 위해 景帝
에게 ⟨削藩策⟩을 올려 제후왕들
의 領地를 줄일 것을 건의함. 그

漢御史大夫鼂公儀

⟨鼂錯(晁錯)⟩(御史大夫)

리하여 우선 楚王(劉戊), 趙王(劉遂), 膠西王(劉卬) 등 제후국의 땅을 분할하여
郡縣으로 삼고, 이어서 세력이 가장 컸던 오왕의 會稽와 豫章 두 군을 중앙관
할로 바꿈. 이에 오왕 유비는 초왕, 조왕, 교서왕, 濟南王(劉辟光), 淄川王(劉賢),
膠東王(劉雄渠) 등과 연합하여 "請誅鼂錯, 以淸君側"의 기치를 내걸고 반란을
일으킴. 이들이 河南까지 진격해 들어오자 수도 長安은 일시에 두려움에 빠지
고 말았음. 이를 역사적으로 '吳楚七國之亂'이라 함. 마침 조착과 대립관계에 있
던 袁盎(爰盎) 등은 이를 好機로 삼아 景帝에게 "난을 해결하는 길은 조착을 처
단하는 것 뿐"이라 하며 압박하여 결국 조착은 東市에서 斬首를 당하고 말았
음. 《史記》(101)와 《漢書》(49)에 傳이 있음. 한편 '鼂錯'(晁錯)은 《史記》 索隱에 "鼂

錯: 上音朝, 下音厝. 一如字讀"이라 하여 '조조'(朝厝)로 읽으며, 혹 '조착'으로도 읽음. 여기서는 '一如字讀'에 따라 '조착'으로 읽음.

1/5 ————————————

천하의 환난 중에 가장 어찌할 수 없는 것은 명색은 치평무사治平無事하다고 하나, 실제로는 불측지우不測之憂가 있는 경우이다.

앉아서 그 변화를 보기만 하고 어찌할 바가 없다면, 구제할 수 없는 지경에 이를까 겁이 나고, 일어나 억지로 이를 처리하면 천하가 치평의 편안함에 익숙하여 나를 믿지 않게 된다.

오직 인인仁人, 군자君子, 호걸豪傑의 선비만이 능이 몸을 내세워 천하를 위해 큰 환난에 맞서 큰 공을 이룰 수 있게 된다.

이는 진실로 한 해 한 달의 짧은 기간에 억지로, 구차스럽게 명예를 구한다고 해서 해낼 수 있는 것이 아니다.

천하가 치평한데 이유 없이 큰 환난의 단서를 들춰낸 경우, 내가 이를 발단시켰다면 내가 이를 능히 수습한 연후에야 천하에게 할 말이 있게 된다.

그러나 일이 다가와 터졌는데 이에 위축된 채 제거하려고, 다른 사람으로 하여금 그 책임을 떠맡도록 한다면, 천하의 재앙은 반드시 나 한 사람에게 집중되고 만다.

天下之患, 最不可爲者, 名爲治平無事, 而其實有不測之憂.

坐觀其變, 而不爲之所, 則恐至於不可救; 起而强爲之, 則天下狃於治平之安, 而不吾信.

惟仁人君子豪傑之士, 爲能出身爲天下犯大難, 以求成大功.

此固非勉强碁月之間, 而苟以求名之所能也.

天下治平, 無故而發大難之端, 吾發之, 吾能收之, 然後有辭於天下.

事至而循循焉欲去之, 使他人任其責, 則天下之禍, 必集於我.

【天下之患, 最不可爲者, 名爲治平無事, 而其實有不測之憂】'治平無事'는 잘 다스려져서 아무 일이 없음. '不測之憂'는 헤아리지 못한 憂患.《軌範》注에 "暗說景帝時諸侯强大, 削亦反, 不削亦反. ○此如破題"라 함.

【坐觀其變, 而不爲之所, 則恐至於不可救】'所'는 처리함. 처치함. 해결함.

【起而强爲之, 則天下狃於治平之安, 而不吾信】'狃'(뉴)는 익숙함. 습관이 됨.

【惟仁人君子豪傑之士, 爲能出身爲天下犯大難, 以求成大功】'犯大難'은 큰 어려움에 맞서, 해결하고자 나섬. '以求成大功'은 이로써 큰 공을 이룰 것을 욕망함.

【此固非勉强朞月之間, 而苟以求名之所能也】'朞月'은 만 한 달이나 혹은 만 1년. 아주 짧은 기간을 말함.《軌範》注에 "暗說鼂錯削七國事"라 함.

【天下治平, 無故而發大難之端, 吾發之, 吾能收之, 然後有辭於天下】'天下治平'은 《軌範》注에 "暗說景帝時"라 함. '發大難之端'은《軌範》注에 "暗說削七國"이라 함. '有辭於天下'는 천하에 할 말이 있음. '辭'는 설명하여 지지를 얻음.《軌範》注에 "暗說七國反"이라 함. 그러나 《東坡集》에는 "能免難於天下"로 되어 있음.

【事至而循循焉欲去之, 使他人任其責, 則天下之禍, 必集於我】'循循焉'은 조금씩 위축되어감을 뜻함. '他人任其責'은《軌範》注에 "暗說鼂錯欲使天子自將, 而己居守"라 함. '必集於我'는《軌範》注에 "此袁盎所以進斬鼂錯之說"이라 함.

2/5 ──────────────────

옛날, 조착이 한漢나라를 위해 충성을 다 바쳐, 산동山東 제후들을 약화시킬 모책을 내놓았다.

산동의 제후들이 함께 들고 일어나 조착을 주살할 것을 명분으로 내걸자, 천자는 이를 제대로 살피지 아니하고 조착을 죽이는 것으로써 이들을 설득하였다.

그런데 천하는 조착이 충성을 하다가 화를 입었다고 슬퍼할 뿐, 조착이 그런 화를 자초하였음은 알지 못하였다.

昔者, 鼂錯盡忠爲漢, 謀弱山東之諸侯.

山東諸侯並起, 以誅錯爲名, 而天子不之察, 以錯爲之說
天下悲錯之以忠而受禍, (而)不知錯有以取之也.

【昔者, 鼂錯盡忠爲漢, 謀弱山東之諸侯】'山東'은 崤山, 혹은 華山의 동쪽. 長安 동
쪽을 일컫는 말. 당시 七國의 제후국 나라들은 모두 長安에서 동쪽지역이었음.
【山東諸侯並起, 以誅錯爲名, 而天子不之察, 以錯爲之說】《東坡集》에는 앞의 '山東'
2자가 없음. '以誅錯爲名'은 七國이 削藩을 내세운 鼂錯를 誅殺하라는 명분으로
반란을 일으킴. '天子'는 景帝(劉啓). '天子不之察'은《東坡集》에는 '天子不察'로 되
어 있음. '以錯爲之說'은 景帝가 鼂錯를 설득(협상) 조건을 삼음. 즉 요구대로 조
착을 죽이는 것으로 난을 종식시키고자 함. 난이 일어나자 경제가 조착과 상의
할 때 조착은 경제가 직접 군사를 이끌고 출정하고, 자신은 장안을 지키겠다고
함. 그러다가 袁盎이 鼂錯에게 책임이 있으니 그를 죽여 제후들에게 私罪하는
것이 해결방안이라 건의하였으며, 경제는 이를 수용하여 鼂錯를 斬首하고 제후
들에게 사죄하였음. 그러나《東坡集》등에는 "以錯爲說"로 되어 있으며, 혹 '說'을
'悅'로 보아 '제후들에게 즐거움을 사다'의 뜻으로 보기도 함.《史記》鼂錯傳에
"吳楚七國果反, 以誅錯爲名. 及竇嬰·袁盎進說, 上令鼂錯衣朝衣斬東市"라 함.
【天下悲錯之以忠而受禍, (而)不知錯有以取之也】'不知錯有' 앞에《東坡集》에는
'而'자가 더 있음.

3/5 ━━━━━━━━━━━━

옛날 큰일을 세우는 자는 오직 세상을 뛰어넘는 재주만 있었던 것이
아니라, 역시 견인불발堅忍不拔의 의지도 가지고 있었다.

지난 날 우禹가 물을 다스릴 때 용문龍門을 뚫고 대하大河를 터서 바
다로 흘려보냈다.

바야흐로 그것이 성공하기 전에는 아마도 역시 궤모潰冒와 충돌衝突
등의 가히 두려워할 환난이 있었을 것이지만, 오직 능히 그것이 당연히
그럴 것임을 미리 알았기 때문에, 일이 닥쳐와도 겁을 내지 않았고, 서서
히 이를 도모한 것이니, 이로써 성공을 얻을 수 있었던 것이다.

古之立大事者, 不惟有超世之才, 亦必有堅忍不拔之志.

昔禹之治水, 鑿龍門, 決大河而放之海.

方其功之未成也, 蓋亦有潰冒衝突可畏之患, 唯能前知其當然,
事至不懼, 而徐爲之圖, 是以得至於成功.

【古之立大事者, 不惟有超世之才, 亦必有堅忍不拔之志】 '超世之才'는 세상 사람들
을 뛰어넘는 아주 뛰어난 재능. '堅忍不拔'은 견고하고 참을성이 있어 절대로 꺾
이거나 뽑히지 않음.

【昔禹之治水, 鑿龍門, 決大河而放之海】 '禹'는 夏나라 시조. 9년 동안의 治水로 공
을 세워 나라를 이어받아, 중국 첫 王朝 夏나라를 건립함. '龍門'은 禹門口라고
하며 지금의 山西 河津縣과 陝西 韓城縣 동북 사이에 있는 협곡. 黃河를 막고 있
어 禹가 이를 파서 뚫고 소통시킴. 《尙書》禹貢에 "導河積石, 至於龍門"이라 함.
'決'은 물을 터서 흘러가게 함. 《東坡集》에는 '決'로 되어 있음. '大河'는 河水, 黃河.

【方其功之未成也, 蓋亦有潰冒衝突可畏之患】 '潰冒衝突'은 그 물을 터놓았을 때
농토를 허물고 덮고, 사물에 부딪쳐 충돌하는 등 예측하지 못한 다른 재앙이 벌
어짐. '可畏之患'은 가히 두려워할 걱정.

【唯能前知其當然, 事至不懼, 而徐爲之圖, 是以得至於成功】 '知其當然'은 그러한 것,
즉 예측하지 못한 환난은 당연한 것임을 미리 앎. '徐爲之圖'는 《東坡集》등에는
'徐爲之所'로 되어 있음. 《軌範》注에 "用大禹治水事, 乃是學司馬相如難蜀父老丈"
이라 함.

4/5 ─────────────

무릇 칠국七國이 강하였는데 갑작스럽게 이들의 영지를 깎아버렸으니,
그들이 변란을 일으킨 것이 어찌 족히 괴이한 일이겠는가!

조착은 이 시기에 자신이 몸을 던져 천하를 위해 대난大難의 충돌에
맞서 오吳, 초楚의 명령을 제압하려 들지는 않고, 천자로 하여금 스스로
군사를 이끌고 출정토록 하고, 자신은 도성에 남아 지키고자 하였다.

게다가 칠국의 난을 유발시킨 자가 누구인가? 그런데 자신이 그 명

예를 얻고자 하면서 어찌 자신이 유발시킨 그 환난으로부터는 도망하는가?

스스로가 군사를 이끌고 출정함의 지극한 위험과, 도성을 지키는 지극한 안전함의 사이에서, 자신이 난을 일으킨 우두머리이면서 지극한 안전함을 택하고, 천자는 지극한 위험으로 버린 것이니, 이것이 충신忠臣과 의사義士들이 분개하면서 불평하는 이유이다.

이 당시에는 비록 원앙袁盎이 없었더라도, 조착은 역시 화를 면하지 못하였을 것이다.

어째서인가? 자신은 남아서 도성을 지키고 임금으로 하여금 스스로 군사를 이끌도록 하였으니, 그 정情으로 말한다면 천자로서도 실로 이미 난처하게 여겼지만 그의 건의를 위배함에 신중愼重을 기했기 때문에 나선 것이다.

이 까닭으로 원앙의 말이 그 사이에 이간질로 먹혀들 수 있었던 것이다.

가령 오초가 반란을 일으켰을 때 조착이 자신의 몸으로써 그 위험을 떠맡아 밤낮으로 담금질하고 숫돌질하며 동쪽을 향해 대기하여 임금에게 누累가 다가올 수 없도록 했었더라면, 천자가 장차 그를 믿어 두려움이 없었을 것이니, 비록 백 명의 원앙이 있다 한들 가히 이간질을 할 수 있었겠는가?

夫以七國之强而驟削之, 其爲變豈足怪哉!

錯不於此時捐其身, 爲天下當大難之衝, 而制吳楚之命, 乃爲自全之計, 欲使天子自將, 而己居守.

且夫發七國之難者, 誰乎? 己欲求其名, 安所逃其患?

以自將之至危, 與居守之至安, 己爲難首, 擇其至安, 而遺天子以其至危, 此忠臣義士所以憤怨而不平者也.

當此之時, 雖無袁盎, 錯亦未免於禍.

何者? 己欲居守, 而使人主自將, 以情而言, 天子固已難之矣, 而重違其議.

是以袁盎之說, 得行於其間.

使吳楚反, 錯以身任其危, 日夜淬礪, 東向而待之, 使不至於累其君, 則天子將恃之以爲無恐, 雖有百盎, 可得而間哉?

【夫以七國之强而驟削之, 其爲變豈足怪哉!】'七國'은 吳王(劉濞), 楚王(劉戊), 趙王 (劉遂), 膠西王(劉卬), 濟南王(劉辟光), 淄川王(劉賢), 膠東王(劉雄渠) 등 일곱 나라 제후국. '驟'는 副詞로 '갑자기, 별안간에'의 뜻.

【錯不於此時捐其身, 爲天下當大難之衝, 而制吳楚之命, 乃爲自全之計, 欲使天子自 將, 而己居守】'捐其身'은 자신의 몸을 던져 희생할 것을 각오함. '大難之衝'은 吳 楚七國의 亂을 가리킴. '天子自將'은 천자 景帝가 직접 군사를 이끌고 진압에 나 섬. 그러나 이는 사료에는 이러한 내용이 없으며, 도리어 《史記》와 《漢書》에는 景 帝가 大將軍 竇嬰, 太尉 周亞夫 등을 출병시켜 난을 진압한 것으로 되어 있음. '自全之計'은 자신만 온전하고자 하는 계책. 《軌範》注에 "景帝之怒錯, 錯之受禍 果是, 因此非假設之辭"라 함. '己居守'는 《軌範》注에 "主意在此"라 함.

【且夫發七國之難者, 誰乎? 己欲求其名, 安所逃其患?】'發'은 誘發의 뜻. '誰乎'는 그 장본인이 鼂錯이라는 뜻.

【以自將之至危, 與居守之至安, 己爲難首, 擇其至安, 而遺天子以其至危】'至危'는 天 子, '至安'은 조착 자신의 경우를 말함. '己爲難首'는 鼂錯이 그 난의 우두머리가 됨. '遺'는 버림, 끼침. 넘김. 넘겨줌. 떠맡김.

【此忠臣義士所以憤怨而不平者也】'憤怨'은 분개하고 원망함. 《東坡集》 등에는 모 두 '憤惋'으로 표기되어 있음. 《軌範》注에 "此一段, 判斷鼂錯之罪, 至公至平. 錯 聞之, 亦必心服"이라 함.

【當此之時, 雖無袁盎, 錯亦未免於禍】'袁盎'은 자는 絲. '爰盎'으로도 표기함. 楚나 라 출신으로 齊相과 吳相 등을 역임함. 鼂錯이 御使大夫였을 때, 袁盎은 吳王에 게 뇌물을 받은 죄로 庶人으로 강등되어 항상 조착에게 원한을 품고 있었으며, 七國의 난이 일어나자 이를 기회로 경제에게 '그의 〈削藩策〉 때문에 비롯된 것이 니 조착을 죽여 제후들에게 사죄하는 것이 난을 수습하는 길'이라 하여, 조착을

죽이도록 함. 《史記》(101) 袁盎鼂錯列傳과 《漢書》(49) 爰盎鼂錯列傳을 참조할 것.

【何者? 己欲居守, 而使人主自將, 以情而言, 天子固已難之矣, 而重違其議】 '固已難之'는 진실로 이미 난처하게 여김. 임금도 스스로 나서기를 꺼려함. '重違其議'는 그의 建議를 違背하는 것에 대해 愼重을 기함.

【是以袁盎之說, 得行於其間】 '袁盎之說'은 袁盎의 建議. 즉 제후들의 난을 그치게 할 방법은 조착을 죽여 사죄하는 것을 말함. '得行'은 실행될 수 있음. 채택될 수 있음. '其間'은 '그 틈에'의 뜻.

【使吳楚反, 錯以身任其危, 日夜淬礪, 東向而待之, 使不至於累其君】 '淬礪'(쉬려)는 담금질과 숫돌질. 즉 쇠를 달구어 담금질 하듯, 쇠를 숫돌에 갈아 날이 서게 하듯 장차 일어날 난에 대해 힘써 대비함. '累'는 걱정이나 고생.

【則天子將恃之以爲無恐, 雖有百盎, 可得而間哉?】 '無恐'은 조착의 대비를 믿고 걱정을 하지 않음. '間'은 그 틈을 뚫고 들어옴. 이간질을 함. 둘 사이를 벌려놓음. '雖有百盎'은 《東坡集》에는 '雖有百袁盎'으로 되어 있음. 《軌範》注에 "此一段最妙. 乃是無中生有, 死中求活. 方成議論, 凡作史評. 判斷古今之功罪, 須要思量, 使我生此人之時, 居此人之位, 處此人之事, 當如何處置? 必有一長策如奕某然, 雖敗局, 未嘗無勝勢; 雖勝局, 未嘗無敗勢. 善奕者, 能知之"라 함.

5/5 ————————

아! 세상의 군자들로서 대단한 공을 구하고자 한다면, 자신만 안전하려는 계책에 힘써서는 안 되는 것이다.

가령 조착이 스스로 군대를 이끌고 나서서 오초 토벌에 나섰더라도 꼭 공을 세우지 못했을 리는 없다.

오직 그 자신만이 견고하게 하고자 하다가, 천자의 미움을 사고 말았던 것이며, 간신奸臣이 그 틈을 타고 들 수 있었던 것이다.

조착이 자신만의 안전을 위한 것이, 이에 스스로 화를 자초한 원인이 되고 만 것이로다!

嗟夫! 世之君子, 欲求非常之功, 則無務爲自全之計.

使錯自將而討吳楚, 未必無功.

惟其欲自固其身, 而天子不悅, 奸臣得以乘其隙.

錯之所以自全者, 乃其所以自禍歟!

【嗟夫! 世之君子, 欲求非常之功, 則無務爲自全之計】'非常'은 '매우, 엄청난, 아주 대
단한' 등의 뜻.

【使錯自將而討吳楚, 未必無功】'使'는 假使, 假令 등의 뜻. '討吳楚'는 《東坡集》에는
'擊吳楚'로 되어 있음. '未必無功'은 꼭 공을 이루지 못하는 것은 아님. 공을 이룰
수도 있음. 《軌範》注에 "此是高見遠識, 深謀至論"이라 함.

【惟其欲自固其身, 而天子不悅, 奸臣得以乘其隙】'不悅'은 천자 자신에게 직접 나서
도록 한데 대한 불쾌함. '乘其隙'은 그 틈새를 타고 들어옴.

【錯之所以自全者, 乃其所以自禍歟!】'自禍'는 스스로 자초한 재앙.

참고 및 관련 자료

1. 蘇東坡(蘇軾, 子瞻) 026 참조.

2. 이 글은 《東坡全集》(43), 《唐宋八大家文鈔》(130), 《古文關鍵》(下), 《文編》(31),
《唐宋文醇》(42), 《文章辨體彙選》(399), 《歷代名賢確論》(42), 《經濟類編》(84), 《古文辭
類纂》(4), 《古文觀止》(10) 등에 널리 실려 있음.

3. 《軌範》注에 "此論先立冒頭, 然後入事, 又是一格. 老於世故, 明于認定. 有憂心
思遠之智, 有排難解紛之勇, 不特文章之工也"라 함.

4. 《唐宋八大家文鈔》에 "於錯之不自將, 而爲居守處, 尋一破綻, 作議論却好"라 함.

5. 《古文關鍵》에 "此篇前面引入事說, 景帝時雖名爲治平, 有七國之變. 此篇體製
好大槩, 作文淅淅引入來"라 함.

6. 《唐宋文醇》에는 "茅坤曰: 錯之誤在夙有怨於盎, 而欲借吳之反, 以誅之. 此殺機
也. 鬼瞰其室矣, 何也? 以錯之學本刑名故也"라 함.

028(3-6) 〈留侯論〉 ·················· 蘇東坡(蘇軾)

유후留侯 장량張良을 논함

〈張良(留侯, 子房)〉〈三才圖會〉

＊〈留侯論〉:留侯는 張良(B.C. 250?—B.C.186), 자는 子房. 城父 (지금의 河南 郊縣) 사람으로 집안 은 전국시대 대대로 韓나라에 벼 슬하였으나 秦이 韓을 멸하자 원 수를 갚고자, 博浪沙에서 秦始皇 을 공격하였으나 실패함. 이에 下 邳로 숨어들어 黃石公을 만나 병 법을 익힌 고사로도 유명함. 뒤 에 劉邦을 도와 모든 모책은 장 량에게서 나와 '謀聖'이라 불릴 정도로 뛰어났음. 즉 項羽에게 밀려 蜀으로 들어갈 때 棧道를 불태우는 책략을 썼으며, 장수들이 불만을 품자 가장 미워 하던 雍齒부터 우대하여 안심시키는 등 수많은 모책을 내놓아 劉邦으로 하여 금 楚漢戰을 승리로 이끌도록 하여 漢帝國을 건설한 세 인물, 즉 韓信, 蕭何와 더불어 漢初三桀로 불림. 留侯(留는 지명으로 지금의 彭城. 張良이 이곳에서 劉邦 을 처음 만나 연고가 있다고 여겨 스스로 그 작은 땅이면 된다고 자청하여 봉해진 것.《史記》韋昭 注)에 봉해져 宰相에 올랐으며, 사직한 뒤에도 商山四皓를 불러 高祖(劉邦)로 하여금 如意를 포기하도록 하고 太子(劉盈, 惠帝)를 지켜 주어 漢 王室을 안정시키는 등 많은 일화를 남김. 죽은 뒤 시호는 文成侯. 漢 고조는 항 상 "夫運籌策帷帳之中, 決勝千里外, 吾不如子房"이라 칭찬을 아끼지 않았음.《史 記》(55) 留侯世家와 《漢書》(40) 張良傳을 참조할 것. 특히 宋代 武經七書의 하나 인 《三略(黃石公書, 太公兵法)》은 이 張良이 관련된 것으로 보기도 함. 東坡의 이 글은 子房이 뛰어난 재능을 가지고 있으면서 참을성이 없는 것을 바로잡아주 기 위해 圯上의 노인이 나타난 것이란 논리를 펴고 있음.

옛날 소위 호걸지사豪傑 之士라는 자는 반드시 남보다 뛰어난 절조를 가지고 있었다.

인정人情으로서 능히 참 아낼 수 없는 경우가 있어, 필부匹夫가 모욕을 당하면 칼을 빼어들고 일어서서 몸을 내밀고 대들지만, 이는 용勇이라 하기에 부족하다.

천하에 대용大勇을 가진 자는 갑자기 이러한 일에 임해도 놀라지 않고, 이유 없이 자신에게 위협을 가해도 노하지 아니하는 것이니, 이는 그가 가지고 있는 것이 심이 크며, 그가 지닌 뜻이 심히 원대하기 때문이다.

〈黃石公授書圖〉明末淸初 馬駘(畫)《馬駘畫寶》

古之所謂豪傑之士, 必有過人之節.

人情有所不能忍者, 匹夫見辱, 拔劒而起, 挺身而鬪, 此不足爲勇也.

天下有大勇者, 卒然臨之而不驚, 無故加之而不怒, 此其所挾持者甚大, 而其志甚遠也.

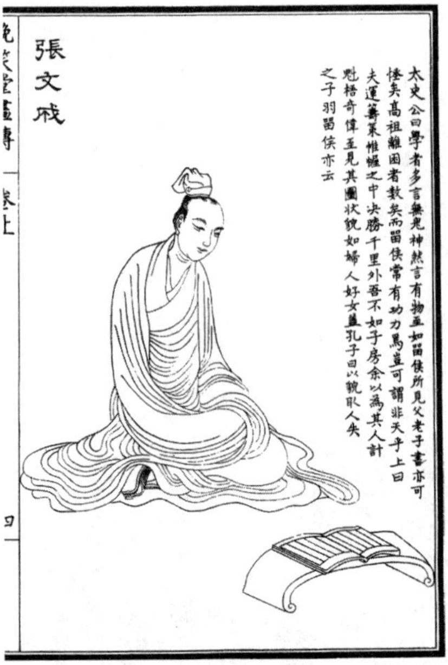
張文成
太史公曰學者多言無鬼神然言有物至如留侯所見父老子書亦可
怪矣高祖離困者數矣而留侯常有功力焉豈可謂非天乎上曰
夫運籌策帷幄之中決勝千里外吾不如子房余以為其人計
魁梧奇偉至見其圖狀貌如婦人好女蓋孔子曰以貌取人失
之子羽留侯亦云
晚笑堂畫傳
卷上
〈張文成(張良, 留侯)〉(晚笑堂畫傳)

【古之所謂豪傑之士, 必有過人之節】'豪傑'은 《孟子》 滕文公(上) "彼所謂豪傑之士也"의 注에 "豪傑, 才德出衆之稱, 言其能自拔於流俗也"라 하였고, 《淮南子》 泰族訓에는 "故智過萬人者謂之英, 千人者謂之俊, 百人者謂之豪, 十人者謂之傑"이라 함.

【人情有所不能忍者, 匹夫見辱, 拔劍而起, 挺身而鬪, 此不足爲勇也】'匹夫見辱'의 見은 피동법. 《孟子》 梁惠王(下)에 "王曰:「大哉, 言矣! 寡人有疾, 寡人好勇.」 對曰:「王請無好小勇. 夫撫劍疾視, 曰:『彼惡敢當我哉?』 此匹夫之勇, 敵一人者也. 王請大之! 《詩》云:『王赫斯怒, 爰整其旅. 以遏徂莒, 以篤周祜, 以對于天下.』 此文王之勇也.」"라 함. '人情'은 人之常情. 보통 사람의 정서. '挺身'은 몸을 앞으로 내밈.

【天下有大勇者, 卒然臨之而不驚, 無故加之而不怒, 此其所挾持者甚大, 而其志甚遠也】'卒然'은 '倉卒之間에, 갑작스럽게'의 뜻. '卒'은 猝과 같음. 《軌範》 注에 "能忍不能忍, 是一篇主意"라 함. '加之'는 자신에게 위협이나 부담 따위를 가해옴. '加'는 欺陵의 뜻. 《論語》 里仁篇에 "子曰:「我未見好仁者·惡不仁者. 好仁者, 無以尙之; 惡不仁者, 其爲仁矣, 不使不仁者加乎其身. 有能一日用其力於仁矣乎? 我未見力不足者. 蓋有之矣, 我未之見也.」"라 하였고, 〈公冶長〉에는 "子貢曰:「我不欲人之加諸我也, 吾亦欲無加諸人.」 子曰:「賜也, 非爾所及也.」"라 함. 《軌範》 注에 "好句法"이라 함.

2/6

무릇 자방子房이 다리 위에 노인에게 책을 받은 것은, 그 사건은 심히 괴이하지만 역시 어찌 진秦나라 때의 은군자隱君子가 나와 그를 시험한 것인 줄 알겠는가?

은미하게 드러난 그의 의도를 보면 모두가 성현이 서로 더불어 경계한 뜻인데 세상에서는 이를 살피지 아니하고 귀물鬼物이라 여기니 역시 너무 지나친 것이다.

게다가 그 의도는 책에 있지 않았다.

한韓나라가 망하고 진나라는 바야흐로 한창 때로서, 도거刀鋸와 정확鼎鑊같은 형구로서 천하의 선비를 대하여 평상시에 아무 죄도 없는데 이멸夷滅을 당한 자가 수를 셀 수 없어, 비록 맹분孟賁이나 하육夏育같은 장사라 해도 더 이상 제 힘을 써 볼 길이 없는 분위기였다.

무릇 법을 가지고 너무 급하게 구는 자에게는 그 칼끝에 대들 수 없고, 그 형세도 탈 수 없는데, 자방은 분분지심忿忿之心을 참지 못하고 필부의 힘으로 한 번 공격하는 순간으로 감정을 드러내려 하였다.

이 당시에 자방이 죽지는 않았으나, 그 순간이 털끝 하나도 용납할 수 없는 순간이었으니 대체로 역시 위험하였었다.

천금千金의 부잣집 아들은 도적에게 죽임을 당하지는 않으니 무슨 이유이겠는가?

그 자신의 몸을 아까워하여 도적 따위에게 죽임을 당하기에는 족하지 않다고 여기기 때문이다.

자방은 대체로 세상을 덮을 만한 재능을 가지고 있으면서 이윤伊尹이나 태공太公의 모책은 쓰지 않고, 특출하게 형가荊軻나 섭정聶政의 계책을 썼으나 죽지 않을 요행을 바랐으니, 이것이 다리 위 노인이 깊이 애석하게 여긴 것이다.

이에 고의로 자방에게 거만하게 대하며 거드름을 피워 그를 깊이 꺾어, 저 자방은 능히 참는 바가 있은 연후에 가히 대사大事를 성취할 수 있다고 여긴 것이다.

그래서 "어린애야, 가히 가르칠만 하구나"라고 말한 것이다.

夫子房受書於圯上之老人也, 其事甚怪, 然亦安知其非秦之世, 有隱君子者出而試之?

觀其所以微見其意者, 皆聖賢相與警戒之義, 而世不察, 以爲鬼物, 亦已過矣.

且其意不在書.

當韓之亡, 秦之方盛也, 以刀鋸鼎鑊, 待天下之士, 其平居無事(罪)夷滅者, 不可勝數, 雖有賁育, 無所復施.

夫持法太急者, 其鋒不可犯, 而其勢未可乘, 子房不忍忿忿之心, 以匹夫之力, 而逞於一擊之間.

當此之時, 子房之不死者, 其間不能容髮, 蓋亦危矣.

千金之子, 不死於盜賊, 何者?

其身(之)可愛, 而盜賊之不足以死也.

子房以蓋世之才, 不爲伊尹·太公之謀, 而特出於荊軻·聶政之計, 以僥倖於不死, 此圯上老人所爲深惜者也.

是故倨傲鮮腆而深折之, 彼其能有所忍也, 然後可以就大事.

故曰:「孺子, 可敎也.」

【夫子房受(授)書於圯上之老人也, 其事甚怪, 然亦安知其非秦之世, 有隱君子者出而試之?】'受'는 《東坡集》에는 受로, 《唐宋文擧要》에는 '授'로 되어 있음. '受書'는 張良이 그 노인(黃石公)으로 부터 받은 兵書. 《史記》留侯世家에 "出一編書, 曰:「讀此則爲王者師矣. 後十年興. 十三年孺子見我濟北, 穀城山下黃石卽我矣.」遂去, 無他言, 不復見. 旦日視其書, 乃太公兵法也. 良因異之, 常習誦讀之"라 함. 뒤에 장량은 성공하고 난 뒤 과연 황석이 있는 곳을 찾아 사당을 세우고 제사를 올림. 《史記》같은 곳에 "子房始所見下邳圯上老父與太公書者, 後十三年從高帝過濟北, 果見穀城山下黃石, 取而葆祠之. 留侯死, 幷葬黃石(塚). 每上塚伏臘, 祠黃石"이라 함. '圯上'은 흙으로 만든 다리 위. '圯'(이)는 下邳에 있던 다리. 혹 그곳 方言으로 다리를 圯라 한다 함. 《史記》留侯世家 "良嘗閒從容步游下邳圯上, 有一老父, 衣褐, 至良所, 直墮其履圯下"의 注에 "徐廣云, 圯, 橋也. 東楚謂之圯, 音怡"라 하였고,

《漢書》張良傳 顔師古 注에도 "圯音頤, 楚人謂橋曰圯"라 함. '隱君子'는 진나라 때 혼란을 보고 은둔한 채 다음 세대를 기다리던 은자. 《史記》老子傳에 "老子, 隱君子也"라 함. 《軌範》注에 "當看《漢書》張良傳知此本末"이라 함.

【觀其所以微見其意者, 皆聖賢相與警戒之義】 '微見其意'는 그 뜻을 희미하게 드러 냄. '見'은 '현'으로 읽음.

【而世不察, 以爲鬼物, 亦已過矣】 '鬼物'은 괴이한 물체, 귀신. 《史記》留侯世家贊에 "太史公曰: 學者多言無鬼臣. 然言有物, 至如留侯所見老父予書, 亦可怪矣"라 함. 한 편 王充《論衡》自然篇에는 "張良游泗水之上, 遇黃石公, 授《太公書》, 蓋天佐漢誅 秦, 故命令神石爲鬼書授人"이라 함.

【且其意不在書】 圯上 老人이 괴이한 짓을 한 뜻은 책에 있었던 것이 아님.

【當韓之亡, 秦之方盛也, 以刀鋸鼎鑊, 待天下之士, 其平居無事(罪)夷滅者, 不可勝數, 雖有賁育, 無所復施】 '韓之亡'은 戰國 말 韓나라는 B.C.230년 秦始皇(17년)의 六 國合倂에 가장 먼저 망하고 말았음. '刀鋸鼎鑊'은 칼, 톱, 솥 등 각종 刑具. 《漢 書》刑法志 "有鑿顚抽脅鑊亨(烹)之刑"의 顔師古 注에 "鼎大而無足曰鑊, 以鬻人也. 刀割刑, 鋸刖刑也"라 함. '平居無事'는 《東坡集》 등에는 거의가 '平居無罪'로 되어 있어 뜻이 훨씬 명확함. '夷滅'은 滅族을 당함. '夷'는 剗平의 뜻. '賁育'은 孟賁과 夏育. 고대 유명한 力士, 猛士. 《史記》袁盎傳 "雖賁育之勇, 不及陛下"의 注에 "孟 康曰: 「孟賁・夏育, 皆古勇者也.」"라 하였고, 〈索隱〉에 "《尸子》云: 「孟賁水行不避蛟 龍, 陸行不避虎兕.」"라 함. 《戰國策》「夏育叱呼駭三軍」의 高誘 注에는 "育, 衛人"이 라 하였고, 〈司馬相如〉傳「勇期賁育」의 〈正義〉에도 "賁, 古之勇士, 夏育, 亦古之 猛士也"라 함. 《漢書》에는 "夏育, 衛人, 力擧千鈞"이라 함.

【夫持法太急者, 其鋒不可犯, 而其勢未可乘, 子房不忍忿忿之心, 以匹夫之力, 而逞 於一擊之間】 '子房不忍忿忿之心'은 子房(張良, 留侯)은 秦나라에 대해 분한 마음 을 참아내지 못하였음. 《史記》留侯世家에 "良嘗學禮淮陽. 東見倉海君. 得力士, 爲鐵椎重百二十斤. 秦皇帝東游, 良與客狙擊秦皇帝博浪沙中, 誤中副車. 秦皇帝大 怒, 大索天下, 求賊甚急, 爲張良故也. 良乃更名姓, 亡匿下邳"라 한 것을 말함. '逞' 은 분풀이를 하여 쾌감을 마구 드러냄.

【當此之時, 子房之不死者, 其間不能容髮, 蓋亦危矣】 '容髮'은 머리카락 한 올을 용 납함. 아주 급박하거나 순간적인 간격을 뜻함. 《軌範》注에 "此時子房尙不能忍. 此事見〈子房傳〉. 得力士, 提鐵鎚三百斤, 以擊始皇於博浪沙中, 誤中副車, 始皇怒,

大索天下十日, 竟不獲"이라 함.

【千金之子, 不死於盜賊, 何者?】부잣집 아이는 도적 따위에게 죽음을 당하지는
않음. 목숨을 하찮게 버리지 않고 아낌. 《史記》貨殖列傳에 "千金之子, 不死於市,
此非空言也"라 함.

【其身(之)可愛, 而盜賊之不足以死也】그 몸을 아껴 도적 따위에게 죽기에는 족하
지 않은 신분이기 때문.

【子房以蓋世之才, 不爲伊尹·太公之謀, 而特出於荊軻·聶政之計, 以僥倖於不死, 此
圯上老人所爲深惜者也】'蓋世之才'는 세상을 덮을 만한 재능. '伊尹'은 殷나라 湯
王의 재상. 이름은 摯. 湯이 有莘氏의 딸을 아내로 맞을 때 媵臣으로 따라가면
서 조리 기구를 짊어지고 가서 주방장이 되어 湯에게 접근하였음. 뒤에 탕에게
발탁되어 재상에 올랐으며 夏의 末王 桀을 쳐서 殷왕조를 일으키는 데에 큰 공
을 세웠음. 《史記》殷本紀 및 《墨子》尚賢篇을 볼 것. '太公'은 太公望 呂尙. 자는
子牙. 周 武王을 도와 殷의 紂를 멸하고 천하를 안정시킴. 성은 姜, 先代가 呂 땅
에 살아 呂를 성으로 삼기도 함. 이름은 尙. 자는 尙父. 齊나라에 봉을 받아 춘
추시대 齊나라 시조가 됨. '荊軻'는 원래는 戰國 말기의 齊나라 사람으로 字는
公叔, 뒤에 衛나라로 옮겼다가 다시 燕나라로 가서 太子 丹에게 발탁되어, 太子
丹을 위해 秦始皇을 협박, 잃었던 땅을 되찾는 임무를 띠고 秦나라에 들어갔다
가 죽음을 당함. 전국시대 대표적인 자객이며 〈易水歌〉의 유명한 노래를 남김.
《史記》刺客列傳과 燕召公世家 및 《戰國策》燕策 참조. '聶政'은 韓나라 軹 땅 深
井里 사람으로 자객. 韓王의 季父는 俠累·韓傀로 불리는 인물. 韓나라 哀侯(재위
2년 B.C. 376~375)의 寵臣. 嚴仲子(嚴遂)가 당시 재상인 韓傀에게 미움을 받아 도
망갔다가 복수를 위해 聶政을 사귐. 뒤에 聶政은 약속대로 韓나라 궁궐로 들어
가 韓傀를 찔러 죽이고 자신도 자결하였음. 《戰國策》韓策 및 《史記》刺客列傳
참조. '吞炭漆身'의 고사를 남긴 인물.

【是故倨傲鮮腆而深折之】'倨傲'는 거만함. '鮮腆'은 자신이 위대하다고 여기는 誇
大妄想을 뜻하는 疊韻連綿語. 《詩》邶風 新臺篇 "新臺有泚, 河水瀰瀰. 燕婉之求,
籧篨不鮮. 新臺有洒, 河水浼浼. 燕婉之求, 籧篨不殄"의 鄭玄 箋에 "鮮, 善也. 殄,
當作腆. 善也"라 하여, '善腆'은 여기에 語源을 두고 있으며, 《廣雅》에도 "腆, 厚也.
善腆, 謂自好自厚, 尊大之義耳"라 함. '深折之'는 깊이 꺾어 그러한 태도를 없애도
록 해줌.

【彼其能有所忍也, 然後可以就大事】 참는 바를 익힌 다음에야 큰 일로 나설 수 있음.

【故曰:「孺子可教也.」】《史記》 留侯世家에 "良嘗閒從容步游下邳圯上, 有一老父, 衣褐, 至良所, 直墮其履圯下, 顧謂良曰:「孺子, 下取履!」良鄂然, 欲毆之. 爲其老, 彊忍, 下取履. 父曰:「履我!」良業爲取履, 因長跪履之. 父以足受, 笑而去. 良殊大驚, 隨目之. 父去里所, 復還, 曰:「孺子可教矣. 後五日平明, 與我會此.」"라 한 내용을 말함. 《軌範》注에 "此是老父墮履橋下, 命子房收履, 又命之納履, 與子房期以五更, 相會於橋上, 子房後至, 怒罵一段事. 老父正以折子房少年剛强, 不忍之氣, 使之能容忍"이라 함.

3/6 ─────────

초楚 장왕莊王이 정鄭나라를 쳤을 때, 정나라 군주가 육단肉袒한 채 양을 끌고 나와 장왕을 맞았다.

그러자 장왕은 "그 임금이 능히 남에게 자신을 낮출 줄 아니, 틀림없이 그 백성들로부터 믿음을 얻고 있을 것"이라 하고는 드디어 포기하고 말았다.

구천句踐은 회계會稽에서 곤액을 치르고 돌아와, 오吳나라로 가서 3년을 신첩臣妾 노릇을 하면서 게을리 하지 않았다.

장차 무릇 남에게 보복할 뜻을 가지고 있으면서 능히 남에게 자신을 낮추지 못하는 자라면, 이는 필부의 강함일 뿐이다.

楚莊王伐鄭, 鄭伯肉袒牽羊以逆.
莊王曰:「其君能下人, 必能信用其民矣.」遂舍之.
句踐之困於會稽而歸, 臣妾於吳者三年而不勌.
且夫有報人之志, 而不能下人者, 是匹夫之剛也.

【楚莊王伐鄭, 鄭伯肉袒牽羊以迎(逆)】 '楚莊王'은 春秋五霸의 하나로 이름은 侶(旅). 穆王(商臣)의 아들. 孫叔敖 등을 기용하여 나라를 부강시켰으며 邲戰에서 晉나

라를 격파하고 패권을 차지함. B.C.613-B.C.591년까지 23년간 재위하고 그 뒤를 共王(審)이 이어감. 莊王은 매우 英明하였으며 '絶纓', '三年不飛', '樊姬諫言' 등 많은 고사를 남김. '鄭伯'은 春秋시대 鄭나라 군주 襄公. B.C.604-B.C.587년까지 18년간 재위하고 그 뒤를 悼公이 이어감. 《史記》楚世家에 "十七年春, 楚莊王圍 鄭, 三月克之. 入自皇門, 鄭伯肉袒牽羊以逆, 曰:「孤不天, 不能事君, 君用懷怒, 以 及敝邑, 孤之罪也. 敢不惟命是聽! 賓之南海, 若以臣妾賜諸侯, 亦惟命是聽. 若君 不忘厲·宣·桓·武, 不絶其社稷, 使改事君, 孤之願也, 非所敢望也. 敢布腹心.」楚群 臣曰:「王勿許.」莊王曰:「其君能下人, 必能信用其民, 庸可絶乎!」莊王自手旗, 左右 麾軍, 引兵去三十里而舍, 遂許之平. 潘尫入盟, 子良出質. 夏六月, 晉救鄭, 與楚戰, 大敗晉師河上, 遂至衡雍而歸"라 하여 晉나라를 상대로 싸움 중에 있었던 고사 를 말함. 한편 《左傳》宣公 12년 傳에도 "十二年春, 楚子圍鄭, 旬有七日. 鄭人卜行 成, 不吉;卜臨于大宮, 且巷出車, 吉. 國人大臨, 守陣者皆哭. 楚子退師. 鄭人修城. 進復圍之, 三月, 克之. 入自皇門, 至于逵路. 鄭伯肉袒牽羊以逆, 曰:「孤不天, 不能 事君, 使君懷怒以及敝邑, 孤之罪也, 敢不唯命是聽? 其俘諸江南, 以實海濱, 亦唯 命;其翦以賜諸侯, 使臣妾之, 亦唯命. 若惠顧前好, 徼福於厲·宣·桓·武, 不泯其社 稷, 使改事君, 夷於九縣, 君之惠也, 孤之願也, 非所敢望也. 敢布腹心, 君實圖之.」 左右曰:「不可許也, 得國無赦.」王曰:「其君能下人, 必能信用其民矣, 庸可幾乎!」退 三十里而許之平. 潘尫入盟, 子良出質"이라 함. '迎'은 《東坡集》에는 '逆'으로 되어 있으며 迎과 같은 뜻임.

【莊王曰:「其君能下人, 必能信用其民矣.」遂舍之】위의 내용에 따라 楚 莊王이 鄭나 라 공격을 포기함.

【勾踐之困於會稽而歸, 臣妾於吳者 三年而不勌】'勾踐'은 '句踐'으로도 표기하며, 春 秋 후기의 霸者. 越王 允常의 아들로 闔廬(闔閭)를 이어 越王이 됨. 麾下에 大夫 文種과 范蠡 등의 모신을 두고 吳王 夫差의 伯嚭, 伍子胥와 대칭을 이루어 吳越 鬪爭, 吳越同舟, 臥薪嘗膽 등의 많은 고사를 남김. 뒤에 결국 吳나라를 멸하고 南方 霸者가 되었다가 楚나라에게 망함. 한편 越나라는 《史記》越世家에 "其先 禹之苗裔而夏后帝少康之庶子也"라 함. 姒姓으로 지금의 浙江 紹興(옛 會稽)을 중 심으로 句踐 때 크게 발전하였으며 일부 春秋五霸에서 宋 襄公 대신 句踐을 넣 기도 함. '會稽'는 당시 越나라 도읍. 지금의 浙江 紹興. 吳王 夫差에게 패하여 會 稽山에서 곤액을 당함. 《史記》越王句踐世家 및 吳太白世家, 《左傳》, 《吳越春秋》,

《越絶書》등을 참조할 것. 한편 《國語》越語(上)에 "越王句踐棲於會稽之上, ……
遂使之行成於吳, 曰:『寡君句踐乏無所使, 使其下臣種, 不敢徹聲聞於天王, 私於下
執事曰:『寡君之師徒不足以辱君矣, 願以金玉·子女賂君之辱, 請句踐女女於王, 大
夫女女於大夫, 士女女於士. 越國之寶器畢從, 寡君帥越國之衆, 以從君之師徒, 唯
君左右之. 若以越國之罪爲不可赦也, 將焚宗廟, 係妻孥, 沈金玉於江, 有帶甲五千
人將以致死, 乃必有偶. 是以帶甲萬人事君也, 無乃卽傷君王之所愛乎? 與其殺是人
也, 寧其得此國也, 其孰利乎?』……然後卑事夫差, 宦士三百人於吳, 其身親爲夫
差前馬."라 함. '臣妾'은 신하나 첩과 같은 賤役을 뜻함. 《易》遯卦 "畜臣妾吉"의 注
에 "臣妾, 廝役之屬也"라 함. '不勌'의 '勌'은 倦과 같음. 게으름. 《東坡集》에는 '倦'
으로 되어 있음.

【且夫有報人之志, 而不能下人者, 是匹夫之剛也】남에게 보복할 뜻이 있으면서 남
에게 숙일 줄 모른다면 이는 필부의 剛强함일 뿐임.

4/6 ─────────────

무릇 노인은 자방이 재주는 넘쳐나지만 그 도량度量이 부족함을 걱정
하여, 그 때문에 소년의 뻣뻣하고 날카로운 기를 깊이 꺾어, 그로 하여
금 작은 분함은 참아내고 큰 모책으로 나가야 한다고 여겼던 것이다.

어찌 그러한가? 평소 서로 아는 사이도 아닌데 갑자기 초야草野에서
만나 복첩僕妾이나 할 일을 명하였건만, 유연油然히 괴이히 여기지 않은
것, 이는 (상대)가 진시황秦始皇일지라도 놀라지 않을 수 있고, 항적項籍
일지라도 화내지 않을 수 있는 것이다.

夫老人者, 以爲子房才有餘, 而憂其度量之不足, 故深折其少年
剛銳之氣, 使之忍小忿而就大謀.
何則? 非有平生之素, 卒然相遇於草野之間, 而命以僕妾之役,
油然而不怪者, 此固秦皇之所不能驚, 而項籍之所不能怒也.

【夫老人者, 以爲子房才有餘, 而憂其度量之不足, 故深折其少年剛銳之氣, 使之忍小

忿而就大謀】'剛銳之氣'는 剛하고 날카롭기만 한 기운. '小忿'은 작은 분노.《論語》衛靈公篇에 "子曰:「巧言亂德. 小不忍, 則亂大謀.」"라 하였고,《國語》周語(中)에 "《書》有之曰:『必有忍也, 若能有濟也.』王不忍小忿而棄鄭, 又登叔隗以階狄"이라 함.

【何則? 非有平生之素, 卒然相遇於草野之間, 而命以僕妾之役, 油然而不怪者, 此固秦皇之所不能驚, 而項籍之所不能怒也】'平生之素'의 '平生'은 平素의 뜻. '素'는 愫와 같으며 안면이 있어 서로 아는 사이를 뜻함. '草野之間'은 들판. 여기서는 圯上에서 노인을 만났음을 말함.《軌範》注에 "暗說圯上相遇"라 함. '臣妾之役'은 《軌範》注에 "暗說取履事"라 함. '油然'은 시원하게 여김. 원뜻은 만물이 쑥쑥 자라 올라옴을 말함.《孟子》梁惠王(上)에 "王知夫苗乎? 七八月之閒旱, 則苗槁矣. 天油然作雲, 沛然下雨, 則苗浡然興之矣. 其如是, 孰能禦之?"라 함. 여기서는 전혀 개의치 않음을 뜻함. '秦始皇之所不能驚'은 秦始皇이 천하에 그를 搜索해도 놀라지 않음. '項籍'은 項羽(B.C.232-B.C.202). 이름은 籍. 楚霸王. 項羽가 세력이 커지자 項梁이 項羽에게 권하여 韓王 成을 세워줌. 張良은 자신의 韓王 成을 도와 자신의 고국 韓나라를 수복해 나갔으나 뒤에 項羽는 韓王 成을 죽이고 關中으로 들어감. 이 때 張良은 전혀 노하지 않음.

5/6

고조가 승리한 이유와 항적이 패배한 이유를 살펴보면 이는 능히 참아내는 것과 참아내지 못하는 것 사이에 있었을 뿐이다.

항적은 오직 참아내지 못하는 성격이어서, 이 까닭으로 백전백승을 거두면서 그 예봉을 사용하기를 쉽게 여겼고, 고조는 능히 참아내는 성격이어서, 그 예봉을 온전히 하여 잘 기른 다음 상대가 피폐해지기를 기다렸으니, 이는 자방이 가르쳐준 것이었다.

회음후淮陰侯, 韓信가 제齊나라를 깨뜨리고 스스로 그곳의 왕이 되겠다고 했을 당시, 고조는 화를 내면서 말과 얼굴표정에 이를 드러내고 말았다.

이로 말미암아 보건대 오히려 고조는 그래도 강강剛强하여 능히 참아내지 못하는 기운이 있었던 것이니, 자방이 아니었으면 누가 그를 온전히 해주었겠는가?

觀夫高祖之所以勝, 項籍之所以敗者, 在能忍與不能忍之間而
已矣.

項籍唯不能忍, 是以百戰百勝而輕用其鋒; 高祖忍之, 養其全鋒,
而待其弊(斃), 此子房教之也.

當淮陰破齊而欲自王, 高祖發怒, 見於詞色.

由是觀之, 猶有剛强不能忍之氣, 非子房, 其誰全之?

【觀夫高祖之所以勝, 項籍之所以敗者, 在能忍與不能忍之間而已矣】'高祖'는 劉邦
(B.C.256-B.C.195). 劉邦과 項羽에게 있어서의 勝敗는 오로지 '能忍'의 여부에 있
었음.

【項籍唯不能忍, 是以百戰百勝而輕用其鋒】'輕用其鋒'은 그 칼끝을 쓰기를 가볍게
여김. 항상 승리함으로 인해 자신감에 젖어 있었음을 말함.

【高祖忍之, 養其全鋒, 而待其弊(斃), 此子房敎之也】'弊'는 疲弊함. 지침. 참고 있다
가 項羽가 지치기를 기다린 다음 공격함.《東坡集》에는 '斃'로 되어 있음.《軌範》
注에 "因子房能忍, 又敎得高帝能忍, 所以得天下. 此一段議論尤高"라 함.

【當淮陰破齊而欲自王, 高祖發怒, 見於詞色】'淮陰'은 淮陰侯 韓信. 그가 齊나라를
격파하고 자신이 그곳의 "우선 假王이 되겠다"고 내심을 드러내자 高祖(劉邦)가
화를 내며 불쾌히 여김. 그러자 곧 張良의 건의에 의해 "어찌 假王을 하느냐? 眞
王이 되라"라고 하여 즉시 齊王에 봉하면서 韓信으로 하여금 楚를 치도록 한 고
사를 말함.《史記》淮陰侯(韓信)列傳에 "漢四年, 遂皆降平齊. 使人言漢王曰:「齊僞
詐多變, 反覆之國也, 南邊楚, 不爲假王以鎭之, 其勢不定. 願爲假王便.」當是時,
楚方急圍漢王於滎陽, 韓信使者至, 發書, 漢王大怒, 罵曰:「吾困於此, 旦暮望若來
佐我, 乃欲自立爲王!」張良·陳平躡漢王足, 因附耳語曰:「漢方不利, 寧能楚信之王
乎? 不如因而立, 善遇之, 使自爲守. 不然, 變生.」漢王亦悟, 因復罵曰:「大丈夫定諸
侯, 卽爲眞王耳, 何以假爲!」乃遣張良往立信爲齊王, 徵其兵擊楚"라 함.

【由是觀之, 猶有剛强不能忍之氣, 非子房其誰全之?】高祖의 참을성 없는 성격을
張良이 온전히 해 준 덕분에 고조가 천하를 차지한 것임.

　태사공太史公, 司馬遷은 자방을 두고 그는 괴오魁梧하고 기위奇偉할 것
이라 여겼었는데 그의 모습은 이에 부인이나 여자와 같아 그 지기志氣
에 걸맞지 않다고 의심하였다.

　아! 이것이 바로 자방이 자방다움이 된 소이所以일 것이다!

　太史公疑子房以爲魁梧奇偉, 而其狀貌乃如婦人女子, 不稱其
志氣.

　嗚呼! 此其所以爲子房歟!

【太史公疑子房以爲魁梧奇偉, 而其狀貌乃如婦人女子, 不稱其志氣】 '太史公'은 司馬
遷. 《史記》의 저자. 《史記》太史公自序 및 《漢書》司馬遷傳을 참조할 것. '魁梧'는
크고 우락부락한 모습. 《廣雅》釋訓에 "魁, 大也"라 하였고, '梧'는 驚悟의 悟와
같으며 남을 놀라게 할 정도를 뜻함. '奇偉'는 남달리 기특하고 위대함. 이 구절
은 《史記》留侯世家에 "太史公曰: 學者多言無鬼神, 然言有物. 至如留侯所見老父予
書, 亦可怪矣. 高祖離困者數矣, 而留侯常有功力焉, 豈可謂非天乎? 上曰: 「夫運籌
策帷帳之中, 決勝千里外, 吾不如子房.」 余以爲其人計魁梧奇偉, 至見其圖, 狀貌如
婦人好女. 蓋孔子曰: 「以貌取人, 失之子羽.」 留侯亦云"이라 한 말을 인용한 것.
【嗚呼! 此其所以爲子房歟!】 張良이 婦人好女(婦人女子)같음이 곧 張良다움을 만들
어 낸 것임.

参考 및 관련 자료

　1. 蘇東坡(蘇軾, 子瞻) 026 참조.

　2. 이 글은 《東坡全集》(43), 《唐宋八大家文鈔》(130), 《宋文鑑》(98), 《歷代名賢確論》
(40), 《古文淵鑑》(50), 《文章辨體彙選》(399), 《稗編》(98), 《經濟類編》(84), 《文編》(31),
《唐宋文醇》(42), 《唐宋文舉要》(8), 《古文辭類纂》(4), 《古文觀止》(10), 《古文約選》(4)
등에 널리 실려 있음.

　3. 《軌範》에 "主意謂: 子房本大勇之人, 唯年少氣剛, 不能涵養忍耐, 以就大功名.

如用力士, 提鐵鎚擊秦始皇之類, 皆不能忍老父之圯上, 始命之取履納履, 與之期五更相會, 數怒罵之. 正所以折其不能忍之氣, 教之以能忍也"라 함.

4.《唐宋八大家文鈔》에 "此文只是一意, 反覆滾滾議論, 然子瞻胸中見解, 亦本黃老來也"라 함.

029(3-7) 〈秦始皇扶蘇論〉 .... 蘇東坡(蘇軾)

진시황秦始皇과 부소扶蘇에 대해 논함

*〈秦始皇扶蘇論〉: 이는 《東坡志林》의 〈論古十三首〉의 하나이며, 《經進東坡文集事略》에는 제목이 〈始皇論下〉로, 《東坡全集》(105. 東坡志林 33條)에는 〈趙高李斯〉로, 《東坡先生全集》에는 〈論始皇漢宣李斯〉로, 기타 다른 여러 판본에는 〈始皇扶蘇〉로 되어 있는 등 각기 다름. 내용은 趙高와 李斯가 始皇의 詔書를 거짓으로 꾸며 장자 扶蘇를 죽인 일을 중심으로 하고 있음. 주제는 시황의 잘못 두 가지, 즉 趙高를 등용하여 일을 그르친 것, 지나치게 법치를 중시한 것을 들어 秦나라의 멸망을 주장한 것임. 한편 東坡 당시 新舊黨爭을 비유한 것으로 新黨派가 지나치게 법치를 주장하였으며 특히 紹聖 연간에 章惇을 중심으로 한 新黨派의 재집권함으로 인해 元祐黨人들이 축출을 당하는 와중에 東坡 자신도 멀리 海南으로 귀양 가는 등에 대한 상황을 빗대어 울분을 토로한 것이기도 함.

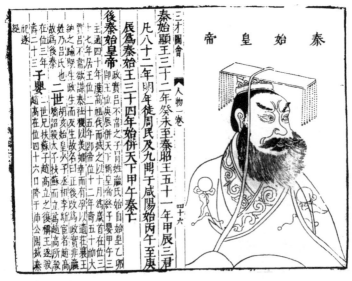

〈秦始皇(嬴政)〉《三才圖會》

　진시황秦始皇 때에 조고趙高가 죄를 저지르자 몽의蒙毅가 이를 조사하여 사형에 해당하였는데, 시황이 이를 사면하고 등용시켰다.

　장자長子 부소扶蘇가 직간하기를 좋아하자 시황이 노하여 그로 하여금 북쪽 상군上郡에 주둔하고 있던 몽염蒙恬의 군사를 감독하는 일을 맡겨버렸다.

　시황이 동쪽 회계會稽를 순유巡遊하러 나서서 바다를 내달려 낭야琊琅로 갈 때 둘째아들 호해胡亥와 이사李斯, 몽의, 조고가 함께 수종하였다.

　도중에 시황이 병이 나자 몽의로 하여금 돌아가 산천에 기도를 하도록 하였으나 그가 미처 돌아오기 전에 시황은 붕어崩御하고 말았다.

　이사와 조고는 조서를 거짓으로 꾸며 호해를 세우고, 부소와 몽염, 몽의를 죽여 마침내 진秦나라를 멸망토록 하였다.

　秦始皇時, 趙高有罪, 蒙毅按之, 當死, 始皇赦而用之.
　長子扶蘇好直諫, 上怒, 使北監蒙恬兵於上郡.
　始皇東遊會稽, 並海走瑯琊, 次子胡亥·李斯·蒙毅·趙高從.
　道病, 使蒙毅還禱山川, 未及還上崩.
　李斯·趙高矯詔立胡亥, 殺扶蘇·蒙恬·蒙毅, 卒以亡秦.

【秦始皇時, 趙高有罪, 蒙毅按之, 當死, 始皇赦而用之】'趙高'는 秦末 대표적인 姦凶. 秦始皇이 죽자 첫째인 扶蘇를 죽게 한 후 胡亥를 세워 왕이 되게 하고 자신은 丞相이 되어 국정을 농단하여 결국 秦나라를 멸망의 길로 들어서게 함. 그 자신 역시 胡亥를 이은 子嬰에게 죽임을 당함. '指鹿爲馬'의 故事를 남김. 《史記》秦始皇本紀 및 李斯傳, 蒙恬列傳 참조. 《史記》〈蒙恬傳〉에 "趙高者, 諸趙疏遠屬也. 趙高昆弟數人, 皆生隱宮, 其母被刑僇, 世世卑賤. 秦王聞高彊力, 通於獄法, 擧以爲中車府令. 高卽私事公子胡亥, 喩之決獄. 高有大罪, 秦王令蒙毅法治之. 毅不敢阿法, 當高罪死, 除其宦籍. 帝以高之敦於事也, 赦之, 復其官爵"이라 함. '蒙毅'는

蒙恬의 아우. 秦始皇의 謀臣으로 활동하였으며 뒤에 二世 胡亥에게 살해됨. '按'
은 案과 같음. 審問함, 鞫案함.《東坡集》에는 '案'으로 되어 있음.

【長子扶蘇好直諫, 上怒, 使北監蒙恬兵於上郡】'扶蘇'는 秦始皇의 첫째 아들. 어질
고 신중하였음.《史記》秦始皇本紀에 "三十五年(B.C.212), 於是使御史悉案問諸生,
諸生傳相告引, 乃自除犯禁者四百六十餘人, 皆阬之咸陽, 使天下知之, 以懲後. 益
發謫徙邊. 始皇長子扶蘇諫曰:「天下初定, 遠方黔首未集, 諸生皆誦法孔子, 今上皆
重法繩之, 臣恐天下不安. 唯上察之.」始皇怒, 使扶蘇北監蒙恬於上郡"이라 함. '蒙
恬'은 秦始皇 때의 將軍. 秦始皇 33년에 30만의 군대를 이끌고 匈奴를 정벌하여
河水 이남의 44현을 되찾고 서쪽 臨洮로부터 동쪽 遼東에 이르는 만 여리의 長
成을 쌓아 匈奴의 침입을 막았다 함. 붓을 처음 만든 인물로도 알려짐.《史記》
蒙恬列傳 및 韓愈의〈毛穎傳〉등을 참조할 것. '上郡'은 秦 昭王 때 두었던 郡. 지
금의 陝西 楡林.

【始皇東遊會稽, 幷海走琅琊, 次子胡亥·李斯·蒙毅·趙高從】秦始皇 37년 동남쪽에
天子가 날 氣가 있다 하여 이를 누르고자 巡遊에 나섬.〈秦始皇本紀〉에 "三十七
年十月癸丑, 始皇出游. 左丞相斯從, 右丞相去疾守. 少子胡亥愛慕請從, 上許之.
十一月, 行至雲夢, 望祀虞舜於九疑山. 浮江下, 觀籍柯, 渡海渚. 過丹陽, 至錢唐. 臨
浙江, 水波惡, 乃西百二十里從狹中渡. 上會稽, 祭大禹, 望于南海, 而立石刻頌秦德"
이라 함. '會稽'는 군 이름. 지금의 浙江 紹興. 會稽山이 그 동남쪽 13리에 있음.
春秋시대 越나라 때의 도읍지였음. '幷'은 竝, 並으로도 표기하며 傍과 같음.《史
記》秦始皇本紀 "自楡中並河以東"의〈集解〉에 "並, 音傍. 傍, 依也"라 함.《軌範》
注에 '蒲浪反'이라 하여 '방'으로 읽음. '次子'는《東坡集》에는 '少子'로 되어 있음.
'琅琊'는 秦나라 때의 군 이름. 지금의 山東 諸城縣 바닷가 琅琊山이 있으며 秦始
皇이 그곳 琅琊臺에 올라 碑를 세움. '瑯琊'로도 표기함.

【道病, 使蒙毅還禱山川, 未及還上崩】'道病'은 秦始皇이 순유 중 병이 나서 沙丘에
서 생을 마침.《史記》秦始皇本紀에 "至平原津而病. 始皇惡言死, 群臣莫敢言死事.
上病益甚, 乃爲璽書賜公子扶蘇曰:「與喪會咸陽而葬.」書已封, 在中車府令趙高行
符璽事所, 未授使者. 七月丙寅, 始皇崩於沙丘平臺"라 하였고,〈蒙恬列傳〉에도 "始
皇三十七年冬, 行出游會稽, 並海上, 北走琅邪. 道病, 使蒙毅還禱山川, 未反. 始皇
至沙丘崩, 祕之, 群臣莫知"라 함. '崩'은 천자의 죽음을 말함.《禮記》曲禮(下)에
"天子死曰崩"이라 함. '未及還上崩'은《東坡集》에는 '未反而上崩'으로 되어 있음.

【李斯·趙高矯詔立胡亥, 殺扶蘇·蒙恬·蒙毅, 卒以亡秦】'矯詔'는 거짓으로 始皇의 詔書를 꾸밈. 《史記》秦始皇本紀에 "丞相斯爲上崩在外, 恐諸公子及天下有變, 乃祕之, 不發喪. 棺載轀涼車中, 故幸宦者參乘, 所至上食. 百官奏事如故, 宦者輒從轀涼車中可其奏事. 獨子胡亥·趙高及所幸宦者五六人知上死. 趙高故嘗敎胡亥書及獄律令法事, 胡亥私幸之. 高乃與公子胡亥·丞相斯陰謀破去始皇所封書賜公子扶蘇者, 而更詐爲丞相斯受始皇遺詔沙丘, 立子胡亥爲太子. 更爲書賜公子扶蘇·蒙恬, 數以罪, (其)賜死. 語

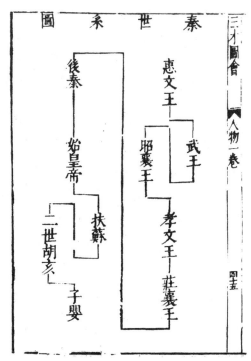

〈秦世系圖〉(三才圖會)

具在李斯傳中. 行, 遂從井陘抵九原. 會暑, 上轀車臭, 乃詔從官令車載一石鮑魚, 以亂其臭. 行從直道至咸陽, 發喪. 太子胡亥襲位, 爲二世皇帝"라 하였고, 〈蒙恬列傳〉에도 "是時丞相李斯·公子胡亥·中車府令趙高常從. 高雅得幸於胡亥, 欲立之, 又怨蒙毅法治之而不爲己也, 因有賊心, 迺與丞相李斯·公子胡亥陰謀, 立胡亥爲太子. 太子已立, 遣使者以罪賜公子扶蘇·蒙恬死. 扶蘇已死, 蒙恬疑而復請之. 使者以蒙恬屬吏, 更置. 胡亥以李斯舍人爲護軍. 使者還報, 胡亥已聞扶蘇死, 卽欲釋蒙恬. 趙高恐蒙氏復貴而用事, 怨之"라 함. 한편 〈李斯列傳〉에는 "於是乃相與謀, 詐爲受始皇詔丞相, 立子胡亥爲太子. 更爲書賜長子扶蘇曰:「朕巡天下, 禱祠名山諸神以廷壽命. 今扶蘇與將軍蒙恬將師數十萬以屯邊, 十有餘年矣, 不能進而前, 士卒多耗, 無尺寸之功, 乃反數上書直言誹謗我所爲, 以不得罷歸爲太子, 日夜怨望. 扶蘇爲人仔不孝, 其賜劍以自裁! 將軍恬與扶蘇居外, 不匡正, 宜知其謀. 爲人臣不忠, 其賜死, 以兵屬裨將王離.」封其書以皇帝璽, 遣胡亥客奉書賜扶蘇於上郡. 使者至, 發書, 扶蘇泣, 入內舍, 欲自殺. 蒙恬止扶蘇曰:「陛下居外, 未立太子, 使臣將三十萬衆守邊,

公子爲監, 此天下重任也. 今一使者來, 卽自殺, 安知其非詐? 請復請, 復請而後死, 未暮也.」使者數趣之. 扶蘇爲人仁, 謂蒙恬曰:「父而賜子死, 尙安復請!」卽自殺. 蒙恬不肯死, 使者卽以屬吏, 繫於陽周. 使者還報, 胡亥·斯·高大喜. 至咸陽, 發喪, 太子立爲二世皇帝. 以趙高爲郎中令, 常侍中用事"라 함.

2/5 ————————————

나[蘇子]는 이렇게 말한다.

"진시황이 천하 경중輕重의 형세를 제압하여 안팎으로 그 효과가 나타나게 하여 간악함을 금하고 혼란을 방비하였으니 가히 치밀했다고 말할 수 있다. 몽염이 30만의 군사를 이끌어 그 위엄이 북방에 떨쳤으며, 부소가 그 군사를 감시하였고, 몽의는 유악帷幄에서 황제를 모시면서 모신謀臣 역할을 하였으나, 비록 큰 간적奸賊이 있다 해도 감히 그 틈을 엿볼 수 있었겠는가? 그러나 불행히도 도중에 병이 나서 산천에 기도하여 빌도록 한 일은 그래도 다른 사람이 있었건만 몽의를 보냈으니, 그 까닭으로 조고와 이사가 자신들의 모책을 이룰 수 있었던 것이다. 시황이 몽의를 보낸 것과 몽의가 시황은 병이 났고 태자는 아직 세워지지 않았음을 보고도 그 곁을 떠난 것, 이 모두는 지혜롭다고 말할 수 없다. 비록 그렇기는 하나 하늘이 나라를 멸망시킬 때, 그 화패禍敗는 반드시 지혜로서도 미치지 못하는 바에서 나오는 것이다. 성인聖人이 천하를 다스림에는 꾀로써 혼란을 방비하는 것을 믿지 않았고, 난을 불러오지 않는 방법을 믿었을 뿐이다. 시황이 저지른 난을 불러온 방법이란 조고를 등용한 데에 있었다. 무릇 엄윤閹尹의 재앙은 마치 독약이나 맹수와 같아서 간을 찢고 머리를 파쇄하지 않은 적이 없었다. 서계書契가 있은 이래, 오직 동한東漢의 여강呂强과 후당後唐의 장승업張承業 두 사람만이 선량한 사람이었다고 칭해오고 있으나, 어찌 천만 명 가운데 한 두 사람에게 희망을 걸고 틀림없이 멸망할 재앙의 길을 간단 말인가? 그러나 세상의 군주들은 모두가 이를 달게 여겨 후회하지도 않고 있으니, 이를테면 한漢나라 환제桓帝와 영제靈帝나 당唐나라 숙종肅宗이나 대종代宗 같은 이로써, 오히려 깊이 괴이히 여길 것도 못되거니와 시황이나 한 선제宣帝는 모두가 영명한 군주였음에도 역시 조고와 홍공弘恭, 석현石顯의 재앙에 빠지고 말았다. 저들은 스스로 '자신들은 총명한 인걸이니 노복 따위의 훈부薰腐한 나머지들이 능히 무슨 일을 저지르겠는가?'라고 여겼을 테지만, 나라를 망치고 조정을 혼란에 빠뜨림에 미쳐서는 결국 용렬한 군주와 다를 것이 없었다. 나는 그 까닭으로 이를 표출하여 후세 임금들로서 시황이나 한 선제 같은 이를 경계도록 하는 것이다."

蘇子曰:「始皇制天下輕重之勢, 使內外相形以禁奸備亂, 可謂密矣. 蒙恬將三十萬人, 威震北方, 扶蘇監其軍, 而蒙毅侍帷幄爲謀臣, 雖有大奸賊, 敢睥睨其間哉? 不幸道病, 禱祠山川, 尚有人也, 而遣蒙毅, 故高斯得成其謀. 始皇之遣毅, 毅見始皇病, 太子未立而去左右, 皆不可以言智. 雖然天之亡人國, 其禍敗必出於智之所不及. 聖人爲天下, 不恃智以防亂, 恃其無致亂之道耳. 始皇致亂之道, 在用趙高. 夫閹尹之禍, 如毒藥猛獸, 未有不裂肝碎首者也. 自有書契以來, 惟東漢呂强·後唐張承業二人, 號稱善良, 豈可望一二於千萬, 以取必亡之禍哉? 然世主皆甘心而不悔, 如漢桓靈, 唐肅代, 猶不足深怪, 始皇·漢宣皆英主, 亦沈於趙高·恭·顯之禍. 彼自以爲『聰明人傑也, 奴僕薰腐之餘, 何能爲?』及其亡國亂朝, 乃與庸主不異. 吾故表而出之, 以戒後世人主如始皇·漢宣者.」

【蘇子曰:「始皇制天下輕重之勢, 使內外相形以奸姦備亂, 可謂密矣】 '蘇子'는 蘇東坡 자신을 말함. '內外相形'은 안팎으로 그 효과가 드러나게 함. '禁奸備亂'은 奸惡한 자를 막고 亂을 방비함. '禁奸備亂'은 《東坡集》에는 '禁姦備亂者'로 되어 있음.
【蒙恬將三十萬人, 威震北方, 扶蘇監其軍, 而蒙毅侍帷幄爲謀臣, 雖有大奸賊, 敢睥

睨其間哉?〉'三十萬'은《史記》蒙恬列傳에 "蒙恬者, 其先齊人也. 恬大父蒙驁, 自齊
事秦昭王, 官至上卿. ……始皇二十六年, 蒙恬因家世得爲秦將, 攻齊, 大破之, 拜爲
內史. 秦已幷天下, 乃使蒙恬將三十萬衆北逐戎狄, 收河南. 築長城, 因地形, 用制險
塞, 起臨洮, 至遼東, 延袤萬餘里. 於是渡河, 據陽山, 逶蛇而北. 暴師於外十餘年,
居上郡. 是時蒙恬威振匈奴. 始皇甚尊寵蒙氏, 信任賢之. 而親近蒙毅, 位至上卿,
出則參乘, 入則御前. 恬任外事而毅常爲內謀, 名爲忠信, 故雖諸將相莫敢與之爭焉"
이라 함. '威震'은《東坡集》에는 '威振'으로 되어 있음. '帷幄'은 帷帳과 같음. 원뜻
은 휘장. 여기서는 國史를 논의하는 궁궐의 內廷을 말함. '睥睨'는 불순한 의도
로 엿봄.《漢書》竇田灌韓傳의 顏師古 注에 "睥睨, 傍視也"라 함.

【不幸道病, 禱祠山川, 尙有人也, 而遣蒙毅, 故高斯得成其謀】'尙有人'은 믿을 만한
謀臣이었던 蒙毅 외에 다른 사람을 보내야 했음을 말함. '高斯'는 趙高와 李斯.

【始皇之遣毅, 毅見始皇病, 太子未立而去左右, 皆不可以言智】'去左右'는 蒙毅가 시
황 곁을 떠남.

【雖然天之亡人國, 其禍敗必出於智之所不及】'雖然'은《東坡集》에는 '雖'자가 없음.
'禍敗'는 災殃과 失敗. '智'는 꾀. 여기서는 부정적인 의미로 쓰였음.

【聖人爲天下, 不恃智以防亂, 恃其無致亂之道耳】'致亂之道'는 亂을 불러오는 방법.
그러한 길.

【始皇致亂之道, 在用趙高】秦始皇이 저지른 致亂之道는 바로 趙高를 임용한 데에
있었음.

【夫閽尹之禍, 如毒藥猛獸, 未有不裂肝碎首者也】'閽尹'은 宦官의 우두머리.《禮記》
月令 鄭玄 注에 "閽尹, 主領宦豎之官也"라 함. '裂肝碎首'는 간을 찢고 머리를 破
碎해 부숨. 攻擊이나 報復이 아주 殘酷함을 뜻함.

【自有書契以來, 惟東漢呂强·後唐張承業二人, 號稱善良, 豈可望一二於千萬, 以取
必亡之禍哉?〉'自有'는《東坡集》에는 '有'자가 없음. '書契'는 고대 기록.《易》繫辭
傳(下)에 "上古結繩而治, 後世聖人易之以書契, 百官以治, 萬民以察, 蓋取諸夬"라
함. 여기서는 '기록이 생긴 이래, 역사 이래'의 뜻. '呂强'은 東漢 靈帝 때의 훌륭한
宦官. 자는 漢盛, 成皐(지금의 河南 滎陽 氾水鎭) 사람으로 어릴 때 宦官으로 입궁
하여 太監에 이르렀으며 中常侍에 오름. 淸廉하고 忠信하여 靈帝가 都鄕侯에 봉
했으나 끝까지 사양함.《後漢書》宦者傳(呂强)에 "呂强字漢盛, 河南成皐人也. 少以
宦者爲小黃門, 再遷中常侍. 爲人淸忠奉公. 靈帝時, 例封宦者, 以强爲都鄕侯. 强辭

讓懇惻, 固不敢當, 帝乃聽之. 因上疏陳事"라 함. '張承業'은 唐末 五代 때의 인물.
《舊五代史》(72)와 《新五代史》(38) 宦者傳에 傳이 있음. 자는 繼先, 唐 僖宗때 宦官.
본성은 康. 어려서 宦官으로 들어가 內常侍 張泰의 養子가 됨. 河東에 監軍으로
파견되었을 때 晉王 李克用과 가까웠으며, 晉王이 죽음에 이르자 李存勗을 후계
로 부탁함. 그는 李存勗을 도와 10연간 後梁(朱全忠이 세운 나라. 907–923)과 전투
를 벌이면서 李存勗에게 唐을 부흥시켜야 한다고 건의하였으나 들어주지 않자
太原으로 돌아와 絶穀餓死함. 諡號는 正憲. 결국 뒤에 李存勗은 국호를 唐(後
唐:923–936)으로 하고 洛陽에 도읍, 五代의 두 번째 나라가 됨. '以取必亡之禍'는
반드시 망하게 될 화근을 취함. 《東坡集》에는 '以徼必亡之禍'로 되어 있음.
【然世主皆甘心而不悔, 如漢桓靈, 唐肅代, 猶不足深怪, 始皇·漢宣皆英主, 亦沈(湛)
於趙高·恭·顯之禍】'甘心'은 달게 여김. '桓靈'은 後漢 말기의 桓帝(劉志. 147–167)
와 靈帝(劉宏. 168–189). 趙櫛, 侯覽, 張讓, 趙忠 등 소위 '十常寺'의 宦官에 의해
나라가 기울어 陳蕃, 李膺 등이 宦官剔抉을 주장하다가 거꾸로 공격을 받아 '黨
錮之禍'가 일어남. 그 뒤 결국 獻帝(劉協. 189–220)를 끝으로 魏의 曹丕에게 나라
를 禪讓하여 종말을 고함. '肅代'는 唐나라 7대 황제 肅宗(李亨. 玄宗의 아들. 756–
762년 재위)과 8대 代宗(李豫. 763–779년 재위). 이때에는 宦官 李輔國과 程元振
등에 의해 나라가 혼란에 빠짐. '漢宣'은 西漢 7대 황제 宣帝(劉詢. B.C.73–B.C.49
년 재위). 정치가 淸明하고 信賞必罰이 이루어져 治世로 널리 칭송을 받았음. 《漢
書》贊에 "功光祖宗, 業垂後嗣, 可謂中興"이라 함. 그러나 말년에 弘恭, 石顯 등
전과자들을 궁궐로 불러들여 太監, 中書令, 僕射 등에 임명하여 정권을 농단하
자 元帝 때 蕭望之, 周堪, 劉更生, 張猛, 京房, 賈捐 등이 잘못을 지적함. 石顯은
이에 이들을 주살하거나 금고에 처하여 나라가 혼란에 빠짐. '恭顯'은 弘恭과 石
顯. '弘恭'은 西漢 沛(지금의 安徽 濉溪縣) 사람으로 청년시절 腐刑을 받고 환관이
되어 입궁함. 宣帝는 皇權을 강화하기 위해 환관들을 요직에 앉혀 그를 中書令
에 임명함. 그러자 황제의 측근이라는 이유로 아부하는 자가 들끓었음. 元帝 때
병사함. '石顯'(?–B.C.32). 자는 君房, 濟南 출신으로 젊어서 범죄를 저질러 宮刑을
받고 입궁하여 宦官이 됨. 宣帝가 그를 총애하여 太監에 오름. 권력을 비판하는
이들을 모조리 처단하고 結黨私營하여 재산이 수백만관에 달하였다 함. 成帝
때 太僕에 오름. 石顯은 《漢書》(93) 佞幸傳에 전이 있으며 관련 사항은 蕭望之傳
을 참조할 것. '沈'(沉)은 《東坡集》에는 '湛'으로 되어 있음.

【彼自以爲『聰明人傑也, 奴僕薰腐之餘, 何能爲?』及其亡國亂朝, 乃與庸主不異】'彼'
는 始皇과 宣帝를 가리킴. '薰腐'는 腐刑(去勢)을 당한 자들. 弘恭과 石顯은 모두
젊어서 죄를 저질러 腐刑을 받고 환관이 된 하찮은 인물로 본 것. '薰'은《東坡
集》에는 '熏'으로 되어 있으며, 腐刑을 받고 나서는 상처에 연기를 쐬어(뜸의 일
종) 덧나지 않도록 함을 말함.《後漢書》宦者傳 序에 "其有更相援引, 希附權强者,
皆腐身熏子"라 함. '亡國亂朝'는 나라를 망치고 조정에 혼란에 빠뜨림. '庸主'는
庸劣한 군주.

【吾故表而出之, 以戒後世人主如始皇·漢宣者.】'表而出之'는 이러한 사례를 표출
하여 거론함.

3/5

혹자가 말하였다.

"이사는 시황을 도와 천하를 평정하였으니 지혜롭지 못했다고 할 수
없다. 부소는 시황의 아들로서 진나라 사람들이 그를 추대해온 지 오래
여서, 진승陳勝이 그의 이름만 빌려도 족히 천하를 혼란에 빠뜨릴 수 있
었고, 몽염이 중한 병권兵權을 가지고 밖에 있었으니, 가령 두 사람이
곧바로 주벌을 받지 않았을 때 다시 청하였더라면 이사나 조고 같은 무
리들은 남아 있을 수 없었을 것이다. 이사의 지혜로도 이를 염두에 두지
않았음은 어째서인가?"

나는 이렇게 말하였다.

"아! 진나라 도를 잃은 것은 그 유래가 있었으니, 어찌 유독 이사나 조
고만의 죄이겠는가? 상앙商鞅의 변법變法으로부터, 참수 정도는 법 중에
서 가벼운 것으로 여기고, 삼족을 멸하는 것을 법에서 늘 있는 일로 여
겨, 신하들로서는 이리가 뒤를 돌아보며 위협을 느끼다가 그저 사형 정
도로 끝나는 것을 다행으로 여겼는데 어느 겨를에 다시 청할 수 있었
겠는가! 바야흐로 그 법이 시행될 때 구하면 얻지 못할 것이 없었고, 금
禁하면 그치게 하지 못할 것이 없었으니 상앙으로서는 스스로 '요순堯
舜을 뛰어넘고 탕무湯武 따위도 타고 논다'라고 여겼을 것이다. 그러다가

도망하여 머무를 숙소조차 없는 지경에 이른 연후에야 자신이 만든 법의 폐단을 알게 된 것이다. 대체로 어찌 상앙만이 후회했겠는가? 진나라 역시 후회했을 것이다. 형가荊軻의 변고 때 무기를 지닌 자는 시황이 기둥을 빙빙 돌며 피해 다니는 모습만 그저 눈을 떼지 못한 채 볼 뿐 주제할 자가 없었으니 진나라 법이 중했기 때문이었다. 이사가 호해를 세울 때에 부소나 몽염 두 사람을 꺼리지 않았던 것은 위엄과 명령이 평소 행해질 때 신하라면 감히 다시 청할 수 없을 것임을 알았기 때문이었다. 부소와 몽염 두 사람이 감히 다시 청하지 않은 것도 역시 시황은 표독하고 무서워 가히 되돌릴 수 없음을 알았기 때문이니 어찌 그것이 조고와 이사의 거짓임을 헤아렸겠는가?"

或曰:「李斯佐始皇定天下, 不可謂不智. 扶蘇始皇子, 秦人戴之久矣, 陳勝假其名, 猶足以亂天下, 而蒙恬持重兵在外, 使二人不卽受誅而復請之, 則斯·高 無遺類矣. 以斯之智, 而不慮此, 何哉?」

蘇子曰:「嗚呼! 秦之失道, 有自來矣, 豈獨斯高之罪? 自商鞅變法, 以殊死爲輕典, 以參夷爲常法, 人臣狼顧脅息, 以得死爲幸, 何暇復請! 方其法之行也, 求無不獲, 禁無不止, 鞅自以爲『軼堯舜而駕湯武』矣. 及其出亡而無所舍, 然後知爲法之弊. 夫豈獨鞅悔之, 秦亦悔之矣. 荊軻之變, 持兵者熟視始皇環柱而走, 而莫之救者, 以秦法重故也. 李斯之立胡亥, 不復忌二人者, 知威令之素行, 而臣子不敢復請也. 二人之不敢復請, 亦知始皇之驚悍而不可回也, 豈料其僞也哉?」

【或曰:「李斯佐始皇定天下, 不可謂不智】'李斯'는 秦始皇을 도와 각종 度量衡과 文字 등을 모두 통일하였고, 荀子에게 배워 학술도 높았음.

【扶蘇始皇子, 秦人戴之久矣, 陳勝假其名, 猶足以亂天下, 而蒙恬持重兵在外, 使二人

不卽受誅而復請之, 則斯·高 無遺類矣」'陳勝'은 陳涉. 吳廣과 함께 최초로 秦나라에 반기를 든 인물. 원래 미천한 머슴이었으나 무리를 모아 반란을 일으켜 국호를 張楚로 하고 陳縣에 도읍하기도 하였음. 이에 자극을 받아 項羽와 劉邦 등이 蜂起하게 된 것임. 《史記》陳涉世家를 참조할 것. "燕雀安知鴻鵠之志?", '王侯將相寧有種乎?' 등의 고사를 남겼으며, 그가 일어서자 천하가 드디어 호응하여 項羽와 劉邦도 봉기하게 된 것임. 《史記》秦始皇本紀에 "七月, 戍卒陳勝等反故荊地, 爲「張楚」. 勝自立爲楚王, 居陳, 遣諸將徇地. 山東郡縣少年苦秦吏, 皆殺其守尉令丞反, 以應陳涉, 相立爲侯王, 合從西鄕, 名爲伐秦, 不可勝數也. 謁者使東方來, 以反者聞二世. 二世怒, 下吏. 後使者至, 上問, 對曰:「群盜, 郡守尉方逐捕, 今盡得, 不足憂.」上悅. 武臣自立爲趙王, 魏咎爲魏王, 田儋爲齊王. 沛公起沛. 項梁擧兵會稽郡"이라 함. 陳涉은 처음에 군사를 일으킬 때 자신들은 項燕과 扶蘇의 殘餘部隊라 거짓 명분을 내세워 민심을 얻었음. 《史記》陳涉世家에 "陳勝者, 陽城人也, 字涉. 吳廣者, 陽夏人也, 字叔. 陳涉少時, 嘗與人傭耕, 輟耕之壟上, 悵恨久之, 曰:「苟富貴, 無相忘.」庸者笑而應曰:「若爲庸耕, 何富貴也?」陳涉太息曰:「嗟乎, 燕雀安知鴻鵠之志哉!」陳勝·吳廣乃謀曰:「今亡亦死, 擧大計亦死, 等死, 死國可乎?」陳勝曰:「天下苦秦久矣. 吾聞二世少子也, 不當立, 當立者乃公子扶蘇. 扶蘇以數諫故, 上使外將兵. 今或聞無罪, 二世殺之. 百姓多聞其賢, 未知其死也. 項燕爲楚將, 數有功, 愛士卒, 楚人憐之. 或以爲死, 或以爲亡. 今誠以吾衆詐自稱公子扶蘇·項燕, 爲天下唱, 宜多應者.」吳廣以爲然. 乃行卜. 卜者知其指意, 曰:「足下事皆成, 有功. 然足下卜之鬼乎!」陳勝·吳廣喜, 念鬼, 曰:「此敎我先威衆耳.」乃丹書帛曰「陳勝王」, 置人所罾魚腹中. 卒買魚烹食, 得魚腹中書, 固以怪之矣. 又閒令吳廣之次所旁叢祠中, 夜篝火, 狐鳴呼曰「大楚興, 陳勝王」. 卒皆夜驚恐. 旦日, 卒中往往語, 皆指目陳勝. 吳廣素愛人, 士卒多爲用者. 將尉醉, 廣故數言欲亡, 忿恚尉, 令辱之, 以激怒其衆. 尉果笞廣. 尉劍挺, 廣起, 奪而殺尉. 陳勝佐之, 幷殺兩尉. 召令徒屬曰:「公等遇雨, 皆已失期, 失期當斬. 藉弟令毋斬, 而戍死者固十六七. 且壯士不死卽已, 死卽擧大名耳, 王侯將相寧有種乎!」徒屬皆曰:「敬受命.」乃詐稱公子扶蘇·項燕, 從民欲也"라 함. '復請'은 다시 한번 진시황에게 자신을 죽이지 말 것을 청함.

【以斯之智, 而不慮此, 何哉?】李斯는 지혜로우면서 이런 일은 고려하지 않음.

【蘇子曰:【嗚呼! 秦之失道, 有自來矣, 豈獨斯高之罪?】趙高만의 잘못이 아니라 秦나라 법을 가혹하게 하여 復請할 수 없는 분위기가 형성되었기 때문임을 말함.

〈扶蘇墓〉(陝西
綏德縣)

【自商鞅變法, 以殊死爲輕典, 以參夷爲常法, 人臣狼顧脅息, 以得死爲幸, 何暇復
請!】'商鞅'은 戰國시대 衛나라의 庶出 公子. 성은 公孫氏. 刑名과 法術을 좋아하
여 급진적 개혁을 주장함. 조국에서 받아주지 않자 秦나라로 망명, 秦나라 孝公
에게 유세하여 재상에 오름. 그는 혹독한 變法을 실행하여 秦나라를 법치국가로
완성시킴. 상(商), 오(於) 땅에 봉해져 商君이라 불리며 엄혹한 법으로 인해 많은
사람들의 원망을 불러 일으켰으며, 결국 孝公이 죽자 도망치다가 잡혀 車裂刑에
처해지고 말았음. '徙木', '商鞅之法', '五家作統法' 등의 고사를 남겼으며 그의 법
치 사상을 정리한 《商君書》가 전함. 《史記》 商君列傳을 참조할 것. '輕典'은 法典
에서 아주 가벼운 형벌 정도로 여김. '殊死'는 斬首와 같음. 머리가 잘려 다른 곳
으로 흩어짐을 말함. 《漢書》 高帝紀(下)의 顔師古 注에 "殊, 絶也. 異也. 言其身首
離絶而異處也"라 함. '參夷'는 三族을 멸함. '參'은 三과 같으며, 三族은 父族, 母族,
妻族을 가리킴. 《後漢書》 宦者傳 李賢 注에 "夷, 滅也. 參夷, 夷三族也"라 함. '狼
顧脅息'은 이리가 가다가 항상 뒤를 돌아보며 경계를 함. 비유하여 두려워 숨도
제대로 쉬지 못함. '得死爲幸'은 삼족이 멸족을 당하는 등 더 큰 형벌보다 자신
혼자만의 사형 정도로 끝남을 다행으로 여김.
【方其法之行也, 求無不獲, 禁無不止, 鞅自以爲『軼堯舜而駕湯武』矣】商鞅 자신이
堯舜보다 낫고 殷의 湯王이나 周의 武王보다 더 뛰어나다고 여김. '軼'은 앞지름.
'駕'는 그들을 수레로 여겨 타고 높.
【及其出亡而無所舍, 然後知爲法之弊】'出亡而無所舍'는 商鞅이 도망하여 국경 函

谷關에 이르렀을 때 상앙을 몰라보고 '상앙 재상의 허가증가 있어야 재위줄 수 있다'고 함. 《史記》商君列傳에 "後五月而秦孝公卒, 太子立. 公子虔之徒告商君欲反, 發吏捕商君. 商君亡至關下, 欲舍客舍. 客人不知其是商君也, 曰:「商君之法, 舍人無驗者坐之.」商君喟然歎曰:「嗟乎, 爲法之敝一至此哉!」去之魏. 魏人怨其欺公子卬而破魏師, 弗受. 商君欲之他國. 魏人曰:「商君, 秦之賊. 秦彊而賊入魏, 弗歸, 不可.」"라 함.

【夫豈獨鞅悔之, 秦亦悔之矣】商鞅 뿐만 아니라 秦나라 역시 상앙을 등용하여 지나치게 그의 苛酷한 法治를 믿었던 것을 후회함. 《軌範》注에 "形容商鞅之慘刻, 秦法之酷烈, 可謂盡矣"라 함.

【荊軻之變, 持兵者熟視始皇環柱而走, 而莫之救者, 以秦法重故也】'荊軻之變'은 燕나라 太子 丹이 荊軻를 끌어들여 秦始皇을 弑殺하고자 秦나라 조정에 보내어 秦皇을 短刀로 협박한 사건. 이 때 주위 신하들은 무기를 소지할 수 없었으므로 진시황을 구해낼 수가 없었음. 진시황은 대궐 기둥을 빙빙 돌면서 겨우 피하다가 夏無且가 약봉지를 던졌을 때 진시황은 자신만이 차고 있던 칼을 뽑아 荊軻를 벰. 《史記》刺客列傳(荊軻)에 "軻旣取圖奏之, 秦王發圖, 圖窮而匕首見. 因左手把秦王之袖, 而右手持匕首揕之. 未至身, 秦王驚, 自引而起, 袖絶. 拔劍, 劍長, 操其室. 時惶急, 劍堅, 故不可立拔. 荊軻逐秦王, 秦王環柱而走. 羣臣皆愕, 卒起不意, 盡失其度. 而秦法, 羣臣侍殿上者不得持尺寸之兵;諸郎中執兵皆陳殿下, 非有詔召不得上. 方急時, 不及召下兵, 以故荊軻乃逐秦王. 而卒惶急, 無以擊軻, 而以手共搏之. 是時侍醫夏無且以其所奉藥囊提荊軻也. 秦王方環柱走, 卒惶急, 不知所爲, 左右乃曰:「王負劍!」負劍, 遂拔以擊荊軻, 斷其左股. 荊軻廢, 乃引其匕首以擿秦王, 不中, 中桐柱. 秦王復擊軻, 軻被八創. 軻自知事不就, 倚柱而笑, 箕踞以罵曰:「事所以不成者, 以欲生劫之, 必得約契以報太子也.」於是左右旣前殺軻, 秦王不怡者良久"라 함.

【李斯之立胡亥, 不復忌二人者, 知威令之素行, 而臣子不敢復請也】'二人'은 扶蘇와 蒙恬. 그들이 다시 사실을 알아보기를 청할까 하는 데 대해 전혀 꺼리지 않음. 그럴 수 없을 것임을 알고 있었음. 《軌範》注에 "答前一段問"이라 함.

【二人之不敢復請, 亦知始皇之鷙悍而不可回也, 豈料其僞也哉?】'鷙悍'은 맹금류처럼 무섭고 표독함. '僞'는 趙高와 李斯가 보낸 조서가 거짓임을 말함.

주공周公이 말하였다.

"평이平易하게 백성을 가까이 하면, 백성들은 반드시 귀의해온다."

공자孔子도 말하였다.

"한 마디 말로서 종신토록 실행해야 할 것이 있다면, 그것은 '서'恕이리라!"

무릇 충서忠恕로써 마음을 삼고 평이로써 다스림을 삼는다면 윗사람의 마음을 쉽게 알 수 있고, 아래의 상황을 쉽게 통달할 수 있을 것이니, 비록 매국賣國의 간신이 있다할지라도 그 틈을 뚫고 들어올 수 없고 갑작스러운 변고 따위도 절로 발생할 수가 없는 것이다.

그러나 명령을 내리면 시행하고 금하면 그쳐지는 것은 아마도 상앙에 미칠 수 없는 경우가 있을 것이니, 성인은 끝내 평이의 방법을 상앙의 법으로 바꾸어 다스리려 하지 않았다.

상앙은 사목徙木에서 믿음을 세우고 기회棄灰에서 위엄을 세워, 왕의 친척과 스승에게도 형벌을 가하면서 측은과 용서가 없었으니, 위엄과 믿음을 극에 달하도록 쌓았던 것이다.

그런데 시황에 이르자 진나라 사람들은 그 임금 보기를 마치 우레나 번개, 귀신처럼 가히 헤아려 알 수 있는 존재가 아니라고 여겼다.

옛날 공족公族이 죄가 있을 경우, 세 번 용서가 있은 다음에 형벌에 가하였다.

그런데 지금에 이르러 사람으로 하여금 조서를 고쳐 그 태자를 죽이면서도 거리낌이 없었고, 태자 역시 감히 청하지 못하였다면 위엄과 믿음이 지나쳤던 것이다.

무릇 법으로서 천하에 해독을 끼친 자는 그것이 자신 몸에 되돌아오고 그 자손에게까지 미치지 않은 경우란 없었다.

周公曰:「平易近民, 民必歸之.」

孔子曰:「有一言而終身行之, 其恕矣乎!」

夫以忠恕爲心, 而以平易爲政, 則上易知下易達, 雖有賣國之奸, 無所投其隙; 倉卒之變, 無自發焉.

然其令行禁止, 蓋有不及商鞅者矣, 而聖人終不以此易彼.

商鞅立信於徙木, 立威於棄灰, 刑其親戚師傅, 無慍容, 積威信之極.

以至始皇, 秦人視其君, 如雷電鬼神, 不可測識.

古者, 公族有罪, 三宥而後致刑.

今至使人矯殺其太子而不忌, 太子亦不敢請, 則威信之過也.

夫以法毒天下者, 未有不反中其身及其子孫.

【周公曰:「平易近民, 民必歸之.」】'周公'은 姬旦. 文王(姬昌)의 아들이며 武王(姬發)의 아우. 조카 成王(姬誦)을 섭정하였으며 周나라 초기 文物制度를 정비하고 封建制를 확립함. 儒家에서 聖人으로 崇仰함. 여기에 인용된 구절은 周公이 자신 대신 보낸 아들 伯禽이 3년 뒤 봉지(魯)에서 돌아와 보고하고, 태공은 5년이 지나와서 보고할 때 한 말임.《史記》魯周公世家에 "魯公伯禽之初受封之魯, 三年而後報政周公. 周公曰:「何遲也?」伯禽曰:「變其俗, 革其禮, 喪三年然後除之, 故遲.」太公亦封於齊, 五月而報政周公. 周公曰:「何疾也?」曰:「吾簡其君臣禮, 從其俗爲也.」及後聞伯禽報政遲, 乃歎曰:「嗚呼, 魯後世其北面事齊矣! 夫政不簡不易, 民不有近; 平易近民, 民必歸之.」"라 함.

【孔子曰:「有一言而終身行之, 其恕矣乎!」】이는《論語》衛靈公篇에 "子貢問曰:「有一言而可以終身行之者乎?」子曰:「其『恕』乎! 己所不欲, 勿施於人.」"이라 한 말을 가리킴.

【夫以忠恕爲心, 而以平易爲政, 則上易知下易達, 雖有賣國之奸, 無所投其隙; 倉卒之變, 無自發焉】'上易知下易達'은《東坡集》에는 '上易知而下易達'로 되어 있음. '倉卒'은 倉猝과 같음. '갑자기, 돌연히' 등의 뜻.

【然其令行禁止, 蓋有不及商鞅者矣, 而聖人終不以此易彼】'令行禁止'는 명령을 내리면 반드시 실행되고, 금지하면 반드시 그쳐짐.《荀子》王制篇에 "令行禁止, 王

者之事畢矣!'라 함. 이러한 경우는 상상만큼 철저히 한 자가 없음. '以此易彼'의 '此'는 법으로 철저히 금하는 통치 방법. '彼'는 평이하게 하여 따르도록 하는 통치 방법. '以此易彼'는《東坡集》에는 '以彼易此'로 되어 있음.《軌範》注에 "蘇東坡作史評, 必有一段說, 萬世不可磨滅之理. 使吾身生其人之時, 居其人之位, 遇其人之事, 當如何處置? 此作論妙法, 從老泉傳來. 今人作場屋程文論, 當以此爲法. 凡議論好事, 須要一段反說; 凡議論不好事, 須要一段正說. 文勢亦圓活, 義理亦精微, 意味亦悠長"이라 함.

〈秦二世(胡亥)〉

【商鞅立信於徙木, 立威於棄灰, 刑其親戚師傅, 無惻容, 積威信之極】'徙木'은 商鞅이 처음 秦 孝公에게 法治를 설득할 때 우선 백성들의 믿음을 사기 위해 나무를 옮기는 자에게 큰 상을 내릴 것이라 하여 이를 옮긴 자에게 상을 내려 얕은 꾀로 백성을 속인 고사.《史記》商君列傳에 "令旣具, 未布, 恐民之不信, 已乃立三丈之木於國都市南門, 募民有能徙置北門者予十金. 民怪之, 莫敢徙. 復曰「能徙者予五十金」. 有一人徙之, 輒予五十金, 以明不欺. 卒下令"이라 함. '棄灰'는 재를 마구 버리는 것도 죄로 삼아 심한 형벌을 내림.《韓非子》內儲說上에 "殷之法:「刑棄灰於街者.」子貢以爲重, 問之仲尼. 仲尼曰:「知治之道也. 夫棄灰於街必掩人, 掩人, 人必怒, 怒則鬪, 鬪必三族相殘也, 此殘三族之道也, 雖刑之可也. 且夫重罰者, 人之所惡也;而無棄灰, 人之所易也. 使人行之所易, 而無離所惡, 此治之道.」. 一曰:殷之法:「棄灰于公道者斷其手.」子貢曰:「棄灰之罪輕, 斷手之罰重, 古人何太毅也?」曰:「無棄灰, 所易也;斷手, 所惡也. 行所易, 不關所惡, 古人以爲易, 故行之.」라 함.《史記》李斯列傳에도 "故商君之法, 刑弃灰於道者. 夫弃灰, 薄罪也, 而被刑, 重罰也. 彼唯明主爲能深督輕罪. 夫罪輕且督深, 而況有重罪乎? 故民不敢犯也"라 함. '刑其親戚師傅'는 商鞅의 법은 죄를 지었을 경우 왕의 친척이나 태자의 스승일지라

도 용서하지 않음. 《史記》商君列傳에 "令行於民朞年, 秦民之國都言初令之不便者
以千數. 於是太子犯法. 衛鞅曰:「法之不行, 自上犯之.」將法太子. 太子, 君嗣也, 不
可施刑, 刑其傅公子虔, 黥其師公孫賈"라 함. '無慍容'이 3자는 《東坡集》에는 없
음. '威信'은 商鞅이 내세운 법의 威嚴과 徙木을 통해 얻은 백성으로부터의 믿음
을 말함.

【以至始皇, 秦人視其君, 如雷電鬼神, 不可測識】 '以至始皇'은 《東坡集》에는 '以及始
皇'으로 되어 있음. '雷電鬼神'은 秦始皇을 보기를 측량할 수 없는 존재로 여겨
아주 두려워함. '不可測識'은 《東坡集》에는 '不可測也'로 되어 있음.

【古者, 公族有罪, 三宥而後致刑】 '三宥'은 고대 공족이 죄를 저질렀을 경우 세 번
용서하여 더 이상 범법이 없도록 하는 제도. 《禮記》文王世子에 "公族無宮刑, 獄
成, 儒士讞於公:其死罪, 則曰:「某之罪在大辟.」其刑罪, 則曰:「某之罪在小辟.」公
曰:「宥之.」有司又曰:「在辟.」公又曰:「宥之.」有司又曰:「在辟.」及三宥, 不對, 走出,
致刑於甸人"이라 함. '而後致刑'은 《東坡集》에는 '然後制刑'으로 되어 있음.

【今至使人矯殺其太子而不忌, 太子亦不敢請, 則威信之過也】 '矯殺太子'는 趙高와
李斯가 거짓 조서를 보내어 扶蘇를 죽도록 한 것.

【夫以法毒天下者, 未有不反中其身及其子孫】 '夫'는 《東坡集》에는 '故夫'로 되어 있음.
'毒'은 動詞로 쓰였음. 독을 끼침. 《周易》師卦 象辭에 "剛中而應, 行險而順, 以此毒
天下, 而民從之, 吉又何咎矣!"라 하였고, 〈釋文〉에 "毒, 役也"라 함. '及其子孫'은
《東坡集》에는 '及其子孫者也'로 되어 있음. 《軌範》注에 "皆是至人之言"이라 함.

5/5 ─────────────

한나라 무제武帝와 시황은 모두가 사람을 죽이는 것에 과감하였던 자
들이었다.

그 때문에 그 아들 부소처럼 어질면 차라리 죽을지언정 (용서를) 청
하지 않고, 여태자戾太子처럼 사나우면 차라리 반란을 일으킬지언정 하
소연하지 않았던 것이니, 하소연한다고 해도 틀림없이 살펴주지 않을 것
임을 알았기 때문이었다.

여태자인들 어찌 반란을 하고자 한 자이겠는가? 계책이 어쩔 수 없음
에서 나온 것이었다.

그러므로 두 군주의 아들 된 자들은 죽음과 반란이 있었을 뿐이었던
것이다.

이사의 지혜로는 아마도 도 부소는 틀림없이 반란을 일으키지 않을
것임을 알았으리라.

나는 다시 이를 드러내어 후세 군주로서 사람을 죽이는데 과감한 자
에게 경계를 삼도록 하는 것이다.

漢武·始皇, 皆果於殺者也.

故其子如扶蘇之仁, 則寧死而不請, 如戾太子之悍, 則寧反而不
訴, 知訴之必不察也.

戾太子豈欲反者哉? 計出於無聊也.

故爲二君之子者, 有死與反而已.

李斯之智 蓋足以知扶蘇之必不反也.

吾又表而出之, 以戒後世人主之果於殺者.

【漢武始皇, 皆果於殺者也, 故其子如扶蘇之仁, 則寧死而不請, 如戾太子之悍, 則寧
反而不訴, 知訴之必不察也】'漢武'는 漢 武帝武帝(B.C.157–B.C.87) 이름은 劉徹. 景
帝(劉啓)의 아들. B.C.140–B.C.87년까지 54년간 재위하며 儒術을 제창하고 영토
를 확장하며, 정치를 개혁하고 경제를 발전시켜 국력을 가장 강하게 키웠던 임
금. 말년에는 神仙術을 믿어 많은 고사를 남겼음. 특히 '樂府'를 설치하여 음악과
문학을 발전시켰으며 재위 시 司馬相如, 司馬遷, 董仲舒 등 많은 이들이 활동하
였음. 다만 晩年에 長生을 추구하며 太子 劉據를 의심하여 江充 등을 파견하여
巫蠱之禍를 일으키는 등 불행한 생을 마침.《史記》및《漢書》의 武帝紀를 참조
할 것. '漢武·始皇'은《東坡集》에는 '漢武與始皇'으로 되어 있음. '果於殺者'는 남
을 죽이는 일에 과감함. '果'는 과감함.《周禮》春官 太卜의 注에 "果, 謂以勇決爲
之"라 함.

【戾太子豈欲反者哉? 計出於無聊也】'戾太子'는 漢 武帝의 太子 劉據. 巫蠱之禍로
인해 억울하게 생을 마침. '巫蠱之禍'는 武帝 때 있었던 가장 큰 정치사건. 征和

2년(B.C.91), 武帝가 어느 날 많은 木偶들이 나타나 자신을 공격하는 꿈을 꾸어 불안에 떨고 있었는데, 마침 어떤 이가 승상 公孫賀의 아들 公孫敬이 巫蠱(나무 인형 궁궐에 묻어놓고 저주하는 巫術)를 벌여 무제가 죽기를 저주고 있다고 고발하였음. 이로 인해 公孫賀 父子와 陽石公主, 衛青의 아들 衛伉 등이 모두 이 사건으로 인해 주벌을 당하였으며, 그 외 억울한 죽음을 당한 이가 수만 명에 이르는 대참극이 벌어졌음. 이 사건을 맡았던 이는 武帝의 총신 江充이었는데, 평소 태자 劉據와 사이가 좋지 않아 뒤에 그가 황제가 되면 자신에게 보복할 것이라 두려워하여, 마침 이 기회에 태자를 모함하고자 자신의 당파 韓說, 蘇文 등과 짜고 太子宮에 몰래 木偶를 묻어놓고 태자가 모반을 꿈꾸고 있다고 하였음. 이에 두려움을 느낀 태자는 어머니 衛皇后가 있던 未央宮으로 가서 그곳 병사들을 발동시켜 江充과 맞서 싸우다가 그를 죽여 버림. 무제는 태자가 과연 반란을 일으켰다고 여겨 劉屈氂에게 군사를 주어 태자의 병사들을 진압토록 하여 長安에 며칠이 되도록 큰 전투가 벌여져 수십만 명의 사상자가 났음. 결국 태자는 패하여 부친 무제에게 억울함을 호소하지도 못한 채 자살하고 말았으며, 이 때 衛皇后도 자결하였음. 이에 田千秋 등이 나서서 태자의 억울함을 상소하여 사실이 밝혀졌으며 무제는 江充의 삼족을 멸하고 蘇文을 燒死시켰으며, 태자가 죽은 곳을 "歸來望思之臺"라 하며 思子宮을 지어 원혼을 달랬음. 太子의 살아남은 아들이 史皇孫(劉進)이었으며 뒤에 그 史皇孫의 아들 劉詢이 西漢 7대 황제 宣帝 (B.C.73~B.C.49년 재위)가 되어 조부 劉據에게 '戾'라는 追諡를 내려 戾太子라 불림. 《漢書》(63) 武五子傳(戾太子劉據)에 "戾太子據, 元狩元年立爲皇太子, 年七歲矣. 初, 上年二十九乃得太子, 甚喜, 爲立禖, 使東方朔·枚皋作禖祝. 少壯, 詔受《公羊春秋》, 又從瑕丘江公受《穀梁》. 及冠就宮, 上爲立博望苑, 使通賓客, 從其所好, 故多以異端進者. 元鼎四年, 納史良娣, 産子男進, 號曰史皇孫. 武帝末, 衛後寵衰, 江充用事, 充與太子及衛氏有隙, 恐上晏駕後爲太子所誅, 會巫蠱事起, 充因此爲奸. 是時, 上春秋高, 意多所惡, 以爲左右皆爲蠱道祝詛, 窮治其事. 丞相公孫賀父子, 陽石·諸邑公主, 及皇后弟子長平侯衛伉皆坐誅. 語在《公孫賀》·《江充傳》. 充典治巫蠱, 既知上意, 白言宮中有蠱氣, 入宮至省中, 壞御座掘地. 上使按道侯韓說·御史章贛·黃門蘇文等助充. 充遂至太子宮掘蠱, 得桐木人. 時上疾, 辟暑甘泉宮, 獨皇后·太子在. 太子召問少傅石德, 德懼爲師傅幷誅, 因謂太子曰:「前丞相父子·兩公主及衛氏皆坐此, 今巫與使者掘地得徵驗, 不知巫置之邪, 將實有也, 無以自明, 可矯以節收

捕充等系獄, 窮治其奸詐. 且上疾在甘泉, 皇后及家吏請問皆不報, 上存亡未可知, 而奸臣如此, 太子將不念秦扶蘇事耶?」太子急, 然德言. 徵和二年七月壬午, 乃使客為使者收捕充等. 按道侯說疑使者有詐, 不肯受詔, 客格殺說. 御史章贛被創突亡, 自歸甘泉. 太子使舍人無且持節夜入未央宮殿長秋門, 因長御倚華具白皇后, 發中廄車載射士, 出武庫兵, 發長樂宮衛, 告令百官曰江充反. 乃斬充以徇, 炙胡巫上林中. 遂部賓客為將率, 與丞相劉屈氂等戰. 長安中擾亂, 言太子反, 以故衆不附. 太子兵敗, 亡, 不得. 上怒甚, 群下憂懼, 不知所出. 壺關三老茂上書曰:「臣聞父者猶天, 母者猶地, 子猶萬物也. 故天平地安, 陰陽和調, 物乃茂成; 父慈母愛, 室家之中子乃孝順. 陰陽不和, 則萬物夭傷; 父子不和, 則室家喪亡. 故父不父則子不子, 君不君則臣不臣, 雖有粟, 吾豈得而食諸! 昔者虞舜, 孝之至也, 而不中於瞽叟; 孝己被謗, 伯奇放流, 骨肉至親, 父子相疑. 何者? 積毀之所生也. 由是觀之, 子無不孝, 而父有不察, 今皇太子為漢適嗣, 承萬世之業, 體祖宗之重, 親則皇帝之宗子也. 江充, 布衣之人, 閭閻之隸臣耳, 陛下顯而用之, 銜至尊之命以迫蹴皇太子, 造飾奸詐, 群邪錯謬, 是以親戚之路隔塞而不通. 太子進則不得上見, 退則困於亂臣, 獨冤結而亡告, 不忍忿忿之心, 起而殺充, 恐懼逋逃, 子盜父兵以救難自免耳, 臣竊以為無邪心. 《詩》曰:『營營青蠅, 止於藩; 愷悌君子, 無信讒言; 讒言罔極, 交亂四國.』往者江充讒殺趙太子, 天下莫不聞, 其罪固宜. 陛下不省察, 深過太子, 發盛怒, 舉大兵而求之, 三公自將, 智者不敢言, 辯士不敢說, 臣竊痛之. 臣聞子胥盡忠而忘其號, 比干盡仁而遺其身, 忠臣竭誠不顧鈇鉞之誅以陳其愚, 志在匡君安社稷也. 《詩》云:『取彼譖人, 投畀豺虎.』唯陛下寬心慰意, 少察所親, 毋患太子之非, 亟罷甲兵, 無令太子久亡. 臣不勝倦倦, 出一旦之命, 待罪建章闕下.」書奏, 天子感寤. 太子之亡也, 東至湖, 臧匿泉鳩里. 主人家貧, 常賣屨以給太子. 太子有故人在湖, 聞其富贍, 使人呼之而發覺. 吏圍捕太子, 太子自度不得脫, 即入室距戶自經. 山陽男子張富昌為卒, 足蹋開戶, 新安令史李壽趨抱解太子, 主人公遂格鬬死, 皇孫二人皆并遇害. 上既傷太子, 乃下詔曰:「蓋行疑賞, 所以申信也. 其封李壽為邘侯, 張富昌為題侯.」久之, 巫蠱事多不信. 上知太子惶恐無他意, 而車千秋復訟太子冤, 上遂擢千秋為丞相, 而族滅江充家, 焚蘇文於橫橋上, 及泉鳩里加兵刃於太子者, 初為北地太守, 後族. 上憐太子無辜, 乃作思子宮, 為歸來望思之臺於湖. 天下聞而悲之. 初, 太子有三男一女, 女者平輿侯嗣子尚焉. 及太子敗, 皆同時遇害. 衛後·史良娣葬長安城南. 史皇孫·皇孫妃王夫人及皇女孫葬廣明. 皇孫二人隨太子者, 與太子并葬湖. 太子有遺孫一人, 史皇孫

子, 王夫人男, 年十八即尊位, 是爲孝宣帝, 帝初即位, 下詔曰: 「故皇太子在湖, 未有號諡, 歲時祠, 其議諡, 置園邑.」有司奏請; 「《禮》『爲人後者, 爲之子也』, 故降其父母不得祭, 尊祖之義也. 陛下爲孝昭帝後, 承祖宗之祀, 制禮不逾閑. 謹行視孝昭帝所爲故皇太子起位在湖, 史良娣塚在博望苑北, 親史皇孫位在廣明郭北. 諡法曰『諡者, 行之跡也』. 愚以爲親諡宜曰悼, 母曰悼后, 比諸侯王國, 置奉邑三百家. 故皇太子諡曰戾, 置奉邑二百家. 史良娣曰戾夫人, 置守塚三十家. 園置長丞, 周衛奉守如法.」以湖閿鄕邪里聚爲戾園, 長安白亭東爲戾後園, 廣明成鄕爲悼園. 皆改葬焉. 後八歲, 有司復言: 「《禮》『父爲士, 子爲天子, 祭以天子』. 悼園宜稱尊號曰皇考, 立廟, 因園爲寢, 以時薦享焉. 益奉園民滿千六百家, 以爲奉明縣. 尊戾夫人曰戾后, 置園奉邑, 及益戾園各滿三百家.」라 하였고, 〈五行志〉(上)에도 "征和二年春, 其三月, 涿郡太守劉屈氂爲丞相. 後月, 巫蠱事興, 帝女諸邑公主·陽石公主·丞相公孫賀·子太僕敬聲·平陽侯曹宗等皆下獄死. 七月, 使者江充掘蠱太子宮, 太子與母皇后議, 恐不能自明, 乃殺充, 擧兵與丞相劉屈氂戰, 死者數萬人, 太子敗走, 至湖自殺"이라 함. '無聊'는 어쩔 수 없음. 애오라지 달리 할 방법이 없음. 《史記》吳王濞列傳에 "今王始詐病, 及覺, 見責急, 愈益閉, 恐上誅之, 計乃無聊"라 함.

【故爲二君之子者, 有死與反而已】'二君之子'는 秦始皇의 아들 扶蘇와 漢 武帝의 아들 劉據(戾太子).

【李斯之智 蓋足以知扶蘇之必不反也】扶蘇가 절대로 反撥하지 않을 것임을 李斯는 알고 있었음. 《軌範》注에 "答前段設問"이라 함.

【吾又表而出之, 以戒後世人主之果於殺者】뒷날 임금으로써 殺傷에 果敢한 임금들에게 警戒를 주고자 함.

참고 및 관련 자료

1. 蘇東坡(蘇軾, 子瞻) 026 참조.

2. 이 글은 《東坡全集》(105), 《唐宋八大家文鈔》(128), 《宋文鑑》(98), 《古文關鍵》(下), 《文編》(29), 《文章辨體彙選》(395), 《古文淵鑑》(50), 《古文雅正》(12), 《唐宋文醇》(43), 《歷代名賢確論》(35), 《經濟類編》(5), 《古文辭類纂》(4), 《古文約選》(3) 등에 널리 실려 있음.

3. 《軌範》後尾 注에 "此論主意有兩說: 斯高矯詔立胡亥殺扶蘇, 蒙恬蒙毅其禍不在于蒙毅之去左右, 而在于始皇之用趙高, 後世人主用宦官者, 當以爲戒. 一說李斯

趙高敢于矯詔殺扶蘇, 蒙恬而不憂二人之復請者, 其禍不在于斯高之亂, 而在于商鞅之變法. 始皇之好殺, 後世人主之果于殺者當以爲戒. 前一段說始皇罪在用趙高, 附入漢宣任恭顯事後, 一段說始皇之果于殺, 其禍反及其子孫. 附入漢武殺戾太子, 事此文法尤妙"라 함.

4.《歷代名言確論》注에 "潁濱曰: 始皇以詐力兼天下, 志得意滿, 諱聞過失. 李斯燔詩書, 誦功德以成其氣, 至其晚節, 不可告語君. 老太子在外, 履危亂之機, 而莫敢以一言, 合其父子之親者, 雖始皇之暴, 非斯養之, 不至此也. 及其事二世知趙高之姦, 復偷合取容, 使高勢已成, 天下已亂, 乃欲力諫, 不亦晚乎? 至於國破家滅, 非不幸也"라 함.

5.《古文關鍵》에는 "不特文勢雄健議論亦至當"이라 함.

6.《唐宋八大家文鈔》에는 "前罪秦始皇誤用趙高, 人所共知者; 後罪秦始皇積威, 故足以制太子之死, 而不請人所不知者"라 함.

030(3-8) <王者不治夷狄論> ·········· 蘇東坡(蘇軾)

왕자는 이적夷狄을 통치하지 않는다는데 대한 변론

＊<王者不治夷狄論>: 이 글은 嘉祐 6년(1061) 秘閣에서의 制科 考試를 볼 때 논술 제목이었으며 그 때 東坡와 王介, 蘇轍 등의 6편 논문이 뽑혀 임금에게 올려졌던 것 중의 한 편임. '王者不治夷狄論'은 《春秋》 隱公 2년 "公會戎于潛"(魯隱公이 戎을 潛에서 회동하였다)에 대해 《公羊傳》 何休의 <解詁>에 처음 主張한 논리로 《春秋公羊傳注疏》(2) 何休學에 "二年春, 公會戎于潛." 注: 『凡書 '會'者, 惡其虛內務特外好也. 古者, 諸侯非朝時, 不得踰. 竟所傳聞之世, 外離會不書. 書內離會者, 《春秋》王魯明, 當先自持正躬自厚, 而薄責於人, 故略外也. '王者不治夷狄', 錄戎者, 來者勿拒, 去者, 勿追. 東方曰夷, 南方曰蠻, 西方曰戎, 北方曰狄. 朝聘會盟例, 皆時.』」라 한 것을 말함. 《古文集成》에 "東萊批: 統體好, 前面開說長, 後正說甚短. 讀之, 全不覺長短, 蓋後面一句, 轉一句故也. 大凡罵題先說他好, 然後罵, 中間出入, 意外說戎, 乃筆力高人處. ○郞學士曰: 「出《公羊傳》註: <公墓誌>云: 秘閣試六論, 舊不起草, 以故多文不工. 公始具草, 文義粲然, 時以爲難.」 ○敎齋評曰: 此篇論 《春秋》'不治夷狄'. 其不治者, 乃所以深治議論, 盡有味. 中間鋪叙, 齊晉行事, 未能純爲中國; 秦楚行事, 未能純爲夷狄. 聖經終抑夷而尊夏者, 此正可見其用法至詳處. 末又說戎之會公, 不敢深責, 其禮文意亦高妙"라 하였고, 《軌範》에는 "此是東坡應制科, 程文六論中之一. 有冒頭有原題, 有講題有結尾, 當熟讀, 當暗記, 始知其巧"라 함. 즉 秦, 楚에 대한 《春秋》의 기록을 두고, 그들이 中國化(中原化)되지 못함을 변석한 것임.

1/6

다음과 같이 논함.

이적夷狄은 중국중원을 다스리는 방법으로는 다스릴 수 없으니, 비유컨대 금수禽獸와 같아, 크게 다스려지기를 요구하다가는 반드시 대란에 이르게 됨과 같다.

선왕先王들은 그러함을 알았기에 이 까닭으로 다스리지 않는 것으로
써 다스림을 삼았으니, 다스리지 않음으로써 다스린다는 것이 바로 깊
이 다스리는 것이었다.

《춘추春秋》에 "은공隱公이 융戎을 잠潛에서 회동하였다"라고 썼고, 하
휴何休는 "왕자王者는 이적을 다스리지 않으니, 융이 오는 것을 막지 않
았고, 가는 것은 뒤쫓지 않음을 기록한 것"이라 하였다.

論曰:
夷狄不可以中國之治治也, 譬若禽獸然, 求其大治, 必至於大亂.
先王知其然, 是故以不治治之; 治之以不治者, 乃所以深治之也.
《春秋》書「公會戎于潛」, 何休曰:「王者不治夷狄, 錄戎來者不
拒, 去者不追也.」

【論曰】考試 문제 〈王者不治夷狄論〉에 대해 東坡가 그 논거를 답으로 쓴 것.

【夷狄不可以中國之治治也】'夷狄'은 중국 주변의 이민족. 中國(中原)에 비해 미개
하며 禮를 갖추지 못한 족속들이라 여겨 폄하하여 불렀음. 四方으로 구분하여
東夷, 西戎, 南蠻, 北狄이라 하였음. '中國之治'는 '中國'은 中原을 뜻함. 중국을 다
스리는 방법, 즉 인의와 도덕, 신뢰 등을 기본으로 하는 방법으로는 이민족을 다
스릴 수 없음. 《古文眞寶》注에 "起有力"이라 함.

【譬若禽獸然, 求其大治, 必至於大亂】《東坡集》에는 '譬若禽獸然'의 5자가 없음.《軌
範》注에 "句有氣力"이라 함.

【先王知其然, 是故以不治治之; 治之以不治者, 乃所以深治之也】'先王'은 夏, 殷, 周
三代의 聖君들을 말함. '以不治治之'는 다스리지 않는 것으로써 다스림을 삼음.
'深治'는 깊이 다스림.《古文眞寶》注에 "鎖有力, 亦得體"라 함.

【《春秋》書「公會戎于潛」, 何休曰:「王者不治夷狄, 錄戎來者不拒, 去者不追也.」】《春
秋》는 중국 최초의 編年史. 원래 孔子가 魯나라의 역사를 紀로 삼아 기록한 것
으로, 동시대 각국의 역사적 사실을 年度에 맞추어 쓴 것임. 東周 平王 49년(魯
隱公 元年, BC 722)부터 敬王 39년(魯 哀公 14년, BC 481)까지의 242년간 魯나라 12
公의 시대이며, 역사적으로 이 시기를 春秋時代라 하는 이유도 이 때문임. 이 책

은 공자의 添削을 거쳐 이루어졌으며, '微言大義', '正名分', '寓褒貶' 등의 고차원적 의미를 담고 있음. 漢나라 때에는 《春秋經》(今文 11卷)과 《春秋五經》(古文 12卷)의 단독 책이었음. 今文과 古文의 문체는 같으나 今文은 莊公에 閔公을 합해 1편을 줄였으며, 今文은 魯 哀公 14년에 끝났으나 古文은 그보다 2년이 더 많음. 뒤에 杜預가 《左氏傳》과 《春秋古經》을 합해서 集解을 붙여 《春秋左氏傳》이라 칭하게 되었으며, 《公羊傳》과 《穀梁傳》은 《春秋今文經》과 합해져서 《公羊傳》은 唐의 徐彦에 의해, 《穀梁傳》은 晉의 范寧에 의해 독립된 편목으로 자리 잡아 《春秋經》單行本은 사라지고 九經, 十二經, 十三經 등의 변화에 각각 독립되어 열거되면서 '三傳'으로 불리게 된 것임. '公會戎于潛'은 《春秋》隱公 2년(B.C.721)의 經文이며 '隱公이 戎을 潛에서 만나 會同하였다'는 뜻으로 中原 魯나라 임금이 미개한 戎을 만나 會同을 한 것은 명분상 어긋난 것인데 이를 두고 東漢 何休가 《春秋公羊傳解詁》에서 '王者不治夷狄'이라 하여 '오는 자는 막지 않고 가는 자는 뒤쫓지 않음을 기록한 것'이라는 논리로써 공자가 이를 기록한 것에 대해 분석한 것임. 《左傳》에는 "二年春, 公會戎于潛, 修惠公之好也. 戎請盟, 公辭."(2년 봄, 隱公이 潛에서 戎과 만난 것은 惠公 때의 우호를 다지기 위한 것이었다. 그 때 융이 동맹을 맺기를 청하였지만 은공이 거절하였다)라 하였음. 당시의 '戎'은 원래 서쪽에 살던 이민족을 일컫는 말이었으나 여기서는 魯(曲阜)나라 동쪽 이민족을 말함. 지금의 山東 曹縣에 戎城이 있음. 春秋시대 中國에는 華, 夷, 狄, 戎, 蠻이 서로 섞여 살고 있었음. '潛'은 魯나라 땅으로 지금의 山東 曹縣. 《淸一統志》에 "山東省 曹縣西北有戎城"이라 하였고, 《水經注》濟水 注에 "濟瀆自濟陽縣故城南, 東逕戎城北, 春秋「公會戎于潛」是"라 함. '何休'(129-182)는 東漢 때의 今文經學의 大家로 《春秋》의 微言大義를 밝힌 인물. 자는 邵公. 《春秋公羊傳解詁》·《公羊墨守》·《左氏膏肓》·《穀梁廢疾》 등을 남겼으며 《後漢書》(79)에 傳이 있음. 한편 '王者不治夷狄'에서의 '王者'는 王道政治를 실행함을 말하며, 여기서는 夷狄과 대비하여 中原의 순수한 夏華民族만을 일컫는 말이기도 함. 《古文眞寶》注에 "擧題"라 함. 《軌範》注에 "此是冒頭"라 하였고, 〈補注〉에 "《公羊》: 「隱公二年春. 公會戎于潛.」 何休曰: 「凡書會者, 惡其虛內務恃外好也. 古者, 諸侯非朝時, 不得踰竟, 所傳聞之世, 外離會不書, 書內離會者, 《春秋》王魯, 明當先自詳正. 躬自厚而薄責於人, 故略外也. 王者不治夷狄, 錄戎者, 來者勿拒, 去者勿追. 凡《春秋》之書公書侯, 天下至嚴, 用法至詳之證.」"이라 함.

무릇 천하에 지극히 엄嚴하면서 법을 사용하기에 지극히 상세한 것으로 《춘추》보다 더한 것은 없다.

일반적으로 《춘추》에서 공公, 후侯, 자字, 명名으로 써준 나라들은 그 임금이 제후가 될 수 있고, 그 신하가 대부大夫가 될 수 있음을 인정한 것으로, 거의 모두가 제齊나라나 진晉나라에 대한 기록들이다.

그렇게 기록하지 않은 나라라면 제나라나 진나라와의 동맹국들이다.

주州, 국國, 씨氏, 인人이라 쓴 경우, 그 임금은 제후가 될 수 없으며 그 신하는 대부가 될 수 없음을 표시한 것으로, 거의 모두가 진秦나라와 초楚나라에 대한 기록들이다.

그렇게 기록하지 않았다면 진나라나 초나라와의 동맹국들이다.

夫天下之至嚴, 而用法之至詳者, 莫過如《春秋》.

凡《春秋》之書公·書侯, 書字·書名, 其君得爲諸侯, 其臣得爲大夫者, 擧皆齊·晉也.

不然, 則齊·晉之與國也.

其書州·書國·書氏·書人, 其君不得爲諸侯, 其臣不得爲大夫者, 擧皆秦·楚也.

不然, 則秦·楚之與國也.

【夫天下之至嚴, 而用法之至詳者, 莫過於《春秋》】 '至嚴'은 孔子가 《春秋》를 쓴 것은 正名分, 寓褒貶 등의 微言大義가 들어 있어 역사적 審判을 重히 여긴 것임을 말함. 《孟子》滕文公(下)에 "孔子成《春秋》而亂臣賊子懼"라 함.

【凡《春秋》之書公·書侯, 書字·書名, 其君得爲諸侯, 其臣得爲大夫者, 擧皆齊·晉也】 '書公·書侯'는 孔子가 《春秋》에서 제후들은 死後의 일을 기록함에는 나라 이름과 함께 '公'을 붙여 '晉文公', '齊桓公' 등으로 적었고, 살아있을 때의 기록은 나라 이름에 爵位를 붙여 '晉侯', '齊侯', '楚子' 등으로 적었음. '書字·書名'은 卿大夫들은 이름을 적었으나 혹 字를 불러 존중을 표시하기도 하였음. '齊·晉'은 春秋

시대 두 나라. 齊나라는 姜太公(呂尙)이 封地로 받은 異姓 諸侯國으로 지금의 山東省 臨淄(淄博市)에 도읍을 두었으며 뒤에 첫 霸者 齊桓公(小白)이 나왔음. 晉나라는 周나라 成王의 아우 叔虞가 봉지로 받아 唐이라 하였으나 叔虞의 아들 姬燮이 나라 이름을 晉으로 바꾼 同姓 諸侯國로 山西省에 있으면서, 春秋五霸의 晉文公(重耳)이 나왔음. 뒤에 晉나라는 六卿(知氏, 范氏, 韓氏, 趙氏, 魏氏, 中行氏)이 각축전을 벌이다가 결국 韓, 魏, 趙로 굳어져 각기 戰國七雄의 반열이 오르게 됨. 한편 春秋五霸는 '尊王攘夷'의 기치를 내세우고 諸侯들을 이끌며 周宗室을 인정하는 명분을 가지고 있었음.《古文眞寶》注에 "閑說"이라 함.

【不然, 則齊·晉之與國也】'不然'은 그렇게 기록하지 않은 나라들. '與國'은 同盟國을 일컫는 말.〈補注〉에 《史記》項羽紀「田假爲與國之王」, 如淳曰:「相與交善爲與國. 黨與也. 高誘注《戰國策》運:與國, 同福之國也.」라 함. 여기서는 '尊王攘夷'의 명분에 적극 참여하였던 나라들로서 宋, 衛, 陳, 鄭 같은 나라들을 가리킴. 이들 제후국들은 齊나라와 晉나라가 패자였을 때 항상 그들에게 동조하였음.《左傳》 등을 참조할 것.《古文眞寶》注에 "如宋衛陳鄭"이라 함.

【其書州·書國·書氏·書人, 其君不得爲諸侯, 其臣不得爲大夫者, 擧皆秦·楚也】'書州·書國·書氏·書人'의 '州'는 九州로써 國(諸侯)보다 높은 의미로 썼음.《公羊傳》 莊公 10년에는 楚나라를 '荊'(荊州)으로 불렀으며, 이에 대해 "秋, 九月, 荊敗蔡師 于莘, 以蔡侯獻舞歸. 荊者何? 州名也. 州不若國, 國不若氏, 氏不若人, 人不若名, 名不若字. 字不若子. 蔡侯獻舞何以名. 絶, 曷爲絶之. 獲也. 曷爲不言其獲. 不與夷 狄之獲中國也"(州는 國이라 칭함만 못하고, 國은 氏만 못하고, 氏는 人만 못하고. 人은 名만 못하고, 名은 字만 못하고, 字는 子만 못하다)라고 함. '秦·楚'의 春秋時代에 처음에는 변방에 치우쳐 독자적으로 발전을 거듭하여 일찍이 王을 참칭하며 尊王 攘夷의 명분을 따르지 않는 등 中原과 달리하여 蠻戎이라 여겨 멸시하였음. '秦' 은 원래 顓頊의 후예. 柏翳 때 舜으로부터 嬴이란 姓을 얻었으나 周代에는 여전히 야만족 취급을 받아오다가 그 후 蜚廉·女防을 거쳐 非子에 이르렀을 때 周室의 孝王이 그에게 말을 길러 바치도록 하였음. 非子가 汧渭(지금의 陝西省 隴縣 및 郿縣) 근처에서 養馬하여 크게 번식시키자 周王은 이를 보고 그에게 땅을 附庸으로 주고 秦을 邑으로 삼아 나라 이름이 됨. 그로부터 차차 秦은 강해지고 莊公을 거쳐 襄公에 이르렀을 때 마침 周室에서는 褒姒의 일로 幽王이 犬戎의 침입을 받아 죽게 되자, 이때 襄公은 이를 막아 주고 周室을 일으켜 준 공로를 인

정받아 드디어 伯爵이 되고 岐山 서쪽을 얻게 됨. 그 후 도읍도 雍(陝西省 鳳翔縣. 德公 때), 櫟陽(陝西省 臨潼縣. 獻公 때)을 거쳐 드디어 孝公 때 咸陽으로 옮겨 완전 국가체제를 갖추고 諸侯의 반열에 올라 春秋의 각축전에 뛰어들게 됨. 이렇게 하여 文公·寧公·出公·武公·德公·成公을 거쳐 繆公(穆公)에 이르렀을 때 百里奚를 등용, 春秋五霸 중에 最後를 장식하게 됨. 春秋에서 戰國으로 전환되는 와중에서도 지리적 조건이 유리하여 函谷關 및 崤山 때문에 中原 세력 변동에 영향을 덜 받았고, 경제적 풍요로 오히려 정세를 역이용하여 商鞅·張儀·范雎·李斯·呂不韋 같은 인물을 적극 등용, 秦始皇(嬴政) 때 완전 法治國歌의 기틀을 마련한 후, 끝내 B.C.221년 중국을 통일하게 됨. 한편 '楚'는 미성(羋姓)으로 春秋五霸의 楚莊王을 낳고 戰國시대에는 七雄에 드는 등 면모를 갖추었던 남방 대국이었음. 지금의 湖北(옛 荊州)여서 '荊'으로도 칭하며 長江 유역의 풍부한 물산을 근거로 발전하였음. 원래 羋姓은 祝融 八姓의 하나이며 시조는 季連. 그의 후손 중에 鬻熊이 周 文王을 도와 그 뒤로 熊氏를 성씨로 하였다가 鬻熊의 증손 熊繹이 荊山(지금의 湖北 南漳, 保康 일대)을 개척하고 周 成王을 섬겨 子男의 爵位를 받고, 丹陽(지금의 湖北 秭歸)에 도읍을 삼아 나라를 일으켰음. 西周 때에는 제대로 힘을 펴지 못하여 蠻夷로 취급을 받았으며 周 昭王이 두 번이나 정벌한 적이 있었음. 周 夷王 때 周室이 약해지자 熊繹의 후손 熊渠가 사방을 정벌 세력을 키워나갔음. 춘추시대로 들어서자 若敖의 손자 蚡冒가 中原으로 진출하기 시작하였고, 熊通이 郢(지금의 湖北 江陵 紀南城)으로 도읍을 옮겨 B.C.704년 자립하여 王號를 칭하였으며 이가 楚 武王임. 뒤를 이은 文王 때부터 강성하게 발전, 江漢 일대의 소국을 차례로 복속시키고 북상하여 申, 息, 鄧 등을 정벌, 드디어 中原 세력과 맞닿게 되었음. 春秋 중기 成王이 여러 차례 鄭나라를 정벌하고 제후국들과 연합을 꾀하였으며 齊 桓公이 죽고나서 霸者를 자칭한 宋 襄公을 제압, 드디어 대국의 면모를 과시하였으나 晉 文公에게 城濮에서 크게 패하여 일시 좌절을 맛보았음. 그러나 다시 이웃 소국을 차례로 겸병하였으며 穆王 때는 江, 六 등을 멸하여 안정을 얻게 되었음. 드디어 春秋五霸의 하나인 莊王이 들어서자 명실공히 패자로 자리를 굳히고 B.C.660 周나라를 압박, 九鼎의 輕重을 묻는 등 무력을 과시하였고 B.C.597년에는 晉나라를 邲에서 대파하고 宋나라를 포위하기도 하였음. 그러나 共王 때부터 점차 세력이 약화되어 鄢陵에서 晉나라에게 패하는 등 추락의 길로 접어들음. 춘추말기에는 장기간의 내란에 휩

싸여 共王의 다섯 아들 중 康王이 들어섰으나 그가 죽고 郟敖가 이었다가 子圍와 子皙, 棄疾 등의 왕위 다툼에 쉴 날이 없었으며 子圍가 결국 郟敖를 살해하고 靈王으로 들어섰음. 그러나 棄疾과 子比, 子皙이 靈王이 외출한 틈을 이용 靈王의 태자 祿을 살해하고 子比를 왕으로 세우는 등 혼란을 거듭하여 靈王은 申亥의 집에서 굶어죽는 상황이 벌어지고 말았음. 뒤에 棄疾이 다시 子比를 죽이자 子皙은 스스로 자립하여 平王이 되었지만 그는 포학한 성격을 고치지 못한채 太子 建의 부인을 겁탈하고 伍奢 집안을 핍박하는 등 횡포를 부리다가 결국 伍奢의 아들 伍子胥가 吳나라로 망명하여 吳王 闔廬를 획책, 楚나라를 쳐들어오도록 하는 지경에 이르렀음. 다시 초나라는 柏擧 전투에서 吳나라에게 일격을 당하여 더욱 피폐해졌으며 昭王을 거쳐 子惠가 들어서자 太子 建의 아들 勝이 白公이 되어 令尹 子西와 司馬子期를 백주에 조정에서 죽이고 惠王을 위협하는 등 白公之亂을 거쳐 楚나라는 겨우 춘추시대를 넘기게 됨. 그러나 戰國시대에 이르러 楚나라는 다시 세력을 키워 戰國七雄에 드는 등 남방 대국으로 자리를 잡게 됨.

【不然, 則秦·楚之與國也】秦·楚와 同盟國이 되어 尊王攘夷의 명분에 동의하지 않았던 崇, 介, 江, 黃과 같은 나라들을 가리킴. 이들은 늘 秦나라나 楚나라를 도와 中原에 도전했었음. 《左傳》여러 곳에 이들과의 관계를 기록한 내용이 들어 있음. 《古文眞寶》注에 "如崇介江黃"이라 함.

3/6 ─────────────

무릇 제나라와 진나라 임금으로서 그가 자신의 국가國家를 다스리고 천자를 옹위하며 백성을 사랑하고 기르는 자라고 해서 어찌 능히 옛 법을 모두 다 해내었겠는가?

대체로 역시 사술詐術과 무력을 내어 거기에 인의仁義를 섞어서 했을 것이니, 이는 제나라나 진나라라 해도 역시 순수한 중국일 수 없는 것이다.

진나라와 초나라라도 역시 유독 그들만이 탐욕스럽고 마구 대들며, 치욕을 모르고, 제멋대로 행동하면서 뒤도 돌아보지 않았던 것만은 아니며, 아마도 역시 도道를 잡고 의義를 행한 임금이 있었을 것이니, 이는 진나라나 초나라도 역시 아직 순전히 이적이 되었던 것도 아니다.

　夫齊·晉之君, 所以治其國家, 擁衛天子, 而愛養百姓者, 豈能盡
如古法哉?
　蓋亦出於詐力, 而參之以仁義, 是齊·晉亦未能純爲中國也.
　秦·楚者, 亦非獨貪冒無恥, 肆行而不顧也, 蓋亦有秉道行義之
君焉, 是秦·楚亦未至於純爲夷狄也.

【夫齊·晉之君, 所以治其國家, 擁衛天子, 而愛養百姓者, 豈能盡如古法哉】'國家'는
제후국을 말함. '國'은 제후국, '家'는 卿大夫의 집안을 부르는 말이었음. 《韓非子》
集解에 "君曰國, 大夫曰家"라 함. 天子(周)나라는 天下觀에 의해 國家라 부르지
않음.

【蓋亦出於詐力, 而參之以仁義, 是齊·晉亦未能純爲中國也】'詐力'은 詐術과 武力.
곧 權謀術數와 霸道의 방법을 사용함을 말함. '參之仁義'는 仁義를 섞어 씀. '中
國'은 中原. 곧 蠻夷 등 이민족과 구분되는 의미.

【秦·楚者, 亦非獨貪冒無恥, 肆行而不顧也, 盖亦有秉道行義之君焉】'貪冒'은 탐욕
스럽고 함부로 덤빔. '肆行'은 자기 멋대로 마구 행동함.

【是秦·楚亦未至於純爲夷狄也】秦나라와 楚나라는 純粹한 夷狄은 아님. 완전히
夷狄化한 것은 아님.

4/6 ────────────

　제나라나 진나라 임금이 능히 순수한 중국일 수 없었음에도 《춘추》
에서 그렇게 인정한 것은, 항상 그들을 향해 잘한 일이 있으면 서둘러
이를 기록하여 오직 후세에 알려지지 못할까 걱정해서였으며, 허물이 있
을 때 여러 방면으로 명분을 찾아주며 열어주어 용서한 것은, 오직 군
자가 되지 못할까 해서였다.
　그런가하면 진나라나 초나라 임금이 아직 순전히 이적이 되지 않았
음에도 《춘추》에서는 그들을 인정하지 아니한 것은, 항상 그들에게 있어

서 잘한 일이 있으면 그것이 쌓인 이후에야 진달시켜주고, 악한 것이 있으면 생략하여 기록하지 않아 족히 기록할 만하지 않다고 여겼기 때문이었다.

이는 유독 제나라와 진나라에 대해서는 사사롭게 하고, 진나라와 초나라에 대해서는 치우치게 미워해서 그런 것이 아니었던 것이며, 하루라도 중국을 등지게 해서는 안 되며, 하루라도 이적을 향하게 해서는 안 됨을 보여주기 위한 것이었다.

순전히 그렇게 되지 않은 것에게 포폄褒貶을 붙여줄 만하다고 여기지 않았다면, 순전히 그렇게 된 것에게는 어땠을까 하는 것은 가히 알 수 있을 것이다.

그 때문에 "천하에 지극히 엄하며, 법을 씀에도 지극히 상세한 것으로는 《춘추》만 한 것이 없다"라고 말하는 것이다.

齊·晉之君, 不能純爲中國, 而《春秋》之所與者, 常嚮焉, 有善則汲汲而書之, 惟恐其不得聞於後世; 有過則多方而開赦之, 惟恐其不得爲君子.

秦·楚之君, 未至於純爲夷狄, 而《春秋》之所不與者, 常在焉, 有善則累而後進, 有惡則略而不錄, 以爲不足錄也.

是非獨私於齊·晉, 而偏疾於秦·楚也, 以見中國之不可以一日背, 而夷狄之不可以一日嚮也.

其不純者, 不足以寄其褒貶, 則其純者, 可知矣.

故曰:「天下之至嚴, 而用法之至詳者, 莫如《春秋》.」

【齊·晉之君, 不能純爲中國, 而《春秋》之所與者】'所與'의 '與'는 '편들어 주다, 함께 하다, 허여하다'의 뜻. 《東坡集》에는 '予'로 되어 있음.

【常嚮焉, 有善則汲汲而書之, 惟恐其不得聞於後世; 有過則多方而開赦之, 惟恐其不得爲君子】'常嚮'은 항상 그쪽으로 향함. 항상 '嚮'은 向과 같음. '汲汲'은 서두르며

안달함을 뜻함. '多方'은 여러 방법으로 보여줌. 잘못을 직접 나무라지 않고 다른 여러 각도에서 명분을 찾음. 〈補注〉에 "莊子騈拇篇:「多方乎仁義」又曰「多方於聰明之用也」"라 함. '開赦'는 너그럽게 용서해줌. '不得聞於後世' 다음에 《古文眞寶》 注에는 "如書齊桓名陵之盟. 晉文城濮之戰之類"라 하였고 '不得爲君子' 다음에는 "如齊桓滅項, 則曰「師滅項」; 晉文召王, 則曰「王狩」之類"라 함.

【秦·楚之君, 未至於純爲夷狄, 而《春秋》之所不與者】'不與者'는 《東坡集》에는 '不予者'으로 되어 있으며 아무리 그래도 그들을 許與(인정)해주지 않음.

【常在焉, 有善則累而後進, 有惡則略而不錄, 以爲不足錄也】'常在焉'은 '항상 그들에게 있어서'의 뜻. '累而後進'은 신뢰가 누차 쌓여진 뒤에야 이를 진달시켜 기록해 줌. '進'은 나서서 기록해 줌을 뜻함. 《古文眞寶》注에 "如荊入蔡伐鄭, 則以「州」稱, 至來聘則曰「荊人」"이라 함. '不足錄也' 다음에는 《古文眞寶》注에 "如商臣弑其君頵, 止書「楚子卒」"이라 함.

【是非獨私於齊》晉, 而偏疾於秦·楚也】'獨私'는 유독 사사롭게 대함. '偏疾'은 치우치게 미워함.

【以見中國之不可以一日背, 而夷狄之不可以一日嚮也】'嚮'은 向과 같으며 그 방향으로만 관심을 두고 좋아함.

【其不純者, 不足以寄其褒貶, 則其純者, 可知矣】'不足以寄其褒貶'은 《東坡集》에는 '不'자가 없음. 따라서 이 구절은 《東坡集》 원문에 의하면 "순전히 中國化되지도, 혹은 순전히 夷狄化되지도 않은 나라에게 칭찬이나 폄훼를 붙여주었다면 순수한 중국(중원)이나 순수한 이적일 경우에는 어떻게 해 주었을 것인가는 가히 알 수 있다"로 풀이 됨. '褒貶'은 稱讚과 貶毁. 《軌範》補注에 "應有善則累而後進, 有惡則略而不錄"이라 하였고, 《古文眞寶》注에 "鎖結有力"이라 하였고, 이 구절 끝에는 "斡下意"라 함.

【故曰:「天下之至嚴, 而用法之至詳者, 莫如《春秋》」】위에 한 말을 다시 강조하여 결론을 삼은 것. 《軌範》注에 "此是原題"라 함.

5/6 ━━━━━━━━

무릇 융戎이 어찌 특히 진나라나 초나라가 이적화한 정도에 그치겠는가?

그런데도 《춘추》에는 "은공이 융을 잠에서 회동하였다"라 하면서, 은공에 대해서는 폄하한 것도 없고, 융은 가히 회동해도 되는 것으로 되어 있으니, 이는 유독 어찌된 것인가?

무릇 융은 능히 회례會禮로써 은공과 회동했을 리가 없음도 역시 분명하니, 이것이 학자들이 깊이 의혹을 가지며 그 이유를 찾고 있는 것이다.

그 때문에 "왕자는 이적을 다스리지 않는 것이니, 융을 기록함에 오는 자는 거절하지 아니하고 가는 자는 뒤쫓지 아니한다"라 한 것이다.

　夫戎者, 豈特如秦·楚之流入於夷狄而已哉?
　然而《春秋》書之曰「公會戎于潛」, 公無所貶而戎爲可會, 是獨何歟?
　夫戎之不能以會禮會公亦明矣, 此學者之所以深疑而求其說也.
　故曰:「王者不治夷狄, 錄戎來者不拒, 去者不追也.」

【夫戎者, 豈特如秦·楚之流入於夷狄而已哉】'流入'은 흘러들어감. 夷狄으로 흘러들어가 그들과 섞여 타락함. 夷狄化함.

【然而《春秋》書之曰「公會戎于潛」, 公無所貶而戎爲可會, 是獨何歟】《古文眞寶》注에 "正說"이라 함.

【夫戎之不能以會禮會公亦明矣, 此學者之所以深疑而求其說也】'會禮'는 會同할 때의 禮. '不能以會禮會'는 會禮를 갖추어 會同할 수 없음. '求其說'은 그 이론을 추구함. 그 이유를 알고 싶어 함.

【故曰「王者不治夷狄」, 錄戎來者不拒, 去者不追也】何休의 논리를 인용하여 '求其說'에 대한 답으로 증명한 것. 〈補注〉에 "此所謂以不治治之"라 함. 《古文眞寶》注에 "再擧題"라 함.

6/6 ━━━━━━━━━━

무릇 융은 가히 교화시켜 가르칠 수도, 회유하여 복종시킬 수도 없어,

저들이 사납게 무기를 잡고 변방에서 우리와 싸움을 하겠다고 대들지 않는 것만으로도 진실로 역시 다행인데, 다시 하물며 그들은 이른 바 회동이라는 것이 있다는 것을 알아 그것을 행하고자 하니, 이 어찌 그 뜻을 깊이 가상스럽게 여기기에 부족하겠는가?

그렇게 여겨주지 않고 장차 그 예禮를 깊게 책망하여, 저들이 장차 참을 수 없는 바가 있어 그 분노를 폭발시킨다면 그 재앙은 크게 격화되고 말 것이다.

중니仲尼는 이를 깊이 걱정하여, 그 까닭으로 그들이 오자 '회동하였다'라고 쓰면서 "이렇게 하면 족하다"라고 말한 것이니, 이는 곧 다스리지 않음으로써 깊이 다스리는 방법인 것이다.

이로 말미암아 보건대 《춘추》에서 융적戎狄을 미워한 것은 순수 융적을 미워한 것이 아니라 중국이면서 융적에게 유입된 자들을 미워한 것이다.

(삼가 논함)

夫以戎之不可以化誨懷服也, 彼其不悍然執兵, 以與我從事於邊鄙, 固亦幸矣, 又況知有所謂會者, 而欲行之, 是豈不足以深嘉其意乎?

不然, 將深責其禮, 彼將有所不堪, 而發其暴怒, 則其禍大矣.

仲尼深憂之, 故因其來而書之以'會', 曰「若是足矣」, 是將以不治深治之也.

由是觀之,《春秋》之疾戎狄者, 非疾純戎狄也, 疾夫以中國而流入於戎狄者也.

(謹論)

【夫以戎之不可以化誨懷服也, 彼其不悍然執兵, 以與我從事於邊鄙, 固亦幸矣】'化誨懷服'는 敎化시키고 가르치고 품어주어 복종시킴. '悍然'은 사납고 거친 모습.

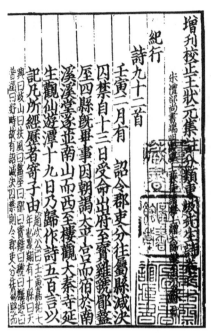

《東坡詩集》(四部叢刊)

'執兵'은 무기를 들고 덤벼듦. '從事'는 전쟁을 일으킴. '邊鄙'는 변경. 국경.《古文眞寶》注에 "邊鄙, 即邊方"이라 함. '鄙'는 도읍으로부터 먼 시골 邊方을 일컫는 말.《荀子》非相篇 "期思之鄙人也"의 注에 "鄙人, 郊野之人也"라 함.

【又況知有所謂會者, 而欲行之, 是豈不足以深嘉其意乎】'又況知'는《東坡集》에는 '又況乎之'라 하여 중간에 '乎'자가 더 있음. '會者'는 會同이라고 하는 것. '深嘉其意'는 그 뜻을 깊이 가상하게 여김. 매우 훌륭하게 여김.《古文眞寶》注에 "彼自中國流入夷狄; 此自夷狄, 知慕中國"이라 함.

【不然, 將深責其禮, 彼將有所不堪, 而發其暴怒, 則其禍大矣】'深責其禮'는〈補注〉에 "應求其大治, 必至於大亂"이라 함. '暴怒'는 포악함과 노함. 그러나《東坡集》에는 '憤怒'로 되어 있음.

【仲尼深憂之, 故因其來而書之以'會', 曰若是足矣】'仲尼'는 孔子(孔丘), 字가 仲尼임. '書之以會'는 孔子가 '會'자를 쓴 것임. '會'는 대등한 諸侯끼리의 會同이나 會談, 會盟에 쓰는 말이지만 戎과 만남을 '見'으로 쓰지 않고 '會'자로 썼음을 두고 말한 것.〈補注〉에 "一句斷仲尼之意"라 함.

【是將以不治深治之也】不治로써 이들을 깊이 다스리기 위한 것임.《軌範》注에 "此是講題"라 함.

【由是觀之,《春秋》之疾戎狄者, 非疾純戎狄也, 疾夫以中國而流入於戎狄者也】《軌範》注에 "此是結尾"라 하였고,《古文眞寶》注에는 "結有力, 一篇意全結在此二句上. ○此初年程詩論之體面平正者. 諸論, 他不暇盡選, 更於晚年論中, 選〈范增〉一篇云"이라 함.

【謹論】이상과 같이 삼가 논함.《東坡集》에는 끝에 이 두 글자가 더 있음.

1. 蘇東坡(蘇軾, 子瞻) 026 참조.

2. 이 글은 《東坡全集》(40), 《古文集成》(43), 《左氏傳續說》(7), 《尙書全解》(11), 《古文眞寶》(後集 9) 등에 실려 있음.

3. 《軌範》 注에 "此是東坡應制科程文六論中之一. 有冒頭有原題, 有講題, 有結尾. 當熟讀當暗記, 始知其巧"라 함.

4. 《古文眞寶》 注에 "嘉祐六年, 命翰林吳奎等, 就秘閣, 考試制科, 奎等上王介蘇軾轍論各六首, 此篇其一也. ○東萊云: 「統體好, 前面閑說長, 後正說甚短, 讀之, 全不覺長短, 盖後面一句, 轉一句故也.」"라 함.

031(3-9) 〈荀卿論〉 ⋯⋯⋯⋯⋯ 蘇東坡(蘇軾)

순경荀卿, 荀子을 논함

〈荀卿(荀況)〉

*〈荀卿論〉: 荀卿(B.C.313-B.C.238)은 이름은 荀況, 戰國末 유명한 사상가. 漢宣帝(劉詢)의 이름을 諱하여 孫卿이라고도 부름. 趙나라 사람으로 齊나라에 유학하여 齊 讓王 때 祭酒 벼슬을 지냈으며 다시 楚나라로 가서 春申君에게 의탁하여 蘭陵令의 벼슬을 하기도 하였음.《荀子》32편의 많은 양의 저술을 남김.《史記》孟荀列傳을 참조할 것. 그의 사상은 儒家의 한 支派이기는 하나 法家 사상이 가미되어 있으며 맹자의 性善說에 맞서 性惡說을, 王道정치에 맞서 王道와 霸道를 겸용할 것을 주장하는 등 약간 진취적이며 혁신적이었음. 이에 당시 楚나라 사람 李斯

(B.C.284-B.C.208)가 이 荀子에게 학술을 배워 뒤에 秦나라 재상이 되어 秦始皇의 천하통일에 큰 공을 세웠고, 아울러 그의 건의에 따라 대대적인 革新과 焚書坑儒의 큰 사건이 일어나게 된 것임. 蘇軾은 이를 분석하여 李斯의 천하 혼란은 荀卿에서 비롯되었다는 논리를 편 것임. 淸末 劉開는 그의 〈荀卿論〉에서 章惇이 宋나라를 어지럽힌 것은 王安石(荊公, 介甫)에게서 비롯되었음을 견주어 비판한 것이라 하였음.

1/6 ────────

일찍이 〈공자세가孔子世家〉를 읽으며, 그 언어言語와 문장文章이 순순연循循然하여 규구規矩에 맞지 않음이 없었고, 감히 방언고론放言高論을 하지 않으면서 언필칭言必稱 선왕先王을 말씀하셨음을 보고 나서야, 그런 연후에 성인이 천하를 근심하심이 깊으셨음을 알게 되었다.

아득하여 그 반안畔岸을 알 수 없었으나 그렇다고 먼 곳도 아니요, 넓고 넓어 그 진애津涯를 알 수 없었으나 그렇다고 깊기만 한 것도 아니었다.

그 말씀하신 바는 필부필부匹夫匹婦도 함께 알고 있는 바요, 그 실행할 바는 성인일지라도 다 해낼 수 없는 바가 있었다.

오호嗚呼라! 이 역시 족한 것이다.

후세 능히 내공자 말을 다 실천해내는 자가 있다면, 비록 성인이 되는 일이라 해도 어려운 것이 아닐 것이요, 능히 그렇게 해내지 못한다 하더라도 허물을 적게 하는 일을 놓치지는 않을 수 있을 따름이다.

嘗讀〈孔子世家〉, 觀其言語文章, 循循然莫不有規矩, 不敢放言高論, 言必稱先王, 然後知聖人憂天下之深也.
茫乎不知其畔岸, 而非遠也; 浩乎不知其津涯, 而非深也.
其所言者, 匹夫匹婦之所共知; 而所行者, 聖人有所不能盡也.
嗚呼! 是亦足矣.
使後世有能盡吾說者, 雖爲聖人無難, 而不能者, 不失爲寡過而已矣.

【嘗讀〈孔子世家〉, 觀其言語文章, 循循然莫不有規矩, 不敢放言高論, 言必稱先王, 然後知聖人憂天下之深也】〈孔子世家〉는 《史記》(47)의 편명. '世家'는 公侯의 역사를 기록하는 것인데, 孔子는 平民이었음에도 그에 못지않다고 여겨 司馬遷이 '世家'에 列入한 것임. 〈孔子世家〉에 "太史公曰: 詩有之:「高山仰止, 景行行止.」雖不能至, 然心鄉往之. 余讀孔氏書, 想見其爲人. 適魯, 觀仲尼廟堂車服禮器, 諸生以時習禮其家, 余祗迴留之不能去云. 天下君王至于賢人衆矣, 當時則榮, 沒則已焉. 孔子布衣, 傳十餘世, 學者宗之. 自天子王侯, 中國言六藝者折中於夫子, 可謂至聖矣!"라 함. '循循然'은 整然함. 자연스러움. 차례가 있음. 《古文眞寶》注에는 "循循,

謂次序"라 함.《論語》子罕篇에 "夫子循循然善誘人"이라 함. '規矩'는 그림쇠와 곱
자. 의미가 확대되어 法則, 法度, 正則의 뜻으로 쓰임. '放言高論'은 과장해서 말
하거나 높은 의미를 뽐내는 論議. '言必稱'은 말끝마다. 말하면 반드시 거론하는
것.《孟子》滕文公(上)에 "滕文公爲世子, 將之楚, 過宋而見孟子. 孟子道性善, 言必
稱堯舜"이라 함.

【茫乎不知其畔岸, 而非遠也;浩乎不知其津涯, 而非深也】 '茫乎'는 아득함. 가물가
물함. 뒤의 '浩乎'와 대를 이루어 표현한 것. '畔岸'은 물가의 언덕. 끝. 韓愈의〈上
襄陽于相公書〉에 "渾然天成, 無有畔岸"이라 함. '非遠'은〈補注〉에 "謂易行也.〈中
庸〉:「子曰:道不遠人.」《鹽鐵論》引《孟子》曰:「堯舜之道, 非遠人也.」"라 함. '津涯'는
나루나 물가 끝.《尙書》微子篇 "若涉大水, 其無津涯"의 孔安國 傳에 "如涉大水,
無涯際, 無所依就"라 함.〈補注〉에 "謂易知也"라 함.

【其所言者, 匹夫匹婦之所共知;而所行者, 聖人有所不能盡也】 '匹夫匹婦'는 아무것
도 모르는 일반 사람.〈中庸〉(12)에 "夫婦之愚, 可以與知焉, 及其至也, 雖聖人亦
有所不知焉;夫婦之不肖, 可以能行焉, 及其至也, 雖聖人亦有所不能焉, 天地之大
也, 人猶有所憾"이라 함.

【嗚呼! 是亦足矣】 공자가 그렇게 한 것으로 충분함. 더 이상 내세우거나 자랑하지
않고 자연스럽고 평이한 것으로 충분함.

【使後世有能盡吾說者, 雖爲聖人無難, 而不能者, 不失爲寡過而已矣】 '吾說者'는 내
(孔子)가 말한 것들. '爲聖人'은 성인이 되는 길. '爲寡過'는 허물을 줄이고자 하
는 것.

2/6

  자로子路의 용맹과 자공子貢의 능변能辯, 염유冉有의 지혜, 이 세 가지
는 모두가 천하에 소위 말하는 '능히 해내기 어려운 것이어서 귀히 여기
는 것'이다.

  그러나 이 세 사람은 매번 부자夫子의 기쁨을 받지는 못하였다.

  안연顔淵은 묵연默然히 그 능한 바를 보여드리지 못하여, 마치 보통
많은 사람들과 다를 바가 없는 듯이 하였음에도 부자께서는 그를 자주
칭찬하셨다.

게다가 무릇 성인을 배우는 것이 어찌 반드시 그 말로써 하는 것이겠는가? 역시 그의 의도가 지향하는 바를 관찰할 뿐이다.

부자께서는 '뒷날 틀림없이 내가 말한 것은 실천에 옮길 만한 것이 되지 못하다고 하는 자가 있을 것이며, 틀림없이 내 말을 표절하여 옳지 못한 짓을 할 자가 있을 것'이라 여기셨다.

이 까닭으로 그 말씀은 평이平易하며 정직正直하여 감히 비상하게 즐거워할 만한 논리를 펴지 않으신 것이니, 바꿀 수 없는 곳에 그 요체要諦를 두신 것이다.

子路之勇, 子貢之辯, 冉有之智, 此三者, 皆天下之所謂'難能而可貴'者也.

然三子者, 每不爲夫子之所說.

顔淵嘿然而不見其所能, 若無以異於衆人者, 而夫子亟稱之.

且夫學聖人者, 豈必其言之云哉? 亦觀其意之所嚮而已.

夫子以爲「後世必有不足行其說者矣, 必有竊其說而爲不義者矣.」

是故其言平易正直, 而不敢爲非常可喜之論, 要在於不可易也.

【子路之勇, 子貢之辯, 冉有之智, 此三者, 皆天下之所謂難能而可貴者也】'子路'는 공자 제자. 仲由. 자는 季路. 용맹으로 이름이 났으며 불의를 보고 참지 못하는 성격이었음. 《論語》公冶長篇에 "由也好勇過我, 無所取材"라 하였음. 결국 衛나라에 벼슬할 때 그 내란에 뛰어들었다가 죽임을 당함. 그 때 머리의 관이 떨어지자 다시 주워 쓰고 죽었다 함. 《史記》仲尼弟子列傳에 "擊斷子路之纓. 子路曰:「君子死而冠不免.」遂結纓而死"라 함. '子貢'은 端木賜. 언변에 뛰어나 여러 차례 각 나라를 다니며 외교와 관계 調整에 나서서 뛰어난 능력을 보였음. 《史記》仲尼弟子列傳에 "子貢利口巧辭, 孔子常黜其辯. ……子貢一出, 存魯, 亂齊, 破吳, 彊晉而霸越. 子貢一使, 使勢相破, 十年之中, 五國各有變"이라 함. '冉有'는 冉求. 자는 子有. 재물을 늘리는 경영에 뛰어난 지혜를 가지고 있었음. 《論語》公冶長篇에 "千室之

邑, 百乘之家, 可使爲之宰也, 不知其仁也"라 하였으며, 뒤에 季氏의 家宰가 되어 재물을 모으자, 孔子가 "非吾徒也, 小子鳴鼓而攻之可也"라 하였음. '難能而可貴'는 능히 해내기 어려운 일을 해내어 가히 귀하게 여김.

【然三子者, 每不爲夫子之所說】'說'은 悅과 같음. 夫子(孔子)로부터 즐거움을 받지 못함. 제대로 인정을 받지 못함. 그들은 매번 질문을 던질 때마다 공자는 그들의 모자란 점을 지적하여주었으며 무조건 칭찬해주지는 않았음.

【顔淵嘿然而不見其所能, 若無以異於衆人者, 而夫子亟稱之】'顔淵'은 공자 제자 안회. 공자가 가장 아꼈던 인물이었으나 일찍 죽음. 말이 적었고, 安貧樂道하며 好學不倦하였음. "賢哉回也", "有顔回者好學, 不遷怒, 不貳過. 不幸短命死矣, 今也則亡"(雍也篇), "吾與回言終日, 不違如愚"(爲政篇)라 하는 등 《論語》 여러 편마다 顔回를 칭찬한 말이 들어 있음. '嘿然'은 黙然과 같으며, 顔回는 말이 적었음. '亟'는 '기'로 읽으며 '자주'의 뜻.

【且夫學聖人者, 豈必其言之云哉? 亦觀其意之所嚮而已】'學聖人'은 聖人의 경지를 배움. '其言'은 그 사람의 말솜씨나 말로 표현하는 것. '所嚮'은 所向과 같으며 志向하는 바.

【夫子以爲「後世必有不足行其說者矣, 必有竊其說而爲不義者矣.」】뒷날 내가 말한 바를 부족하다고 하는 자가 있을 것이며, 나의 말을 훔쳐 불의를 저지를 자가 있을 것임을 예견한 것. 《軌範》注에 "一篇主意, 在此二段"이라 함.

【是故其言平易正直, 而不敢爲非常可喜之論, 要在於不可易也】'非常'은 '대단히'의 뜻. '不可易'은 바꾸거나 고칠 수 없음.

3/6

옛날, 일찍이 이사李斯가 순경荀卿을 섬겼음에도, 이윽고 그 책들을 모두 불질러없애고 옛 선대 성왕聖王의 법을 모두 변혁하여, 그 스승의 도에 대해서도 원수처럼 여기는 정도에 그친 것이 아님을 괴이히 여겼었다.

그런데 지금 순경의 책을 보고 나서야 이사가 진秦나라를 섬기게 된 것이 모두 순경에게서 비롯되었으니 족히 괴이히 여길 것이 아님을 알게 되었다.

昔者, 嘗悁李斯事荀卿, 旣而焚滅其書, 盡變古先聖王之法, 於其師之道, 不啻若寇讐.

及今觀荀卿之書, 然後知李斯之所以事秦者, 皆出於荀卿, 而不足怪也.

【昔者, 嘗悁李斯事荀卿, 旣而焚滅其書, 盡變古先聖王之法, 於其師之道, 不啻若寇讐】'李斯'는 楚나라 사람으로 荀卿의 제자이며 秦나라에 들어가 宰相에 오른 인물.《史記》李斯傳에 "乃從荀卿學帝王之術. 學已成, 度楚王不足事, 而六國皆弱, 無可爲建功者, 欲西入秦. 辭於荀卿曰:「斯聞得時無怠, 今萬乘方爭時, 游者主事. 今秦王欲呑天下, 稱帝而治, 此布衣馳鶩之時而游說者之秋也. 處卑賤之位而計不爲者, 此禽鹿視肉, 人面而能彊行者耳. 故詬莫大於卑賤, 而悲莫甚於窮困. 久處卑賤之位, 困苦之地, 非世而惡利, 自託於無爲, 此非士之情也. 故斯將西說秦王矣.」라 자신하였음. 뒤에 과연 李斯는 秦始皇을 도와 六國을 멸하고 文字, 制度, 度量衡 등 일체를 통일하였음. 그러나 뒤에 秦始皇이 沙丘에서 죽었을 때 趙高의 위협에 굴복하여 扶蘇를 자결토록 하고 胡亥를 二世로 세우는데 同調하여 역사적으로 폄하를 받음.《史記》李斯列傳을 참조할 것. '焚滅其書'는 焚書를 말함.《史記》秦始皇本紀 34년에 "始皇下其議. 丞相李斯曰:「五帝不相復, 三代不相襲, 各以治, 非其相反, 時變異也. 今陛下創大業, 建萬世之功, 固非愚儒所知. 且越言乃三代之事, 何足法也? 異時諸侯並爭, 厚招游學. 今天下已定, 法令出一, 百姓當家則力農工, 士則學習法令辟禁. 今諸生不師今而學古, 以非當世, 惑亂黔首. 丞相臣斯昧死言: 古

〈李斯〉

者天下散亂, 莫之能一, 是以諸侯並作, 語皆道古以害今, 飾虛言以亂實, 人善其所私學, 以非上之所建立. 今皇帝幷有天下, 別黑白而定一尊. 私學而相與非法敎, 人聞令下, 則各以其學議之, 入則心非, 出則巷議, 夸主以爲名, 異取以爲高, 率群下以造謗. 如此弗禁, 則主勢降乎上, 黨與成乎下. 禁之便. 臣請史官非秦記皆燒之. 非博士官所職, 天下敢有藏詩·書·百家語者, 悉詣守·尉雜燒之. 有敢偶語詩書者棄市. 以古非今者族. 吏見知不擧者與同罪. 令下三十日不燒, 黥爲城旦. 所不去者, 醫藥卜筮種樹之書. 若欲有學法令, 以吏爲師.」制曰:「可.」라 함. '不啻'(불시)는 뿐만 아님. 그것으로 그치지 않음. '寇讐'는 怨讐, '寇仇'로도 표기함.

【及今觀荀卿之書, 然後知李斯之所以事秦者, 皆出於荀卿, 而不足怪也】李斯가 秦나라를 섬길 때의 주장은 모두가 荀卿에게서 배운 것들이니 괴이히 여길 바가 없음. 《史記》秦始皇本紀에 "丞相李斯曰:「五帝不相復, 三代不相襲, 各以治, 非其相反, 時變異也. 今陛下創大業, 建萬世之功, 固非愚儒所知.」"라 함.

4/6 ──────────────

순경이라는 자는 즐겨 이설異說을 지어내면서 사양할 줄 몰랐고, 감히 고론高論을 지어내고는 돌아보지도 않은 자였다.

그의 말은 어리석은 자라면 경탄하는 바요, 소인이라면 즐겨하는 바였다.

자사子思와 맹가孟軻는 세상에서 현인군자라 일컬어지는 분들이다.

그런데 순경만은 홀로 "천하를 어지럽게 한 자는 자사와 맹가"라고 말했다.

천하 사람들이 이처럼 많고, 인인仁人과 의사義士도 이처럼 많다.

그런데 순경만은 홀로 "사람의 성性이란 악한 것. 걸주桀紂는 본성대로 한 것이요, 요순堯舜은 위선을 부린 것"이라 하였다.

이로 말미암아 보건대 그의 사람됨은 틀림없이 강퍅剛愎하고 불손不遜하여 스스로 큰 허물을 짓는 것을 허여許與하던 자였을 것이다.

저 이사 같은 자는 또한 특히 더 심했던 자였을 뿐이다.

荀卿者, 喜爲異說而不讓, 敢爲高論而不顧者也.

其言愚人之所驚, 小人之所喜也.

子思·孟軻, 世之所謂賢人君子也.

荀卿獨曰:「亂天下者, 子思·孟軻也.」

天下之人, 如此其衆也; 仁人義士, 如此其多也.

荀卿獨曰:「人性惡. 桀紂, 性也; 堯舜, 僞也.」

由是觀之, 意其爲人 必也剛愎不遜, 而自許太過.

彼李斯者, 又特甚者耳.

【荀卿者, 喜爲異說而不讓, 敢爲高論而不顧者也】 '喜爲異說'은 특이한 논리를 펴기를 좋아함. '不讓'은 조금도 겸양함이 없음.

【其言愚人之所驚, 小人之所喜也】 어리석은 사람이나 소인들은 순자의 그러한 논리를 경탄하고 좋아함.

【子思·孟軻, 世之所謂賢人君子也】 '子思'는 孔伋. 孔子의 孫子. 공자 아들 孔鯉의 아들이었음. 曾子(曾參)에게 학문을 배웠으며 魯 穆公(繆公)의 스승이 되었음. 孟子는 그의 再傳弟子임. '孟軻'는 孟子. 孔子를 이어 儒學을 발전시켰던 戰國시대 인물. 性善說과 王道政治를 주장하였으며 그의 저술 《孟子》 7편이 전함. 亞聖으로 불림.

【荀卿獨曰:「亂天下者, 子思·孟軻也.」】 《荀子》 非十二子篇에 "假今之世, 飾邪說, 文奸言, 以梟亂天下, 欺惑愚衆, 矞宇嵬瑣, 使天下混然不知是非治亂之所存者有人矣. ……子思唱之, 孟軻和之, 世俗之溝猶瞀儒嚾嚾然不知其所非也, 遂受而傳之, 以爲仲尼·子游爲玆厚於後世. 是則子思·孟軻之罪也"라 한 것을 말함.

【天下之人, 如此其衆也; 仁人義士, 如此其多也】 천하에 사람도 많고 仁人과 義士도 많음.

【荀卿獨曰:「人性惡. 桀紂, 性也; 堯舜, 僞也.」】 《荀子》 性惡篇에 "人之性惡, 其善者, 僞也. 今人之性, 生而有好利焉, 順是, 故爭奪生而辭讓亡焉; 生而有疾惡焉, 順是, 故殘賊生而忠信亡焉; 生而有耳目之欲, 有好聲色焉, 順是, 故淫亂生而禮義文理亡焉. 然則, 從人之性, 順人之情, 必出於爭奪, 合於犯分亂理而歸於暴. 故必將有師法之化, 禮義之道, 然後出於辭讓, 合於文理, 而歸於治. 用此觀之, 然則人之性惡

明矣, 其善者, 僞也"라 하여 問答息으로 孟子의 性善說을 반박하면서 性惡說을 주장하였음. 이에 따라 夏桀과 殷紂는 자신의 本性(性惡)대로 행동한 것이며, 唐堯와 虞舜은 僞善으로 선한 척 한 것이라 주장한 것임.

【由是觀之, 意其爲人 必也剛愎不遜, 而自許太過】'剛愎'은 强剛하고 乖愎함. '自許太過'는 아주 큰 잘못임에도 자신의 주장이라 하여 스스로 허여함.

【彼李斯者, 又特甚者耳】李斯는 그의 제자이니 더욱 심한 자임.

5/6 ─────────────

지금 무릇 소인이라 해도 불선不善을 저지르게 되면 그래도 틀림없이 돌아보며 꺼리는 바가 있다.

이 까닭으로 하夏와 상商이 망함에 걸주가 그토록 잔포殘暴하게 굴었음에도 선왕先王의 법도法度, 예악禮樂, 형정刑政은 그래도 완전 멸절되어 상고할 수 없는 지경에 이르지는 않았으니, 이는 걸주라 해도 그래도 남겨둘 바가 있어 감히 다 폐기하지는 않았기 때문이다.

그런데 저 이사라는 자는 유독 능히 분연奮然히 뒤도 돌아보지 않고 부자의 육경六經을 불태워버렸으며, 삼대三代 제후들을 삶아 없애버렸으며, 주공周公의 정전법井田法도 파괴해버렸으니 이는 역시 틀림없이 믿는 바가 있었기 때문이었으리라.

저는 그 스승 이사가 천하의 현인을 차례로 비방하며 스스로의 그 어리석음을 옳은 것이라 여기는 것을 보고는, '옛 고대 앞선 모든 성왕들은 법으로 삼기에 족하지 못한 것'이라 여겼을 것이다.

그리하여 순경이 특별히 한 때의 논리를 쾌연히 여기면서 그 스스로도 그 화가 여기에 이를 것임을 알지 못했을 것임을 몰랐던 것이다.

今夫小人之爲不善, 猶必有所顧忌.

是以夏商之亡, 桀紂之殘暴, 而先王之法度·禮樂·刑政, 猶未至於絶滅而不可考者, 是桀紂猶有所存而不敢盡廢也.

彼李斯者, 獨能奮然而不顧, 焚燒夫子之六經, 烹滅三代之諸侯, 破壞周公之井田, 此亦必有所恃者矣.

彼見其師歷詆天下之賢人, 以自是其愚, 以爲古先聖王, 皆無足法者.

不知荀卿, 特以快一時之論, 而不自知其禍之至于此也.

【今夫小人之爲不善, 猶必有所顧忌】지금 小人일지라도 不善한 짓을 하게 되면 그래도 돌아보고 꺼리는 바가 있음.

【是以夏商之亡, 桀紂之殘暴, 而先王之法度·禮樂·刑政, 猶未至於絶滅而不可考者, 是桀紂猶有所存而不敢盡廢也】'夏商'은 夏나라와 商나라. 그 末王은 桀과 紂였음. '滅絶而不可考者'는 완전히 멸절되어 더 이상 상고해볼 수 없도록 됨.

【彼李斯者, 獨能奮然而不顧, 焚燒夫子之六經, 烹滅三代之諸侯, 破壞周公之井田, 此亦必有所恃者矣】'奮然'은 떨쳐 일어남. '六經'은 孔子가 敎材로 사용했던 《易》, 《詩》, 《書》, 《禮》, 《樂》, 《春秋》를 가리킴. 이를 李斯의 건의에 의해 秦始皇이 모두 불태워버림. '烹滅'은 그 후손들을 삶아서 죽여 없앰. 六國을 멸한 것을 말함. '三代'는 夏, 殷, 周를 가리킴. '諸侯'는 周나라가 殷을 멸한 다음 封建制에 의해 세웠던 公侯伯子男의 諸侯國들. 同姓諸侯와 異姓諸侯가 있었으며, 夏, 殷 이래로 내려오던 杞, 越, 宋, 吳 등도 있었음. 戰國시대에는 七雄으로 줄어들었으며, 이를 秦始皇이 통일하여 秦帝國이 됨. '周公'(姬旦)은 周 文王(姬昌)의 아들이며 武王(姬發)의 아우. 成王(姬誦)의 숙부. 주나라 문물제도를 제정하였고, 특히 井田制를 실시하였다 함. '井田'은 토지를 '井'자처럼 나누어 9개의 區劃(9百畝)을 두어 가운데를 公田이라 하여 그 所出은 나라에 바치고, 주위의 8 區劃은 私田으로 하여 각기 자신들의 몫으로 하는 토지분배 및 조세 제도. 《孟子》滕文公(上)을 참조할 것. 《軌範》注에 "此三句, 斷李斯之罪, 可見李斯之罪大"라 함.

【彼見其師歷詆天下之賢人, 以自是其愚, 以爲古先聖王, 皆無足法者】'歷詆'는 차례대로 내력을 짚어가며 비난함. 孟子가 '尊先王'을 주장하자, 荀子는 '法後王'을 주장하여 《荀子》非相篇에 "欲觀聖王之迹, 則於其粲然者矣, 後王是也. 彼後王者, 天下之君也, 舍後王而道上古, 譬之是猶舍己之君而事人之君也"라 함.

【不知荀卿, 特以快一時之論, 而不自知其禍之至于此也】이 구절에서의 主語는 李斯임. 荀子도 자신의 주장이 이런 禍를 불러올 줄 몰랐는데, 李斯는 순자의 그

런 상황도 모른 채 천하를 어지럽힌 것임.

6/6 ————————————

그 아비가 사람을 죽여 원수를 갚게 되면 그 아들도 틀림없이 겁박劫
迫한 행동을 하게 되는 것이다.

순경이 왕도王道를 밝히고 예악을 진술해 주었는데도, 이사가 그의
학술로써 천하를 어지럽혔다면, 그의 고담이론高談異論 중에 그를 격발
시킨 것이 있어서 그랬을 것이다.

공자와 맹자의 논리는 달라진 것이 없으며, 천하에 끝내 그들에게 미
친 자가 없다.

만약 천하에 그들에게 미친 자가 없다면, 어찌 그래도 특이함을 구할
것이 있겠는가!

　其父殺人報仇, 其子必且行劫.
　荀卿明王道, 述禮樂, 而李斯以其學亂天下, 其高談異論, 有以
激之也.
　孔孟之論, 未嘗異也, 而天下卒無有及者.
　苟天下無有及者, 則尚安以求異爲哉!

【其父殺人報仇, 其子必且行劫】아버지가 한 일을 아들도 따라 배우 듯, 이사는 스
승 荀子의 主張을 따라 배운 것임. 〈補注〉에 "比李斯"라 함.
【荀卿明王道, 述禮樂, 而李斯以其學亂天下, 其高談異論, 有以激之也】'明王道'와
'述禮樂'은 순자는 그래도 儒家의 宗旨인 王道를 밝히고 禮樂을 진술하기는 하
였음. 즉 〈王制篇〉과 〈王霸篇〉, 그리고 〈禮論〉과 〈樂論〉 등이 이에 해당함. '激之'
는 李斯를 격동시킴. 《漢書》 刑法志에 "世方爭於功利, 而馳說者以孫·吳爲宗. 時
唯孫卿明於王道"라 하였음.
【孔孟之論, 未嘗異也, 而天下卒無有及者】'孔孟之論'은 《論語》와 《孟子》 등 儒家의
經典에서 주창한 논리들. '卒無有及'은 끝내 그에게 미치지 못함. 그를 따르지 못

함. 그 논리를 넘어서지 못함.

【苟天下無有及者, 則尙安以求異爲哉!】'求異'는 奇異한 것을 좋아하여 그런 神奇한 것을 구함. 순자가 정통 유가가 아님을 비판한 것임.

참고 및 관련 자료

1. 蘇東坡(蘇軾, 子瞻) 026 참조.

2. 이 글은《東坡全集》(43),《唐宋八大家文鈔》(131),《唐宋文醇》(42),《古文淵鑑》(50),《古文關鍵》(下),《續文章正宗》(2),《文編》(29),《經濟類編》(84),《文章辨體彙選》(420),《歷代名賢確論》(37),《古文辭類纂》(4),《古文約選》(4) 등에 널리 실려 있음.

3.《軌範》後注에 "孔子立言, 平易正直, 而不敢爲非常, 可喜之論. 故其道, 歷萬世而不可易. 荀卿喜爲異說而不讓, 敢爲高論而不顧, 歷詆天下之賢聖, 以自是其愚. 李斯學其學無忌憚, 有甚于荀卿, 上哉!"라 함.

4.《唐宋八大家文鈔》에 "以其所傳, 攻其所蔽, 荀卿當深服"이라 하였고, 後注에는 "王遵岩曰:「以'異說高論'四字立案, 煞是荀卿, 頂門一針, 而謂李斯焚書, 破壞先王之法, 皆出於荀卿. 此尤是長公深文手段"이라 함.

5.《古文關鍵》에는 "此篇文, 前面說荀卿不好了, 後面略放一步, 異他言荀卿, 亦是簡賢者. 大抵作文體式, 要如此. 頭使孔子起, 後仍舊使孔子結. 又見文字不苟, 亦自相應"이라 함.

6. 淸末 劉開의〈荀卿論〉에는 "蘇子瞻以李斯亂天下, 出於荀卿. 彼意不在荀卿, 假荀卿而發也. 夫荊公之學, 雖不及荀子, 然其所本者王道, 所稱者禮樂, 其高言激論, 未嘗不相似也. 子瞻見荊公欲興三代之治, 而執拗不通, 終以債事. 故論荀卿而直指曰:『意其爲人必剛愎自用而自許太過.』此非切中介甫之失乎? 並以其黨章惇『病國害民, 流毒海內』, 比之李斯之亂天下"라 함.

임동석(茁浦 林東錫)

慶北 榮州 上茁에서 출생. 忠北 丹陽 德尙골에서 성장. 丹陽初中 졸업. 京東高 서울
教大 國際大 建國大 대학원 졸업. 雨田 辛鎬烈 선생에게 漢學 배움. 臺灣 國立臺灣師範
大學 國文硏究所(大學院) 博士班 졸업. 中華民國 國家文學博士(1983). 建國大學校
教授. 文科大學長 역임. 成均館大 延世大 高麗大 外國語大 서울대 등 大學院 강의.
韓國中國言語學會 中國語文學硏究會 韓國中語中文學會 등 會長 역임. 저서에
《朝鮮譯學考》(中文)《中國學術槪論》《中韓對比語文論》. 편역서에《수레를 밀기 위
해 내린 사람들》《栗谷先生詩文選》. 역서에《漢語音韻學講義》《廣開土王碑硏
究》《東北民族源流》《龍鳳文化源流》《論語心得》〈漢語雙聲疊韻硏究〉등. 학술
논문 50여 편. 현 건국대 명예교수. 靑丘書堂 훈장.

임동석중국사상100

문장궤범 文章軌範

謝枋得 編/林東錫 譯註
1판 1쇄 발행/2020년 6월 1일
발행인 고정일
발행처 동서문화사
창업 1956. 12. 12. 등록 16-3799
서울 중구 마른내로 144(쌍림동)
☎546-0331~6 (FAX) 545-0331
www.dongsuhbook.com
잘못 만들어진 책은 바꾸어 드립니다.

*

이 책의 출판권은 동서문화사가 소유합니다.
의장권 제호권 편집권은 저작권 법에 의해 보호를 받는 출판물이므로 무단전재와 무단복제를 금합니다.
이 책의 일부 또는 전부 이용하려면 저자와 출판사의 서면허락을 받아야 합니다.

*

사업자등록번호 211-87-75330
ISBN 978-89-497-1773-9 04080
ISBN 978-89-497-0542-2 (세트)